UNIVERSITY OF NORTH CAROLINA AT CHAPEL HILL
DEPARTMENT OF ROMANCE LANGUAGES

NORTH CAROLINA STUDIES
IN THE ROMANCE LANGUAGES AND LITERATURES

Founder: URBAN TIGNER HOLMES
Editor: FRANK A. DOMÍNGUEZ

Distributed by:

UNIVERSITY OF NORTH CAROLINA PRESS

CHAPEL HILL
North Carolina 27515-2288
U.S.A.

NORTH CAROLINA STUDIES IN THE
ROMANCE LANGUAGES AND LITERATURES
Number 284

PORNOBOSCODIDASCALUS
LATINUS (1624)

PORNOBOSCODIDASCALUS LATINUS (1624)

KASPAR BARTH'S NEO-LATIN TRANSLATION OF *CELESTINA*

A CRITICAL EDITION WITH INTRODUCTION,
TRANSLATION AND NOTES BY

ENRIQUE FERNÁNDEZ

CHAPEL HILL

NORTH CAROLINA STUDIES IN THE ROMANCE
LANGUAGES AND LITERATURES
U.N.C. DEPARTMENT OF ROMANCE LANGUAGES

2006

Library of Congress Cataloging-in-Publication Data

Rojas, Fernando de, d. 1541.
  [Celestina. Latin]
  Pornoboscodiadascalus Latinus (1624): Kaspar Barth's neo-Latin translation of Celestina / [Fernando de Rojas]; a critical edition with introduction, translation and notes by Enrique Fernández.
    p. cm. – (North Carolina studies in the Romance languages and literatures; no 284).
    ISBN 0-8078-9288-2
    I. Barth, Kaspar von, 1587-1658. II. Fernández, Enrique, 1961. III. Title. IV. Series.

PQ6427.L38 2006
862'.2–dc22   2006046355

Cover design: Heidi Perov

© 2006. Department of Romance Languages. The University of North Carolina at Chapel Hill.

ISBN 0-8078-9288-2

DEPÓSITO LEGAL: V. 3.544 - 2006

ARTES GRÁFICAS SOLER, S. L. - LA OLIVERETA, 28 - 46018 VALENCIA
www.graficas-soler.com

TABLE OF CONTENTS

	Page
ACKNOWLEDGMENTS	11
FOREWORD	12

EDITOR'S PROLOGUE

A different translation of *Celestina*	13
The contents of the *Pornoboscodidascalus*	15
Barth's controversial character	19
Barth's Latin and his translation philosophy	22
Barth's copy of *Celestina*	25
Barth's and *Celestina*'s didacticism	27
A *Celestina* for everybody who can read Latin	29
A *Celestina* for Protestants and all the other Christians	30
The *Pornoboscodidascalus* and the genre of *Celestina*	33
Barth's translation notes and the sources of *Celestina*	35
The *Pornoboscodidascalus* and modern *Celestina* scholarship	36
Editorial criteria	37
Bibliography	40

PORNOBOSCODIDASCALUS LATINUS

C. Barthi de *Pornoboscodidascalo* et Latino suo dissertatio	45
Prologus [Rojas]	69
Titulus et argumentum	73
Actus I	77
Actus II	109
Actus III	116
Actus IV	124
Actus V	141
Actus VI	146
Actus VII	160

	Pag.
Actus VIII	176
Actus IX	185
Actus X	198
Actus XI	209
Actus XII	216
Actus XIII	235
Actus XIV	240
Actus XV	250
Actus XVI	257
Actus XVII	262
Actus XVIII	269
Actus XIX	274
Actus XX	284
Actus XXI	29.
Ultima verba Melibaeae	298

ANIMADVERSIONES TRALATITIAE

Prologus [Rojas]	303
Titulus et argumentum.....	317
Actus I	319
Actus II	345
Actus III	348
Actus IV	350
Actus V	354
Actus VI	355
Actus VII	357
Actus VIII	360
Actus IX	362
Actus X	365
Actus XI	366
Actus XII	367
Actus XIII	368
Actus XIV	369
Actus XV	371
Actus XVI	372
Actus XVII	372
Actus XVIII	373
Actus XIX	373
Actus XX	374

Page

APPENDICES

English translation of Kaspar Barth's prologue 377
English translation of Kaspar Barth's notes to his translation .. 401
List of Barth's translation notes 494
Index 507

LIST OF FIGURES

Fig. 1. The beginning of the first act of *Celestina* in the original edition of 1624 75
Fig. 2. First page of Barth's translation notes in the original edition of 1624 302

ACKNOWLEDGMENTS

I want to thank the University of Manitoba / SSHRC Research Grants Program for the funds that allowed me to start this project. I also want to thank the dean of the Faculty of Arts for his support of the project.

I am especially grateful to Jim Hamm, my dedicated research assistant, whose enthusiasm and thoroughness have made my task much easier. I am grateful to Maurice Mierau and Lynne Fernandez for having carefully read and corrected the style of the English part of this book. I also want to acknowledge the seminal role of my conversations with Joseph Snow in the National Library in Madrid, who convinced me of the need to take up this project, and encouraged and gave me advice during the process. Last but not least, my recognition to the anonymous readers for the NCSRLL, whose valuable suggestions and corrections helped me to complete a better critical edition of the *Pornoboscodidascalus*.

FOREWORD

Passages from the German erudite Kaspar Barth's Neo-Latin annotated translation of *Celestina*, the *Pornoboscodidascalus Latinus,* have been often quoted in order to prove different interpretations of *Celestina.* However, direct access to this book is difficult. The book is rare, and the only edition of the *Pornoboscodidascalus* (Frankfurt, 1624) is full of printing errors and has no graphic separations between paragraphs. The content of the *Pornoboscodidascalus*, however, is of much interest. Barth's translation, prologue and notes allow us to see how, one hundred twenty five years after its publication and in a different country, *Celestina* was understood by a man whose intellectual world was close enough in time as to allow him to fully appreciate the book's learning. At the same time, while the late 15th century portrayed in *Celestina* was similar enough to Barth's early 17th century Germany as to make the book sound contemporary, the intervening Reformation and the success of national literatures had influenced the understanding of some passages. All of this is of interest not only to *Celestina* specialists but also to scholars from fields as diverse as Baroque literature or the history of translation, to mention a few. With such a wide readership in mind, our edition contains the transcription of the original Neo-Latin text, as well as an English translation of Barth's prologue and notes. We also include a critical apparatus, notes with full references to the sources quoted by Barth, and an editor's prologue that examines the most relevant aspects of Barth's translation of *Celestina.*

EDITOR'S PROLOGUE

A DIFFERENT TRANSLATION OF *CELESTINA*

THE German scholar Kaspar Barth published his annotated Neo-Latin translation of *Celestina* in Frankfurt, in 1624, with the cumbersome title of *Pornoboscodidascalus Latinus,* a Latinate Greek word that can be translated as "teacher of the brothel master." It would be wrong to consider this book as a mere curiosity among the other early translations of *Celestina,* or as the product of the extravagant erudition of a well-off German man who was out of step with his age and had too much spare time. It would equally be a mistake to dismiss this book as a translation into an artificial language that was largely unnecessary at the time it was published, when most major European countries, including the German territories, already had translations of *Celestina* in their vernacular languages.

It is true that the *Pornoboscodidascalus* is a different translation of *Celestina,* but it is different for other reasons than those mentioned above, and those reasons make this book especially useful for modern scholars. The *Pornoboscodidascalus* offers an exceptional triple insight into Barth's understanding of *Celestina*: the translated text itself, Barth's extended prologue, and his numerous notes. None of the early translations have a prologue or notes that can compare in length and insight. Barth's prologue gives us detailed information on how he understood *Celestina,* especially its characters, as well as his purpose in translating it, his concept of translation, etc. The prologue itself would be enough to make the *Pornoboscodidascalus* unique among other early translations of *Celestina,* but Barth also added over three hundred notes at the end, which range from erudite *glossae,* to brief remarks stating his problems with the meaning of certain passages. Barth's prologue and notes make the *Pornoboscodidascalus* a true commentary, second in length and temporal proximity to *Celestina* only to the anonymous *Celestina comentada*, written around 1580 (Fothergill-Payne, Fernández Rivera, Fothergill-Payne xvii *et seq.*).

Another peculiarity of the *Pornoboscodidascalus* is that Barth is the most erudite of the early translators, to the point that we can call him the first *Celestina* scholar in the modern sense of the word. He was the first one to have pointed out the many textual problems in the Spanish text of *Celestina* that we are still discussing today.[1] Also, Barth's task as a Latin translator was precisely the opposite to the one followed by Rojas and the primitive author of *Celestina*, who were often translating *sententiae* and longer Latin passages into Spanish lines that would be used in their characters' dialogues. Barth's task was to undo this work, to return these many Spanish passages back to their original Latin form. To find the appropriate expressions for his re-translation, Barth could resort to the vast array of classical and modern literature passages stored in his prodigious memory. This capacity of Barth's is especially interesting for modern scholars interested in the sources of *Celestina*. When in some of his notes Barth finds the exact passage from which a character is implicitly quoting, we can witness this process of returning *Celestina* to its origins firsthand.

Finally, Barth's *Pornoboscodidascalus* is unique because it is an excellent translation of *Celestina*. Barth's extraordinary knowledge of Latin language and literature, together with his natural talent, allowed him to compose a very attractive version of *Celestina*. Unlike the pretentious style of his prologue and the often careless style of his notes, his translation of *Celestina* is direct and precise. We never have the sensation of reading a gratuitous exercise of a Neo-Latin virtuoso writer who is showing off. Barth respects both style and content. When there is an idiom or expression that is impossible to translate into Latin, he simply omits the translation without altering the meaning of the original. His modulations when translating metaphorical references are well done, and he rarely, if ever, tries to give the text an

---

[1] For the most important textual problems in *Celestina* that Barth is the first to detect, see Beardsley 242 *et seq.*

anachronistic ancient-Rome flavor. Even if he does not find the original Latin sources of a passage, he renders it in words that reconnect it with the old theatrical forms, dramatic dialogue and other literary traditions from which *Celestina* sprung. While reconnecting *Celestina* with its sources, Barth does not neglect to stress its novelty. His notes often point out how *Celestina* has innovatively adapted its sources, which he tries to reflect in his translation.

Barth's translation reads as easily as one of Plautus' comedies, but has the advantage of *Celestina*'s much deeper content and of his access to the richer vocabulary of the whole of *Latinitas*. The same can be seen if we compare the *Pornoboscodidascalus* to the often unnatural-sounding medieval and humanistic Latin theater, in spite of it being so close to *Celestina*. Unfortunately, the excellence of Barth's translation can be eclipsed by the fact that modern readers are poorly equipped to confront his rich Neo-Latin, an ambitious language whose failure as a lingua franca has made it arcane for the modern scholar. Besides, the careless printing of the only edition of the *Pornoboscodidascalus* makes it difficult to fully appreciate the merit of Barth's version of *Celestina*. We hope that our critical edition helps to alleviate these problems.

The contents of the *Pornoboscodidascalus*

The *Pornoboscodidascalus* was published in Frankfurt as a thick volume of 462 pages. The actual translation of *Celestina* is only part of this volume, contents including: Barth's extended prologue; his translation of *Celestina,* and Barth's more than 300 translation notes. The *Celestina*-related materials end on page 393. The remaining pages contain Barth's version of the story of Hero and Leander, and his translation into Latin verse of Musaeus' Greek version of the same story.[2] Barth added this material seemingly because he saw a clear connection between the suicides of Melibea and Hero, although he neither makes the point explicitly in his translation notes nor in his prologue (Marciales 1: 257).[3] Several of

---

[2] Barth had already published an edition of Musaeus' *Hero and Leander* in 1608.
[3] Barth points out some similarities between *Celestina* and *Hero and Leander* in his translation notes (pg. 422). However, since Barth quit writing translation notes in act 20 –precisely the act in which Melibea jumps from the tower to her death– he never clearly states that he considers Hero's suicide an inspiration for Melibea's.

Barth's books appearing before and after the *Pornoboscodidascalus* follow this practice of including materials in the same book that are only loosely related to one another. This practice was common in the period in order to save printing costs. We do not include the Hero and Leander texts in our edition.

Another bonus that Barth adds to his book are 112 Latin hexameters, which he includes after the final act of *Celestina*. These verses are the metric rendering of Melibea's last words to her father before jumping from the tower to her death, a monologue that Barth had faithfully translated in act 20. He does not explain why he has chosen to add these verses but this addition seems to be related to his decision to publish the above mentioned metric version of *Hero and Leander* together with the *Pornoboscodidascalus*. The hexameters of Melibea's last words before killing herself make a good transition between *Celestina* and *Hero and Leander*, in which Hero also kills herself after the death of Leander. Another reason for Barth to include these hexameters seems to be his propensity to flaunt his gift for writing in verse, a talent that he boasts of in his prologue (D25, pg. 394) and then displays in his translation notes (see, for instance, pg. 246). Also, the long explanation in his prologue of the fact that *Celestina* is written in prose instead of verse, unlike the theater of antiquity (D26, pg. 395), seems to indicate that he may have assessed and discarded the possibility of doing his translation in verse, an abandoned endeavor of which these hexameters are a sample. In our edition we have included the transcription of these hexameters but we have not translated them into English since their content is basically an abbreviated version of Melibea's original words in prose adapted to the requirements of the hexameter.

In 1624, the same year in which he published his translation of *Celestina*, Barth also published his three-thousand-page *Adversaria*, a monumental collection of sayings and curiosities that resembles Erasmus' *Adagia*. Barth had published many books before his *Pornoboscodidascalus*, a prolificacy that would continue until his death.[4] His productiveness, which may be qualified as excessive, resulted in his publishing books that remained unfinished in many aspects, a defect that clearly affects the *Pornoboscodidascalus*. The actual translation of *Celestina* is by far the most polished part of the

---

[4] A complete list of Barth's work is in Hoffmeister 141-43 and in Dünnhaupt 1: 253-73.

book; it is carefully executed in spite of the many printing errors that show that the printer's proofs were not corrected. Barth's prologue, and especially his translation notes, clearly show that they were hastily written. The prologue is repetitive and contains irrelevant material, showing that it was not sufficiently revised by Barth. The translation notes gradually decrease in size and frequency, and are brought to a premature end with Barth's unconvincing appeal to the practical impossibility of commenting on the rich materials that are in *Celestina*'s final acts. The resulting volume gives the sense that an unfinished product was rushed to the printer.

The title page of the *Pornoboscodidascalus* translates the contents of the Spanish edition's title page, but it noticeably expands the content of the original. Barth's title page is more detailed and descriptive in its wording of the juiciest matter of the book, i.e., the procuresses' and servants' ploys against wealthy young men. The same expansion applies to stating other contents of the book, such as the good advice and maxims for all readers, and for young people in particular. The *Pornoboscodidascalus*' title page departs from its original in proclaiming *Celestina* as one of the best Spanish books, and as a book without a rival in any other language. This title page is used as a promotional device that informs the buyers of the value of what they are purchasing. Not only does the buyers obtain the translation of this exceptional Spanish book, but they also get a prologue, notes and, as an added bonus, two versions of the story of Hero and Leander, one by Barth and the other by Musaeus.

The first page after the title page contains a list of the characters' names and their roles. This list is misplaced and belongs at the beginning of the play, as in the original Spanish version, of which Barth's list is a literal translation. Following the list of characters, Barth includes an extended prologue which he entitles, "Dissertation on his *Pornoboscodidascalus* and his Latin." This prologue is twenty four unnumbered pages printed without graphical separation of the paragraphs. For convenience, in our edition we have divided this prologue into paragraphs numbered consecutively as D1, D2, etc. A considerable part of the prologue deals with matters that are not directly related to *Celestina* and its translation. For instance, Barth starts the prologue with a detailed reconstruction of how Antiquity's wisdom was transmitted in writings whose enjoyable, often fictional nature Barth defends as an efficient didactic device (D1-D7). He then goes on to extol the merits of *Celestina* for its didactic value and its literary merits. He gives a detailed analysis of the main characters and their behavior, which amounts practically to a summary of the whole *Celestina*. Although sometimes Barth points out what he considers literary weaknesses in *Celestina*, his verdict is very positive (D8-D20). In the final part of the prologue he explains his translation philosophy and his vision of what Neo-Latin should be. The whole prologue is peppered with digressions: how the Spanish language best preserves the spirit of Latin; his decision not to translate metrically; information on his other works and projects; the advantages of working intensely for a short period of time versus long low-intensity work, etc.

When we come to the actual translation of the 21 acts of *Celestina*, Barth faithfully adheres to the Spanish original, except for four omissions and one addition. At the beginning of the book he omits the letter from the author to a friend, the initial acrostic verses, and at the end he omits the author's and the Proaza's verses. Barth's addition consists in his own versified version of Melibea's last words. Finally, Barth includes close to one hundred pages of what he calls *animadversiones tralatitiae*, which are more than three hundred notes. The way he connects the notes to the relevant passages of *Celestina* is simple. The passage is italicized in the translation of *Celestina*. Then, the translation notes are grouped by chapters at the end of the book. Every note begins with a heading that repeats the words that had been italicized in the main text. Occasionally, a passage that is italicized in the translation does not have the corresponding translation note, which shows lack of proofreading during the composition and printing. His translation notes are unequal in distribution, length and content. *Celestina*'s prologue, argument, and the first act contain many italicized passages that are commented on by notes. These notes amount to more than half of the total notes. Then, near the end of the book, the notes become rarer and shorter. In the last note, he warns the reader that he is not commenting on the two final acts. He explains why he has stopped being so thorough in his notes: "The two following acts contain so many fine points worth explaining that just their abundance prevents me from commenting on them. Since anything that I skip would be important, I have chosen not to write anything. This was not what I had decided when I started but, if I do not do it, this book will turn into an enormous volume. If I had done so, I would be open to the accusation of using my knowledge in a boastful manner" (493). The initial translation notes, such as the one on the philosopher Heraclitus that Rojas mentions in his prologue, resemble medieval glosses in their erudition and meticulousness. As Barth moves on, the notes become shorter, less erudite and more to the point. Many of his final notes are limited to simply giving an alternative translation of the original passage, or a brief reference to a classical or patristic passage. In other cases, these notes contain only the transliteration of the Spanish passage that is being translated. This brevity proves that Barth rushed his work towards the end, but we do not have to believe him when, in his prologue, he claims to have completed his translation in less than two weeks [D21]. This claim is just an echo of Rojas' prologue, where he claims to have completed his part of *Celestina* in such a short period of time.

BARTH'S CONTROVERSIAL CHARACTER

Barth's life is relatively well known. He was born in Küstrin in 1587, as the scion of an important family. He was independently wealthy and most of his life can be best defined as that of a freelance scholar. He studied in several German universities, and traveled throughout France, England and Italy, but probably not Spain. He finally settled near Leipzig, where he led a very active life as a scholar producing a vast amount of erudite and creative writing, which ranges from classical scholarship to themes that sometimes border on triviality.[5] Although the legend that he was the inspiration for the insane character in Cervantes' "The Glass Licenciate" has long been dismissed, Barth's superabundant production, his often tiresome erudition and the nature of some of his scholarly enterprises make him a colorful character. He has been called a very learned man who lacked common sense. Lida de Malkiel talks of his "very Teutonic silliness" (299, n. 17). All these undeniable personality quirks cannot rob Barth of the merit of being the first scholar to deal with *Celestina* in depth.[6]

---

[5] The most extensive book on Barth is the biography by Hoffmeister. A sample of Barth's reputation as a petty scholar can be seen in the brief entries that classical manuals of philology dedicate to him, such as Wilamowitz-Moellendorff 67 and Sandy 2: 363-64. See also Bataillon 252, n. 2.

[6] Although the anonymous author of *Celestina comentada* wrote earlier, his purposes were not disinterested scholarship but probably connected to the Inquisition's concerns about the book (Russell 310).

Aspects of his personality other than his notorious erudition and his often indiscriminate production are more illuminating for understanding his *Pornoboscodidascalus*. Barth was a man of many contradictions regarding his national and religious identity. While Barth was clearly German, the lack of a modern centralized state in Germany, his itinerant life and his wide intellectual interests contributed to making him a true cosmopolite. In the prologue to the *Pornoboscodidascalus*, as in other prologues to his works, Barth presents himself as part of the republic of learned men, who are citizens of every country in every century, a utopia that goes back to the unified state and religion of the late Roman Empire. This is the same humanist attitude of Erasmus in the previous century. In the intervening years, the political and religious changes in Europe had seriously undermined this international republic of letters. The Europe of Barth's time consisted of modern nation-states with their own national identities and literatures. Barth's Germany was noticeably late in this process, a delay that did not give him any comfort, and made him feel like a citizen of a second rate nation, as some of his complaints in his prologue to the *Pornoboscodidascalus* reveal. A contributing factor to the fragmentation of Europe was the division between Catholic and Protestant. In Germany this division was especially perceptible since it continually resurfaced in clashes such as the Thirty Years' War, which took place during Barth's lifetime. In Barth's life and work we can identify a dialectic between nationalism and cosmopolitanism, and between the golden age of classicism and the burgeoning present of national literatures. Barth's editions, translations, and other writings include both classical and modern works, some of them in Latin and some in his native German. His life also shows the contrast of his many trips through Europe during his youth and his later permanent residence in the area of Leipzig, where he remained until his death. In his prologue to the *Pornoboscodidascalus* he talks equally of serving Germany and all of Europe. Barth's choice of writing most of his productions in Neo-Latin attempts to overcome the barrier of national languages, while his translation notes to the *Pornoboscodidascalus* and other books abound in favorable references to works in vernacular languages. As we will see later, when he deals with passages of *Celestina* that are sensitive from a religious point of view, he shows simultaneously a concern to make his translation palatable both to Protestant readers and to a generic non-denominational Christian community.

As a scholar, Barth falls somewhere between the Renaissance humanists that preceded him and the philologists and critics of the later modern period. He shares with the Renaissance humanists a residual admiration of medieval erudition, and an all encompassing vision of antiquity as a lost golden age, even as a way of living. He lacks, however, what we have come to consider as some of the most important values of a humanist: an all-embracing conception of what human experience is; a deeply critical rereading of antiquity's authority; a sense of humility and tolerance, etc. With modern philologists and critics he shares an almost scientific approach and a modern concept of respect for the integrity of the text. His concept of translation as well as his respect for the diversity of vernacular languages are especially modern.

Barth was mostly a Classicist but he can also be considered a Hispanist. Besides *Celestina*, he translated two other Spanish books into Latin. His *Erotodidascalus sive Nemoralium Libri V* (Hanover, 1625) is the translation of Gaspar Gil Polo's *Diana enamorada*. His *Pornodidascalus seu Colloquium Muliebre Petri Aretini* (Frankfurt, 1623) is the translation of Fernán Juárez' *Coloquio de las damas* (Seville, 1548 and 1607), which is a partial Spanish translation of Aretino's Italian *Ragionamenti*. In his translation notes to *Celestina*, Barth mentions Eslava's collection of short stories *Noches de invierno* as one of the books he was using for his unpublished collection of Milesian stories, which contained stories from various eras and countries.[7] He also mentions his interest in translating Feliciano de Silva's *Segunda comedia de Celestina*. We do not know if he ever started this translation since most of Barth's private library in Sellershausen burnt in a fire in 1636 during the Thirty Year's War. He may have begun this translation because we know that at some point Barth borrowed a copy of this book from the library of Zwickau (Hoffmeister 40, 151). In reality, Barth's knowledge of Spanish literature was probably sketchy and narrow. The core of his production of Spanish translations was limited to the years 1623 to 1625. Besides, his many other scholarly and literary enterprises are too many in number and scope as to allow him an in-depth knowl-

---

[7] Milesian fables, whose name derives from the city of Miletus, are brief erotic or picaresque tales that were very popular in antiquity. As Barth states in his introduction and translation notes, these stories contained some moral lesson in spite of their erotic subject matter and entertaining style (see pg. 399).

edge of such a wide field as Spanish literature. His knowledge of the language is, however, impressive. His proficiency was probably gathered from the Spanish dictionaries and grammar books available during the period, as well as from his readings and occasional conversations with Spaniards living abroad.

BARTH'S LATIN AND HIS TRANSLATION PHILOSOPHY

In Barth's time Latin was clearly losing out to the vernacular languages, which were prestigious enough by then to be used for national literatures and for some scientific and religious books. Latin was still commonly used among learned readers and writers, and was still the preferred language for science and technical writing. The market for Latin books was the healthiest in Germany. The popularity of Latin well into the 17th century was due to the delayed recognition of German as a language of culture caused by the political divisions of the German territories and their competing dialects (Ijsewijn 43). Many Spanish books were translated into Latin and circulated in Germany during this period. Although many were religious books, such as the very popular works of Friar Luis of Granada, Spanish literature translated into Latin was also common.[8] For instance, the Latin translation of Mateo Alemán's *Guzmán de Alfarache* was published in 1623, the year before Barth published his *Pornoboscodidascalus*. Although *Celestina* had already been translated into German by Wirsung in two different versions in 1520 and 1534, we do not know if Barth knew of these two translations, which he does not mention at all. Most likely, he did not know them, since they have not been republished until the 20th century and, in Barth's days, were difficult to find, as the minimal survival of copies today seems to prove (Kish and Ritzenhoff 1984, 16 *et seq.*).[9] Besides, Barth's Neo-Latin translation occupied a completely different market niche from Wirsung's, as it was common that a book circulated simultaneously in German as well as in Latin translation, because each edition aimed at a different audience (Briese-

---

[8] For a detailed description of Spanish books in Latin translation in Germany, see Briesemeister. For a more general view of vernacular literature translated into Latin, see Grant.

[9] Wirsung's two German translations of *Celestina* are available in the critical edition of Kish and Ritzenhoff, 1984.

meister 4). Barth's translation of *Celestina* was not a bizarre enterprise, but one that made commercial sense at the time and place it was published.

The majority of the Latin translations were not done in classical Latin but in what we now call Neo-Latin. For Barth, Latin was not the dead language of an extinguished civilization, but a living language, spoken by the cultivated people of Europe up to his own time. This broad concept of a Latin not limited to a period or region allows him to use and mix words and structures from the pre-classic Plautus, the classic Cicero, the post-classic Apuleius, the Fathers of the Church, and other Medieval Latin writers. A clear vision of Neo-Latin is given by Barth in his prologue of the *Pornoboscodidascalus*:

> I would have wasted my time trying to adapt to the old Roman customs what so many modern languages share. This is what is done by men of fainthearted intellect, who dedicate themselves to doomed endeavors, men who want to be called Ciceronians. These secluded chasers of faint vestiges do not want to write or say anything –even in their works for the common people– that has not been established in that remote era that only some erudite men can remember vaguely. Unlike them, when the characters in our play use the word "master," I kept it in Latin, even though I am aware that Roman slavery and all its miseries have disappeared, and that the words "owner" and "master" now have a different meaning. Also, why should I call a bell by a different word than the one that is attested and that everybody understands? Similar to this case there are many Latin words that have a Christian origin, and that need not be changed to fit the customs of paganism. I did not hesitate to admit words of this kind because I recall the venerable, erudite, and eloquent forefathers of Our Faith using them. (D30)

Barth's belief that Latin was a living, evolving language allowed him to coin neologisms. For instance, he combined a classical word and a medieval word to make a new one to mint the neologism "*excaldefactum*," from classical Latin "*excalefacio*" and late Latin "*excaldare*." He creates new Latin words from Greek, such as "*micronem*" ["small thing"] to ingeniously translate the Spanish "*punta de la barriga*" ["tip of the belly"], which is the oxymoron Celestina uses to refer to Parmeno's penis. In the prologue, he warns the readers that he resorts to the use of a Latin word with the modern meaning it has acquired in the Romance languages:

> I think I have acted appropriately when I have encountered Spanish words that are the only ones to express what is going on clearly, without having to resort to convoluted detours. Because these words are the only ones that can express the content, I decided to use their equivalent Latin words with the new meanings they have acquired in the Romance language. This is the case with the word "justice," which I have used in my translation to indicate the functions of the governor, the judge, the prefect, and the mayor of the city. I did it because this word is used in French, Italian, and Spanish to mean not only the final penalty for all crimes, but also all its officers, including even the executioner. All this could not be translated into Latin any other way except by borrowing this meaning of the word "justice" from the consensus of all the Romance languages. Justly and on its own right, I can use this Latin word, not following the rhetoricians, but the common use and experience that duly rules both arts and languages, at least among civilized people. (D29)

With this all-encompassing, wide notion of what Latin is, Barth has no problem confronting the translation of *Celestina* with all its references to modern customs and objects.

Barth's translation technique is similar to modern approaches. As he declares in the prologue, he translates not literally, but according to the meaning: "Indeed, it is useless and mere busywork to translate word by word, to mechanically match one idea with another, and to coldly deal with the definitions, which anybody who knows the language can easily do" [D21]. Equally modern is Barth's faithfulness to the Spanish original text. He, however, recognizes having omitted a few passages for moral reasons: "I believe I acted wisely in ignoring and omitting some passages of the original that could corrupt the morals and somehow stain the text with their intrinsic savagery. I think I did it once or twice at the most, certainly in the passage where Celestina's potions, pigments and other instruments are listed" (D31). In spite of a couple of insincere and squeamish remarks in his translation notes, in reality, Barth translated the entire text. The very few cases in which he omits something are due to practical reasons, i.e., the impossibility of translating an idiomatic expression, or to avoid tedious, difficult lists, such as the one of Celestina's laboratory ingredients. Also, as we will see in the section dealing with the bitter division between Protestants and Catholics, Barth barely censors the original.

BARTH'S COPY OF *CELESTINA*

Barth did not have access to much information on *Celestina* except what was contained in the text itself, mostly in the prefatory materials. Barth's Spanish original was the 1599 Plantin edition, but he seems to be using a defective copy, as he states in his translation notes: "When I did my translation I did not have this Milan edition, only the Plantin edition, which is full of mistakes, at least in my copy. This surprises me because I have seen other copies that had been carefully corrected. The only explanation why one edition has errors and the other has none is that my friends in Leiden have sold a few copies they had used as proofs during the process of impression" (417). This Plantin edition of *Celestina* is well known and many copies have survived. There is nothing peculiar about this edition, which contains the text of the twenty-one-act *Tragicomedia* with a few printing mistakes.[10] In his translation Barth faithfully follows it except for the excluded material: Rojas' letter to a friend and the acrostic verses at the beginning of the book, Proaza's and Rojas' verses at the end. He may have excluded these materials because he considered Rojas' prologue enough of an introduction (Marciales 1: 256). Also, excluding these texts allowed him to reduce the size of the voluminous manuscript and send it to the printer sooner. Curiously, several times in his translation notes, Barth quotes from the omitted material, which was the only information he had about the creation process of *Celestina*. This scarcity of information is compounded on several occasions by Barth's misunderstanding of *Celestina*'s prefatory texts. For instance, the reference to the "ferrerias de Milan" in Rojas' letter is misunderstood by Barth to mean that Rojas was in Milan when he wrote his part of *Celestina,* and also that *Celestina*, or at least the *Tragicomedia* version, the additions, had been printed in Milan. He equally d the acrostic verses that reveal Rojas' name and orites that these verses may mean both, that Rojas was

---

' description of this edition, see Beardsley.

born in Puebla de Montalbán, or that he wrote *Celestina* there, which is a blatant contradiction of his erroneous hypothesis about Milan (417).

Barth's evident ignorance of the creation process of *Celestina* has led some modern scholars to infer that he considered Rojas' *Tragicomedia* as a recently written book, not much older than the Plantin 1599 edition he was using for his translation (Bataillon 6-7). Barth's mistake is probably due to the fact that the Plantin edition that he was using does not contain any information on when *Celestina* was first published. The text of the *Celestina* itself does not refer to its origins, nor do the prefatory or other added materials. However, it is difficult to believe that a Hispanist like Barth had not heard of the previous existence of a book that had been circulating for so long and so successfully, both inside and outside of Spain (Marciales 1: 256). The popularity of *Celestina* in Barth's lifetime can be illustrated by the fact that the first Spanish grammar manual printed in Germany, the *Institutiones in Linguam Hispanicam* by Heinrich Doergangk (Köln, 1614), praises Luis de Granada, Antonio de Guevara and *Celestina* as models of good style to follow in Spanish (Briesemeister 7).[11] The *Pornoboscodidascalus*' translation notes contain several clues that do not match with Barth's idea that Rojas' *Tragicomedia* was a recently published book. In one of the notes Barth mentions having seen the second part of *Celestina*, i.e., Feliciano de Silva's *Segunda comedia de Celestina*. The earliest edition that Barth may have seen is the first one, published in 1534. The latest and most likely edition is the Anvers, 1550 edition. He knew, therefore, that Rojas' *Celestina* had to have been written at least a few years before the second part. Another clue as to when Barth thought *Celestina* was first published can be inferred from the translation note in which he quotes Bonaventure Des Périers, the author of a collection of short stories published with the title *Nouvelles récréations et joyeux devis*. Barth was clearly very familiar with this book and he was gathering a collection of Milesian fables, a task that made him conversant with short-story collections such as this one. Des Périers'

---

[11] Barth never mentions this manual but very likely he used it to learn Spanish. Some passages in Barth's prologue to the *Pornoboscodidascalus* in which the Spanish language is praised sound very similar to passages from this grammar manual. We also know that Barth borrowed one of the authors recommended in this grammar book as a model of good Spanish style, Antonio de Guevara's *Décadas de césares*, from the library of Zwickau (Hoffmeister 151, n. 3).

book, which was published only once, in 1558, contains a passage where *Celestina* is mentioned next to one of Boccaccio's stories, as an example of the wrongdoings of old women (Drysdall 262). All these arguments make us think that Barth dated the writing of Rojas' *Celestina* somewhere in the middle of the 16th century. That Barth did not place Rojas' *Celestina* at the end of the 15th century, where it belongs, is made clear in one of his translation notes, where he erroneously states that Rojas had borrowed a passage from one of the Amadis books for his chapter 14 (487). Also, in the note in which he talks about the second part of *Celestina*, Barth implies that this sequel had been written not much later than the original *Tragicomedia*: "Maybe this book has been written by the same Rojas –unless he died–." [12] We can conclude that Barth was not aware of the one hundred twenty five years that separated him from the first publication of *Celestina*, but he did not consider it a recent book either. All this applies to Barth's estimation of when Rojas had written the *Tragicomedia* version. From the prefatory materials it is clear that Barth knew that Rojas had written a shorter *Comedia* version, and that the unknown first author had written the primitive *Celestina* earlier. He does not give us any clues, however, as to when he believed all this had happened.

Barth's and *Celestina*'s didacticism

Barth sees *Celestina* as didactic reading, as his prologue clearly states:

> I chose to translate this play because it contains much-needed lessons on how to lead a cautious life for our young people, who are so prone to sinful pleasures. I also chose this brief play because it is sprinkled with many important sayings that are applicable to daily life. He who remembers and learns to apply them as rules for life –especially if he lives away from his homeland– will establish an excellent reputation among all judicious men. (D8)

---

[12] Barth seems to have looked at this second part of *Celestina* superficially since he did not notice that Feliciano de Silva was the author. This overlooking on his part is explainable because the cover page of the book only states the name of the corrector, Domingo de Gaztelu, and not of Feliciano de Silva, who is however mentioned as the author later in some prefatory verses by the corrector.

The didacticism Barth sees in *Celestina* is not only useful for morally sanctioned behavior but also for utilitarian purposes (Menéndez Pelayo 428). In his prologue, he states that reading and applying the wisdom contained in *Celestina* can help the reader succeed in social life and in business. He exemplifies this point with the case of somebody he knew well:

> I can tell you that I knew a very astute self-made man who was impossible to fool by simulation. He combined a certain kind of astute civility with persistence and patience, and he could obtain almost everything from anybody. In my youth, I covertly observed him and examined his business behavior, and after many months of assiduous contact, I decided that he was one of the most astute and insightful persons I ever knew. I do not want to ponder if he always had made good use of his wit, his acute perception, and his vivacious spirit. I can say that he had been so careful winning over friends and foes, that he was loved and dreaded by all. Practically nobody dared to say any half-truths in front of him. I observed this man's behavior for a long time, but I never noticed that he mentioned *Celestina*. But I finally figured it out. He had *Celestina* readily available and knew how to make use of every single iota of advice in this book. Although this had granted him marvelous astuteness and prudence, it had failed to grant him the ability not to harm other people when he acted for his own benefit, or better put, for his own gain, since sometimes he seemed to want to improve his lot by harming his friends. With this exception, nobody would deny that he was very clever. As he saw that I had noticed it, he did not deny that most of his caution was due to this book. He proved that, in any matter or situation, this book gave appropriate, practical advice on how to act or to abstain from acting. (D19)

Barth's story, most likely of his own invention, resounds of Machiavelli and Guicciardini. In his translation notes, when he mentions that he has seen a copy of the second part of *Celestina* in the hands of Sebastian Meder of Breisgau, the adviser to the Prince of Baden, we cannot but think of Meder as a Machiavellian character who counseled his prince according to the ruses he had learned in *Celestina,* and who was extending his cunning by reading the second part.

Barth is also aware of *Celestina*'s literary merits, which he considered closely linked to its didacticism. In the prologue, he writes that the authors of *Celestina* had applied the formula *docere et delectare* in a masterly fashion. Barth's awareness of *Celestina*'s literary value shows also in his translation notes. If we compare these notes to the glosses written by the anonymous author of *Celestina comentada* forty years earlier, we immediately notice that Barth's notes are much more attuned to esthetic merits. In them, as in his prologue, Barth shows frequent instances of his appreciation for the many literary values of *Celestina*. He also provides the occasional criticism, as when he considers that decorum is not followed by the characters. Many of the quotations that Barth includes in his notes to give authority to his translation are from passages and authors more pertinent for their literary value than for their doctrinal correctness. This is the opposite of most *auctoritates* quoted in *Celestina comentada* and it explains why Barth's translation notes and *Celestina comentada*'s glosses rarely include the same passages in their comments or quote selections of the same author.

A *CELESTINA* FOR EVERYBODY WHO CAN READ LATIN

Barth's intended readership for his *Pornoboscodidascalus* was what he considered a universal audience, i.e., the readers who, regardless of their nationality, could read Latin. This readership is a generic version of himself: an educated person of wide humanistic interests, well versed in the classics, who enjoys the beauty of good literature and is interested in improving himself through the application of wisdom contained therein. This is, however, a portion of the population, a select group comprised exclusively of wealthy, privileged males. Within this broader audience Barth explicitly identifies young men, more specifically young German men who were living outside their homeland, as the readers who can benefit the most. This is a more specific dedication than the original *Celestina*, which was dedicated to all young people, male and female. In his choice of an ideal audience Barth seems to reflect his own past experience when, as a wealthy young man, he left his family home to pursue his studies and set up residence in new cities. The advice in *Celestina* that Barth considers most useful for young men who are living on their own for the first time is the warning against the many traps set by prostitutes and procuresses. At the same time, Barth extends the advice in *Celestina* to any wealthy household for dealing with daily affairs: "Today, the more powerful a person is, the more dangers surround him. So, he can learn and apply something from this book in any position, place or situation where the assistance of women or servants is required, which is often indispensable in any functional household" (D28). Barth sees in young Calisto, who lives without parents or an adult counselor to guide him, a good counterexample for the life of these young German men who are living on their own for the first time. Curiously, Barth is recreating the Salamanca university ambience in which Rojas continued the work of the first author of *Celestina*.

A *Celestina* for Protestants and all the other Christians

Barth's translation shows only feeble traces of having been adapted for a Protestant readership. The stern moralizing tone of the extensive prologue to his translation and a few of his translation notes reveal, however, a stricter mentality than the relaxed and less problematic reading of *Celestina* implied in the commentaries of Spanish writers of the period, such as Cervantes' famous sentence "libro a mi entender divi[no] si encubriera más lo huma[no]," or Lope de Vega's appropriation of the character of Celestina in *La Dorotea* and in some of his comedies.[13] His translation procedure is very different from that of Wirsung, who, nearly a hundred years earlier, eliminated many irreverent passages from *Celestina*. Wirsung's translation differed from the original not so much through elimination but by modification. For instance, the passage where *Celestina* tells Sempronio that the steps that he hears upstairs belong to the girl she keeps for a friar is changed in the translation of Wirsung. Instead, he has the friar become the chief alms collector of the Barefoot Order. Wirsung's two German translations (1520 and 1534) were based on Hordognez' Italian translation of the Spanish original. Although these two German versions are different in their rendering of the original, both –especially the second one, which appeared after the influential Luther's 1522 New Testament– are clearly aimed at a German reader, ideally a Protestant one (Kish and Ritzenhoff 1984, 27). Unlike the clearly ideological modifications of Wirsung's

---

[13] A sample of the reception of *Celestina* in 17th century Spain is in Snow 1997, 2001 and 2002. See also Heugas, *passim*.

translation, Barth's is faithful to the original, and only omits a few elements that may be especially offensive to the Protestant reader. Barth's intervention is similar to Mabbe's, the English translator, though Barth's is even less intrusive. Barth does not eliminate any of the profane swearing —unlike Mabbe, who suppresses most of it— or the irreverent statements by Calisto. Barth coincides with Mabbe in his avoidance of other passages that would offend a Protestant readership. This is the case with several references to purgatory, one to the martyrs, and other minor suppressions in Barth's translation. However, Barth's limited censorship is not consistent. He keeps some elements that Mabbe omits, such as the demands for confession when Celestina and Calisto are about to die. In the rare cases in which Barth changes offensive passages, he does so discretely, without calling attention to it in the translation notes. The only veiled criticism of Catholicism is found in a translation note to Calisto's words where he says that he would like to kiss Celestina's hands. In the middle of a long note about the origin of the practice of kissing somebody's hand, Barth adds what can be considered a covert criticism of the papacy: "Later, in Hellenistic Greece under the rule of the emperors in Constantinople, the customs degenerated into such a barbaric state that it was thought even the emperors' feet deserved to be kissed. The same practice with the popes seems to descend from this" (446). Similarly, in his prologue he compares the prose of bad writers to bulls (*bullae*), although this is an ambiguous word that means both a papal or any other decree [D22].

The differences between Wirsung's translation and the later versions by Mabbe and Barth reflect the prevailing ideologies of the periods in which they wrote. Mabbe's and Barth's moderate omissions in their translations of *Celestina* were largely for religious reasons, and their opposition to the intrusive additions of Wirsung is clear. While Wirsung wrote in the early years of the Reformation, when religious confrontation was most virulent, Mabbe and Barth wrote much later. By this point the two camps were clearly separated by what had become an ideological trench-war, in which direct confrontation was not so common. By publishing in Frankfurt, a city famous for its annual independent book fair, Barth had access to all readers, regardless of their religious creed. This was important during the period around the Thirty Year's War when Barth lived. He was aiming at both Catholic and Protestant readers, as he states in the prologue: "[T]his play has not been produced for any given theater, nor written as entertainment for any given city or nation, but as a spectacle meant to educate all the Christian world. This play warns us by depicting how the devil uses wiles in the form of the ruses of women to bring all kinds of evil to the Church of Christ, to our dignitaries, and, finally, to the people" (D27).

We do not know if the *Pornoboscodidascalus* was as widely read as Barth intended. In the prologue to his *Erotodidascalus sive Nemoralium Libri V*, the translation of Gaspar Gil Polo's *Diana enamorada* that he published in 1625, one year after the *Pornoboscodidascalus*, Barth mentions the great success of his translation of *Celestina*. He says that it was the success of his *Celestina* translation that encouraged him to keep translating other works that might be useful for young readers. We do not know if this statement was true or just a prefatory commonplace. The *Pornoboscodidascalus* may indeed have reached its intended audience. As we have seen, the market for Latin translations in Germany was very healthy and the German translation of *Celestina* by Wirsung was not a direct competitor of Barth's version. Besides, it was unavailable by the time Barth's translation was published.[14] Several European and American libraries contain copies of the *Pornoboscodidascalus*. It seems to be the most widely circulated of Barth's literary output outside of Germany. It is a rarity in Spain (Menéndez Pelayo 425, n. 2), but this is expected since it would not make sense for Spanish readers to acquire a Latin translation of a Spanish book in the 17th century, when Spanish was the accepted language of culture. However, the founding father of Spanish literary studies, Nicolás Antonio (1617-1684), quotes Barth's praises of *Celestina* in his *Bibliotheca Hispana Nova*, a monumental biographical dictionary in Latin of Spanish authors, published in Rome in 1672. In the entry for Rodrigo Cota, who he presents as a possible author of *Celestina*, Nicolás Antonio sings Barth's praises as an erudite lover of Spanish literature. Not only is the complete title page of the *Pornoboscodidascalus* transcribed but also two extended passages from the prologue are quoted in the entry (D8, D11-12). The reason why Barth's laudatory comments on *Celestina* are so important for Nicolás Antonio is that he sees him as a foreigner singing the praises of a masterpiece of Spanish literature,

---

[14] In spite of having been published in two different editions, Wirsung's translations of *Celestina* have had minimal survival. For a list of surviving copies, see Kish and Ritzenhoff 1984, 16 *et seq.*

which befits the nationalistic tone of the *Bibliotheca Hispana Nova*. Since Nicolás Antonio wrote his biographical dictionary while he was in Italy, it is likely that he may have had access to the *Pornoboscodidascalus* there. Besides Germany, the *Pornoboscodidascalus* may have been popular in England because Mabbe's English translation had not yet been published when Barth's translation appeared. Eventually, the slow death of Neo-Latin literature consigned Barth's *Pornoboscodidascalus*, along with the rest of his works, to the shelves of literary oddities.

THE *PORNOBOSCODIDASCALUS* AND THE GENRE OF *CELESTINA*

In his prologue and translation notes Barth is inconclusive on the issue of whether *Celestina* belongs to the dramatic or the narrative genre. Pigeonholing it within the narrow generic parameters of these genres did not concern Barth much because his interest in *Celestina* was as a manifestation of two supra-generic traditions. On the one hand, *Celestina* fell clearly within Barth's interest in didactic literature. This interest of Barth is apparent in the title, which contains the word "*didascalus.*" He chose this word for *Celestina*, as well as for the two other Spanish books he translated in that period: the *Pornodidascalus* and the *Erotodidascalus*. On the other hand, Barth was interested in a literary tradition that is also noticeable in the two titles mentioned above. The *Pornoboscodidascalus* and the *Pornodidascalus* contain the word "*pornos,*" which Barth is using in the etymological meaning of "pornography," i.e., the writing about prostitutes. This kind of writing, in spite of its occasional lurid descriptions of sexual matters, is actually a moralizing, didactic enterprise that uses the world of prostitution to expose and deride human frailties. It is not merely a coincidence that the satirist Lucian is considered the founder of this genre with his *Dialogues of the Courtesans*. In this tradition, the prostitute, configured as a socially dead person, can speak the naked truth with the same unrestrained causticity of some of the characters in Lucian's *Dialogues of the Dead*. Barth sees a clear line of continuity between Lucian's courtesans, the low world of *Celestina* and Aretino's dialogues, which in the title page of his translation, Barth subtitles as "*de astu nefario horrendisque dolis quibus impudicae mulieres iuventuti incautae insidiantur*" ["on the abominable astuteness and horrendous ruses with which shameless women prey on imprudent young men"]. In his translation notes to the *Pornoboscodidascalus* he quotes Aretino's prostitutes several times, and also Lucian, as when Calisto declares that Melibea is his goddess (427). Another book that belongs to this tradition of combining satire with the lower world of prostitution is Petronius' *Satyricon*, a book that Barth had edited in 1610. In his translation notes of *Celestina* Barth not only refers to the *Satyricon* to justify his translation of several passages, but he explicitly places *Celestina* within this lineage:

> If his *Satyricon* had come down to us intact, Latin would not have anything to envy from Spanish, its descendant. There is also a brilliant runner-up from the north of Africa [Apuleius' *Asinus Aureus*]. The very erudite Petronius did not write his satire with a dissimilar purpose or method [than the author of *Celestina*], and this compelled him to be very obscene since he wanted to describe his times for future generations accurately [. . .] In this genre I could not propose anything better in Latin than this translation of *Celestina* because in Spanish the story and the style are considered a masterpiece that nobody can match. (414)

Barth considers *Celestina* a member of a family of literature that chastises the habits of a period by representing some of its lowest vices, mostly sexual in nature. This is fundamentally a tradition that can take the form of dialogues but that also contains offspring that can be reclaimed as the ancestors of the novel. The irrelevance of the division between narrative and dramatic forms in this tradition is reflected in how Barth refers to *Celestina*, which he calls both "*liber*," a word normally reserved for narrative prose, and "*ludus*," a word that resounds of theater, and that he explains as follows: "I called [*Celestina*] '*ludus*' imitating Ausonius, who gave this title to his *Septem Sapientes* because he could not call it comedy or tragedy even if it had speaking parts and it was in verse" (416). However, neither in the translation notes nor in the prologue are there clear indications that Barth thought of *Celestina* as a text to be represented on a stage.[15] Barth's description of the origins of didactic litera-

---

[15] On two occasions Barth talks of placing his Latin *Celestina* "in front of the whole theater of Europe," but this is a metaphorical expression in which "theater" means just the readers. He is aware of the possibility of reading it aloud, as when he clarifies the tone in which some passages or certain words of *Celestina* are pronounced: "said in a voice showing mild indignation, in the friendly tone of an old lady" (447).

ture in his prologue (D2) implicitly places *Celestina* within the jocular, satirical tradition of the *ludi scaenici* of primitive Rome, such as the *atelana*, in which the playful, jocular ambience that called for fictional narrations also allowed the actors to hurl invectives against contemporary social vices and institutions. Words such as "*ludibrium*" and "*illudere*" are frequently used in the translation and the prefatory materials to describe this kind of burlesque spirit in the action of *Celestina*.

BARTH'S TRANSLATION NOTES AND THE SOURCES OF *CELESTINA*

Barth's notes, which he vaguely calls "*animadversiones*," are not uniform in nature. In his first notes his *modus operandi* resembles that of a medieval compiler of glosses. For instance, he comments on the references to Heraclitus and Petrarch of Rojas' prologue in two long notes full of detailed biographical and bibliographical information that is not especially pertinent. Rojas' mentions of the elephant, the viper and the basilisk are commented on by Barth with equally tiresome erudition. However, as he moves on, his tone loosens and the tediousness of the first few notes fades away as the subsequent notes become shorter and more centered on the translation of a concrete passage. In many cases, he quotes a classical or patristic source that contains appropriate wording for his translation. Sometimes this search for a Latin passage to give authority to his translation leads him to identify Seneca, Boethius, Ovid, Virgil and several other authors as the sources from which the words in the Spanish text are derived. However, Barth's purpose in his notes is not to identify the sources of *Celestina* but to authorize his translation. Barth quotes many other authors from whom he is taking expressions and words for his translation, but that does not imply that he sees them as *Celestina* sources. He shows preference for some authors, such as Claudius Claudianus and Petronius, authors whom he knew especially well because he had edited their work. In his notes Barth has a tendency to quote excessively from some of his previous works. He even includes a few lines in Spanish as an example of how he could compose iambic meters in this language if he wanted. However, most of Barth's references to his previous works are not for vanity's sake, but are a way to save time. This is especially true in his final notes, where he hurriedly finishes them by merely writing that he has already mentioned the theme elsewhere. Actually, many materials from his *Adversaria*, the monumental collection of sayings and curiosities of antiquity, published in the same year, find their way into the notes of the *Pornoboscodidascalus*.[16]

THE *PORNOBOSCODIDASCALUS* AND MODERN *CELESTINA* SCHOLARSHIP

Although few studies have been dedicated exclusively to the *Pornoboscodidascalus*, Barth's translation, prologue and translation notes are mentioned by many literary critics. Menéndez Pelayo, in his *Orígenes de la novela* is the first one to point out the importance of the *Pornoboscodidascalus* for the study of *Celestina,* and to give an extended description of its content (3: 424-32). In his study of the sources of *Celestina,* Castro Guisasola considers Barth's translation notes of no use for the retrieval of new sources (8, n. 1). However, on a few occasions, Castro Guisasola quotes Barth's translation notes, as well as passages from Barth's *Adversariorum Commentariorum* (15 n. 4, 17, 31 n. 1, 43 n. 2, 95).[17] The main study on the *Pornoboscodidascalus* is an article by Marcel Bataillon. His article points out relevant aspects, but it suffers from the same bias that has characterized most scholarship on Barth's *Pornoboscodidascalus*, i.e., to use it to justify a particular interpretation of *Celestina*. Bataillon dedicates most of his article to disqualifying Menéndez Pelayo's vision of *Celestina* as a work of realism and not as a didactic book. In this discussion of whether or not Rojas' and the first author's main intention was a didactic one, the *Pornoboscodidascalus* has often been used to corroborate an argument. This is also the case of Gilman, who retakes the argument of *Celestina*'s supposed didacticism and attacks Bataillon, as well as Barth, for misunderstanding the true intention of Rojas (19; 368 n. 27). A similar use is Lida de Malkiel's, who in her *La originalidad artística de* La Celestina abounds in references to the *Pornoboscodi-*

---

[16] Curiously, *Celestina* is also quoted in the *Adversaria* as "*Celestina* nostra." See editor's note 431.

[17] Castro Guisasola's commentaries on the sources of passages of *Celestina* were not systematic in giving the due credit to older *Celestina* scholarship, such as *Celestina comentada*, from where he took many unacknowledged leads. I think this is also the case with his use of Barth's work. For Castro Guisasola's use of *Celestina comentada*, see Fernández Vázquez, *passim*.

dascalus, many of them disagreeing with Barth's opinions. However, especially in the last decades, the *Pornoboscodidascalus* has been studied on its own standing. Marciales dedicated a few detailed pages to it in the first volume of his critical edition of *Celestina* (254-58). Becker-Cantarino has studied the *Pornoboscodidascalus* within the context of the reception of *Celestina* in Germany. Beardsley's article has proven which original Spanish version Barth used in his translation, and he has analyzed some of Barth's translation decisions.

EDITORIAL CRITERIA

This critical edition of the *Pornoboscodidascalus* is intended to be a useful tool for scholars from several fields. Consequently, besides the transcription of the whole book, our edition includes the English translation of Barth's prologue and his translation notes. We have not included the Spanish original text from which Barth translated *Celestina*, the Plantin 1599 edition, because it would make this edition unnecessarily long; additionally, this Plantin edition does not present significantly different readings. Any of the current critical editions of *Celestina* will allow the reader to see the text Barth had in front of him when he was translating. However, wherever the Plantin edition presents a variant reading, we have stated it in our editorial notes. Our English translation of Barth's prologue and translation notes, including our editorial footnotes, will be of interest for both *Celestina* specialists and scholars in other fields. As in any translation, we have tried to balance fidelity to the original with a sensitivity to modern idiom. The result is, we hope, both faithful and intelligible.

The editorial footnotes to the Latin text act as critical apparatus. They contain the original forms in the cases in which we have corrected obvious mistakes made by Barth or the printer. The editorial footnotes also contain other relevant information, at times calling attention to Barth's creation of Latin neologisms, or highlighting cases in which Barth has clearly deviated from the Spanish original in his translation, and so forth. The editorial footnotes of the English translation of Barth's prologue and translation notes give the complete reference of Barth's quotations, as well as any relevant information, such as the most pertinent scholarship for a specific issue. This edition fixes some of the problems that the rushed original printing of the *Pornoboscodidascalus* created. We can say that we have acted as the proofreaders the *Pornoboscodidascalus* never had. Evidently, our intervention has not altered the contents of the text except for emending the most blatant typographical errors, emendations that are properly noted when they may be of relevance. We have silently corrected minor printing errors, such as the very frequent typesetting mistake of placing an "n" upside-down, which reads as a "u." We have adapted the high "s" and double "s" to modern typographical use, silently expanded the standard Latin abbreviations and typographical symbols, and regularized oe/ae/e, u/v, i/j, tio/cio etc. to modern use. In words that have two forms –assimilated and unassimilated ones, vester/voster, etc.– we have regularized them to the form that Barth uses most frequently when he is consistent, or to the most common form in modern use. The equivalent applies to Greek quotations. For the many passages that Barth quotes in French, Spanish and other modern languages, we have also silently corrected the minor mistakes that can be attributed to typesetting errors. All other editorial additions and interventions are between square brackets [ ]. We have respected the spelling and regularized only the capitalization to modern use. To avoid overloading the text with information that would not be of much interest for a book of this period and would render this edition unnecessarily long, we have regularized the punctuation to conform to that minimally required by the standard present use in Latin, Spanish, French and Greek.

In the transcription of Barth's translation notes we have followed the modern practice of italicizing and capitalizing the titles, and introducing quotation marks when needed. When in the translation notes Barth enters a Greek quotation, or transcribes the Spanish original, he often adds the literal Latin translation. In these cases we have also surrounded this translation with round brackets (" "). We have respected Barth's practice of italicizing the passages of the text that he will later comment on in the translation notes. We have corrected the cases in which Barth or the printer forgot to italicize a passage that is later commented on, and we have indicated when the italicized words are not exactly reproduced in the translation note. For the sake of clarity we have put all the headings of the translation notes in bold instead of in italics. Also, in our English translation of Barth's translation notes, when he does not transcribe the Spanish passage on which he is commenting, we have added it in italics between square brackets.

The *Pornoboscodidascalus* contains few divisions in paragraphs, which makes its reading unnecessarily difficult. This is especially noticeable in the nearly one hundred pages of Barth's prologue, which are printed consecutively and without page numbers. In this case we have entered our own paragraph division, which we have numbered with the sequence [D1], [D2], etc. The Latin translation of the twenty one acts in the *Pornoboscodidascalus* was also printed without separating the speeches of the characters and only with a few sporadic line breaks to indicate the change of scene. In order to render it more legible we have entered a break after every intervention of a character and introduced a note to indicate where a line break existed in Barth's text. In these cases we have also stated if Barth has copied this line break from the Plantin edition or if it is his own decision. We have also pointed out when he has omitted one of the line breaks that separate the scenes in the Plantin edition.

BIBLIOGRAPHY

ORIGINAL SOURCES

Barth, Kaspar von. *Pornoboscodidascalus Latinus. De lenonum, lenarum, conciliatricum, servitiorum dolis, veneficiis, machinis plusquam diabolicis, de miseriis juvenum incautorum.* Francofurti, typis Wechelianis, apud Danielem et Davidem Aubrios et Clementem Schleichium, 1624.[18]
Rojas, Fernando de. *Celestina, tragicomedia de Calisto y Melibea.* Officina Plantiniana: Leiden, 1599.[19]

KASPAR BARTH'S OTHER WORKS CITED (IN CHRONOLOGICAL ORDER)[20]

P. Vergilii Maronis Ceiris, in Eam Commentariolus. Hamburg, 1608.
Musaeus, De Herone et Leandro, a Caspare Barthio Interpretatus et Illustratus. Hamburg, 1608.
T. Petroni Arbitri Equitis Romani Satiricon cum Petroniorum Fragmentis. Frankfurt, 1610.
Claudii Claudiani, Poetae Praegloriosissimi, Quae Extant. Hanover, 1612.
Tarraei Hebi [ps.] *Scioppius Excellens Epigrammatum.* Hanover, 1612.
Venatici et Bucolici Poetae Latini Gratius, Nemesianus, Calpurnius. Hanover, 1613.
Claudii Rutilii Numatiani Galli Itinerarium sive de Redito Suo. Frankfurt 1623.
De Fide Salvifica Libri Duo. Frankfurt, 1623.
Phoebadi Agginensium Galliae Episcopi contra Arianos Liber. Frankfurt, 1623.
Pornodidascalus seu Colloquium Muliebre Petri Aretini. Frankfurt, 1623.
Soliloquiorum Rerum Divinarum Liber Primus. Frankfurt, 1623.
Adversariorum Commentariorum Libri XX. Frankfurt, 1624.
Erotodidascalus sive Nemoralium Libri V. Frankfurt, 1625.
Soliloquiorum Rerum Divinarum Libri XX. Zwickau, 1655.

---

[18] A list of the copies of the *Pornoboscodidascalus* available in North American libraries is Berndt-Kelley.
[19] For a detailed description of this edition, see Beardsley.
[20] For a complete list of Barth's works, see note 4.

Works Cited

Antonio, Nicolás. *Bibliotheca Hispana Nova.* Rome: 1672. Ed. Francisco Pérez Bayer, 2 vols. Madrid: J. de Ibarra, 1783-88.
Ardila, John G. "Una traducción políticamente correcta: *Celestina* en la Inglaterra puritana." *Celestinesca* 22 (1998): 33-48.
Barella Vigal, Julia, ed. *Antonio Eslava: Noches de invierno.* Pamplona: Gobierno de Navarra, 1986.
Bataillon, Marcel. "Gaspar von Barth, interprète de *La Célestine.*" *La Célestine selon Fernando de Rojas.* Ed. Marcel Bataillon. Paris: Didier, 1991. 251-68.
Bayerischen Akademie der Wissenschaften and Bayerischen Staatsbibliothek. *Allgemeine deutsche Biographie.* Leipzig: Duncker & Humblot, 1875-1912.
Beardsley, Theodore S. "Kaspar von Barth's Neo-Latin Translation of *Celestina* (1624)." *Fernando de Rojas and* Celestina: *Approaching the Fifth Centenary (Proceedings of an International Conference in Commemoration of the 450th Anniversary of the Death of Fernando de Rojas).* Purdue University, West Lafayette, 21-24th November 1991. Ed. Ivy Corfis and Joseph Snow. 237-49.
Becker-Cantarino, Bärbel. "*La Celestina* en Alemania: El *Pornoboscodidascalus* (1624) de Kaspar Barth." *La Celestina y su contorno social: Actas del I Congreso Internacional sobre* La Celestina. Ed. Manuel Criado de Val. Barcelona: Borras, 1977.
Berndt-Kelley, Erna. "Elenco de ejemplares de ediciones tempranas del texto original y de traducciones de Fernando de Rojas en Canadá, Estados Unidos y Puerto Rico." *Celestinesca* 12 (1988): 9-34.
Brault, Gerald J., ed. *Celestine, a Critical Edition of the First French Translation (1527) of the Spanish Classic* La Celestina. Detroit: Wayne State UP, 1963.
Briesemeister, Dietrich. "La difusión de la literatura española en el siglo XVIII a través de traducciones neolatinas." *Iberoromania* 7 (1978): 3-117.
Castro Guisasola, Francisco. *Observaciones sobre las fuentes literarias de* La Celestina. 1924, CSIC, *Revista de Filología Española,* Anejo 5. Madrid: 1973.
Deyermond, A.D. "The Text-Book Mishandled: Andreas Capellanus and the Opening Scene of *La Celestina.*" *Neophilologus* 45 (1961): 218-221.
Drysdall, Denis L. La Celestine *in the French translation of 1578 by Jacques de Lavardin.* London: Tamesis, 1974.
Dunnhaüpt. Gerhard. *Bibliographisches Handbuch der Barockliteratur.* Vol. 1. Stuttgart: Anton Hiersmann, 1980.
Eslava, Antonio. See Barella Vigal.
Fernández Rivera, Enrique. "'Huevos asados': nota marginal." *Celestinesca* 17 (1993): 57-60.
Fernández Vázquez, Modesto. "Estudio filológico del Ms. 17631 de la Biblioteca Nacional de Madrid." Diss. Universidad Complutense, 1983.
Fothergill-Payne, Louise, Enrique Fernández Rivera and Peter Fothergill-Payne, eds. *Celestina comentada.* Salamanca: Ediciones Universidad de Salamanca, 2002.
Gilman, Stephen. *The Spain of Fernando de Rojas.* Princeton: Princeton UP, 1972.
Grant, Leonard. "European Vernacular Works in Latin Translation." *Studies in the Renaissance* 1 (1954): 120-56.
Green, Otis. "The *Celestina* and the Inquisition." *Hispanic Review* 15 (1947): 211-16.
———. "Additional Notes on the *Celestina* and the Inquisition." *Hispanic Review* 16 (1948): 70-71.
Heugas, Pierre. La Celestine *et sa descendance directe.* Bordeaux: Institut d'Études Ibériques et Ibéro-Américaines de l'Université de Bordeaux, 1973.

Hoffmeister, Johannes. *Kaspar von Barths Leben, Werke und sein Deutscher Phönix.* Heidelberg: Carl Winters Universitätsbuchhandlung, 1931.
Hordognez, Alfonso, tr. See Kish, 1973.
Ijsewijn, Jozef. *Companion to Neo-Latin Studies.* Amsterdam: North-Holland Publishing Company, 1977.
Kelly, Walter K., tr. *The Heptameron of Margaret, Queen of Navarre.* 8 vols. London, 1846.
Kish, Kathleen V. *An Edition of the first Italian Translation of the* Celestina. Chapel Hill: The University of North Carolina Press, 1973.
―――. "*Celestina* según Christof Wirsung, autor de las traducciones alemanas de 1520 y 1534." *Actas del VIII Congreso de la Asociación Internacional de Hispanistas.* Ed. David E. Kossoff *et alii*. Madrid: Istmo, 1986. 97-104.
Kish, Kathleen and Ursula Ritzenhoff. "The *Celestina* Phenomenon in Sixteenth-Century Germany: Christof Wirsung's Translations of 1520 and 1534." *Celestinesca* 4 (1980): 9-16.
―――, eds. *Die* Celestina-*Übersetzungen von Christof Wirsung:* Ain hipsche Tragedia *(Augsburg 1520),* Ainn recht liepliches Buechlin *(Augsburg 1534), mit Holzschnitten von Hans Weidlitz.* Preface by Walter Mettmann. Hildesheim: G. Olms Verlag, 1984.
Lida de Malkiel, María Rosa. *La originalidad artística de* La Celestina. Buenos Aires: EUDEBA, 1962.
Lobera, Francisco J., Guillermo Serés, Paloma Díaz-Mas *et alii*, eds. *La Celestina, tragicomedia de Calisto y Melibea.* Barcelona: Crítica, 2000.
Mabbe, James, tr. *Celestine or the Tragick-Comedie of Calisto and Melibea, 1631.* Ed. James Fitzmaurice-Kelly. New York: Ams Press, 1967.
―――, tr. *Celestine or the Tragick-Comedie of Calisto and Melibea* (Transcription of the Alnwick Manuscript). Ed. Guadalupe Martínez Lacalle. London: Tamesis Books, 1972.
Marciales, Miguel, ed. *Celestina: Tragicomedia de Calisto y Melibea.* Illinois Medieval Monographs 1. Brian Dutton and Joseph T. Snow. 2 vols. Urbana: University of Illinois Press, 1985.
McGrady, Donald. "Two Studies on the text of the *Celestina*." *Romance Philology* 48 (1994): 1-21.
Menéndez Pelayo, Marcelino. *Orígenes de la novela.* Vol. 3. Madrid: CSIC, 1962.
Riquer, Martín de. "Fernando de Rojas y el primer acto de *La Celestina*." *Revista de Filología Española* 41 (1957): 373-95.
Russell, Peter E. "The *Celestina comentada*." *Medieval Hispanic Studies Presented to Rita Hamilton.* Ed. A.D. Deyermond. London: Tamesis, 1976. 175-93.
―――. "El primer comentario crítico de *La Celestina*: Cómo un legista del siglo XVI interpretaba la *Tragicomedia*." *Temas de* La Celestina *y otros estudios. Del Cid al Quijote.* Tr. Alejandro Pérez. Barcelona: Ariel, 1978. 293-321.
Sandy, John Edwin. *A History of Classical Scholarship.* Vol. 2. Cambridge: Cambridge UP, 1908.
Snow, Joseph T. "Hacia una historia de la recepción de *La Celestina*: 1499-1822." *Celestinesca* 21 (1997): 115-72.
―――. "Historia de la recepción de *La Celestina*: 1499-1822, II." *Celestinesca* 25 (2001): 199-282.
―――. "Historia de la recepción de *La Celestina*: 1499-1822, III." *Celestinesca* 26 (2002): 53-121.
Wilamowitz-Moellendorff, U. von. *History of Classical Scholarship.* Tr. Hugh Lloyd-Jones. Baltimore: The Johns Hopkins UP, 1982.
Wirsung, Christof. See Kish, Kathleen V. and Ursula Ritzenhoff, 1984.

[title page]

PORNOBOSCODIDASCALUS LATINUS

De lenonum, lenarum, conciliatricum, servitiorum dolis, veneficiis, machinis plus quam diabolicis, de miseriis iuvenum incautorum qui florem aetatis amoribus inconcessis addicunt, de miserabili singulorum periculo et omnium interitu.

Liber plane divinus

LINGUA HISPANICA ab incerto auctore instar ludi conscriptus *Celestinae* titulo, tot vitae instruendae sententiis, tot exemplis, figuris, monitis plenus ut par aliquid nulla fere lingua habeat.

CASPAR BARTHIUS
inter exercitia linguae Castellanae cuius fere princeps stilo et sapientia hic ludus habetur, Latio transcribebat.

Accedent dissertatio eiusdem ad lectorem cum animadversionum commentariolo. Item *Leandris* eiusdem et Musaeus recensiti.

FRANCOFURTI

Typis Wechelianis, apud Danielem et Davidem Aubrios et Clementem Schleichium,

anno MDCXXIV

[pg. i rect.]

C. BARTHI DE *PORNOBOSCODIDASCALO* ET LATINO SUO DISSERTATIO

[D1] Cum in duobus exemplorum observatione et doctrina litteraria omnis prudentia rerum humanarum consistere censeretur, sapientiae antistites, qui libris condendis posteritati pro copia sua consulere animum induxerunt, cum nihil non eloquentiae munere aeternitatis spei consecraretur, postquam usum rerum cum scientia litterarum coniungi illumque ex hac instrui posse animadverterunt, non defuerunt officio suo quod commune egregium illis iniunxerat quin utrumque iunctim tradere vellent. Ubi igitur praeceptis experientia confirmatis, solidam doctrinam mentibus suis induxissent, rati quae longis aetatis spatiis ipsi didicerant [pg. i ver.] compendio facilius nepotibus comprendari posse, illud egerunt ut de vita publica exempla morum corrigendorum mutuati talia scripta emitterent quae rerum ubique contingentium fictionibus commodis veritatem exprimerent. Sic etiam in profundissima antiquitate cuius paucissima ad nos scripta servata sunt scenam fabulis theologiae consulti primum aperuerunt. Non ausi tamen in mediis urbibus populi scita corrigere aut barbaris hominibus amariores emendationum regulas proponere, per silvas primum et porro vicos explicarunt praeceptionum seriem. Cum enim vi omnia agi viderent, potentiam naturae legibus praepollere, non audebant genuinum figere in hominum truculentorum correctionem caedibus rapinisque omnia torquentium sub iuga tyrannidis suae. Itaque scitis primum fabularum involucris utile dulci miscentes canendas populo historiolas sparserunt ut leo ursum, vulpis lupum deceperint ut ea ratione admoniti ingeniorum natura aequalium homines in civilem tandem atque sociabilem vitam transirent. Quod cum a sapientissimis mortalibus effectum popularis utilitas omnibus modis commendaret, ceperunt tandem leges condere, urbes munire, magistratus eligere, nihil non facere ut ex feris belluinisque concursibus et victu barbaro in civitates morum aequabilitate vinctas humanitas redigeretur.

[D2] Hinc officio porro suo et ipsi illi et successores deinceps [pg. ii rect.] eorumdem instantes cum possibile vix foret concionibus publicis omnia obtinere aut seligere etiam quibus doctrinam suam commendarent, libris condiderunt primum easdem fabulas, mox singulis urbibus singula aedificia construxerunt quibus illiteratae etiam plebi quid in vita cavendum quid amplectendum esset ostenderent prudentiae et sapientiae consulti. Sic inductae theatrorum et spectaculorum voluptates, quamquam ingenti post abusu infandam licentiam omni libidinum generi invexerint, honestis tamen principiis nituntur. Velut autem sempiterna mortalitatis lex omnia finibus ambiguis versat sic bona haec beneque instituta, vitae in fabulis castigatio plane in ludibria vulgi demum concessit, satiris priscis, fabellis, comoediis, ludis, tragoediis in turpium histrionum postestatem collabentibus qui prostitutis corporum gestibus infami suae vitae solatia tantum et otiosorum animorum oblectamenta quaesiverunt longe a scopo prudentium veterum recedentes.

[D3] Igitur cum vera doctrina pretia apud paucos remansissent, coeptum est ab illis officium suum hoc modo instaurari ut non quae populo placerent sed quae eruditiorum plausibus laudarentur libris commendarentur involuta ambagibus et circumscripta omnis generis figmentis ne arcana scientiarum in manus vulgi incidentia ludibrio temere haberentur. Huius generis pleraque sunt veterum [pg. ii ver.] Graecorum monumenta –immo fuerunt potius, cum observatione diligenti indagatum a nobis sit, ex mille millibus librorum ab Hellade ne centum quidem, immo ex universa omnium copia nec mille ipsos librorum conditores ad nos pervenisse– quae ingeniosis carminibus studio intricata nobilissimarum scientiarum secreta sinu suo tegunt adeo quidem densa ut posteritas omnis fere non suffecerit unius Homeri enarrare doctrinam et prudentiam. Quo genere diligentiae si aliorum etiam vatum scripta excussa ad nos venissent, plures fortasse quos admiraremur haberemus quam nunc, transeunte oculo, vix lectione dignamur plerique.

[D4] Sic conservata vetustissimorum sapientium doctrina ad Romanae reipublicae tandem proceres venit. Quo imperio funditus everso, innumeris barbarorum gentibus spolia orbis terrarum refigentibus et diripientibus, sane conservata forent monumenta eorum hominum si apud maiores nostros tantum studium sapientiae quam superstitionis fuisset. Illo vero cum animi eorum ferociores non caperentur, mirifice autem hoc a subdolis victorum technis intricarentur, evanuit fere omnis primorum temporum eruditio (de sacra iam non loquitur) et postinde plurimis saeculis detabuit eo modo ut ex superstitibus fati singulari clementia [pg. iii rect.] paucis et minime bene acceptis libris tandem avorum atavorumque nostrorum memoria potuerit aliquatenus restaurari. His vero duobus fere iam saeculis cum meliore vultu Deus mortalia conspexisset, eo laborari undique coeptum est ut, artium scientiarumque fundamentis inquisitis et excussis, cubilibus tandem intimis suis barbariae paedor exigeretur, scripta autem nobilissimorum hominum vel integra vel integritati proxima in vitam iam paene amissam reducerentur. Sic revixerunt libri, omnium humaniorum litterarum situs excussus est, prodierunt velut e sepulcris Graiorum Latinorumque scriptorum eximia opera unde vita communis simul instrui et ingenia expoliri ad priscorum nitorem possent. Nec obfuit saeculo nostro magnopere nox illa quae tot monumenta optimorum auctorum obscuravit nisi quatenus alia omnino absorpsit quae enim diu latuerant. Cum faenore lucis iam inclarescunt et veterum additis instructionibus recentium et iam viventium ingenia decora sua in immensum extulerunt.

[D5] Ut autem antiquissimis temporibus fabularum et figmentorum utilitas commendatissima fuit, sic ingeniosissimi praesentium quoque scriptores exemplis talibus depingendis bonam operam collocare voluerunt humanam [pg. iii ver.] sapientiam velut ad principia sua reducentes ut speculo simplicitatis priscae hodierna comitas atque astutia qua delinqueret corrigeretur et emendaretur. Et mihi quidem unice utiles tales in universum fictiones semper visae sunt. Si enim certum est, ut negaverit nemo, duabus potissimum rebus prudentiam ex libris augeri posse, monitis nimirum cordatorum hominum et exemplis, non invenietur aliud genus monumentorum quod fructu utili cum isto comparari possit, quod enim egregiae vivendi regulae paucis verbis comprehensum proponunt quae sententiae nunc vulgo appellantur, id exemplis personarum scite ad fortunae consuetudinem repraesentatis applicatur isthic et quasi ob oculos producitur. Historiarum scriptiones erunt qui utroque hoc nomine fortasse praeferant, mihi vero nequaquam ii homines a nostro sensu recedere illa illatione videntur, potius contra in opinione nos percepta conservare et confirmare velle. Si enim clarius quis omnium historiarum seriem inspicere voluerit, non aliter iudicabit quam maximam earum partem non tam fabulosam aeque atque figmenta talia sed et plane fabulam esse, nullo alio genere a ludis eiusmodi differente quam quod certa tempora definire ubi res gestae quaelibet sint loca nominare et personas veras inducere historici soleant. [pg. iv rect.] Caetera enim quae super consiliis regum, principum, magnatum decidunt non magis ad unum aliquem ex illis pervenire potuerunt quam vulgo cuivis cognita esse cum negotiorum illorum consilia plerumque ab eventu proponantur et talia fuisse iudicentur quae talis fortuna sequi soleat. Ipsa autem summorum hominum praecipue militaria decreta in paucorum notitiam omnino pervenire possunt, ita tecta et involuta ut maximorum bellorum hodie momenta vix trium aut quattuor hominum conscientia geri nemo acutior non videat. Itaque mihi non raro, credo et aliis, hoc usu venit ut commentaria rerum gestarum legens parum equidem illis fidei adhibere possim nisi quatenus, ut modo memoratum est, temporum certa spatia definiunt quid quoque eorum evenerit. Hoc enim decipi diligentia scribentium non facile potest deinde quo nomine quisque procerum censitus sit, qua fortuna floruerit, nam reliquorum incerta fiducia erit.

[D6] Nec tamen hic omnia talium genera eodem iudicio censere nos arbitreris. Sunt enim viri sagaces qui publico bono publicis etiam negotiis praesunt, qui sane earum rerum quibus ipsi interfuerunt aut quae in conspectu paene ipsorum iis in regionibus ubi ipsi vivunt gestae sunt penitiorem caeteris cognitionem habere possunt. Velle autem etiam hos tales ex vulgo sparsis rumoribus, interceptis hinc inde magnatum litteris saepe [pg. iv ver.] alia omnia sentientibus quam prae se ferant, tales componere historias quibus obligati velut credere cogamur eo nimiopere a bono suo iudicio nobis recedere videntur. Praecipue autem hoc peccare mihi iidem isti videntur, quod paucorum admodum eventuum consilia nota habentes in immensum opera sua producant adeoque integrorum saeculorum res gestas credibiles eloquentia sua proponere laborent, cum fieri nullo modo possit quin alienis illi et parum omnino probandis quia maxime dissentiunt, commentationibus nitantur adeoque nolint se spatiis unius aut alterius regionis includi ut quae toto terrarum orbe gesta sint pro veris, uti ipsi accipere potuerunt, posteritati uno impetu se tradituros sibi credant.

[D7] Sed his exsequendis prolixior alibi locus dabitur. Nos figmentorum illorum utilitatem magnopere commendabilem arbitramur qui eventus, fortunas et consilia hominum aequa atque iniqua velut in scenam producant ut sine periculo suo quisque discere valeat quod vitandum expetendumque ordo temporum ferat. Nihil enim per omnes viventium status contingere potuit hactenus aut porro poterit quod affictum personis cum ipso eorum sermone egregie assimilato hoc modo notandum praehiberi non valeat. Sic veteres Graeciae vates etiam summorum regum personas ludis suis induxerunt qui iam dum ubique pro diis colebantur, quorum facinora [pg. v rect.] turpia tragoediae detestanda proferebant. Popularium autem et privatorum monitis factae erant comoediae, harum cum bona diligentia doctorum penetralia iam omnibus reclusa sint neque desint qui nunc quoque telam ab illis texi orsam, posteritatis commodo detexere velint.

[D8] Nobis visum fuit ad Europae nostrae idiomata proficisci et inde communi mortalitatis bono egregiorum ingeniorum tradita Latino sermoni inducere ut publice aeque ab omnibus litteratis legantur quae in iis peculiaria optima delitebant hactenus. Sic ad Hispanismum hodiernum addiscendum nonnihil operae impendentis hunc ludum reludere et communi Europae theatro exhibere voluimus ne publico commodo hac etiam in parte opera nostra deesset. Maluimus autem primo istum quem alium quemlibet interpretari quoniam et materia ei talis est ut iuventus nostra praecipue in hanc voluptatum partem peccans hinc vel maxime necessaria documenta haurire vitae caute instituendae possit et tot interspersae huic brevi scripto tam ex mediis rebus petitae tamque capitales insint sententiae ut, qui vel solas has animo fixerit et velut regulas dirigendae (praecipue peregre vivens) vitae edidicerit usuque adhibuerit, non vulgarem sapientiae opinionem apud omnes boni iudicii adepturus certo videatur. Accedit quod et dicendi [pg. v ver.] genus tam comptum, politum, exactum, numerosum, grave atque venerabile est in suo, huic libello, idiomate ut pares per universa eius spatia paucos inveniri consensus ipsorum Hispanorum fateatur. Taceo nunc peculiarem quemdam genium affingendis personis quibuslibet moribus et ex his sermonibus huic scriptori datum, a quo certe longe abest quicquid Graecorum aut Latinorum monumentorum ad nos pervenit. Quod mecum sentiet qui indidem sententias primum singulas, deinde personarum mores post scopum scriptionis et deductionem considerabit ut de stilo nunc taceam. Et sententiarum quidem ea est comitas et eruditio ut vulgarium hominum animos, non minus atque si ipsis solis scriptae forent, mirifice penetrent et opinione melioris doctrinae ipso quasi ictu percellant ut malint iis accedere quae in istis praecipiuntur quam morem suum tenere, hoc est, brutam vitam exsequi porro etiam velle. Eruditorum autem vel principes penitissimae sapientiae et antiquitatis profundae hic monita percipient ut solum hoc vel praecipuum certe egisse auctor huius libri videatur, quo pacto in materie vulgari instrueret etiam eorum pectora qui iam in arcem doctrinarum evasissent.

[D9] Hoc egregium est illud sollertissimi censoris praeceptum, miscere dulci utile et, excusso naso, quod de illo vir doctissimus censuit, populum suspendere, hoc est, dum stupet ille, mores suos ex re ipsa [pg. vi rect.] notari, superesse tamen tantum comitatis philosopho ut nulla auctoritas aut austeritas eum exosiorem faciat. Hoc vult verae doctrinae sibi conscium pectus, nil indignationis in ipsa etiam vitia sibi permittere sed, tranquillitate animi per omnia stabili servata, ire in medias res et suavitate illa divina undique relucente partes tamen interim castigatoris agere. Hoc in genere versati mihi olim visi sunt philosophorum procul dubio prudentissimi, eclecticos sese dictitantes, qui per omnium sectarum penetralia redeuntes flores sapientiae undique colligebant, non autem certis praeceptis aut scriptis uni materiae destinatis ingenia exercebant aut prodesse publice studebant sed ne quid fastidii vel morositas vel prolixitas facerent, per iocum quasi et ludentes intima philosophiae reserabant floribus velut omnis generis sparsis per compita ut qui quopiam malo afficeretur continuo sibi medelam aliquam de obvio peteret.

[D10] Reliquum certe eorum genus qui sapientiam humanitus professi sunt, dum in artem omnia redigere laborant, dupliciter fine suo praeceptorumque suorum lapsi videntur. Primo quidem dum studia disciturorum in ambagibus anxiae methodi enecarunt, ut adolescentes animi metu tam subtilium inductionum perculsi et absterriti maluerint quidvis aliud quam per tot putamina paulum illud nuclei quaerere. Neque istuc autem solum hoc loco sed vero immanius [pg. vi ver.] etiam doctores illi peccarunt dum nihil omnino bonarum et vitae utilium praeceptionum sine scholastico supercilio in commune protulerunt, velut necessarios rhetorum inanes et nugaces locos atque alia mille deliria tam in dispositionibus operum quam in tractationis sermonibus observantes. Quo sane difficillimas omnes suas commentationes effecerunt ut adolescens excitati ingenii et sapientiae cupidus e scriptis ipsorum nihil fere percipere posset nisi aliquot ante annis scholas rhetorum et dialecticorum trivisset. Quae res non solum odiosa verae studia sapientiae (quae quo verior eo est simplicior et facilior) sed etiam contemni obvia exhibuit qui enim nisi per tot aerumnas ad ea accedere posse desperabat, odio eorum capiebatur qui alios eorum tanto labore per tot annos fatigatos parum admodum cepisse aut assecutos esse videbat et id ipsum quo pacto in vita communi usurparet inscios. Primum professores ipsos, deinde sectatores, ad extremum ipsa etiam studia contemptu sequebatur, ut sunt mortalium animi, praecipue vulgo generosiores qui, quo nobiliores ipsi sunt, eo minus negotii ab aliis facessi sibi volunt eoque facilius pro ignavis laboriosos illos et futiles vanarum rerum tractatores vituperant.

[D11] Secundo autem loco magistri philosophiae capitaliter peccasse in eo videntur quod [pg. vii rect.] ab usu communi et vitae tractatione studia sapientiae seiungere voluerunt ipsi et aliis persuadere porro connisi sunt separatim haec coli posse. Qui error adeo ineptus atque vecors mirum me habet quo pacto tot saeculis tam paucos contradictores invenerit. Certe natura duce et praeceptrice hoc omnes mortales norunt sapientiam eam rem non esse nec de eo genere quae palpando animos hominum felices facere aut intra eorum sincipitia summam suam absolvere vellet. Luce contra atque laude plurimorum delectatur neque gaudet ullarum rerum scientia ab usu vel publico vel plurimorum certe remota et intra cancellos inertissimarum speculationum conclusa. Quo pacto enim tanta res quae diis proximos mortales facere semper omnibus visa est situ delectetur, tenebris sese tegat, fugiat splendorem, nolit prodire et bona sua exercere cum liquidius nihil sit quam in exercitio virtutum et felicitatum omnium summas consistere? Quid enim prodest scientia vel habenti eam vel aliis qui per eam meliores et feliciores fiere possint si abnegetur poscentibus, invideatur quodammodo sibi ipsi et infaustis unius alteriusque capitis possessionibus velut in carcerem damnetur? Exempla deorum [pg. vii ver.] immortalium considerare hoc genus homuncionum debebat. Quos ipsi, quamvis portentosissimos fingerent, nullo modo tamen tales excogitarunt qui singuli pro se sibi saperent. Sed cum innumera millia idolorum confinxissent, in rempublicam tamen universam unam solam orbis huius universi induxerunt, partes suas assignarunt cuique quibus exerceret quod ipse prae caeteris excoluerat melius et sciebat promptius. At semiinsani isti fabulatores talem sibi sapientiam imaginarunt quae ipsos a vulgi, ut aiunt, conversatione eximeret ne qua scilicet tam pura illa facem traheret insipientiae quae omnibus hominum negotiis interveniebat. Hinc e communi vivendi consortio in abdita loca profecti sunt quidam, alii aliis moribus in media plebe viventes eo excellere sibi visi sunt quod, cum ineptissimi ab omnibus indicarentur, in sinu tamen suo se sapere sibi persuasissent. At quamquam immensa talium vis et copia semper fuerit, non defuerunt tamen alii contra, licet pauciores quam usus erat, qui quod didicissent in communem utilitatem proferabant et aliorum vicissim bonis gavisuri sua etiam communicarent illis vel vivendi usu vel libris minime operosis aut intricatis sed eo prudentioribus et cordatioribus, quo lucidioribus et facilioribus. Quicquid hi sciscebant ut vitae utilitatem aliquam afferret, operam dabant comi quodam et venustate, commendabili lepore omnia dicta tingentes. Horum ut omni [pg. viii rect.] antiquitate pauci fuerunt, ita nostra memoria uno saeculo tot extitisse gloriari licet quot ne iunctis quidem ante caeteris omnibus. Quoquo regionum aut locorum te vertes omnibus hodiernis idiomatis linguarum hoc genus scriptorum excellere videbis.

[D12] Ut autem Hispanicae seu Castellanae linguae gravitas et proprietas hodie caeteris fere amplior est, ita et in hac licet plures auctores id genus observare qui iuncta utilitati venustate fictionum in publicam prodesse connitantur, adeo quidem ut, si qua in caeteris, Gallica praecipue, delectabilia simul et utilia talia scripta prodeant, pleraque vel inventionibus Hispanorum vel illustrationibus debeantur. Inter omnia autem huius tam locupletis et copiosae talium, multorum iudicio excellit hic ludus quem sententiarum in medium ex omni genere eruditionum quam aptissime prolatarum nomine nunc commendamus. Nimirum cum universa series scriptionis ludum et fabulam fateatur tantaque sit suavitas actionum et concinnitas personarum ut velut rem gestam et adhuc ob oculos versantem, necesse sit plurimorum animos in id solum intentos efficere ut, quo modo tam utilis et usitata historia deducatur, omni affectu inspiciant et discant, intersit autem auctoris data occasione partes suas docendi et instruendi non negligere, factum est exinde ut in hoc ludo nulla pagina sit quae non aptissimis [pg. viii ver.] monitis scateat. Neque obest hoc loco quod obici a quibusdam posse video qui curiosiores alienorum operum esse solent, ipsi vero vel elumbia[21] omnia vel nihil in litteras omnino mittere possunt, non servatis quodammodo personarum meritis etiam summae prudentiae scita proponi. Sic initio statim vilis servulus qui iracundiam suam tantum moderari non potest ne domi propriae ipsius anum imbellem post capitali suo periculo interficeret tam insignia percepta hero ex amo-

---

[21] Reads "elambia."

re laboranti suppeditat ut omnium philosophorum myrothecia exhausisse videri possit. Contra hunc et Celestinam, astutissimam et scelestissimam anum, inducitur deinde summae sapientiae rationibus nitens vilior etiam adolescentulus in lupanari a prostituta lena educatus, in nullam bonam spem genitus, qui quantum ipse prudentiae habeat post communi cum Sempronio facinore demonstrat Parmeno. Hoc semoto, ipsi muliones pueri in stabulo et inter sese dum ad amicam eunti hero scalas supportant, mysteria prudentiae et sapientiae colloquuntur. Ego vero nequaquam vel haec vel talia in hoc scripto accusatione ulla digna esse fatear cum scopus huius scriptionis is sit ut pariter hominum omne genus amantium iuvenum opibus et saluti infestum populo atque omnibus conspiciendum proponat. Iam si quis servulus tale quid machinetur, quo pacto melius doceri poterit eius fraus [pg. ix rect.] quam si illico aliquis alius introducatur in re recenti eum stultitiae simul et malitiae suae arguens? Quod sane omnino omittendum erat officium si hoc modo non alter alteri praestaret. Herum enim induci talibus castigandis minime aequum erat qui nescire debet fingi omnia eiusmodi quae ex servis audita ipsum illos concidentem virgis facerent et amoris imperio tam diu subducerent qui mente velut captus aut occaecatus sensibus praepingitur. Sic magna utilitate has leges migravit scriptor noster quae a nemine alioquin vel summo omnium auctorum tam rigide observatae sunt ut non aliquammultis locis castigationi locum reliquerint.

[D13] Quanta vero fictionum concinnitate etiam vilissimae hae personae partibus sapientium fungantur, in nulla earum poteris facilius observare quam Celestina ipsa. Quae cum vilitate quadam conscientiae suae, tam astuta atque noxia, tam rei suae studiosa introducitur ut frustra vel in sermone eius vel in dicto aliquo ullo quid reperire laboraturus sis ex quo non perfidam quandam, uti dixi, vilitatem et hominem contra suam conscientiam semper ex consuetudine male facientem cum desperatione et contentu omnis honestatis agnoscas. Cum ad libidinum res pervenitur, non sperat illa quidem sui amore pellicere quempiam, non et obliviscitur tamen ideo consuetarum artium quin adolescentibus hominibus talia oggerat quibus pruritus eorum etiam, tam arida anu pronuntiante, excitetur. Advertit deinde [pg. ix ver.] summa astutia in alumnas suas eos affectus, quibus irretitos non minus ulciscitur atque perdit quam si propriis ipsius suis libidinibus innexuisset. Neque ex huius daemoniacae vetulae ore quippiam melioris animi dictum proficiscitur quin a tali persona proferri sentias, quae, quamvis vera esse quae dicat non nesciat, numquam tamen ea facessere studuerit. Considera per omnes actus personam huius, nullis non salutaria proponentem videbis quae tamen fieri contra ipsius sit votum. Sic simulando illa decipitur a sese ipsa, quae poena a Deo immortali desperatis hominibus vel atrocissima infligitur, ut suadeant non raro bonis bona, ipsi mala sua mente in malorum patratione persistant. Ad exemplum huius si caeteras etiam excutere velis, neminem non scopo suo deditum id tamen non omittere videbis uti alios moneat honesta etiam publico mortalium generi adsit ab iis praemonendo quae ipsemet cavere non potest aut negat.

[D14] Plena generoso animo est Callistonis, etiam stulti indoles. Neminem servum per iram, ut amor est alioquin sui impotens, castigat, aut verberibus obiurgat. Pertinaciae solum Parmenonis aliquando minatur, licet patrimonium perire videat, anum scelestam esse et publice pro tali haberi norit, ut patet ex sermone quo se ipsum super obitu eius consolatur. Tam fatuum amor facit ut nihil non illis credat, tamen ita sui obliviscitur ut lectori [pg. x rect.] aptissime qua licet consulat. Quae res vel sola sufficiat scopum huius commentationis et ab ea pendentem communem iuventutis utilitatem omnibus commendare. Quod si caeterarum personarum ingenia penitius considerare volueris, nil penitus omissum senties quod ad mores in communi vita exprimendos faciat. Multa etiam adeo divine ficta ut praesentes veros ipsos homines in consilio habuisse auctorem dixeris. Celestina ipsa, quae anima velut et caput est universae fabulae, nullibi non cautior est omnibus et illos ipsos qui nihil aliud studebant quam deceptionibus vivere egregie decipit, Parmenonem et Sempronium puta, qui cum astutias anus etiam in sese expetere velle sentirent, vi rem denique egerunt nullo alio genere tantis technis ablaturos quicquam sese videntes.

[D15] Haec ubi Callistoni colloquitur, ita sermonem temperat uti fastui eius nobilitatis et libidini imperiosae in ipsa subiectione animi commoda omnia dicat. Talium enim hominum animis generi et opulentiae confidentium nihil non iustum, nihil non ab aliis expediendum in ipsorum ministerio videtur adeo ut cum damnis censuum suorum auctoritatem quaerant mandatorum. Hic Callisto, quamquam amore ardentissimus, etiam in ipsis servilibus blanditiis spiritus tales non omittit, quibus mirifice supparasitari novit Celestina ita ut hominem magis etiam illo tali [pg. x ver.] fastu inflatum reddat, modo lucrum in ipsam rediens contemneret –quod sane in glorioso et amore decepto iuvene non poterat non obtinere– modo moribus eius obsecundare nosset. Eumdem cum domino ludum ludunt etiam servi sed in hoc incauti quod maiorem astutiam Celestinae ad ipsos etiam decipiendos blandam non agnoscunt neque sentiunt nisi nimium sero et damno suo.

[D16] Ipsa vero artifex lena, quamquam toto opere nimium quam pulchre personae suae indolem efferat, nullo tamen loco omnia sua artificia melius exercet quam ubi cum Melibaea colloquium habet. Illic videas mulierem malarum artium doctissimam omnis experientiae suae technas accersere ut miseram nobilitati, opibus, amori parentum suo denique ipsius honore et existimatione in foedum amorem excutiat. Minimum sane hic incantationes egerunt, quamquam et huius sceleris crimini anum veneficam illigarunt, quibus etiam demptis, vix quaequam puella caeteris talibus assultibus restiterit. Norat nimirum tot annorum lena ex tempore omnia consilia atque ad animum cuiusvis puellae expugnandum ex re ipsa vertere. Sic castam mira ambitione circumit donec eloqui quod commissum erat et ad quod efficiendum spes amplioris et praeceptum iam lucrum urgebant auderet. Non quidem quod non omnia auderet sed quod primo tum eam alloqueretur quae tot virtutibus tota civitate erat commendatissima, [pg. xi rect.] ipsa omnibus bonis suspectissima, scelerum publice notissimorum conscientia omnibus hominibus aspernabilis. Cum vero iam primo assultu turbasset animum puellae ut, etiamsi de internuntiae et negotium gerentis infamibus sceleribus nullo modo dubitare posset, de re ipsa tamen aliqua dubitatione commoveretur nec vel sic tamen quicquam concederet, ne verba quidem auditura deinceps tam suspectae portatricis, ecce tota astutia sua in se coacta ad rem sacram subito trivenefica convolat et non solum humanae femineaeque sed et celestis pietatis inductione sceleratissima anus utitur ut vel paulum modo scrupulum menti castissimae iniciat. Sic miseranda virgo cum pro virtute sua summa pudicitia nimirum loqui sibi videretur, aliam etiam maiorem conculcare persuadetur, velut homini aegroto id negare contendat quod maxima illius utilitate nullo suo damno, iubente Dei omnipotentis mandato, facilime gratificari posset. Hac ratione dubia reddita mente simplici et quo castiore, eo clementiore et miserantiore, quanta deinde tolerantia etiam antehac instructa arcanissimis dolis patientiam suam scelestam continuat, tali quidem astutia ut ad extremum puella non solum voto ipsius consentiat sed et iracundiam suam deprecetur. Hac ego fraude, ut lenae impurae subito incidenti, nihil ingeniosius auctorem excogitare potuisse existimo et hac una illa omnibus virtutibus suis puellam excussam in barathrum malae libidinis et fortunae non tam praecipitem ruit quam [pg. xi ver.] manu data, etiam orantem et obsecrantem, ducit.

[D17] Non licet hic expendere tacitas obmurmurationes vocum quibus venefica eo uti inducitur ut videamus fingere illam tremorem et horrorem puellaris iracundiae quo etiam cauto lectori imponere alioquin posset. Iam quanta moles erit verborum quibus enarrare debeas cum matre puellae sermones, cum ancilla, cum ipsa coram utraque et mox altera tantum? Nihil contra unius astutias omnis familia in unico, eoque carissimo, et in spem summarum opum educato pignore potest et sapit. Longior ipso opere sit talis consideratio et indicium secutus ingeniosus lector facile caetera cubilibus ipsis technarum latentia evestigabit. Si personam deinceps eamdem cum iuvenibus servis, si cum meretricibus colloquentem expendes, ita omnia conciliantem videbis ut voluptate cuique expetitissima succurrat, ea tamen ratione ut ipsa directrix omnium sola lucro et emolumento fruatur. Illuduntur ita ab una omnes. Parmenonem Sempronio primum conciliat ut suspicari neuter possit aliud quicquam illam quam ipsorum commoda quaerere cum sane nihil magnopere eius interesse videretur amici illi an inimico invicem animo viverent. Atque hoc dolo furatur amborum animos: Sempronium amicae quam ex diuturna consuetudine velut fastidiebat miris artificiis reconciliat uti etiam paene visum rivalem [pg. xii rect.] non videat, ferat iniurias scorti sui diobolaris et animum simul exagitatione eiusdem suum pascat et satiet. Parmenonem autem longe formosiori et tali amicae subito conciliat eamque complexibus eius ipso negotio et opere immittit cuius ille concubitu potiri paene desperabat. Erat namque formosissima Areusa et admodum adolescens, quod ex Sosiae sermonibus postea datis notum fit, ut et amaret illam impensissime iuvenis et, cum florentissimam videret, complexum eius inter summa vota vix speraret. Hunc eo non ambitione anus, non donis (quia usum eius praesentem habebat), non precibus, non alio quovis lenocinio ducit ut clarissime sibi liquere arbitraretur materno ab ea animo diligi quae supremum gaudium tam insperanti offerret. Ita animum summa voluptate a pertinaci domini sui cultu, observatione monitorum bonorum et utilitate ipsius sua eo ducit quo ductum volebat quoque ille omnino duci nollet et unde alios dehortatus fuisset. Sic perdit memoriam omnium anus istius scelerum, perdit etiam sui ipsius: cum inimico in gratiam redit et omnia praesentia ex lubitu Celestinam gerere patitur neque obstat quin hero suo habeatur infidissimus. Sempronius quidem diutinis scelerosae officiis et abusu Eliciae tam inescatus erat ut promissa de participando auro omnino rata futura crederet ei quam ad decipiendum alium ipse [pg. xii ver.] fraudum conscius domum herilem introducebat.

[D18] Parcam iam sermones excutere cum diversis meretricum animis ut segnem ad scelerum doctrinam Eliciam instiget dum simulatione oblivionis illam ad succedendum curis suis hortatur. Summo non ingenio anus introducitur eius memoriam amisisse quae aureo armili deposito medicinam deflorationi suae ab ea exspectabat. Ipsa Elicia, tot iam annorum lenae ministra, tot conscia scelerum, non sentit penitus quorsum simulationes eius tendant. Quarum tamen scopum omittit ad extremum vetula quoniam satis sibi bene servientem alioquin habebat Eliciam et ipsius damno reditura domum erat, anu defuncta, negligentia.

[D19] Desinam, uti dixi, caeteras personas per ingenia sua singulas diducere et excutere. Habebit hoc exemplo lector inquirere caetera et, dolis bis perspectis, talium hominum omnes oblationes, omnia officia suspecta malignitatis cavere. Erunt ad haec talia utilissimae sententiae subditae quas non leget, non intelliget solum qui fructum ex hoc scripto convenientem haurire voluerit sed ita animo suo imprimet ut nullam non ad omnia supervenientia in promptu habeat. Videbit sese a quam plurimis instantibus detrimentis praemoneri. Quod si exemplo res etiam clarior facienda erit, dicam novisse me hominem astutissimum, capitalem emolumentorum suorum artificem, nequaquam ullis simulationibus decipi valentem, ipsum [pg. xiii rect.] astuta quadam urbanitate et comitate cum patientia et pertinacia coniuncta nihil non fere a quovis impetrantem. Huius ego, etiamnum adolescentibus annis, cum vitam impense semper mirarer, observarem negotia, dissimularem notitiam, ad extremum multorum mensium usu et conversatione eo inductus sum ut cum primis hominum perspicacem atque astutum prudentemque arbitrarer tum et nunc quoque putem. Non iam disputo utrum bene ille semper suo ingenio et acumine sensuum et spirituum vivacitate usus fuerit, hoc potius affirmare velim tam accurata cautione omnes adversarios et amicos suos vicisse ut et diligeretur et caveretur ab omnibus. Nemo vero auderet fere illi quippiam secus atque res erat credendum proponere. Diu multumque mores hominis observans nihil non illum huic libro tribuere, multa licet cura tandem percepi. Nullus in hoc apex erat, nulla sententiae vestigia quae non in numerato haberet et utilitati suae accommodare nosset. Quae cum mirificam homini sagacitatem et prudentiam conciliassent, hoc unum illi non cesserant ut ab commodis seu lucris potius suis aliorum incommoda desecare posset quin etiam cum detrimentis nonnumquam amicorum rem suam augere velle videretur. Hoc dempto, caetera ingeniosissimum nemo non dixisset. Neque diffitebatur sane ipse, cum alioquin mihi innotuisse videret, maximam partem sese huic [pg. xiii ver.] libro prudentiae debere. Certe cum vellet, nulli non rei, nulli non loco sententiam hinc accommodatam re ipsa ostendebat vel cavendi vel aggrediendi negotii consilium utile praebere. Itaque qui considerationi ipsi a nobis propositae ipsi operis seriei nolit credere quantum in sese utilitatis habeat, eccum etiam exemplum cuius auctoritatem subterfugeret minime valebit.

[D20] His enarratis, nemo iam non perspiciet, puto, quae me causae adegerint ut primo loco *Celestinam* hanc de Castillano theatro in Latinum traducerem. Edidi quidem paulo ante hunc ludum *Dialogum* Petri Aretini, ex Hispanico Fernandi Xuaresii a me translatum sed is libellus ita plane conversus est in Romanum sermonem ut denuo eum traducere velim potius quam eo modo legi, id quod etiam proximo otio facessere decrevi quoniam rudior adhuc tum eram linguae deliciarum, potius Latinitati quam huius proprietati studens, quod nonnumquam tamen aliter faciendum res ipsa me edocuit.

[D21] Ad huius autem *Celestinae* meae interpretationem nescio quo fato meo raptus fui, tanta certe celeritate totum descripsi ut nec integris duabus dierum hebdomadis integram absolverim. Est mos quidem iste hominum plerorumque qui aliquo supra vulgum ingenio sunt excusare opera sua precipitatione. Ego vero tantum abest ut excusandi mei haec scribam ut ultro in ea re laudem mihi vindicem. [pg. xiv rect.] Nescio quo pacto enim animus promptior instat negotio in perenni talium decursu quam ubi saepius raptus quidam scribendi interiungitur. Secundius ita omnia profluunt, sententiae alia aliae cohaeret aptius, ipsae formulae atque locutiones plus vivacitatis habent et amplius de usu communi participant. Dum enim hanc aliamve personam loquentem transfero, subit properanti animo promptitudo responsi quod alteram isti oppositam deceat. Sic in rem praesentem calor et felicitas genii mentem rapiunt ut dexteritate quadam auctoris ipsum genium exprimat, a quo longissime remotum est quicquid solo labore scribitur. Namque in talibus mens ipsa voluptate scribendi velut impraegnata parit vivacia verba resque ipsas mirifica quadam felicitate, ut dictum, assequentia et exprimentia, ut non inepte ingeniosissimus scriptor Martialis hac ratione victuro libro genio quodam opus esse sanxerit. Vana, edepol, et meri laboris res est verba verbis traducere, sensum sensui ad eorum apices admetiri et frigido animo talium descriptionibus defungi, quod quilibet modo linguarum gnarus assequetur. At intus plena mente conceptas formare et effundere sententias, calami celeritate nequaquam urgentis eius dexteritatem sequi posse divinius negotium est quam quod multis contingat. Huic si mediocris quaedam industria et pertinacia velut [pg. xiv ver.] accesserit, tanta copia scriptionum oritur quanta paucos ex omni antiquitate posteris nobis commendare potuit quantamque nos ipsi non affectamus quidem, tamen fortasse aliquando nostrae posteritatis favoribus probaverimus.

[D22] Absunt hinc longe meri, ut indicavi, labores constipatorum qui aerumnosissimis commentationibus chartas effarciunt. Absunt etiam alii quorum ingenia vel leviora vel imbecilliora sunt quam ut calorem illum caelestem urgentem meditata praescribere diutius ferre possint. Horum pars, quamprimum caelestis ille fervor incubuerit, tamdiu durant donec animam omnem is occupaverit. Postquam vera dominantem in penetralibus sentiunt, paulisper ferentes, vix praeambulationibus eius sufficiunt dum vero ipsi spirituum nervi incitantur. Pertaesi operum exantlatorum sese proripiunt. Quorum sane periculosissima est ignavia: melius omnino enim considit ardor ille quam interrumpitur et plerumque, ubi invitus excutitur, turbandae mentis semina relinquit. Pars vero caetera avertit eumdem afflatum in nugas et voluptati illum tradit, non prospiciens utilitatem publicam mortalium in istis etiam scriptionibus attendendam, uti antiquorum procerum chori sanxerunt et exemplis docuerunt. Nec est quod excuset sese ab hac procuranda quicumque etiam mortalium qui quidem litterati nomen non abhorret. Etsi enim bonae [pg. xv rect.] mentis studia paucos amatores habeant, horum tamen pretium tale est, tanta auctoritas ut nequaquam unus indignus sit contra mille alios coronari. Sed nimirum ingenia illa cultiora nimium deliciose suis solis commodis studere volunt itaque omnem omnino industriam et perseverantiam odiosis laborum nominibus infamatas seponunt, quod articuli unius raptu non possunt exigere indignum putant in quo sudent. Quae res tamen omnino aliter aestimanda est. Non enim quicquam felicitatis in eo ingenio est quod bonis suis uti sese non permittit nec studio totum se sibi suo largiri atque approbare potest. Numquam tale aliquod quid valeat ipsum resciet quoniam periculum nullum umquam fecit quorsum acumine suo quaque[22] fruge bona niti possit. Atque errorem hunc volatilium talium nugivendorum facile opera quoque ipsorum arguunt, quae, nisi toto ante decennio iactata, numquam procudunt aut abortiuntur potius. Ubi vero produxerint tandem, talia exhibent quae mirificam animorum levitatem ultro prae se ferant. Nihil enim tam certum habent quod ipsimet evertere non velint, modo in plurium ora scripta talia eorum pervenire possint qualia laudant quidem omnes, omnes tamen etiam simul contemnunt quoniam nihil praeter inconstante fastum in iis agnoscere possunt, talibus verbis exornatum, talibus aliorum commendationibus emendicatis partim, partim [pg. xv ver.] imperio quodam exactis instructum ut facile quis imprudentior earum bullarum gratia vadimonium deserat, reapse autem rerum ipsarum ordo nec centonibus bonis dignus sit neque umquam cicum Plauto suum abstulerit.

[D23] Verum nos alieno loco haec tractamus, qui ut aliquam saltim speciem huius libri virtutum spectandam exhiberemus hactenus haec scripsimus. Nunc usus erit benivolo lectori etiam de translatione ipsa nostra nonnihil obloqui ut quantum operae pretii in ea fecisse arbitremur scire ex nobis possit potius quam coniecturis aliunde aucupetur. Hoc itaque solum hac interpretiatione nostra egimus ut sententiam auctoris liquido et Latine exprimeremus, cui etiam pressissime adhaesimus, vix toto opere decem locis reperiundis quae studio delectationis ampliora fecerimus. Aliis omnibus tam clare intelligendum proponere nisi sumus quod transferebamus quam perspicue neque ipse Hispanismus fere extulerit. Quae stili facies hodie paucissimis usu frequentatur, affectatiunculis, aculeis et rhythmicis verborum allusiunculis, omnibus omnes paginas explentibus et in iis, stultissima persuasione, eruditionem iactantibus horum. Κακοζηλία[23] ut nobis semper displicuit, ita ab hoc aliisque talibus nostris commentationibus longissime semper propulsa est. Non enim id principe cura studendum [pg. xvi rect.] est scriptori cuiuscumque etiam generis uti ipse laudetur, eruditionis (quae tamen alibi quam in turpiculis illis allusionibus quaerenda est) gloria commendetur aut se magnum faciat sed uti res tractatae quam suavissime atque efficacissime legentium animis inferantur. Hoc scopo

---

[22] Reads "quamque."
[23] Reads "Κακοξηλία."

scriptionis, addita communi aliqua vel hominum omnium vel praecipuorum utilitate, lectione augenda qui ceciderit, nequaquam mihi nomen dignitatemque alicuius auctoris abstulerit. Ad haec autem nulla virtute scribendi pervenire quis commodius poterit quam perspicuitate gratiosa. Perspicuitas stili in verbis et locutionibus minime intricatis aut obvolutis aut obsoletis consistit, gratia in earumdem proprietate, elegantia, cultu et nitore. Hanc natura plerumque assiduitate studiorum eruditionem sibi concilians affert et largitur scriptoribus. Illa omnibus modis quaerenda est, siquidem non in manibus ineptorum hominum consenescere malis quam pluteis doctorum et laudibus cordatorum commendari in vigorem perpetuum. Gratia iam scriptionis cum in talibus quae quidem aliunde transferuntur nequaquam semper obtineri possit, bonam partem in iisdem cesserit perspicuitati quoniam utilitas huius insignior est cum scripta ipsa non solum eruditorum commodis et voluptati sed omnium omnino hominum cautioni et profectui perscribantur.

[D24] Nos uti istam [pg. xvi ver.] semper sectati sumus, ita paucis etiam locis neglexerimus illam, modo ulla ratione idiomatis Hispani popularitas tale quid admitteret. Negari enim minime debet neque potest multa in hoc libello quoque esse quae nulla opis ingenii talia Latinis sonare effecerit qualibus in suo idiomate omnibus probantur. Huc refero praecipue proverbia quibus ex rebus praesentibus, ex vita communi, ex particularibus casibus, ex religionis mysteriis, ex amoris eventibus, ex belliciis fortuniis, ex philosophorum scitis, ex nationum irrisionibus, ex vitiorum vituperiis, ex virtutum commendationibus, ex fabularum allusionibus, ex legum sanctionibus, ex publicis statutis, ex privatis privilegiis, ex omni denique re et fortuna humanitatis petitis talibus utitur eaque gratia, eo acumine Hispanismus hodiernus uti qui ad Romanos aut Graecos mores ea detorta exponere aut aliis inde traductis vertere velit nullo modo quicquam expediverit quin longe melius, nervosius et intellectui pronius sonent in suo idiomate. Neque hoc sane mirum est, cum quantacumque Graecorum et Romanorum morum cum sermone ipso cognatio et affinitas mutua fuerit, nequaquam tamen commode alterius dicteria umquam acceperit altera, etiamsi uno eodemque saeculo florentes, linguae. At inter Romanorum scriptorum florem et Hispanismum hodiernum tanta morum, rituum [pg. xvii rect.] temporumque intervalla sunt ut, quamvis vocabula sint Latina huius pleraque, alia tamen longe eorum sit usurpatio. Mores autem ritusque tam sacri quam profani, tam publici quam privati, consuetudines, popularitates (si ita dicere licet quod alioquin vix, ut intelligi valeat, eloquar), studia omnia, opificia, artificia, ceremoniae tantopere ab Latinorum temporum usu recesserunt ut fere nulla sit cognatio, nulla uspiam similitudo. Quare quicquid tale in hac commentatione mihi sese obtulit vel prorsus, ubi commode potuit, praeterii vel indicavi aliis verbis quorsum eius intentio fingeretur. Verba autem verbis interpretari aut lamiae turres pectinesque solis inde e buttubatta navis accersere nequaquam mihi consilium fuit, neque talibus quicquam aliud effecissem quam mihi immane meritumque ludibrium. Itaque qui talia discere volet, per me libros eorum adierit qui dedita opera enarravit [24] atque inde sibi nomen famamque concinnare satagunt, nobis alius omnino scribendi ista finis fuit.

[D25] Caeteras linguae virtutes exprimere, erudita dicta eruditius caeteris reddere, festiva festivius, lepida concinnius, arguta acutius studuimus tali quidem industria ut nequaquam commode de ea iudicare posse censeamus quempiam nisi qui ipse tale quid in hoc ipso opere molitus fuerit. Hic enim demum perspicit [pg. xvii ver.] quanta circumspectione opus sit ad omnia momenta attendenda, omnia sensuum arcana eruenda et exprimenda ne mapalia ex ornatis talibus aedibus faceremus et interpretatio loqueretur aliud, aliud auctor voluerit. Et in hac quidem parte etiam ingens heroicae huius linguae privilegium est velut ut non dubitem dicere ita omnibus modis eloquentiam omnem illam capere ut non videam quo pacto quaepiam alia illi praeferre possit, hoc prae caeteris sibi egregium habens, quod omnia Graeca et Latina, Arabica etiam et Hebraica vocabula nulla difficultate sua facere possit. Idem quidem Gallis Italisque hodiernis suavitas et acrimonia suorum idiomatum concedit quoque sed Hispanismus longe utroque illo Romanae linguae verbis et gravitate propinquior est, etiam quo ad numeros tam syllabarum quam orationis. De oratione quidem nemini dubium esse poterit tam numerose eam quamcumque etiam Hispanice sonaturam quam umquam Graece aut Latine quiverit qui aliquam saltim eius penitiorem notitiam habuerit. De syllabis autem, quibus peculiares suos modulos poesis asscribit, clara res nobis est, qui primi, quantum nobis innotuerit scriptorum, metris veterum aptare huius linguae poeticam ausi sumus, ut exemplis, licet de industria brevio-

---

[24] Reads "enarraverunt."

ribus, in notis demonstravimus. Habet insignem alioquin gratiam suam in rhythmis, [pg. xviii rect.] quibus omnium aliarum eruditionem includere novit.

[D26] Sed neque forte haec talia spreveris, modo usus et exercitatio faciliora omnia fecerit quae quidem quique dominantur in omnibus studiis, nullam autem non linguam qua homines umquam locuti sunt aut scripserunt aliqua poeseos dulcedine imbuerunt, licet adeo divina ea facultas vulgaris facta credatur, ut hodie vilissimi fere ubique fiat, uti omnia solent quorum notitiam plurimi affectant, paucissimi vero indipisci, pauciores etiam legitime uti impetrant. Quae cum ita sint neque nemo omnium de ligata oratione non sequius nunc iudicet, difficultatem aliis, aliis operositatem, nonnullis ineptias et plane deliria incusantibus, hoc etiam scriptor noster prudentissime fecit, quod non adstricto numeris sed libero sermone hunc ludum deluserit contra quidem antiquitatis et sanctiones et usum ipsum omnium temporum. Cum enim familiaris maxime sermonis regula hic sequenda foret ut personarum loquentium mores et astutiae exprimerentur solitis eorum loquelis et nugacitatibus, nequaquam vel illa difficultas his inducenda erat quam metrorum leges afferunt. Eodem consilio comici etiam Latini ad fabulas suas eo genere metrorum describendas venerunt cui quidlibet fere congruum intrudi posset, unis aut duabus modo syllabis libertati exemptis ne plane oratio solveretur contra Graecorum [pg. xviii ver.] quidem et morem et praecepta. Nostro quidem scripto isti quacumque etiam vinctione syllabarum immane praeiudicium praestantiae illatum fuisset adeoque ipsum communi usui velut invisum traditum in manus paucorum hominum.

[D27] Neque vero opus est ad talia in ora usumque proferenda veteribus ceremoniis aut theatralibus pompis chorisve, multo minus histrionum desultationibus, itaque metrorum quoque leges bono iure eruditis et Latinis auribus tantum relictae sunt. Hic vero ludus nulli theatro affixus erit, nec diludiis factus unius aut alterius reipublicae civitatisve sed generatim totum orbem Christianum ad lectionem vocat et velut spectaculum. Hae enim sunt artes quae hic cavendae depinguntur quibus in Christi Ecclesiam, in proceres, in populum denique ipsum per muliebres dolos nihil non scelerum antiquus hostis intulit, cuius arma cum ultimis his rerum humanarum temporibus longe crudiora et diriora perbacchentur ea parte qua libidinibus avertunt venereis a pietate pectora, his potissimum machinis furere videntur, principali quidem studio Dei primum amorem et religionis certitudinem hanc in dubium vocantia, illam plane excutientia animis hominum in diem viventium uti securi poenarum et providentiae divinae fidem insuper habentes scelera omnia pro ludis et [pg. xix rect.] secutorum consuetudine habeant, unde vitiis caeteris fenestrae aperiuntur amplissimae et nihil non voluptatum iis quaeritur quae superna omnia ad ipsos nihil facere persuaserunt sibi sed corpori soli servientes pro ludibriis monitiones piorum eruditorumque mortalium habent.

[D28] Talis universus grex est huius eximii poematis quod non in numerorum deliciis et allusionum dogmate consistit sed figmentis ex media re petitis, exemplis vitam instruit. Sic Callisto Deum contemptui habet, Christianam pietatem pro fabula modo Melibaeam suam propitiam demereatur. Melibaea non prius amori eius impuro consentit quam parentum monita perque ea Deum ipsum proiecerit. Et soli anui, quam qualis esset non poterat ignorare, colloquitur et reditum imperat ei et mentitur matri et ancillam monitricem insuper spernit, denique libidini ex impietate ianuam aperit. Celestina non solum conculcat religionem cultamque numinis sed et pro longa sua assuetudine diabolum ipsum adorat, adiurat eius ministerio, instar dirae avis columbam simplicem reti libidinis induit. Parmeno et Sempronius cum caeteris universis eiusdem census sunt. Pleberius quomodo vixerit facile suo ipse ultimo sermone post fatum unicae filiae demonstrat.[25] Neque haec talia quisquam privatis modo exemplis describi [pg. xix ver.] arbitretur. Cum his temporibus quo maior sit potentia proceris alicuius, eo fere aula eius aut contubernium maioribus et densioribus vitiis disseratur ut quocumque statu, quacumque regione et conditione quis vitam degat ubi famulorum aut mulierum ministeriis opus est, sine quibus nulla tam minuta et contracta familia aut domus est ut sustineri valeat, habeat quod hinc petitum cautioni sibi atque consilio discat atque assumat.

[D29] Porro, ut ad interpretationem meam redeam cui operis commendatio semper intercurrit, studui uti dictum est quam planissime omnia exscribere auctoris menti et verbis. Nec tamen ita his haesi ut ullo modo illi praeiudicare ea paterer. Quod qui faciunt nequaquam tam lectorum emolumenti aut instructionis studiosi sunt quam captant laudem inanis diligentiae, quam nemo aestimet, nemo

---

[25] For the implications of the words "post fatum unicae filiae" in Barth's understanding of Pleberio's "planctus," see Lida de Malkiel 474, n. 2.

imitetur, immo vix millesimus quisque agnoscat, cum pro vano et ridiculo labore plerique omnes habeant, ubi quid dicatur indicandum sit, mendico ingenio numeros verborum admetiri et idoneam sententiam non exprimere nisi prius constricta sit sub fatuos verborum modos. Quibus qui sese subdit, neque sibi neque cuipiam lecturorum satisfaciet quin, cum sermo sit lectus, sententia tamen adhuc quaeratur et extra periodorum iuncturas taediosas vix bene inveniatur. Istud de iis dictum atque pronuntiatum volo [pg. xx rect.] quae sententiam liberam interpreti relinquunt. Sunt tamen et alia in idiotismo isto ut aliis omnibus verba quae nulla ratione possis traducere talibus ut Latino lectori commodum videbitur. Itaque cum illa talia rem praesentem clare uniceque indicent neque sine his illa possit proponi vel ambagibus conquisitis, videbar mihi consultissimum factum facturus, si ea licet Latina minus aut aliter aliudque in ea lingua unde profecta licet in alios sensus habentur significantia, tamen pro talibus usurparem quoniam sola illa rem indicare possunt. Talis est iustitia pro officio praetoris, iudicis, praefecti, magistri civitatis. Quae vox cum in Gallicismo, Italismo et Hispanismo hoc, immo et supremam scelerum omnium vindicationem simul cum ipsis officialibus eius adeoque carnifice quoque designet, non poterit ullo ingenio Latinitati talis repraesentari nisi ita ipsa capiatur ut idiomata illa consensu sanxerunt. Merito itaque illam isto suo iure etiam Romane scripturus, uti sivi, non iam pro magistris sermonis rem decidens sed pro usu et experientia quae, modo sit citra barbariem, merito uti in artibus sic etiam in linguis dominantur.

[D30] Sic alia communi tot populorum consensu obtinentia inepte veteribus Romanis moribus conciliare studuissem, quod facere solent homines elumbi ingenio et sinistri studiorum qui Ciceroniani vocari volunt dum soli [pg. xx ver.] illius umbrae addicti nihil scribere aut dicere volunt, etiam popularibus monumentis, quod non fit illi aevo appositum cuius tenuis memoria apud doctos etiam superest. Ita cum dominos sese invicem consalutant ludi nostri personae, ego idem Latine illis permisi, non ignarus ut cessavit servitus cum omnibus suis miseriis Romana, ita nunc quoque herum et dominum alia omnia indicare. Sic campanam quo alio nomine dixero quam quo recepta est et quo omnes simul intelligunt quid velim? Huius generis sunt quae Christianismo etiam nostro oriunda nequaquam ad paganorum temporum usum redigenda sunt. Quae confidentius admissi quia egregios antistites fidei nostrae, scriptores eloquentissimos et doctissimos, illis usos memineram.

[D31] Alia nonnulla quae vel mores laesura vel alioquin sermonem immani barbarie conspurcatura erant, bono consilio, puto, transii et seposui prorsus. Quod nescio tamen an amplius semel aut bis fecerim. Debui quidem omnino eo loco quo veneficiorum et pigmentorum Celestinae species atque instrumenta recensentur. Quae quamvis forte vera illa non sint, tamen melius ignorari, quantum in me fuerit, arbitrer. Alia res incantationum eiusdem est. Illa enim poeticae tantum sunt, ubi caecodaemonem licio suo anus illigat, et ubique nomina illa etiam apud Christianissimos poetas aliosque scriptores vulgo [pg. xxi rect.] leguntur.

[D32] Superest nunc ut iuventutem imprimis nostram, deinde quosvis alios lectores huius operis nostri admoneam, si quibus abuti ex eius serie poterunt, ea seponant, animo constanti in virtutum verarum cultu usumque eius considerent et velut sub omni lapide dormientem scorpium vitare discant quoties in colloquium suspectarum mulierum venient. Praecipue autem Germanicae iuventuti hunc librum consecratum volo quae optimis suis annis peregre proficiscitur ut linguas exteras moresque, quantum quidem eorum usus poscit, in ipsorum territoriis exterorum addiscant, caveant ab hoc genere insidiantium tam mulierum quam servitiorum neque ullius blanditias animo suo admittat quisquam quacumque etiam ratione prolatas, quamcumque auctoritatem mentientes; adeoque quotquot vetulas viderint, hactenus aestimare earum ministeria velint ut meras Celestinas arbitrentur, quotquot servos, Parmenonas atque Sempronios qui nihil tantopere quaerant quam argento illos, quacumque ratione, dolis, machinis, periuriis circumvenire, quotquot adolescentulas abblandientes, norint esse omnes Elicias atque Areusas, meretrices et lenas quarum conscientiis parum negotii faciat etiam sanguine ipsorum sibi aliquid peculii conficere. Sic tenebunt scopum auctoris [pg. xxi ver.] Hispani meumque, Germani interpretis, qui istum librum supra plerosque caeteros commendabilem fecit genti illi cuius sermone conceptus est. Ille etiam eius studiis eumdem probet, cuius gratia translatus ab omnibus in commune bonum legi potest et, velut consiliarius perpetuus, adhiberi iuventuti ad fraudes tales parum semper cautae.

[D33] Sic animus mihi addetur proferendi infinita alia ex Italorum, Gallorum, Hispanorum, Anglorum, Graecorum, Latinorum Germanorumque thesauris quibus iunctam cum voluptate egregia utilitatem liberalia ingenia hauriant. Huic rei studens iam *Pornodidascalum* meum emisi, quo dialogo meretricum arcanae fraudes cavendae proponuntur, quem tamen proximo otio ad Italicum exemplar, modo eius copia mihi detur, componam quaeque inde tolerabilia decisa sunt, addam. Ipsumque penitus recensebo quoniam novi, ut primus est foetus meus Hispanismo oriundorum, multa me nullo negotio nunc melius et clarius exponere posse. Descripsi eodem hoc consilio amoenissimum et elegantissimum Gasperis Gilli librum de amoribus Dianae et Sireni cum Marcelionis et Alcidae intextis aliisque aliorum, quem et forte cum ista *Celestina* mea, librario tradam. Quo nihil cogitari suavius arbitror posse et utilius, quippe ubi simplicitas vitae, fortunae varietas, honestorum amorum successus optati, fides erga coniuges [pg. xxii rect.] etiam iniuriosos cum aliis his accedentibus tanta dulcedine carminum et solutae orationis explicantur ut facile quis turbas et tumultus ambitionis humanae, questus de rerum mortalium inconstantia, libidinum obsequium et vitiorum aliorum imperiosos assultus exemplis tam blandis et commendabilibus inductus spernere mentemque ad veram virtutem sine omni acerbitate vivendi componere possit.

[D34] Non alia itidem ratione paris genii opus, Georgii De Monte-Maiore, *Pastoralia*, translata sunt proximis his diebus. Eadem inductus insignia Milesiarum, plus quam triginta volumina ex omnium idiomatum selectis fabulis et historiis summa qua fieri potuit sermonis aequabilitate et hilaritate composui ut discant animi generosorum hominum foeda desideria infelicibus damnari exitiis, virtutum vero studia in ipsis sese non solum utilitatem sed et voluptatem honestissimam reperire posse neque felicitatem deesse cultoribus morum bonorum neque austeritate vitam horrentem facere, id esse, bene prae caeteris vivere. Esse in urbanitate, civilitate et lepore morum eam suavitatem quae animos verae virtuti addicat, addictos ad veros eiusdem fructus perducat neque opus esse cum corda sua rodentibus sophistis in sepulcreta habitatum discedere aut de libris numina facere, multo minus circa apices futilium litteratorum [pg. xxii ver.] exemplo digladiari ut celebri quis nomine inter cordatos floreat. Quae singula atque universa indicari mihi cum infinitis aliis eiusdem generis voluisse videntur qui Milesiarum in talium titulis libros ante nos proscripserunt; non tam ut suavitate sermonum aures permulcerent quam ut exemplis, monitis, instructionibus, eloquentiae hilaritate velut coram ob oculos positis demonstrarent quid sequendum in vita, quid cavendum foret. Horum ego vestigia insistens nequaquam poenitendum opus effecisse me arbitrabor ubi eas meas narrationes in publicum produxero cum saeculum hoc nostrum nullis aeque egere videatur quam iis admonitionibus quae et exemplis praesentibus constent et tali genere dictionis expingantur ut minime morosos vel facere vel invenire lectores velint.

[D35] In antecessum itaque maiorum illorum operum iuventus nostra *Celestinam* hanc meam capiat, quam, ubi cum omnibus artificiis suis ipsorumque eius ministrorum edidicerit usuque exinde prudentior facta fuerit, videbit atque testabitur nequaquam vanis nos aut circa apices litterarum haerentibus curis occupata studia nostra habere. Quae opinio, cum a nonnullis concepta de nobis sit, augebitur, puto, ubi in manus eorum venerint poemata nonnulla mea et *Adversariorum* grande opus, quae nunc sub praelis habent typographi. Ego autem ab hac pagina eos [pg. xxiii rect.] monitos oratosque volo, securi sint pro me sollicitudinum, neque enim scopus omnium mearum scriptionum alius erit quam quali optime me dies meos collocaturum confido, licet initia et processus earum non omnibus omnia enarraverint, testem ego tamen in pectore hoc egregium mihi servo, qui ad suam gloriam et humanarum rerum utilitatem me natum et hactenus conservatum testimonium mihi tam luculentum dicit tamque efficacibus me ad ulteriora stimulis instigat ut omnibus rerum caducarum thesauris mutare nolim paulum hoc ingenii atque industriae quod ecclesiae et vitae humanae, non ego sed per me et in me numen propitium devovit. Cum istius bono favore hoc labore modo defunctus, mentem et calamum indefessus ad alia transfero.

[pg. 1]

C. BARTHI PORNOBOSCODIDASCALUS LATINUS

PROLOGUS

Universa quae in rerum natura sunt creata esse velut ad contentionem et proelia scitum est *magni illius Heracliti. Omnia*, inquit, *secundum litem fiunt.* Sententia, quantum ego iudicare valeo, digna perpetua memoria. Et quemadmodum certum est quamlibet vocem hominis cordati *esse foetam aliquo*, quod intelligatur potius quam dicatur sic de ista asseri poterit quod nimia alvi distensione tumeat velitque conceptu suo velut rumpi ut ex illa prognascantur scilicet rami fruticesque non parvi, de quorum quarumque etiam minimo termite hominis sani iudicii fructum decerpere valeant utilissimum. Quapropter, quamvis sensus mei non admodum subtiles ingeniumque valde omnino mediocre non sufficiant enucleare et exigere dicta nobilissimorum auctorum quorumque *sententiae pro testimoniis* habentur [pg. 2] ab omnibus, eo usque tamen rimabor dictum tam eruditum ut sufficiens inde materia brevi huic praefationi subnascatur. Invenitur vero sententia haec confirmata ab insigni oratore et poeta *Francisco Petrarcha* dicente, *sine lite atque offensione nil genuit natura parens.* Et paulo infra, *sic est enim et sic propemodum universa testantur, rapido stellae obviant firmamento, contraria invicem elementa confligunt, terrae tremunt, maria fluctuant, aer quatitur, crepant flammae, bellum immortale tanti*[26] *gerunt, tempora tem-*

---

[26] Both Plantin editions of *Celestina* read "venti," not "tanti." Moreover, no edition of Petrarch presents this latter reading. At the end of his translation note to "Francisco Petrarcha" (p. 306), Barth claims, however, to have copied Petrarch's words literally from *Celestina*. This reading is probably a mistake entered by Barth or the printer since "gerunt tanti" makes sense in the meaning of "are so important."

poribus concertant, secum singula, nobiscum omnia. Si hactenus Petrarcha, aestatem si videmus, nimio calore nos fatigat, hiemem intolerabile frigore nos contristat. Omne istud quod revolutionem temporum vocamus, omne istud quo vivimus, in quocumque quo creamur, sustinemur, nutrimur, ubi incipit modum excedere et velut cornua nobis obvertere, nihil est quam bellum unum perpetuum. Universum hoc ipsum quo timore nobis metuendum sit declarat manifeste horrendis terraemotibus, infestis tempestatibus, naufragiis incendiisque tam caelestibus quam terrenis, aquarum illuvionibus, imbribus tonitribusque immanissimis, strictis fulgerorum flammis, cursibus recursibusque nubium et infinitis aliis monstris atque tumultibus quorum causas originesque non minus incertis disputationibus differunt scholae philosophorum quam ipsi sunt fluctus quibus maritimae tempestates creditas ventis naves iactare consueverunt.

Iam si animalium genera inspiciamus, ne unicum quidem inter omnia sese nobis offeret naturali suo duello carens. Pisces, ferae, aves, reptilia, singulae quaeque harum species persequuntur caeteras. Leo lupum infestat, lupus capram, [pg. 3] canis leporem. Quod si non omnibus notissimam fabulam detexere videri possem, minutatem quaeque persequi liceret. *Elephas, animal tantarum virium animique, tremit fugitque aspectum muris* eminusque audiens vocem eius metu prorsus horrescit. In serpentino genere *basiliscum* natura tam venenatum creat tamque omnibus aliis animantibus infestum ut anhelitu suo ea tremefaciat, adventu in fugam vertat, aspectu vero interficiat. *Vipera* serpentis genus virosissimum tempore conceptus sui femina marem per os admittit, cuius caput gutturi suo immissum voluptate coitus percepta praemordet, cumque ipsa iam vicina est partui, primus fetuum perrumpit viscera materna quem secuti caeteri velut vindices paterni interitus non prius in vitam veniunt quam matrem nascendo peremerint. Quod maius discidium, quae maior dissensio aut hostilitas quam in tuo generare corpore qui tua tibi viscera exedat et perrumpat? Non minores naturalis inimicitiae aculeos credimus esse in generibus piscium cum certum sit tantas totque diversas species eorum in mari versari *quot quantaeque nec in aere* nec in terra inveniantur. Aristoteles et Plinius mirabilia narrant de minuto quodam pisce cui vocabulum Echeneis, ut natura eius diversis inimicitiis propritim sit aptata. Inter quas naturalis ei haec facultas est, sive minuta sive magna navis prope vecta fuerit, ita ab hoc pisce detinetur ut nullo modo produci possit quocumque etiam vento impulsa aut quacumque remorum vi acta. Cuius quidem meminit et *Lucanus* poeta ubi ait: *Non puppim retinens Euro tendente rudentes / In mediis Echeneis aquis.* [pg. 4] O naturalem contentionem dignam admiratione valentiorem esse minutum piscem armata remis velisque vento inflata nave maxima. Porro si decurrere liberat per omnes avium species minutasque earumdem controversias, facile sit indidem concludere nihil non naturam ad contentionis regulam condidisse. Pleraeque harum rapto vivunt, non secus ac leones, aquilae, accipitres, milvorum diversae species in ipsis humanis habitaculis praedam de domestica nostra corte quaerunt pullosque gallinarum sub ipsis matrum alis ad rapinam infestant. Narratur de Indiae Orientalis ave *Ruch nomine* magnitudinis eam inauditae esse tantique roboris ut non solum unum duosve aut decem ipsos homines sed integram navem cum omnibus vectoribus, oneribus et armamentis suis humo marive tollere et ultra nubium confinia in caelum usque effere possit quodque miseri navigantes ita in sublime elati et praecipitati deorsum saepe miserrime pereant.

Sed quid non dicamus de hominibus, quibus omnia supra memorata subdita atque subiecta sunt? Quis enarrabit horum bella, inimicitias, invidias, alterationes, motiones animorum et inquietudines? Illorum variationes in vestitibus, *aedificiorum structiones* et demolitiones plurimosque actus alios innumeros quae miseram labilemque conditionem praesentis vitae differunt et alternant? Verum cum querela hac et vetustissima sit et plurimis scriptoribus exagitata, nolo mirari si et haec nostra commentatio nonnihil contentionis et dissensionis lectoribus invexerit, alternantibus videlicet horum sententiis iudiciisque dissidentibus quo loco eam haberi oporteat dum quisque secundum captum et praesumptionem [pg. 5] suam quid de ea censendem sit, caeterorum opinionibus praeponit. Sunt qui prolixitatem in ea vituperant, sunt qui brevitatem. Aliis sic satis apta placere posse, aliis reprehendenda in eadem videtur obscuritas, tali quidem differitate sententiarum ut universorum sensui aptare habilemque cunctis proponere nullius sit nisi solius Dei, cum sub eodem vexillo militet etiam opusculum hoc nostrum, cui caeterae omnes in universo rerum ordine creaturae sunt subiectae nec excepta vita ipsa generis humani, videlicet omnia a primis usque cunabulis ad ultimam usque canitiem ipsamque adeo sepulturam perpetuae concertationi esse subiecta. Infantes cum ludicris suis crepundiis, pueri cum litteris, iuvenes cum voluptatibus, *senes cum mille infirmitatum morborumque generibus* depugnant, sic chartae istae nostrae cum omni aetate mortalium bellum gerunt. Prima enim discindit eas et discerpit, secunda pugnat ut litteras apte legere possit, tertia, quae est *luxurians et animosa adolescentia* cum iuventute, variat super sententia ferunda. Pars enim ossa rodit, hoc est, *ordinem totius tractionis infamat* non intelligens usum singularum particularum tamquam si anilis sit fabula *ad hybernum ignem* fallendi temporis gratia recitanda. Pars sententias laudabiles *locosque communes* delectationis gratia commendant oblitterantes nec attendentes scopum scriptionis, utilitatem nimirum ad instruendamque vitam opportunas monitiones.

Verum hi quorum vero usui servit haec opera nostra disponunt edisseruntque historiam ut convenit, colligunt summam ad suam instructionem, rident quod risui scriptum est, *dicta sententiasque philosophorum* memoriae mandant [pg. 6] ut uti iis commodo suo possint et, ubi locus et opportunitas poscit, actu ipso inque communi vita exprimant. Sicque fit ut, cum decem homines convenerint ad *ludum hunc* cognoscendum, diversorum inter illos iudiciorum nullus sit finis, ut negare nemo potest accidere solere omnibus iis rebus quae diversimode intelligi et non uno pacto accipi possunt. Etiam librarii ipsi non potuerunt quam de sua sententia adicerent nonnulla, argumenta nimirum actibus singulis praefigendo et summariis sensuum prolixiorem ordenem adstringendo, quae tamen res antiquitatis imitatione possit facillime excusari. Sunt qui super inscriptione in diversa iudicia abierunt, aliis visum non congruere nomen comoediae cum fabula in tristem exitum desinat ideoque tragoediae futurum aptiorem titulum. *Auctori autem primo visum* commode laetioris fabulae titulum ferre posse cum initia et primi actus laeti sint neque quicquam iis triste intercurrat. Ego cum discordes sententias pensitarem, ratum habui medio per utrum qui tramitem calle ingredi, et quia argumentum mixtum est hilaritate atque maestitia, tragicocomoediam inscripsi. Interim dispiciens unde tanta super hoc scripto iudiciorum vanitas prodiret, inveni non aliam causam quam quod *nimis brevis* ea pars visa fuerit quae amores amantiumque iucunda et amoena colloquia tractat, quam extendi et locupletari personisque huius generis maiorem campum deliciis suis fruendi dari, plerique postulabant. Horum importunitate tandem victus animum, quamvis renuentem, eo adegi ut secunda denuo vice calamum in manum sumerem scriptionique longe et a studiis et a professione mea [pg. 7] alienae me accingerem suffuratus interim horas nonnullas seriis meis occupationibus easque velut ludo cuidam aut recreationi destinans, quamvis non ignorarem minime defuturos novos detractores novis nostris interpolationibus.

TITULUS

Comoedia sive tragicocomoedia de Callisto et Melibaea, composita in reprehensionem stolidorum amantium, qui superati ab affectibus suis *temerariis et vagis* amicas suas nominibus divinas censent *dearumque instar venerantur.*
Nec minus facta admonitioni cautionique a damnosis et fraudulentis deceptionibus lenarum et adulantium malorumque servitiorum.

ARGUMENTUM

Callisto iuvenis erat nobili prosapia, acri ingenio, agili corpore, *tenere educatus,* dotatus plurimis animi et corporis gratiis, statura inter celsam et brevem media. Hic capitur amore Melibaeae, adolescentulae speciosissimae, generosissimae et fortunae lautissimae, unicae heredis parentum suorum Pleberii et Alisae iisque carissimae. *Hac alioquin pudicissima victa* tandem est Callistonis assultibus, *conciliatrice Celestina*, muliere lena astutissimaque quae et servos Callistonis duos dolo in suas partes traxit ut, quid domino pro se quisque deberet obliti, lucrum et voluptatem suam eius utilitati praeponerent. Ad extremum pessima et infelicissima finis secuta est tam dominos amatores quam servos horum nequam et malos.
Ad introitum fabulae infelix fortunae aptum Callistoni locum sufficit ubi praesens cum praesente Melibaea, quam perdite amabat, sermocinari posset.

Personae Colloquentes[27]

Callisto, adolescens, amator Melibaeae
Melibaea, filia Pleberii
Pleberius, pater Melibaeae
Alisa, mater Melibaeae
Celestina, lena, conciliatrix
Parmeno, servus Callistonis
Sempronius, servus Callistonis
Tristan, servus Callistonis
Sosia, servus Callistonis
Crito, scortator, leno
Lucretia, ancilla Pleberii
Elicia, meretrix
Areusa, meretrix
Centurio, leno

---

[27] In the *Pornoboscodidascalus* this list of characters is printed at the back of the title page. We have moved it to the beginning of act 1, the same location where it is in the Plantin edition.

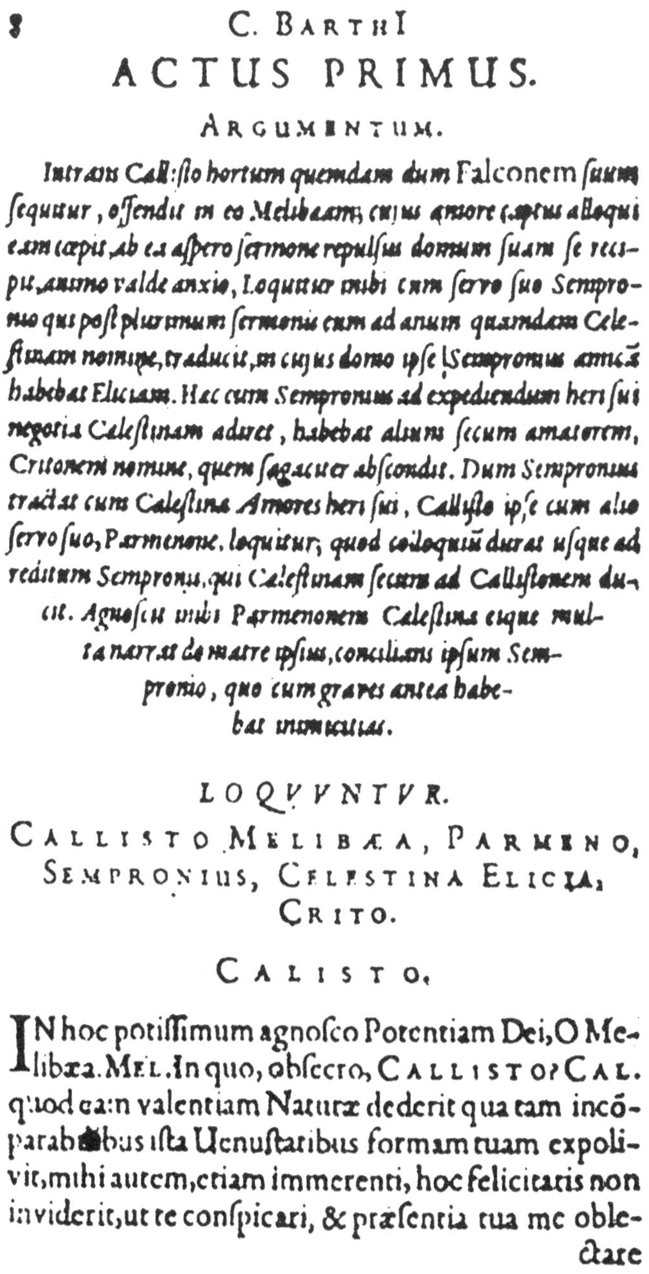

C. BARTHI
ACTUS PRIMUS.

ARGUMENTUM.

Intrans Cal:sto hortum quemdam dum Falconem suum sequitur, offendit in eo Melibæam, cujus amore captus alloqui eam cœpit, ab ea aspero sermone repulsus domum suam se recipit, animo valde anxio, Loquitur ibi cum servo suo Sempronio qui post plurimum sermonis cum ad anum quamdam Celestinam nomine, traducit, in cujus domo ipse Sempronius amicā habebat Eliciam. Hæc cum Sempronius ad expediendum heri sui negotia Celestinam adires, habebat alium secum amatorem, Critonem nomine, quem sagaciter abscondit. Dum Sempronius tractat cum Celestina Amores heri sui, Callisto ipse cum alio servo suo, Parmenone, loquitur; quod colloquium durat usque ad reditum Sempronii, qui Celestinam secum ad Callistonem ducit. Agnoscit ibi Parmenonem Celestina eique multa narrat de matre ipsius, concilians ipsum Sempronio, quo cum graves antea habebat inimicitias.

LOQVVNTVR.

CALLISTO MELIBÆA, PARMENO,
SEMPRONIUS, CELESTINA ELICIA,
CRITO.

CALISTO.

IN hoc potissimum agnosco Potentiam Dei, O Melibæa. MEL. In quo, obsecro, CALLISTO? CAL. quod eam valentiam Naturæ dederit qua tam incóparabilibus ista Uenustatibus formam tuam expolivit, mihi autem, etiam immerenti, hoc felicitatis non inviderit, ut te conspicari, & præsentia tua me oblectare

FIG. 1

The beginning of the first act of *Celestina* in the original edition of 1624.

[pg. 8]

ACTUS PRIMUS

ARGUMENTUM

Intrans Callisto hortum quemdam dum *falconem suum* sequitur offendit in eo Melibaeam, cuius amore captus adloqui eam coepit, ab ea aspero sermone repulsus domum suam se recipit animo valde anxio. Loquitur inibi cum servo suo Sempronio, qui post plurimum sermonis eum ad anum quamdam Celestinam nomine traducit, in cuius domo ipse Sempronius amicam habebat Eliciam. Haec, cum Sempronius ad expediendum heri sui negotia Celestinam adiret, habebat alium secum amatorem, Critonem nomine, quem sagaciter abscondit.[28] Dum Sempronius tractat cum Celestina amores heri sui, Callisto ipse cum alio servo suo Parmenone loquitur, quod colloquium durat usque ad reditum Sempronii, qui Celestinam secum ad Callistonem ducit. Agnoscit inibi Parmenonem Celestina eique multa narrat de matre ipsius concilians ipsum Sempronio, quo cum graves antea habebat inimicitias.

LOQUUNTUR CALLISTO, MELIBAEA, PARMENO, SEMPRONIUS, CELESTINA, ELICIA, CRITO.

CAL. In hoc potissimum agnosco potentiam Dei, o Melibaea.
MEL. In quo, obsecro, Callisto?
CAL. Quod eam valentiam naturae dederit qua tam incomparabilibus ista venustatibus formam tuam expolivit, mihi autem etiam im-

---

[28] "Abscondit": this singular form translates and corrects the verb "escondieron" in the Spanish original, which is a *concordantia ad sensum* whose real subject is the singular "la qual."

merenti hoc felicitatis non inviderit ut te conspicari et praesentia tua me oblectare [pg. 9] animi possim idque nunc *loco tam secreto* et talibus negotiis conveniente ut ennare tibi reconditos meos dolores possim. Absque dubio multimodis maior haec est felicitas quam quae per servitia numinis, sacrificia, devotionem animi, preces, aliaque pietatis opera a me promerita est, quamquam ego omnia eo fine fecerim ut tali te aliquando loco indipisci possem. Quis umquam in vita hac mortali corpus tantae gloriae compos, tam glorificatum penitus vidit quali ego modo humanitatem mihi transcendere videor? Certe gloriosi illi sancti, qui speculationibus divinis et numinis ipsius intuitu sese delectant, maiora laetitia non fruuntur quam ego modo opportuno te hoc loco adeptus. Verum, me miserum, in illo etiamnum impares sumus quod illi firma et stabilia gaudia sua gaudent absque nutu posse aliquando de tanta felicitate decidere, mihi vero tristissima illa hora imminet qua a te solus relictus absentem desiderare cogar quam praesentem *satis mirari non possum*.

MEL. Haecine tibi tanta felicitas videtur, Callisto?

CAL. Certe tanti ego hanc ipsam facio ut ipsum omnipotentem Deum maiore me in hac vita mactare non posse existimem etiamsi omnium *votorum mortalium summum* semel mihi concederet.

MEL. Ego vero *etiam maiore te* munerabor si, uti coepisti, perseveraveris.

CAL. O fortunatissimas aures meas, quam immerentibus vobis hae summae fortunae voces audiendae obveniunt.

MEL. Immo infortunatas penitus modo finem sermonis mei perceperis. Quippe praemium stultitiae tale tibi dabitur quale excors et amens tua temeritas et audacia scopusque verborum tam fatuorum meretur. *In hoc enim honore me* [pg. 10] *meo* circumversum venisti ut futilibus tuis technis agnitis immanibus modis merito perires. Apage, apage te hinc turpissime, non etiam tantum mihi superest patientiae ut vel suspicionem illam ferre possim collocutam me homini qui illicitis amoribus me abuti praesumpserit.

CAL. Ibo igitur velut ille quem ut scopum sibi adversa solum fortuna praefixit, in quem omnia odiorum suorum crudelissima tela exoneret. Semproni, Semproni, Semproni. Ubi nunc infelicem illum furciferum esse dicam?

SEM. Hic eram, here, equorum curae intentus.

CAL. At cur triclinio te proripuisti?[29]

SEM. *Falconum unus* rupto loro evolaverat,[30] quem ego persecutus in ponte demum reprehendi.

CAL. Ut pessima morte pessimus pereas, ut perpetuo infelix sis, ut repentina te mors nec mitior illa quam ego abhinc exspectare habeo pessumdet. Propera nebulo, aperi cubiculum, sterne lectum.

SEM. Here, in continenti omnia facta sunt.

CAL. Claude fenestram, sine me tristitiam meam in tenebris exsequi, infortunato suam para caecitatem, maestissimi mei sensus non sunt digni luce. O *felicissima mors quae desiderata miseris venit*. O *si adessetis nunc mihi Crato et Galenus* medici, an morbum hunc meum quis esset coniectare possetis. O pietas divina, inspira *cor Pleberii* ne sine spe salutis comitem infortunato illi Pyramo cum pariter pereunte Thysba spiritum meum perditum ad inferos mittat.

SEM. Quid negotii est istud?

CAL. Auferte hinc, sceleste, ne verbum mutias si non vis illico dirissima morte manibus his meis ante tempus dies tuos claudere.

SEM. Certe ibo tuque solus mala tua feras.

CAL. Abi in maximam malam crucem comite malo daemone.

SEM. Non opus est [pg. 11] mihi ab eo comite metuam qui, ut res hae fluunt, manebit potius tecum. O infortunium, o repens malum. Quid hoc fuit subiti casus quod contrario turbine invectum tam cito hominem istum de hilari tristem fecit neque hoc solum, etiam de cordato amentem? Solumne illum relinquam an contra mandatum cubiculum intrem? Si solum sino, occidet sese, si intro, fortasse me. Maneat sane, quid ad me? Potius est moriatur ille cui vita molesta est, non ego, qui volens cupidus sum eius, quamquam ut alia de causa vita dulcior mihi non sit quam uti Eliciam meam videre possim, hac sola omnibus periculis cavere mihi debeam. Verum si se interfecerit alio nemine praesente, mihi incumbet rationem eius mortis reddere. Intrabo igitur. Sed ut intrem, renuit ille omne consilium, solatia omnia

---

[29] Gilman disagrees with Barth's translation of this line: "Perhaps somehow too explicit is the interpretation of Barth, who pictures Sempronio lolling on a 'triclinium' in his master's absence" (p. 321, n. 100). Gilman misunderstood Barth's translation: here "triclinium" means the room, not the bed. Barth's translation is faithful to the Spanish original: "Pues como sales de la sala?"

[30] "Rupto loro" etc. translates very freely the Spanish original "abatiose el girifalte" etc. It adds elements that are not in the original. For a discussion of this passage, see Beardsley 243-44.

respuit, satis mortiferi indicii est male habentem sanari non velle. Omnino paulisper solum illum linquam, ematureat, exinsaniat. Audivi dici periculosum esse premere aut aperire ulcera adhuc immatura, quippe quae tacta magis sese inflent et plus virium trahant. Exspectemus paulum. Demus spatium plorandi illi cuius animo male est. *Lacryma et suspiria* et planctus et gemitus non minima parte morbi cor dolentis exonerant. Contra, si praesentem me viderit, acrius maestitiae indulgebit et incendet vim dolorum, uti sol radiis alicunde repercussis ardentius calorem vibrat. Cessat oculorum contentio nemine visui obiecto quod, si quis obvenerit, sese intendit. Hac de causa retinebo me hic paulisper. Si interibi, se confecerit, moriatur sane. Forte sic pretiosum *aliquid involare potero*, nihil enim aliud novi quo malitiam meam compensem nisi ut more meo [pg. 12] alterius incommodo meum sequar emolumentum, quamquam salutem suam in alterius pernicie ponere malum esse aiunt. Et quid si me sic quoque Furiae malae illudant? Illo se interficiente pro homicida me carnifici tradent. Sic *cum pulvisculo interierim*. Ex alia parte sapientes dicunt maximum malorum levamen esse afflictis habere cui credere dolores suos possint quique plorantibus *lacrymas commodet* vulnusque opertum periculosius dolere. Igitur his contrariis quae perplexum me habent expensis, melius erit intrare condolere homini, consolari vel nolentem nam sine arte et adiutoriis morbus aliquis curari poterit, poterit idem utique facilius adhibitis et arte et *adiutoriis*.

CAL. Semproni.

SEM. Here.

CAL. Cedo chelyn.

SEM. Eccam, here.

CAL. *Quis poterit dolor* esse immani tam ferus oestro
Possim ut eum nostris aequiparare malis.

SEM. Non sunt concordi sono istae fides.

CAL. Quomodo concordiam det fidium choro qui animo suo ipse secum dissidet? Qui discors suis est sensibus, cuius voluntas et cupido rationi parere non possunt, cuius in pectore haec omnia simul regnant, aculei infiniti, *pax, bellum, indutiae,* amor, inimicitiae, iniuriae, delicta, offensiones, odia, suspiciones, omnia simul inquam et una de causa? Igitur cape tu chelyn, feri et canta tristissimam omnium quas didicisti cantionum.

SEM. Culmine Tarpeio flagrantia moenia Romae
Spectabat recinens carmina laeta Nero

Plebsque patresque aetas omnis sexusque dolebant,
Indoluit tantis *hoc minus ille malis.*

CAL. Maior est flamma mea, minor pietas illius [pg. 13] unde causa meis doloribus.

SEM. Non fallor ego animi, amens certe est herus meus.

CAL. Quid murmuras, Semproni?

SEM. Nihil.

CAL. Dic si quid dicere vis absque timore.

SEM. Dico quod credibile non sit maiorem esse flammam quae vivum unum hominem torret quam quae tantam *cum tot millibus mortalium* civitatem concremavit.

CAL. Quid? Ego te docebo. Maior utique flamma est quae octoginta[31] annos durat quam quae unum aliquem diem. Maior etiam illa quae animam consumit quam qua centum corporum consident. Ut maior res est quam rei apparentia, ut vivum potius picto, ut corpus umbra, tantum differt ignis ille Romanus ab isto quo ego modo conflagro. Certe si post vitam hanc apud inferos talis flamma hic peccantibus sustinenda foret, malim *immortalem animam meam* mutare cum caduca bruti alicuius animantis.

SEM. Non de nihilo est quod dico, peius etiam negotium cedit. Non sufficit isti fatuum esse nisi stultitiae etiam impietatem iungat.

CAL. Non dixi tibi clare loquereris si quid loqui velles, quid ais?

SEM. Dico numquam Deum hoc permittere debere. Est enim insignita impietas quod tu modo protulisti.

CAL. Qua de causa?

SEM. Ideo quia Christianae religioni adversatur.

CAL. Quid ad me?

SEM. Non tu es Christianus?

CAL. Ego Melibaeaeus sum, sectam Melibaeae sequor, Melibaeam adoro, in Melibaeam credo, Melibaeam amo, *Melibaea mihi omnia est.*

SEM. Tu persuadeas tibi Melibaeam tuam tanti esse pretii, non sentit in corde suo herus meus quod ore eius temere ebullit. Non opus est pluribus ambagibus, novi quo pede claudices, ego tibi medicinam spondeo.

---

[31] Reads "octuaginta."

CAL. Incredibilem effectu rem promittis. [pg. 14]

SEM. Certe facilem. Initium salutis est perspicere hominem medicum quo genere morbi aegrotans afficiatur.

CAL. Quali consilio regatur hoc *quod in se neque consilium neque*[32] ordinem ullum habet?

SEM. Ha ha ha. Haec est illa flamma heri mei, hae sunt ipsius aerumnae velut solus amor telis suis hominem impeteret. O supreme Deus, quam occulta sunt mysteria tua, *quantas vires cupidini humano dedisti*, necessarium est mente moveri quisquis amat, finem ipsius *pro miraculo mortalibus* posuisti. Videtur amanti neminem prae ipso solo sapere. At quicumque hoc affectu possidentur omnes alios contemnunt, omnibus insultant, ipsi instar taurorum ferorum stimulis velut et calcaribus icti omnia obstacula atque impedimenta perrumpunt infraenes, exleges nullis neque monitis neque consiliis obtemperantes. Tu in lege divina sanxisti hominem, relictis patre, matre omnique familia et cognatis suis, mulieri adhaesurum.[33] Non solum hoc isti facessunt sed te quoque ipsum cum universis praeceptis tuis caeco suo affectui postponunt. Exemplo sit iste modo Callisto, cuius tamen neque mira mihi obvenit haec alteratio, plurimi sapientes, cordati, sancti prophetaeque viri amoris obsequio te deseruerunt.

CAL. Semproni.

SEM. Here.

CAL. Ne me deseras.

SEM. *Aliter iam haec lyra tinnit.*

CAL. Quid tibi videtur de malo hoc meo?

SEM. Amare te Melibaeam.

CAL. Et nihil praeterea?

SEM. Satis mali est omnes suos affectus uno loco captivos detinere.

CAL. Non intelligis tu in amore constantiam.

SEM. In malo proposito perseverantia non est constantia sed meae domi pertinaciam et obstinationem dici audire memini. Tu aliique Cupidinis [pg. 15] philosophi censete quo vobis libet nomine.

---

[32] Reads "quod qui in se neque consilium" etc. In his translation notes (p. 324), Barth gives the correct version we are following here.

[33] "Familia et cognatis suis" is neither in the Spanish original, nor in Genesis 2, 24, from which this paragraph is taken: "Quam ob rem relinquet homo patrem suum et matrem et adherebit uxori suae."

CAL. Turpe est mentiri illum qui alium monere et docere venit. Magni tu tibi aliquid facere videris cum Eliciam tuam dilaudas.

SEM. Fac tu bonum quod dico, non malum quod facio.

CAL. Quid ergo in me tibi displicet?

SEM. Summittere te virtutem et dignitatem virilem futilis mulierculae instabili arbitrio.

CAL. Mulierculae, asine? Deus illa est vere, pro Deo mihi.

SEM. Hanc credis tu an iocaris?

CAL. Quid iocer? Pro Deo in eam credo, Deum illam confiteor licet non negem in caelo alium Deum esse, haec vero inter nos moratur Deus.

SEM. Ha ha ha, audivistis hominis blasphemias? Videtis illum insanire et mente et oculis orbum esse?

CAL. Quid ridere habes?

SEM. Rideo stultitiam meam quod crediderim hactenus atrociora peccata nullibi excogitata fuisse quam Sodomae.

CAL. Quomodo?

SEM. Illi quippe abominabili abusu *angelis illudere* voluerunt, tu vero eius amplexum petis quam Deum esse confiteris.

CAL. Male pereas, furcifer, qui ridere me fecisti, etsi animus longe abest.

SEM. Igitur deinceps omnem vitam tuam perflebis?

CAL. Conclusum est.

SEM. Quapropter?

CAL. Propterea quod illam amo, illius desiderii maceror quam ut potiar plane indignus sum.

SEM. O hominem exigui animi, *o degenerem* maiorum suorum. Quali mente contra Alexander Magnus atque Nimroth fuerant, qui non solum imperio terrarum orbis sed et *caelo se dignos* iudicarunt.

CAL. Non admodum bene audivi quid dixeris, verte huc os, repete quod modo locutus es.

SEM. Hoc dico, tu, qui magnanimitate Nimrodum et Alexandrum Magnum superas, unius mulierculae animum [pg. 16] vincere desperas, cuius generis multae maximae nobilitatis et praepotentibus familiis oriundae saepe sese *mulionibus et vilissimis etiam servitiis substraverunt*. Narratur et de nonnullis regii stemmatis usque adeo vilibus voluptatum suarum ut etiam brutis animantibus *abusae sint*. Non subvenit tibi legisse Pasiphaen cum tauro suo, Minervam cum cane incestis libidinibus operantes?

CAL. Non credo talia, fabellae sunt.

SEM. Illud aviae tuae *cum simio* fabella erat? Testis adhuc superest culter avi tui.

CAL. Male pereat fatuus iste, quantas ineptias blatit.

SEM. Excita animum de eoque furorem. Lege scripta historicorum, confer te in libros philosophorum, recense poetarum monumenta. Pleni omnis generis libri sunt vilissimarum et pessimarum mulierum exemplis et quam paucis omnino bene cesserit alicuius eas pretii habuisse. Audi Salomonem dicentem vinum et mulieres hominem facere ut blasphemet. Adhibe in consilium Senecam, videbis quid de illis iudicet. Ausculta Aristoteli, inspice Bernardum. Gentilium, Iudaeorum, Christianorum et Mahumetanorum consensus te eodem ducit. Verumtamen et quod dixi de illis et quod deinceps dicturus sum, nequaquam ita ceperis ut de omnibus eodem modo iudices. Sunt inter feminas etiam non paucae sanctae et virtutum studiosae generosi animi, quarum peculiaris laus exceptionem habet de generali universarum vituperio. Caeterarum autem quis tibi recensere *falsimonias*, mendacia, dolos, scelera, levitates, mutabilitates, lacrymulas fraudulentas, alterationes, odia evaleat? Quicquid cogitant, facere audent absque deliberatione. Dissimulationes earum, vana iuramenta, [pg. 17] artificiosos, compositos fraudibus sermones, deceptiones, obliviones, odia, ingratitudines, inconstantias, affirmationes et abnegationes falsas, fastus, gloriositates, futilitates, stultitias, indignationes, dedignationes, superbias, humilitates affectatas, loquacitates, voracitates, libidines, lascivias, meticulositates, audacias, sortilegia, incantationes, irrisiones, detractiones, calumnias, impudentias, lenocinia quis enarrabit? Considera, sodes, quid sub pellucentibus illis mollissimisque nimbis monstrorum deliteat, quae cogitationes sint animorum sub illis comptis et politis *strophiis*, sub illo habitus fastu, sub illis laxis et *magnificis* tunicarum voluminibus, quantum, Deus bone, vitiorum, quantae malorum cloacae sub incrustatis illis velut et depictis fanis delitescunt. De illis vere dictum est arma sunt diaboli, caput et fons omnium peccatorum, salutis aeternae destructio. Non precibus tuis in festo Sancti Iohannis eiusdem verba repetiisti, *Haec est mulier, antiqua malitia, quae Ada-*

mum felicitate paradisi eiecit, haec genus humanum depellit ad inferos, haec est quam vituperavit Helias profeta?[34]

CAL. Dic ergo tu iam. Iste Adam, iste Salomon, iste David, Aristoteles, Virgilius et mille alii quos nominare possis, quo pacto submisere se sexui tam vituperato? Sumne ego sapientior illis?

SEM. Eorum exempla tu sequi debes qui mulieres superarunt, non qui ab his devicti exciderunt virtute sua. Fuge fraudes earum. Scis quid faciant? Difficillimum est arcana dolorum intelligere, non illis modus est, non ratio, non consideratio. A rigore ordiuntur ultroneam sui corporis oblationem. *Quos etiam enixe desiderant* vel in publico iniuriis afficere, etiam per plateas [pg. 18] euntes conviciis de fenestris petere non abhorrent. Invitant, reiciunt, vocant, negant, iudicant amorem, pro hostibus se gerunt, irascuntur extemplo, placantur illico, quod cupiunt divinando te assequi volunt. Vah quanta vulnera, odia, molestiae apud illas sunt quas, si cum brevi illo tempore conferas quo aliqua ex iis voluptas capitur, hoc ipsum nihil esse dicas.

CAL. Videas tu, quo peiora de illis memoras quoque magis odisse me illas cupis, eo ego magis Melibaeam meam desidero, nescio quid hoc negotii sit.

SEM. Non hoc opus habet iudicio puerili, ut video, quod genus rationi se submittere nescit, nescit suis rebus consulere. Miseranda stultitia est videri eum sibi in re quapiam iudicanda magistrum qui discipulus in intelligenda numquam fuit.

CAL. At tu unde ista nosti, quis te docuit?

SEM. Quis censes? Illae ipsae de quarum virtutibus sermo est. Hae quippe cum semel introspexeris, adeo omnem pudorem perdunt ut ista omnia et longe peiora ultro manifestent. Pone igitur cum animo tuo rationem honoris tui, cense longe digniorem esse te quam vilis mulierculae desiderium faciat. Longe quippe periculosius est hominem existimatione se sua deicere secum quam altius atque decebat de se quem sentire.

CAL. Sed quid ego sum ad hanc comparatus?

SEM. Quid? Principio homo es, ingenii excellentis, quem natura plurimis de optimorum suorum donorum censu dotavit, scilicet,

---

[34] Italicized but not included in the translation notes. It is probably italicized because it is so in the Spanish Plantin edition.

forma, gratia, statura grandi et conspicabili, robore membrorum, agilitate. Ex alio loco fortuna tecum bona etiam sua prolixe partita est, talia quidem numero et modo ut internae tuae dotes per has exteriores cuivis videantur [pg. 19] et consensu mutuo clare resplendeant idque ideo quia absque his fortunae muneribus, quae *extra decentium domina* est, nemo quisquam in hac vita felicitatem aliquam absolvere potuit. His tu iunctim potitus felici quodam sidere ab omnibus carus haberis.

CAL. At non a Melibaea. In omnibus vero istis, Semproni, quae in me commendasti, longissimo spatio superior est illa. Vide nobilitatem generis ipsius, vide copiam divitiarum, excellentissimum ingenium, relucentes per omnia virtutes, generositatem excelsam animi, *ineffabiles gratias,* incomparabilem speciositatem. De qua rogo paulum me sermocinari patiaris ut sic aestuanti animo aliquid dem refrigerii. Quae tibi autem narrabo de conspicuis ipsius decoribus dicentur, nam de occultis, si sermonem habere possem, non opus esset nunc tecum miserabile hoc colloquium instituere.

SEM. Quanta mendacia, quales stultitias nunc recensebit miser meus dominus?

CAL. Quid hoc erat?

SEM. Dico loquens modo maxima enim me voluptate afficies audientem. *Sic Deus tibi propitius sit* ut ego auscultare desidero.

CAL. Quid?

SEM. Ita Deus me iuvet ut ego libens audire cupio.

CAL. Ut igitur eo maius gaudium capias, sermonem ego per partes extendam et velut in figura tibi spectandam exhibebo.

SEM. Hoc erat quod petebam scilicet. Poteram carere his omnibus angoribus qui in medios me praecipitavi.

CAL. A capillis incipiam. Vidistine tu filamenta aurea delicatissimo metallo ducta qualia ducuntur in Arabia? Pulchriores sunt capilli Melibaeae neque minus splendoris habent, prolixi usque ad confinia plantarum. Cum compositi et in ordinem redacti cirris caput vinciunt, [pg. 20] uti eos componere et aureo funiculo connectere solet, sufficiunt soli quemvis spectatorem in lapidem vertere.

SEM. In asinum potius putem.

CAL. Quid ais?

SEM. Non esse has saetas asini alicuius.

CAL. Videsis quam tu turpiter stupidus es et quae haec sit comparatio?

SEM. Sapientia tu *Thaletem superas.*

CAL. *Oculi virentes* clari et patentes, palpebrae longae, supercilia delicata et sursum erecta, nasus mediocris, os parvum, dentes minuti et albissimi, labia rubicundissima et grandiuscula, facie figura oblongior quam rotundior, pectus altum. Quis tibi rotunditatem mamillarum non magnarum forma illa optabilissima satis apta figura praepinxerit? Desperabundi fiunt quicumque has mortales viderint. Universum corporis filum coloris lucidissimi et velut resplendescentis quodque candore nivem facile confutet. Procul tincturae et fuci naturali fulgore mistus albori rubor cutem expolivit, qualem formae suae studiosa puella optare poterat.

SEM. Tredecim annorum aetatem habet hic fatuus.[35]

CAL. Manus minutae, media tamen forma, succulentae et delicata carne copiosae, digiti longi, ungues in his ampli et suavi rubore tincti, dicas rubentes gemmas inter margaritarum ordines conspicere. Caetera quae visu submota sunt ab extrinseca specie iudicare licet incomparabili venustate esse, meliore utique quam qua instructae tres quondam divae in monte Ida Paridi iudicium pulchritudinis obtulisse dicuntur.

SEM. Finem iam facturus es?

CAL. Quam brevissime potui rem absolvi.

SEM. Ponamus omnia haec, uti tu recensuisti, vera esse. Tu quia vir es etiam melioribus dignus eras.

CAL. Quo pacto?

SEM. Eo quod imperfecte homo est mulier [pg. 21] obque defectum perfectionis desiderat semper atque appetit virum vel te vel alium ardentius certe quam vel tu vel alius eam quae femina est. Memento philosophi quo loco scribit, *ut materia appetit formam, sic mulier virum.*

CAL. Me miserum, et quando hoc mihi faciet Melibaea?

SEM. Facile hoc ut contingat, quin et illud ut magis eam etiam abhorreas quam nunc diligis, puta, si aliquando *ad satiem eam potitus*

---

[35] "Tredecim annorum" etc.: Barth did not understand the Spanish idiom "estar en sus trece," which means "to be stubborn."

fueris aut aspexeris aliquando oculis liberis a deceptione qua nunc occaecatus es.

CAL. Qualibus oculis ergo?

SEM. Oculis claris et perspicacibus.

CAL. Iam vero qualibus video?

SEM. Insiticiis aut per vitream transennam, unde pauca quae sunt multa videntur, parva, grandia. Ne desperes autem. Ego negotii huius confectionem in me recipio, ego desiderium tibi tuum explebo.

CAL. Deus det tibi quae voves. Quanta mihi gloria est audire haec ex te etiamsi confecturum quae promittis spem fere nullam habeam.

SEM. Ante exspectatum certe hoc fiet.

CAL. Deus consiliis tuis adsit. Auro ductilem illum thoracem quem heri vestitui gerebam, vidisti illum?

SEM. Det tibi pro hoc et quibus me aliis donabis Deus quod optaveris. Ego optimam partem de hoc ludo meam faciam. Si talibus me stimulis incitabit, in lectum ipsi hucusque Melibaeam sistam. Bonum auspicium successibus dabit donarium hoc mihi oblatum ab hero meo. Sine spe praemii numquam quicquam bonarum rerum expedietur.

CAL. Ne negligenter tractes hoc tantum negotium.

SEM. Tu modo ne negligenter hic agas. Non enim servum diligentem umquam faciet ignavus dominus.

CAL. Quo pacto autem opus tam divinum conficere posse existimas?

SEM. Dicam illicet tibi. [pg. 22] Multum temporis iam elapsum est ex quo familiariter novi in viciniae huius confiniis vetulam quandam *barbatam*, nomine Celestinam, incantatricem, magam, astutissimam et omnium malitiarum numeros memoriter tenentem. Quinque amplius millia audivi feminarum hic esse quas de virginibus illa mulieres, *de mulieribus virgines* auctoritate sua per civitatem fecerit. Ludus illi temeratum pudicitiae florem mentitis machinis pro integro vendere. Haec durissimas et iam petras in libidinem commovere valet modo velit.

CAL. Potero ego illam alloqui?

SEM. Sistam tibi huc mulierem, para te isti negotio. Sis humanus et comis erga illam, libere et munifice te gere, edisce interim dum ego illam accersitum eo quibus verbis dolorem illi tuum declarare possis commodissime. Si tam facile tu dixeris quam illa remedium inveniet, res confiet strenue.

CAL. Et moraris?

SEM. Iam eo. Deus sit tecum.

CAL. Idem te comitetur. O aeterne omnipotens Deus, tu qui perditis hominum rebus auxiliator es, qui Reges ab Oriente, *duce novo sidere*, Bethlehem usque duxisti et in patriam post reduxisti, suppliciter *te rogo* sis adiutor et comes Sempronio meo ut tristissimam hanc maestitiam meam in optatam laetitiam convertat mihique indigno contingat fine voti mei potiri.[36]

CEL. *Evangelia, evangelia*, Elicia. Sempronius, Sempronius.

ELI. Ce, ce, ce, st.[37]

CEL. Quapropter?

ELI. Crito ist hic intus.

CEL. Detrude illum subito *subter acervum istum* scoparum. Dic adesse cognatum tuum, meum veterem familiarem.

ELI. Crito, reduc te isthuc, perii misera, patruus huc meus venit.

CRI. Faciam [pg. 23] ne te eius rei gratia angas animi.

SEM. Mater optatissima, quantum conspectum tuum desideravi. Gratias Deo solvo qui te mihi videndam restituit.

CEL. Fili mi, domine mi, rex meus, perturbatam me sane fecisti. *Nondum tecum loqui possum*, verte te et denuo me amplectere. Tres integros dies potuisti ut ad nos non inviseres? Elicia, Elicia, hic eccum illum.

ELI. Quem, mater?

CEL. Sempronium.

ELI. Miseram me, ut cor salit. Et quid illi factum est?

---

[36] The line break indicates the change of scene. In most cases Barth copies the line breaks from the Plantin edition. However, since the Plantin edition does not apply this convention systematically, Barth's redaction suffers the same problem.

[37] "st:" cf. Cicero, *De Oratore* 2, 257.

CEL. Eccum hic tibi praesentem illum, hic ille praesens est. Ego vero mihi eum amplectar et exosculabor, mihi eum servabo, non iam tuus ille erit.

ELI. Sceleste, ut misere pereas, mala te lues, malum trucidet, manibus hostium tuorum interficiare, propter facinora crudeli morte digna carnificis potestati tradaris, latro, proditor, ah ah.

SEM. Hi, hi, hi. Quid est, mea Elicia, quamobrem te commovisti et excrucias?

ELI. Triduum iam me non vidisti. Numquam Deus te videat, numquam Deus te consoletur neque umquam tibi adsit. Vae miserae mihi, quae in te spes omnes meas posui finemque ipsum omnium meorum bonorum.

SEM. Tace, domina mea, tu credisne distantiam locorum posse differre duo amantia corda quorum desiderium imis medullis conceptis ardet sic a tuo me amato corculo segregare? Falleris, lux mea, quocumque ego eo, tu me comitaris, mecum stas, sedes, cubas. Ne tibi male plorando facias aut animum tuum affligas amplius super eo quod me affecit quam pessime. Verum quem ego supra nos isthic gradientem audio?

ELI. Quis? Amatorum meorum unus est.

SEM. Certe ego tale quid credo.

ELI. Illuc vide, verum est quod dico, adscende et videbis.

SEM. [pg. 24] Adscendam certe.

CEL. Huc ades, Semproni, fac missam fatuam istam, irata est propter tanti temporis absentiam tuam, furere iam illam facies, mille tibi stultitias dicet. Ades huc, fabulemur aliquid, non sinamus tempus in vanum praeterfluere.

SEM. Verum quis supra istic est?

CEL. Vis scire igitur?

SEM. Certe volo.

CEL. Puella quaepiam quam hodie mihi monachus quidam commendavit.

SEM. Quis monachus?

CEL. Nihil ad te isthuc.

SEM. Dic per vitam meam, quis monachus, mater?

CEL. Molestus es. Crassus et obesus ille monachorum famulus.

SEM. O infelix puella. Et quod illa munus exspectat.

CEL. *Ad nihil non utilem faciemus*. Paucas tu per ventrem occidi vidisti.

SEM. Occidi nullam, confodi multas.

CEL. Vah quantus irrisor.

SEM. Si te irrideo, sine me adscendam, ostende mihi illam.

ELI. *Ha furcifer*, videre eam cupis? Utinam ambo tibi oculi videndo dissiliant, non sufficit tibi vel haec vel alia. Apage te, vide illam ut me postea perpetuo missam facias.

SEM. Tace, bone Deus, et tu istius gratia tantopere irasceris? Nulla mulier in terra vivit quam ego videre cupiam, nedum illam. Matri isti meae loqui volui. Tu vale.

ELI. Abi, abi, apage te ut a nemine umquam videaris, alios tres annos ne redi ut me visites.

SEM. Optima mater, confidas velim mihi neque putes ludere me cum ista hic dico. Sume pallium tuum et sequere me, est quod te velim, dum per civitatem imus, narrabo tibi negotium nam, si diutius hic morer et tuo et meo commodo obsim.

CEL. Eamus igitur. Elicia, interim vale et claude ostium. Valete et vos *parietes* nostri.

SEM. Ades, mater, sed opus est omnibus aliis negotiis animo submotis totum isti eum des quod ex me audies, huc [pg. 25] mentem fige, linque caeteras curas universas neque dividas cogitationum vim in plures partes. Quicumque enim pluribus animum iunctim intendit nullo cum loco certum habet neque quod cupit efficiet expendendo nisi casus aliquando bonum finem rei propositae fecerit. Dicere iam tibi tale quid volo quale ex me numquam hactenus audivisti, hoc est, quod, ex quo semel fidem tibi meam conspondi, *numquam aliquid boni obvenire* mihi optavi cuius participem te esse et consortem non vellem.

CEL. Deus, mi fili, omnia tecum bona sua partiatur, merito quidem id faciet, siquidem et volet, quoniam miseret te vetulae huius tam miserabilis. Verum enarra quod dicturus es prompte, amicitia quippe perfecta et vera quae inter nos est non opus habet grandibus aut artificiosis sermonum introductionibus aut corollariis, non coloribus ullis rhetorum aut aucupiis benevolae auscultationis. Fac edicas breviter et *in medias res* te ponas. Magnae vanitatis argumentum est multis ambagibus evoluere quod paucis verbis dictum intelligi potest.

SEM. Sic res est. Callisto ardet amore Melibaeae, ei rei et meo et tuo auxilio opus habet. Quoniam igitur iuncti illi prodesse possumus, iungamus et societatem emolumentorum quae exinde ad nos pervenire possunt. De reliquo *agnoscere quem occasionis favorem* et opportunitate obiecta bene uti posse felices solet homines efficere.

CEL. Optime dixisti. Iam rem omnem teneo, sufficit mihi oculo innui. Affirmo tibi non mediocriter hoc negotium me exhilarat, ut chirurgos fracta capitis ossa. Atque ut hi in principio vulnera atrociora videri sermonibus suis faciunt et blandiuntur affectis salutis promissionibus, sic ego [pg. 26] Callistonem tuum tractare meditor. De longinquo ipsi remediorum certitudinem ostendam, verum est enim quod dicitur spes producta macerat cor hominis, quanto ille magis desperationi accedet, tanto ego illum propiorem remedio pollicitando ponam. Intelligis quid velim?

SEM. Taceamus haec, iam enim ad ostium domus nostrae accessimus. Scis quid dicant etiam parietibus aures esse.

CEL. Pulta.

SEM. Tha, tha, tha.

CAL. Parmeno.

PAR. Here.

CAL. Surde, non audis?

PAR. Quid rei est, here?

SEM. Aperi mihi et *huic matronae*.

PAR. Here, Sempronius et *prostibulum* quoddam *vetus* suffarcinatum hos tumultus dabant.

CAL. Tace, tace, infelix. Est amita illa mea, curre, propera, aperi. *Semper hoc usu* venire solet qui unum periculum effugit homo in aliud maius incidit. Ego ut Parmenonem meum hoc negotium celarem, cui tamen vel amor mei vel fidelitas vel timor facile fraena silentii imposuissent, potest ut cadam in indignationem huius feminae, quae non minus vitae meae moderatrix est quam ipse Deus.

PAR. Quid est, domine, quod te excruciat? Qua de causa animum tuum affligis? Censes auribus huius vetulae iniuriosas videri illas appellationes quibus eam modo nuncupavi? Ne suspiceris isthuc.

Tanta illi gloria est talia audire quantae tibi tu esse aestimas, cum dicentem aliquem audis, *dexterrimus est armis et equo* Callisto. Immo quod magis est, non aliis nominibus nota illa est, his pro laudum suarum titulis ubique cognita. Si inter centum mulieres media eat et forte fortuna e vulgo aliquis dicat vetustum prostibulum, [pg. 27] nullo impedimento illico capite obverso hilari vultu respondet. In conviviis, in festis, nuptiis, societatibus, exsequiis, universis omnibus hominum conventibus hanc tempori fallendo adhibent, illam conviciantur, illudunt. Si per canum illa transit concursus, hos eius titulos elatrant illi. Si prope avium consensus venit, aliud illae non recinunt. Si greges ovium accedit, idem isti balant. Si qualescumque alias bestias grunniendo, oncando, rugiendo, aliud nihil sonant quam vetus prostibulum, scortum exoletum, meretrix defloccata. Ranae in paludibus aliud nihil coaxant. Si praeter fabrorum ferrariorum officinas transit, hoc iterant mallei eorumdem. Eumdem sonum omnia opificum intrumenta tota civitate sonant. Cantant hos titulos carpentarii, pingunt talem pinctores, texunt textores, per agros, hortos, vineas diurno se labore sustinentes has ei laudes canunt cumque eis taedium et laborum et temporis fallunt. Qui tesseris fritillisque ludunt, ut aleam perdunt, his titulis illam cohonestant. Quicquid sonum aut soni imaginem ciere potest, quam primum illa astitit, nihil aliud quam has ei laudes repraesentant. Qualis, dii boni, *lurco ovorum assatorum* erat quondam maritus eius. Quid vis amplius non lapis ullus lapidem terit quin illico de titulis scelestae huius anus aliquis aures praesentium percellat.

CAL. Tu vero quomodo haec nosti et unde ipsam?

PAR. Scire te volo. Multi iam anni elapsi sunt, cum mater mea, mulier egena, vicina isti domicilium colebat. Haec a Celestina rogata me famulum in eius domum dedit, quamquam illa me iam minime agnoscat propter interlapsum ingens annorum spatium et quod interibi aetas [pg. 28] me fere alium fecit.

CAL. Quibus ministeriis destinatum habebat?

PAR. Here, ibam ad forum et obsonium illi portabam, comitabar illam hinc inde et quicquid tenerrima mea aetas tum ferebat, ut iussus eram, facessebam. Memini tamen ab illa usque pueritia mea non aliis eam negotiis vitam tenuisse quam quibus nunc quoque se alit nec destitura est umquam, quamquam non diu servitiis ipsius adfuerim. Habet bona haec matron isthic in angulo ultimo civitatis prope illam cryptam notissimam ad latus fluminis,[38] domunculam solam ab aliis semotam, semitutam, minima parte integram, pluribus ruptam et subfultam. Sex illa officiis sese sustinet. Acu netrix est, perfumatrix, fucos et tincturas cuti poliendae et colorandae vendit. Virginitatis damna farcit, restitutis ope prodigiosorum medicamentorum in speciem integritatis iam plus millies perruptis *locis*, lena est et nonnihil etiam magicorum operum exercet. Dum ego illic viverem, primo a me loco nominato tegebat caetera. Sub eo colore plurimae quotidie ad eam ancillae commeabant, nenda nimirum et acu pingenda ipsi portantes utque ipsae discerent conficere indusia, nimbos, strophia, muccinia, ventralia et mille species linteorum indumentorum. Nulla harum aderat sine frusto lardi, carnis, parte tritici, farinae, vitro vini pleno aliisque talibus victui utilibus ut quaeque dominos suos aliquo defraudare potuerat. Erant etiam furta maioris ponderis quae in domuncula illa abscondebantur. Amica erat intimior *studentium*, dispensatorum, familiaris vel maxime abbatum servitiis. His illa innocentem sanguinem puellarum illarum miserarum vendebat non aegre in devirginationes [pg. 29] consentientium cum illa restitutionem virginitatis cuique de facili promitteret. Subibat per has easdem quaestus ipsius altius. His mediantibus, cum maxime diligenter clausis tractabat lenocinia sua non desistens donec ad praemium et has amatorum votis sisteret. Huius generis multas, temporum sanctitate suspiciones eximente, domum nostram intrantes vidi a stationibus, processionibus nocturnis, sacris matutinis et ad gallicinium celebratis aliisque devotarum feminarum operibus. Multas capitibus velatis quas pone amatores sui sequerentur pedibus nudis, pauli *excalcei,* animo afflicti, vultus tecti qui eo scilicet ibant peccata sua deploraturi. Quid laborum vetulam nostram super his exantlasse putes? Faciebat se medicam puerorum *naturae consultam* uti infantium ipsi cura commendaretur, linum in his domibus acceptabat, in aliis fusis ducendum locabat uti commode, cum vellet, utrasque intrare posset. Audiisses voces per vias clamantium, mater huc ades, alias, istuc te age, vide

---

[38] "prope illam cryptam notissimam ad latus fluminis" translates "alla cerca de las tenerias, en la cuesta del rio." The word "tenerias" ("tannery") is what caused the problem, although it could have been translated into Latin as "coriaria officina" (cf. Pliny, *Nat. Hist.* 17, 51 and 24, 175; Tertullian, *De Cultu Feminarum* 2, 6). Curiously, the first Italian translator, Alfonso Hordognez, also had problems with this word (p. 62 and 97). However, James Mabbe's English translation shows no difficulty with this passage: "there where your tanners dwell" (40).

anum istam ut omnibus grata est, haec illa est Celestina quam omnes amant, haec illo communis infantiae nostrae velut nutrix est. Cum omnibus his curis nullam diem tamen praeterfluere sinebat qua non tam oriente quam occidente sole templa per urbem pleraque inviseret. Nulla monasteria *nonnarum* aut monachorum non frequentabat ut simulato religionis cultu lenocinia ibi sua componeret. Domi suae pretiosos odores corrumpebat, falsas species pro veris vendendas parabat, *adulterabat* omnia genera exoticorum fructuum quos pro medicamentis aut delectationis ergo simplex turba emebat. Erat conclave ipsi semotum a reliquis plenum [pg. 30] vitreis vasis quibus chymici ad praeparationes variorum succorum, aquarum, oleorum utuntur. Enarrare velle herbas, frutices, metalla et omne genus pigmentorum quibus illa corruptis, adulteratis, excoctis, incantatis, credulis hominibus illudebat nulla opis humani ingenii possit. Nihil umquam ad odia, amores, fucos, defixiones, potationes, philtra, abortiones excogitatum est quod in huius officina non prostaret. His et mille talibus artibus illa vitam sustinebat. Quae mira et infanda dictu confecerit melius hic silebuntur.[39] Illud me coram gestum est ancillam suam quae diu iam prostiterat, cum legatus regis Franciae hic esset, tribus vicibus pro virgine illibata vendidit.

CAL. Poterat centum puto.

PAR. Certe per Deum. Curabat eadem gratis ex caritate Christiana, multos orphanos et pupillas quae ipsi sese commendaverant. In alio secessu habebat remedia amoris conciliandi et omnibus se amabilem reddendi, ossa cordis corvini,[40] linguas viperarum, capitella coturnicum, cerebella asinorum, telam equinam, palliola quibus infantes obvoluti nascuntur, nonnumquam fabam Africanam, anguillas marinas, *funem strangulati hominis,* florem hederae, spinas erinaceorum, pedes taxorum, grana filicis, lapidem de nido aquilae, *fahrensamen*[41] et mille talia. Veniebant domum eius multi viri, iuvenes,

---

[39] "melius hic silebuntur": as Barth has warned his readers in the prologue (D31), he has decided to omit the many exotic ingredients in Celestina's laboratory.

[40] "corvini": Barth has misread the Spanish original "ciervo" ("deer") as "cuervo" ("crow"). This mistake is understandable given the association of crows with witchcraft.

[41] "Fahrensamen," German dialectal form meaning "seed of fern," is printed in Gothic type. It seems to repeat the "grana filicis" mentioned above. It was likely a marginal note that Barth or the printer forgot to exclude. In the translation note to the word "excalcei" (p. 442-43), there is a similar case of a marginal correction that Barth wrote for himself but that ended up in the printed version.

mulieres, puellae. Ab uno panem quem momorderat poscebat, ab altero partem tunicae, a tertio de capillis fasciculum. Aliis in volam manus pingebat figuram de croco, aliis cinnabari, aliis dabat corcula cera conficta, plena flexis acubus aliasque res argillaceas et plumbo effigiatas horribiles visu. Pingebat figuras in terram, murmurabat eodem [pg. 31] voces obscuras. Quis caetera tibi enarret quae anus ista quotidie patrat? Et omnia sunt merae fraudes, mera mendacia.

CAL. Bene habet, Parmeno, seponamus ista occasioni meliori. Satis me monuisti et instruxisti, bona gratia affectum tuum recipio. Nunc praesens non moremur negotium, necessitas excludit tarditatem. Audi, adest huc illa rogata, diutius praestolatur quam decet. Eamus ne indignetur. Metuo ego mihi et metus ille rebus me meis vigilantem et providentem adesse iubet. Age, eamus, curemus hoc negotium. Sed et hoc te rogo, Parmeno, odium quo Sempronium prosequeris ne quicquam impedimenti faciat. Utor ego volens illius opera in hac re conficienda qua salus certe vitae meae invertitur. Nec invideas si quid illi donavero, si illum thorax manet, tibi vel tunica non deerit. Ne censeas me minoris praemonitionem et consilium tuum facere quam illius operam et laborem. Novi ego id quod animus hominis iuvat nobilius esse et maiori praemio dignum quam quod corpore praestatur. Sic bestiarum utimur et iumentorum opera, licet viribus membrorum illa plus hominibus efficiant, nihil illis tamen praeter pastum largimur, amicitiam vero cum solis nostri similibus, hoc est, ratione nos iuvantibus, iungere consuevimus. Talis omnino differentia inter te et Sempronium mihi ponitur, de caetero, praeterquam quod pro hero me tuo et domino habere et adesse mihi debes, amicum te meum esse volo tibique me in amicitiam largior.

PAR. Est quod quaerar, here, de dubitatione ista quam super fidelitate mea servitiisque paratissimus habere te conicere possum. Quo enim alio fine promissiones tuae istae et blandae admonitones cadunt? Quando expertus es vel per invidiam alterius vel mei me commodi [pg. 32] gratia quicquam rebus tuis defuisse?

CAL. Ne indigneris, Parmeno. Affirmo tibi prae omnibus ministeriis meis grata mihi ante oculos tuae versantur ingenium nobile, fidelitas et promptitudo. Verum uti in negotio tanti ponderis quod vitam ipsam meam cernit, opus est omnia cautissime agere et quae usui sunt acute praevidere, etiam quae tuta sunt metuimus et omnibus casibus advigilamus.[42] Scio et ingenio te et consuetudine bonum esse, et naturae quae in te est excelentiam bonis quotidie actibus firmare. Nunc eamus obviam saluti nostrae.

CEL. Ambulantes audio, iam descendunt. Simula, Semproni, nihil te tale audire. Ausculta et sine me loqui quod nunc ex tuo et meo usu est.[43]

SEM. Loquere.

CEL. Ne mihi molestus sis neque me fatiges tantopere. Male affectum antea onerare aliis miseriis velle est stimulare animal iam lassitudine deficiens. Tam Callistonis tui morbus te aegrum habet ac si tu ipsemet ille esses idemque tormentorum genus sustineres. Ne censeas igitur lite hac indecisa me hinc abituram, etsi vitam meam impendere usuveniat.

CAL. Parmeno, siste hic paulisper, audi quid fabulentur illi. Videamus in quo sit salus vitae nostrae. O mulier honorabilis, o indigna omnia bona huius vitae quae possideantur a tam celso et sapiente pectore, o fidelis et certissime Semproni. Vidisti, Parmeno, audivisti, Parmeno, nonne rationem optime pono? Quid ais, o secretorum meorum arbiter, o consilium animae meae?

PAR. Protestatus primum super innocentia mea contra supicionem illam qua me modo, domine, verberasti atque ut fidelitatis meae deinceps [pg. 33] securior sis, cumulum meis in te bene meritis hunc adiciam ut, quoniam sententiam meam dicere me iussisti, quid videatur exponam. Ausculta mihi, ne te surdefaciat affectio neque exspectatio voluptatis occaecet. Tempera cupidinem animi tui neque festines nimium. Multi scopum tangere solliciti ipso omnino proposito pariete ictum aberrarunt. Quamquam pauci mihi anni sint, satis tamen rerum humanarum vidi. Indicium interius et multarum rerum usus visusque faciunt prudentem experientiam. Quia te vel vident vel audiunt scalis descendentem hunc sermonem exorsi sunt, omnia ista ficta mente et rebus tuis accommodatis verbis elocuti sunt. Vide quid rerum geras qui in falsos sermones finem desiderii tui collocas.

---

[42] Barth does not follow the Spanish original in the expanded second part of this sentence.

[43] Barth introduces a line break here that is not in the Plantin edition. See note 36.

SEM. Sceleste sonant illa, Celestina, quae Parmenonem audio dicere.

CEL. Tace sis.[44] Mihi illum sine. Ego de nobis unum illum facile efficiam et ad nostras partes traham. Sit commune tribus nobis lucrum quod ex hoc negotio ad nos redibit. Bonum quodcumque non participatum aliis bonum certe non est. Lucremur iunctim, dividamus praedam, gaudeamus simul. Ego tibi illum mansuetum adeoque blandum sistam ut panem de manu mea ore carpat. Erimus duo cum duobus et, quod dicitur, tres ad unam mulam.

CAL. Semproni.

SEM. Here.

CAL. Quid facis, o qui clavem vitae meae tenes? Aperi. O Parmeno, iam eam conspicor, sanesco iam, vivere redordior. Vide quam verendum istar, quam reverenda auctoritas. *Vultus exteriora* aspectus et consideratio quam bene interiorem virtutem manifestat. O honoranda senectus, o senilis honor, o gloriosa spes desiderati finis mei, o finis gloriosa desideratae voluptatis meae, o salus aegritudinis [pg. 34] meae. *Resumptio* de tormentis, regeneratio mea, vivificatio vitae meae, restauratio de morte mea, quam cupio complecti, quam exosculari beatas illas et remediorum meorum compotes *manus*. Indignitas mea hoc nec patitur, hinc eminus adoro terram quam vestigia tua premunt et cum veneratione tui illam exosculor.

CEL. Semproni, de talibus ego vivo. Ossa quae iamdudum ego corrosi fatuus tuus dominus mihi comedenda propinat. Verum processus et exitus rei arbitri fuerint. Dic tu illi os iam claudat, marsupium aperiat. Non de verbis ego sed de operibus dubito.

PAR. Infelices aures quae talia audiunt. Periisti miser si intrat. Iam periisti. O infortunate Callisto, amens, caece, in terram usque se dimittit adorabundus vilissimum omnium quantum super eam vivit prostibulum, cuius abominabile corpus nullum non lupanar distrivit. Confectus es, victus es, cecidisti. Nullo iam remedio, nullo consilio, nulla virtute redimi potens.

CAL. Quid erat quod mater dicebat? Videtur mihi innuere dubitationem de mercede operae suae et velut verbis non pecunia ego eam compensaturus sim.

SEM. Ut ego intelligo.

---

[44] "Tace" is a common form in Plautus. Cf. *Mostellaria* 892.

CAL. Veni igitur mecum. Sume claves, ego illam illi dubitationem eximam.

SEM. Optime facies, illicet eamus. Non detur spatium lolio crescendi inter tritici sata nec suspicioni in corde amici quin eradicetur illico alicuius beneficii sarculo.

CAL. Prudenter admonuisti, eamus propere.

CEL. Admodum mihi gratum accidit, Parmeno, datam nobis occasionem colloquendi ut tibi indicem singularem affectum quo tibi bene cupio quamque immerentem te diligam. Immerentem, dico, quia audivi omnia quae hero modo dixisti, quae [pg. 35] tamen ipsa magni non facio. Virtutis enim solidae possessio pati nos tales insultus aequo animo iubet neque malo malum rependere, praecipue cum ab servulis adolescenti aetate nobis aegre fit quique in rebus quibus nunc vita vivitur minime sunt astuti subactique. Hi quippe stulta quadam fidelitate ipsis suis dominis malum pariunt et se ipsos cum illos perdunt, velut tu modo cum hero tuo te gessisti. Optime omnia tua dicta audivi neque censeas cum caeteris ab exterioribus sensibus etiam auditum mihi annorum longam seriem abstulisse. Ego non solum ea plane percipio quae extrinsecus sensibus obiciuntur, ut visui et auditui, sed et oculis intellectus et auribus prudentiae intus bene munita quid meditetur quisque facile conicio. Scias, Parmeno, herum tuum ab amore male habere. Neque ideo tu illum subtilitatis arguas. Amor quippe ipse insuperabilis facile omnium rerum victor evadit. Et scito, siquidem hactenus ignoras, duas conclusiones esse certissimas. Prior est, necessario virum amare mulierem et mulieram virum. Altera, quod is qui vere amat turbetur aliquo pacto propter voluptatem summam omnium maximae delectationis quam insevit universo humano generi creator optimus maximus ut per hanc perpetua successione id continuaretur alioquin brevi intercisurum. Neque haec vis voluptatis solis hominibus divinitus addita est verum pariter etiam caeteris ad genus suum cuique animantibus, piscibus, puta, bestiis, quadrupedibus, avibus, reptilibus. In genere etiam creaturarum vegetabili *plantarum nonnullae huc eodem inclinant*, modo non longis a se spatiis dissitae sint [pg. 36] nec arceantur medio aliquo impedimento. Unde et herbariorum et agricultorum scholae sexum huic etiam generi adscripserunt in masculos eas et femellas distinguentes. Quid ad haec dicere habes, Parmeno? Insipidule, fatuelle, huc te verte simplex rusticelle qui nihil nosti eorum quae in vita dulcia sunt et lepore pulchro amabilia. *Sed si ego te mihi aliquando applicavero*, utcumque anus vetula sim, mala morte peream si cum tota ista tua austeritate qui vocem raucam habeas, pungentem barbam, tranquillum in sede sua servare poteris micronem[45] illum ventri tuo subditum.

PAR. Ut caudam nepae.

CEL. Immo peiorem etiam. Illa enim sine inflatione icit, tu spatio novem mensium voluptate tua inflatam teneas.

PAR. Hi, hi, hi.

CEL. Rides tu, fili, *mala haec aegritudo est*.

PAR. Tace, mater, ne me tu despicias neque pro fatuo habeas, etiamsi adolescentibus annis sim et servili condicione. Amo ego herum meum, cui fidelitatem debeo, qui me educavit, innumeris beneficiis affecit, etiam non parvi me et ministerium meum facit, optime mihi vult, optime consulit. Hoc est maximum vinculum quod amori domini fidelem famulum adstringit si quod ipsi contrarium et nociturum videt, abrumpit et reicit. Video illum perditum neque damnosior res est quam desideriis suis obsequi sine spe boni exitus, praecipue quando considit remedium invenire posse rebus arduis atque difficilibus in vanis consiliis et stultis persuasionibus bruti istius Sempronii, quod tantumdem est ac bove leporem venari. Non possum ego haec pati, dico istud et defleo.

CEL. Parmeno mi, non vides insignitam esse stultitiam deflere illud quod fletu corrigi[46] non potest?

PAR. Hac ipsa de causa ploro [pg. 37] ego. Nam si plorando domino meo hactenus subvenire potuissem vel et iam possem, tam grandis voluptas huius spei esset ut impedientibus gaudiis nequaquam flere valerem. Nunc omnem spem remediorum perditam habens perdo omnem etiam hilaritatem animi et perpetuum fleo.

CEL. Defles sine successu id quod nullo planctu impedire poteris et hoc ipsum, si sapis, sanare ne praesumas. Et tale quid nemini alii contigisse censes, Parmeno?

PAR. Scio multis. Sed herum meum tali miseria confici nolim.

---

[45] "micronem": Barth has created a Latinate Greek word meaning "small thing" to ingeniously translate "punta de la barriga" ("tip of the belly"), which is the oxymoron Celestina uses to refer to Parmeno's penis.

[46] Reads "corrige."

CEL. Non conficitur iam ex hinc, quamquam fuerit hactenus talia passus, ego ipsum curare possum.

PAR. Non tangunt animum meum pollicitationes istae. Beneficium non verbis aut valentia sed opere atque actu praestatur. Malis rebus potius est posse quam facere, bonis contra, non aliter quam melius est esse sanum quam fieri posse et praestat posse miserum esse ipso actu. Et sic melior est potentia mali quam actio.

CEL. O miselle. Quomodo perplexa narrasti neque tute quid dicas scilicet nosti. Tu nescis quae sit eius infirmitas? Quid dixisti hactenus, quid deploras? Igitur apage ludum et dic pro vero quod falsum est et crede quod cupis. Ipse actu ipso male affectus est, posse ipsum sanum fieri in manu flaccidae et futilis huius vetulae est.

PAR. Potius dicas vetuli huius prostibuli.

CEL. *Prostituaris tute*, asine. Et unde haec tibi audacia est?

PAR. Unde te notam habeo.

CEL. Quis es tu?

PAR. Parmeno, filius patris Alberti, ut vocant, compatris tui, qui parumper olim tecum fui datus tibi servitum a matre mea cum ad fluminis latus isthic prope cryptam [47] habitares.

CEL. Iesu, Iesu, Iesu, et tu es Parmeno, filius Claudinae?

PAR. Certe ego.

CEL. [pg. 38] Ergo malo igne deflagres, tam prostituta vetus meretrix mater tua erat quam ego nunc sum. Cur me persequeris, Parmeno? Ille est per omnes sanctos, ille est. Accede, confer te huc, mille tibi pugnos duxi, millies te virgis concidi sed et totidem vicibus suaviata sum. Meministine cum ad meas pedes cubares?

PAR. Optime equidem et quanquam puer adhuc forem, saepius ad cervicalia me sublevabas et ad corpus tuum premebas, ego vero, cum vetulam capram oleres, amplexus tuos fugiebam.

CEL. Mala lepra te conficiat, et qua fronte haec edixisti, impudens. Seponamus iam ludos istos et verba iocularia, audi tu, fili mi, et ausculta. Quamvis enim alio fine vocata sim, *alio venerim*, non tu tamen causa sis ut minus quod cupio efficiam. Nosti etiamnum, fili, ut bonae memoriae mater tua te mihi quondam obtulerit, vivo adhuc patre tum tuo. Quae cum a me aufugisses, non alia de causa fi-

---

[47] See note 38.

nem vitae dedit quam anxietate de fortunis tuis et inscia quo locorum viveres neque an superstes adhuc esses quicquam certi habens, eam propter absentiam tuam et ignorantiam suam aliquot annos senectutis suae magno maerore et animi maestitia confecit. Cum vero iam hinc migratura esset mortemque imminere certo videret, accersivit me et secretum animi sui mihi credidit mihique onus velut hoc imposuit absque omni quidem teste praeterquam eo solo qui omnium cogitationum et operum inspector atque iudex est, qui scrutatur omnia cordium penetralia cum ipsis visceribus hominum, quem ipsum inter se moritura et me conscium ultimorum suorum verborum testem posuit mandans mihi te quaererem, indagarem [pg. 39] et velut e tenebris in lucem reducerem, cumque iam virilitatis annos attigisses et in eo esses ut vitae tuae gubernandae praesse bono iudicio valeres, tibi aperirem thesaurum quemdam reconditum quem illa certo loco inclusisset, tanta copia auri atque argenti, tantis divitiis uberem ut nequaquam omnes Callistonis reditus cum eo comparari possent. Quod quoniam sancte ipsi promisi meque hac sponsione onere hoc aggravavi sitque omnino sanctissima et necessaria res *vita functis fidem datam servare* magis etiam quam adhuc superstitibus cum illi pro se facere iam nihil possint, dum te undique expiscari et ubi esses indagare non destiti, multum temporis aerisque etiam nonnihil insumpsi huc quidem usque, quo temporis articulo placuit illi qui omnium mortalium desideria novit iustasque optato petitiones exitu mactare solet piaque opera ad speratum finem dirigit, te mihi istic sistere cum *vix tertius iam dies* decurrat ex quo in urbe te hac esse alicunde docta sum. Sane non parum tibi condolui quod tantas regiones evagatus sis peregrinando, nullibi fixam sedem habendo neque id ullo tuo commodo qui *neque nummos* neque amicitiam hominum excellentium retuleris. Verum esse usu expertus illud *Senecae*, peregre viventes multa habere hospitia, paucos amicos, brevi quippe tempore nulli se firma dilectione iungere possunt. Et qui in multis locis est *nullibi est*. Pariter ut corporibus humanis prodesse non potest cibus qui comestus illico se eicit neque alia res sanitati magis noxia est quam diversitas et mutatio frequens dapium, [pg. 40] uti numquam vulnus cicatricem ducit in quo multorum medicamentorum vires discuntur neque *subicere* se planta potest saepius transposita neque ulla res tam proficua atque utilis est ut statim ubi adest iuvet et virtutem suam exerat. His de causis, fili mi, amove impetus iuventutis et revertere sub instructione et doctrina *maiorum tuorum* ad veram rationem. Acquiesce in aliquo consilio, et in quo poteris melius quam in voluntate mea, in mea dilectione, in meo consilio ad quod etiam morituri te parentes tui remiserunt? Et ego insuper, ut vera mater tua tibi iniungo sub comminatione maledictionis qua dicti tui parentes tibi me commendaverunt, si ulla in re mihi non obtemperares, bene servias isti tuo hero quem modo nactus es eo usque donec ego aliud tibi consilium dedero. Verum non istud cum stulta quapiam fidelitate dum imaginaris tibi mobilem rem et vagam firmam esse atque stabilem, scilicet benevolentiam istorum dominorum, ut nunc illi sunt. Para tu tibi amicos, quae res est durabilis et perpetua. His fidem serva, in horum cultu constans esto, non vives isthic in floribus, excute animo credere vanis dominorum pollicitationibus quibus moris est exsugere peculium servis suis profundis et vanis promissionibus, instar sanguisugae hirudinis educunt sanguinem miseris, conviciis, iniuriis bene merentes affligunt, obliviscuntur fidelium ministeriorum, mercedem abnegant. Vae te cui in palatio aliquo senescendum est. Ut de *Probatica Piscina* apud Evangelistam scriptum est, de centum in illam se mittentibus unum solum sanasse. Horum temporum domini magis suarum rerum emolumento student quam ut curam *suorum* [pg. 41] *hominum* habeant. Neque errant sane. Ita enim et qui sub eorum dominiis sunt facere debent. Nulla hodie virtuti praemia supersunt. Magnificentiae nemo, nemo generosis actibus studet. Quilibet illorum misere et scelerate lucrum suum in suorum damnis quaerit. Sic ergo suis artibus malitiam earum compensare ius est eos qui etiam cum minoribus facultatibus sint, *addere potentibus* illis coguntur quibus ipsimet opus habet. Vivant ergo magnatum illorum et isti legibus. Dico id eum in finem, Parmeno, quia non de nihilo est quod audivi dominum istum tuum simplicium servulorum egregium *illusorem esse*, ab omnibus ministrari sibi sine mercede cupit. Vide quid agas sedulo, crede mihi, *domi ipsius amicos tibi para*, quae res omnium in hac vita pretiosissima est, illum tibi amicum esse nequaquam credideris, raro diversis statibus vivendi par amicitia iuncta est, quae aequarum personarum condicionem quaerit. Casu nunc nobis oblatum est negotium unde opulentiores omnes fieri possumus, tu quoque in praesenti re tibi consules. Caeterum illud de quo dixi optima tibi fide asservatur, potiundum utique suo tempore, illud te insuper monebo, multum tibi prodesse poterit amicitia Sempronii.

PAR. Celestina, totus horreo haec ex te audiens, nescio quid faciam, perplexibilem me animi fecisti. Ex una parte te velut matrem meam aestimo, ex altera herum meum pro eo qui est. Divitias equidem desidero, verum qui iniuste et scelerato animo ad excelsa evadere cupit, facilius decidit quam adscendit. Non cupio opes male acquisitas.

CEL. Mihi ita animus est. *Sive bene sive male* parta sunt quorum potiri poteris domum tuam rape, comple illam vel ad summas usque [pg. 42] tegulas.

PAR. Ego vero cum talibus nolim vitae societatem habere, honesta mihi res semper visa est hilaris pauperies. Super haec tibi dico quod *egeni non sunt qui pauca possident* sed illi potius qui multa desiderant. Et propterea, etiamsi plurima contra inferas, nequaquam tuam in partem consensum dem. Vitam ego transire meam sine invidia volo, loca sola et aspera sine timore, somnum sine tumultu, *iniurias cum retorsione*, vim sine dehonestatione, oppressiones cum resistentia.

CEL. *O fili, bene dicunt* prudentiam non inveniri nisi penes provectam aetatem, tu vero admodum adhuc adolescentulus es.

PAR. Maxime secura est tranquilla paupertas.

CEL. Potius est quod ego, ut provectior annis, dico *fortunam adesse audentibus*. Insuper, quis est qui in republica humana aliqua bona possidet, qui vivere praesumat sine amicitiis? Postquam, Deo sit gratia, bona tenes, non tantum sapis ut scias opus esse ad illa conservanda amicis neque cogitas familiaritatem cum isto domino tuo tam te facere incogitantem? Ego tibi dico quo maior est fortuna, eo minus tuta est *et ob id secura* esse debet, propterea etiam amicorum quibuslibet infortuniis optimum est remedium. Et unde melius hoc tu thesauro boni potiri possis quam ubi tres formae amicitiarum conciliandarum concurrunt, scilicet, propter bonitatem, utilitatem et voluptatem? Bonitatem vide, sodes, in illo quod voluntas Sempronii tuae per omnia concors atque similis est, considera etiam quam virtutibus tuis penitus pares sint illae quibus is compositus est. Utilitas et emolumenta vobis in manu sunt modo sitis concordes. Voluptatem [pg. 43] quod attinet, aequum est animis vos etiam consentire, ut aetatis bonis et corporum decoribus facti estis ambo ad exemplum paris pulchritudinis, quibus quidem ambobus iuventa sese magis iunctim delectare consuevit quam anni iam vergentes, sic igitur parem capiatis delectationem pariter ludendo, nequitias machinando, vestitu pulchro vos exornando, comedendo, bibendo, amoribus indulgendo, puellas ductitando. O si velles, Parmeno, quam suaviter vitam institueremus. Sempronius amat Eliciam, cognatam *Areusae*.

PAR. Areusae?

CEL. Ita dico tibi, Areusae.

PAR. Areusae quae est filia Elisi?

CEL. Areusae quae est filia Elisi.

PAR. Certum hoc? [48]

CEL. Certo certius.

PAR. Mirifica res est.

CEL. Sed bonane tibi ea videtur?

PAR. Non possit melior.

CEL. Proinde tu fortunatus esse voles, vides hic qui te talem facere poterit.

PAR. Optima fide, mater, nemini credo ego.

CEL. *Culpa est credere omnibus, error credere nulli.*

PAR. Dico credere me tibi sed non audere. Mitte me.

CEL. O aerumnose atque fatue. *Aegroti cordis est ferre* fortunae bonitatem. Ad edentulos copia optimi victus venit. Dicas verum esse ubi minus intelligentiae est, eo potiorem venire fortunam. Et ubi amplius iudicii et sapientiae, illic minus esse felicitatis. Haec felicitas est.

PAR. O Celestina audivi ego ex maioribus meis unum exemplum luxuriae et avaritiae multa mala facere illisque *debere nos conversari* quorum familiaritas meliores nos facere possit, eos autem vitari qui nobis meliores facendi sint. [pg. 44] Sempronius tuus suo exemplo meliorem me non efficiet neque ego eius vitia sanare cupio. Et posito ut verbis tuis morigerum me praebens, eo inclinem quo tu trahis, solus ego scire istud volam ut ad minimum propter exemplum occultum sit peccatum. Quod si homo voluptate victus contrarium se virtuti posuerit, numquam quid honesti audebit.

CEL. Absque prudentia loqueris. Nullius rei sine socio possessio dulcis est, ne te retrahas neque animum turbes, natura ipsa quod

---

[48] Barth or the printer introduced a line break here that neither is in the Spanish Plantin edition nor indicates any change in scene.

laetum est sequitur, tristia omnia fugit. Delectatio est inter amicos in rebus sensualibus et speculatione mentium, speciatim vero in recensendo et communicando negotio amorum et expedtiones venerum: hoc illa faciebat, hoc mihi dictitabat, talibus deliciis fruebamur, tali eam modo prehendebam, hoc genere dissuaviabar, sic illa me morficabat, sic ego illam autem amplexabar, sic sese illa mihi commodam praestabat, o quales quam dulces fabulae, quantae qualesque gratiae, quam suaves ludi, qualia oscula, eamus illuc, redeamus istuc, veniat musica, scribamus et pingamus dicteria, sententias, cantemus carmina, ludamus, quales cristas reportabimus, quales tibi hae videntur literae, iam illa in templum veniet, cras mane domo exibit, perambulemus ipsius viciniam, vides hic epistolam manu eius scriptam, eamus noctu, tene tu mihi scalas, custodi portam, quomodo ille te fugiebat, vide *ninnarium*, solam illam reliquit, revertere ad eam, redeamus illo. Hac propter, Parmeno, misera est delectatio quaecumque sine socio. Per fidem, qui fidibus scit illis canere amat, hae sunt deliciae. Caetera melius sciunt asinorum chori in praetorum spatiis.

PAR. Nolo, mater, [pg. 45] invites me ad consilia tua audienda cum commendatione voluptatum, ut fecerunt illi qui carentes omni rationabili sapiendi fundamento ex opinionibus suis confecerunt sectas involutas dulcibus venenis ut venarentur et caperent voluntates hominum futilium et offuso pulvere dulcium affectuum excaecarunt oculos rationis.

CEL. Quid est ratio, stultule, quid affectus, asinule? Iudicium, quo tu cares, haec decidit et ex iudicii bonitate oritur prudentia. Prudentia vero sine experientia rerum non potest esse, experientia vero esse nullibi praeterquam penes senes et aetate decrepitos hominum. Vocamus idcirco *patres,* et patres bonis consiliis adsunt filiis suis, ego sigillatim tibi, quae tui honoris et felicitatis cupidior sum quam meorum propriorum. Et quando tu mihi haec compensabis cum alioquin neque parentibus neque *praeceptoribus* par meritis merces a quoquam rependi valeat?

PAR. Totus dubito recipere consilia tam periculosa.

CEL.[49] Non vis? Dictura tibi sum quae scribit alibi Sapiens, homo qui obstinata cervice vituperat castigantem insperata ruina involve-

---

[49] Reads "Callisto."

tur neque sanitatem umquam recipiet. Et sic Parmeno, expedio me negotio isto teque tibi relinquo.

PAR. Ira percita est, mater mea? Dubium me habent consilia eius. Error est non credere, culpa omnibus fidem adhibere. Magis humanum est considere praecipue isti quae interesse mei probat uti consiliis suis obtemperem. Audivi saepe hominem senioribus et maioribus suis aequum esse credere. Quid autem ista suadet mihi? Pacem et amicitiam cum Sempronio. Pax et concordia nemini negandae sunt, felices sunt pacifici et filii Dei vocati sunt. Amicitia non refugienda [pg. 46] est, caritas fratres decet. Emolumentum cum paucis dividitur. Faciam ergo quod vult, obtemperabo illi et dicta facessam. Mater, non decet magistrum irasci ignorantiae discipuli. Sin id faciat, raro admodum scientia, quae natura communicabilis est sui, et paucis omnino locis disciplinam sequetur. Hac propter ignosce mihi et impera, non enim audire te solum volo aut tibi credere sed magni muneris loco consilia tua sequenda mihi proponam. Neque hinc mihi quippiam sapientiae aut virtutis adscribas, laudes enim et gratiae bonis actionibus debitae non tam ad recipientem quam ad conferentem beneficium pertinent. Impera igitur, mandatis tuis sub omni reverentia parebo.

CEL. Humanum est errare, bestiale in errore pertinaciter haerere. Itaque laetor animi, Parmeno, amovisse te telas illas araneosas ab oculis tuis eosque expurgatos huc convertere. Sic par mihi ingenii subtilitate, iudicii elegantia et intellectus acumine patri tuo videris, cuius persona repraesentata nunc memoriae meae, pios hos et teneros oculos in lacrymas solvit quas largo imbre genibus meis descendere vides. Saepe etiam ille, ut tu nunc, dura in contrarium argumenta defendit verum non diu moratus in veritatis se castra recepit. Per Deum perque animam meam, dum modo te talia loquentem audio et in bono proposito constantem auguror. Utque in veritatis viam reductus sis, gratulor, praesentem illum oculis meis obversari autumo. O quanta viri species, quam pulchro et *minime fame confecto* corpore, o quod caput tam venerabile. Sed taceamus de [pg. 47] his modo, eccum herum tuum appropinquantem. Eccum et novum amicum tuum Sempronium. *Illi te maiori* opportunitate conciliatum relinquo, duo quippe uno corde vitam vivendo, magis sunt potentes ad actiones pulchras et acutum rerum intellectum.

CAL. Dubitabam, mater, ut mea me infelicitas stipat, utrum te vivam hic inventurus essem. Sed mirabile magis videri poterit me vivum huc redisse qui tantum tormentorum a desiderii mei flammis patiar. Accipe minutum hoc munusculum de manu eius qui cum isto vitam tibi suam spesque omnes in tuam deponit.

CEL. Ut in aureo aliquo vase artificiose et cum cura elaborato manu subtilissimi alicuius artificis opus saepe superat materiae pretium, sic splendidiores mihi quam ipsa tua haec magnificentia sit gratia et amabilitas dantis videntur. *Et absque dubio* tam celerata munificentia effectum donationis conduplicavit, ea quippe quae promissa exhibere producit speciem negantis prae se fert et quodammodo liberalitatem suam poenitudine revocaturi.

PAR. Quid isti dedit, Semproni?

SEM. Centum aureos.

PAR. Hy hy hy.

SEM. Collocuta est tecum mater?

PAR. Tace, est.

SEM. Igitur quid inter nos fiet?

PAR. Quod tu volueris, etsi obstupeo adhuc.

SEM. Proinde tace. Ego te altero tanto magis mirari faciam.

PAR. O Deus, *nulla pestilentia magis efficax est* impedire negotium aliquod inimico domestico.[50]

CAL. Recedas licet iam, mater, rem tuam familiarem [pg. 48] cura, postea huc redito ut et nostrae opituleris domui.

CEL. Deus te servet.

CAL. Et ille te custodia.

---

[50] Barth includes a line break that is not in the Plantin edition. It serves to indicate the change from the conversation between Parmeno and Sempronio to the conversation between Celestina and Calisto.

ACTUS II

Argumentum

Cum Celestina, relicto Callistone, domum suam rediisset, Callisto cum servo suo Sempronio colloquitur. Cui quidem, ut assolet eis qui enixe aliquid desiderant, omnis festinatio tarda videtur. Mittit igitur a se Sempronium sollicitatum Celestinam super negotio consponso. Interibi Callisto et Parmeno soli relicti mutuo sermocinantur.

Callisto, Sempronius, Parmeno.

CAL. Fraterculi mei, centum aureos Celestinae dedi. Benene feci?
SEM. Vah optime tu quidem. Praeterquam enim quod morbo tuo remedium hac pecunia redemisti, etiam maximopere existimationem tuam auxisti. Et qua alia de causa fortuna faveat mortalibus, quoque loco melius eius dona poni poterunt quam ut eo collocentur unde honoris redeat et aestimationis augmentatio? Haec quippe summum omnium in vita bonorum merito censetur quae et ipsa praemium unicum et merces virtutis est, et sic pro omnibus eius beneficiis et muneribus honorem Deo rependimus, cum melior maiorque res in potestate nostra non sit. Hunc uti acquiras ex maxima parte liberalitas et munificentia animi generosi comites faciunt. Has thesaurorum in abditis locis constipationes [pg. 49] et incubationes reconditarum opum obscurant, tenebrisque et sordibus avaritiae etiam mentes mortalium inducunt, egregiis autem laudibus potiun-

tur et caelo sublimes hominum commendationes efferunt beate annixae quam plurimos fortunae muneribus. Quid iuvat tenere id quod tibi prodesse dum possidetur abnegat? Extra controversiam tibi affirmo melius esse uti divitiis fructumque opulentiae capere quam illarum cumulos corradere atque possidere. Gloriosa res est dare, misera recipere. Quanto melior passione est actio, tanto nobilior est qui porrigit quam qui capit. Elementorum e numero generosissimus est ignis quoniam, uti loquuntur, magis activus est caeteris interque orbes caelestes et iis subditos *nobilissimum locum obtinet*. Asseverant nonnulli nobilitatem existimationem esse quae a meritis maiorum et antiquitate familiarum proveniat. Ego dico *alienam lucem* te clariorem facere neutiquam posse si propriam tu tibi nullam luces. Propterea ne te magnum facias altitudine et claritate parentum tuorum quorum laus omnibus celebratur sed tu apte te virtute illustrem reddere contendas, sic adipiscere honoris praemium quo maius non est inter omnia bona hominem ab extra ornantia. Hoc nemo malus umquam dignus fuit sed bonorum ea, qualis tu es here, merces est, a perfectae virtutis possessione oriunda. Neque umquam ullibi haec invenietur quin honos et admiratio hominum illam sequatur atque omnibus bonis commendet. Proinde tu exhilara nunc animum virtute tuum tua, qui egregium decus liberalitate et magnificentia ista consecutus es. Nunc vero meum consilium est concedas in cubiculum tuum [pg. 50] et quiete paulum te reficias, cum negotium istud tuum iis manibus creditum sit quibus certo expeditum iri confidere potes. Vides quam principium felix sit, finis ipse erit sine dubio etiam felicior. Et eamus, suadeo confestim. Plura etenim supra isto tecum colloqui cupio.

CAL. Non videtur mihi bonum consilium, Semproni, me sodalitate aliqua exhilarare pectus meum, cum illa sola ambulet quae remedium malis meis quaerit, potius erit ut tu illam comiteris, illam adiuves illi opitulere, cum noris optime a diligentia illius salutem meam pendere, tarditate poenas augeri, oblivione desperationem me secuturam. Sapientia tu cor munitum tenes, fideli animo, bonae frugi servum te autumo. Hoc te modo gere ut in solo etiam aspectu tuo iudicare illa de cruciabilibus meis tormentis possit ignemque quo ego conflagro in vultu gestibusque tuis agnoscere. Huius quidem flammae violentia tanta est ut vix tertiam partem tormentorum meorum et secretos animi dolores enarrare illi possim ita et linguam et animum mihi occupatos et fere iam consumptos destinet. Tu instar eius qui liber his sit omnibus malis laxare fraena orationi poteris et rem omnem illi edicere.

SEM. Cupio ire, here, completum quod mandasti, cupio et tecum isthic manere ut sollicitae menti tuae angorem eximere possim. Timor tuus mihi cordolium facit, solitudinem tuam consolari velim. Consilium capere cum obedientia mandari tui volo quae ire me iubet et Celestinam officii sui instigare. At quomodo ibo? Solum te relinquam? At tu quando solum te vides, insanientis verba loqueris, suspiriis, gemitibus male te habes atque animum tuum affligis, lucem times, obscuritatem sequeris, solitudinem [pg. 51] quaeris, cum finem dare eiulatibus et mentis cruciatibus decebat, tu novos modos, novas causas doloribus quaeris et cogitando malum aggravas talibus quidem modis ut, si angorum et dolorum non desinas, aut immoriere planctibus aut mente movebere. Ei rei remedium aliud praesentius non habes quam ut semper tecum sit qui ioculares sermones moveat, cantiones ridiculas, versus lepore amabiles, dicteria falsa, historias suaves, fabulas venustas recenseat, ludant coram, pingant [sic], scribat, fingat, omnia genera, omnes modos avocandi animi exquirat ne dedas te atque implices obscuris illis cogitationum torminibus quibus primi cum amoribus tuis colloqui scaevitas te externavit.

CAL. Fatue, non nosti poenam et dolores leviores facere causam illorum semper deflere? Qua dulce est maestitia victis quaerimonias tristitiae suae nectere? Quantum malis demunt, quantum respirationis animo aegro afferunt fracta et imitus evulsa suspiria? Quantum doloris furias sistunt atque concidunt lacrymis uberantibus expressi gemitus? Quantum est qui malarum rerum consolationes litteris mandarunt non aliis rebus maiorem vim adscripserunt.

SEM. Lege quae apud eosdem sequuntur, verte paginas aliquot librorum talium, invenies ab iisdem scriptum quod considere rebus tempori obnoxiis et quaerere materiam tristitiae aequale sit genus stultitiae. Et *Macias ille*, idolum amantium, illud de oblivione quod illius oblitus foret conquerebatur in contemplatione. Haec est poena amoris, in oblivione remedium malorum est, fuge *dirigere calcem contra stimulum*, finge hilaritatem et consilium, ita eris et hilaris et malum bonis auspiciis conficies. *Opinio saepe* res mortalium pro lubitu quo vult trahit, non ut veritatis constantiam [pg. 52] mutet sed ut dominetur iudicio nostro *sensusque* nostros transversos auserat.

CAL. Semproni, quoniam solitudine mea tantopere afficeris, voca Parmenonem ut mecum maneat tu uti hactenus fuisti, in posterium quoque bonae frugi sis, *in servitio enim servi* domini praemium vertitur.[51]

PAR. Ego hic sum, here.

CAL. Ego vero hic non sum cum te non video. Nusquam tu ab illa secedas, Semproni, nec mearum rerum obliviscaris, sic cum bono Deo vade quo iussus es. Tu, Parmeno, quid tibi videtur de isto quod hodie hic negotium gestum est? Grandis est dolor meus, Melibaea alti animi, Celestina sapiens et bona magistra talium expeditionum. Non possumus errare. Tu mihi eam approbasti cum universis tuis hostilibus in illam sermonibus. Ego tibi fidem adhibeo? Tanta est vis veritatis ut inimicorum etiam linguas quo velit obnoxias imperio suo trahat. Et ita cum talis illa sit qualem tu mihi depinxisti, malo illi dare centum aureos quam alteri alicui quinque.

PAR. Adhuc ploras? Nos plangimus et tristamur, illi iam opiparum prandium de liberalitate huius domi istius anus instructum deglutiunt.

CAL. Igitur quid tibi videatur, Parmeno, scire desidero, ne avertas vultum tuum, ne caput aliorsum declines, verum ut tristis est invidia, maestitia sine lingua, plus apud te valeat voluntas ipsius quam timor meus. Quid dixisti, fastidiose?

PAR. Dico, here, melius collocari posse magnificentiam tuam in donationibus et servitiis Melibaeae praestandis quam quod illam ditas quam qualis sit ego optime novi et, quod amplius magisque dolendam est, tuo aere te isti monstro captivum facias.

CAL. Quomodo captivum, fatue?

PAR. Quippe *ei vendis et addicis libertatem* tuam [pg. 53] cui secreta tua participas.

CAL. Fatuus iste dicit tamen aliquid. Volo scias, Parmeno, quod quando ingens differentia est inter eum qui rogatur et rogantem ipsum, vel propter gravitatem obedientiae et imperii vel propter status excelsitatem et generis obscuritatem, uti nunc est inter me et istam meam dominam, necessario arcensendus est *medius* qui de manu velut in manum porrigat petitionem meam donec ad aures

---

[51] In the Plantin edition there is a line break here. Barth ignores it, probably considering it unnecessary.

eius veniat qua cum ego loqui secunda vice ut possim plane impossibile habeo. Quod cum ita sit, nunc dicas velim an factum meum probes?

PAR. Probet id malus daemon.

CAL. Quid dicis?

PAR. Dico, domine, numquam unum errorem errari solum. Et ut vulgo dicitur, unum inconveniens portam aliis mille sequentibus aperire.

CAL. Dictum ego probo, quorsum autem a te usurpetur, non intelligo.

PAR. Here, causa quod tu hortum his diebus Melibaeae intraveris fuga erat falconis tui. Introitio illa horti causa quod illam videris et allocutus sis. Allocutio illa et conspectio generaverunt amorem, amor tua tormenta parit, tormenta illa iudicium et mentem te tuam cum anima ipsa et omni substantia pessumdare facient. Et quod peius cadet, bona tua venient in manus *ardelionis istius anus*, quae plus tribus iam vicibus publice sub carnifice *infamia notata* est.

CAL. Perge, Parmeno, optime est, placet hoc magnopere, quo tu enim magis illam diffamas, eo mihi melior videtur. Convenit certe tibi mecum, dic quarta etiam vice infamiae notam ferat. Bene sapis tu absque dolore fabularis, non tibi istud dolet sed mihi, Parmeno.

PAR. Malo, here, iratus mihi conviciere quod tibi non placentia proferam quam poenitentia ductus [pg. 54] fidem meam damnes quodque bono consilio tibi non adfuerim. Perdidisti enim iam libertatis tuae titulum quando voluntatem tuam in captivitatem dedisti.

CAL. *Fustes quaerit* iste verbero. Dic, scelerate serve, cur *maledicis illam* quam ego adoro? Et quid tibi de honore aut existimatione cognitum esse potest? Dic mihi, in quo consistit fidelitas servilis? At mihi te pro sapiente venditas. *Nescis primum ad stultitiam* gradum esse videri sibi quem sapere? Si tu quicquam ardentissimi huius ignis sentires quo sagittae cupidinis misero cor mihi transfixerunt, aliam aquam quam suffunderes incenso animo quaereres. Propinquum me Sempronius saluti meae pedibus suis fecit, tu removes altero tanto longinquus lingua tua vanisque sermonibus. Fingebas te fidelem, effarctus eras mendaciis, receptaculum malitiarum, ipsum habitaculum es et domus propria invidiae, qui infamando anum istam sive vere sive falso amoribus meis diffidentiam iniunxisti, sciens istam meam variam maestitiam et fluctibus marinis pares animi turbas ratione minime regi posse, non quaerere admonitiones, carere consilio. Et si aliquis tale quid illi afferre voluerit, minime ex fundo ipso malum curet quod tolli nisi visceribus ipsis quibus ad fixum est minutatim dilaceratis non possit. Sempronius et abitum suum isthinc et domi mansionem isthic metuebat. Ego utrumque iussi, nunc fero laborem et molestiam tam absentiae eius quam tuae praesentiae. Optabilius erat manere solum quam cum malo comite esse.

PAR. Domine, nihili est fidelitas quam timor mali in levitatem convertere potest, maxime ubi servus cum hero tuo agat quem dolor et affectio de naturali suo [pg. 55] iudicio transversim raptum distinet. Abducendum est oculis velum illud caecitatis, ignes isti momentanei transvolent, tum cognosces amaras meas motiones meliores esse ulcus hoc horridum curare quam blanda verba Sempronii, quae quidem materiam cibumque igni tuo iniciunt, afflant vim flammis tuis, amorem tuum suscitant, instaurant fervorem, addunt pabulum doloribus qui eo modo non desistent priusquam in cinerem te redegerint.

CAL. Tace, tace, perdite. Mihi dolendi tibi philosophandi sic finis nullus veniat. Non feram te amplius. Iube equum mihi parent, bene cingant, bene poliant, bene mundent omnia. Sedet obequitare domum dominae meae.

PAR. Heus vos, servi. Nemo famulorum domi est, mihi hoc nunc incumbit. Certe conditio iam nostra deterior fiet, curandis equis abhinc addicetur. I, secede. *Male mihi consuluerunt compatres mei* etc. Adhinnis tu, domine caballe? Non sufficit unum zelotypia furere domi nostrae? An et tu Melibaeam peris?

CAL. Producetur hodie iste equus? Quid agis, Parmeno?

PAR. Eccum illum hic, domine, Sosia non est domi.

CAL. Tene ergo istam *stapedem*. Diduc amplius valvas huius portae. Et cum venerit Sempronius cum illa matrona, dic exspectent, illico ego revertar.

PAR. Vel numquam. Illuc eas cum malo daemone. Ut vos dicite stolidis illis quid utila ipsis sit, nolent vos intueri odio amplius. Istum si quis nunc telo aliquo in calcaneis fixerit, plus cerebri inde exeat quam si caput ruperit. Et quid mea attinet, sine egregie te Celestina et Sempronius concipilent. O me infelicem, *propterea quod fidelitatem* servo, malum hoc patior. Aliis lucro est malitia sua, ego [pg. 56] perdor quia bonus sum. Talis est nunc cursus humanarum rerum. Ibo et ego communem exinde viam quoniam video proditores vocari sapientes, fideles fatuos. Si credidero Celestinae cum suis octoginta annis, Callisto me male non tractabit. Verum hoc mihi deinceps pro speculo et exemplo cum eo vivendi erit. Si dicet, pergraecemur, idem ego. Si domum destruere volet, approbabo itidem. Si bona sua omnia flammae inicere, apportare ignem. Destruat, rumpat, confringat, damnis et excidio omnia involat, det quae possidet lenonibus, lenis. Ego meam etiam partem inde videbo ut abstraham. Verum est enim quod dicunt, *averso rivo praedatum eunt piscatores. Et numquam nimis canum est molit.*

ACTUS III

[Argumentum]

Sempronius domum Celestinae venit, eam morae accusat. Consultatur quomodo negotium Callistonis et Melibaeae confici possit. Supervenit in finem Elicia. Celestina domum Pleberii it. Manet Sempronius cum Elicia.

Sempronius, Celestina, Elicia.

SEM. Quantum insumet temporis capra ista barbata. Certe cum veniret non tam tardo gradu erat. *Pecuniae solutae* fractos amant lacertos. Audi, Celestina, parum equidem promovisti.

CEL. Qua gratia huc venis, fili?

SEM. Aegrotus iste noster nescit quid petat, ipse sibi non sufficit, manibus suis iratus est quod adstrictiores [pg. 57] sint videlicet. Timet negligentiam tuam, suam avaritiam accusat et parcitatem quod amplius pecuniae tibi non obfuderit.

CEL. Non est res magis peculiariter propria ei qui amat quam impatientia. Omnis mora illi tormentum est. Nulla nec minima quidem talibus tolerabilis est, primo momento ad effectum ducere cogitationes suas volunt. Prius conclusum volunt videre negotium quam incipi potest, praecipue autem novitii isti amatores, qui ad quodvis terriculum evolant sine consilio, sine perpensione damni quod hamus desiderii ipsorum attrahit mixtum confectioni et exercitio desiderii ipsorum per servos aliosque homines quibus in negotio isto utuntur.

SEM. Quid de servis dicis, videtur ex sermone tuo concludi posse damni aliquid ex praesenti negotio ad nos redundaturum? Velut scintillae ab hoc igne resilientes nos cremare veniant? Potius ego malo daemoni relinquam amores illius ut primum hinc mali aliquid eruperit, nequaquam ego ipsius servitium morabor nec salem eius deinceps lingam. Melius est servitium hoc perdere quam uti id serves vitam impendere. Tempus me quid facto opus sit edocebit. Certe priusquam cadet universum, indicium futurae ruinae dabit, ut inclinare se ante casum aedificia solent. Si idem tibi animus est, mater, nos nobis a damno caveamus, caetera uti poterunt cadant. Si eam hoc anno non tenebit, potiatur altero, si neque hoc, plures effluant, si neque sic, numquam per nos quidem. Non est res tantae initio difficultatis quam tempus faciliorem et tolerabilem non faciat. Nullum vulnus tantum malorum dolorum fert ut non cum tempore eorum vehementia subsidat. Nulla voluptas tam dulcis cuipiam [pg. 58] obtingit ut non amaritudinem temporis longitudo illi invehat. Malum et bonum, prospera adversaque fortunae, gloria et dolor, omnia cum tempore perdunt vim quam initio ubi contigere cuipiam habuerunt. Proinde quae mortalibus admirationi accidunt quaeque sunt longe ante desiderata, cum in potestate fuerunt, oblivioni data transeunt. Singulis diebus novae res visui et auditui obveniunt, has transimus, pone nos relinquimus. Tempus adedit, dies consumit et ut obvenire eaedem denuo posse videantur efficit, aestimationem atque admirationem illis omnem demens. Quantumcumque admiratus fueris cum quis dixerit terra concutitur aut aliquid simili modo pavefaciens, cum dictum erit, oblivisceris. Pariter si audies flumen mirifice se effundit, caecus hic hactenus iam videt, mortuus est pater tuus, cecidit fax caelo, Granata devicta est, rex hodie urbem hanc intrabit, Turcorum exercitus deletus est, cras eclipsin sol patietur, pons iste elevatus est, iste iam factus est episcopus, Petrus furto sua omnia amisit, Unius [sic] suspendit sese, quid mihi dices? Praeter hoc quod tribus diebus elapsis aut si denuo ei obvius fueris qui nunc tanta tibi narravit, nemo iam supererit cui mirabilia omnia ista videbuntur? Omnia huiusdem condicionis sunt, omnia eodem hoc modo transeunt, omnia oblivioni se mancipant, omnia a tergo nobis manent. Sic itaque erit et amor hic heri mei, quo longius ibit, eo magis imminuetur. Longa consuetudo feritatem omnium dolorum mansuefacit. In nihilum redigit et consumit omnes voluptates, communia et usitata facit omnia miracula. Utilitatem lucrumque nostrum inhiemus dum malum apud illum [pg. 59] servet, etsi sicco pede illi remediari possimus, quod optimum est fieri debet, quod si id fieri non poterit, paulatim illi indignitatem rei et Melibaeae aversum animum rigoremque indicemus a malo eius commodum nostrum quaerentes, praestat enim male affici dominum quam periculo se obicere servos.

CEL. Optime sermocinatus es. Tecum sentientem me habes tuaque sententiam meam confirmasti. Verum omnino tamen, fili, necessarium est bonum advocatum bonumque procuratorem laboris nonnihil negotiis interponere, non fatigari dum iudicium pendet, ut inveniat quod causam suam adiuvet, fingere argumenta, rationibus compositis adesse, sophisticis etiam strophis actus omnes instruere, ire in ius, redire ex iure, mala iudicis verba audire non detrectare, praesentibus omnibus re ipsa demonstrare quanta sit officii sui difficultas neque per ludum sese constitutum pretium indipisci. Sic certatim accurrent consultores, lites suas exsequendas offerent, non secus atque ad Celestinam nunc amatorem chori.

SEM. Fac uti libet, non enim hoc primum est negotiorum quae exigenda suscepisti.

CEL. Primum ais, Semproni? Paucas tu virgines, Deo gratias memini, per hanc civitatem videas quae officinas ad mercem venundandam suam aperuerint quarum ego fusis non primum filum decerpi fecerim. Cum primum infans puella in lucem prognata est, ego nomen eius in tabulas meas refero et hoc ideo ut quot retibus meis exsilire possint memoriam inire habeam. Et quid arbitrabere, Semproni, poteram ego victum mihi de vento parare? Num quae alia hereditas fuit quam ego adiverim? Num aliam domum, agrum aut vineam habeo quae me alat? *Nosti aliam substantiam* quam ego possideam [pg. 60] quam quae parta mihi huius generis officiis? Unde est quod edo, quod bibo? Unde calceatui et vestitui prospicio? In hac civitate nata sum, in hac educata, honorem existimationem et famam conservavi, *uti nemo non novit*. Numquid igitur nota non sum? Qui vel domum meam vel nomen nescit, eo ipso indicat peregrinitatem suam neque se ab ea excusare potest.

SEM. Dic mihi, mater, quid negotii habuisti cum sodali meo Parmenone cum ego Callistonem pecuniam promptum sequeret?

CEL. Enarravi ipsi et curam et curae praetium et uti nostro se sodalitio adiungens plus lucri facturus sit quam de stultitiis illis suis quas hero suo inculcaret; ut sic vivere pergens inops, in perpetuis a domino iniuriis vitam degere cogatur, mutaret potius consilium nec se sanctum faceret tam vetulae cani ut ego essem. Vocabam ipsi in memoriam quae fuisset ipsius mater, quam de causa non haberet vituperare institutum vitae meae, dicturus quippe mala in me meumque vivendi genus, sciret convicia illa priusquam ad me venirent per latus matris ipsius transitura.

SEM. Tanto ergo tempore is tibi notus fuit, mater?

CEL. Hanc Celestinam vides quae nascentem illum vidit et educationi eius adiutrix perpetua fuit. *Mater ipsius et ego unius digiti unguis et articulus eramus.* Illa me optimas mearum artium quas teneo edocuit, una erat ambabus mensa, unus lectus, iunctim ludebamus, deliciabamur, consilia omnia et conclusiones negotiorum nostrorum invicem participabamus, domi forisque, uti duae verae germanae. Nullum illa nummum lucri faciebat cuius dimidium ad me non perveniret, non viverem ego toties decepta, toties irrisa, si illa mihi superstes esset. O mors, mors, quam [pg. 61] multos spolias carissimis suis sodalibus. Quam multis consilia omnia abrumpit detestabilis tuus super adventus. Si unum aliquem hominem paulatim vivendo sese consumentem fini naturali non subducis, alios mille contra mediis suis diebus eximis tempusque decurtas. Si illa nunc superesset, non ego nunc sola, sine fideli socia, huc illuc discurrerem. Bene quiescant ossa illius, fidelis amica, optima socia mea erat, numquam cuiusquam rei laborem soli mihi incumbere passa est quin manum manui suam meae subiceret et auxilio praesens adesset. Si ego panem afferrem, illa cum carne aderat, si ego mensam ponerem, illa iam mantile paraverat. Non erat fatua, imaginosa, fastuosa, ut hodie tales sunt mulieres. Ita felix sit anima mea ut aperto capite ad extremum usque civitatis ambulabat vini vitrum manu tenens neque tota illa via quicquam mali audiebat de domina Claudina, neque iurare detrectem nullam tota urbe peius vini pretia novisse, ut et alia venalia mercimonia. Cum putares vix eo appulisse quo iter instituerat, iam illa reversa erat. Undecumque illam invitabant secundum amorem quo omnibus commendata erat. Numquam de quoquam loco redibat non octo decemve ferculis onusta, unum vini congium ventre, alterum vitro in manu referens. Saepe ipsi tres vel quattuor frumenti medimnos credebant velut pignori grandem argenti massam dedisset. Verba ipsius arrabonis aurei loco erant in omnibus tabernis. Si iunctim ambularemus per urbem, quocumque vellemus, quocumque nos loco sitim sentire contingeret, intrabamus oenopolia, illico dimidium vini congium poni iubebat ut os aridum aliqua madefaceret neque propterea [pg. 62] quisquam illi vestimentorum quid detrahebat, saltim nomen ipsius tabulis debitorum inscribebant. Si talis nunc esset filius ipsius, ita spoliaremus quantum in me foret herum tuum ut ipse ne plumam quidem de tantis suis bonis sibi servaret et nos omnibus miseriis uno hoc negotio exsolveremur. Verum ego in partes eum meas traham, si vivo, ego eum referam in numerum meorum.

SEM. Et quomodo hoc effecturam speras? Est enim nequam et astutus furcifer.

CEL. Contra istum pone duos alios etiam astutiores. Dabo ipsi fruendam Areusam, erit illico nostrorum hominum. Dabit nobis spatium tendendi retia nostra sine omni impedimento ut illos aureos Callistonem pro lubitu iunctim emungamus.

SEM. Igitur aliquod effecturam te in hoc Melibaeae amorum negotio arbitraris aut iam manum applicare potes?

CEL. Non est chirurgus tam artificii sui sciens qui primo intuitu aut tactu vulnus consanet. Quod praesenti ego loco in his rebus video dicam tibi. Melibaea pulchra est, Callisto stolidus et prodigus. Istum effundere multa non gravabit neque me in eundo et redeundo laborum taedebit. Pecunia nobis veniat, maneat negotium nobis creditum quo loco poterit. Omnia possunt nummi: *frangit rupes*, sicco pede fluvios transit. Non est tam editus uspiam locus quem asinus auro onustus non adscendat. Stultitia et amor Callistonis sufficiunt perdere ipsum et nos beare. Hoc est quod sentio, hoc est quod melior, tantum est quod novi de illo et de illa, hoc est quod nobis emolumento futurum spero. Nunc domum ad Pleberium me conferam. Mane tu isthic cum bono Deo. Melibaea ista, quamvis celso sit animo, non est prima cum [pg. 63] omni fastu suo (ita Deus voluit) cui ego exspectorem superbas illas et generosas, sine mente tamen, cracationes.[52] *Delicatulae gannitrices*[53] omnes sunt, post cum una modo vice ephippium dorso admiserint, numquam satisfieri illis potest, nemo campus satis amplus ad desideria earum decurrenda. Marientur priusquam defatigentur. Si nocturnum iter insistent, numquam auroram redire volent, gallos canentes exsecra-

---

[52] "cracationes" is a neologism coined by Barth from the onomatopoeic sound "cra" for the cawing of the crow. A more common form is "croccio." Cf. Plautus, *Aulularia* 624-625; Hildebertus Cenomanensis, "De Vulpe," *PL* 171, 1220A.

[53] "gannitrices" is a neologism coined by Barth from "gannio" ("to growl, to grunt").

buntur quod diei illi vocando assentiri videantur, horologiis mala verba ingerunt quod horas breviores praecipitent, astrologae esse volunt, Capellas et Septemtriones amant. Iam cum vident prodire iubar primae diei, anima ipsis de pectore simul proditura videtur. Claritas solis tenebras cordibus ipsarum inducit. Hoc iter ego ambulando numquam satis defessa fui, numquam fatigatam sensi. Nunc quoque, quantumvis vetula sim, Deus novit quam bonae frugi sit desiderium meum. Quanto magis istas [54] censeas quae fervent sine igne? Libertatem suam primo amplexu vendunt, rogant rogaturos, tormenta non magis inferunt quam patiuntur, servas se eorum faciunt quorum erant modo dominae, rumpunt parietes, aperiunt fenestras, fingunt infirmitates, portarum obices et sustentacula ferrea oleo inungunt ut sine stridore et strepitu aperiri valeant. Non possum tibi minimam partem enarrare plurimorum facinorum quae illas facere cogit dulcedo remanens de primis suaviis illius quem amant. Hostes sunt mediorum amoris temporum, subito ad ultimos eiusdem terminos transeunt.

SEM. Non intelligo ego ista facinora, mater.

CEL. *Affirmo tibi* [pg. 64] *omnes mulieres aut perdite* amare eos a quibus diliguntur aut summo eosdem odio prosequi. Ita fit ut, cum volentes contemnuntur, facere non possint quin fraena terribilibus odiis laxent. Haec ego cum certo cognita habeam, magis animi firmata domum Melibaeae peto quam si iam in potestate mea ipsam haberem. Non enim ignoro eam cui ego nunc supplico ad finem me rogaturam et, quamquam principio feram sese faciet, minabitur, diris invehat, ad extremum blandietur, mulcebit me bonis verbis. Hic mecum habeo aliquid linei fili in manica cum aliis quae ubique mecum circumfero ut occasionem mihi veniendi quocumque cupio conficiam, etiamsi nemo me ante hac viderit eorum hominum, nam si semel tantum loquendi mihi potestatem fecerint, iam talem escam illis obicio ut non possint quin ulterioribus sermonibus meis aurem praebeant.

SEM. Ego tibi suadeam, mater, bene et circumspecte te hoc in negotio geras. Quando enim principio negotium claudicat, vix in finem firmis poplitibus constabit aut erigetur commode. Cogita patrem Melibaeae homo est generosus et strenuus, mater magni animi et filiae amantissima, tu tantum non ipsa suspectio es. Melibaea illis

---

[54] Reads "estas."

unica est, hac male habente, omnia ipsorum bona cum spe ipsa vacillabunt, cum haec considero ego totus tremo. *Non eas lanam lucratum* et tute redeas sine plumis.

CEL. Quid ais plumas, fili?

SEM. Vel et implumata, mater, quod sit etiam peius.

CEL. Certe bona fide malum te rebus meis adiutorem sumpserim si iam in eo sis ut Celestinam tu docere velis. Cum tu nascereris, ego iam crustam panis comedebam. Bonum tu vigilem nocturnum praestares aut speculatorem, [pg. 65] qui tantum augureris et suspiciones omnes eventiles.

SEM. Ne mireris super timore meo, mater. Communis ista humanitati conditio est, quod maxime desideras minime securum te sui potiundi faciet. Praecipue in hoc negotio et tuum et meum malum metuo, desidero hinc lucrum, opto bonum in finem consilia procedere. Non tantum quidem ut cruciatu suo herus meus levetur quantum ut ego egestate et indigentia exuar et hoc pacto ego plus contrariorum incidentium video ruditate mea quam tu, licet vetula talium magistra et exactrix.

ELI. Signo me crucis muniam, scribam lineam in aquam, quid hoc novae rei est, Semproni. Venire te bis uno die domum nostram.

CEL. Tace, fatua, sine ipsum. Aliud nos negotium gerimus quodque expediri maioris interest. Dic mihi, nemo hic est qui meam opem poscat? Abiit ancilla quae servulum hic exspectabat?

ELI. Illa quidem et ab illa alia hic fuit, quae itidem nunc quoque abiit.

CEL. Vero? Et non frustra quidem.

ELI. Non, bona fide mea neque Deus hoc siverit. Verum est dicterium: quamvis tarde adsit, bene tamen venire cui bona fortuna non desit.

CEL. Tu vero adscende illico in supremum domum solarium et defer huc vasculum olei serpentini quod invenies colligatum fune quem de campo ego apportavi pridie noctu cum plueret et tenebrae spissae forent, simul aperi arcam lineo filo plenam, inibi ad manum dexteram offendes cartam scriptam sanguine vespertilionis, subter alam illam dracunculi quem heri exungulabamus. Vide ne profundas aquam roris maialis quam condiendam mihi attulerunt.

ELI. Mater non est eo loco quo tu dicis. Numquam tu memoria servas [pg. 66] ubi res tuas deposueris.

CEL. Ne me vituperes tu ob defectam senectutem meam, ne me contemnas, ne me insimules, Elicia. Ne te propterea tam magnam facias quod Sempronius tuus isthic est, me ille consiliatricem magis expetit quam te amatricem, quamquam tu illum pereas. Confer te in conclave unguentorum et in marsupio de pelle nigrae felis facto quo oculos lupae te inicere mandavi invenies. Affer et sanguinem hircinum et aliquid pilorum de barbis eiusdem quos tute illi praecidisti.

ELI. Cape ecca hic quae poscis mater. Ego adscendam, sequatur Sempronius.

CEL. Adiuro te tristitiarum domine, Pluto, imperator infernalium abyssorum, princeps aulae damnatorum, arbiter supreme horrendorum spirituum, praeses sulfureorum ignium, quos servens Aethnae crater proiectat, gubernator et director tomentorum et tormenta inferentium animabus peccatorum, rex trium Furiarum, Tisiphonae, Megaerae atque Alectus, magister omnium atrarum rerum regni Stygis et Ditis cum omnibus suis lacubus et umbris infernalibus, cui paret litigiosum Chaos, subsunt volantes Harpiae cum omni exercitu horrendarum Hydrarum. Ego Celestina, tua notissima clienta, te adiuro per virtutem et potentiam rubentium harum litterarum, per sanguinem nocturnae huius avis quo conscriptae sunt, per vim et potestatem nominum istorum et signorum quibus haec carta exarata est, per dirum virus viperarum istarum unde oleum hoc expressum est quoque ego fila ista inunxi, sine mora voluntati meae obtemperaturus, in haec te licia involvas, in his commaneas, ne immo quidem momento discessurus donec Melibaea, prima qua poterit occasione, [pg. 67] te emat et isto filamento ita intricetur, irretiatur, illaqueetur ut, quo magis istud aspiciat, eo magis sensus et cor eius concilietur mihi et petitioni meae assensum effectumque det. Tu illam involvas crudo et forti amore Callistonis uti, omni honestatis memoria proiecta, totam sese mihi aperiat et legationem mihi meam uberi mercede compenset. Hoc si feceris, quicquid tu contra volueris, me roga. Quod si non illico imperata exsequeris, capitalem me tibi inimicam pronuntio, feriam immissis solis radiis tenebrosos tuos carceres et speluncarum abdita horrenda patefaciam, accusabo crudeli mente continua tua mendacia, comprimam atque excarnificabo diris meis verbis horrendum nomen tuum. Herum iterumque te adiuro. Sic fidens magnae potentiae meae abeo cum filamento hoc meo, cui te, uti credo, involutum porto.

ACTUS IV

Argumentum

Celestina dum ea [55] it in via secum ipsa loquitur, donec ad ostium domus Pleberii venit. Offendit illic Lucretiam, ancillam Pleberii, quam alloquitur. Mater Melibaeae, Alisa, colloquentes videns, sciscitata quae sit Celestina, intro illam vocat. Accersitur aliorsum misso nuntio Alise. Exit domo, Celestina cum Melibaea sola relicta aperit ei causam legationis suae. [pg. 68]

Celestina, Lucretia, Alisa, Melibaea.

CEL. Nunc cum sola ambulo caute considerabo quod Sempronius metuere dixit super legatione hac mea. *Res enim non satis* animo expensae et consideratae, quamquam non raro optatum finem tangant, ut plurimum tamen incertos effectus habent, intenta et pressa perpensio raro caret optimo fructu. Et quamquam illi ego talia confessa non sim, poterit evenire certe ut hic meus ad Melibaeam accessus pessime excipiatur et ego discrimen vel vitae ipsius subeam vel summa cum ignominia propellar, si occidere me noluerint, ut diris modis verberent aut flagris concidant, ita amarum mihi fuerit pretium centum istorum aureorum. Ah miseram me, quibus me plagis involvi, ut diligens atque efficax alienorum negotiorum videar, me ipsam in summum periculum conficio. Quid faciam vitae meae aerumnosa? Nec retrocedendo lucrabor quicquam nec persistere

---

[55] Reads "eo."

incepto periculo caret? Igitur ibo sed an revertar potius. O dura et incerta perplexitas, nescio utrum sit melius: in audendo manifestum discrimen est, in ignavia et timore ignominiosa damnositas. Quorum ibit bos arandi pigens? Utraque via profundas lamas et periculosas interrupti itineris moras ostentat. Si in furto deprendar, certa mors erit vel ut bene negotioum cadat, infamia publice notabor. Si retro eo, quid dicam Sempronio? Haeccine erat tua illa decantata potentia, haec efficacia tanti negotii, haec sapientia, confidentia, astutia, sollicitudo? Herus vero illius Callisto quid dicet, faciet, cogitabit quid aliud quam [pg. 69] meras apud me deceptiones esse et fraudes? Quodque ego Melibaeae arcana eius et velut insidias aperuerim ut a contraria parte plus ad me lucri rediret ut praevaricatrix sim operta falsimoniis? Vel si tam immicae se cogitationes ipsi non obiecerint, clamabit, vociferabitur, instar amentis, in faciem meam pessimis me conviciis diffamabit, mille malos successus excogitabit quibus consilia mea ipsum implicaverint dicendo: tu, exoletum prostibulum, cur tormento mea pollicitationibus tuis maiora fecisti? Falsa, periura, lena, omnibus aliis pedes et operas habes, mihi solam inguam vendis? Illis effectu ades, me dicteriis et fabubulis ducis. Omnibus caeteris remedia habes, mihi aegritudines doloribus cumulas, caeteris efficax, mihi ignava atque nullius pretii es, aliis lux et te oritur, me tenebris obscuris damnas. Et cur te mihi defloccata proditrix ingessisti? Oblationes tuae spem mihi felicem proposuerunt, spes distulit mortem meam. Protuli vitam meam, hilaris mihi hominis vices sumpsi. Nunc aliter cedente negotio neque te poenae neque me desperatio umquam deserent. Igitur quid faciam perdita ego? Utrobique mala fortuna vertitur, et hic et illic infortunia[56] est. *Quando extremis rebus nullum est* medium, ad id quod clementuis est sese applicare sapientem decet. Potius offendam Pleberium quam Callistoni iniuria ero. Ibo igitur. Maior ignominia est vecordiae damnari et ignaviae quam malum quod periculum rei in te receptae subeuntem te sequi potest. Audacibus fortuna numquam defuit. Iam ostium Pleberii video. Peioribus me extricavi. Cape animum, aude, Celestina, non deficias metu. Numquam deerunt bona verba et intercessores qui malum mitigent. [pg. 70] Omnia auguria dextra obveniunt aut ego nihil amplius istarum artium novi. Quattuor homines mihi obviam facti, de quattuor tres Ioannes[57] vo-

---

[56] Reads "infortuniam."
[57] Reads "Iannes."

cantur, duo de tribus ninnarii sunt. Prima vox quam per plateam audivi bonum omen amoribus fuit, numquam pedem impegi ut alias saepius. Silices ipsi quibus viae stratae sunt videntur cossim discedere et semitam itineri meo facere, non me impediunt vestimentorum laciniae, non sentio fatigationem eundi, omnes me salutant, nemo me canis allatravit, avem nullam atram vidi, turdum vel corvum vel quamvis aliam talem. Et quod omnium horum auspicatissimum est, video Lucretiam ad fores Melibaeae, illa cognata Eliciae est, non erit mihi obstaculo.[58]

LUC. *Quae est vetula quae* circulatorio gradu corpus concutiens huc viam tenet?

CEL. Bene sit aedibus istis.

LUC. Celestina mater, bene tu venias. Quis Deus te in has regiones civitatis duxit tibi non frequentatas hactenus?

CEL. Amor meus, filia. Desidero tibi, commendare in ipsa iussit Eliciam meam, desidero consalutare etiam dominas tuas matrem et filiam, quas visitare non potui toto tempore quo ex hoc vico alio habitatum migravi.

LUC. Hac sola de causa domo tua exiisti? Mirer certe non enim ita nobis nota es, alia sunt studia tua, nullum tu ambulare pedem latum sine lucro consuevisti.

CEL. Fatua tu, non satis hoc lucri sit desiderio suo hominem satisfacere? Tamen uti aetate confecta mulieribus numquam nihil desit et praecipue mihi, quae alienas puellas educare cogor, eo venditum nonnihil linei istius filamenti.

LUC. Non de nihilo est quod ego dico, sensibus meis utor. Numquam tu quicquam sine lucello feceris et nunc domina [pg. 71] mea senior opus talibus emptis habet, incepit enim nescio quid telae texere, tu vero venditis, ut audio. Intra, exspecta isthic ne aliorsum mercem tuam deferas.

ALI. Cum quo loqueris, Lucretia?

LUC. Hera, cum vetula illa faciem cicatrice signata quae habitabat quondam sub crypta illa adlatus fluminis.

ALI. Nunc minus etiam mihi nota est. Tu enim ignotum per incognitum me docere vis, quod idem est ac si *aquam cribro cogere* velis.

LUC. Per Deum, hera, anus ista magis nota est quam quae notissi-

---

[58] The Plantin edition has a line break here that Barth ignores.

ma. Nescio quomodo meminisse non possis eius quam pro venefica palo publice hic alligarunt, quae abbatibus puellas vendere solebat et mille matrimonia disiunxerat.

ALI. Dic quo opere vitam sustinet? Forte sic illam melius cognovero.

LUC. Vestimenta odorare, fucos vendere, pigmenta componere alia centum talia novit. Herbaria est grandis, infantes curat, a nonnullis anus lapidaria perhibetur.

ALI. Omnia ista notiorem illam non faciunt mihi. Si nosti, dic nomen mulieris.

LUC. Novi certe nomen ipsius, domina, neque infans aut senex in tota civitate est qui hoc nesciat et ego ignorem?

ALI. Cur ergo non effaris?

LUC. Pudor prohibet.

ALI. Quid ais, fatua, dic modo. Ne me irrites mora.

LUC. Celestina, honos sit auribus, appellatur.

ALI. Hi, hi, hi. Male tibi sit quae risu me percellis, fatua, dum nomen abhorres dicere propter odium quod in anum istam habes. Nunc memoriam subit, nunc bonam partem eius rerum recordor. Non dicas plura. Aderit me rogatura aliquid, dic adscendat istuc.

LUC. Adscende isthuc, mater.

CEL. Bona domina, Deus cum bona sua gratia sit tecum cumque nobili filia tua. Aegritudines senectutis meis me destinuerunt [pg. 72] hactenus quominus te visitatum venerim, uti me condecebat. Verum Deus novit penetralia mentis meae purissimumque affectum et verum amorem quem distantia domiciliorum non potest pectoribus vere diligentium eximere. Nunc et necessitas me adegit facere quod magno alioquin desiderio cupiebam. Cum aliis infortuniis meis male nunc me aeris etiam indigentia habet, aliquid eius ut parem melius nunc nihil novi quam ut parum istud linei filamenti vendam idque tibi attuli, docta ab ancilla tua tali tibi nunc opus esse. Pauperculum est mercimonium, non ego autem pietate in Deum. Cape, domina, et mercem et venditricem, si quo pacto eius servitiis uti voles.

ALI. Honorabilis vicina et civis nostra, verba tua et oblatio mercis faciunt condolere me egestati tuae, eo quidem modo ut malim ea nunc esse tempora ut rebus tuis subvenire alio modo possem quam redimendis ad usus meos laboribus tuis. Quod dixisti accipio. Si mercimonium bonum est, bonum pro eo argentum feres.

CEL. Talis sit vita mea, talis vita mea et senectus mea talis cuius ego participare bona iuravi. Delicatum filum est instar capilli pulcherrimi, aequale, forte ut fides lyrae, album ut gluma nivis, omne istis pollicibus meis ductum, diductum, expansum, compositum uti vides in hac tela. Tribus unciam aureis heri vendidi, ita bene sit miserae animae meae.

ALI. Melibaea, filia, matronam istam tu colloquio detine. Videtur mihi iam diu esse quod sororem meam, uxorem Chremetis, visitare debeo infirmam, ut nosti. Nondum hodie eam vidi et servulum huc misit indicatum peius eam quam heri etiam habere utque illi adsim.

CEL. *Sic meus magister* mihi opportunitatem negotii [pg. 73] expediundi praeparat. Sic malum crescit alteri, mihi demitur. Sic decet, amice daemon, iam ne illi morbum remittas, hanc autem quam cupere amotam me nosti hinc amoliri perge.

ALI. Quid dicis, amica mea?

CEL. Domina, male sit malo daemoni et peccatis meis quoniam tali tempore morbum sorori tuae intendunt ut non possit quod inter nos est negotium pertractari. Et quid mali illam morbi tenet?

ALI. Dolor laterum et is, uti famulus qui modo adfuit narravit, tam vehemens ut mortiferum metuant. Supplica Deo in precibus tuis mea de causa, vicina optima, ut convalescat.

CEL. Spondeo hoc tibi facturam, domina, cum hinc abiero, transibo omnia monasteria in quibus *monachos notae religionis* habeo et impetrabo ab illis una mecum precibus insistant. Etiam hodie, antequam cibum caperem, quater iam Deo supplicasse memini.

ALI. Igitur Melibaea, solve vicinae huic nostrae quidquid bonum aequumque erit ut bene contenta abeat. Tu vero, mater, ignosce mihi, alio tempore amplius colloquemur.

CEL. Domina, nihil hic erratum est, nihil cui ignoscere ego debeam. Deus tibi ignoscat. Bonam hic mihi collucutricem reliquisti. Deus illam sinat bene uti et frui flore aetatis suae, flore tenerae iuventutis suae. Hoc enim tempus est quo delectationum omni generi quas natura ingerit, fortuna poscit, sese animi exhilarare perpetuo decet, indulgere abblandientibus aetatis bonis. Contra, per fidem meam, senecta nihil est praeter perpetuum aegritudinem domicilium, anxietatum hospitium, stabulum infirmitatum, nutrix est querelarum, molestia continua, plaga incurabilis, commiseratio praeteritorum, poena praesentium, metus et sollicitudo tristis futurorum, [pg. 74] vicina aegrimonia morti, casa sine tibicine et tegulis quae undique perpluit, baculus arundineus qui ad quodvis onus duplicatur et cedit.

MEL. Cur tanta mala, mater, de ea re dicis quam tantopere videre et obtinere omnes homines cupiunt?

CEL. Cupiunt satis mali sibi quisque hoc voto, cupiunt satis laborum, desiderant illuc appellere quia non nisi vivendo eo pervenire possunt. Vivere autem dulce est et vivendo mortales senescunt, sic puer optat adolescentiam, adolescentia virilitatem, virilitas senectutem, senectus omnia vitae suavitati postponit, licet eo tempore mille effarcta sit doloribus. Sed quis tibi, domina, omnia malae istius aetatis[59] incommoda, contraria votis vota, fatigationes, curas, sollicitudines, aegritudines, rigores, fervores, animi anxietates, querelas, gravedines, rugatum frontem, canos capillos, auditus frustrationem, debilitationem visus, oculos umbris supernatantibus dubios, oris foeditatem, dentium excidia, roboris evacuationem, incessus flaccidos, longam manducationem enarrare satis valeat? Et dolor dolori, infortunium infortunio additur si tales annos egestas comitatur, haec caeteris omnibus malis peior venit, hoc conspecto tacere reliqua velis et velut vela tormentorum contrahere iubeas, *nulla cruditas fame* deterior umquam fuit quantum ego sensu perceperim.

MEL. Optime rationes tuas agnosco. *Loqueris tu de nundinis* ut in iis felix fuisti, aliam tibi cantionem dites et opulenti canent.

CEL. Domina filia, *cuique*[60] in hac vita sua pars infortuniorum experiunda est. *Ad quamque mansionem* tria millia malorum passuum emetienda sunt. Opulentis et ditibus hominum gloria et voluptas per alios rivos et canales velut insidiantur quas [pg. 75] non videant illi malis dolis atque assentationibus noxiis comitatas venire. Ille dives est cui bene cum Deo convenit. Securius est contemni quam timeri. Quietius dormit pauper quam ei datur qui, quod maximis laboribus acquisivit, ingenti cura et sollicitudine custodire cogitur, tandem cum planctu et doloribus relinquere. Amicus meus nihil mihi simulabit aut finget, opulento suus omnia. Me amet quispiam mei gratia, istum eius quod possidet. Veritatis vocem ille numquam audiet, omnes illi adulantur, sermonum gustum ad palatum illius component, omnes illi invident. Vix invenies divitem aliquem qui

---

[59] Reads "aestatis."
[60] "cuique" is italicized but is not commented on in the translation notes.

non ultro confiteatur melius secum agi crediturum si in mediocritate facultatum sit constitutus vel in honesta adeo paupertate, divitiae non divitem faciunt sed laboriosum, non faciunt dominum sed dispensatorem, plures sunt ab opibus possessi quam qui illas possideant, multis causa mortis fuerunt, omnibus demunt bonos mores et gratiam, et nulla omnino res est magis sibi ipsi contraria. Non audivisti dici: dormierunt de more somnum suum viri divites et nihil invenerunt in manibus suis. Omnis opum potens decem aut amplius liberos et nepotes habet qui Deo pro nulla re alia supplicant quam ut illum de medio tollat. Nullam horam maioribus votis optant quam quae illum sepulcro mancipabit, ipsis hereditatem eius adiudicabit. Sic properabunt quam minimis expensis cadaver terrae tradere.

MEL. Male te habet, mater, bonam tibi aetatem a tergo iam esse. Vis retroverti ad priores annos?

CEL. Stolidus sit viator, domina, qui diem totum eundo fatigatus, cum ad locum destinatum vesperi appulerit, [pg. 76] optet redire praeteritam auroram ut denuo eumdem laborem exantlet. Omnes illae res quarum possessio grata non est, melius utique possidentur quam exspectantur, tanto quippe propinquior est finis earum quanto magis a principio receditur. Non est res dulcior neque acceptior fatigato quam mansio. Pariter iuvenilis aetas, quantumvis laetifica atque grata sit, vere senex eam non desiderabit, is autem qui ratione et cerebro caret aliud non potest amare quam quod iam perdidit.

MEL. Si propter meliorem aut longiorem vitam tale quid desiderabit, non sane absque ratione id faciet.

CEL. Tam facile puer moritur quam senex, domina. Nemo tam aetate affectus est ut non possit unum vitae annum adicere neque tam puer ut hodie mori non valeat. In talibus parum omnino discriminis habemus neque multo melior nostro est status aetatis vestrae.

MEL. Stupefecisti sane me his sermonibus tuis et in memoriam mihi reducunt illi alibi te nobis visam. Dic mihi, mater, est tu Celestina quae habitabas quondam ad cryptam illam prope flumen?

CEL. Quamdiu quidem Deo placebit.

MEL. Sane interea valide consenuisti. Bene dicitur non frustra ire copiam dierum. Ita bene sit mihi non cognoveram te praeter indicium illud in facie. Imaginabaris mihi venustior, alia nunc es, valde mutata es.

LUC. Hi, hi, hi. *Mutatus est iste malus daemon*. Formosa erat quam Deus suus signo tam pulchro signavit, mediam faciem gladio rumpi faciens.

MEL. Quid ais, inepta? Quid fatuaris, quid rides?

LUC. Te non iam cognovisse istam vetulam.

CEL. Domina, attine tu tempus ne decurrat, ego formam meam ne mutetur retinero. Non legisti dicere Sapientem: veniet dies uti in speculo te non agnoscas? [pg. 77] Ego vero etiam properiter admodum incanui et duplo videor annosior quam sum. Ita tu flore tuorum membrorum delicatissimo et ego salute animae meae gaudeam *ut quattuor filiarum* quae matri meae fuerunt, ego natu minima sum. Vide quam non sim tam vetula uti ab adspectu aestimor.

MEL. Celestina amica, sane gaudeo vidisse me te et agnovisse neque minus mihi placuerunt sermones tui, nunc pecuniam tuam cape et cum bono Deo domum redi ut enim conicio nondum cibum cepisti.

CEL. O forma supra humanam, o unio pretiosissime, quomodo istuc dixisti. Exsulto ego gaudio quod loquentem te adspicere datur. Et nescis quid infero illi tentatori dixerit divinitatis os? Non de solo pane vivit homo. Verum est itaque non solo nos pane pasci neque cibo solum sustineri, me praecipue, cui usitatum iam est unum vel et duos dies alienis negotiis continuos insumere, immemorem edere et bibere. Aliud ego nihil ago quam ut bonis bene inserviam huic officio vitam ipsam impendere non abnuam. Hoc studui semper, potius laborare ut alii meis servitiis iuventur quam ut meae quieti et voluptati secura prospiciam. Nunc quoque, si dederis eloquendi licentiam, narrabo tibi quae me causa compulerit huc ad te accedere. Alia enim omnino est ab iis quas memorari hactenus audivisti et talis ut *omnibus male cessurum sit silentium* meum, si sine iudicio eius abs te recessero.

MEL. Dic mater, absque metu omnes tuas difficultates, si quo remediari ego illis potero, prolixo animo tibi succurram, propter veterem iam notitiam quae tecum nobis intercedit et vicinitatem quondam domiciliorum, quae et ipsa bonorum hominum animos invicem obligare [pg. 78] solet.

CEL. Meas difficultates, domina? Potius alienas, ut dictum est. Meas quidem ego cum clauso domus meae ostio omnes a me elimino, comedendo cum licet, bibendo quando quid potui habeo. Et in omnibus facultatum mearum angustiis, Deo sit gratia, numquam mihi defuerunt unus nummus praestinando pani, quattuor vino, postquam viro meo orbata sum. Vivo enim illo, non eram de his sollicita, supererant omnia domi meae, duo utres vinarii alter semper plenus, alter vacuus, numquam mensam comesura accessi quin panem tostum vino bono intinctum praeciperem, cum viginti ad minimum sorbitiunculis, propter matricis malum, *a cena duci* consuetis. Nunc cum omnia faciam, potum in male parvo quopiam vitro mihi sistunt, quod vix duos congios capit. Sexies quotidie domo mihi infortunatae exeundum est cum ista canitie mea circum tabernas vinarias ut illud impleam. Sed ego numquam moriar dum, clausis foribus domi, me meae cum amphora mea vini includere potero. Nullae mihi iam aliae delitiae placent, experior in me verum esse quod aiunt, *panis et vinum conficiunt viam, non* venustas aut lepor euntis. Hoc uti commemorem nunc domina, alienae difficultates propter quas venisse huc me dixi non propriae meae efficiunt.

MEL. Dic, pete quod cupis, sit cuiuscumque gratia possit.

CEL. Puella gratiosa et generosa, suaves sermonis tui et civilitas gestuum hilarissima cum indole egregiae liberalitatis, quam erga pauperam hanc anum dissimulare non potuisti, eam mihi dant audaciam ut enarrare tibi quod iniunctum est sustineam. Venio ego de homine aegroto, angore animi semimortuo, quem una sola voce de generoso illo ore tuo prodita [pg. 79] et fidei meae commissa, curare et restituere poteris idque facturam ille confidit ut plurimum civilitati nobilissimae tuae benignitatis devotus est.

MEL. Honorabilis matercula, non intelligo ego quid sibi velit petitio haec tua si clarius illam non enarras. Ex una parte commoves me et ad iracundiam provocas. Ex altera, condolentem tibi facis. Non potero commode tibi respondere ita parum omnino de eo quod proposuisti intelligo. Fortunata sum certe si verbis meis alicui homini Christiano male habenti succurri poterit, *bene enim facere ei* qui opus habet est Deo similem fieri. Et qui beneficium facit si merenti facit, dum confert alii, ipse recipit, sic qui aegre habentem cum potest non sanat, illum interficit. Itaque ne desinas plenius proponere petitionem tuam neque timore ullo impediare.

CEL. Timorem omnem amisi venustissimam tuam venustatem, domina, conspiciens, credere quippe omnino non possum frustra et incassum pinxisse Deum maiori alium alio hominem pulchritudine, ornasse moribus gratioribus, compsisse amabilioribus ornamentis. Quin ea hoc fine fecisse ut quam pulcherrimos horum officinas velut virtutum statueret, plenas clementia, condolentia, misericordia, dispensatrices suorum munerum, quarum tu cum principibus es. Igitur ut omnes communi censu homines sumus, nati ut moriamur, ita pro certo asseri potest natum eum dici non posse qui sibi soli natus sit, sit quippe hic similis brutis animantibus quorum tamen et quaedam sunt misericordiae capaciam, ut de monocerote dicitur humilem se facere erga puellas quaslibet. Et canis cum omni impetu et feritate sua morsuum [pg. 80] noxiorem obliviscitur si quis humi se straverit, haec quadrupedum animantium pietas est. Inter aves gallus nihil cibi capiet quin prius gallinas suas ad communicandum eum convocet. Pellicanus pectus suum rostro perfodit ut de sanguine viscerum suorum pullos suos pascat. Ciconae aetate confectos parentes suos intra nidos alunt, tanto tempore quanto ipsi ab illis, dum implumes essent, nutriti sunt. Cum itaque talem intellectum animantibus natura dederit atque avibus, quo pacto nos crudeliores his erimus? Quomodo non participemus bona formarum et gratiarum nostrarum nostri amantissimis? Praecipue ubi infirmitatibus secretis illos involutos videmus et talibus ut, unde medicina saluti expetitur, inde origo veniat malorum.

MEL. Per Deum, plane mihi edicas, quis sit ille male habens qui tam perplexo morbo captus sit ut affectio ipsa et eius remedium uno fonte descendant?

CEL. Non dubito, domina, in ista civitate nostra nobilitatis urbanae praecipuum decus iuvenem maiorum suaque propria virtute, generosissimum, Callistonem nomine tibi notum esse.

MEL. Ya, ya, ya. Bona vetula tu, nil dicas amplius, ne ulterius sermonem producas. Hic erat ille infirmus, ille male habens quem tantis verborum circuitionibus legatio tua eloqui distulit cuius tu causa mortem huc tibi accersitum venisti, cuius gratia tantum maledicti laboris insumsisti? Impudentissima capra, turpissima vetula, quid male habet illum proditorem perditum ut cum hac affectione adsit? De stultitia oriundum erit ipsius infortunium. Quid tibi videtur si me invenires sine suspicione de isto crasso fatuo? Qualibus me verbis adoriebaris? Non sine causa [pg. 81] dicitur malo homini, tam mulieri quam viro, magis noxium membrum et damnificentius non esse quam linguam. Ut igne merito exurare, lena falsitatibus plena, venefica, inimica omnis honesti, tradux et conciliatrix secretorum criminum. Iesu, Iesu. Apage amove hinc de praesentia illam mea, Lucretiam. Occidit illa me, nullam guttam sanguinis mihi omni corpore reliquit. Bene talia et peiora etiam meretur qui tantum sui obliviscitur ut monstris istis aurem aliquando praebeat. Profecto si quod me deceret non considerarem pressius et publicari nollem audaciam temerarii huius baltronis, tali te modo cum ista honorifica tua legatione excipi tractarique facerem ut sermonibus tuis et vitae unus simul iam finis imponeretur.

CEL. Malo auspicio huc veni si adiuratio mea me deserit. Expergiscere tu frater (optime novi cui loquar), ades confestim, omnia male cadunt.

MEL. Etiam sola tecum intra dentes fabularis coram me ut cumules ageasque iracundiam meam penasque tuas conduplices? Volebas honorem et existimationem meam perdere ut restitueres vitam homini insano, me damnare tristitiae ut illi gaudium poneres? Tu lucrum in perditione mea, emolumentum in crimine meo quaerere adfusti? Pessumdare et destruere familiam et honorem patris mei ut inde tu aliquid, vetula maledicta qualis es, commodi haurires? Censes non percepisse me technas tuas, non intellexisse propositum exsecrandae tuae legationis? Igitur pro certo tibi sciendum propono, mercedem nuncii tui, praemium legationis tuae, non aliam aliudve futurum quam impedituram me ne res tam scelerosas faciendo ultra Deum et homines offendere possis, vi finem hinc imponendo [pg. 82] sceleratae tuae vitae. Responde mihi, proditrix venefica, quomodo tanta haec patrare ausa es?

CEL. Timor tui excusationis meae ordinem occupavit, domina. Innocentia mea mihi audaciam dicendi praestat, praesentis tua iracundia, animum meum conturbat et, quod pessime omnium me afficit atque cruciat, absque ulla causa aut culpa mea tantum a te mali patior. Per Deum, domina, sine me orationem meam detextere, conclusionem sermonis mei audias, sic neque ille criminis huius insimulati reus erit neque ego tanta crudelitate condemnabor; videbis pariter omnes conatus meos potius ad Dei iussus et honorem pertingere quam ullam inhonestitatem, potius ad sanitatem hominis aegroti procurandam quam ad infamiam medenti. Si cogitare potuissem, domina, de rebus praeteritis tam levi motu te noxias suspiciones concipere animo potuisse, non suffecisset a te ipsa mihi concessa dicendi licentia, dare audaciam pudori meo de rebus vel ad Callistonem vel ad alium quemvis pertinentibus verba ad te faciendi.

MEL. Iesu, ne audiam amplius mentionem huius *desultoris parietarii* fieri, phantasma nocturnum, lemurum par, longus instar ciconiae, trama figurae, quales tapetibus intexuntur, male pictae, male visae, si nomen istud denuo audiendum erit, pro mortua isthic iacebo. Hic ille est qui pridie primum me visam, amentibus dictis allocutus est, admodum sibi civilis visus et urbanitatis vernulae fons tum autem amator admodum gratiosus. Dicas illi, bona vetula, cum crederet iam *omnia quae cuperet ipsius esse potestatis* neque quicquam iam illi negatum iri, quomodo animum inducere potuerit, non castigationem [pg. 83] potius peccatis suis inferre quam insuper stoliditatem suam publicatum adesse? Potius pro fatuo atque amente illum irridebo nunc quam ut temeritatem hominis tam absurdi notiorem vindicta faciam. Tamen indices tu illi, plane aliorsum mentem applicet, obliviscatur amorum nostrorum, ita poterit fieri ut de stultitiae morbo convalescat, sin et persistet, facturam me ut nulla umquam oratio illi tanti constiterit. Sciat deinde pro victo minime habendum *nisi qui superatum sese agnoscat*. Ego optime pudoris mei secura manebo et ille maxime gloriosus et ab omnibus honorabilis, stultis puto, fatuis atque amentibus, ut ipse est. Tu vero revertere cum ipsis illius ad eum verbis, nam a me responsum aliud non habebis neque exspectes, vanitas enim est rogare illum cui nulla miseratio impetrabilis est, maximas pro te Deo gratias habens quod tam libere ab *his nundinis recesseris*. Bene mihi narratum est quae sis tu et monita super tuis sum virtutibus, quamquam nondum te nossem.

CEL. Fortior utique resistebat Hector ad Ilium, alias ego etiam magis feras edomui. Nulla vehemens tempestas diuturna est.

MEL. Quid ais, inimica? Loquere ut percipi possis. Habes excusationem aliquam satisfaciendi iniuriae huic meae et audaciam tuam peccatumque colorandi?

CEL. Dum tu irata es, magis ego me intricem quam expediam, ita saeviter saevis. Nec mirum id mihi, sanguis enim recens minimo calore admoto opus habet ut totus infervescat.

MEL. Minimo calore? Certe minimum tu appellare potes iure tuo quae hinc viva discedere possis et ego [pg. 84] quam pessime habere debet temeritas haec tam immanis. Quod verbum reperire tu possis pro isto tali homine quod bono meo sequi ego aut accipere valeam? Responde quoniam dicis sermonem te tuum ad finem non duxisse et sic poterit ut praeteritorum adhuc poenam luas.

CEL. Orationem a te poscere volebam de Sancta Apollonia, quam illi dictum est te penes esse, optime facientem ad dolores dentium. Pariter cingulum tuum quod fama est tetigisse omnes reliquias quae Romae et Hierosolymis sunt. Horum desiderio et indigentia moritur nunc iuvenis tam nobilis. Haec causa fuit adventus mei, verum cum in fatis fuerit hoc me modo a te excipi, patiatur ille dolores suos, pretium infortunii sui, qui tam infelicem nuntiam huc miserit. Et quoniam in tanto virtutum tuarum numero pietas locum nullum tenet, ego deinceps creditura sum profundo mari aquam aliquando defuturam. Nosti tu, neque admonitione opus habes, voluptatem vindictae momento perire, misericordiae durare in perpetuum.

MEL. Si ista petebas, cur non expresse statim quid velles dixisti? Cur talibus ambagibus vix tandem ad propositum tuum venisti?

CEL. Domina, quoniam puritas affectus mei credere me faciebat quocumque modo quod vellem, proponerem, in malam partem nulla suspicione te ituram. Quod si debitis circuitionibus negotium non proposui, meminisse te velum *veritatis voces nullis opus habere dicendi artificiis*. Condolentia dolorum, confidentia magnificentiae eius, alligarunt principio in faucibus meis expressionem causae planiorem. Tibi, domina, cum ignotum non sit turbare animum dolorem, turbationem mentis alterare linguam [pg. 85] et intercludere voces quae perpetuo sensibus bonis et consideratae gravitati affixae esse debent, per Deum supplico, ne mihi culpam imputes, quodque alibi ille peccavi,t non in malum mihi expetat, quae alium errorem non erravi quam quod nuncia sum peccantis. Ne frangas filum ubi maxime tenue est. Non imiteris araneam quae vires suas non experitur nisi in iis animalculis quae devincere facile potest, ne luant iusti pro peccatoribus. Imitare potius divinam iustitiam quae dicit: anima quae peccavit illa ipsa morietur. Imitare et humanam cuius scitum est *patrem numquam damnari* ob delictum filii neque filium ob delictum patris. Non est aequum uti ipsius temeritas meam producat perditionem, quamquam, ut ego merita eius et nobilitatem animi novi, nullo modo credidissem talia illum deliquisse, tali poena digna admisisse vel ut ille peccaret, ego autem poenam subirem neque enim aliud est officiium meum quam talibus hominibus inservire, hinc vitam teneo, hinc me vestio. Numquam voluntas mihi fuit molestam esse uni ut alteri complacerem, quamquam, absente me, fortasse ab invidis alia sint auribus tuis oblata. Ad summam, domina, *firmitas veritatis ea est* ut vulgarium calumniarum venti eam concutere non possint. Ego sola in talibus pura mente versor. In tota urbe nostra paucos novi non optime mihi volentes et servitiis meis contentos. Omnibus satisfacio qui aliquid mihi iniungunt, non aliter ac si viginti mihi manus pedesque ad officia essent.

MEL. Non mirum hoc mihi, vere enim dicitur unum aliquem vitiorum doctorem sufficere ingenti populo hominum corrumpendo. Certe tot tantasque laudes de vanis et falsis tuis actionibus [pg. 86] mihi narrari memini ut nesciam credibile sit te horum quae nunc dicis gratia huc venisse, praecipue super oratione ista.

CEL. Numquam ego illam recitem et si recitem, numquam exaudiar si aliud quid vel mille fidiculis mihi extorqueri possit.

MEL. Praeterita iam iracundia mea non patitur ridere me excusationem tuam, optime enim novi neque iuramento ullo neque tormento veritatem ut dicas te adigi posse, non enim tale quid tuae potestatis est.

CEL. Tu domina mea es. Me decet silere ad omnia quae in me dices, tibi ego serviam, tu mihi imperes. Mala verba *tua tu munusculo aliquo emendabis*.

MEL. Quippe bene merita es.

CEL. Si non merui verbis, non perdidi tamen intentione animi.

MEL. Tantopere affirmas ignorantiam tuam ut credere velim id quod fieri potest ut verum sit. Volo itaque in excusatione tua tam dubia sustineas secundum aequum et bonum sententiam neque petitionem tuam flectas ad interpretationem subitam. Non aegra feras neque mireris praeteritam meam iracundiam, concurrebant quippe duae res in sermone tuo quarum utraque sola sufficiebat animi me externare, nominare mihi tuum istum iuvenem qui tam audacter alibi me allocutus est et eius nomine aliquid a me petere sine maiori causa. Hinc quid oriri poterat praeter suspicionem tentatae pudicitiae meae? Verum quoniam bona mente et fine omnia proveniunt, ignoscam illi omnia quae hactenus in me deliquit, secessit enim aliquo modo de corde meo gravis istius iniuriae opinio, consideratione eius, quod pium sanctumque est sanare male habentes et remedia aegris non negare.

CEL. Hic quidem aeger, domina, talis est ut, si illum paulo melius cognitum [pg. 87] habuisses, nequaquam talibus verbis alia omnia merentem esses invecta. Nihil illi fellis inest, Deum et animam meam testor, quorum utrique eius tantumdem est, gratiis amplius mille praeditus. Liberalitate Alexander, fortitudine Hector, indole regia, comis, hilaris, numquam tristis, nobili sanguine, ut nosti. Equestris rei peritissimus, efficaciam Herculis habet. Virtutes illius caeteras enarrandas aliam poscas linguam, haec non sufficit. Summa, divinum quam humanum potius censeas. Certe crediderim tam speciosum non fuisse Narcissum illum nobilem, qui amore figurae suae periit cum ab aqua redditam diligere coepisset. Nunc unicus illum dens ita male habet ut numquam cesset plangere.

MEL. Et quantum tempus illi est?

CEL. Poterit, domina, aetatem habere viginti trium annorum, hic eccam tibi Celestinam illam quae nascentem vidit et suscepit ad pedes matris parientis.

MEL. Non hoc te rogo neque opus est nosse mihi aetatem eius, quanto iam tempore aeger sit quaero.

CEL. Octiduum est, domina, tam autem viribus tenuatus est ac si integrum annum decubuisset, remedium non aliud est quam chelys, quam tanto lepore tangit, versus a se compositos vocis temperata concordia accinens tales ut meliores fuisse non credam quos *magnus ille imperator* et poeta Adrianus super secessione animae suae iam moriturus dixit. Quamquam ego musicae nulla intelligam, saepe tamen visa sum tali suavitate ipsam illum chelyn loquentem concinnasse. Cantus vero ea est gratia, plures illi aves auscultantque illi olim veteri quem arbores et rupes voce sua movisse aiunt. Si hic tum vixisset, nemo laudasset Orpheum. Vide, domina, an paupercula aliqua anus, qualis ego sum, beatam se censere [pg. 88] non debeat restituendo vitam tam gratioso iuveni? Nulla mulier illum adspicit quin laudet illico Deum qui tali talem formositate dotaverit. Si loquentem quae audit, non amplius suarum rerum domina est, illius omnia potestati subicere studet. Haec cum ita sese habeant, tamque ego bonam causam sustineam, in bonam partem propositum meum suscipias, adventum meum gratum, suspicione vacuum, illi salutarem censeas atque efficias.

MEL. Quantum me aegre habent tam subiti animi mei motus. Cur illo mali nihil moliente, te innocente suspectarum rerum, tantum iratae mihi obsecundasti? Verum gravitas rationis tollet a me culpam, quam propter ambigua tua verba admisi. Ut pretium patientiae tuae habeas, volo petitioni tuae satisfacere, cingulum meum illico tibi tradam. Quoniam vero ad orationem describendam tempus iam non est, exspecta reditum matris meae vel si hoc molestum est, cras mane illam latura redi idque quam potes secretissime.

LUC. Iam iam periit mea domina, iubet secreto accedere Celestinam. Fraus rei subest. Amplius quam quod dixit modo illi datura est.

MEL. Quid ais, Lucretia?

LUC. Hera, dimittas anum, iam vesperascit.

MEL. Igitur, mater, ne indices illi tuo quid hic rerum acciderit, ne me pro crudeli, praecipiti aut aliqua quam sum habeat.

LUC. Non mentior ego, male cadet hoc negotium

CEL. Magnopere equidem miror, Melibaea domina, dubitare te secretim me istud habituram. Ne timeas, omnia ista pati et occultare didici. Optime video malam suspicionem tuam omnia in sequiorem partem rapuisse, uti ea assolet. Nunc cum cingulo tuo tam laeto animo recedo ut videar iam illum videre cum [pg. 89] tota comitate sua imo pectore petitas tibi gratias dicentem ob istam tuam opem in se collatam adeoque integrum illum et sanitati restiturum.

MEL. Amplius in gratiam aegri huius tui fecero, si opus erit, in satisfactionem patientiae tuae.

CEL. Amplius certe opus erit et amplius tu facies, quamvis invita etiam.

MEL. Quid de invita dicis, mater?

CEL. Dico, domina, non invitum sed summa alacritate omnem tuum favorem illum recepturum quodque omnes merito tuo tibi obligati sumus. Solutio enim maxime certa est cum maxime quem obligatum tenent.

LUC. Perfodiunt me ista verba.

CEL. Filia Lucretia, venias domum meam, dabo tibi lixivium egregium quo capillos rubicundiores ipso auro facias. Ne dicas hoc dominae tuae. Dabo et pulverem tibi extergendo foetori isto oris tui, quod male tibi olere sensi, toto regno isto nemo alia mulier haec parare potest atque ego. Neque est quod peius feminam hoc malo dedecoret.

LUC. Deus tibi bonam senectutem concedat, magis his ambobus mihi opus est quam cibo et potu.

CEL. Igitur quid contra me, fatua, submurmurasti modo? Tace. Non enim nosti an aliqua in re mea opera opus habeas. Non provoces porro ad iram dominam tuam satis iam illa turbarum dedit. Sine me negotium meum expedire, sine ire me pace tua.

MEL. Quid isti dixisti, mater?

CEL. Domina, optime hic nobis convenit.

MEL. Dic mihi, male me habet cum in praesentia mea quid dicitur cuius ego conscia non sim.

CEL. Ut admoneat te de oratione ut describi illam cures et ut a me discat commodam se tibi praestare quando irasceris, quia in re illud ego dictum sequi soleo: de irato recede paulum, de inimico longum. Tu vero, irata [pg. 90] meis dictis, non inimica mihi fuisti, ob suspiciones tuas. Quae quamvis tales etiam fuissent quales tu credebas, in sese ipsis non fuissent tamen malae, ubique enim et quotidie accidit iuvenes a puellis amore torqueri, puellas a iuvenibus, viros a feminas et vicissim. Hoc opus est naturae ipsius, *naturam ipsam fecit Deus*, Deus autem mali nihil fecit. Et huc ibat mea petitio ut ego illam esse volebam per sese, in se laudabilis est, quoniam tali radice provenit et ego libera poenis quas comminabaris. Amplius verborum de hoc facerem, nisi prolixitatis fastidium timerem, quae taediosa audienti, noxia dicenti venire assolet.

MEL. Omnia bene abs te gesta sunt et pauca loquendo iratam me vidente et multum vehementiam meam tolerando.

CEL. Domina, toleravi iracundiam tuam cum timore, cum te non sine ratione commotam viderim. Ira quippe, iuncta potentiae, fulminis loco est. Ideo commotae mala verba silentio transire sini[61] donec penus tuorum conviciorum insumpta esset.

MEL. *Iniungo et commendo* tibi istum iuvenem.

CEL. Domina, ampliora is meretur. Si quid obsequio meo et ministerio ipsi gratum confeci, metuo ne mora mea deteram. Nunc ad eum secedam, si tu licentiam mihi abeundi dederis.

MEL. Si promptius petisses, redisses velocius. I cum bono Deo, neque enim mihi aliquid commodi accessus tuus tuli neque quicquam abitus feret dispendii.

---

[61] Reads "sive."

[pg. 91]

ACTUS V

[Argumentum]

Recedens a Melibaea Celestina per plateam it secum sermocinando intra dentes. Domum suam reversa offendit illic Sempronium, qui praestolabatur eius reditum. Eunt colloquentes usque ad domum Callistonis, venientes videt Parmeno et indicat hero suo. Callisto illos admitti iubet.

Celestina, Sempronius, Parmeno, Callisto.

CEL. O conflictum rigidum, o sapientem audaciam, o grandem patientiam. Quam propinqua morti eram si insigni mea astutia et temporis captatione vela postulationis meae non rexissam. O minas puellae feritate magna, o virginem iracundam, o *male daemon* quem ego adiuravi. Quod pulchre complesti omnia verba tua per universa mea abs te postulata. Debeo ego tibi, sic iratam illam mulierem mansuefecisti tua virtute et tam opportunum locum orationi meae dedisti matrem domo amovendo. O vetula Celestina, iam ambulare hilarem decet, recordare *mediam confectam iam esse* rem cuius principium felix est. O oleum serpentinum, o album filamentum. Quomodo consensu pulchro in rem praesentem mihi adfuistis. *Vel ego omnes* [62] machinas meas rumpam quas exegi hactenus aut porro

---

[62] "Vel ego omnes" is italicized but is not commented on in the translation notes.

etiam exactura sum neque crediderim vel herbis vel lapidibus vel verbis. Igitur explica animum, vetula, hoc enim negotio plus ad te lucri redibit quam de quindecim virginitatibus quas restitues. [pg. 92] O maledicta vestimenta quae impeditis iter meum quominus cito illuc me sistam quo omni contentione propero ut novis his successibus omnes meos beem. O bona fortuna, ut tu confidentibus opitularis et timidis contrarium spiras. *Numquam fugiendo ignavus mortem effugit.* O quam multae mei census errarunt in expediendo eo quod ego modo confeci. Quid faciant in tam periculoso conflictu istae recentes officiorum meorum magistrae, quid praeter amittere ima responsione apud Melibaeam omnia quae ego impetravi? Propterea belle dicunt: fides non agnoscunt nisi experientem musicum et meliorem esse talem medicum quam litterarum consultissimum. Experientia et usus faciunt homines eruditos, sic et anum talem qualis ego sum quae novit vestimenta sua sublevare et ita vadum transire ut magistrae nequitiarum solent. O cingulum, cingulum, ego te faciam vi mihi sistere illam, si vivo, quae bona cum gratia colloquio me admittere noluit.

SEM. Aut ego oculis non bene utor aut illa Celestina est. Malus illam daemon iuvet, uti circumagit gradum eundo tardissime. Quid malum secum intra dentes loquitur?

CEL. Cuius gratia cruce te signasti, Semproni, credo quia ego adsum?

SEM. Dicam tibi. Raritas rei admirationem gignit, admiratio oculis concepta transit in animum, animus indicare eam talibus signaculis cogitur. Quis umquam te vidit per plateam incedentem, capite demisso, oculis tellure fixis, neminem contra contueri, ut nunc ades? Quis te vidit intra dentes tecum sermocinantem per publicum ire et ambulare temet ipsam stimulando, quasi qui ad praedam festinat? Vides ista omnia merito in te admirare qui te noverit. [pg. 93] Verum, his omissis, per Deum dic mihi quid boni portas. Dic mihi, spem aut metum habes in sinu. A prima usque hora te hic praestolatus sum neque melius successuum indicium habui quam tantam tuam moram.

CEL. Fili, ista regula stultorum hominum non semper certa est. Alia me hora magis tardam facere poterat *et illic relinquere nares cum aliis duabus naribus et lingua ipsa,* ut quo magis morata fuerim, eo carius moram luerim.

SEM. Si me amas, mater, ne secedas hinc priusquam mihi istuc enarraveris.

CEL. Semproni amice, neque ego me ad eam rem comparare possum neque locus hic satis est commodus, veni mecum ad Callistonem, illic audies mirissima. Deflorem ego nunc legationem meam multis res gestas communicando. Volo ex ore meo audiat quod ego confeci, etsi paulum de lucro ad te veniet, ego tamen gratiam totam mihi servare volo integram.

SEM. Paulum tu de lucro ais, Celestina? Non valde mihi placent haec verba tua.

CEL. Tace inepte. Sive parum sit sive multum, dabo tibi cum posces. Omnia mea tua sunt. Gaudeamus, lucremur, ditescamus iunctim. In dividundo communi numquam pugnabimus. Et tibi, ut ego taceam, notum est, longe pluribus egere senes quam iuvenes, praecipue quam tu qui ad mensam semper paratam accumbis.

SEM. *Aliis rebus magis utor* quam cibo et potu.

CEL. Quibus, fili? Opus habes duodecim aciculis, pileum qua cingas fascia, arcu ut de domo in domum circumiens passeres in tectis configas, fascines aviculas per fenestras. Iuvenculas dico, fatue, eas quae non volant. Optime tu me intelligis, non enim melius lenocinium est talibus capiendis quam talis arcus qui quamlibet possit configere. Amplius [pg. 94] opus habet, Semproni, quae existimationem suam tueri debet et eundo consenescit, qualis ego sum.

SEM. O assentatrix vetula, o malitiae omnis stabulum, o triparcum atque avarissimum barathrum, pariter ut dominum meum me quoque circumscribere et decipere vult ut saltim ipsa ditescat. Verum male utatur male partis, non haerebunt apud illam talibus artibus parta; quippe qui turpibus artificiis adscendit in altum, citius decidit quam locum sublimem tenuit. O quam mala res est perspectu homo. Bene dictitatur nullum animal, nullam mercem tam difficulter cognosci. Mala vetula, malis falsimoniis oppleta est ista. Malis daemon me illi applicavit. E re mea esset illico fugere longe ab hac virosa vipera potius quidem quam eam tangere. Mea haec est culpa. Verum corradat illa saltim aliquid, velit nolit partem ego inde meam mihi promissam, auferam.

CEL. Quid facis verborum, Semproni, quo cum loqueris?

SEM. Quod dico, mater Celestina, hoc est, quod mirum mihi non accidit mutabilem te esse, quae ita semitam plurimarum sequaris.

Dixeras mihi differre velle hoc negotium, nunc absque bona mente omnia Callistoni enarrare cupis. Nescis magni eum haberi qui aliquo ante tempore exspectatus veniat quodque quamdiu eius amor et morbus, tam diu emolumenta nostra crescere habeant et se subicere?

CEL. *Sapientis est, ut res cadit, propositum mutare*, stulti persistere in stulte capta sententia. Novis negotiis nova consilia adhibenda sunt. Non credebam ego tantopere conatibus meis fortunam responsurum. *Cauti et prudentis legati* est facere id quod temporis opportunitas requirit. Accedit quod huius rei patratio tempore minime abscondi [pg. 95] poterit. Praeterea novi ego dominum tuum (quantum sentire datum est) liberalem esse et aliquantum ambitiosum. Amplius uno die dabit succedentibus votis quam centum aliis quos morbum ferendo traxerit et ego hinc inde decurrendo insumpserim. Adde quod subiti atque insperati successus alterationem animi efficiunt, animi alteratio impedit deliberationem capiendis consiliis. Et in quo poterit demereri quis nobilitatem hominis quam bonis nunciis bonorum successuum? Tace, inficete. Sine expedire haec vetulam tuam.

SEM. Enarra igitur mihi quid rerum gesseris apud virginem illam generosam, dic mihi aliquas eius voces, certe non minus haec audire crucior quam ipsemet herus meus.

CEL. Tace, inepte, alteraris tu animi? Scio quid te torqueat, potius gustum quam odorem negotii huius habere cupis. Eamus propere. Insanire faciet herum tuum longa mora mea.[63]

PAR. Here, here.

CAL. Quid clamas, fatue?

PAR. Video Celestinam et Sempronium appropinquare aedibus nostris. Pausam hic atque illic facientes eundi, cum constiterunt, *charaxat* ipse gladio litteris aut notis terram. Nescio quid sit.

CAL. O amentem tuam negligentiam. Vides illos venientes et non omissis omnibus te praecipitas ad aperiendum ostium. O altissimum numen, o summa Deitas, quid apportant, quid novi ferunt? Cur tantum morae traxerunt, iam magis desiderabam reditum ipso-

---

[63] Barth or the printer forgets or decides not to include the translation of the brief lines of Sempronio that close this dialogue: "Y aun sin ella se lo esta." Also, the line break to indicate the beginning of a new scene is omitted.

rum quam malis meis remedium exspectabam. O aures meae maestitia paene oppletae, parate ad audientiam vos eorum quae vobis apportantur. In ore iam Celestinae cura morbi mei et vitae amissio vertitur. O si per somnium transiret paulum hoc temporis ut cum principio ipso finem et sermonis ipsius hauriam. Iam pro certo habeo [pg. 96] mortem meritis, non tam amarum ipsius punctum esse quam timorem quo eam in horas imminentem exspectare coguntur eiusque tristem sententiam e longinquo tremere. O tarde atque ingave Parmeno, manibus praemortuis, rumpe seram istam molestam de ostio, intret honorabilis illa matrona in cuius lingua vita mea iam posita est.

CEL. Audis, Semproni, aliter iam tinniunt fides domini tui, multum differunt haec verba ab iis quae ipse et Parmeno nuper super hoc negotio faciebant. De malo in bonum procedunt res nostrae.

SEM. Facias igitur, ubi intraveris, tamquam Callistonem non videas et praemittas colloquio aliquid boni.

CEL. Tace, Semproni, licet enim felicissime omnes conatus mei mihi succedant, amplius tamen meretur etiam Callisto tuaque et ipsius petitiones. Et plus ego etiam praemii de generosa ipsius munificentia exspecto.

ACTUS VI

[Argumentum]

Ingressa domum Callistonis Celestina, grandi desiderio et affectione percitus ipse rogat quid rerum suarum cum Melibaea collucuta expedierit. Interibi dum isti confabulantur, Parmeno audiens Celestinam omnia ad suum lucrum deflectere, obvertit sese Sempronio omnibus eius dictis contradicens, reprehenditur eius gratia a Sempronio. In finem vetula aperit omnem negotis successum Callistoni, offertque ipsi cingulum quod a Melibaea acceperat. Sic Callistonem anus relinquens domum suam revertitur, cum ea eodem ambulat Parmeno.

[Callisto, Celestina, Parmeno, Sempronius.] [64]

CAL. Quid dicis, domina et mater mea?
CEL. O mi domine, Callisto, tu hic eras. O recens amator [pg. 97] formosae tuae Melibaeae nec sine ratione. Et quid praemii dabis vetulae tuae quae hodie vitam suam velut venum exposuit dum tua mandata facessere studet? Quae mulier umquam in tam stricto se discrimine vidit atque ego me hodie. Certe cum retro cogitationes flecto, amittunt omnes venae corporis meae sanguinem et horrore velut exarescunt. Pro vita mihi nemo tanti rem pretii dedisset quanti vile hoc et usu detritum est pallium.

---

[64] No list of characters given for this act.

PAR. Tu dices quod e re tua erit. Iam exspecto *ut et tunicam tibi poscas*. Omnia ista solius tua erunt et ea quidem talia ut ne ulli partem ex promisso dare cogaris scilicet. Pellem mutare quaerit anus. Tu et nos et horum nostrum emungere ades. Non interturbes sermonem huius, Semproni, videbis ipsam argentum non petituram ne partem nobis, uti spopondit, inde cedere opus habeat.

SEM. Tace, desperate nebulo. Si Callisto te audierit, occidet extemplo.

CAL. Mater mea aut contrahe orationem tuam vel ensem hunc cape et interice me.

PAR. Tremit iste malus genius non aliter ac si venenum aliquod eduxisset, non potest se sistere in pedes suos. Linguam ipsi suam mutuo dare cupiet ut loqui eo citius possit. Non diuturna huius vita est, luctum nos de amoribus istis lucrabimur.

CEL. Ensem, domine? Et quorsum? Ensis malus male perimat inimicos tuos quique male tibi volunt. Ego tibi vitam datura veni, cum optima spe voti tui, has ego tibi porto ab illa quam amas tantopere.

CAL. Spem optimam dicis, domina?

CEL. Optimam merito appellare possum, cum porta reversioni meae sit aperta et optatior ego illi detrita atque exoleta hac tunica veniam quam alia quaevis serico et auro netili induta.

PAR. Semproni, [pg. 98] tantopere me commovet malitia huius anus ut factu impossibile putem diutius eam loquentem pati. Studio tunicam suam inquinavit.

SEM. Taceas per Deum aut te hinc in maximam malam crucem eiciet. Quod si illa vestimenta sua fraudulenter rupit, bene fecit, nam melioribus *opus habet*.

PAR. Ista vetus venefica volet uno die omnem suum habitum mutare novis vestibus quantum pretii alioquin quinquaginta annis non corraserit.

SEM. Hoc omne illud est cuius gratia te increpo.

PAR. Ferre possum rogare illam et mendicare et emungere herum sed, ut omnia suo unius commodo, pati nequeo.

SEM. Non est alii vitio obnoxia quam quod suum saltim commodum quaerit avaritiae dedita. Verum permitte illam domum suam effericire, farciret postmodum et nostram, aut malo auspicio umquam nos cognoverit.

CAL. Per Deum, domina, enarra mihi, quid rerum agebat, quomodo intras, quomodo vestita erat, aua parte domus illam offendisti, quo te primum vultu conspiciebat?

CEL. Eo vultu, domine, quo solent feri tauri eos intueri qui acutas lanceas vibrant in venatione aut quo silvestres apri canes a quibus miris modis fatigantur.

CAL. Et haec tu signa salutis autumas? Dic igitur qualia mortifera erunt? Non certe ipsamet mors, quae quidem refrigerii loco mihi erit in talibus tormentis, quae maiora ipsa illa sunt et peius me habent.

SEM. Hi sunt illi ignes praeteriti et obliterati, quos promisit, domini mei. Quid hoc rei est? Non erit tam patiens sui herus noster ut audiat hoc quod semper desideravit.

PAR. Et quid taceam ego, Semproni? Quod si te audierit herus noster, tam tibi malum paratum [pg. 99] erit quam mihi.

SEM. Malo igne conflagres, tu dicis ea quae incommoda et noxia omnibus sunt, mei sermones neminem offendunt. Intolerabilis pestilentia et mors subita te consumant, rixose, invidiose, maledicte. Et haec est illa amicitia quam Celestinae et mihi tu conspondisti? Abi isthinc in maximam malam rem.

CAL. Domina et regina mea, si non vis desperantem me facere et ut anima mea cum damnatis ad aeterna tormenta hinc abeat dum talia ex te audit, certiorem me redde brevibus legatio tua gloriosa an bono fine cesserit et an mutata in melius durities cuius vultum modo narrasti spem mihi vitae reliquam ullam fecerit? Haec enim quae adhuc ex te audivi potius odii quam amoris indicia sunt.

CEL. Maxima admiratio apibus melli legis exinde apud mortales prognata est, quod secretis artificiis favos construentes omnia quae contingunt meliora efficiunt, has imitari decet homines cordatos. Hac eadem ratione indignationis et iracundiae plenas Melibaeae invectiones tractavi ego. Omnem bilem ipsius melle mutatam tibi fero, iracundiam in mansuetudinem, praecipitem repulsam in consideratam affectionem. Et tu quo fine illuc iisse autumas Celestinam, quam supra omnia merita sua tanta tu magnificentia munerasti, nisi ut placaret feram, ferret patienter insultantem, esset scutum et defensio tuae absentiae, pallio velut suo ictus inimicos exciperet? Convicia, iniurias et indignationes abs te averteret quas prae se ferre solent tales principio, quando super amoris negotiis compellantur, eo fine ut post maioris sit pretii apud cupidum animum ipsarum consensio, [pg. 100] ita cui prae caeteris bene volunt, cum peius aliis excipiunt. Quod si ita se non haberet, neque hoc modo existimationi suae consulerent, quae esset differentia inter publicas et inclusas illas puellas, si omnes illico ut primum rogantur, assensum amatoribus darent. Nunc quae maxime intus servent et flammis velut consumuntur et deflagrant vivis ignibus amoris, honestatis et pudoris sui respectu extra horribile frigus demonstrant, vultum severitate contrahunt, repulsam in ipsa suavitate meditantur, constantem animum prae se ferunt, casti propositi regulam tuentur, tam amara verba proferunt ut ipsamet loquentium lingua miretur quo pacto tam affectibus suis contraria convicia possit efferre, eam summa vi et violentia cogunt alia omnia profari quam sensus intus et cordis conclusiones velint. Ego vero ut tu molestiis auditus longi leveris et componas, dum seriem omnem rei gestae explico, animum tumultuantem, dum causam et praetensionem causae introitui meo explico, dico noris finem ipsius responsi maxime bonum et ex sententia tua fuisse.

CAL. Nunc, domina, cum securitatem mihi dederis ut possim audientiam praebere rigidae et durae, quam longa erit, responsionis seriei, dic, effare, eloquere, prout vis, ut placet, ego attentus perdurabo. Iam quietem cor mihi redindipiscitur, iam exonerantur cogitationes meae, iam venae recuperant amissum sanguinem, iam timorem posui, iam hilaritatem recepi. Adscendamus, si placet, illuc in caenaculum meum, ibi, quod in summa hic indicasti, omnibus suis partibus enarrare poteris.

CEL. Adscendamus, domine.

PAR. Deus bone quales ambages quaerit fatuus iste ut de nostra se praesentia hinc auferat, ut pro [pg. 101] lubitu suo lacrymari ad gaudia illa possit quibus vetula onerata venit, ut caelet nos mille stultitias insani sui et ridiculi amoris, ut singula dicta sexies audire possit, sexies ad quodlibet interrogare et respondere ne quia adsit scilicet qui fastidiosae eum loquacitatis arguat. Ego vero nuncio tibi nos te claudicantem illuc secuturos.

CAL. Vide, domina, quam allubescat sermonibus nostris Parmeno, quam mira illi facinora tuae diligentiae obveniant. Obstupefactus est, domina Celestina, denuo sese signat admiratione. Ades, ades, domina, conside tu illuc, ego genibus flexis suaves tuas narrationes imbibam. Dic quam causam intrandi habuisti?

CEL. Vendere paulum aliquid filamenti, quo genere plus quam triginta tales venata sum, uti Deo meo placuit, omnes eiusdem nobilitatis, aliquas etiam altioris.

CAL. Hoc de corporis bonis dices, Celestina, non autem de generositate animi, non de prosapia, non de gratia et sapientia, non de merita animi excelsitate et decente superbia, non de virtutum omni genere, non eloquentiae suavitate.

PAR. *Iam dum meras catenas perditus* loquitur, meras affamias, horologium hoc semper meridiem habet, numquam minus duodecim fatuis sonis sonat. Numera tu, Semproni, sed tu iam aperta bucca illius stultitiis, huius mendaciis, utriusque deliriis auscultas.

SEM. O virose conviciator, cur iam aures occludis audiendis rebus quibus easdem acuant omnes mortales? *Factus es seps* quae vocem incantantis fugit, si aliud non esset, si omnia ementita essent, quia tamen amoris res sunt, attendere debebas.

CEL. Audi, domine Callisto, et videbis, fortuna tua et mea diligentia quid effecerint. Incipiente me laudare et vendere velle [pg. 102] mercimonium meum, mater Melibaeae vocabatur visitatum sororum suarum unam, decumbentem tum maxime. Cum ergo necesse haberet domo abire, Melibaeam loco suo destinatam reliquit.

CAL. O gaudium absque pari, o singularis opportunitas, o commodum tempus, o si qui tum subter pallium istud tuum absconsus fuisset uti consors colloqui tui fieri potuisset cum illa quam supremum numen tantis gratiis dotatam excellere voluit.

CEL. Subter pallium, ais, meum? At qui illic clare conspectus fuisses, plus enim triginta foraminibus illud perforatum est, siquidem Deus melius non dederit.

PAR. Eiciam me ego hinc, Semproni, tu reliquum ausculta. Si perditus herus noster non tantum sensibus suis abesset quantum spatii inter hanc nostram et Melibaeae domum interest et gestus vetulae attenderet utque illa vino vendiderit [65] suam istam mercem neque sensibus, ut dixi, et cogitationibus omnibus in illam fixis, sui compos non esset, videret utique consilia mea ipsi magis salutaria futura fuisse quam fraudes istas et deceptiones Celestinae.

CAL. Quid hoc rei es, servi? Ego cum summa attentione res vitam

---

[65] "vino" does not make much sense in this context. Barth probably did not understand the Spanish word "aviniendo," which in this case means to sell by bartering. He interpreted it as if it meant to sell wine.

meam cernentes audio, vos, ut soletis, murmuratis interea nescio quid invicem, saltim ut me interturbetis molestiaque afficiatis. Si quid mei vobis carum est, comprimite linguas, moriemini voluptate audiendo matronae huius diligentiae effectum. Dic domina, quid agebas cum solam videres?

CEL. Domine, tantum voluptate adspectus eius animi alterata sum ut nemo qui faciem meam vidisset, ex illa me tum cognoscere potuisset.

CAL. Iam ego eamdem voluptatem capio et quidem tua illa potiorem, quippe qui imaginem illius formae semper [pg. 103] animo meo impressam mecum circumtulerim. Obmutuisti ergo subdita et inspectata tanta venustate.

CEL. Immo potius maiorem audaciam concepi alloquendi illam et mandata mea proponendi cum solam viderem. Aperui penetralia pectoris illi mei, narravi legationem ut laborares tantum obtinere unam ab illa favorabilem rebus tuis vocem quae sufficeret remediari maximis tuis doloribus. Stabat illa suspensa, me intuens, attonita nova legatione, auscultando donec cognosceret quis ille esset qui verbi unius sui desiderio tam male haberet cuique lingua sua tam facile opitulari posset, cum nomen tuum audiisset, *frontem excussissima a palma verberans* sermonem meum fixit instar eius quae terribiles auditu res percepisset, imperans illico tacerem et me de conspectu ipsius auferrem, si secus facerem, convocaturam omnes servos et clientes suos, qui carnifices in mortem meam essent, audaciam meam extreme abominans. Appellabat me veneficam, lenam, vetulam falsam, barbatam capram, maleficam, mille aliis ignominiosissimis titulis invecta nomen meum, illa vero tanti mihi erant convicia quanti *lallationes* nutricum cum infantulis somnum cantando quaerunt ad cunas. Iungebat his totidem animi defectiones, deliquia, mille mirationes et stupores, turbabantur sensus, movebantur hinc inde membra violentia quadam sanguinis fervefacti perculsa, feriebatur puella aureis illis sagittis quibus mentio nominis tui armata erat; contorquens velut corpus, manuum articulos invicem iunctos velut conclatrans [66] more eorum qui animum desponsuri videntur, digitos frustillatim diffringere velle putasses, oculos hac illac

---

[66] "conclatrans": neologism coined from "clatro" ("to provide or cover with a trellis or grating"). It is an ingenious way to express the position of Melibea's fingers.

circumvolebat, pedibus humum quatiens. Ego ad ista omnia in angulum me proximum contrahebam, [pg. 104] tacens, multum animo gaudii de ferocitate hac capiens. Quoque saevius illa fremebat hoc ego hilarius laetabar, erat enim iam propinqua deditio illius et ut in potestatem meam statu suo velut caderet. Verum interim dum tempestas illa detonaret, iracundia virginis despumaret, insumeretur materia indignandi, non patiebar ego sensus aliorsum amoveri aut a negotio praesente otium capere sed tempus opportunum nacta fidem et pondus ante a me dictis facere institi.

CAL. Hoc mihi nunc narra, dum enim ausculto tibi, animo meo omnia collegi consilia et in omnes mentem partes versavi. Non reperi excusationem a te dictorum quae sufficeret irato animo neque quomodo petitionem tuam aut obtegere aut colore inducto venia dignam facere potueris, comminiscor scilicet ne suspicio aliqua sinistra in pectore tam castae virginis remaneret. Unde fit ut insignem tuam sapientam consideranti ultra humanam conditonem ea instructa esse videaris, ita responsionem eius futuram qualis erat praecipiens animo in tempore quomodo illi occurreres excogitasti. Quid amplius fecit *fatidica illa de Hetruria*, quae famam certe suam, tua superstite, amittat necesse est, quae, tertio die antequam vitam poneret, mortem praenuntiavit et mariti sui vetuli et duorum quos ex illo habebat filiorum. Iam credo quod vulgo dicitur, sequiorem mulierum sexum *ex tempore capiendis consiliis masculo promptiorem* esse.

CEL. Quid censes, domine? Dixi malum tuum esse dolorem dentium, et quod bona illa verba quae ex ipsa poscerem foret oratio quaedam certa quam illa teneret bene isti morbo curando facientem.

CAL. O mirabilissima astutia, o singularis ad officia sua diligentiae [pg. 105] mulier, o provida femina, o praesens remedium, o cauta in legationibus. Quis humanus sensus sufficiat excogitare tam pretiosum et ingeniosum remedium? Pro certo credo, si aetas nostra recuperare posset illos veteres Aeneam et Dido, non sit laboratura Venus tantum ut filius ipsius Elisae cor amore Aeneae incenderet Cupidini suo Ascanii formam induens ut illam decipere posset. Te mediatricem voti sui, ut omni molestia supersedere valeret, poneret. Nunc bene collocatam a me mortem meam existimo, quae in tales manus posita sit. Et credo insuper, si desiderio meo non contingat votorum suorum sine potiri hac duce et magistra, in ea opis nihil amplius esse neque ipsam rerum naturam saluti meae consulere iam posse. Quid vobis videtur, Semproni et Parmeno? Quid amplius cogitari poterat? Alia ne talis mulier muliere umquam prognata est?

CEL. Ne inhibeas orationem meam, domine, patere me eloqui, iam dies it in noctem, iam nocti, qui malum facit abhorret claritatem et domum me meam referens potero *malo aliquo occursu* laedi.

CAL. Quid, quid? Non satis mihi facium et famulorum erit ad te deducendam?

PAR. Sic, sic, ne quis virgunculae vim inferat. Tu cum illa ibis, Semproni, timet enim illa grillos qui sub noctem canunt.

CAL. Dicis aliquid, Parmeno, fili?

PAR. Domine, me et Sempronium videri aequum esse ut eam domum suam comitemur, iam enim obscura nox est.

CAL. Bene dixisti, sic facietis postea. Continua tu sermonem, mater, et dic amplius quid acciderit, quid respondebat cum orationem peteres?

CEL. Daturam prolixo animo, sponte ultro.

CAL. Sponte ultro? Deus optime, quam illustre donum. [pg. 106]

CEL. Verum plus ego petii.

CAL. Quid, mater mea honorabilissima?

CEL. Cingulum quo illa perpetuo cincta ire consuevit, persuadendo utile esse illud curando dolori tuo, quippe quod multas reliquias attigisset.

CAL. Igitur quid ad hoc illa?

CEL. Da mihi evangelium, dicam tibi.

CAL. O per Deum, sume totam istam domum, cape omnia quae in illa sunt et hoc mihi dic vel opta quid cupias.

CEL. Vicem palii unius quo tu vetulam tuam munerabere, dabo tibi in manus tuas illud ipsum quod corpus illius tanto tempore cinxit.

CAL. Quid de pallio dicis? Pallium et tunicam et omnia cum illis mea.

CEL. Pallio opus habeo et hoc nunc contenta ero, ne effundas te amplius, ne ponas in audacium meam petendi suspicionem malam. Vere apud vulgum dicitur, speciem negationis esse multa offerre illi qui pauca petat.

CAL. Curre Parmeno sartorem meum accerse, extemplo huic pallium et tunicam de optimo panno rasili conficiat.

PAR. Sic, sic perge, omnia vetulae, quoniam mendaciis onusta advenit ut apis. Me vero vi emo huc adiget. Hoc illa totum hodiernum diem ambagibus tantis quaesivit.

CAL. Quid mali genii hunc hominem quatit? Nemo est tam molestis et iniuriis famulis herus ullibi atque ego sum, qui alam hic servos divinatores, relatratores, inimicos bonis meis. Quid murmuras, asine? Invidiose, quid dicis? Abi illico quo te iussi, ne me commoveas, satis malorum iam patior ut plane peream. Non minus de eodem panno tibi de vestimento prospicietur.

PAR. Nil dico aliud, domine, quam iam tardius factum esse quam ut sartor commode adesse possit.

CAL. Non dico ego verum divinare te? Differatur ergo in crastinum. [pg. 107] Tu, domina, si me amas, dilationem hanc aequo animo feras. Non aufertur quod differas, interim ostende mihi pulcherrimum et felicissimum illud cingulum, quod digno ambitu illa membra circumplecti potuit. Fruantur oculi cum universis caeteris sensibus meis huius contemplatione iunctim, quoniam iunctim etiam omnes tam immanes hactenus dolores sustinuerunt. Fruatur gaudio afflictum cor meum, illud cor meum quod nullo momento non tristissimum fuit ex quo primum istam puellam cognovit. Omnes sensus mei huc concurrebant, cum onere pro se quisque dolorum et laborum non parvo, singuli istud lancinabant ut maxime poterant, oculi videndo illam, aures audiendo, manus tangendo.

CEL. Dicis te illam attigisse? Magnopere me stupefecisti.

CAL. In somnis dico.

CEL. In somnis?

CAL. Per somnum illam tot noctibus video ut metum habeam ne mihi contingat quod *Alcibiadi quondam*, cui videbatur per soporem involutum sese esse pallio amicae suae et sequente die interfectus non reperit qui de publico tolleret tegeretve praeter illam, quae pallio suo id demum fecit. Verum sive vivente sive mortuo gratissimum mihi erit vestitu ipsius tegi posse.

CEL. Satis malorum exantlasti, siquidem cum alii quiescunt, tu praeparas etiam in lecto tibi dolorem, sequenti die illo te induturus. Cape animum domine, neminem Deus ideo fecit ut in mala fortuna destitueret. Da spatium desiderio tuo, accipe cingulum hoc, quod si vivo ego nec intermorior, brevi tibi dominam quoque huius in manum dabo.

CAL. O insperate hospes, o cingulum fortunatissimum, quod tantum in te dignitatis habuisti ut amplecti corpus illud potueris, cui ego servilia omnia praestare indignus sum. O nodi tormentorum meorum, vos constrinxistis hoc modo desideria et vota mea. Dicite mihi, an praesentes adfuistis [pg. 108] ad infelicem illam responsionem eius cui vos servitis, quam ego adoro et, quamquam laborum diurnorum et nocturnorum nihil omittam, nil proficio ut favorem eius teneam?

CEL. Vetus dictum est: qui minus contente quaerit saepe bonorum amplius invenit. Ego vero diligentia mea consequi te faciam quod socordia tua nequaquam tibi dedisset. Consolare animum tuum, domine, *unius horae spatio nulla* magnifica res umquam confecta est, nulla urbs capta, nec in hoc duelli est lex posita.

CAL. O infelicitatem meam. Urbium moenia saxis condita et munita sunt, saxis post saxa demoliuntur, urbes capiuntur. Haec autem domina cupidinis mei cor chalybe factum habet, non est opis in alio metallo ad hoc edomandum, non est ictus tormentorum qui hoc rumpat. Igitur applicate scalas muro eius. Oculos illa habet quibus sagittarum vim emittit, linguam ad tela conviciorum et repulsas, tam situ munita est ut ad aliquod millia passuum eam accedere nulla obsidio possit.

CEL. Tace, domine, unius hominis felix audacia Troiam cepit, ne despondeas animum. Non est mulieri mulier ulla insuperabilis. Parum domum meam frequentasti, nescis quantum ego valeam.

CAL. Omnibus quae dices, domina, fidem habebo, quoniam hunc talem thesaurum potestati meae tradidisti. O mea Gloria, o cingulum divinae illius cincturae. Ego te video, ego videre te non credo. O cingulum, cingulum, fuisti tu mihi inimicum? Dic mihi. Certe si fuisti, ignosco tibi. Bonorum hominum proprium est ignoscere. Non credo istud. Si enim contra me fuisses, non venisses in ditionem meam tam quidem facile. Excipio si forte excusationi tuae huc venisti. Adiuro [pg. 109] te respondeas, per virtutem incomparabilis illius imperii quod domina tua in me habet.

CEL. Omitte iam aliquando sortilegia ista, domine. Fatigata sum auscultare tibi, cingulum autem tractando istis modis medium rumpes.

CAL. O miserum me, si pari me tecum felicitate superi mactassent, de brachiis meis texi et componi tu debebas, neque serico quali nunc es, ut sic gauderent illa perpetuo amplecti et cingere illam cum conveniente reverentia, illa membra quae tu sine sensu voluptatis semper complexa tenuisti. O quam secretim saepe excellentissimam illam speciem contemplari potuisti.

CEL. Amplius tu contemplabere certe et cum meliori delectatione si non te ipsum tibi perdes his quibus nunc modis loquendo.

CAL. Tace, domina, nobis invicem optime convenit. O oculi mei, reminiscimini quo pacto causa fueritis et fenestra illa per quam cor meum transfixum est, idem auctor damni dati putetur qui causam daturo dedit. Revocate in memoriam vobis quod salutem mihi meam debeatis, videte ut medicina mali a vobis oriundi domum nostram sistatur.

SEM. Dum tu cingulo te delectas, domine, oblivisceris amorum Melibaeae.

CAL. Quid, amentissime hominum, impeditor solatiorum meorum, quid vis, quid est negotii?

SEM. Multum loquendo occidis te simul et auditores tuarum querelarum, sic amittes pariter et sensum et vitam. Quicquid huius erit, poteris usque in noctem imminentem diffindere. Pone finem dictis tuis et audi iam quae Celestina dicere parat.

CAL. Molestus tibi, mater, eram longis meis questibus vel ebriacus est iste homo?

CEL. Ut neutrum horum sit, debebas tu tamen iam modum ponere longis tuis sermonibus. [pg. 110] Habe cingulum pro cingulo ut noris sermonem sermone distinguere cum Melibaea proxime alloqueris. Linguam tuam doce non deberi parem honorem vestimento et dominae eius.

CAL. O domina, o mater mea, consolatrix mea, sine me gaudio meo frui cum isto felicitatis meae legato. O lingua mea, cur impedis te aliis dictis? Cur deficis adorare praesentem huius excellentiam quam fieri poterit ut numquam posthac in potestate tua videas? O manus meae, quam parva cum reverentia, quam magna cum audacia tenetis et attrectatis theriacam salutiferam morbo meo. Iam non poterunt nocere herbae quas involutas acutiis suis ictibus habebat saeva illa pharetra. Securus salutis sum, curante eo vulnera qui fecit. O tu domina, ornamentum omnium tuae aetatis mulierum, gaudium iuvenum, salus aegrotorum, qualis ego sum, non me infirmiorem facias timore tuo quam pudor me meus esse iubet. Solve et remitte fraena contemplationi meae, sine me cum thesauro hoc meo foras in publicum prosilire, ut omnes, qui me viderent, norint, feliciorem nusquam esse hominem quam sim ego.

SEM. Non exulceres vulnus tuum, onerando plagam ardentioribus flammis. Non est solum hoc cingulum a quo pendet ratio salutis tuae.

CAL. Optime hoc novi, verum non possum attinere me quin adorem tam eximium dominae meae favorem.

CEL. Favorem? Ille favor verus est qui sponte cuipiam offertur. Nosti hoc tibi non alio nomine quam pietatis obtigisse ut dentium dolori tuo remedium veniret, scilicet, non certe tuo, amoris vulnera ut per hoc sanentur. Sed si vivo, illa vertet folium.

CAL. Et orationem?

CEL. Nondum eam accepi.

CAL. Quis moratur?

CEL. Brevitas temporis; itaque conclusum [pg. 111] est si dolores tui interea non remitterent, mane adeam tibi ferendam, reverterer.

CAL. Remittere? Tum dolores mei remittent cum illa crudelitatem suam.

CEL. Sufficiant haec, domine, satis pro tempore et dictorum et factorum est, obligata illa est, uti re ipsa demonstravit, ad facienda omnia quae pro infirmitatis cura tuae ipsa poterit et ego petiero. Vide an non satis haec sint pro primo congressu. Ego iam discedo. Memento si cras domo prodieris, splenio faciem tegere ne, si forte fortuna illa te viderit, mendacii me arguere possit.

CAL. Quattuor quidem ipsis tui causa. Sed dic mihi, per Deum, quid ultra dixit? Maior desiderio audiendi voces suavissimo illo osculo proditas. Quomodo tam audax fuisti ut, antequam notam te haberet, tam familiarem te introeundo et rogando faceres?

CEL. Antequam notam haberem? Quattuor annis vicinae meae fuerunt domui, conversabar cum illis, confabulabar, arridebam tam die quam nocte. Melius me novit mater ipsius quam ungues digitosque suos, quamvis Melibaea interibi increverit mulier generosa, sapiens, civilis.

PAR. Audi, Semproni, quod in aurem tibi dicturus sum.

SEM. Quid vis, dic.

PAR. Attenta auscultatio Celestinae materiam dat hero nostro ut sermonem in immensum extrahat. Applica te illi, pulsa illam pede, faciamus illi signa ne exspectet amplius, potius uti domum eat, non est enim homo natus tam fatuus qui solus secum tanta loquatur.

CAL. Generosam, dicis, domina, esse Melibaeam? Videris per ludum hoc extulisse. Habetne parem huic universa rerum natura? Creavit Deus corpus aliud tantae felicitatis? Poterit talis forma, talis indoles pingi, exemplum summum speciositatis? [pg. 112] Si in vivis iam foret Helena, cuius causa tot millia Graecorum mortem obierunt tot occisi sunt Troiani, aut formosa Polyxena, omnes servas se addicerent dominae meae, cuius ego causa talia patior. Si illa praesens fuisset litigio trium dearum propter aureum malum, numquam inter eas Discordiae nomen auditum fuisset, quippe absque controversia ulla omnes consensu affirmassent ad neminem donum illud quam Melibaeam pertinere et sic pomum Concordiae appellatum fuisset. Nostro tempore omnes feminae quae illam viderint, maledicunt sese, incusant deos quod nemini illarum haec dona tribuerit quae Melibaeae, consumunt plorando dies suos, exedunt carnem suam invidia, diris se torminibus excruciant sperando fucis et coloribus aliisque artificiis par decus isti quod absque omni labore natura huic dedit indipisci. Aliae vellunt supercilia sua forcipibus, eadem ungunt unguentis capillos producentibus, depilant, revestiunt. Aliae quaerunt auricolores herbas, radices, frutices, flores, faciendis lixiviis ut caesariei istius similem suam quaeque conficiat, vultuum formas cogunt, componunt, variis coloribus exornant, lavant, ungunt, poliunt, comunt, candidant, purpurant, nihil sibi reliqui faciunt ut laudatissimae huic formae exeant quam similimae. Quae cum ita sese habeant, considera an mereatur coli ab homine tam infortunato, tam tristi, quam ego sum.

CEL. Optime percipio quid velis, Semproni. Sine illum, ipsa iam mala sua decidet et finem faciet.

CAL. In hac tota natura sese conspicuam videt, omnes suas elegantias et ornamenta insumpsit ut istam perfectissimam conficeret. Quicquid gratiarum singulis caeteris divisim contulit et per partes, [pg. 113] omne iunctim huic donavit et rescripsit tenendum, huc omnes convenerunt charites quam maxime venustas se facere potuerunt, omnia sua decora conferentes et velut in theatro spectatoribus se iudicandas offerentes ut omnibus daretur laudare divinitatem in ornamentis tam eximii operis. Solum paulum aliquid aquae fontanae cum pectine eburneo sufficit ornatiorem et venustiorem

Melibaeam facere omnibus puellarum choris. Haec sunt arma ipsius, his vincit et perimit, his mancupio me sibi captivum duxit, his me colligavit et catena vinctum attinet.

CEL. Tace iam, ne te defatiges amplius. Lima illa quam ego habeo acutior est quam fortior tua illa catena, quae te vinctum cruciat. Ego rumpam hanc illius ope ut in libertatem tu pristinam revertaris. Quapropter da veniam mihi tandem discessurae, nox iam imminet, da et cingulum illud mecum ferre, nosti enim opus mihi eo esse.

CAL. O infortunatam me, o inconsolabilem, adversa me sors per omnia sequitur. Aut tecum aut cum cingulo aut cum utroque aut cum altero eo esse longam hanc et tenebrosam noctem volebam. Verum cum tormentis meis infortunio meo nondum satisfecerim hoc vivendi ordine, veniat integra solitudo in partes. Heus vos servi.

PAR. Here.

CAL. Comitamini matronam istam et deducite usque domum suam, eant cum ea tantae voluptas et hilaritas quantae tristities et solitudo mecum manent.

CEL. Sit, domine, Deus tecum. Cras redibo, huc convenient pallium meum et responsio Melibaeae quoniam hodie neutri satis temporis fuit. Solare animum ut potes, domine, impera patientiam tibi et interea alias res cogita.

CAL. Minime isthuc. [pg. 114] Scelus enim sit eius oblivisci cuius unius gratia vita mihi mea non displicet.

ACTUS VII

ARGUMENTUM

Celestina sermonem cum Parmenone iungit inductura illum in concordiam et amicitiam Sempronii. Revocat illi Parmeno in memoriam factam sibi promissionem facturam illam sese compotem Areusae, quam Parmeno deperibat. Veniunt domum Areusae, Parmeno inibi pernoctat, Celestina ad se redit, pultat ostium. Elicia aperit, increpat Celestinam tardi reditus.

CELESTINA, PARMENO, AREUSA, ELICIA.

CEL. *Fili Parmeno*, post proximum colloquium inter nos habitum nulla se mihi temporis opportunitas obtulit ut dicere et ostendere tibi, quod volui semper, potuerim insignem amorem quem tibi porto et quo pacto de te semper et erga omnes, tam praesente quam absente, optima quaeque locuta fuerim. Rationi non est consentaneum neque usus exposcit repetere illa omnia, quomodo te puerum mihi servitum traditum, filii loco habuerim ad minimum instar adoptivi in familiam meam, dilexerim, foverim, ornaverim. Spes me quidem ex eo tempore semper habuit paria te aliquando mecum facturum et insitivum illum amorem pro naturali aequo affectu redhostituturum. Nunc tu mihi pretium operae meae bonae malum reponis, vitilitigando omnes sermones meos, [pg. 115] omnia dicta reprehendendo, pro male sentientibus omnia traducendo, nihil non murmurationibus et dubiis susurris, moliendo ut suspectam et invisam praesenti et audienti tuas oblocutiones Callistoni facias. Confidebam quidem contemptis his omnibus, postquam semel consilia te mea rata habiturum et iis obtemperaturum conspondisti, te retro viam non institurum. Tamen cum magno dolore meo intelligere adigor manere apud te odiorum reliquias vanas, loquentem ex inimicitia magis quam ratione et rerum dignitate, ita proicis lucrum quod ex negotio praesente ad te spectabat ut linguae petulantiae satisfacias. Audi nunc me, si ante numquam audivisti, et vide decrepitae aetatis me esse, quales annos sapientia consiliandi omnibus commendat, iuventutis contra propria est voluptas et delectatio. Optime credo erroris tui culpam penes solam adolescentem aetatem tuam esse et confido Deo meliorem te mihi futurum imposterum mutaturumque cum teneris annis propositi absurditatem. Ut dicitur vulgo, *mutari mores cum capillis*. Dico fili, increscendo et quottidie novas res conspicando, adolescentia enim in solis praesentibus sese impeditam tenet, videt et miratur solum quae oculis obiecta sunt. Matura contra aetas non relinquit quidem illa aut contemnit praesentia sed simul tamen et praeterita considerat et futura pro copia prospicit. Si memoria tenes, Parmeno fili, amorem illum quo praeteritis annis te prosecuta sum, recordabere primum tibi hospitium, cum in hanc civitatem venisti, meae domi paratum fuisse. Verum adolescentes vos curam senum nullam habetis, rerum pretia ad palati vestri gustum aestimatis, numquam vobis usum seniorum [pg. 116] venturum arbitramini, numquam cogitatis aegritudines infirmitates, numquam defuturum illum vobis aetatulae florem timere potestis. Igitur expende, amice tu, quod propter supervenientes aliquando tales casus optimum sit confugium amicitiam cum tali vetula servata, quae loco verae amicae sit, sit vicem matris, immo amplius aliquando quam mater, bonum diversorum ad deponendos animi angores, bonum hospitium ad sanandas aegrimonias, bonus thesaurus ad subitam egestatem, optima arca ad recondendas divitias dum fortunae favor manet, bonus focus ad hyemis violentiam paratus ad omnia necessaria, bona umbra ad aestivos calores, bonus secessus ad pastum et voluptatem. Quid dices, fatuelle, ad haec omnia? Bene equidem scio confusum te animi esse propter ea quae hodie effutivisti. Ego vero nil amplius ex te posco quam ut quae male egisti eorum poenitentiam habeas et postea vitam tuam emendes, quae duo Deus ipse sola poscit a peccatoribus. Vide Sempronium, ego post Deum hominem et virum eum feci, quam vellem essetis inter vos ut germani fratres. Eius quippe amicitia bene utens, frueris omnium aliorum conversatione feliciter, ipsius etiam heri tui. Vide quam ille acceptus est omnibus, diligens, aperti pectoris, candidus, servus gratiosus, cupit amicitiam tecum iungere, accrescet pariter amborum emolumentum cum manum alter alteri praebebit, nosti ipse *amare te debere si amari velis*. Stultitia es amari velle, amare abnuere. Summa amentia compensare benevolentiam odiis cupere.

PAR. Secundum hunc errorem meum tibi, mater, confiteor et, cum ignoveris praeterita, futura tuo lubitu disponas. Verum illud cum [pg. 117] Sempronio factu impossibile mihi videtur servare amicitiam. Ille est irritabilis, ego ferre et pati nihil volo et possum, concilia hos mihi amicos.

CEL. At non haec erat naturae aut ingenii tui conditio.

PAR. Per fidem quo magis anni se subiecerunt, eo magis imminuta est mihi patientia. Non sum nunc qui olim eram. Et praeterea Sempronius nihil habet unde commodi aliquid ego sperare possim.

CEL. Amicus certus incertis rebus cernitur, in adversitatibus probatur, tum ille adest cum caeteri aufugiunt, cum maiori quam alias quascumque domos eam desiderio visitatum venit quam fortuna destituit. Quid tibi, fili, dicam de virtutibus et pretio boni amici? Non est res amore dignior neque inventu rarior. Nullum onus subfugit aut recusat. Vos similes aequalesque estis, paritas morum et affectuum similitudo sunt illa quae amicitiam sustinent. Vide, fili mi, si aliquid industria tua lucri ad te venerit, iam tibi hoc in tuto est, noris tu parare amplius. Illud labore tuo tibi peperisti, hoc iam tibi paratum invenis. Bene sit patri illi qui hereditatem hanc tibi reliquit. Non poteris maiore compendio ad quietam te vitam componere, sic annos tuos in bonam aetatem senectuti sistes.

PAR. Quid vocas quietam vitam, mater?

CEL. Fili, ut tibi tu vivere possis, non habeas opus discurrere per domos alienas, qualem tu vitam perpetuo velut ei damnatus vives dum servitio tuo uti non poteris. Miseratione tui, cum viderem te seminudum ruptis laciniis incedere, petivi ego hodie abs hero tuo palleum ut, cum sartor praesens adesset, tu vero sine tunica adstares, ille indidem tibi aliquam comparari iuberet. Sic ego non mei solius commodi, quod obmurmerare te intelligebam sed et [pg. 118] tui gratia hoc molita sum. Tu quidem, quantumvis bonae frugi sis, si ordinariam tuam mercedem solam ab his talibus exspectaveris, decem annorum pretia una manica inclusa auferre poteris. Frure flore annorum tuorum, fac bonam noctem boni dies sequantur, ede laute et bibe cum potes, cum gratum est, nullo talium te defraudes, pereat quod perire tendit, ne plora tu propter bona quae hero tuo hereditate oblata sunt, hoc est omne quod de hoc mundo feres, amplius nihil in vita, posthac omnino hihil habiturus est. O fili Parmeno, ut optime te tali nomine compellare possum quoniam tanto tempore te educavi, placeat tibi consilium meum, cuius unicus scopus est puro affectu videre te aliquo loco honesto honorabilem. O quam felicem me censerem si tu et Sempronius concordi animo essetis, boni amici, fratres germani per omnia, si viderem vos iunctis animis et gressibus ad pauperculam quamlibet meam casam gavisum, recreatum animos vestros venire. Ita pulchre me visitatum veniretis, pulchre etiam animis taedia laborum eximeretis fruendo sua quisque puella.

PAR. Puella, mater mea?

CEL. Certe puella sua quemque fruiturum dico, satis vetularum in me una domi meae est. Puellas dico qualem Sempronius apud me suam habet, quamquam non tam ille mihi carus sit quam tu es, cum quo, ubi loquor, gestit cor ipsum mihi pectore exsilire.

PAR. Ne fallaris animi, domina.

CEL. Etsi maxime fallar, non me excruciabo multum, pietatis etiam titulo hoc omne excusare possum, Deum propitium habebo cum tuas res curabo quem solum in alieno hic solo vivere video. Et magis etiam moveor pietate erga ossa defunctae illius [pg. 119] quae moriens te mihi tantopere commendavit ut tibi adsim, ut mea ope virilem aetatem commodo tuo ordiare et vero intellectu tibi adesse valeas. Sic dices aliquando, bene sit ossibus vetulae bonae Celestinae, quae optime consulebat mihi.

PAR. Et ita certe nunc etiam existimo, quamquam minor annis adhuc. Sic, quamvis hodie non e re tua loquentem me audiveris, non hoc ideo fiebat quod malum mihi videretur quicquam tuorum gestorum, verum quod viderem ego certa omnia me domino meo suadere, illum autem malam mihi gratiam reddere. Verum abhinc persequamur illum pariter; strenue tu machinas tuas admove, artibus tuis utere, mihi certum est tacere. Iam tum impegi pedem, non credens tibi in isto cum illo negotio.

CEL. Et in hoc impegisti et impinges in aliis donec omnino cades usque dum toto animo consilia mea sequeris, quae vere tui amante mente oriunda sunt.

PAR. Iam optime me collocasse illud temporis agnosco quo tibi servivi puerili aetate mea, cum tantum inde fructuum metam virili meo statui proximus. Et supplicabo Deo pro felicitate animae patris mei quod talem mihi tutricem reliquit, pariter et matris meae quae tali me mulieri moriens commendatam tradidit.

CEL. Ne istam mihi nomines, fili, illico se oculi mei lacrymis involvunt. Et habui ego in hac vitam alteram talem amicam, aliam talem sodalem, allevatricem [67] omnium malorum et dolorum meorum? Quae defectus meos supplebat, quae secreta omnia mea norat, cui intimas curas pectoris mei aperiebam, in qua una omne bonum meum et delectatio vertebatur quam matrem tuam? [pg. 120] O quam illa gratiis plena erat, quam ad omnia versabilis. Puro animo, candida, virili confidentia, tam facili animo, tam securo sine omni timore media nocte ambulabat de cemiterio in cemiterium quaerens quae nostro officio commoda erant. Non praeteribat ullos Christianos, Mahumetanos, Iudaeos quorum sepulcreta non visitaret. De die ea speculabatur, de nocte effodiebat, tam amica erat obscurae nocti quam tu clarae diei. Dicebat hanc esse pallium peccatorum. Porro omnibus caeteris suis gratiis non erat invida aut parca sed neque ullo astu utebatur per omnia sua officia. Unam tibi rem narrabo unde videas qualem matrem amiseris, quamvis silere sit melius. Tibi tamen et haec et alia talia aperire quid vetat? Septem dentes exemerat uni cruciario forcipe quadam crinali dum ego calceos eidem exuo. Porro ad coniurandos malos daemonas circulum intrare melior me ipsa erat, quamquam ego tum non paulo quam nunc meliore talium fama eram, ita propter peccata mea omnia post mortem ipsius oblita sum. Quid amplius vis? Ipsi mali daemones eam metuebant, tremere et horrere et stupere eos [68] cogebat horrendis vocibus quibus appellabat. Tum illis nota erat quam tu domi vestrae, cum convocaret eosdem, praecipites alius super alium advoluti aderant nec audebant mentiri ei quali illos violentia tractare noverat. Postquam illam amisi, nihil veri ab iis exprimere potui.

PAR. Non magis propitius Deus sit huic vetulae quam illa honoris mei gratia haec recenset et ego libenter audio.

CEL. Quid dicis, honorabilis fili mi Parmeno et amplius quam fili?

PAR. Dico mirari me quomodo in talibus potior te mater mea fue-

---

[67] "allevatricem" is a feminine form for "allevator" created by Barth.
[68] Reads "nos."

rit. Verbane illius maiorem vim tuis [pg. 121] habebant, cum tamen eadem fuerint amborum?

CEL. Quid? Et hoc mirum tibi videtur? Nescis quid vulgo dicatur hominem ab homine immane quantum differre? Illam qua ea gratia dotata erat non omnibus datur adipisci. Non observasti in quibuslibet officiis alios bonos, alios meliores? Harum erat mater tua, quam Deus habeat, summa in nostro censu. Pro tali omnes mortales illam agnoscebant, venerabantur tam nobilitas quam clerus, coniugati, soluti, celibes, vidui, adolescentes, pueri tantam eius sapientiam noverant. Praecipue virgines et puellae omnis generis Deo pro salute eius vota faciebant non minus quam parentum suorum. Cum omnibus aliquid negotii habebat, cum omnibus sermocinabatur. Si quando per publicum incederemus, quotquot obviam nobis erant, alumni illius erant, obstetricata enim fuerat sexdecim totos annos. Sic, quamquam tu ob tenerrimam aetatem secretorum illius particeps non fueris tum, nosse te tamen nunc, viro proximum, decet qualem matrem habueris, cum illa iam apud plures sit, tu, ut dictum, aetate iam prope virili.

PAR. Dic mihi, bona domina, cum *iustitia apprehendi te* iuberet, tum me domi tuae serviente, eratis iam dum amicae vos?

CEL. Certe eramus, quamquam tu velut illusioni meae haec dixeris. Iunctim talia faciebamus, iunctas nos carceri mandaverunt, iunctas accusarunt, ambas simul poenae publicae subiecerunt, illa quidem vice, quam primam ego fuisse puto. Verum tu tum temporis, valde adhuc puer eras, miror te meminisse huius rei, cum vix sit alius tota civitate qui non oblitus iam sit. Et hi casus sunt mundanarum rerum, singulis diebus videas qui peccet et luat si in istas nundinas [pg. 122] procedere velis.

PAR. Verum est sed inter peccata pessimum est perseverantia, nam, velut primi animi motus non sunt in potestate mortalium, sic ubi primum mali quid admiseris, uti corrigas nec iteres, ratio tibi data est.

CEL. Tetigisti me, domine fatue, in veritatis nos negotio iam versamur. Exspecta ergo, tangam te vicissim ubi ulcus est.

PAR. Quid dicis, mater?

CEL. Dico, fili, quod praeter istam vicem quater etiam comprensa est mater tua sola, quae cum Deo iam sit. Semel etiam ducta est pro venefica maga, noctu enim offenderunt illam cum candelis minutis legentem terram de trivio quodam et medio meridie publico foro scalas infamiae illam scandere cogerunt, caput ornantes quodam quasi papyraceo pileo mirificis formis picto. Sed hoc nihil erat. *Necesse est aliquid pati* mortales in tristi hac vita ut honorem et vitam suam sustinere possint. Et vide quam hoc illa nihili faciebat, prudentia illa sua solita, nec enim vel tantillum postea de officii sui prosecutione remisit. Hoc ideo tibi narrare volui quia de perseverantia in malis factis tam pulchre modo philosophatus es. In omnibus rebus gratiae illam suae comitabantur, Deum et conscientiam meam attestari possum, cum in scalis illis staret, apparebat facile omnes illam circumstantes ne unius quidem oboli facere nec tantilli illam aestimare tot hominum opinionem, uti constantes et praesentes gestus ipsius demonstrabat. Porro illos mortalium qui meliora et plura caeteris norunt maiorisque indolis sunt et ingenii promptioris, uti ista mater tua, certum est facilius errare omnibus caeteris. Videris quanti nominis ob sapientiam fuerit *Virgilius*, notum tamen habes quo pacto in scorteo fisco turre suspensum, [pg. 123] tota Roma conspexerit. Huius vero gratia non desinit ille esse in omnium admiratione neque Virgilium propterea quisquam ignorat.

PAR. Verum est quod dicis, istud vero nostrum per *iustitiam*[69] factum est.

CEL. Tace, stupide, parum nosti de rebus Christianismi et quanto melius est per iustitiam haec pati quam alio quovis pacto. Melius hoc norat parochus noster, qui matrem tuam consolaturus ipsi dixit in sacris litteris scriptum teneri felicissimos illos esse qui persecutionem propter iustitiam paterentur et quod iidem possessuri sint regnum caeleste. Vide quanti faciendum sit in vitae huius cursu tale quid cuipiam contingere, cum praemii loco proposita sit aeterna gloria. Praecipue accedente illo quod tum omnibus in ore erat, illa vice summa iniuria falsis testibus victam, diritate tormentorum coactam, confessam bonam matrem tuam quod minime admisisset. Sed illa sua insigni constantia utque ea quae forti animo talia ferre consueverat, omnia faciebat leviora quam censerent omnes. Amplius millies eam dicentem audivi, si pedem fregero, bono meo fregero, sic enim notior ero quam umquam antea. Et nunc, cum om-

---

[69] "iustitiam" is italicized but it is not commented on in the translation notes. The italics are probably due to what Barth writes in his prologue about his decision to use the Latin word "iustitia" to indicate all the aspects of the judicial process, including its officers. See D29, pg. 397.

nia ista mater tua in hac vita passa sit, credere debemus in altera Deum isti maiora ob haec bona largiturum, siquidem verum est quod parochus noster dixit. Et hoc eodem ego quoque infortunia mea solari soleo. Sis tu mihi deinceps, Parmeno, vere amicus, ut fuit ista mater tua, habes huius exemplum quod per omnia sequare. Nam quae pater tuus tibi reliquit ea iam dum *summa securitate, nullo timore,* tenes.

PAR. Mittamus iam mortuos et hereditates, fabulemur de praesentibus negotiis, quae magis ex re nostra sunt quam eorum memoriam reducere qui iam humanis exempti abierunt. [pg. 124] Subveniet recordationi tuae, mater, promissio non ita dudum mihi facta potiturum ope tua Areusa, cum domi nostrae tibi narrassem quantopere illam amarem.

CEL. Si promisi tibi quippiam, noveris oblitam nondum esse neque censeas cum annis me perdidisse etiam memoriam. Plus iam tricies, te etiam absente, intra me pupugi nemet[70] huius tui voti gratia. Iam puto satis maturuisse negotium. Eamus illico de via domum eius, non elabetur, deprehendemus, obtinebimus, ut volumus, illam. Hoc minimum officiorum puta quod praestare tibi velim, Parmeno.

PAR. Iam ego desperabam potiri posse, numquam enim cum illa concludere quicquam datum est, saltim ut maneret me et verba amantis auribus admitteret. Et metuo veritatem dicti vulgaris, malum indicium amoris esse vultum avertere et fugere. Sentiebam magnam causam desperandi apud animum meum hac eius incivilitate.

CEL. Non magni ego facio desperationem tuam dum me nondum totam noris uti nunc etiam qui in potestate et ad mandatum tuum promptam habeas tantam talium artificem. Porro iam experiere quanti meo nomine valebis, quam mihi morigerae illae sint, quantum ego in conficiendis amoris negotiis possim. I silentio, hic ostium eius vides, intremus placide, non sentiant nos vicini, exspecta tu hic inferius ad scalas, ego adscendam, visura utrum facta promissis meis aequare possim, fortassis amplius inveniemus quam vel ego vel tu credere potuerimus.[71]

ARE. Quis ambulat isthic? Quis in cubiculum meum isthoc noctis adscendere audet?

---

[70] "nemet" is not a Latin form. It seems to be a form of the German "nehmen." It is probably a marginal remark that Barth wrote for the Spanish word "xaque" and that somehow ended up in the printed version. See note 41 above.

[71] In the Plantin edition there is a line break that is missing here.

CEL. Quae certe malum tibi non quaerit, quae pedem numquam ponit quin commodi tibi aliquid facere studeat, quae saepius tui quam [pg. 125] ipsius sui memor est. Amatrix una de tuis, licet vetula.

ARE. Malus daemon male illam vetulam quamcumque excipiat. Quid quaerit larva ista noctambula istic hoc noctis? Mater domina, quid bonum tam tardo tempore huc venis? Iam exuebam me ut cubitum darem.

CEL. Cum gallinis, filia? *Sic ditescis tu quidem, sic res* tuae ferunt, alii sunt qui de paupertate quaerantur, non tu. Talem vitam optet qui volet.

ARE. Iesu, mater, redibo ut vestem resumam, frigus iam me male habet.

CEL. Non facies, per vitam meam, depone te potius in lectum istum, ita poterimus pulchre colloqui.

ARE. Sic bene mihi sit, opus certe hoc habeo, quae totam hodiernam diem non satis composite fui. Sic necessitas magis quam ignavia faciet me pro tempore capere *lupinos pro nummis.*

CEL. Melius utique accubabis sic quam assidebis. Subduc etiam istam tunicam corpore ut tota conspici possis. Vah *quam suaviter tunicae tuae olent dum commovisti te.* Certe aptissime omnia te decent. Semper facta et res tuae mihi prae caeteris placuerunt, tum nitiditas tua et ornatus studium. Iam frigidiuscula facta es. Deus tibi benefaciat. Qualis vestis stragula, qualia tapetia, qualis lecti pulvilli, qualis omnium candor et polities. Tam bene sit senectuti meae quam ista omnia mihi placent. Margarita aurea, videas an tibi bene velit qui tali tempore te visitatum venit. Sine totam te conspicer, contemplor ut cupio, certe magnopere me delectat.

ARE. Paululum abscede mater, ne propius venias, facis blandis tuis tactiunculis ut rideam, risu autem poterit ut increscat dolor.

CEL. Quis dolor, amores mei? Iocari certe mecum libet.

ARE. Male sit mihi si per iocum dico. Amplius quattuor horis dolore matricis [pg. 126] paene morior, iam illa pectus meum adscendit, interficiet me certe. Non ego aliud morbi habeo neque tam atrox uti tu fortasse suspicaris.

CEL. Sine ergo me tactu experiar, etenim et ego aliquid de hoc malo sensi, propter peccata mea. Cuilibet mulieri talis est matrix et ab illa punctiunculae.

ARE. Altius est ubi illam sentio, supra ventrem.

CEL. Benedicat te Deus et Archangelus Michael, et quam succulenta atque horridiuscula es, quale pectus, quam pulchra omnia. Formosam apud animum te hactenus meum arbitrata sum, videndo nihil praeterquam quod omnibus patet, nunc cum etiam secretiora vidi, affirmare ausim tota civitate ista non tria talia corpora esse quae ego quidem norim. Videris non amplius quindecim annorum esse. O si vir modo essem et tantum favoris abs te haberem ut tali te modo contemplari liceret. Per Deum enormiter peccas si non participas bona ista tuarum gratiarum benevolentibus tuis. Non enim ideo Deus tibi illa contulit ut in vanum obsolefierent isto quidem aetatis tuae flore sub centum istis linteaminum et tunicarum involucris. Vide avara ne sis eius quod minimi tibi constat, non recondas veneres tuas, venustas enim puellaris tam natura sui communicabilis est quam pecunia, non sis canis ille hortulani. Cum bonis tuis ipsamet uti frui non possis, sine fruantur alii qui possunt et cupiunt, ne sis invida. Non persuadeare frustra te in vitam hanc datam esse. Cum natus est vir, nata est etiam femina et vicissim. Nihil in hoc rerum theatro natura superfluum creavit, quodque singulari providentia et consideratione non exegerit. Considera etiam tu grande peccatum esse cruciare et torquere homines, cum possis [pg. 127] malis eorum opitulari.

ARE. Certe tecum sentio, mater. Iam vero neminem novi qui quid abs me petat. Da tu aliquid dolori mei remedium neque pergas illudere mihi et labiis aegram ductare.

CEL. Iste communis sexui nostro dolor est ob peccata nostra, huic etiam remedia fere omnes novimus. Quod fieri multis vidi quodque mihi semper bene fecit dicam tibi. Sed uti personarum inter homines diversae sunt qualitates, ita et medicinae non paribus effectibus censentur neque in quaelibet corpora iisdem successibus operantur. Omnis odor fortior et vehementior bene facit, ut de pulegio, ruta, thure, fumo de plumis perdicum, de rore marino, de nuce moscata, receptus summa cum diligentia iuvat et dolorem imminuit matricemque sensim in locum suum reducit. Verum una superest res quam ego semper meliorem et putavi et experta sum quam caeteras omnes, nolo vero eam tibi edicere quoniam tam puram atque castam te mihi facis.

ARE. Quid, per vitam meam, mater? Vides me male habentem et saluti meae non succurris?

CEL. Abi, optime me intelligis, ne te facias stupidam.

ARE. Iam, iam. Peream pessime si quid velles intellexerim. Quid ergo vis faciam? Scis heri eum hinc profectum esse amicum meum cum tribuno militum suo. Debeo aliquid sceleris illo absente committere?

CEL. Videas tu sed quid damni hoc faciet quidve sit sceleris?

ARE. Certe ego pro tali habuero. Ille mihi omnia quae opus sunt praehibet, honorat me, magni facit, tam comiter atque tanto obsequio diligit ac si domina vere ipsi essem.

CEL. Verum ut omne istud sic se habeat, *dum non paries*, non deseret te hic dolor ab ista quidem hora, cuius ille quidem tuus unica causa est. Quod si dolori non credis, crede colori et videbis quod mali tibi ferat unius solius istius consuetudo. [pg. 128]

ARE. Nihil equidem incusare habeo praeter infortunium meum, mala est maledictio, quam credo parentes meos in me posuisse. Non est iam tempus omnia ista qualia sint probandi. Sed omittamus ista, sero enim est et dic mihi quid boni te huc venire adegerit?

CEL. Nosti antea de Parmenone quid tibi dixerim. Quaeritur de te quod neque aspectu illum digneris, nescio qua de causa, nisi forte illa quod noris me illi bene cupere et filii loco haberi abs me. Quapropter ego aliter iam res tuas miror; mihi quidem propter te et vicinae tuae gratae sunt et gaudium capio tui causa quoties illas video, quod sciam tecum confabulari solere.

ARE. Ne erres, domina mater.

CEL. Nescio certe, operibus potius credo, verba quidem vana in vanum cadunt et apud quemcumque satis eorum prostat. Amor vero nisi vicario puro amore numquam redhostitur, opera pariter operibus. Nosti quae cognatio sit inter te et Eliciam, ista Sempronium iam tenet domi meae. Parmeno et Sempronius perpetui sodales sunt, serviunt illi domino quae tu nosti et cuius gratia tantum ad te emolumenti pervenire poterit. Non neges illi quod tam parvi tibi constat. Vos estis cognatae, illi sunt sodales. Vide quo pacto melior adsit fortuna quam sperare potuerimus. Adest hic, mecum huc venit, Parmeno, videbis an velis iubere adscendat.

ARE. Miseram me si sermones nostros audiverit.

CEL. Minime ille, infra moratur. Adscendere iubebo. Des illi tantum ut aspicias et colloquare et hilarem vultum exhibeas et siquidem talis videbitur, fruatur te tota, tu illo. Si quid ille lucrifecerit, tu nihil perdes hoc ludo.

ARE. Optime apud animum meum novi omnes tuas suasiones, omnia [pg. 129] consilia et quae modo in medium attulisti et quae antea mihi praebusti, non alium finem quam meum commodum petere. Sed quomodo poscis ut tale quid faciam, cum iam ex me audiveris, esse cui ego rationem reddere tenear? Si ille hoc facinus meum senserit, occidet me. Vicinia isthaec invidet mihi, illico resciscet omnia. *Neque tantum ego emolumenti capiam ubi* eum meum fecero quem tu mihi offers quam perdidero istum alterum amittendo.

CEL. Istis ego omnibus iam ante prospexi. Nemo nos animadvertit intro huc euntes.

ARE. Non dico istud huius noctis gratia sed aliarum sequentium plurimarum.

CEL. Quomodo? Et de his tu eras? Tali te modo tractari permittis? Numquam tu aliquid lauti peculii conficies. Absente illo tantopere timida es, quid faceres si in civitate adesset? Sic sors mea conciliata est, numquam cesso stupidis hominibus bonis consiliis adesse et tamen illi numquam sapere ut velint adigi possunt. Verum neque ista miror. Amplitudo magna est mundi, pauci experientes rerum. Ah, ah filia, si tibi esset sapientia cognatae tuae, cui tantopere profuit educatio et disciplina mea ut iam etiam magistram se venditare possit, numquam illa tamen castigari a me tenuit et quae nescit doceri. Gaudet illa habere in lecto unum, alterum ad portam amatores suos neque deest illi tertius qui domi suae illam suspiret. Omnibus illa satisfacit, omnes oculis ducit, vultum arridet. Singuli putant solos sese abs illa amari, alium esse neminem cui illa aeque bene cupiat, cuique videtur solum sese omnia quae opus habet illi sufficere, solum amorem mereri. Tu vero, cum uni iam alter accedat, metum habes ne asseres lecti tui te prodant? Una sola olla tuam culinam instruis? [pg. 130] Non multum ferculorum tibi erit, nolim ego de tuis reliquis victum quaerere. Numquam unus mihi placuit, numquam uni omnem affectum meum largita sum. Plus possunt duo, amplius etiam quattuor; plus habent, plus dant, plus occasionis est unde tuis rebus addere, illorum demere possis. Non est animal perdi facilius mure qui unum tantum cavi sui foramen novit, si illud obstrusum fuerit, non habet quo se abscondat persequente cato. Qui unum tantum oculum habet *vide quo periculo peregre eat.* Una anima sola neque cantat neque plorat, actio una non parat habitum, raro unum monachum solum obvium habebis. Miraculum est unam perdicem volantem absque socia videre, unum cibum quotidie praebitum praesens sequitur fastidium, una hirundo non facit vernum tempus, unus testis non facit solidam fidem. Qui unam tunicam solam habet cito illam atterit. Quid censes, filia, de isto numero unitatis? Plus absurditatum eius tibi demonstrabo quam anni sunt aetatis meae. Vide an malis duos, *quae societas est laudabilis*. Velut duas aures habes, duos pedes, duas manus, duo linteamina ad lectum sternendum et vestiendum, duo indusia, alterum semper elutum. Quod si amplius voles, melius hebebis. Certe quo plus captivorum, eo amplius pecuniae honor sine lucro non est aliud quam annulus in digito. *Et quoniam duos simul unus* saccus non capit, iunge tu de ambobus qua datur lucrum. Adscende, fili Parmeno.

ARE. Non adscendat, moriar molestia, non novi illum, semper pudorem illo viso habui.

CEL. Hic ego sum quae tibi fatuum pudorem illum eximam aut obtegam, ego loquar vicem amborum. Ipse non minus te quoque pudoris habet.

PAR. Domina, [pg. 131] Deus salutet gratiosam tuam praesentiam.

ARE. Bone vir, bene ad nos venias.

CEL. Applica te istuc, aselle, quid illic in angulum reduxisti te? Ne turbes animum, hominem pudentem nimis *malus daemon in palatium duxit*. Audite nunc ambo quae dictura vobis sum. Iam nosti tu, fili Parmeno, quid tibi nuper a me promissum sit, tu, filia, quid te modo rogarim. Omissa et seposita difficultate omni quam concessioni tuae iunxisti, paucis omnino verbis res transigenda est, cum tempus multa non admittat. Semper iste tui amoris gratia anxium animum habuit, multa passus est, nunc cum coram dolores eius videas, scio, nolis illum tui causa mori et iam dum cognovi eum tibi videri talem ut non indignus sit neque pro malo facto arbitrandum ut istam noctem hic domi tuae transigat.

ARE. Per meam vitam, mater, ne hoc ita facere animum inducat. Iesu, ne imperes mihi isthuc.

PAR. Mater mea, per amorem Numinis, ne mihi hinc abeundum sit absque bona negotii mei compositione, iam enim visa ea amore commorior. Offer illi omnia quae pater meus tuae fidei mihi exhibenda commisit. Dic daturam illi omnia quae mea sunt. Iam tibi dixi videri mihi etiam vultum illam a me avertere neque oculis dignari velle.

ARE. Quid tibi in aurem insusurrabit iste homo, mater? Putat nihil me eorum facturam quae tibi placere videro?

ACTUS VII

CEL. Non ait, istud, filia, verum quantopere amicitiam tuam expetat, cum sis puella tam honorabilis in quam omne genus beneficiorum pulchre collocetur. Accede propius istud pudentulae, ignave. Videre enim meis oculis volo quanti pretii sis priusquam hinc eam; reclina illam suaviter in lectum istum.

ARE. Non erit ille tam incivilis ut in vetitum sine permissione sese inferat.

CEL. Iam tu incivilitates et permissiones [pg. 132] loqueris? Non morabor ego isthic amplius. Ego cautionem dabo mane crastino te sine dolore, *illum sine rubore evigilaturum*. Verum uti est fortiusculus ad talia non crediderso posse illum tribus noctibus continuis latus rumpere. Tales gallos commendabant olim iuveni mihi medici patriae meae, cum adhuc sanis dentibus essem.

ARE. O domine mi, ne me tractes istis modis, tene rationem per civilitatis legem, respice canos illius honoratae matronae quae praesens est impudentiae tuae. Aufer te hinc, non sum ex illis quae publice prostant ad vendendum corporis usum pecuniam. Ita bene mihi sit ex aedibus profugium si, donec Celestina mater mea abierit, tunicam meam tetigeris.

CEL. Quid hoc rei est, Areusa? Quae sunt illae longe petitae et indignae obtestationes, hae novitates morum et refugia? Videtur tibi, filia, non nosse me quid hoc rei sit, non viderim alibi virum cum femina delicias facientes? Numquam me talia degustasse aut rudem eorum esse quae pro aetate tua tu expetis? Nesciam quid tali loco tali tempore transigatur, dicatur, fiat? Vae qui talia audiat qualia ego. Affirmo tibi tam me amatam et expetitam fuisse quam tu nunc expeteris atque amaris. Quotquot autem amicos habui numquam ullum vetulum aut vetulam a me amovi neque consilium eorum umquam sive publice sive privatim. Per mortem illam quam Deo debeo, malim grandi colafo frontem vapulare. Videor mihi heri nata secundum tuam quidem a vultu meo secessionem. Ut te facias honestam, me facis fatuam et pudoris nimii et secreti nihil tacituram et inexpertem rerum, mihi imminuis officii mei usum ut tibi tui amplifices. *Porro cum pirata piratam* oppugnat, nihil praeter navim [pg. 133] petit. Amplius te absentem commendo quam tu te aestimas praesentem.

ARE. Si erravi mater, condonabis culpam, veniam rogo. Accedas licet propius et ille faciat quod volet. Potius volo quae tu vis quam quae mihi placent, *oculum mihi prius* excutiam quam quicquae committam quod tibi molestiam faciat.

CEL. Non quicquam ego hinc molestiae capio, verum dico tibi hoc uti in posterum bene rem geras. Deus vobiscum maneat. Ego hinc sola eo, movetis enim vos mihi salivam vestris suaviationibus et amplexationibus. *Quamquam enim gustus gingivarum* mihi perierit, superest tamen eius aliquid in dentibus.

ARE. Deus te comitetur.

PAR. Mater, iubes tecum eam?

CEL. Sit de uno equo tollere ut alteri imponas. Deus vos servet. Ego vetula sum, non metuo ne quis vim mihi in platea inferat.

ELI. Canis latravit. Si adest demum ille malus genius, vetula nostra.

CEL. Tha, tha, tha.

ELI. Quis est isthic, quis pultat?

CEL. Descende aperi, filia.

ELI. Hae sunt tuae reditiones, noctu ambulare tibi placet. Cur hoc facis? Quid tam diu emorata es mater? Numquam cum abiisti meministi redire. Hoc tua consuetudo est, uni satisfaciendo, centum alios frustraris. Hodie quaesivit te pater sponsae illius quam Paschatis die magistro rationum conciliasti, illam elocare conclusit, nuptiae fient tertio ab hinc die. Opus est remediis tuis illi adsis quibus promisisti ne damnum virginitatis maritus sentiat.

CEL. Non sucurrit mihi quem dicas, filia.

ELI. Quomodo non succurrit? Obliviosa es certe. O quam caduca tibi memoria est. Certe affirmasti tu mihi, cum illam susciperes curandam, septies iam a te restitutam [pg. 134] esse.

CEL. Ne mirum hoc tibi sit, filia, *qui in multas partes* dividit memoriam suam in nulla eam integram habere potest. Verum dic mihi, rediturus ille est?

ELI. Vide an rediturus sit. Reliquit tibi pignori isthic armillam auream pro labore tuo et rogas an rediturus sit?

CEL. Illa cum armilla est? Iam scio qua de causa dicas. Cur tu non audebas aliquid et, sumptis necessariis, rei te accingebas? In talibus certe discere artificium et periculum facere te decebat. Quot iam vicibus me facere vidisti? Iam si talibus te non accinxeris, totam vitam tuam imprudens rerum *bestia* manebis neque officium ullum capies neque peculium tibi conficies. Et cum ad meam hanc aliquando aetatem veneris, negligentiam huius temporis incassum deliciis vacantis deplorabis. *Iuventus etenim otiosa* inducit senectutem aerumnosam et poenitentia frustra bonam aetatem revocantem. Iam ego melius ista omnia conficiebam, cum avia tua (quae cum Deo est) mihi commonstraret usum huius officii, anno uno finito, melius noram quam ipsamet magistra.

ELI. Non est mirum hoc, *saepius enim magistri industriam* vincit ingenium discipuli. Neque hoc contingit nisi ex voluptate quam in studio quolibet quis habet. *Nulla scientia bene* collocatur in eum qui illius non est cupidus. Ego officium istud odi, tu amore eius fere commoreris.

CEL. Tibi dicas omne istud. Pauperem senectam quaeris? Credis te affixam mihi, numquam latere meo amovendam?

ELI. Per Deum, odiosas istas contentiones tempori et consiliis melioribus relinquamus. Nunc indulgeamus voluptatibus, dum hodie erit quod edamus, non curemus crastinum. Non minus moritur ille [pg. 135] qui multa corradit quam is qui vitam summa inopia decurrit. Tam eruditissimus quisque quam rudis de villa pastor, herus uti servus, nobilis ut plebeius, pariter tu cum officio tuo atque ego sine ullo. Non est ut speremus perpetuo hic vivere. Ludamus et gaudeamus, ad senectutis annos pauci omnino perveniunt et qui eam attingunt, nemo ex iis moritur fame. Nihil in hac vita posco praeter diem et victum et post locum in paradiso. Quamvis dites meliora instrumenta ad gloriam parandam habeant atque egeni, tamen nemo eorum sorte sua contentus vivit. Nemo est qui dicta, satis iam habeo. Non est ullus inter eos cuius divitiis ego hilaritatem meam mutare velim. Omittamus sollicitudines alienas et iam cubitum eamus uti tempus postulat. Sane valentiorem me faciet bene et secure dormivisse quam quotquot thesaurii sunt Venetiis.

ACTUS VIII

Argumentum

Mane alterius diei fit. Expergefactus Parmeno, Areusam relinquit et domum Callistonis domini sui redit. Reperit Sempronium ad ostium, amicitiam mutuam conspondent. Eunt iunctim ad cubiculum Callistonis, offendunt illum secum ipso fabulantem. Surgit is lecto et templum petit.

[pg. 136]

Parmeno, Areusa, Callisto, Sempronius.

PAR. Clarum iam mane est, o quid hoc rei est? Quomodo hoc ita lucet per cubiculum?

ARE. Quid lucis narras? Dormi etiam, domine, vix iam cubitum venimus, vix ego oculos satis concinne clausi, iam tu diem novum narras? Aperi sodes istam fenestram ad caput tuum, videbis quod dico.

PAR. Bene apud me sum, domina, clara dies est, iam per portae rimas lux intrat non dubitanda. O scelestum me, quam ego herum meum offendi, magnum supplicium meritus sum. Hei quam iam tarde animadverti.

ARE. Tarde?

PAR. Et valde quidem.

ARE. At ita bene mihi sit ut nondum deseruit me malum hoc matricis, nescio quomodo haec se habeant.

PAR. Quid ergo vis fieri, vita mea?

ARE. Ut de malo isto meo sermocinemur.

PAR. Domina mea, si quod modo sermocinatum est non sufficit, quod reliquum est ignosces mihi, hoc enim quod magis necessarium factu video praeferendum erit, mera iam meridies est. Si moror etiam ulterius metus est ne male ab hero meo excipiar. Cras tibi reditum polliceor et quot vicibus deinceps volueris. *Et hoc fine Deus diem diei subiecit*, alterusque alteri instare mandavit ut, quod unius spatio satis expeditum non fuisset, sequentis exigeretur. Verum ut amplius gaudio nostro fruamur, oro hoc mihi gratiae facias, ut hodie, duodecima diei hora, domum Celestinae pransum nobiscum venias.

ARE. Accipio conditionem grato animo. I cum bono Deo, claude ostium abiens.

PAR. Tecum sit Deus. O singularis voluptas, o gratissima recreatio. Quis hominum vel nunc [pg. 137] vivit vel umquam antea vixit me fortunatior, quis cui vota sua melius successerint atque ego, qui tantum bonum ad sententiam meam tanto tempore possedi? Idque non petii priusquam potitus sum. Certe si mala facta et technas subdolas huius anus aequo animo ferre possem, genibus flexis ad eam accurrere debebam uti eius gratiam integram obtinerem. Quo pacto rependam tantum hoc beneficium? O summe Deus, cui ego iam recensebo gaudium hoc meum, cui reserabo secretum hoc felicitatis meae, cui communicabo gloriam meam? Bene mihi narrabat vetula nostra, nullius felicitatis integrum esse fructum sine participatione sodalis alicuius, *voluptas cuius conscius nemo est, voluptas vera non est*. Quis percipiet talem hanc delectationem, qualem ego apud animum meum sentio? Sempronium video ad ostium domus nostrae, bene mane expergefactus est, habebo quod agam cum hero meo si iam domo prodiit. Non fecerit, opinor, non enim solet. Verum ut nunc non optime sensibus suis utitur, non mirum sit si et consuetudinem suam mutaverit.

SEM. Parmeno frater, si ego nossem regionem illam ubi stertendo mercedem suam homines merentur, nullo labori parcerem ut eo venirem neque cuipiam in ea reconcederem, certe tam facile quam quivis alius ditescerem. Tu certe ignavissimi nebulonis instar hodie parum sollicitus fuisti quando huc redires. Nescio quam causam te attinuisse, dicam, nisi forte excaldefactum [72] vetulam istam ista nocte emanisisti aut, uti puer solebas, *strigilem illi ad balneum* supportasti.

PAR. O amice Semproni, ne corrumpas voluptatem meam, non opponas iram tolerantiae meae, non involas fastidiis tuis desiderabiles successus [pg. 138] meos. Ne turbes tam lutosa aqua clarum limpidumque cogitationum mearum liquorem, dulcedinem fortunae faventis mihi invidiosis tuis et odiosis reprehensionibus ne inficias. Recipe cum hilaritate me et recensebo tibi mira miracula prosperitatis meae quamque volupe mihi totum hoc tempus absentiae fuerit.

SEM. Dic, dic, an aliquid rerum Melibaeae rescivisti?

PAR. Quid Melibaeae? Est super alia omnino quam ego cupio potius et certe talis ut, siquidem non omnia me fallunt, cum ista facile comitate et pulchritudine paria facere possit. Non enim omnes formositates et gratias sola Melibaea sibi inclusas et affixas habet.

SEM. Quid tibi insaniae obtigit, fatue? Riderem equidem si valerem. Iam omnes amamus, omnes infatuamur, Callisto Melibaeam perit, ego Eliciam, tu ex mera invidia quaesivisti ubi paulum illud etiam sensuum quod tibi restabat perderes.

PAR. Nunc demum amare desipere est et ego fatuus et absque sensibus. At *si stultitia dolor esset, in nulla non domo eiulatus* audires.

SEM. Secundum ipsius dicta tua, tu desipis, ut te audivi consiliantem Callistoni et contrariantem omnibus Celestinae dictis ut eius meoque lucro officeres. Bene tibi erat non participaturum te bona nostra. Iam cum mihi in potestatem quid obvenerit unde de te ultionem sumere possim, numquam desinam tibi vicissim inequitare.

PAR. Non est vera virtus aut fortitudo, Semproni, obesse alicui, impedire, iniuriosum esse cuipiam, potior eum adiuvare, commodis eius adesse et per omnia res eius in melius efferre velle. Ego te semper fraterno loco habui, non fiat in te verum quod vulgo iactatur, parvam causam saepe ingentes amicitias disiungere. Male me certe ubique [pg. 139] tractas. Nescio unde rancor ille animi proficiscatur. Ne indignantem me indignis tuis conviciis facias. Considera raram esse patientiam tam bonae fidei ut acuto dicterio non transfigatur.

SEM. Non dico iam amplius de hoc, istud solum, postquam et tu amicam habes, iterum *Mopso Nisam obtigisse.* [73]

---

[72] "excaldefactum": see editor's prologue, pg. 23.
[73] Reads "mopso Alissam obtigisse." The right form we use to correct the text is in Barth's translation note (p. 361).

ACTUS VIII

PAR. Iratus es, tolerabo iracundiam tuam, etsi peius etiam me invehare. Verum enim quod dici audivi nullam humanam passionem durabilem nedum perpetuam esse.

SEM. Peius tu herum nostrum tractas, consiliando et suadendo ipsi quod tu in tuis rebus fugis, nimirum inculcando ut amorem Melibaeae abs sese fuget, *cotis instar factus*, quae alios secare facit, ipsa impos. *O Parmeno, iam percipere* usu potes quam facile sit alienam vitam reprehendere et quam contra laboriosum atque difficile bene suae quemque praeesse. Non dico amplius. Tu tibi in testiomonium venis. Porro etiam observabimus quid facturus sis, iam enim factus es unus de populo. Si amicus mihi fuisses, cum opera tua opus habebam, tum mihi adfuisses et Celestinae in commodum meum auxiliatus esses neque cuique verbo malae suspicionis apud herum clavum affigere voluisses. Scias non aliter quam vinum ad faces usque ebibitum ebriosos homines tabernis emovet, ita adversitates et indigentias fictos et simulantes amicos. *Falsum et inauratum metallum* facile esse extremitatibus massarum prodit.

PAR. Dici audiveram et iam experientia idem me addocet numquam voluptatem venire sine stimulis contrariis in tristi hac vita. Claris et serenis solibus succedere videmus obscuras nubes et densas pluvias, solatiis et delectationibus dolores et tandem mortes. Risibus et delitiis, eiulatus et planctus et mortifera cordolia instant. Ad summam, multis magnisque gaudiis [pg. 140] multae tristitiae et angores. Quis tanta hilaritate animum excitare potui quanta mihi nunc obtigit, quis tam tristi insuper indignitate torqueri, quis videre se in tantae gloriae possessione quantam ego potitus Areusae meae obtinui, quis tam alto loco decidere ut idem ego, tam male nunc a te tractari incipiens? Nec spatium tu quidem dicendi mihi reliquisti quantopere tuus sim, quam te demereri studeam, quam me praeteritorum poeniteat, quanta bona consilia, atque castigationes impertita mihi sit Celestina in favorem et emolumentum tuum et nostrum commune omnium uti iam in manu nobis sit opulescere, ludum istum nunc cum Callistone pro lubitu nostro delusuris aut certe numquam.

SEM. Bene me afficiunt sermones tui si tales operas adiunxeris, quales quidem exinde te bonis illis dictis subiuncturum spero. Verum propter Deum tibi supplico dicas mihi quid sit istud de Areusa quod modo innuisti? Potest ut tibi nota sit Areusa, Eliciae cognata?

PAR. Quid aliud censes tantopere iactare me quam quod noctem hanc eam habui?

SEM. Vide fatuus, quomodo hoc extulit. Risus verba impedit, risu moriturum puto. Quae illa fuit quam habuisse te ais? Erat illa ad fenestram aliquam aut quid dicere vis?

PAR. Ita ut dubiam fecerim praegnans sit an secus.

SEM. Externasti me. Multum efficere potest continuus labor. Gutta una saepe cadendo cavat petram.

PAR. Videas tu quam labor iste sit continuus. Heri hanc cogitavi, hodie pro mea habeo.

SEM. Vetula hoc negotium confecit.

PAR. Unde tu nosti istud?

SEM. Ipsa mihi narravit tui illam cupidam esse [74] et quod in manum tibi illam tradere vellet. Felix fuisti, nullo labore opus habuisti, venisti et potitus es. [pg. 141] Hinc est quod aiunt feliciorem esse quem Deus iuvat quam qui mane se conficiendo operi accingit. [75]

PAR. Sero cupivi, ita mane potitus sum. O fraterculae, quantum est quod super gratiis eius tibi narrare habeo, quid locuta sit, quanta venustate omnibus membris decorata. Verum differantur ista in opportunius tempus.

SEM. Satis scio illam apprime formosam esse quae sit cognata Eliciae, non laudabis illam tantum quin illa altera longe meliora omnia habeat. Omnia credibilia sunt sed dic mihi, quanti tibi constitit, aliquid illi largitus es?

PAR. Nihil sane, quamquam optime collocatum fuisset si quid expendissem. Omnibus illa beneficiis digna est. Tanti aestimantur istae tales quanto carius comparantur. Tantum valent quanti constant. Quod magni pretii est numquam vili emitur, mihi tamen contra obtigit cum ista mea domina. Ad prandium illam vocavi domum Celestinae, si placet, iunctim eo eamus.

SEM. Quem dicis, frater?

---

[74] Barth misunderstood this ambiguous Spanish passage. It was Celestina who loved Parmeno, not Areusa, as Barth's translation wrongly indicates. Mabbe understood it correctly: "Because she told mee how much shee loved you, how well she wisht you, and the she would worke her for you" (150).

[75] Two lines of the original are missing in the translation: "PAR: [...] pero tal padrino tuviste. SEM: Di madrina, que es mas cierto; asi quien a buen arbol se arrima..." The incomplete Spanish proverb "quien a buen arbol se arrima [buena sombra le cobija]" probably confused Barth, who chose to ignore the whole passage.

PAR. Te et illam, ibi erit ipsa vetula Celestina et Elicia tua, bene nos curabimus.

SEM. O supreme Deus et quam me exhilarasti. Liberalis es, numquam egebis. Quantum te virum existimo, quam Deus tibi multa bona faciet. Omnem animi indignationem quam praeterita tua verba mihi fecerunt in purum amorem verti. Iam non dubito ex foedere quod tibi nobiscum conclusum est bona omnia proventura nobis. Amplecti te cupio. Simus deinceps velut germani fratres, amicorum irae semper redintegrationes amicitiae sunt.[76] Edamus, bibamus, ludamus, herus noster ieiunabit pro omnibus.

PAR. Et quid agit desperabundus?

SEM. Extensus illic in pavimento iacet secus lectum quo loco heri sub noctem illum reliquisti. [pg. 142] Si ad eum accedo, sonitum stertentis exprimit; si abscedo, cantat aut divinat. Parum ego curo aegre an bene illi sit.

PAR. Quid dicis et numquam me vocavit aut mentionem mei fecit?

SEM. Sui ipsius oblitus dudum est, eum tui meminisse existimas?

PAR. Tamen satis diu factum est quod abfui. Verum cum ita sit, interim dum ille sui meique recordabatur, ego obsonium ad Celestinam mittam uti, cum venerimus, parata sint omnia.

SEM. Quid decrevisti mittere ut fatuellae illae te insignem virum aestiment, liberalem et civilem?

PAR. *De penu ampla coena facile paratur.* Sufficit quod iam hic in conditorio domini est ne quid desit epulis. Panis candidus, vinum de Monviedro, perna et sex paria pullorum quae pridie attulerunt pro annuo reditu domino nostro. Si aliquando illos poscet, persuadebo ipsi ab ipso iam comestos esse, turtures quos usque hodie servari iussit, referam credituroiam foetere putredine. Tu testis eris, simulabimus metuere nos ne de illis comedat quando tam sint foeti-

---

[76] Barth ignores the reference to Saint John Day in the Spanish original ("sea lo pasado quistion de San Juan"), probably because he did not understand it. On the day commemorating Saint John the Baptist (June 23rd), annual contracts were renewed and any discussions undertaken on this day solved any possible problems between the parts the rest of the year (Lobera, Francisco J., Guillermo Serés, Paloma Díaz-Mas *et alii* 154, note 51). This omission cannot be attributed to the fact that Barth considered the reference to a saint inappropriate for Protestant readers, since in act 1 he fully translates Sempronius' reference to Saint John: "No has rezado en la festividad de San Juan do dize." Barth translates faithfully: "Non precibus tuis in festo Sancti Iohannis eiusdem verba repetiisti" (p. 84).

dae, sic ad nostram mensam, ut aequum est, transvolabunt. Illic loquemur de universis amplius prope amores nostros ipsius damno, emolumento nostro, cum vetula principe contubernii nostri. Et illic eius quoque amores examinabimus.

SEM. Potius dolores, non enim possum sperare hac illum vice evasurum quin vel plane sensibus excedat aut moriaur. Quod cum ita sit, adscendamus videre quid rerum gerat.

CAL. Morte super nostra non est mora: talia circum.
    Undique me torquent foeta, pericla, malis.
    Quippe ubi me desiderii fax fervida poscit.
    Quod spei adepturum regula tota negat.

[pg. 143]

PAR. Ausculta, ausculta, Semproni. Iam poetam tam agit dominus noster.

SEM. O te scelestum, qualem poetam. Nihil prae isto *Antipater Sidonius* et Ovidius Naso, quos constat naturae munere omnia subitis versibus claudere potuisse. Sic, sic tu conciliatus es, certe in somniis divinari mihi videtur.

CAL. Audi cor miserum, bene nunc te istic omnia tangunt.
    Tristitiae ut saevis immoriare modis.
    Cum te tam facilem tam duro subdat amori.
    Unica lux vitae et spes, Melibaea tuae.

PAR. Non dixi ego poetari illum?

CAL. Quis isthic loquitur? Servi.

PAR. Here.

CAL. Est conticinium[77] iam an nondum tempus cubitum eundi?

PAR. Iam tardius est quam quo tu tempore lecto surgere solebas.

CAL. Quid dicis, inepte, tota non praeteriit?

PAR. Etiam bona pars diei.

CAL. Dic tu, Semproni, mentitur insanus iste qui persuadere mihi diem esse cupit?

SEM. Depone paulum animo Melibaeam, here, videbis clarum diem. Perpetuae tuae in illam cogitationes quibus gestus eius sem-

---

[77] Reads "nocticinium."

per ob oculos fixos habes non patiuntur illos trans tenebras animi perspicere.

CAL. Iam credo, iam enim sonitum de templi turre audio. Cedo[78] vestimenta, ibo ad Magdalenae[79] oratum Deum ut dirigat Celestinae propositum in bonum finem, immittat cordi Melibaeae remedii mei curam vel cito det finem tristi et aerumnosae vitae meae.

SEM. Ne tantopere te excrucies animi, neque omnia una hora contingere quae cupis expetas. Non est hominis bono iudicio magno impetu id factum videre velle quod aegre multo tempore conficitur. Si tu vis uno die confici quod, ut expediatur, annum integrum poscit, vita tua *non magni erit spatii.*[80] Tu mihi herus [pg. 144] es, ego servitum me tibi dedi insuper scio bonum te consilium meum sine praemio non praeteriturum neque mala mea dicta absque poena a te audientur, quamquam dici soleat non esse aequalem laudem boni dicti aut facti castigationi quae malum dictum aut factum sequi solet.

CAL. Nescio quis te docuerit consuetudinem istam philosophandi, Semproni.

SEM. *Non omne est candidum*, domine, quod atro dissimile est, neque omne aurum est quod croceo colore fulgurat. Praecipitata tua desideria, non moderata lance rationis, faciunt clara tibi videri consilia mea. Volebas tu heri ut illico afferrent tibi primo cum ea sermone involutam et colligatam cingulo suo Melibaeam, velut aliquid id esset de foro mercimonii, numerata pro eo pecunia, nulla difficultate, parabile. Remitte paulum, here, fervorem illum cordi tuo, in minuto temporis spatio non exigitur summa prosperitas. *Uno solo ictu nulla quercus cadit.* Tolera cupiditatem tuam aequanimitate. Prudentia res est laudabilis. Praeparatio et patientia resistunt etiam durissimis insultibus.

CAL. Bene dixisti, si qualitas modo mali mei tale aliquid admitteret.

---

[78] Reads "credo."

[79] "Magdalenae" is an abbreviation for "Magdalenae fanum" or "Magdalenae templum" ("the church of the Magdalene"). See p. 209.

[80] Barth omits Calisto's reply: "Quieres dezir que soy como el moço del escudero gallego?" He ignores these words and continues with the following utterance of Sempronio, excluding also the first words "no mande Dios que tal cosa yo diga." This omission is probably due to the fact that he did not know this Spanish saying.

SEM. Ad quid, here, dati sunt homini sensus, si voluntas imperare habet rationi?

CAL. O stulte, stulte, valens dicit aegroto, Deus tibi sanitatem restituat. Non quaero consilium neque morabor ultra sermones tuos. Magis tu his talibus incendis et intendis flammas quae me consumunt. Ego solus in templum me conferam neque domum hanc meam me reducam donec tu me revocaveris poscendo a me evangelium propter gaudium quod de reditu suo et bona expeditione negotii mei Celestina mihi fecerit, neque ad id temporis cibum capiam, [pg. 145] quamquam prius sol clarificos illos suos ad pastum consueta in pratorum viridaria equos curru roseo deligaverit.

SEM. Omitte, domine, istas ambages, pone poeticas istas deliratiunculas. Non enim familiari colloquio bene sermo ad obscuras et paucis intelligendas descriptiones detorquetur quas qui non assequuntur, vituperant et loco non suo prolatae ridiculam orationem faciunt. Dic, quamvis sol prius occiderit, sic omnes capient quid velis. Tuque aliquid boni medicamenti edas quod tanto tempore te sustineat.

CAL. Semproni, fidelis mihi serve, bone mihi consiliator, fiat uti tibi placet. Pro certo enim habeo secundum purum tuum in me studium tanti te facere meam vitam quanti tuam ipsius.

SEM. Credis tu idem, Parmeno? Novi te iuramento hoc non affirmaturum et memento, cum ad medicamentum apportandum iveris, corripias aliquid cupediarum pro nostris amicis *quod nos magis iuverit.*

CAL. Quid dicis, Semproni?

SEM. Parmenoni dicebam, here, iret aliquid boni medicamenti opportaret, citrei pomi puta partem conditam.

PAR. Eccam tibi isthic, here.

CAL. Cedo.

SEM. Vides quomodo hoc deglutivit scelestus. Totum uno tolo transglutire vult ut citius expediatur.

CAL. Animam paulum recepi. Deus interea vos custodiat, filii. Exspectate hic Celestinam et bona eius nuncia capta mihi illuc ferte.

PAR. Illuc tu eas cum malo genio et malis fortuniis et tali successu medicamen hoc deglutiveris quali pharmacum illud olim *Appuleius*, quo ebibito in asinum conversus est.

[pg. 146]

ACTUS IX

Argumentum

Sempronius et Parmeno mutuo colloquentes domum Celestinae eunt. Eo venientes offendunt Eliciam et Areusam. Assident pransum. Inter pascendum Elicia rixatur cum Sempronio. Iracunda de mensa surgit. Eam mitigare student. Ad hoc epulum venit Lucretia, ancilla Melibaeae, vocatum Celestinam ut ad Melibaeam veniat.

Sempronius, Parmeno, Celestina, Elicia, Areusa, Lucretia.

SEM. Parmeno, defer pallia nostra et enses, si tibi videtur, tempus iam est ut pransum eamus.
PAR. Eamus confestim, auguror iam illos conqueri de mora nostra. Non isthac versum sed per illam regionem, Semproni, ut per templum euntes videamus an Celestina orationes suas finiverit, perviam illam assumemus.
SEM. *Felici et iucundo tempore* ad orationes dicendas abutitur.
PAR. Sine tempore facta narrari non possunt quae, ut fierent, diuturno eo opus habuerunt.
SEM. Verum est sed male tibi nota est Celestina, quando patrandum aliquid habet, non vacat illi meminisse Dei neque sanctitarum quarumcumque. Quando quod rodat domi habet, nihil negotii facit sanctis. Cum quis illam accinctam *memorialibus precationum* ad templum iter facere videbit, sciat vacuam eduliis domum relinquere. Quamquam te educaverit illa, plus tamen ego virtutum illius no-

vi. Quod in [pg. 147] precationibus suis recitat virginitates sunt quas resarciendas conduxit, quot scorta quae ipsi amores suos commendaverint per civitatem inveniantur, quantas puellas opus sit quam primum ad pretium devirginari, quales quique quamque liberales rationum magistros debitores habeat, quomodo illi appellentur ut, quando obviam forte fortuna ipsi venerint, non pro ignota illos alloquatur, quis canonicus adolescentior, quis dando sit honorabilior. Cum labra commovet, fingit mendacia, dolos emungendis pecunia hominibus comminiscitur, sic ille sermonem ordietur, sic autem mihi responsurus est, hoc replicabit denuo. Ita vitam sustinet illa quam nos tantopere honoramus.

PAR. Nihil hoc est prae iis quae ego rerum ipsius cognita habeo. Verum quoniam commotus es nuper et Callistoni renuntiasti, nolo quippiam amplius credere.

SEM. Quae commodo et cautioni nobis scimus, ea ne propalemus in damnum nostrum. Scire herum nostrum talia opus non est, forte enim illam amoverit et nos, qui alicuius eam facimus, minime hoc iuverit. Cogetur ita adsciscere aliam cuius laborum fructus nequaquam ad nos ex parte redierit, uti de huius speramus, quae bona sua gratia aut vi adacta nobis solvet partem eius quod ab hero nostro acceperit.

PAR. Bene dixisti. Tace, ostium apertum video. Domi est Celestina. Inclama priusquam intro pedem ponas, potest enim ut ornatae et compositae nondum sint et ita conspici adhuc nolint.

SEM. Intra tu modo, ne sis de his sollicitus omnes, hic domestici sumus. Iam dum mensam ponunt.

CEL. O amatorculi mei, aurei uniones mei, talis mihi adsit [pg. 148] annus hornus qualis videtur adventus vester.

PAR. Qualia verba movet generosa haec. Vides, frater, adulationes et blanditias istas fictitias?

SEM. Sine illam, hinc victum sibi parat, nescio quis malus daemon omnes istas sceleratas nequitias illam docuerit.

PAR. Necessitas atque indigentia *famesque, quibus meliores magistras* res humanae non habent, non est usquam melior expergefactrix atque excitatrix ingeniorum. Quis psittacos et picas erudiit nostra verba conari, curvis suis linguis voces et sermones nostros? Quis orgia loquendi mutis animantibus in humanos sonos laxavit nisi istae?

CEL. Puellae, meae puellae, inquam, meae, descendite illico, huc properate, eccos duos homines isthic qui vim mihi facere moliuntur.
ELI. Vel numquam huc veniant. Quales has invitationes censes? Tres iam horae sunt quod cognata mea isthic praestolatur. Ignavus ille Sempronius causa procul dubio huius molestae morae est, non enim oculos habet quibus videre me possit.
SEM. Tace obsecro, mea domina, vita, lux, amor, desiderium, qui enim alii servit sui iuris non est. Ista subiectio aequo iure excusare me debet. Ne stomachemur, assideamus pransum.
ELI. Sic sic, ad epulas properandi quanta hominis diligentia est. *Ad positam mensam manibus bene lotis cum minimo pudore ire decet.*
SEM. Post altercabimur, nunc edamus. Sede tu primum Celestina mater.
CEL. Accumbite vos, filii mei. Satis spatii, gratia Deo, omnibus erit. Tantum nobis apud paradisium detur quando illuc ierimus. Servate ordines, quisque suam dominam sibi allocet. Ego, quae sola sum, istud vitrum cum cantharo prope me defigam, nil in vita mea mihi carius et optatius accidere valet quam hoc genus alloqui, [pg. 149] amplecti, cum eo conversari semper. Ex quo anus facta sum, nullum mihi ad mensam officium aptius fuit quam vinum ministrare compotantibus. Qui enim mel tractat dulcedinem aliunde quaerere opus non habet. Porro noctibus hybernis nemo alius tam bonus calefactor lecti est mihi, quam duo vitra vegrandia vini quando cubitum cedere complacuit, sic tota nocte frigus nullum sentio. Vino vestimenta mea munire instar mastrucarum ut valeant, soleo cum natalitia Christi festa ingruunt. Hoc mihi sanguinem vaporat. Huic debeo quod perpetuam unam valetudinem vivo, huius munere hilaris semper incedo. Hoc animum defaecatum exhibet, hoc divitias me domi meae videre facit, numquam malum anni proventum metuere. *Una panis crusta etiam* murium arrosu non indemnis tres dies mihi suffecerit pastui modo vini copia copis adsit. Hoc pectore tristitiam expectorat, efficacius gemmis et auro, hoc vires addit pueris, restituit senibus, pallidis vivum calorem reducit, animat ignavos, futiles diligentes facit, forte reddit cerebrum, tollit ventriculo frigus, fugat foetentem oris halitum, impotentes potentes facit, laborum et sudorum iniurias contemnere facit. *Quicquid mali humoris corpori*[81]

---

[81] "Quicquid mali humoris corpori" is italicized but warrants no comment in the translation notes section.

inest operariis exprimit, catarros dispellit, dentibus dolentibus bene facit. Sine foetore in mari se servat, quod aquae negatum est. Amplius virtutum eius tibi narrare possum quam toto vertice capillos habes. Nemo est qui eius saltim, mentione facta, non exhilarescat, neque praeter unam maculam habet, quod cum optimum est carum est, cum sequius, nocet. Adde quod cum sanat ventrem et morbos curat, oppugnat marsupium. Verumtamen [pg. 150] etiam cum summo meo sudore ego ubique, quod optimum est, persequor neque desistam paucos istos annos quos adhuc vivere habeo. Duodecim strenui ductus non me deicient statione ad mensam ordinaria mea ad singula quidem fercula. Tamen, cum foris aut alieno alioquin sumptu cibum capio, plus aliquantillum assumere soleo.

PAR. Atqui qui de talibus libros commentati sunt, mater, *tria pocula honestati et utilitati suffectura* destinarunt.

CEL. Mendum erit librariorum, fili, tredecim enim scribendum erat.

SEM. Domina mater, omnibus nobis bene est bibere, edere, colloqui pro voto. Atqui deinde non erit temporis satis ad negotia amorum heri nostri Callistonis iam fere perditi expediunda apud generosam illam et speciosissimam Melibaeam.

ELI. Amove te isthinc, sceleste, moleste, *male tibi quod edis expetat*, qui hoc mihi cibi offundas. Per vitam meam revomere velim omnia quae isthic edi nausea quod istam tu speciositatis laudare ausus es. Vide quanta formositas, Iesu, Iesu, quale fastidium, quanta molestia est audire te tam nullo pudore loquentem. Et quomodo speciosa? Dii mihi omnes male faciant si in illa quippiam hac laude dignum exstat. Siquidem oculi isti mei mihi glaucomatis offuscati non sunt. Signo crucis me signabo tantae stultitiae et stupiditatis tuae admiratione. Si quis modo adesset cui liberet disputationes super formositate et civilitate huius tecum nectere. Tota ista formositas uno nummo in omnibus tabernis venalis est. Fidem meam testor, notas mihi in eadem regione qua illa habitat quattuor puellas esse longe singulas omnibus ad formam et mores pertinentibus Melibaea dotatiores. Quod si aliquid illi [pg. 151] speciei inest, totum hoc de splendidis vestimentis venit, circumducite vel ligneum palum talibus, pariter speciosum dicetis. Per vitam meam, nec hoc mei commendandi gratiam dixerim, non diffido cuilibet arbitro me probatura, aeque me atque illam formosam esse.

ARE. Atqui tu eam non tantum introspexisti quantum ego, soror. Deus mihi iratus sit si mentior, si quo ieiuniorum die illam videris, non poteris integro illo quicquam cibi sumere nausea et fastidio. Totum annum inclusa sedet mille deformibus maculis corpus vitiata. Cum semel in publicum prodiera est ubi videri possit, caput melle et felle obfucat, ficubus passis, pane asso, mille talibus pigmentis et polituris quarum vocabula praesentis mensae verecundia vel efferre prohibet. Divitiae suae istas tales speciosas videri faciunt, non venustates corporum. Ita bene mihi sit, mamillas ista habet quae quidem virgo sit ac si iam ter peperisset grandes instar cucurbitarum. Ventrem ipsius non vidi quidem, tamen comparatione caeterorum facile iudicium capere possum non minus flaccidum et rugis confectum habere quam anum quinquaginta annos iam supergressam. Nescio quid intemperiarum Callistonem agat in conspecta semel ista tantopere furere, cum aliae sint quarum potiri minori negotio possit quaeque sane maiores ipsi delicias facere norint. Verum *gustus semel corruptus amarum frequenter pro dulci aestimat.*

SEM. Ignosce, soror. Videtur hoc loco mihi quemlibet venales suas merces laudare uti eas extrudere commodius possit. Contrarium sane de Melibaea sentit tota civitas.

ARE. *Nulla uspiam rerum longius a veritate abest* quam [pg. 152] vulgi opinio. Si ad multorum vota te composueris, numquam laetus vives. At contra ita vere concludi poterit, omnia quae a vulgo hominum commendantur, vanitatem esse, quod loquitur plebs, falsum est, quod vituperat, bonum, quod probat, malum, cumque sit eius haec consuetudo, hic usus, ne tu affirmaveris praestantiam et speciositatem Melibaeae eam esse, quam suadent plerique.

SEM. Bona domina, loquacitas vulgi non facile maculas optimatium dissimulat aut pervidet. Ita credo si aliquid contemptu dignum Melibaeae inesset, iam olim notitia eius apud plures esset, praecipue cum non pauci eam quotidie videant, alloquantur, per quos talia publicari possint. Et quamlibet dictis tuis accederem, Callisto generosus iuvenis est, generosa itidem puella Melibaea. Sicque simili stirpis splendore prognati merito mutuo sese amant, pro inde mirum non debet videri eam potius ab illo diligi quam aliam quamlibet.

ARE. *Nihili sit qui pro nihili* sese gerit. Virtutes faciunt genus. Ad summam rem persequendo, omnes sumus filii filiaeque Adami et Evae. Curet pro se quisque uti bonus sit neque nobilitatem sibi quaerat in virtute ante se vita functorum.

CEL. Per vitam meam, filii, cessent altercationes iam istae vestrae. Tu, Elicia, revertere isthuc ad mensam et stomachationes istas omittas.

ELI. Si ego assideam qui tantum mihi odii conficit? Ego cum illo cibum capiam qui in faciem meam mihi obiecit amabiliorem esse Melibaeae vilem tunicam omni mea venere?

SEM. Tace, anima mea. Tu comparationem istam orsa es. Omnis comparatio odiosa est. Tibi culpa rescribatur, non mihi.

ARE. Ades esum, soror, neque tantum periuriis istis fatuis volupe facias ut eorum causa hinc [pg. 153] absis, sin et ego iam hinc abscessero.

ELI. Necessitas parendi tibi facit ut hoc etiam inimico huic meo gratificem, uti decet civilem esse omnibus.

SEM. Hi hi hi.

ELI. Quid rides etiam? Mala pestilentia cum istac cibi bucella viscera tua intret, fastidiose, iniurie.

CEL. Ne tu illi respondeas, fili. Aliter numquam finis fiet litigiis. Animum iam ad nostrum negotium vertamus. Dicite, quomodo sese habet Callisto, quomodo illum solum liquistis? Quomodo ambo subducere vos inde potuistis.

PAR. Proiecit se foras domo cum mala re sua, ignem spirans, desperabundus, perditus, subinsaniens, ad S. Magdalenae se contulit rogaturus Deum ut sua gratia tibi adesset (rodenti scilicet ossa pullorum istorum), asseverando non rediturum se domum donec te a Melibaea reducem cognovisset. De pallio tuo, tunica tua, item mea, res certa est; de caeteris quando et quae illa exstitura, quando illa daturus, nescimus.

CEL. Fiat quando volet. Omne illud *laetum animum facit quod parvo labore paratur*, praecipue cum de tali aliquo loco venit ubi abscessu suo detrimenti parum potest facere, de homine videlicet divite, cuius ego furfurem de polline indepta omni meae indigentiae nuntium remittere possim uti illi quidem multa superfluunt. Non aegre facit talibus quicquid etiam profundant, respectu causae quae hoc illis exposcit illusio nimirum amoris, nihil animum ipsorum tangit, non audiunt, non vident. Talia ego concludere possum comparatione eorum quos huic obnoxios affectui multos vidi, quorum tamen maxima pars neutiquam tanto igne tamque acerbe macerabatur ut nunc Callistoni isti usu venire video. Non edunt, non bibunt, non rident, neque plorant, non dormiunt, nec vigilant; neque [pg. 154] loquuntur neque tacent, neque bene neque aegre habent, non contenti sunt sorte sua neque tamen quod quaerantur etiam habent uti quidem afficit illos perplexitas *dulcis et amari simul vulneris* quo corda eorum confixa sunt. Quod si naturae necessitas aliquid ex modo dictis illos agere adigit, ipsa actione tam secordes sunt tamque a mente velut sua alieni ut, dum comedunt, manus obliviscantur levandi cibi ad labra. Si quisquam quid illos rogabit, *numquam ad propositum respondebunt*. Istic corpore praesentes sunt, cogitationes sensusque omnes illic apud amicas suas servant. Magna vi amor est non solum in terra etiam maria ipsa transmittit, tanta eius violentia est. Aequali iure omni hominum generi imperat. Omnia obstacula et impedimenta perrumpit. Anxia res est, timida atque sollicita, omnia ab omni latere metuit et circumspicit. Vos, siquidem aliquando bene boni amastis, testimonium mihi perhibebitis, vera esse quae pro talibus dico.

SEM. Domina, totus ego accedo sententiae tuae. Eccum hic qui credere me adigit tantillo tempore plane a se ipso alius effectus Callisto, sensibus perditis, intellectu saucius, fatigato corpore, caput fumis et vanitatibus oppletus, per dies male dormit, noctu prorsus vigilat, tumultuatur, fatuando, ad parietes sussiliando, vitam suam quotidie venum exponendo, tauros venatui exspectando, equitando, lanceas, hastas, iacula torquendo, enses confringendo, scalas ponendo, armis induendo se, mille talibus actibus imaginationes amoris exprimit. Iam versus pangit, iam pingit verba, invenit historias, excogitat fabellas. Verum omnia illum ego optime collocare existimo qui ad tantum praemium festinat.

ELI. Multum tu [pg. 155] quidem delectaris mihi molestias creare et aliena laude insultare. Verum ego contra certum te facio, non tam cito faciem aliorsum vertisti cum ego ipso hoc loco alium amplector, quem certe aequius est uti amem quam te, magis scilicet gratiosum, magis comem, crebrius ad me visentem te, qui integro anno semel huc ades idque saltim ut me malis dictis et factis tuis et perfidia excrucies.

CEL. Patere aequo animo illam loqui, fili, divinat, ariolatur. Quo plura talia ex ea audies, eo securior sis de amore in te ipsius. Omne inde est quod laudasti isthic Melibaeam, non est alia ei vindictae ratio qua vicissim tibi aegre faciat quam ut talia fingat. Ego quidem vix meminisse illam existimo temporis quo cum alio aliquo collocuta sit, nedum *corporis illi ut potestatem fecerit*. Porro illam alteram eius cognatam, ego apprime bene notam habeo. Fruimini teneris vestris floribus, utimini aetatis bonis. Qui commodum gaudiis capiendis tempus habet, aliud autem commodius exspectat, illud quod iam habet, perdit et poenitudine ductus perditum recuperare non potest. Tale quid mihi nunc usu venit quae enixe deploro paucas illas horas quas de iuventute mea non cum caeteris voluptatibus electilibus impendi. Tunc ego in pretio eram, tunc me desiderabant, ambibant, expetebant. Iam, velut morbo comitiali tactam, nemo appellat, tamen quam ardenti adhuc desiderio bonarum rerum flagrem, Deus novit. Suaviamini, invicem, circumplectite, mihi gaudii nihil reliquum est nisi quod de visu talium capio. Vos autem, pueri, ex vestra quoque parte strenue rem gerite, spondebo ego puellarum vicem, numquam importunitatis vos [pg. 156] accusabunt. Vetus vestra Celestina cum vacuis gingivis suis teret reliquias mapparum vestrarum. Deus vos benedicat uti redetis, uti delicias facitis, fatuelli, scordelli. In hoc desinere debebant disputatiunculae vestrae, quaestiunculae, quibus initium prandio faciebatis. Videte ne mensam rotetis.

ELI. Mater pultat quis ostium, delitiae nostrae interturbantur.

CEL. Vide, filia, quis sit forte non tam turbaturus gaudia vestra quam aucturus atque incitaturus venit.

ELI. Vox me loquentis decipit aut ista est cognata mea Lucretia.

CEL. Aperi illi ostium adsit illa et copia bonorum annorum. Iam illa nonnihil istarum rerum intelligit quae istic tractantur et de quibus sermo nunc fuit, quamquam anxia illa cura qua cum domina sua perpetuo inclusa sedet, non patiatur illam flore iuventutis uti.

ARE. Ita bene mihi sit, verum dicis. Istae quae talibus serviunt neque ipsae voluptate fruuntur neque aliis bona aetatis suae participare possunt. Numquam verba facere cum aequalibus aut amicis suis audent ubi libere quae opus sit et, collatis velut frontibus, loqui possunt. Nemo est qui ut pares alloquatur aut saltim familiariter rogando, quid cenasti heri, praegnans es, quot gallinas domi tuae alis, assume me tecum domum tuam meridiatum, ostende mihi amatorem tuum, quantum temporis est ex quo te non visitavit, quid rerum inter vos vertitur, qualis isthic vicinas habes vel alias tales familiaritatis voces. O mater mea, quam durum nomen, quam gravitatis et superbiae plenum est domina semper in ore tenendum. Itaque ego mei domina vivere volo voluique quousque agnoscere me ipsam potui, numquam cupivi alterius me rebus adscribere, semper mea esse [pg. 157] studui, praecipue non ignorans mores dominarum quibus illae hodie vivunt. Perditur cum illis optima pars temporis, una dilacerata tunica qua ipsae iam uti non possunt, compensant decem annorum servitia. Dehonestant, male tractant miseras ancillulas, semper meticulosas vivere cogunt, verbum coram illis mutire non audent. Quando iam tempus adesse vident uti ex promisso de matrimonio alicui prospiciant, tum rixam aliquam ordiuntur ut illa sese servulis applicet, ut filium herilem assectata sit, aut maritum zelotypia oppleverunt aut domum viris semper plenam habuerunt aut quod furatae sint aut perdiderint aliquid pretiosum obicitur. Centum miseras virgarum ictibus concidunt, eiciunt illas domo obtorto collo, obvoluto capite, clamantes, apage te hinc prostibulum stupri furtique plenum, non tu cessas domum meam exspoliare. Sic quae mercedem exspectant opprobrium referunt. Sperant matrimonio cuipiam honeste iungi, turpitudine conviciorum proscissae protruduntur, sperant vestitus honestos ad nuptias et pretiosam supellectilem, exturbantur nudae atque dehonestatae. Haec sunt ipsarum praemia, haec sunt dominarum beneficia atque compensationes servitiorum. Obligant sese verbis prospecturas ipsis maritos, spoliant miseras etiam suis vestibus. Maximus honos qui illis obtingit in servitiis talibus est ut fiant cursitatrices de domina ad dominam consuetis onustae legationibus. Numquam nomen suum ex ore dominarum audiunt, semper meretrix huc veni, illuc meretrix abi, unde ades scabiosa, quid fecisti scelesta, cur hoc devorasti gulae mancipium, cur pallium istuc non enitidasti, furcifera, cur isthuc dixisti, fatua, quis argentum [pg. 158] perdidit, ignava, ubi sunt mantilia, chirotecae, furtifica, lenoni tuo haec attulisti, vendidisti, gallina illa versicolor nullibi paret, curre, vestiga illam confestim, si non illico isthic erit, obulum de mercede tua nullum capies. Post ista omnia mille ictus solearum, punctiones, verbera virgarum, incussiones. Nemo est qui illarum voluntati sufficiens quippiam facere valeat, nemo illarum iracundiam ferre. Voluptas ipsarum est vociferari, gloria est rixari, altercare, litigare. Quod optime facias minimum ipsis placuerit. Hac propter, domina, parvae meae et futili domi malui vivere libera et nulli dominae subiuga quam in splendidis talium palatiis, subdita et captiva.

CEL. Optime tibi tu constitisti, bene nosti quid facto opus sit. Sapientum sermo est meliorem esse micam panis cum pace quam plenam lautitiis domum cum perpetuis litigiis. Cessent vero iam ista et iube intret Lucretia.

LUC. Bene vobis sit mater et vos amici amicaeque. Deus benedicat tot tam honorabiles hominess.

CEL. Tot, filia, ais? Tu vero multos hos censes homines? Optime apparet me in felicibus meae vitae annis abhinc viginti aestates tibi notam non fuisse. Ah qui tum cognitam habuit et hodie nunc videt, nescio quomodo non condolentia cor sibi rumpere velit. Ego vidi ad hanc ipsam mensam, cui nunc assidentes vides istas cognatas tuas, novem puellas tuae istius aetatis, maiorem non ultra decem et octo, minorem caeteris non intra quattuordecim annos natam. Quid facias? Sic vita hominum, sic mundi istius conditio est. Transeunt, curriculum suum obeunt, rotant sese in circulos suos velut utres quibus aqua rotis appensis tollitur, vacuus alter descendit, plenus sublevatur alius. Lex [pg. 159] haec est fortunae, nulla res in uno statu diuturna manet, ordo rerum mutatio est. Non possum absque lacrymis narrare magnum illum honorem in quo tunc penes omnes habebar, quamquam propter peccata mea et malam fortunam omnia paulatim decreverint et, uti dies vitae meae, in occasum declinant ita et reditus opesque meae sensim de die in diem imminuti sunt. Scitum bene vetus est, quicquid mundus habet, aut crescere aut decrescere. Omnia tenentur limitibus suis, cuncta gradus suos habent. Honor et existimatio mea in summum augmentata est, secundum quidem meam vivendi conditionem. Necessarium est imminui nunc et descendere. Prope finem meum veni, in hoc clare conspicio sepulturae me meae propinquam esse. Verum numquam ignotum mihi fuit adscendisse me ut descenderem, floruisse uti carperer, gavisam esse ut tristitia indueret, natam ut viverem, vixisse ut crescerem, crevisse ut consenescerem, consenuisse ut morerer. Et quoniam haec, antequam acciderent, nota mihi fuerunt, minus dolorum nunc malorum praesentia patior, quamquam omni prorsus sensu me expedire nequeam quippe et ipsa homo et sensibili materie concreta.

LUC. Laboriose tum rixisti cum tot puellis, mater, aiunt enim mercem esse custoditu difficillimam.

CEL. Laboriose? Certe iucunditer potius et animo remisso. Omnes mihi dicto audientes erant, omnes me mirifice honorabant, omnes sequebantur, observabant, nulla omnino citra voluntatem meam quicquam agebat. Quod ego dicerem, optimum erat. Cuique suum officium assignabam. Non expetebat quaepiam amplius quam a me ipsi erat iniunctum. Claudum, tortum, flexum, mancum, illud solum ipsis sanum erat quod ego commendassem et unde plus commodi ad me rediret. [pg. 160] Ipsarum erat labor, lucrum ad me convolabat. Porro amicorum et servitiorum mihi mea et ipsarum causa tum abunde erat. Equites, senes, iuvenes, abbates omnium dignitatum, viri ab episcopis usque ad aedituos mihi familiares erant. Cum templum aliquod transirem, vidisses detrahi pileos, inflecti capita honori meo, velut ego principis alicuius coniux forem. Qui minimum quod mecum ageret habebat, maxime sese inhonorum atque inurbanum arbitrabatur. De lapide usque dimidio visa me, negotia sua interrumpebant, singuli iunctique ad me properabant, auditum si quid esset quod praeciperem, suam quisque dominam me rogabat. Visa introeunte me, turbabantur ne forte vel factum aliquid vel dictum imprudentibus secus quam deceret caderet. Alii matrem me, alii dominam vocabant, alii amasiam, nonnulli senicam honorabilem. Isthic concludebatur quando domum meam adfuturi essent, quando ipsorum palatia ego. Isthic pecunia mihi offerebatur, alibi promittebantur divitiae, suaviabantur lacinias pallii mei, nonnulli faciem mihi exosculcabantur ut magis me suarum partium facerent. Nunc fortuna me mea ad hunc statum redegit.

SEM. Stupefecisti nos narrationibus tuis istis ut homines tum religiosi fuerint, nunc sane rara messis talium est.[82]

CEL. Non fili, neque Deus permittat ut talia ego fingam aut bonis viris iniuria sim. Multi senes tum quoque erant devoti religioni quorum ego de divitiis parum equidem capiebam, tales me non lubenter oculis suis admittebant. Credo ex invidia quam in illos habebant qui mecum sermocinabantur. Ut clericorum magna copia, diversa quoque genera erant. Alii egregie castam vivebant vitam, [pg. 161] alii non adeo rigide quin et de meo officio subditis aliquas alerent. Hi scutiferos aliosque suos servulos quotidie ut me conducerent, mihi adessent, mittebant. Vix domum meam rediveram, cum per ostium adapertum ingerebantur multi galli, pulli, gallinae, anates, perdices, turtures, pernae, placentae triticae et lactae.[83] *Harum re-*

---

[82] Barth's translation subtly changes this passage on the delicate issue of the corruption of the clergy. Sempronio's original words in Spanish "se que no serian todos" clearly refer to the past. In Barth's translation the words become a reference to the present "nunc sane rara messis talium est," which implies that the behavior of the priesthood has improved recently. See the editor's preface on Barth's Protestantism (p. 30).

[83] "lactae": Barth did not understand the word "lechones" ("piglets"), which he thought to be an adjective modifying "tortas" ("cakes") and translated as " [placentae] lactae" ("milk cakes").

rum ut quamque [84] acceperam ita illico in rationes referebantur uti ego cum amasiis ipsorum iis fruerer non aliter quam decimae fructuum Deo offerri et annotari solent. Dehinc vini copia erat, optimi quidem quod in urbe bibi poterat, de Monviedro, de Luque, de Toro, [85] de Madrigal, de San Martin et multis aliis nobilibus locis advecti. Tantae quidem huius species et tam diversa nomina terrarum unde oriunda erant ut, licet sapores adhuc gustu agnoscere posse mihi videar, non meminerim tamen vocabulorum et satis sit tantae aetatis mulierem quantae ego sum ex odore posse iudicare unde quodque vinum venerit. *Aliorum sacerdotum oblationes* vix manus contigerant, primo et pernici impetu domum meam sistebantur, parocho suaviis vestem meam usque premente. Densissimi servi onerati victualibus et commeatus omni genere domum meam subibant. Nescio quomodo nunc vita mihi non acerba sit cum tali statu deciderim.

ARE. Per Deum, mater, quoniam huc laetitiae gratia convenimus, ne tu plorando turbes hilaritatem, ne te animi excrucies. Deus omnia tua in pristinum statum reverti faciet.

CEL. Satis equidem causae mihi est ut plorem, animo revocans tam eximii temporis memoriam. Qualem ego tum vitam vivebam, quam omnes me venerabantur, suspiciebant, instar dominae. *Numquam annus novam* [86] fructus [pg. 162] speciem protulerat quam ego prius non gustarem quam alii nossent natam esse. Domi meae inveniebatur si quid alibi nullibi erat et praegnans quaedam aut insciens mulier petebat.

SEM. Mater, memoria elapsae felicitatis non est utilis recensitu, potius tristitiam parit quoniam quod subterfugit recuperari non potest. Id tibi quoque iam usu obtingit quae fletibus tuis praesens velut manibus nostris gaudium extorques. Tollatur iam mensa isthaec, eamus nos aliorsum, animum nostrum exhilaraturi et robustam voluptatem sumpturi. Tu interim responsum des puellae isti quae eius gratia huc venit.

CEL. Lucretia filia, omissis istis rebus, velim dicas mihi ad quid felicem pedem huc attuleris.

---

[84] "Harum rerum ut quamque" is italicized but acquires no comment in the translation notes section.

[85] Reads "Toto." The typo is already in the Plantin edition.

[86] "Numquam annus novam" is italicized but is not commented on in the translation notes section.

LUC. Profecto iam ego paene negotii mei cuius gratia praecipue huc veni oblita eram memoria obhaerens in felicitate temporum illorum quae tu modo recensuisti. Et certe integrum ego annum aliquem sine cibi aut potus cupiditate isthic maneam auscultans tibi et vitam illam beatam considerans qua apud te fruebantur puellae illae quae dicebas modo, videor mihi adhuc inibi esse. Adventus mei, domina, causa est quam coniectura te assequi posse autumo, cingulum dominae meae abs te repetere. Insuper orare te eadem hera mea iussit velis eam visitatum venire idque extemplo, quippe male illi esse animi et dolores cordis pati.

CEL. Filia, de minutis talibus dolentiunculis maior est rumor quam periculum. Sed stupeo ego cordis doloribus tangi puellam tam adolescentium annorum.

LUC. Ita tu media rumpare, venefica, ut nescis unde veniant haec tormenta. Mala sua maleficia facit vetus prostibulum priusquam exeat, postea simulat ignota sibi omnia. [pg. 163]

CEL. Quid dicis filia?

LUC. Ut properemus, mater, utque cingulum mihi des.

CEL. Eamus, ego istud ipsa feram.

ACTUS X

Argumentum

Dum Celestina et Lucretia ad Melibaeam eunt, ipsa domi sua secum sola sermocinatur. Ad ostium ubi advenerunt, prior intrat Lucretia, vocat intro mox Celestinam. Melibaea post non pauca ultro citroque verba aperit Celestinae ardere sese amore Callistonis. Vident accedere Alisam, matrem Melibaeae. Disiungunt sese. Rogat Alisa filiam quid cum Celestina agere habeat, vetans de caetero illi crebriorem cum ea conversationem.

Melibaea, Celestina, Alisa, Lucretia.

MEL. O miseram et male providam me puellam, quantum melius mihi fuisset heri concedere et largiri continuo Celestinae quod peteret cum nomine illius equitis, quem semel vidisse tantopere mihi animum percepit, rogatum me adesset. Sic desiderio eius satisfacere simul et aegritudine hac mea me exonerare poteram neque opus nunc foret coactam vi amoris aperire ipsi vulneris mei ingenium cum neque placeat mihi neque illi etiam fortasse acceptum fuerit. Forte iam ille, duritia et incivilitate mei responsi animum ira [pg. 164] percitus, affectum oculosque suos aliorsum deflexit aliamque cordi suo amasiam impressit. Quantum mihi utilius fuisset blande promisisse rogatam quam per vim coactam ultro me offerre nunc atque ingerere. O fidelis mea famula, Lucretia, quid dices de me, quid de existimatione atque iudicio meo iudicabis, cum videbis publicare me hoc quod numquam occulte tibi credere volui? Quomodo miraberis pudorem meum et honestatem uno me impetu iunctim confringere velle, quae hactenus solitariam vitam, ut inclusa vestalis, procul talibus etiam cogitationibus tenere consuevi? Nescio an et aliquid de loco unde dolor meus oritur, sentire aut animo praecipere potueris. O si iam adesses cum mediatrice illa salutis meae, o supreme Deus, quem omnes afflicti invocant qui patiuntur mala, remedium poscunt, medicinam vulnerati, tibi, cui caelum, maria, terrae et infernorum recessuum secreta parent, tibi, qui omnia creata tibi hominis imperio subdidisti, supplico humillime vulnerato cordi meo tolerantiam et patientiam largiaris ut terribilem morbum hunc meum dissimulare possim. Non commaculem neque attaminem purum illud hactenus castitatis meae aurum, quod in igne iam desiderii mei servefactum est, prae me feram aliam esse dolorum meorum causam quam quae revera viscera me exest. Verum quomodo tale quid facere potero, cruciante me tam miserabilibus modis venenato illo bolo, quem intimis mei pectoris penetralibus aspectus huius hominis immisit? O sexum nostrum fragilem et aerumnosum, cur non et feminis concessum est aperire flammas amoris sui et praesentem affectus vehementiam viris ostendere [pg. 165] ut quidem istis licitum existimatur? Sic quidem et querelis suis Callisto eximeretur et ego poenis istis non contabescerem.

LUC. Resiste tu paulum iuxta ostium istud, mater, ego intrabo visum cui colloquatur intus domina mea. Intra, intra, secum sola illa sermocinatur.

MEL. Lucretia, vestibulum istud aperi.[87] O sapiens atque honorabilis matrona, bene huc venias. Quid tibi videtur quo pacto fortuna voluerit et sortis imperiositas mandaverit ut ego opem sapientiae tuae implorem, opus habeam consilio tuo ut pari me modo excipere posses quo ego te excepi, posses tam extemplo eodem genere compensare in me beneficium illud quod dominus ille tuus per tuum ministerium a me petiit quem cinguli mei virtute curare volui?[88]

CEL. Quid est mali quod te afficit, domina? Certe gestuum tuorum velut affectata alteratio et coloris mutatio et omnis ista indoles tua monstrant male tibi aut aliter cor affectum esse quam solebat quondam.

---

[87] "vestibulum istud aperi" is a poor translation of the original "echa essa antepuerta," which means exactly the opposite, i.e., "close the door."
[88] "volui" does not translate the Spanish original; "voluisti" would be a better translation.

MEL. Mater mea, *serpentes intus in corpore meo cor mihi exedentes* habeo.

CEL. Bene est; hoc erat quod ego volebam. Iam tu mihi lues, fatua dominula, reliquias nuperae tuae iracundiae.

MEL. Quid ais? Potuisti ab aspectu meo sentire aliquam causam unde malum hoc meum descendat?

CEL. Nondum mihi, domina, indicasti mali tui qualitatem et vis ut causam divinando assequar? Quod ego dico hoc est, valde me animi male habere tantam in te tristitiam tam subitam conspicere.

MEL. Matrona honorabilis, pelle tu illam corde meo. Maxima ego mira de sapientia tua praedicari audivi.

CEL. Domina, rerum scrutator et cognitor solus est Deus.[89] Verum ut ad sanitates mortalibus restituendas et remediandas aegritudines [pg. 166] gratiae caelitus divisae atque mortalibus dispertitae sunt ut ope earum medicinas invenirent partim per experientiam, partim per artem, partim naturali instinctu et felicitate, aliquid talium edocta est etiam vetula ista paupercula quae servitiis nunc usuique tuo sese et omnia sua offert.

MEL. O quam delectabile atque optabile mihi accidit audire te loquentem. Salutaris est aegrotanti hilaris vultus illius qui ipsum visitatum venit. Videor mihi videre cor meum in frusta discerptum in manibus tuis, quod integritati tu restituere pristinae possis virtute linguae tuae. Non alio genere quam *Alexander Magnus, Rex Macedonum, per somnium conspexit* quondam in ore draconis salutarem radicem illam qua vulnus Ptolemaeo amico ipsius a vipera illatum sanari potuit. Quare, per Deum, caeteris rebus omnibus tuum animum exoneres ut, eo diligentius percepto malo meo, remedio salutifero quantocius succurrere valeas.

CEL. Bona pars salutis aegro est desiderare illam, qua etiam de causa minus periculi tuo morbo inesse auguror. Sed ut, Deo principe, congruam atque utilem affectioni tuae medicinam adhibere possim, necesse erit trium me abs te certam fieri. Primo loco, in quam par-

---

[89] Although Barth's words are not a literal translation of the Spanish original, they are very appropriate given the medical overtones of the context in which they are uttered. Celestina's words in Latin are very similar to Psalms 7, 10 and Wisdom of Salomon 1, 6: "Scrutans corda et renes Deus" and "Quoniam renum illius testis est Deus et cordis illius scrutator est verus." A similar expression was already used by Celestina and recognized and duly translated by Barth (see p. 102).

tem corporis tui inclinare morbum sentias quoque membrorum vehementius illum caeteris attineri? Secundo, diune factum sit quod illius vim senseris? Quippe tenerae affectiones facilius curantur in principiis suis quam cum processu temporis crudiores factae vel alte insederint vel late vires suas disperserint. Fera animantia minore negotio primaeva domantur quam ubi aetate inolevit saevitia cordibus, tum aegre ad praesepia illa ligari patientur. Melius proveniunt plantae quae quam tenerrimae transponuntur quam [pg. 167] quas fructu iam matures aliorsum defigi curaveris. Recens peccatum quodlibet levius eluitur quam ubi consuetudine in animo hominis velut radices egit et quotidianis usibus velut in possessionem missum est. Tertio, an procedat ex crudeli aliqua mentis intentione quae consederit in locum aliquem certum. Haec ubi ex te rescivero, videbis curae meae efficaciam. Igitur quid agendum tibi considera medico, uti confessori, omnium rerum nuda veritas aperte proponenda est.

MEL. Celestina amicissima, sapiens matrona et artium consultissima, latam viam mihi aperuisti qua incedens fontem ipsum mali mei tibi manifestum facere possim. Certe hoc abs te expetitum est tam luculenter, clare videre possim experientiam tibi grandem curandarum talium infirmitatum esse. Malum meum in corde est, sinistra mammilla sedes eius est, radios suos per omnes partes extendit. Secundo, recens admodum eius in corpore meo origo et nativitas est. Neque umquam credidissem dolorem aliquem sensu me orbare posse, uti quidem iste facit. Vultum meum turbat, appetitum cibi potusque eximit, dormire non possum, nihil hilaritatis aut iucunditatis animum afficit. Causa atque cogitatio vehemens, quam loco tertio ex me scire desiderasti, non poterit tibi declarari. Non enim obitus alicuius consanguinei mei neque bonorum aliquod damnum nequo visio aliqua, aut imaginatio nec somnium adversum neque alia causa est quam ego originem huic malo dedisse censeam, dempta saltim alteratione illa cuius tu causa fuisti petitione illa tua quam mandato Callistonis hic expediisti cum orationem a me posceres et ego suspexi te cum legatione tua malarum rerum.

CEL. Quomodo, domina, tam malum [pg. 168] eum mortalem censes, tam perniciosum est nomen eius ut sonitus eius solum nominati tantum veneni secum trahat? Ne persuadearis istam esse affectionis tuae causam. Potius ea erit quam ego conicio, quam, siquidem licentiam quae volo dicendi mihi factura es, tibi indicare cupio.

MEL. Quomodo, Celestina, quid hoc novi praemii est quod petis? Licentiam tu ad restituendam mihi salutem a me postulas? Quis umquam medicus tale quid ab aegrotante poposcit? Dic, dic, obsecro. Perpetua tibi illa a me datur, talis tamen ne honori meo verbis tuis aliqua noceas.

CEL. Video te, domina, ex una parte quaerentem de dolore, ex altera timere medicinam. Timor tuus metum mihi concinnat, metus silentium, silentium inducias inter vulnus tuum et medicinam meam. Sic tu ipsa causa eris ut neque dolor tuus cessare neque medicina mea utilis tibi esse possit.

MEL. Quanto amplius differs curam tanto magis intendis aegritudinem meam atque dolores multiplicas. Vel medicinae tuae factae sunt de pulvere infamiae, liquore corruptionis, compositae aliis magis acerbis et crudelibus doloribus quam qui modo aegrotantem male habent aut nullius pretii est sapientia tua. Nam si unum apud te horum alterum non impediret, qualecumque etiam remedium sine metu eloquereris et proponeres quoniam iam rogavi te, monstrares saltim uti ne honori meo contraria loquare.

CEL. Domina, non pro novo atque miro habeas posse amplius apud aegrotum ardentissimum vulnus et dolores venenatarum plagarum qui tantopere illum excruciant ut duplicent passionum vehementiam in dies quam primum medicae manus experimentum, primam vulneris tam [pg. 169] lati inspectionem aut contactum. Sed si tu sanitatem recipere postulas et tibi acutissimi scalpri mei aciem absque timore ostendi sinis, manus pedesque tuos colligare stricta tranquillitatis fascia velis, oculis tuis induc operimentum commiserationis et pietatis, fraeno quopiam silentii linguam tuam compesce, aures tuas obtura patientae et tolerantiae *parotide*, senties operari medicinam magistrae talium iam veteris.

MEL. Ah quam me dilationibus tuis excrucias, dic, per Deum, quod dictura es, fac quod facere potes. Non poterit tam asperum esse remedium tuum, ut par sit doloribus atque tormentis meis, quamlibet honorem meum tangat, quamvis existimationem meam attaminet, quamvis corpus meum excruciet, differat et dilancinet membra mea, pectus meum discindat ut cor penetralibus suis eximar. Fidem meam tibi obstringo ferre me ista omnia patienter velle, etiam post curatam aegritudinem amplissimis te praemiis cohonestaturum.

LUC. Iam sensibus suis spoliata est misera mea domina. Grande hoc est malum. Habet eam iam intra retia sua strix ista venefica.

CEL. Numquam non aliquis malus daemon negotia mea impeditum adest. Deus fecit me elabi Parmenoni, nunc in insidias Lucretiae incidi.

MEL. Quid dicis, mater, quid tibi ista puella dixit?

CEL. Certe eam non attendi sed loquatur quicquid velit. Scias sanitati non esse magis contrariam rem in grandium morborum curis in aspectu celebrium et animosorum chirurgorum quam corda flaccida et parum confidentia. Qualia magnis suis questibus, querulis suis planctibus, acutis suis eiulatibus, timidum faciunt laborantem, desperationem salutis ipsi inducunt, medicum [pg. 170] turbant et indignatione induunt. Turbatio chirurgi incertam et trepidantem manum facit, manus trepida scalprum non uti decebat reget. Hinc clare equidem conspici atque cognosci potest ad salutem tibi resituendam necessarium esse hominem nullum praesentem curae adesse. Sic tu excedere istam illinc iubeas. Et tu, Lucretia, ignoscas mihi.

MEL. Illico te apage.

LUC. Iam iam omnia perdita sunt. Ego exeo hinc, domina.

CEL. Tantam mihi audaciam vehementia dolorum tuorum infert quantum iam suspicio tua curae meae propius accedit. Sed magis claris atque conspicuis remediis opus est et animi exhilarationem afferre domo Callistonis tui.

MEL. Tace, per Deum, mater, ne quicquam de domo eius curando malo meo apportes neque illum nomines isthic.

CEL. Patere aequo animo curae meae exordium, domina, ne primum medicinae fundamentum frangatur atque pessumdetur, quo pacto nil quicquam profecerit omnium quaecumque iungere et inaedificare voluerimus. Vulnus tuum grande est, aspero remedio opus habet. Durum duro facilius curatur, contrarium contrario mitescit. Et sapientium dictum est, medicum felicius curare qui ipse malum morbi expertus sit, periculum sine periculo numquam superatur. Patientiam paulisper aliquam indue, molestum quod est raro sine molestia curatur. Clavus clavum pellit, dolor dolorem trudit. Ne concipias odium et malevolentiam animo tuo neque concedas linguae tuae ut malum quippiam dicat de homine tantarum virtutum, tam omnibus noto atque amato qualis est Callisto.

MEL. O per Dei amorem, occidis me. Quoties iam dixi atque interdixi non laudares mihi eum hominem neque nomines quidem sive in bonam sive in malam [pg. 171] partem.

CEL. Domina hic est alter et secundus ictus, quales plures si ope patientiae non feres, nihilo utilior erit cura mea quam si numquam huc advenerim. Quod si paulum animo tuo imperare poteris, tu absque omni dubio sana evades et Callisto absque querela et res sua ipsi soluta erit. Primum te commonefacio curae meae et invisibilis huius punctionis quam sine ullo appulsu aut exteriori vibratione te percellere sentis, solo nomine hominis ore meo prolato.

MEL. Toties tu istum tuum hominem mihi nomina bis ut neque promissio mea suffectura sit, neque fides data tibi auscultaturum dictis tuis. Quid Callistoni solvendum erit, quid ego illi debeo, quid illius quod sit ego habeo, quid pro me ille fecit, quid officii mihi exhibuit, quid opus illo nobis hic est ad curationem mei doloris? Malim frustillatim discerperes pectus meum et cor mihi ipsum evelleres quam his te coram me verbis uti.

CEL. Nec vestimenta quidem tua ullo modo laedens amor in penita sese pectoris tui penetralia immisit; ego nihil membrorum tibi discerptura sum ut medicinam malo tuo afferam.

MEL. Quod tu vocabulum esse morbo isti meo autumas? Quo nomine appellatur affectio ista quae imperio sese universae animae dominam mihi imposuit?

CEL. Amor dulcis vocabulum ei est.

MEL. Hoc mihi demonstrat quod sit, solo nominato illo, exhilaresco.

CEL. Est ignis quispiam absconditus, dulce vulnus, sapidum venenum, suavis amarities, dolentia delectabilis, hilare tormentum, grata atque odiosa percussio, blanda mors.

MEL. Ah miserrimam me, si vera tu refers, in dubio etiam est salus mea, quippe propter contrariam vim quam haec nomina inter sese habere demonstrant quod uni utile erit, alterum maioribus tormentis mancipabit

CEL. Ne desperet de salute nobilis aetatula tua. *Cum supremum numen aliquem vulnerat*, remedium [pg. 172] malo illato subicere consuevit, praecipue cum notus sit mihi generosus quidam flos qui omni ista te aegritudine facile liberare poterit.

MEL. Quomodo appellatur ille?

CEL. Non audeo tibi dicere.

MEL. Dic absque timore.

CEL. Callisto. Ah per Deum, domina mea Melibaea, quam parum tu animo vales, qualis iste casus, quod accidens? O miseram me, attolle caput, erige verticem, o infortunatissima vetula. Huc ibant itus mei, si moritur, ego cruciabiliter interimar. At etiamsi vixerit, et haec aliquis senserit. Iam ego non potero morbum eius et curam meam dissimulare silentio.[90] Domina mea Melibaea, anima mea, vita mea, quid te factum est, quid dicis, gratiosa, quid fit vivido colori tuo? Aperi claividos tuos ocellos, Lucretia, Lucretia, confestim huc ades, videbis inter manus meas morientem dominam tuam. Decurre cito, vitrum aquae affer.

MEL. Ego ut potero me confortabo, preme vocem, ne turbes domum.

CEL. Miseram me. Ne linquaris animi, domina. Loquere mecum uti solebas.

MEL. Et melius equidem. Tace, ne me fatiges amplius.

CEL. Ergo quid vis faciam, unio pretiosissime, qualis fuit haec tua affectio? Puto in nihilum recidere punctiones meas.

MEL. Pessumdit honestitudo mea, perit pudor mihi, perit omne morbi impedimentum. Et quoniam nati hic sunt, quoniam mecum educati, quoniam domestici mihi non possunt tam facile sedes suas, veteres iam, iam tanto tempore cultas, relinquere et capiti vultuque meis excedere. Traxerunt abeuntes secum colorem vultus mei, ad spatium aliquod temporis rapuerunt mentem mihi, vocem et bonam etiam partem sensuum. Igitur iam dehinc, o bona magistra mea, fidelis [pg. 173] secretaria, quod tu tam clare tamque perspicue notum habes in vanum laborem et studeam te ultra celare. Multi, ah multi, dies elapsi sunt cum amoris verbis me allocutus est Callisto tuus. Tantum mihi molesta eius allocutio fuit quantum postea, cum tu nomen eius repetere mihi voluisti, grata atque accepta. Punctiones tuae coegerunt plagam vulneris mei, totam me voluntati tuae addixi. Cum cingulo meo illi tradidisti possessionem libertatis meae. Dolor dentium ipsius meum maximum tormentum erat, aegritudo ipsius morbus mihi capitalis. Laudo atque exosculor tolerantiam tuam, prudentem audaciam, liberales labores, sollicitas et fideles le-

---

[90] "Iam eo non potero morbum eius et curam meam dissimulare silentio" does not adequately translate the Spanish original "Melibea ya no podra sufrir de publicar su mal."

gationes, suavissima alloquia, catam sapientiam, curam circumspectam, utilem importunitatem. Multum tibi debet iste iuvenis, plus etiam ego, quod numquam convicia mea deicere potuerunt constantiam tuam, confisam quippe egregiae calliditati tuae. Sed, ut decet, fidelem ministram, quanto amplius conviciis petebare tanto eras diligentior, quanto odiosius reiciebare tanto perseverantior, quanto peius responsum tanto hilarior vultus, quantum ego iracundior tantum tu humilior. Posthabito omni timore, pectore meo extraxisti quod neutiquam vel tibi vel alteri cuiquam revelaturam decreveram.

CEL. Domina atque amica mea, non mirum hoc tibi obtingat, ista prudentia enim cum effectu mihi largitur audaciam alloquendi vestales vos inclusas puellas, tolerandi impotentiam dictorum et factorum vestrorum ut fine tandem instituto potiri possim. Verum est, antequam negotium expediundum istud reciperem et apud animum meum constituerem, tam in via huc eundo quam domi istic tuae [pg. 174] varia meum cor distulisse, varias obiectas fuisse dubitationes an petitionem meam tibi aperire consultum videretur, considerans enim potentiam parentum tuorum metu percellebar. Generosum animum Callistonis intuendo confidebam, tuam sapientiam recellebar. Cum humanitas tua sese offerret, recipiebam confidentiam. In uno inveniebam causam timoris, in altero securitatis. Et quoniam, domina, placuit nunc tibi maximam gratiam mihi aperire quam nobis factura es et fecisti hactenus, declara voluntatem tuam prolixius, depone secreta animi tui in gremium meum, in manus meas mihi crede negotii huius confectionem. Ego formam atque regulam ipsi dabo uti quod tu vis et Callisto votis omnibus exoptat brevi efficiatur cupitoque fine mactetur.

MEL. O mi desideratissime Callisto, domine animae meae, dulcis hilaritas pectoris mei, si iam tu animi sentis quae ego apud meum perpetior, stupefacta ego admiror, quomodo non praesens praesentem intuens vivere possis. O mater mea, o domina mea, ita omnia ista exige ut confestim illum videre possim siquidem superstitem me vis.

CEL. Videre eum atque alloqui dabo.

MEL. Alloqui? Incredibilia narras. Impossibile hoc est.

CEL. Nulla res apud homines qui efficere illam student expeditu est impossibilis.

MEL. Dic mihi quo pacto?

CEL. Ego iam eam rem expendi et tibi dicam. Intra ostia domus tuae.

MEL. Quando?

CEL. Sequenti nocte.

MEL. Mirifice te laudavero ubi haec effeceris. Dic qua etiam hora?

CEL. Duodecima.

MEL. Eas igitur, domina mea, fidelis amica mea. Loquere domino isti tuo verbis meis, veniat occulte ne quis isthic sentiat. Hic inveniet volentem quae vult ipse, hinc concludetur quod [pg. 175] optamus ambo. Serva horam quam proposuisti.

CEL. Vale, iam istuc mater tua accedit.

MEL. Lucretia, amica mea, fidelis secretaria mea, iam vidisti atque audiendo percepisti quam ego non sim amplius in potestate mea. Captivam me duxit amor huius iuvenis. Rogo te per Deum immortalem quod nunc isthic rescivisti opertum atque secretum habeas ut fruar ego optatissimis gaudiis meis. Tu vicissim eo a me loco haberis quem fides tua morebitur.

LUC. Domina, longo ante haec tempore vulneris tui *conscientiam habui,* desideria tua cognovi. Gravissime meum animum affecit perditio tua. Quanto magis tu studebas abscondere et celare me ignem quo flagrabas tanto clarius flammae ipsius a me conspiciebantur, *color vultus tui secreta mentis enunciabat.* Parva vel nulla omnino tranquillitas cordis tui, gestus membrorum, cibi captio sine appetitu, cubatio sine somno, omnia ista prudenti prodebant. Ad singula quae faceres signa dolorum sese actionibus tuis exferebant. Verum ut iis temporibus quibus voluntas dominis pro ratione est, ubi appetitus rerum consilia moderatur, incumbit servientibus totis corporis viribus mandata eorum exsequi atque facessere, non consilia sua et meditationes rerum interponere aut lingua sua negotiorum cursum tardare velle, cum dolore ego quae fieri videbam, sufferebam, tacebam cum timore, occultabam omnia cum fidelitate. Ita quidem ut dicam, fere meliora fuisse aspera consilia quam blandas assentationes. Verum cum tu, domina mea, aliud facere iam nullo modo valeas quam aut amare aut mori, ratio optima suadet ut eligas illud pro meliore quod ipso effectu tale est eritque.

ALI. Te [pg. 176] alloquor, vicina, quid huc tibi iter est quotidie?

CEL. Domina, deceat heri paulum isthinc de filamento quod filiae tuae vendideram, veni ut defectum ponderi supplerem quoniam promiseram. Hoc attuli et nunc abeo, Deus sit tecum.

ALI. Te comitetur idem. Filia Melibaea, quid volebat anus ista domi nostrae?

MEL. Vendidit mihi minutum aliquid arsenici sublimati.

ALI. Hoc ego potius crediderro quam quod scelesta anus mihi dixit. Putabat illa me aliquid mali ipsi facturam ideoque mentita mihi est. Cave tibi ab illa, filia, maxima malarum rerum artifex est. Prudens et subtili ingenio latro semper ditium hominum aedes obambulat ut quid inde involet. Novit ista anus falsis suis mercimoniis, proditioro suo animo, expugnare casta puellarum pectora, famam bonam adulterat. Cum tribus vicibus domum aliquam introiverit, iam illam suspectam maculatamque apud bonos existimationis relinquit.

LUC. Sero nimis ista monet domina mea.

ALI. Si me amas, filia mea, si aliquando huc redierit absente me, ne bono vultu malam recipias neque illam comiter habeas. Inveniat honestam te et pudicam. Paucis illi responde, numquam deinceps reditura est. *Vera virtus maiori hominibus timori est quam anceps gladius.*[91]

MEL. Talis tu es, numquam magis. Gaudeo monitam me a te, domina, ut sciam quo pacto mihi optime cavere valeam.

---

[91] "Vera virtus maiori hominibus timori est quam anceps gladius" is italicized but finds no comment in the translation notes section. Barth has added the expression "anceps gladius," which is used to indicate God's power to punish in the Bible (Psalms 149, 6; Revelation 1, 16, etc.).

[pg. 177]

ACTUS XI

Argumentum

Rediens a Melibaea Celestina per viam it sola secum fabulando. Videt Sempronium et Parmenonem, qui ad fanum Magdalenae eunt herum suum quaesitum. Sempronius cum Callistone loquitur. Supervenit Celestina. Eunt iunctim Callistonis domum. Declarat ipsi effectum legationis suae Celestina utque Melibaeam in sententiam suam adegerit. Dum haec illi invicem confabulantur, aliud colloquium ineunt Sempronius et Parmeno. Celestina a Callistone recedit, domum suam revertitur, pulsat ostium. Elicia aperit, caenant, eunt cubitum.

Celestina, Sempronius, Callisto, Parmeno, Elicia.

CEL. Quam vellem nunc domi meae essem cum onere hoc laetarum rerum. Sempronium et Parmenonem video euntes ad fanum Magdalenae, illos insequar. Si ibi inveniemus Callistonem, ibimus iunctim domum eius evangelium accepturi pro felici rerum ipsi succedentium nuntio.
SEM. Here, vide quo tu pacto te geras, sic res tuae fabula communis toti civitati fient. Per Deum cave ne occasionem des rumoribus de te spargendis, maxime devotos precationibus hodie vocant hypocritas. Quid dicent nisi te ire arrosum sanctorum simulacra? Si male tibi est animi, patere quae Deus vult domi tuae. Non populo palam fiant negotia tua neque vulgo, ad quem nihil talium [pg. 178] perti-

net, arbitrium eorum obicias? Iam ordo rerum tuarum in *manu tympanotribae* est, satis ille eum propalabit publice.

CAL. Cuius tympanotribae ais?

SEM. Celestinae.

CEL. Quid nominas Celestinam, quid dicis de illa Callistonis ancilla? Tota ista regio hominum praeterit vos sensim ambulando et ego longis istis laciniis meis non potui vos assequi.

CAL. O gaudium universi, vindiciae passionum mearum, speculum vitae meae et luminis mei. Cor intimum gaudio mihi exsultat conspicienti honorabilem huius adventum, istam egregiam senectutem, istos venerabiles canos. Dic mihi quid affers, quid novi apportas? Video te solito hilariorem et nesciendum est quid de vita mea sperare habeam.

CEL. In lingua mea spes eius tibi sitae sunt.

CAL. Quid ais, gloria atque delectatio mea? Declara clarius quae dixisti.

CEL. Exeamus hoc templo, domine. Post domi tuae aliquid tibi recensebo unde gaudium verum capias.

PAR. Hilaris et bono animo adest ista vetula, frater, puto illam confecisse negotium.

SEM. Ausculta.

CEL. Totum istum diem, here, laboravi in negotio tuo, omisi et seposui alia de quibus certe maius emolumentum ampliusque commodi ad me redire poterat. Multos indignantes reliqui ut tuo animo satisfacerem. Plus lucri mei neglexi quam credere possis. Verum omnia comitetur prosperitas postquam tanto successu quod volui confeci. Et iam audi me, paucis tibi omnia indicabo, ego enim, si me nescis, paucorum verborum sum. Melibaeam reliqui totam tuam.

CAL. Quid hoc rei audio?

CEL. Amplius tuae est quam suae ipsius propriae potestatis, magis dicto tuo [pg. 179] obediens, voluntati tuae parens quam ipsi patri suo Pleberio.

CAL. Moderate loquere, mater. Ne talia verba proferas, dicent post servuli isti fatuam te esse aut insanam prorsus. Melibaea est domina mea, Melibaea vita mea, desiderium, spes, salus. Ego captivus ipsius, ego mancipium.

SEM. Ista tua diffidentia, domine, dum te ipsum tam parvi aestimas, dum nauci te censes, humilius de te sentis quam res postulat et nobilitatem tuam decet, effutis talia quibus impedis orationem huius. Omnes mortales turbas insanias tales proferendo. Quid est quapropter cruce te signas? Da ipsi aliquid muneri pro compensatione tantorum laborum melius utique feceris, hoc volunt ista vetulae verba.

CAL. Optime suasisti. Mater optima mea, pro certo teneo numquam me compensaturum praemiis meis labores tuos, tanta horum vilitas, tam grande illorum meritum est. Loco pallii et tunicae quae promissa tibi meministi, cape hanc catenulam, cinge illa collum tibi et progredere oratione tua et voluptate mea.[92]

PAR. Catenulam illam appellat, non audivisti, Semproni? Non curat neque aestimare novit quid profundat. Ego vero assevero tibi partem meam huius non mutavero *dimidia auri libra* utcumque inique illam anus dispertitura est.

SEM. Audiet te loquentem herus noster. Habebimus quod placemus si efferabitur in ipso, in te vulnera quae obligemus uti quidem offendi illum crebris tuis istis interlocutionibus scio. Per amorem mutuum mei, frater, audias et taceas, cuius quidem causa duas aures et unum [pg. 180] solum os tibi Deus dedit.

PAR. Malus daemon auscultet, totus pendet a bucca mulieris, surdus, mutus[93] et caecus, factus est persona fabularis sine sono. *Si manus in obscenum modum illi* irridendo configuraremus, tollere nos illas in caelum crederet oraturos Deum pro felicibus amorum suorum successibus.

SEM. Tace, audi, ausculta penitius Celestinae dicta. Per animam meam, omne istud illa meretur et amplius quod illi det. Optime meretur, optime loquitur.

CEL. Domine Callisto, erga tam flaccidam vetulam qualis ego sum, insigni liberalitate usus es. Verum ut omne munus atque donatio cuncta grandis aut contractior aestimanda est respectu eius a quo proficiscitur, non traham in consequentiam exigua mea merita, quae omnia liberalitas tua facile et quantitate et qualitate exsuperat, sed componam munus hoc tuum cum magnificentia animi tui, cuius comparatione sane non est magnum. Cui uti ego tamen grata atque

---

[92] Barth does not translate "porque no se de parte a oficiales" ("so that tailors will not share it"). He likely did not understand the Spanish use of "oficiales" and chose to omit the whole sentence.

[93] Reads "nutus."

munifica vicissim sim atque perhibear, restituo cum his dictis tibi salutem, vitam et sanitatem tuam, quas omnes perdideras si absque ope mea fuiste, restituo tibi cor tuum quod pectore tuo velut exsultavit toto hoc tempore amorum tuorum, restituo sensus tibi tuos qui iam deficiebant. Melibaea ardet magis amore tui quam tu illius. Melibaea te perit, te videre desiderat plus illa tui meminit quot horis quam sui ipsius. Melibaea se appellat tuam et istum titulum libertatis suae esse existimat et hoc consolatur flammas amoris quibus longe illa quam tu ardentius exuritur.

CAL. Servi, ubi ego sum? Servi, egone hic sum? Audio ego ista? Servi, videte an non adhuc dormiam ego? Nox ne iam isthic an dies est? [pg. 181] O domine Deus, caelestis pater, supplico tibi ne ista in somnis audiam. Sed iam vigilo certe. Si iocaris tu hactenus, domina mea, ut verbis me ducas, ne timeas, dic veritatem, nam quod muneratus sum tibi tuum nihilominus erit, amplius merentur ambulationes hinc inde tuae.

CEL. *Numquam pectus maceratum desiderio bonos successus rerum* suarum credere potest neque de malis nuntiis dubitare. Verum an ioco haec dixerim, experiare re ipsa iubeo eundo hora nocturna duodecima, uti inter nos conclusum est, domum Melibaeae, ubi illam tecum collocuturam invenies intra duas valvas ostii. Ex huius ore amplius intelliges sollicitudinem et diligentiam in rebus tuis meam simul et amorem quo erga te egregie affecta est et unde causa huius quaque mediatrice provenerit.

CAL. Iam, iam ego tale quid sperare possum, iam tale aliquid mihi continget? Moriar hinc illuc usque, non capio tantam gloriam, nil mereor tam altum, tam beatum. Indignus sum loqui cum tali puella ut illa quidem me expetat audire vicissim. Nil ego tale mereri potui.

CEL. *Semper hoc audivi affirmari* magis esse asperum et difficile fortunam prosperam ferre quam contrariam. Altera consilii capax ist, altera loco stare et tranquilla esse non valet. Quomodo, domine Callisto, non considerabis quis tu sis, non tempus quod impendisti servitiis eius, non qualibus mediis et consiliis huc usque illam viceris? Certe dum hactenus dubius fuisti, utrum illa potiri posses an secus, tolerantia animum consolatus es, patientia munivisti. Nunc cum tibi finem omnium malorum tuorum certum in manum depono, vitae tuae nuntium remittere cupis? Vide, respice, considera Celestinam tuarum partium [pg. 182] esse, qua comite, etiamsi omnibus defficereris quae amatorum tenere decet, tamen pro maxime perfecto atque gratioso iuvene venditare te atque gerere possis. Illa planas itineri tuo etiam cautes petrasque subdiderit, medios torrentes fluvios transire fecerit ne pedem aqua tingas. Non satis cognitam eam habes cui pecuniam tuam dedisti.

CAL. Illud considera, domina, quod dixisti sponte illam sua venturam.

CEL. Et quidem, si opus sit, genibus floxis.

SEM. Non sit modo falsa haec iactatio, forte vetula ista omnibus nobis manus adire tentaverit. Vide, mater, hoc modo *canibus venenatae ossae obici* solent pane involutae ne sentiant dum comedunt.

PAR. Nullum umquam prudentius ex te dictum audivi. Multum suspicionis mihi facit tam repentinus puellae consensus et talis quidem tanto genere, tantis divitiis, illam tam nulla exceptione omnibus Celestinae votis sese subiecisse. Certe verisimile est decipere velle istam nostros sua sensus loquacitate ut ex altera parte aliquid furto subtrahat, uti quidem *Aegyptii illi nobis facere consueverunt,* qui signis manuum futura praedicere posse iactant. Porro, bona fide, mater, *dulcibus verbis multae iniuriae vindicatae sunt.* Pictus in linteo extenso bos blanda sua naturalis expressione miseras perdicas in retia trahit. Cantiones sirenum simplices nautas dulcedine sua pessumdederunt. Sic ista facili illa sua et spontanea concessione quaerit integrum de nobis manipulum in potestatem suam redigere, innocentiam suam purgare et contestari infamia Callistonis et morte nostrorum omnium qui in ea re ipsius iussa facessimus. Instar agnelli mansueti, qui tam matris suae quam alienae [pg. 183] lac sugit, illa cum summa securitate sua vindictam de Callistone sumet discrimine nostro uti tot hominbus, tot servis et clientibus suis instructa in uno nido capere possit patres et liberos. Tu stabis illuc scalpens ventrem tuum, ilia fricans ad ignem, cantilenam aliquam veterem cantillans: tubicen qui bella committit, securo se loco esse gaudeat.

CAL. Tacete, fatui, suspiciosi, nebulones. Videmini mihi docere velle caelestes spiritus, angelos divinos, posse mali quid facere. Certe Melibaea omnino de genere illo est, licet adscita forma hominis inter nos versetur.

SEM. Semper tu ad impietates tuas reverteris. Attende illi, Parmeno, ne timeas quippiam mali. Nam si duplo etiam periculosior res esset, ille solus omne luet. Nobis meliores ad fugam pedes sunt.

CEL. Domine, certa illa res est quam tibi obtuli, illi vanis suspicionibus perculsi quid dicant nesciunt. Ego omnia mihi abs te iniuncta effeci, hilarem te relinquo. Deus te liberet et dirigat, iam optime contenta domum me refero. Si opus mea opera habebis vel in hoc etiam vel in aliis, porro maioribus negotiis, illic semper ero, semper parata servitiis tuis, semper tua famula.

PAR. Hi, hi, hi.

SEM. Quid rides, per vitam tuam?

PAR. De festinatione anus, quae tantopere domum properat. Non agnoscet sese ipsam priusquam catenam illam istinc ablatam in tuto collocaverit, non credit sibi ipsi in sua eam potestate esse neque vere illam ad se pertinere. Conscia est tali dono dignam sese non esse, non sane magis quam Callisto Melibaeam.

SEM. Quid vis facere prostibulum tale [pg. 184] vetus, exoletam lenam, depudicatam anum? Scit et intelligit ista quae etiam tacendo nos apud animum expendimus. Solet septem virginitates mercede duorum obolorum reficere. Postquam videt sese auro onustam, proripit se domum ut in tuto quod fors obiecit deponat, metum habet ne quis sequatur et eripiat, postquam quidem quod ipsius partium erat de hoc negotio confectum dedit. Porro malus daemon illam tueatur, ne cum coacta nobiscum praedam dividet, vitam ipsam perdat.

CAL. Deus iter tuum comitetur, mater. Ego cubitum me collocabo ut paulum obdormiscam et ita defectum praeteritarum noctium expleam uti firmior sim statuta hora illuc veniens.

CEL. Tha, tha, tha.

ELI. Quis pultat?

CEL. Aperi, filia Elicia.

ELI. Quid ita tam tarde venis? Non debebas facere, vetuala es, impingere poteris, cadere, mori, in via.

CEL. Nullum isthinc metum habeo. De die circumspicio qua eundum sit noctu neque ego nisi media viae regione incedere consuevi. *Numquam pedem secure ponet qui* per murum curret, ille ambulat securissime qui planam viam ambulat. Potius est ut ego calceis meis per lutum incedendo iniuriam faciam quam ut sanguine capitis collapsa silices tingam. Verum tua nihil interest ubi ego impegero aut cecidero, tu non dolebis meam vicem sed numquid non est hic tibi quod doleat?

ELI. Quid ais, quid quaeris an mihi doleat?

CEL. Abiisse illos qui hodie hic erant, te relictam esse solam.

ELI. Quattuor horae sunt quod illi hinc abscesserunt et ego eorum etiam recorder?

CEL. Quanto citius te reliquerunt tanto magis dolere te relictam conveniebat. Sed iam omittamus [pg. 185] moram meam et eorum abitum, animum ad cenam potius atque lectum vertamus.

ACTUS XII

Argumentum

Media noctis hora Callisto, Sempronius et Parmeno armati ad domum Melibaeae eunt. Lucretia et Melibaea exspectant Callistonem ad ostium. Advenit Callisto, alloquitur eum primum Lucretia, vocat Melibaeam, ipsa discedit. Colloquuntur medio ostio Callisto et Melibaea. Parmeno et Sempronius audiunt sonitum hominum per plateam, capessunt fugam. Deserit Callisto Melibaeam, concluso reditu nocte sequenti. Pleberius ad tumultum in platea evigilat, excitat et coniugem Alisam. Rogant Melibaeam quis per eius cubiculum ambulet. Respondet sitire se. Callisto cum servis suis domum revertitur loquens. Concedit cubitum. Parmeno et Sempronius domum Celestinae petunt, poscunt partes suas de iis quae Callisto ipsi dederit. Negat quicquam se illis debere Celestina. Res ad rixam venit. Iniciunt manum Celestinae, occidunt illam. Vociferatur Elicia, adest iustitia, comprehenduntur ambo homicidae.

Callisto, Lucretia, Melibaea, Parmeno, Sempronius, Pleberius, Alisa, Celestina, Elicia.

CAL. Pueri, quae hora est?

SEM. Decima.

CAL. Quam me male habet negligentia ista servorum. [pg. 186] Memoria mihi non excidet socordia huius noctis tua, ut et mea vigilantia. Sceleste, cum noris quantum mihi vertatur in observatione horologii hanc noctem, quomodo respondere absque ratione et veritate potuisti quod in buccam primum veniret susque deque habens quid spebus meis fieret? O miserrimum me, si obdormivissem forte fortuna et Sempronii mei confidens industriae votum meum tantae vecordiae servo credidissem. Is enim animo parum sollicito de undecim decem, de duodecim undecim malo meo fecisset. Venisset Melibaea ad ostium, ego non fuissem illic, rediisset dormitum, sic neque finem dira mea mala cepissent neque ego fructum ardentissimi desiderii mei.[94]

SEM. *Paris delicti error* mihi videtur scientem quem quae res sit eam ab altero interrogando doceri velle quam ignorantem respondere. Potius sit ut restantem istam horam inexpediunda armatura insumatur meo quidem iudicio quam ut rixas e rixis serendo tempus perdamus.

CAL. Sane non inepte fatuus iste suasit hoc, non indignabor cuiquam hoc tempore neque molestiam de ulla re animo admittam. Non cogitabo illa quae evenire poterant sed ea quae facta sunt. Non expendam damnum quod ex negligentia huius redundare poterat sed utilitatem quae vigilantiam meam sequitur. Dabo spatium irae aut remittet illa aut plane me deseret. Defer, Parmeno, arma mea et vos quoque, quam diligenter vos armate, sic ibimus spe boni eventus, uti dicitur. *Homo paratus optime, iam dimidium eluctatus est.*

PAR. Hic loricam tuam eccam, domine.

CAL. Assiste [pg. 187] hic mihi ut induam. Tu Sempronii, circumspice an aliquem in platea videas.

SEM. Neminem video, here. Et si, maxime aliqui essent, tanta obscuritas noctis est ut nec videre, nedum agnoscere quemquam obviantem possent.

CAL. Igitur per hanc regionem eamus ut etiam magis incogniti procedamus, si quis forte obviaverit. Iam duodecima hora est, *bona bonis sit nobis.*

PAR. Iam non longe absumus.

CAL. Feliciter adsumus. Tu te, Parmeno, expeditum fac ut videas an venerit intra ostii valvas domina mea.

PAR. Ego, here? Numquam volet Deus ut ego attaminem quod mi-

---

[94] The Spanish proverb "no se dize embalde que mal ageno de pelo se cuelga" is omitted in the translation.

hi non est praeparatum. Melius omen et auspicium sit te primum omnium ab illa sentiri atque offendi ne me viso animi forte turbetur, tot homines secretorum suorum conscios esse resciscens quae quidem illa paucis nota esse cupiat et sic timore inutili percellatur aut in suspicionem forte veniat illudi abs te.

CAL. Vah quam pulchre tu admonuisti. Prudenti tuo consilio vitam mihi restituisti. Idem enim sit mortuum me domum meam referri quam uti illa per inscitiam meam quaqualibet offensa retrovertat. Ego illuc solus me conferam, vos isthic compositi manete.

PAR. Quid tibi videtur, Sempronii? Quo pacto arbitrabatur fatuus iste me velut scutum periculo suo obiecturum, id, ut in me primum expeteret? Quis me certum fecerit intra clausas portas quid lateat, quis securum praestabit non aliquas illic patere insidias? Potest ut hoc machinetur Melibaea quo pacto hero nostro audaciae suae fructus domum cum faenore redeat. Neque pro indubitat adhuc scimus [pg. 188] verum nobis retulisse vetulam. Non ausis tu loqui, Parmeno, occidunt te nescii quem. *Ne sis assentator*, ut herus tuus postulat, numquam alieni dolores a te deflebuntur. Ne facias ut consilia Celestinae malo tuo in te expetant, cum obscura te nocte periculis inieceris.[95] Tu tua te prudentia rege, tuis utere dotibus animi, non incides in fustigatorum manus. Tantum mihi prudentia mea profuit uti hodie me *primum natum arbitrari habeam*, tanto periculo elapsus.

SEM. Moderate, moderate, Parmeno. Ne sussilias neque strepitum gaudio tuo facias ne quis nos isthic esse sentiat.

PAR. Tace tu, frater. Non sum apud me prae laetitia. Ego ipsi persuasi commodum ipsius ita poscere ut primus ostium accederet, id vero meae securitatis gratia faciebam. Quis tam pulchre rebus suis praeesse, quis commodum suum expiscari possit atque ego isthic feci? Plurimas res me effectui videbis dare si posthinc animum factis meis adverteris, quarum causas persentire non omnibus detur; tam de Callistone loquor quam quicumque alii istorum negotiorum aliqua curas participabunt. Certo enim scio puellam istam scire hamum iacere posse, satis care impensas scilicet luiturum qui illius quid deglutire voluerit.

---

[95] Several expressions of the original have been omitted here. In all likelihood, Barth had difficulty with the idiomatic expression "no vuelbas la hoja y quedarte has a buenas noches."

SEM. Abi, inepte, inepte, ne tantum te suspicionibus illis maceres, quamquam et veri aliquid subfuerit. Praepara te potius ad primum periculi ingruentis sonum ut quam strenuissime fugere possis.

PAR. Idem tibi mecum studium est, unum pariter sumus. Caligae et braccae meae non alio fine levissime factae sunt quam ut facilius quam quivis alius fugere possim. Valde mihi consilium tuum istud placet, forte alioquin pudore tui aliud capturo. Si herum nosturm quisquam de Pleberii hominibus [pg. 189] senserit, metuo certe non tam facile manibus eorum elapsurum ut nobis timendum sit rationem fugae a nobis exacturum neque eius iam causa excogitandas longas excusationes existimo.

SEM. O Parmeno amice, quam utilis atque delectabilis est paritas et unanimitas sodalium. Et si alio nullo fine fructifica nobis fuerit ista cum Celestina inita societas, hoc tamen non adspernabile commodum inde ad nos iam pervenit quod, hostilibus animis depositis, in manum velut alter alterius ope eius venerimus.

PAR. Nemo negare audeat quod notum est atque manifestum omnibus. Manifestum est pudore alterius alterum detentos ambos clarissimo periculo exposituros nosmet fuisse dum ignaviae atque pusillanimitatis uterque invicem notam declinaremus de fuga isthaec consilia non iniremus et ita cum hero nostro praesentem hic mortem exspectaremus, quam tamen praeter illum nemo nostrum meritus fuisset.

SEM. Credo paruisse ad condictum locum Melibaeam, audi, sodes, quam submisse colloquuntur.

PAR. Ego vero metuo ne illa non sit *sed aliquis qui,* composita fraude vocis eius, sonum exprimat.

SEM. Deus nos liberet ab insidiis. Nunc aliud mihi non maiori timori est quam ne cautissimi homines regionem nobis insederint et intercluserint illac qua fugiendum erit. Hoc solum est quod animum male habet.

CAL. Iste quidem tumultus plus uno homine hic esse arguit. Quicumque sint, ego loquar. Ha, domina mea.

LUC. Vox Callistonis est haec. Accedam. Quis loquitur isthic? Quis isthic ad portam est?

CAL. Ille qui mandatum tuum ut facesseret, huc venit.

LUC. Cur non accedis, hera? Accede sine timore, Callisto tuus isthic est.

MEL. [pg. 190] Fatua, preme vocem. Vide bene an ille sit.

LUC. Ades solum, domina, certe ille est. Vocem loquentis agnosco.

CAL. Certe ego deceptus sum. Non erat Melibaea haec quae loquebatur mecum. Strepitum audio, perditus sum. Verum sive moriar sive vivam, conclusum est hinc non discedere.

MEL. Recede tu paulum isthinc, Lucretia. Tu, domine, dic quod tibi nomen est. Quis te istuc hac hora accedere iussit?

CAL. Illa quae meretur toti mundo imperare, cui ego ut serviam indignum me penitus agnosco. Ne metuas, domina, aperire te illi quem captivum amor tuarum virtutum tenet. Dulcis ille sonitus vocis tuae, qui numquam auribus meis porro exibit, certum me facit esse te dominam animi mei, Melibaeam. Ego sum servus tuus, Callisto.

MEL. Extrema audacia legationum tuarum coegit me ut colloquerer isthic tecum, Callisto. Verum cum antehac claris et perspicuis verbis tibi sententiam meam coram aperuerim, non possum comminisci qua fronte audeas amplius de amore mea sperare quam tum temporis tibi cognoscendum dedi. Abice et depone animo fatuas illas vanasque cogitationes ut honor et pudicitia mihi insollicitatae abs tuis audacibus attentationbus securo loco esse possint neque suspicionibus malis obnoxia ego habear. Hac de causa huc veni ut istis te curis eximerem, ego vero ut deinceps abs te non perturber. Ne cupias famam et existimationem meam ponere in arbitrium vulgarium linguarum quibusvis de rebus mala summo studio loqui consuetarum.

CAL. *Eorum hominum animis qui periculorum* imminentium non ignari, contra [pg. 191] eorum impetum obarmare sese et adversitatum telis obiciendum clypeum praeparatum habere potuerunt nulla contingere tam vehementer noxia percussio valet quae uno ictu illorum omnia vota proturbet. Verum miserrimus ille qui inermis contra insultum sortis asperae sibi de munimentis prospicere non potuit, quippe insidiarum et periculorum omnium metu vacuus cum extra murum securitatis suae deprensus fuerit. Qualiscumque adversitatis turbo facile illum deleverit. Talis ego quemcumque ventum contraspirare votis meis nunc videam, sufficientem video omnia fundamenta spei meae convellere, ipsam vero recens illis captis favoribus praecipitem excutere. O infortunatissime Callisto, o quam deceperunt te legati servique tui, o scelerata deceptrix Celestina, debebas me fato meo moriturum relinquere neque suffundere ardori meo oleum istud bonae spei ut, augmentata flamma, reviviscentibus visceribus, ampliorem exercendorum dolorum materiam inveniret. Cur verba dominae meae pro veris falsa ad me retulisti, cur conscelerata illa lingua tua causam desperationi meae ementita es, cur me huc venire adegisti ut hunc aversi amoris odiique mortiferi ictum, hanc perditionis meae sententiam, desperationis meae conclusionem ex ore illius acciperem quae sola claves interitus et salutis meae habet? O inimicissima vitae meae, non tu mihi narrare ausa es favere meis amoribus istam meam dominam, non sua sponte illam imperasse ut hac hora istuc venirem? Non ut denuo mihi praesentia sua interdiceret, verum ut [pg. 192] obicem ante colloquio nostro obiectum tolleret? Cui ego iam exhinc credam, cui confidam, apud quem veritatem quaeram, quis dolis malis atque fraudibus non studet, quis falsimoniis fictisque dictis non agit, quis saltim aperte hostis est, quis verus amicus, quis locus vacat insidiis, proditionibus, malis artibus, quis mihi tam diram desperationis certitudinem iniungere audet?

MEL. Cessent iam, carissime anime mi, verae tuae querelae, quas neque pectus meum ut ferat sufficit neque, ut dissimulent, oculi mei facere ullo modo possunt. Tu eiulas et te affligis tristitia pro crudeli me habens, ego gaudio fidelitatem tuam agnoscens, lacrymas non teneo. O domine mi, o omnis mea prosperitas, quantopere gratius atque acceptius mihi foret posse vultum tuum simul nunc conspicere quam vocem solam audire. Verum cum hoc tempore amplius nihil tui gratia facere possim, accipe confirmationem et sigillum votorum tuorum in verbis illis quae exscripta tibi misi in lingua fidelissimae et diligentissimae tuae legatae, Celestinae. Omnia quae tibi illa dixit ego nunc confirmo, omnia accepta habeo. Deterge nunc, anime mi, oculos tuos. De me meisque omnibus pro voto et voluntate tua dispone.

CAL. O domina mea, spes votumque gloriae meae, oblivio et depositio omnium aerumnarum mearum, hilaritas cordis mei, quae lingua sufficiet pares meritis tuis tibi gratias reponere ob supremam hanc et incomparabilem gratiam quam hoc temporis puncto tantopere pro me sollicita mihi exhibere voluisti volens atque iubens ut tam indignus atque humilis homuncio suavissimo amore tuo frui possit? Hoc quidem ego, quamquam omnibus votis [pg. 193] desideraverim, indignum me semper habui ob oculos habens excelsitatem tuam, considerans nobilitatem et existimationem tuam, admirando perfectionem, contemplando generositatem animi, comparando exigua merita mea incomparabilibus tuis virtutibus, supremas tuas gratias, inimitabiles venustates atque morum elegantias intuendo. Igitur, o altissime Deus, quomodo beneficiis tuis ingratus esse potero qui tam miraculose miracula tua in me mihi restituendo confecisti. O quanto abhinc tempore cogitationes meas voti huius felicitas subivit, verum quotiescumque pectus meum talia ceperunt, pro impossibilibus reieci semper atque memoria mea exigere studui. Hucusque quidem iam vero illustrissimi radii splendidissima fulgura favoris insperabilis tui lumen oculis meis infuderunt, cor mihi in pectore incenderunt, exsuscitarunt torpentem linguam meam, merita mea extulerunt, ignaviam mihi et humilitatem animi excusserunt, dilatarunt angustias sperum mearum, duplicarunt vires meas, pedes manusque meos torpore ante velut colligatos deligaverunt, ad summam, hanc mihi confidentiam infuderunt ut iam statu tam excelso atque praelustri evectum videam quali promissa dulcissimae et amabilissimae vocis tuae modo collocarunt. Illam quidem, si antehac cognitam atque perspectam non habuissem, suavitatem eius odorum naribus obtusis sentire non potuissem. Credere nunc minime possem carere fraude aliqua occulta tam super omnia vota mea me beantia verba ista tua. Verum ut pro certissimo scio nihil nisi candidum atque sincerum, tam factis quam dictis, a nobilitate generis animique tui tibi permitti, [pg. 194] ad me revertor, me inspicio, utrum ego ille qui fui quondam nunc quoque Callisto, situ dubito, et me in me quaero cui tantum felicitatis obicitur.

MEL. Anima mi, Callisto, merita tua ingentia, exquisitissimae gratiae tuae, generis tui nobilitas tantum apud me potuerunt ut, ex quo integram tui notitiam animo meo percepi, nullo temporis momento de cordis mei penetralibus excesseris. Et, quamquam non paucos dies pugnarim ut dissimularem arcanum hoc pectoris mei, non potui tamen ad extremum quin, muliere illa tua iterato nomen tuum auribus meis ingerente, illi omne desiderium meum optima fide enarrarem, porro ut hoc tempore in hunc locum venirem uti tibi indicarem tantam tuam in me meaque omnia potestatem esse ut volente et cupiente me de utrisque pro lubitu tuo disponere deinceps possis. Ostium istud nunc gaudium nostrum perfectum impedit, quod quidem ego malis dictis invehor, cum fortibus suis et valentibus pessulis, obicibus, repagulis, sine quibus ut et virium mearum contra imbecillitate si esset neque tu quod queribundus discederes neque ego quin summo tui amoris fructu fruerer causam fortassis haberemus.

CAL. Quomodo, domina mea, concessurus sum lingeo asseri ut exoptatissimis ille gaudiis meis obstaculo sit? Numquam censuissem citra unicam voluntatem tuam impedimento iis quicquam obici posse. O molestas odiosasque portarum valvas, Deum oro tali igne vos in cinerem redigat qualis penetralia mea debellat. Tertia huius parte in vos translata puncto temporis concrematae iaceretis. Igitur per Deum, domina, sine servis meis imperem disrumpant diffringantque istas.

PAR. Non audis, non audis, [pg. 195] Semproni, adveniet nos quaesitum ut malo cum illo infortunio involvamur? Nihil minus mihi placet quam hoc tempore illuc accedere. Male auspicio credo conciliatos istos amores. Ego quidem non morabor hic amplius.

SEM. Tace, tace, ausculta, illa non volet nos accedere.

MEL. Anime mi, nolis tu perditioni meae causam dare, famam meam atteminare? Ne immittas fraena cupiditati tuae. Spes certa est, tempus tam prope instat quam tu voles. Quoniam autem tu dolores tuos simplices pro te pateris, ego duplices tam scilicet tuos quam meos. Sis contentus, itaque animum tuum moderere ut crastina nocte eadem hac hora ad parietes horti mei venias. Quamlibet enim invidiosas istas valvas iam confregisses et tumultum illum nemo sentiret, subiceret se tamen in familia parentum meorum terribilis suspicio erroris mei. Tu vero optime nosti *eo maius peccatum esse quo* maior delinquentis existimatio est, uno momento tota civitas rumore omnium opplereretur.

SEM. Mala fortuna nostra noctem istam huc venimus, hic erimus ad summam usque lucem, ut quidem tempori herus noster indulget. Quamlibet enim propitia nobis sit maxime fortuna non poterit tamen quin vel de vicina vel familia adeo ipsa Melibaeae nos aliquis animadvertat tot horas hic commorantes.

PAR. Iam tertia hora est cum suadeo tibi ut nos isthinc subducamus. Non deerit nobis quod excusationi serviet neque fortassis etiam sine malo hinc recedemus.

CAL. O anima mea et universa omnis felicitas, cur tu errorem appellas aut peccatum quod ipsi Dii mihi concesserunt? Precanti numen ad [pg. 196] altare Magdalenae venit nuncia favoris tui diligens illa et fidelis ministra mea.

PAR. Insanis tu quidem Callisto, manifestissime. Non arbitror ego, frater, istum hominem Christianum essem. Quod vetus illa venefica sacrilegiis et incantationibus suis confecit, dicit a Diis sibi esse in manum datum, ab his se stultitiae suae effectum impetrasse. Hac ille confidentia ostia effringere cupit. At male peream si non ad primum ictum comprehendatur a Melibaeae parentum servis, qui magno numero circa portam domus cubilia habent.

SEM. Iam tibi timorem omnem exime, Parmeno, satis procul nos inde absumus, ad primum tumultus auditum nos fuga extra omnem periculi aleam auferet. Sine faciat quodlibet, quod intriverit ipsi exedendum relinquetur.

PAR. Optime loqueris, uno in talibus corde sumus. Sic fiat sane fugiamus nos, qua licet, mortem. Primaevi etiam sumus. Bona natura et peitatis plena iis inest qui neque mori alterius manibus neque ipsi aliquem occidere volunt. Isti scutiferi Pleberii stulto animo sunt. Non tantum edere et dormire illis voluptati est quantum rixari et pugnare. Et quanta sit insipienta gradu composito inimicam exspectare velle qui non tam victoriam aut ex ea emolumentum quam ipsam pugnam continuam amet? O si in tali me periculo aliquando videres, frater, quam laudares me et faveres fortitudini fugientis. Transversum latus obvertens, clunibus distensis, pede sinistro alteri praeposito in fugam, laciniis succinctis, scuto complicato et lacerto subdito uti ne impedimento sit, per Dei fidem credo me fugiturum non tardius dama quo timore perculsus hic morari diutius nolim.

SEM. Melior etiam ad talia [pg. 197] ego. Clypeum et gladium loro colligata gero ne possint currenti excidere, galeam cuculla astrinxi.

PAR. Lapides autem quos in illa ferebas?

SEM. Eversa omnes effudi, satis enim gravis portatu vel sola ista lorica est. Quam tu quidem me adegisti ingratiis meis uti inducerem importunitate tua. Optima quidem ratione recusabam quia gravior videbatur quam quae fugientem non attineret. Audi, audi. Audis, Parmeno? Male negotium procedit. Perivimus, curre, vola, aufer, abripe te hinc. Curre versus domum Celestinae ne nostrae nos apprehendant.

PAR. Fuge, propera. Tu quidem lentus fugae es. O miserum me, si nos apprehenderint. Proice scutum et quicquid armorum est.

SEM. Dominus noster an iam peremptus sit?

PAR. Nescio certe. Et quid opus huius te meminisse? Mea quidem isthaec minima cura est. Curre et tace.

SEM. Ha, hola Parmeno. Redi istuc silentio. Nemo est praeter cohortem vigilum, quae transit alia regione strepitum talem faciendo.

PAR. Vide bene quid dicas, non credas oculis tuis, phantasmate luderis saepe aliud pro alio videndo. Ne guttam quidem sanguinis mihi reliquerunt, iam mors me attingere videbatur, iam pede pedem premere, iam humero sequentium ictus recipere videbar. In vita mea non memini me tanto metu perculsum fuisse neque vidisse in tali me periculo, quamquam multis laboribus defunctus sim, saepe extremis malis proximus. Novem annos servivi fratribus de Guadalupa [*sic*], *ubi plus millies ductis pugnis concurrimus* inter nos servi, verum mors mihi numquam tam propinqua adfuisse videtur quam hoc casu.

SEM. Et ego non servivi parocho S. Michaelis, non stabulario ad forum et hortulano ad Mollejas? [96] Certe [pg. 198] non minus mihi pugnatum erat cum iis qui avibus lapidibus bellum movebant cum nostrae populo illi insedissent quam ille amabat et quoniam hortensia olera vexabant. Sed Deus tibi adsit ne quando armatus in periculum aliquod incidas, tum enim demum verus timor homines infestare solet. Non frustra est quod dicunt, *oneratus armis, oleto perfusus est*. Verte, verte fugam, Parmeno. Praefectus vigilum certo est.

MEL. Anime mi Callisto, quid istud est quod per plateam tumultuari audio? Videntur fugientium esse rumores. Per Deum circumspice ne tibi quid inde mali eveniat.

CAL. Anima mea dulcissima, ne metuas, bene omnia exploravi cum huc irem. Mei homines hic erunt, arbitror, qui sunt fatui meri, eripiunt arma omnibus quos transeuntes assequi possunt. Puto fugere illos aliquem.

MEL. Multi sunt tibi isthuc comites?

---

[96] "Ad Mollejas": Barth understands Mollejas to be a place, not a nickname as it is. On the name Mollejas, see Lobera, Francisco J., Guillermo Serés, Paloma Díaz-Mas *et alii* 692.

CAL. Solum duo, verum etiamsi sex fuerint ipsis pedem collaturi, non multum operae insument ut omnes armis spolient et in fugam dent, ita animis et viribus valent. Electi homines sunt, domina, non vulgaribus servitiis tantum confido. Si non sit honoris et existimationis tuae gratia clementer nunc agendum, iamdudum in frusta disrupissent ostium et postes ipsos istos. Et si deprensi fuerimus, me et te facile liberaverint ab insultu omnium patris tui servorum.

MEL. O per Deum, ne quid tale hic contingat. Sed magnae mihi voluptati est cognoscere tam fidelibus te famulis stipari. Bene collocantur quibus tales tantarum virium et fidelitatis homines aluntur opera atque expensae. Per mei amorem, siquidem tanto robore a natura tantaque virtute praeditos habes, videas ut comiter et bene eos habeas, bonis praemiis cohonestes, [pg. 199] praecipue ante omnia ut secreta tua servent, ne quod celare tu cupis illi differant. Quod si quando temeritatis et audaciae nimios castigaveris, iracundia sopita, favorem illis restitutum tuum ostendas. Ne animi fortes atque confidentes imminuantur strictioribus anguistiis inclusi velut et compressi neve simul irritentur et tempore nocendi observato aliquid ultionis in te parent.

PAR. Domine, here, confestim illinc abscede, multi isthinc homines veniunt cum facibus, ne te videant et agnoscant dum non habes quo te abscondas.

CAL. O miserias meas, quam invitum me cogit mala fortuna, domina mea, tam cito te relinquere. Profecto timor mortis non tam efficax sit, totum hoc facit metus existimationis tuae imminuendae si quis hac hora me hic viderit. Quod si aliter nunc non possum, angeli caelestes tecum perpetui tui comites maneant. Reditus meus, uti abs te praestitutum est, cras certo expedietur ut iussisti per hortum.

MEL. Ita facias. Deus tibi adsit.

PLE. Domina coniux, dormis?

ALI. Domine, non.

PLE. Non audis strepitum in thalamo filiae tuae?

ALI. Certe audio. Melibaea, Melibaea.

PLE. Non audit, ego clarius vocabo. Filia Melibaea.

MEL. Domine.

PLE. Quis in cubiculo tuo isthic ambulat et strepitum ciet?

MEL. Domine, Lucretia mea, quam misi vitrum aquae allatum, sitiebam ego.

ACTUS XII

PLE. Dormi, filia. Putabam aliud quid accidisse tibi.

LUC. Quam minimus etiam sonus illos expergefaci, cum timore colloquuntur.

MEL. Non est uspiam animal tam mansuetum quod amore et metu pro liberis [pg. 200] suis non exasperetur. Quid facerent si certi essent negotii huius et me descendisse illuc?

CAL. Claudite ostium istud, filii. Tu Parmeno, candelam huc affer.

SEM. Melius sit te, domine, iam cubitum facessere et dormiendo hoc reliquum in diem usque noctis consumere.

CAL. Certe non displicet haec monitio, opus eo quam optime habeo. Quid tibi nunc, Parmeno, de anu ista videtur quam tantopere ante contemnebas? Quae, Deus bone, opera huius ope confecta sunt, quid misero mihi factum esset absque illa?

PAR. Neque ego enormem illam vehementiam dolorum tuorum sentiebam neque merita et generositatem Melibaeae cognoveram. Sic extra culpam omnem sum. Noveram contra Celestinam et illius artes atque machinas, admonebam te et suadebam tibi ut domino aequum erat adesse fidelem famulum. Nunc omnia in melius vertisse illa videtur, omnia sua artificia bonis operibus mutavit.

CAL. Quid, mutavit, dicis?

PAR. Tanto quidem opere ut, nisi praesens omnia quae egit vidissem, nihil eorum plane credere potuissem. Atque ita tu bene vivas uti haec vera sunt.

CAL. Ergo audivistis quid inter me et dominam meam transactum sit, quid faciebatis? Timuisse existimo.

SEM. Quid, timuisse, timuisse nos autumas, domine? Profecto quantum universo mundo hominum est metum nobis nullius rei incutiat. Tu certe trepidos homines in nobis reperisti. Illic eramus omnibus modis parati, omnibus accidentibus et momentis intenti, arma manibus apti.

CAL. Obdormivistis aliquantillum?

SEM. Dormierimus, domine? Pueri sint dormitores quales tu nos conviciaris. Numquam ego assedi neque per Deum umquam [pg. 201] pedes iunctos habui, undique versim circumspiciendo ut, si aliquid sensissem, confestim auxilio adsilire potuissem omnibus viribus periculum tuum meo propulsaturus. Et Parmeno, quamquam suspicio mihi hactenus fuerit non illum admodum libenter tibi serviisse, ita efferebat sese, cum cohortem illam hominum cum facibus venientem videret, ut lupus solet cum procul pulverem excitari pedibus venientis armenti videt. Iam sperabat illas illis eripere donec clare videret nimiam hominum multitudinem esse.

CAL. Ne mirum hoc tibi videatur, natura illi datum est audentem animum habere. Et si tale aliquid mea causa facturus non fuisset, fecisset suapte propria, neque tam assueti talibus facile contra morem suum venire possunt. Quamquam pilum mutet vulpes, ingenium tamen et naturam suam non ponit. Pro certo ego affirmavi dominae meae Melibaeae quam virtuti vestrae confidens non fallerer animi et quam securus omnis periculi semper incedam vestra custodia atque auxilio tutus. Filii, certe multum vobis debeo, orate Deum uti bene res saluti meae succedant, tum servitiorum vestrorum fidelitatem egregiis praemiis remunerabor. Nunc cum bono Deo dormitum concedite.

PAR. Quorsum nunc ibimus, Semproni, lectum dormitum an in culinam ientatum?

SEM. Eas tu quorsum voles. Antequam dies illuciscat, mihi conclusum est ad Celestinam proficisci ut partem meam de catena potiar. Anus nullius pretii est; non dabo ipsi tempus uti fabricam aliquam excogitet ut nos nostris partibus circumscribat.

PAR. Placet sententia. Paene huius tantae rei oblitus eram. Eamus iunctim ambo. Si contradicet, promissa abnegabit, terribilibus [pg. 202] verbis eam pavefaciamus vi coacta solvat quod gratiis bonis non volet. *Supra pecuniam non est amicitia.*

SEM. Ha ha st, tace. Cubat isthic iuxta fenestellam hanc. Tha, tha, domina Celestina, aperi nobis ostium.

CEL. Quis pultat?

SEM. Aperi, filii tui sumus.

CEL. Nulli mihi sunt filii qui hac noctis hora obambulent.

SEM. Aperi nobis, Parmeno et Sempronius sumus, venimus isthuc ientaculo te participaturi.

CEL. O perversos vos fatuos, intrate, intrate. Quomodo hoc noctis huc adestis? Iam mane novum oritur. Quid commisistis, quid vobis accidit, voto suo potitus est Callisto vel adhuc apud illam est aut quid rei est?

SEM. Quid, rogas mater? Si nostra opis illi non adfuisset, iam anima eius abisset quaesitum aeternum sibi domicilium. Si hoc solum officium quod hodie illi a nobis praestitum est compensare dignis praemiis volet, omnes illi divitiae suae non sufficient, siquidem verum est quod dici solet, vitam homini et corpus suum digniora et maioris esse aestimanda quam aliarum rerum quamlibet.

CEL. Iesu, et in quali vos periculo fuistis recense mihi per Deum.

SEM. Vide quantum censere debeas, ita vivam ut sanguis adhuc toto corpore mihi ferret saltim ubi memoria rem recolo.

CEL. Recipe te, per Deum, et narra mihi.

PAR. Rem prolixam ab illo petis uti quidem percita mente nos huc venientes vides et fatigatos tantarum rerum laboribus. Melius feceris nobis aliquid isthic ientaculi parans, poterit ut eo modo commode alteratio considat quae nunc omnibus sensibus molesta est. Ego quidem pro certo tibi affirmo nolle me cum quopiam homine pacifico nunc aliquid negotii habere, gloria et cupiditatis meae effectus erit invenire aut offendere [pg. 203] aliquem cuius sanguine iram meam mitigem quoniam ob celeritatem fugientium eorum non potui qui tantopere nos laeserunt.

CEL. Mala pestilentia peream si non pavore tota tremo postquam tam crudelia ex te verba audivi, tam te iracundia concitum vidi. Credo iocari te. Dic mihi nunc, Semproni, per vitam tuam, quid est quod vobis accidit?

SEM. Per Deum sine sensibus adsum desperatus. Quamquam erga te moderari iram aequus sit, quae femina es, alioque te vultu contueri quam quo adversarios nostros armis abiectis in fugam praecipitare consuevimus. Numquam mihi animi fuit in eos vim meam et robur exerere qui defendere se non possunt parumque negotii furori meo facere. Armaturam omnem meam, domina, in frusta concisam gero, scutum sine umbone est, ensis instar serrae excisus, cassis pertusa usque ad cucullam intimam. Nihil mihi iam talium superest ut denuo cum hero meo noctu prodire possim cum ille iusserit. Sequenti vero nocte consponsum est conventuros amantes in horto Melibaeae. Ut autem nova mihi parem, ab eo obolum non feram, etiamsi illico moriendum mihi sit.

CEL. Petas, fili, ab hero tuo si quid, dum illi servis et mandata eius facessis, damni tibi datur. Liberalissimus hominis ingenium est, non tu facilius posces quam ille tibi largietur. Non est ex eorum genere de quibus vulgo iactatur, vive mecum et quaere qui tibi det si quo opus habes. Ille tam aperti et nobilis animi est et haec et alia plurima tibi dabit.

SEM. Ha, itidem Parmeno omnia sua arma perdidit. Ut reparet ista, omnium facultatum ipsius substantia non sufficiet. Qua fronte iubebis ut tanta importunitate illum [pg. 204] accedat petitum amplius quam ipse sua sponte largiri velit? Sed iam dum satis est. Non dicatur mei gratia, *da illi digitum latum, ulnae totius spatium poscet*. Dedit nobis centum illos aureos, dedit postea auream istam catenam. Ter tantum porro elargiatur, quid censes illi remansurum? Nimio ipsi constabit tam facile expeditu hoc negotium. Simus contenti eo quod ratio suadet, non amittamus universum, amplius quam aequitas mandat, poscendo. Qui plurimum expetiit raro non minimum indeptus est.

CEL. Certe non sine gratiis loquitur hic asinus. Quod si apud mensam hoc negotium tractaretur, affirmem omnes nos amplius solito adbibisse. Insanis tu ergo, Semproni? Quid rei est mercedi tuae cum meo salario, tuis praemiis cum meorum laborum meritis? Egone obligata teneor vobis arma vestra, cum fracta sunt, luere, ego resarcire damna vestra? Audacter iurem et vitam meam interponam tam fatui te cerebri fuisse ut confisus uni alicui verbulo quod nescio qua occasione tibi dixi omnia mea tua esse et quantum flaccidis meis viribus ego efficere possem numquam tibi me defuturam et, si Deus mihi bonum aliquod lucrum de domino tuo emungere concessurus fuerit, tuam te etiam isthinc partem capturum. At tu nosse iam ante ista debes, Semproni, istas oblationes, ista verba, boni amoris neminem obligare cuiquam. Non aurum est continuo si quid splendidus fulget, sin, certe minoris illud aestimabitur. Dic mihi istud uti sentis, Semproni, videbis, etiamsi confecta aetate sim, optime me coniectura ad secutam quid velis et intra te forte conclusum habeas. Bona fide, fili, amplius est quod me male habet quam quod tu autumas et quidem [pg. 205] modo ut mirer ipsamet quo pacto maerore non animam iam efflaverim. Cum de domo vestra huc redissem, fatuae illi Eliciae catenulam, quam ferebam, tradidi ut cum illa luderet et sese aspectu eius oblectaret. Illa iam nescire ait quorsum illa devenerit. Totam istam noctem neque illa neque ego vel unicum solum minutal horae dormivimus, ita animi anxiae sumus neque tam certe propter pretium catenulae ipsius, quod mediocre utique erat, quam propter puellae tam absurdam negligentiam. Et quod omnium est miserabilissimum forte, fortuna huc advenerunt aliqui familiares et bene mihi noti eodem temporis articulo, metus nos habet ne illi forte illam abstulerint. Haec cum ita sint, filii, iam vobiscum ambobus loqui cupio, si herus vester aliquid mihi largitus est, scire et considerare debetis illud ex eo meum esse. Aureum illum thoracem quo te donavit an ego partiri tecum volui? Certe nec volui nec aequo iure potui. Serviamus omnes, singulis ille dabit quod quemque mereri videbit. Quod si mihi aliquid donavit, certe non immerenti eum honorem habuit. Ego bis vitam meam eius causa velut venum exposui. Plus ego olei atque operae illius negotio expediundo impendi vobis. Sciatis, filii, nihil non pecunia mea mihi constare. Non ego quod didici quodque sapientior multis habeor per ludum id mihi peperi, cuius rei optima testis mater tua erat, Parmeno. At vero, quamquam omnia ista vere et bono iure a me dici nemo aequus iudex non arbitraturus sit, utrique tamen vestrum, cum primum catenulam istam meam recuperavero, de honesto exinde vestitu prospecturam polliceor. Quod si illam ubi sit rescire non potuero, recipiatis [pg. 206] oportebit bonam propensamque voluntatem meam in locum ipsius donariis ut mihi ipsi infortunium perditi muneris illius mei silentio devorandum est. Hoc autem ideo vobis promitto ut gratum mihi animum inesse sentiatis quoniam maluistis me negotio hoc heri vestri expediundo aliquid lucelli facere quam quamvis mei census et generis aliam. Quod si dictis istis contenti non eritis, vestro damno plura petendo nihil penitus accipietis.

SEM. Non iam prima vice dico nimium iuris esse avaritiae et parcitati in vetulos vetulasque. Cum pauperes, liberales sunt, cum ditescunt, triparci. Sic accrescit cum divitiis avaritia, cum avaritia in mediis opibus inopia neque est ulla res quae avarum pauperem reddit quam facultatum copia. O Deus optime maxime, et quomodo egentia subicit se atque augetur cum abundantia. Quis loquentem antehac vetulam istam audiens non affirmasset omnem illam proventum ex herilibus istis amoribus facile mihi concessuram? Et certe ita tum sentire prae se ferebat cum pauxillum aliquid inde exspectaret, nunc, cum liberalitate domini mei subito locupletata est, ne minimum quidem inde decidere potest. Scilicet ut verum suo exemplo faciat quod pueri in triviis cantillant, de paulo paulum, de multo nec hilum quidem.

PAR. Det tibi secundum promissa sua partem aut eripiemus illi totum. Satis equidem tibi clare dixi qualis esset ista vetus venefica, tum tu alia omnia sentiebas.

CEL. Si est vobis inter vos disceptatio aut si abs hero vestro aliquid poscere habetis, arma aut quidvis aliud, ne iracundiam vestram in meum caput exoneretis. Optime mihi constat unde haec veniant litigia. Belle conicio [pg. 207] utro pede claudicetis. Certe minime ob egestatem eius quod a me petitis neque adeo avaritia auri quod inhiare videmini. Illud est quod metuitis totam me vitam vestram velle vos captivos velut atque mancipia Areusae et Eliciae, quas deperitis, detinere ne possitis aliunde alias petere, istae vero semper vestris voluptuationibus similent se paratas neque alium admittere quempiam. Hac sola causa super auro isto litigatum mecum adesti et dira mihi minamini partituri ingratiis meis vi vestra quod in potestate iam dum mea est. Igitur tacete modo, boni viri. Quae istas vostis conciliavit, alias adducet decem, praecipue cum iam familiarius vos noverit, vestra ope lucri plusculum ceperit ut de amicitia vestra dubitare non possit. An vero credendum sit mihi in talibus expeditionibus, dicat pro me Parmeno. Dic, Parmeno, dic, ne pudorem habeas enarrare quo fine negotium terminatum sit, cum Areusae domi suae uterus doleret.

SEM. Ego dico ipsi ut abeat *et aquam petat*. Non ego istuc quaero quod tu autumas, non immittas petitionibus nostris ludificationes tuas. Hac tu fabrica labiis me non ductabis, ut speras. Huc accede et rationem rei mecum deduc. Vetulus canis aegre illuditur. Da nobis atque porrige duas partes omnium istorum quae Callisto ob amorum suorum confectionem tibi muneratus est. Non des causam ut vulgo propaletur quae tu sis. Aliorsum, aliorsum his ludificationibus blanditiarum, anus nullius pretii.

CEL. Quis ego sum, Semproni, tu de lupanari me redemisti? Taceat impudica et sordida ista lingua tua, ne attamines canitiem meam. Anus ego sum talis [pg. 208] qualem Deus me esse voluit, non peior caeteris omnibus, vitam officio meo sustineo, ut quaevis alia suo, maxime inculpata. Qui opem meam non poscit, neminem ego assector. Domo mea aliorsum accersunt qui meo officio uti volunt, aedes ipsorum rogor. Si bene aut male vivo, Deus testis est cordis mei. Non tu venias iracundia tua me concutere. Iustitia est aequalis et administratur omnibus. Tam audiar ego causam meam dicens quam tu tuam, etiamsi mulier sim, aeque certe atque vos pexi atque compti. Fac me missam domi meae cum fortuna mea, fato me meo relinque. Neque tu, Parmeno, censeas captivam me tibi aut mancupio addictam esse quoniam secreta quaepiam anteactae vitae meae novisti casusque qui iunctim nobis obtigerunt, mihi, inquam, et matri tuae infortunatissimae. Certe illa pariter ego atque me illa utebatur dum Deo placuit.

PAR. Ne mihi infles buccam tuis istis commemorationibus nisi vis isthinc ad illam cum novarum rerum nuntiis mitti ut habeas certe de quo illi quaeraris.

CEL. Elicia, Elicia, surge confestim lecto, cedo illico pallium meum, per omnes divos iam iustitiam appellatum curram clamando instar insanae. Quid hoc rei est, quid tales minaciae domi meae mihi dicere volunt? Cum ovicula mansueta et cicure tam gloriosa et clamosa litigia ordimini, cum gallina clavo affixa, cum anu amplius sexaginta annorum? Illuc, illuc ad viros ite vestri sexus, contra eos fortes vos facite qui gladiis pariter cinguntur, illic campus est iris vestris explicandis, non adversus flaccidum istum stipitem. *Iudicium insignis pusillanimitatis est, vim facere infirmis* et qui imbecillitate virium a defensione arcentur. Obscenae sordidaeque [pg. 209] muscae pabulum in macie confectis atque exsanguinibus iumentis quaerunt. Minimi catuli nihil nisi latratores meri pauperes miserosque peregrinantium maiori impetu assiliunt. Si ista quae in illo lecto cubat mihi suadenti credidisset, numquam ista domuncula nostra ullam noctem sine viro esset neque tam futili contubernio viveremus. Verum ut tibi gratificaretur, ut tibi fidelitatem servaret, istam solitudinem imbellem degimus. Cum sciatis neminem hic esse praeter duas nos mulierculas, tam magnos vos facitis, tam grandibus minaciis abutimini. At si virilis sexus quempiam isthic esse nossetis, certo scio nequaquam ausuros vel minimum aliquid talium iactationum. Belle dicitur, *fortis adversarius etiam ferventissimam iram tepidiorem facit.*

SEM. O avaritiae mancipium, scelesta anus, semimortua fame auri, non eris contenta tertia parte huius lucri?

CEL. Qua tertia parte? Abi dum licet, cum Deo, domo mea, tu et sociennus iste tuus, sin vociferabor ut omnis auxilio accurrat vicinitas. Ne me insanientem faciatis, ne caussemini ut res Callistonis fabula vulgi fiant.

SEM. Vociferare aut murmura, mihi tantumdem est. Facesses opere quod verbis promisisti aut iam finies dies tuos.

ELI. Per Deum apage ensem. Tene istum altrinsecus, tene Parmeno, ne occidat insanus iste miseram anum.

CEL. Iustitia, iustitia, domini vicini, iustitia. Occidunt me domi meae isti lenocinatores.

SEM. Lenocinatores, et qui? Exspecta, domina stryx, ego te iam ad inferos mittam cum litteris.

CEL. Hei, occidit me, ay ay, confessio, confessio.

PAR. Da illi, da strenue, confice illam quoniam incepisti. Moriatur, moriatur, *minus inimicorum est quo plus mortuorum.*

CEL. Confessio.

ELI. [pg. 210] O crudeles latrones, mala morte pereatis, occidistis matrem meam et omne bonum meum.

SEM. Fuge, fuge, Parmeno, multorum hominum concursum video. Cave, cave, subduc te, vigilum cohors adest.

PAR. Hei me, non est ubi elabamur, iam ostium obsederunt.

SEM. Desiliamus fenestris istis, non moriamur manu carnificis.

PAR. Salta, ego sequor.

ACTUS XIII

Argumentum

Callisto somno experrectus secum ipso loquitur. Post paulum vocat Tristanem aliosque servos suos. Tristan ad ostium domus consistit. Venit Sosia plorans. Rogatus a Tristane recenset ipsi mortem Sempronii et Parmenonis. Eunt iunctim, rem Callistoni referunt, qui veritate cognita miris modis lamentatur.

Callisto, Tristan, Sosia.

CAL. O quam gratum soporem dormivi, quam ex voto meo, post colloquium illud angelicum, post melleum istud et sesamo sparsum temporis momentum. Optima quiete fruitus sum. Tranquillitas ista animi et hilaritas, exoneratis omnibus doloribus, mirifice me recreat. Procedunt illae de singulari isto gaudio meo. Vel corporis multa fatigatio quietem mihi optabilem conciliavit aut animi gloria atque voluptas. Neque mirum mihi ambas istas officia sua iunxisse uti oculorum meorum valvas quibusdam velut catenis concluderent cum corpore atque membris laborarim hactenus, spiritu autem atque [pg. 211] animo praeterita nocte mirifice gavisus sim. Certe aedopol res est tristitiam difficultatem gravium cogitationum afferre, graves illas cogitationes somnum impedire et suspendere. Mihi certe hoc his diebus usu venit ex desperatione voti mei, cuius iam tamen certus sum idque velut manu teneo. O domina mea, o amor meus, Melibaea, quid iam cogitas? Dormis etiam an iam dum evigilasti, alius apud animum tuum est an ego solus, surrexisti lecto tuo an cubas adhuc? O felix et fortunate Callisto, si in veritate rei ita negotium est neque per somnum tibi felicitas ista obiecta est. Somnio ego nunc etiam an vigilo, fuit imaginaria ista res an vera, somnorinum phantasma an verum gaudium? Verum solus ego non fui, famuli mei comites adstiterunt. Duo erant isti. Si illi affirmaverint re ipsa ita negotium gestum esse, pro tali quod vere contigerit ego id habebo. Volo eos accersi iubere ut gaudii mei certitudinem habeam. Tristanice, pueri, heus, Tristanice, ades istuc, expergiscere.

TRI. Domine, iam isthic sum.

CAL. Propera huc mihi convoca Sempronium et Parmenonem.

TRI. Iam curro, here.

CAL. *Hactenus afflictum curis sopor altus habet*
Namque favet quondam non bene gratus amor
Vi superat victo mala saeva dolore voluptas
In vestrum veniam iam Melibaea thorum

TRI. Here, nemo servorum domi est.

CAL. Aperi igitur istam fenestram, vide quae hora diei sit.

TRI. Here, alta iam dies est.

CAL. Igitur claude illam denuo et dormire me sine usque dum tempus prandii erit.

TRI. Ibo ad ostium ergo interea [pg. 212] ne quis superveniat forte somnum heri mei turbaturus. Quisquis illum quaeret, domi esse negabo. Vah quantum clamoris apud forum est. Quid hoc sit rei? Aliquis capite plectitur vel mane tauros venatum venerunt. Nescio quid arbitrari debeam isthuc tumulutus esse, quanta hominum vociferatio. Illinc venit Sosia, equorum curandorum servus, ab illo resciscam quid negotii sit. Scelestus capillos vellit, in taberna aliqua sese volutavit. Si herus noster hoc resciverit, *bis mille ictus* fustium praemium meritis suis honestum feret. Fatuus est, oportet tales castigationes prudentem faciant. Videtur mihi plorans adesse. Quid hoc rei est, Sosia, unde venis, quid eiulas?

SOS. O infelicem me, quam grande hoc damnum est, o infamia domus herilis nostrae, o quam infausta nobis dies iam oritur, o infortunatos adolescentes.

TRI. Quid est, quid affers, qua de causa te affligis, quid mali hoc est?

SOS. Sempronius et Parmeno.

TRI. Quid dicis, Sempronius et Parmeno, quid istud rei est, fatue? Et me infatuas tu, dic clare quid est novae rei.

SOS. Nostri fratres, nostri sodales.

TRI. Aut ebriacus tu es, aut sensibus captus, aut certe pessimum nobis nuntium affers. Non dicturus es mihi quid est quod de Sempronio et Parmenone mutis?

SOS. Capite plexus uterque in foro iacent.

TRI. O malam fortunam nostram, siquidem tu verum loqueris. Vidisti illos, dic certo an allocuti te sunt.

SOS. Iam sensibus omnibus exsuti erant. Alter tamen cum summa difficultate, cum me iuxta plorantem atque eiulantem animadverteret, oculos in me figebat, manus ad caelum iunctas efferens, velut gratias Deo perhibiturus neque velut interrogaturus [pg. 213] an morti ipsius ego condolorem atque ut tristitiam eius discedentis agnoscerem, inclinabat caput lacrymis plenos oculos habens, significans quod me numquam postea adspecturus esset usque ad magnum diem supremi iudicii.

TRI. Non recte animadvertisti quid voluerit poscere ex te, voluit an Callisto praesens adesset. At cum tam clare tristissimi casus conscius sis, eamus confestim ad herum nostrum, illi illas illaetabiles res narraturi.

SOS. Here, here.

CAL. Quid hoc est, fatui, nonne interdixi vobis ne quis excitatum me veniret?

SOS. Opus vero nobis est excitato te expergiscere, surge lecto. Si tuis non succurris, si auxilium nullum in te nobis est, funditus omnes disperimus. Sempronius et Parmeno decollati iacent in foro, ut publici malefici sub voce praeconis qui capitalia eorum delicta populo proclamat.

CAL. O adsit mihi Deus, quid hoc est quod dicentem te audio? Nescio an credere tibi debeam tam insperatum et subitum infortunium. Vidistine tu ipse quae dicis?

SOS. Certe ego vidi.

CAL. Circumspice vide quid dicas, ista nocte ambo mecum fuerunt.

SOS. Ergo mane excitati sunt ut morerentur.

CAL. O fideles mei servuli, o egregii mei famuli, o fidi mei secretarii, o consiliarii mei, poterit fieri ut hoc sit verum? O infamis Callisto, iam turpitudinis notam omni tuae vitae tempore feres, quid te fiet, occiso tali famulorum pari? Dic mihi per Deum, Sosia, quae fuit causa, quid proclamabat praeco, ubi interfecti sunt, quis manum illis iniecit, quis occidit?

SOS. Here, causa mortis ipsorum crudelissimus carnifex propalabat clamitans, mandat iustitia moriantur violenti homicidae.

CAL. Quem hominem tam [pg. 214] subito interfecerunt, quomodo hoc fieri potuit? Non quattuor adhuc horarum spatium est cum a me discesserunt. Nescis nomen occisi?

SOS. Here, mulier fuit, nomine Celestina.

CAL. Quid ex te audio?

SOS. Quod vere audis.

CAL. Ergo si hoc ita sese habet, tu occide me, ego tibi permitam et ignoscam mortem meam. Certe maius hoc malum est quam vidisti tu aut cogitare potes si Celestina illa faciem vulnere signata occisa est.

SOS. Illa ipsa est, plus triginta mortiferis ictibus confossam vidi extensam iacentem domi suae, iuxta unica eius ancilla erat, quae ipsam deplorabat.

CAL. Ah miseros iuvenes, quomodo ducebantur, allocuti te sunt?

SOS. O here, si eos vidisses, cor dolore tibi dissiliisset medium. Alter iam nihil sentiebat, cerebro totum caput undique perfusus, alter ambobus brachiis fractis, caput horridis modis conquassatus, ambo sanguinolenti trahebantur. Exsilierant domo per fenestram excelsissimam vigiles persequentes fugituri. Sic semimortuis iam abscisa sunt capita, credo iam etiam nihil sentientibus.

CAL. Igitur cum infortunio hoc attaminari famam meam sentiam, optarim eorum me loco esse, illos meo, sic vitam perdidissem, non et famam. O si Deo hoc placeat. Iam cum existimatione mea amisi etiam spem omnem consequendi voti mei, propositi mei, cuius iam pars in manu mea erat, quod quidem illud est quod infelicissimo isto casu me maxime afficit. O triste nomen, o fama nominis mei, quomodo venum nunc differris per ora hominum, o secreta, secreta mea, quam cito per mercatores et forenses negotiatores publicabimini. Quid mihi fiet, quorsum ego ibo, exibo ad mortuos? Iam non possum illis opitulari. Quid vero hic maneam? Ista ignavi animi pusillanimitas [pg. 215] erit. Quid consilii capiam? Dic mihi tu, Sosia, quae erat causa occisae mulieris.

SOS. Ancilla illa occisam deflens, domine, vociferando, eiulando illam enarrabat omnibus, quicumque audire cuperent dicens noluisse illam dividere aequis cum illis partibus catenam auream, quam tu Celestinae dedisses.

CAL. O dies aerumnosa, o saeva afflictio, et quomodo opes meae de manu in manum transeunt, nomen meum de linguis in linguas. Omnia iam palam erunt quae cum illis et qua de causa omnia locutus sim, quicquid illi super negotiis meis sciverunt, status ipse amorum meorum. Non ego audebo iam prodire in publicum. O miseri adolescentes, tam subito vos mali sideris afflatus obsorbuit, o vota gaudiorum meorum, quomodo iam retroceditis imminuenda. Antiquum est proverbium, *de celsis culminibus periculose caditur*. Multum hac nocte felicitatis assecutus eram, hodie tantumdem perdidi. Rara est tranquillitas constans in pelago. Ego iam mihi titulum hilaritatis scripseram modo fortuna mea attinuisset turbines tempestuosus contraspirantium ventorum in perniciem meam. O fortuna, quantum et quot locis me oppugnare persistis. Verum quo tu magis arcem habitationis meae concutis, quo magis coeptis meis contrariam te opponis, eo tranquilliori animo adversitatum vis mihi ferenda incumbit. In his talibus magnanimitas aut ignavia pectoris sese probat. Non est melior Lapis-Lydius ad cognoscendum virtutes homini additas quales sint quam iste genus. Igitur quodcumque me infortunii porro secuturum sit, non omittam exsequi mandatum illius unde omnis istorum causa descendit. Pluris apud me esse debet gloria eius rei quam assequi spero quam damnum illorum qui merentes interempti sunt. [pg. 216] Erant elato animo isti et violenti, si nunc evasissent, alio utique periculo eodem post fine periissent. Vetula ipsa mala et falsitatibus oppleta erat, ita mihi videbatur cum illis conversari ut super vestimentis olim crucifigendi iusti impiorum cohors rixata est. Sic vindicta permisit divina ut occideretur solutura tot adulteriorum culpam quae interventu ipsius per universam urbem commissa sunt. Dabo operam ut Tristan et Sosia instruantur quo itineris mihi exoptatissimi comites fiant. Apportabunt secum scalas, praecelsi enim muri sunt hortum cingentes. Cras videbo illius rei cura si qua esse poterit quae foris accidit, an vindicare meorum interitum possim. Si non dabitur, innocentiam meam ficta absentia testabor aut me fatuum simulabo ut eo melius speratissima voluptate mea frui possim, voluptate, inquam, illa votiva amorum meorum, uti exemplum mihi praeivit maximus imperator Ulysses, qui, ut vitaret necessitatem Troiani belli et Penelopes uxoris suae deliciis frui posset, paria quondam fecisse legitur.

ACTUS XIV

Argumentum

Magnopere animum anxia Melibaea ob moram ultra praestitutum tempus Callistonis cum Lucretia colloquitur. Venit tandem Callisto, Sosia et Tristane comitibus. Post voluptatem ex sententia sua sumptam, quisque domum et lectum suum recedunt. Callisto ad se reversus dolet pauxillum temporis cum amoribus suis fuisse. Supplicat Soli ut diem cito reducat ut desideriorum suorum possit instaurare patrationem. [pg. 217]

Melibaea, Lucretia, Tristan, Sosia, Callisto.

MEL. Diutius quam speraveram commoratur eques ille quem exspectamus, Lucretia. Quid credis aut suspicaris tanta ei dilationis causam esse?

LUC. Domina iusto impedimento attinetur procul dubio neque in ipsius potestate est adesse citius.

MEL. Boni spiritus eum custodiant ut ubicumque sit sine periculo suo sit. Tarditas et mora eius nequaquam mihi dolori sunt, illud animum meum excruciat, in via, dum huc it, posse plurima illi accidere sinistra. Quis scit an cupiens istuc venire habitu quo iuvenes tales noctu per plateas commeare solent inciderit in praefectum vigilum et, antequam agnitus fuerit, sit a cohorte illa aliquam iniuriam passus ubi se defensurus forte in malum inciderit aut ipse aliis detrimentum aliquod intulerit. Potest etiam in custodias nocturnorum *canum* incidisse qui crudelibus et immanibus dentibus suis, quibus sane differentiam nullam obviantium habent, illi aliqua nocuerint, illum momorderint aut in orbitam aliquam ponens pedem aut ad lapidem offendens aut alio quovis pacto ceciderit. Verum, o miserrimam me, haec sunt infortunia quae intimo corde mihi conceptus amor praefigurat aut afflictae imaginationes attrahunt. Nolint omnipotentia divina aliquam istarum suspicionum veritatem tangere, prius tardetur ut libet, potius, cum placuerit illi, alio tempore ad me visum veniat. At ausculta, attende animum, audio sonitum gradientium in via et iam videor percipere mihi confabulantes ab altera parte horti.

SOS. Pone recte et colloca ad murum [pg. 218] istas scalas, Tristan, hic enim optimus adscensu locus est, licet altior.

TRI. Adscende isthic, here, nescimus quis intus sit, etsi vocem colloquentium audiamus.

CAL. Tacete vos, fatui. Ego solus intrabo, audio loquentem dominam meam.

MEL. Serva tua est, mancipium tuum, ancilla tua est, illa quae tuam pluris quam suam vitam facit. O mea anima, ne desilias loco tam excelso, moriar ego metu tui conspiciens te. Descende sensim, gradatim de scalis te dimitte ne cum tanto impetu te deicias.

CAL. O angelica imago, o pretiosissima margarita cuius respectu omnia mundi speciosa sordent. O mea domina, mea gloria, iam brachiis te meis amplecti datur, nescio an mihi istuc ipsi accredere debeam. Apud animum meum tanta turbatio ab hac extrema voluptate oritur ut non permittar sentire quippiam de universo hoc gaudio quod tot votis petitum iam demum possideo.

MEL. *Domine animae meae, postquam me credidi potestati tuae,* postquam in manum me tuas commisi, postquam voluntati tuae per omnia obedire volui, non peior exinde conditio mea fiat quod pia, quod clemens, quod misericors fui quam foret illa si fera atque crudelis tibi essem. Ne velis perdere me aut pudicitiam meam propter delectationem tam parvi temporis, tam nullius omnino spatii. Res quae contra aequitatis aut honestatis regulam committuntur facilius postea reprehenduntur quam emendantur. Exhilara animum complexu meo, videndo et exosculando, uti ego facio et abs te fieri cupio, desiderium tuum circumscribe. Non petas abs me neque mihi eripias quod ablatum non erit in potestate tua mihi restituere. Abstine illud contemerare quod cum universis mundi thesauris [pg. 219] redintegrare non possis.

CAL. Domina vitae meae, cum ad consequendum istud praemium vitam totam meam impenderim, quae ratio me manibus illud emittere iubeat cum tandem aliquando in potestate mea videam? Neque tu, domina mea, istud mihi imperabis neque ego tale aliquid erga me ipsum excusare valeam. Ne a me postules tam immanem ignaviam non faciet quisquam qui quidem vir natus sit, tam absurdam vel sexui suo iniuriam. Quid censes eum qui tanto te spatio incomparabili desiderio perierit, qui totam meam vitam hoc pelagus amoris tui et navi hactenus et nare post inde volo? Invidebis mihi optatissimo portui succedere post exantlatos tot maris infesti labores?

MEL. Per fidem meam, quantumvis lingua tua loquatur quid velit, non ideo concessum erit et manibus agere quod cupiunt. Quiesce ab istis audacibus coeptis, domine, sufficiat tibi, postquam me tibi totam dedi, postquam tua esse volui, tibi me addixi, gaudere exterioribus bonis qui quidem fructus proprius et tamen parum tutus amatoribus conceditur. Nolis spoliare me pretiosissimo omnium munerum quae natura mihi largita est. Considera boni pastoris esse lanam certo tempore ovibus suis demere, non deglubere illas aut penitus perdere.

CAL. Quo fine, domina mea unica, ut ne umquam sopiatur poena mea, immo ut recentetur illa et pro veteri iam nova suboriatur, ut in principia sua ludus tam crudelis revertatur? Ignosce rogo, impudentiae manuum mearum, quae numquem satis confidenter sperare potuerunt tacturas se oras laciniarum tuarum indignitate et rusticitate sua, iam vero tanta illis felicitas oblata est ut corpus etiam tuum tangere et florem delicatissimorum membrorum usurpare possint.

MEL. Secede [pg. 220] tu isthinc, Lucretia.

CAL. Qua de causa, domina mea? Optime mihi placeat praesentes adesse testes tales gloriae meae.

MEL. Ego eos nolim errori meo. Si cogitare potuissem tam enormi crudelitate me tractaturam, non credidissem me potestati immisericordiae tuae.

SOS. Tristan, audis quid isthic rerum geratur, quibus modis procedat negotium?

TRI. Tantum bonarum rerum audio ut herum nostrum fortunatissimum censeam hominum quotquot umquam nati sunt. Et certe si mihi talis obtingeret negotiatio, quantumvis adolescentulus sim, tam bene calculum mihi videor ponere posse quam ipse modo herus noster.

SOS. Talium votorum summa contingat per me omnibus qui optaverint sed suis damnis haec etiam lautissima praemia constant, suo periculo quisque talia patret cui dabitur. Duo iam servi voragine horum amorum absorpti perierunt.

TRI. Iam dum eorum oblitus est. Passus est illos vitam tamquam rem nullius pretii servitio suo impendere, ite, audete aliquid spe eius defensionis. At mihi parentes mei pro bono consilium dederunt, nobili homini serviens ego ut occiderem neminem. Vides illos isthic hilares et complexu mutuo fruentes, miseri duo servi cum summa ignominia decollati apud forum iacent.

MEL. O vita mea, o domine mi, cur voluisti perderem coronam virginitatis meae ob tam brevem delectationem? O miserrimam me et te, mater mea, si tu scires quod hic modo rerum gestum est. Nonne sponte te illico quovis genere mortis e vita abriperes, me autem violenta exstingueres? Certe crudelis tu sanguinis tui interemptrix fias ut ego finem peccato meo tuis diebus dederim. O sceleratam me [pg. 221] puellarum, quo pacto non praevidi ante magnitudinem erroris mei quamque immani periculo me exponerem introitum tibi isthuc ad me solam patefaciens?

SOS. Ante rem huc redactam maluissem audire ex te ista prodigia. Iam demum incusare factum venis cum infectum nullo modo fieri potest. Fatuus et Callisto qui talia dicenti auscultat.

CAL. Iam aurorae irrubent radii. Non videtur mihi unius horae spatium quod isthic conversati sumus et horologium iam tertiam praeteriisse indicat.

MEL. Per Deum immortalem, anime mi, quoniam iam omnia mea tua sunt, quoniam iam ego mancipio me tibi tradidi, quoniam exhinc iam aliam amare non debes et amorem tuum mihi negare non potes neque aspectum tuum mihi neges. Et quantas noctes valueris, volueris ut praesentem te isto loco amplecti possim ista ipsa hora qua hodie felicibus auspiciis convenimus uti eo pacto semper te exspectare habeam instructa et occupata desiderio gaudii quod sequentibus noctibus perpetuis continuabimus. Iam vero, cum favente Deo, revertere domum tuam ne quis vel hic vel in via te videat. Iam restat tanta obscuritas nocti ut te abeuntem commode tegere possit et me nulli meorum sentitam cubiculum meum reducere nondum enim iam dies inalbere incepit.

CAL. Servi, collocate scalas.

SOS. Eccas illas optime compositas, descende tu saltim.

MEL. Lucretia redi ad me, sola enim ego nunc, abiit dominus meus, secessit a me, cor suum mihi reliquit, secum meum abstulit. Audivisti nos?

LUC. Non, domina, dormivi ego totum hoc tempus.

SOS. Tristan, opus est nos silentio ire, ista quippe hora lecto surgere solent divites, avari bonorum temporalium, [pg. 222] religiosi templorum visitatores, visitatores monasteriorum, amatores etiam qualis herus hic noster, operarii rustici et agricolae, *pastores etiam ovium qui hoc tempore agnos* suos de tectis stabulorum solent producere. Et poterit fieri ut cogant simul per viam aliquid novarum rerum unde omnis ipsorum simul et Melibaeae etiam honestas turbetur.

TRI. O simplicissima *equina strigilis*, iubes ut taceamus et tu ipsemet nomen ipsius effutis. Optimus esses viarum tu demonstrator aut ductor Aethyopum cohortis de nocte.[97] Sic enim prohibens permittis, celando manifestas, securitatem pollicendo offendis, tacendo clamas, rogando respondes stultus. Cum igitur tam subtili ingenio et sapiens sis, non mihi dices quo mense festum S. Mariae de Augusto celebre sit ut norimus an satis paleae domi sit quam tu edas hoc anno?

CAL. Sollicitudines vestrae meaeque non sunt eaedem. Claudite istud ostium, eamus cubitum. Ipse solus cubiculum meum petam, ego arma mihi exsuam, vos lectos vestros vos recipite. O miserum me, quam ingenio meo grata atque apta sunt solitudo et silentium et obscuritas noctis. Nescio an causetur ista scelus illud in memoriam mihi recurrens quod hac nocte admisi abscedendo ab illa mea domina quam tantopere amo priusquam dies propior adesset. O dolor, dolor ingens meae ignominiae. Ah ah, hic ille ictus est quem sentio mecum, iam illa sese mihi refricat, iam cum gelu velut quodam constitit sanguis qui heri servebat, iam cum video propius detrimentum familiae meae, damnum servitiorum meorum, perditio-

---

[97] "ductor Aethyopum cohortis de nocte" translates "bueno eres para adalid, o para regir gente en tierra de Moros de noche," which is correctly translated by Mabbe as: "Thou art an excellent fellow to make a Guide or Leader to conduct an Army in the Moores Countrey" (227). For some reason –maybe he did not understand the original– Barth changed the passage into a humorous sentence that could be translated as "you would be good at leading black people in the heart of the night."

nem patrimonii mei, infamiam quae mihi propritim incumbit super morte illa ignominiosa qua interempti [pg. 223] sunt servi mei. Quid feci, quid omisi, quid moratur me, quid detinet quin illico instar hominis summa iniuria affecti ultum veniam damna mea vindex strenuus iniustae huius iniuriae? O miserrimam suavitatem brevissimae huius vitae, quis tui tam cupidus est *qui non malit illico mortem oppetere* quam unum annum vitam inhonestam et turpitudinis nota aliqua maculatam ducere et ita corrumpere honestatem praeteritorum omnium, praecipue cum hora nulla certa sit neque unum adeo momentum qua quove a morte securi simus? Debitores sumus absque tempore perpetuo sumus obligati ad luendum confestim. Cur non statim domo prodivi inquisitum an palam sit veritas secretae causa mea unde manifesto ego perierim? O brevis voluptas mundanarum rerum, quam parumper durant et magno constant dulcedines delectationum tuarum. Non ematur tam care poenitentia. O infortunatum me, quando redintegrabitur tam ingens detrimentum, quid faciam, quid consilii capiam, cui manifestabo damnum meum, cur celo servos meos caeteros, cur consanguineos et cognatos? Publice nemo non de me loquitur et domui meae infortunium meum occultum est. Prodire cupio. Verum si procedo dicturus praesentem me adfuisse, iam sero veniam. Si absentem, iusto maturius est. Et ut cogam amicos et clientes, consanguineos et necessarios, tempore opus habebo uti et apparatu ad comparanda arma et alias opes vindictae necessarias. O crudelissimum iudicem, et quam bene compensasti mihi alimenta tua, qui in patris mei familia educatus es. Ego credidissem cum tua faventia mille me homines sine timore poenae occidere potuisse, inique. Persecutor veritatis, homo [pg. 224] stirpis ultimae. Optime in te dicent praetorem te factum esse penuria bonorum virorum. Cogitasses te et illos quos occidisti pares fuisse dum utrique mihi et maioribus meis serviistis. *Verum cum nihili homo ditescit neque* cognatum neque amicum iam habet. Quis timere poterat eo res venturas ut tu mihi nocere posses? Certe damnosior inimicus non est quam quem futurum nemo putavit. Cur voluisti facere ut dicant corvum me domi meae aluisse quo post oculum effoderet? [98] Tu es publicae poenae obnoxius et

---

[98] Barth has omitted the Spanish proverb "del monte sale con que se arde." The Spanish word "monte" in the meaning of "forest" or "bush" instead of "mountain" seems to be a confusing word for translators. Mabbe was affected by a similar confusion in his translation of this passage: "That that which came out of Aetna, should consume Aetna?" (228).

illos interemisti qui privati iuris erant? Scias igitur peius delictum privato esse publicum, minus illius detrimentum, ut sanxerunt etiam Atheniensium priscorum leges, quae quidem non *erant sanguine scriptae* sed commonstrabant minorem errorem esse maleficos non condemnare quam innocentes afficere supplicio. O quam periculosum est exsequi iustam causam coram iudice iniusto, quam magis etiam errorem istum meorum hominum, qui sane culpa penitus non carebant. Igitur tu videas an male feceris, ego te accusavi tam in caelo quam in terra, ubi utrobique iustitia certe administratur secundum aequitatem. Sic coram Deo atque rege reus eris, privatim vero mihi capitalis inimicus. Quid admisit alter quia reus fuit alter, quia sodales erant, ea de causa tu ambos interemisti? At vero quid dico, cum quo sermonem duco, necum sum an sensibus excidi, quid hoc rei est, Callisto, somnias, dormis aut vigilas, pedibus consistis an accubas? Vide et reminiscere in tuo te esse cubiculo. Non animadvertis illum qui te laesit praesentem non adesse, cum quo rixaris? Redi in te. Vide et considera numquam absentes iustos inventos esse. Audi [pg. 225] ambarum partium dicta, antequam sententiam feras. Non vides iustitia, ut aequa sit omnibus, non considerandam esse amicitiam, non cognitionem, non educationem? Oblitus es an scire recusas legem aequalem esse oportere in omnes? Attende Romulum primum illum muris Romam cingere adorsum, is interfecit unicum germanum geminum fratrem suum quod recens latam legem violaverat. Repete animo Torquatum Romanum, qui filium suum interemit ob constitutionem tribunitiam temeratam. Alii plurimi idem pari casu fecerunt. Considera, si hic praesens ille adstaret, responsurum patrantem capital et patranti consententiem aequalem poenam mereri, quamquam ita sit ambos interfectos quoniam alter peccaverit. Quod si subito capite plecti eos mandavit, notorium erat delictum, non opus erat accerssendis probationibus, nempe deprensi fuerant in ipso actu homicidii et iam alter casu de fenestra mortuus erat. Et credi aequum est ploratricem illam Celestinae ancillam domi tum praesentem institisse praetori ad vindicandum crimen manifestarium. Ipse vero ut minore tumultu res conficeretur, ut ne me infamaret, ne exspectaret populum undique confluentem, ut eo pauciores praeconem proclamantem audirent unde maxima mihi ignominiae pars provenit, illos primo diluculo decollari praecepit. Deinde carnifex urgebat officium suum ut expediretur res quae omnino defendi iure aut differri non posset clamosis obiurgationibus instans. Quae omnia si hoc modo, ut est credibile, facta sunt, potius ego ipsi debeo et obligatus sum beneficio in omnem vitam meam, non ut famulo olim parentis mei sed uti vero nomine [pg. 226] fratri et amico nunc meo. Et posito ut forte ita res sese non habuerint, posito non in meliorem illum partem omnia quae acciderant deflexisse, repete tu animo, Callisto, praeteritorum gaudiorum tuorum excellentiam, reminiscere dominae tuae et boni tui in illa universi. Et quoniam vitam tuam eius servitiis impendere non detractaveris, non magni tibi faciendae sunt mortes aliorum, cum nemo ullibi sit dolor tam dirus qui aequalis esse possit voluptati a te perceptae. O domina mea, o vita mea, numquam ego animum induxi absentem te offendere et videri tamen possim hoc pacto parvi aestimare gratiam in me tuo favore collatam. Non opus est me molestiarum quarumcumque memoriam habere, non tanti mihi erit ulla posthac tristitia ut illam animo meo admittere velim. O bonum extra omnem comparationem, o insatiabilis animi exsaturatio. Et quando ego amplius a Deo praemium petere meritis meis possim, si quae mea esse valebunt in hac vita, quam quod iam dum mihi praelargitus est? Cur animum meum non compono, cur ista tanta felicitate contentus non sum? Cum infandum sit ingratum erga eum esse velle qui tantis me bonis mactavit, agnoscere magnitudinem benficiorum meum erit. Non opus est odio et iniuria mea sensu me moveri ne perditus excidam tam votiva felicitatis possessione. Non ambio alium honorem, non cupio aliam gloriam, non desidero alias divitias, non alium patrem aut aliam matrem, non alios cognatos aut consanguineos aut affines. Dies integros ero isthic in cubiculo meo, noctes in desideratissimo illo paradiso, in hilari illo viridario, iuxta illas suavissimas plantas, illam delicatissimam et vividissimam horti planitiem. O nox voluptatis [pg. 227] meas, si iam rediisses, o clarissime sol siderum, decurre iam velocius destinatum tuum diurnum iter, o delectabiles stellae, expedite lumina vestra ut solitum tempus hodie anticipetis, o tardissimum horologium, illico te ego videam ardere vivo amoris igne. Si tu exspectares tale gaudium quale mihi datur sperare ad horam duodecimam, numquam sequereris tu voluntatem magistri tui qui te tot partibus composuit. Et vos porro, hiemales menses qui iam absconditi latetis, adessetis cum vestris prolixis noctibus mutaturi illas taediosis istis aestatis diebus qui vobis iam plus temporis insumit. Iam mihi integer annus elapsus videtur ex quo unicum animi mei gaudium non vidi, unicum vitae desiderium meae oculis non salutavi. Sed quid est quod quaero, quid postulo fatuus, amens, impos tolerantiae? Illud quod neque factum est umquam nec fieri postea poterit. Cursus perpetuus rerum a Deo naturae commendatarum numquam amittet ordinem successuum et volutationum in sese suarum. Omnibus procedendi praescripta insuperabilis lex est, omnibus sua determinata sunt spatia, ad vitam et mortem termini singulis limitibus certis defixi sunt. Secreti et occulti meatus altorum firmamenti caelestis orbium, planetarum circuitus et septentrionalium siderum, augmenta et imminutiones menstruae lunae, omnia et singula aequalibus fraenis moderatur omnipotentia, omnia se eodem velut stimulo incitata perpetuis suis normis servant, caelum, terra, ignis, ventorum animae, calor, frigus. Quid iuverit vota stultitiae meae ferrei horologii machina duodecim [pg. 228] iam pulsibus errabilem sonum ciere si caelestis illius non idem temporis ferat incorruptibilis ordo? Ergo ut ego quam maturrime evigilem, non ideo dies citius inalbebit. Verum tua dulcissima imaginatio, tu quae potes, mihi succurre. Siste coram speculationi meae angelicam imaginis illius splendidissimae faciem. Adverte auribus meis suavissimum verba facientis sonitum, illas repulsiunculas sine iracundia, illud abscede isthinc, domine, ne accedas propior, illud ne te tam inciviliter geras, illud quod purpureis illis labellis illam dulcissime proferentem vidi ne reum te facere velis perditionis meae, quae, ut tempus et res ferebant, cum aliis infinitis dictiunculis proponebat, illos amores candidissimi amplexus quibus verborum interiungebatur ordinarii cursus, illud solvere me et reprehendere, fugere et se mihi restituere, illa omni melle dulciora basia, illa ultima valedictionis verba, quantis dolentis indiciis ore illius prodibant, cum quam profundis gemitibus, quam largis lacrymis totius corporis quadam extensione abeuntis gradum comitatura, lacrymarum ipsarum guttae merae margaritae videri poterant quae inscia illa per roseum vultum devolutae claris et micantibus illis ocellis restagnabant.

SOS. Tristan, quid tibi videtur de hero nostro qualis iste illius sopor est? Iam quarta vespertina hora est neque nostrum quempiam vocavit neque micam ipse cibi sumpsit.

TRI. Tace, non opus habet festinatione somnus. Insuper anxium illi animum habet tristitia de infortunio illo Sempronii et Parmenonis ex una parte, ex altera exhilarat illum et voluptate afficit memoria summae illius voluptatis quam ex consuetudine hesterna [pg. 229] Melibaeae residuam servat. Tam valentes duo contrarii affectus non est mirandum si debilem illius animum quaquaversum ducant, ut solent cum sedem alicubi fixerint.

SOS. Arbitraris tu magnopere illum afficere mortuorum desiderium? Si magis cordi non esset alter ex illis isti quam de hac ego fenestra transeuntem conspicor, non iam colore funebri induta incederet.

TRI. Quis illa frater?

SOS. Accede huc et videbis illam antequam praetereat. Adspice hac illam lugentem quae lacrymas oculis exterget? Illa est Elicia, ancilla Celestinae, amica Sempronii. Valde bonae indolis puella, quamquam iam miseriis involuta sit, Celestina amissa, quae illam filiae loco habebat. Sempronius autem princeps in eius amicitia erat. Illic quo intrat ista habitat alia formosa muliercula, meretricula gratiosa et admodum adolescens, rudior etiamnum ad quaestum, itaque non parum se felicem aestimat qui amore huius potitus fuerit sine insignibus expensis. Vocabulum ipsi est Areusae, cuius causa novi miserabilem Parmenonem nostrum amplius tribus noctibus male habuisse, etiam novi mortem illius hanc pessime habere.

[pg. 230]

ACTUS XV

ARGUMENTUM

Areusa conviciis proscindit Lenonem quempiam nomine Centurionem, qui ab illa discedit propter adventum Eliciae. Elicia Areusae recenset mortem Sempronii et Parmenonis, quae ex amoribus Callistonis et Melibaeae provenisse concluditur. Areusa et Elicia conspirant vindicare trium necem in amantium illorum exitio. Ei rei Centurio exsecutor destinatur. Sic recedit Elicia, non secuta suasionem Areusae de relinquenda domo sua consueta, in qua putabat sese meliori rerum suarum successu etiam post mortem Celestina mansuram.

ELICIA, CENTURIO, AREUSA.

ELI. Quae haec vociferatio est cognatae meae? Si iam rescivit tristem nuncium infortuniorum nostrorum quem ipsi fere volebam, non recipiam ego praemii loco novum dolorem quod istum illi indicaverim. Plora, plora, ne parce lacrymis, non enim quibusvis locis pares istis mortales offendes. Certe placet mihi illam etiam dolorum istarum acerbitatem persentire, scindat etiam illa capillos suos, ut ego maerens feci. Sciat bonam iucundamque vitam perdere peius esse infortunium quam ipsam mortem. O quam nunc amplius hanc mihi voveo quam hactenus unquam propter immanes illas animi anxietates quas hic mihi luctus facit.

ARE. Apage te domo mea, insubide furcifer, impure lenocinator, mendaciorum columen, fraudulente deceptor, qui me tanto [pg. 231] iam tempore fatuam ludibrio habes vanis tuis et fictis pollicitationibus, tuis ronchis, gloriationibus et assentationibus totam me iam fere exspoliasti. Ego tibi, sceleste, pallium et tunicam, scutum et gladium, indusia tota mirificissimo artificio elaborata dedi, ego arma et equum, domino te parem feci eique commendavi cui calceos pedibus demere dignus non eras. Nunc cum unam rem abs te postulo, mille deliras excusationes contra nectis.

CEN. Sororcula mea, impera mihi occidam decem viros nomine tuo, non tam mihi molestum erit quam mille passus istos pedibus conficere.

ARE. Cur equum lusu perdidisti, sceleste aleator. Si citra me fuisset, iam suspendio animam illam obscenam efflasses. Ter te de manu carnificis liberavi, quater ex creditorum potestate. Cur facio, quo fine fatua mihi illudi patior, cur fidem isti balatroni servo, cur mendaciis eius credo, cur per ostium meum intrare furciferum sino, quid boni illi est? Capillitium crispum, faciem vulneribus concisam habet, *bis virgis publice caesus est*, manu dextera mancus, *triginta scortorum vir est*. Exi illico hinc, ne te amplius hic videam, ne me alloquaris dehinc neque cuipiam dicas te umquam me vidisse. Si secus feceris, iuro per ossa patris mei qui me generavit et matris quae me peperit, ego bis mille fustium ictibus tibi crassos illos molitorios [99] humeros contundi faciam. Nosti ipse esse mihi qui nomine meo lubens hoc faciat neque a quoquam eius gratia compellari possit.

CEN. Ineptis, asella tu. Verum si ego me commovero, plorabit quaedam. Potius tamen eam et stultitiam tuam feram, [pg. 232] nescio quis intrat huc, ne audiat tumultuationes nostras.

ELI. Intrabo non enim simplex planctus est ubi comminationes et convicia iunguntur.

ARE. Ah miseram me, tu eras hic, Elicia? Iesu Iesu, non credibile est hoc. Quid istud rei est, quis te luctuosis vestibus induxit, cur pallium lugubre fers? Vide quam me externaveris, soror. Dic mihi confestim quid rei sit, non possum iam ultra apud me esse. Nullam guttam toto corpore mihi sanguinis reliquisti.

ELI. Maximus dolor, damnum ingentissimum. Parum istud est quod colore vestimentorum prae me fero, atrum magis intus est cor meum quam pallium, viscera mea quam tunicae. Vae vae, soror, soror, non possum verbum facere, non possum prae raucedine vocem unam pectore extorquere.

---

[99] "molitorios" is a neologism coined by Barth.

ARE. Ah miseram, sed quid me suspensam tenes, edic mihi, ne te laceres, ne te affligas neque adeo excrucies. Estne commune ambabus malum, etiamne me tangit?

ELI. Ah cognata mea, amor meus, Sempronius et Parmeno *iam non sunt*. Non sunt amplius in hac vita, animae ipsorum iam illuc ierunt, iam tristi hac vivendi necessitate exonerati sunt.

ARE. Quid tu mihi narras? Ne mihi talia dicas, per Deum tace aut iam ego hic mortua iacebo.

ELI. Porro autem etiam amplius malorum est, aurem praebe doloribus meis, plus aerumnarum tibi recitabo. Celestina illa nostra, quam tu optime noveras, quae mihi matris loco erat, illa quae me educabat, fovebat, cuius ego amore inter omnes aequales meas honorabilissima habebar, cuius ego nomine per totam civitatem nota eram, per omnia suburbia cognita, iam illuc abivit datura rationem vitae suae. Mille illam vulneribus confici vidi his oculis [pg. 233] meis, in gremio meo illa occisa est.

ARE. O potentissima afflictio, o maestissimos nuncios, o mortiferos planctus, o insperata infortunia, o damnum inrestaurabile, quo pacto tam cito fortuna suam rotam retorsit. Qui eos interfecit, quomodo mortui sunt? Iam ego sepultae similis sum. Non sunt octo dies cum vivos eos vidi et iam possumus dicere Deus ipsis errores huius vitae ignoscat. Recense mihi, amica mea, quo pacto accidere potuit tam infelix et insperabilis casus.

ELI. Tu percipies. Iam dum puto, soror, aliquibus rumusculis cogniti tibi sunt amores Callistonis et Melibaeae. Non plane etiam nescies ad intercessionem Sempronii Celestinam id negotium conficiendum in sese recepisse, cui labor in hoc positus opimis praemiis fuerit compensandus. Celestina tanta dexteritate et cura rem gessit ut ad secundum ictum sanguis sit secutus. Porro Callisto, cum tam cito confectum videret quod omnibus suis votis vix sperabile habebat, post alias res non minimi pretii miseram catena aurea donavit. Ea, uti metallum illud eo ingenio est ut quo amplius de eo bibimus eo plus eius sitiamus, cum sacrilega quapiam adiecta fame, cum tam repente tam se locupletem exiisse videret, erigit cervicem et promissam ante Sempronio et Parmenoni partem lucri ex consponsione [100] dare negat. Illi cum mane altero fatigati Callistonis servitiis domum nostram venissent, valde ira perciti super nescio quibus pugnis quas

---

[100] "consponsione" is a neologism coined by Barth.

per noctem confecisse dicentes audivi petierunt quod deberi ipsis autumabant ut succurrerent exinde damnis suis. Celestina animo obfirmato fidem abnegare, promissa conventa infitiari, affirmans omne negotii gesti emolumentum [pg. 234] ad ipsam solam pertinere, etiam alia nescio quae secretiora consilia aperire ut illi rerum indignitate plane efferati, accidente necessitate quae omnem amorem incidit et grandi fatigatione quae animos miserorum ex altera parte alternaverat, videntes insuper fidem sibi earum rerum non servati in quibus maximam ipsi spem collocaverant, impotes animi, affectibus dilati, nescientes quid faciendum tali casu foret, cum diu verbis invicem altercati fuissent, manum tandem ferro ad adiecerunt et illam mille ictibus conciderunt.

ARE. O infelicem mulierem, sic senectus ipsius illi finienda erat.

ELI. Illi cum facinus tantum commisissent, ut manus praetoris imminentis aufugerent qui quidem forte fortuna isthac tum cum cohorte vigilum praeteribat, exsilierunt fenestra. Sic iam semimortui deprehensi sunt et sine omni dilatione mox capitibus truncati.

ARE. O mi Parmeno, o mi amor, quanto mihi dolori tua mors est. Excrucior animi propter grandem illum amorem quo illi favebam postquam tam cito illi finis faciendus fuit. Verum quoniam infectum fieri ingens hoc infortunium omnino nequit quoniam factum iam hoc est immane nostris rebus damnum, quoniam iam lacrymis nostris vitae corporibus amatorum nostrorum restitui non possunt. Ne te affligas tantum, soror, citius tu lamentando oculos effleas quam tam irreparabili damno succurras. Me vide, parum aut nihil quam ego amplius tu dolere potes et tamen intelliges summa me patientia casum tam immanis infelicitatis tolerare.

ELI. Ah quae rabies dolorum, ah miseram me, mente ego iam moveor. Ah non est ullibi quam tantum hoc infortunium tangat, quae [pg. 235] aequas lamentandi causas habeat. Nemo est qui tantum quantum ego amisit. O quam meliores et honestiores mihi essent impensae hae lacrymae alienis doloribus quam his privatis propriisque meis. Quorsum me conferam? Ego matrem meam, cum ea omnia bona, omnem spem felicitatis meae amisi. Haec una mihi omnia erat. O sapientiae penus, Celestina, honorabilis et honoratissima, cuius verba pro sententiis erant omnibus qui te noverant. Quantos errores meos plenitudine sapientiae tuae tu tegebas. Tu laborabas, ego gaudebam. Tu foras procurrebas, ego domi fruebar. Tu laceris, ego integris tua ope vestibus induebar. Tu semper onusta instar apiculae domum redibas, ego quod tu apportaveras insumebam, aliud enim facere nil didiceram. *O bona et gaudia vitae mortalis, qui vos possidet, dum in potestate sua habet, vilipendit neque umquam pretia vestra cuiquam recte cognoscenda ponuntur priusquam recesseritis.* O Callisto et Melibaea, causae et origines tantarum mortium, malo fine mactentur amores vestri, vestrae dulces voluptates horribili amarore mutentur. Gloria vestra in planctus, delitiae in molestias exeant. Herbae illae delectabiles super quibus vota desideriorum vestrorum et furtivis gaudiis exsequimini in venenatos serpentes transeant. Cantiones vestrae deformentur in planctus. Umbrosae horti vestri arbores ante oculos vestros exscindantur, benevolentes viridesque florum varietates nigrore luctuoso incestentur.

ARE. Tace per Deum, soror, pone silentium tandem querelis tuis, fige lacrymarum perennium fontem, enitida oculos tuos, revertere ad paene amissam vitam tuam. *Fortunae talis consuetudo est, cum unam* [pg. 236] *portam clauserit, alteram aperit.* Malum istud, quamlibet durum atque asperum, sese exsolvet tristitia sua. Multae res intervenire possunt ut quod incurabile videtur cura malum remediis appositis emendet. Vindicta infortunii istius nobis in manu est.

ELI. Unde emendatio tantorum malorum vel a quo sperabitur? Mors et interfectores ipsi occisi iunctim hanc mihi infelicitatem pepererunt. Non minus me male habet punitio delinquentium quam crimen ipsum commissum. Quid iubes ut faciam? Omnis moles aerumnarum istarum soli mihi incumbit. Velit Deus me cum illis esse, ante enim vix erit ut finem planctibus meis faciam. Iam quod etiam acutius me torquet est quod videam hac propter vilem illum et semiamentem fatuum non omissurum persequi amores et gaudia stercoreae illius suae Melibaeae quin magis in dies magisque cor suum exhilaret, voluptatem det et accipiat. Illa vero *gloriabitur forte etiam tantum sanguinis* servitiis suis impensum esse.

ARE. De hoc, si tibi constat, unde potius vindictam sumere instituemus? Quin qui epulas has comedit, ille impensas earumdem solvat. Sine me, tu. Si mihi sese opposuerint, si mihi obvii erunt, quando, quo pacto, unde, quaque id hora continget, non tu me pro filia matris meae, vetulae illius pistricis quam noveras, habeas, si illis amores illos suos de suavibus non amarissimos confecero. Si duo vel tria bona verba illi dedero ut aliquo se loco apud me esse vel suspicetur quem tu rixantem hic mecum, cum advenires modo, offendisti, peior omni dubio procul ille Callistoni carnifex erit quam

Celestinae fuit Sempronius. Porro quam gaudebit ille, quam se felicem aestimabit ubi quid ipsi meo nomine [pg. 237] patrandum iniunxero. Quali gaudio redibit. Non minori certe quam si caelum apertum iam videret ut ipse in numerum deorum referatur qui cum tanta tristitia, tanto animi angore abiit cum iratam me cerneret. Saltim uno aut altero eum verbo ornem et fasce aliquo mandatorum pro me expediendorum onerem. Proinde dic tu mihi soror ex quo ego horum hominum negotia uti ea nunc geruntur penitus edoceri possim. Ego Callistoni tendiculam talem tendi curabo ut Melibaea, quae nunc gaudet, vitam totam suam quod ploret habitura sit.

ELI. Notus est mihi alter sodalis Parmenonis, stabularius servulus Callistonis, Sosia nomine, qui cunctis illum noctibus comitatur. Laborabo eo ut omnia ei secreta heri sui extraham et ista optima erit via ad destinatum nobis proveniendi.

ARE. Fac tu tantum hoc amore mei mihi istum Sosiam huc sistas. Ego illum verbis delinibo, ego mille assentationibus et blanditiis, mille pollicitationibus omnem illi huius rei conscientiam corde exsculpam ut tam praeteritorum quam futurorum notitiam habeamus. Ille quicquid herus et ipsemet cibi comederunt omne revomentes faciet. Tu vero, anima mea Elicia, ne te affligas. Quicquid vestimentorum, utensilium et supellectilis domi tuae habes, huc meam transfer, veni habitatum mecum, eris mihi sodalis acceptissima. Illic soli deinceps vivendum erit? *Solitudinis autem amica tristitia est.* Novus amor oblivisci te veterum faciet. Filius qui iam nascitur unus trium defunctorum damnum resarcit. Novo succedente gaudio memoriam eorum quae iam dum subterlapsa abierunt restauramus. Quicquid meum tuum quoque erit. Panem nullum edam cuius [pg. 238] tu dimidium non tibi tollas. Amplius mihi curae est maeror tuus quam illi omnes qui te eo affecerunt. Verissimum est *magis afficit amissio hominem eius quod habet quam spes adhuc parandi alterius talis, quamquam ea vel certissima sit.* Tamen quoniam hoc casu quod factum est infectum fieri nulla ratione poterit mortuisque vitam restituere plane sit impossibile, mortui sane illi sint qui, quodcumque nos faciemus, tales utique tamen manebunt, nos vero vivamus. Viventium tu hostium nostrorum curam mihi relinque, ego eis tam amarum poculum educendum propinabo quam illi numquam posuerint tibi. Ah cognata amicissima, quo pacto ego novi, cum commoveor, textum tale retexere, etiam tam adolescentula. *De ipso vindicet Deus*, de Callistone Centurio me vindicabit.

ELI. Vide quid factu usus sit. Ego suspicor etiam volentem istum tuum mandata tua facessere aegre valiturum. Illi enim qui mortui sunt ob revelationem horum secretorum silentium imponent consciorum superstitibus. De illo quod de mea tecum habitatione adiecisti multam tibi gratiam facio. Deus tibi adsit teque ubicumque opus habebis ne deserat, optime consanguinitatis nostrae affectum tam egregia oblatione rerum tuarum mihi commonstrasti neque in vanum nos germanarum nominibus nos censere sed adversitatibus fidem amicitiae mutuae constare. Et quamquam quidvis amore dulcissimae conversationis tuae facere cupiam, non potero tamen hoc propter manifestissima damna quae exinde mihi proventura sint. Causas sigillatim exponere non opus erit quoniam sapienti praedico quaeque facile me intelligat. [pg. 239] Illic, soror, omnibus notior sum, illorum locorum assuetudinem habeo. Numquam domus illa perdet titulum Celestinae, cui Deus sit propitius. Semper illuc frequentes adsunt puellae notae, amicae et semicognatae illis quas illa educavit. Illuc conventus suos instituunt unde non poterit quin aliquid ad me lucelli redeat. Adde quod pauci illi amici quos nunc habeo alibi me morari nolint nec quaerent fortasse. Nosti iam quam durum sit ponere id cui assuefacta sis. *Mutare mores et consuetudines par morti esse* dictum est vetus. Lapis saepe commotus loco numquam musco obducitur. Oportet illic esse velim quoniam quod horno debebatur pretium domus locatori iam solutum est, hoc frustra expensum esse non debet. Singula ista ut non sufficiant, omnia me isthic iuncta tamen manere cogent. Iam vero tempus discedendi hinc videtur. Quod dictum conclusumque est eius curam retinebo. Deus tecum maneat. Ego abscedo.

ACTUS XVI

[Argumentum]

Pleberius et Alisa aliud nihil suspicantes quam integram virginitatem superesse filiae ipsorum Melibaeae, quae res tamen, uti docent praeterita, aliter sese habebat, solliciti de prospiciendo illi matrimonio colloquuntur. Melibaea hanc eorum soicitudinem percipiens, verba audiens non satis delectatur, mittit Lucretiam interturbatum hunc eorum sermonem.

[pg. 240]

Pleberius, Alisa, Melibaea, Lucretia.

PLE. Alisa, amica mea, tempus, ut mihi videtur, nobis inter manus elabitur, velut aiunt, currunt dies instar aquae de flumine, non est res alia tam levis transitu quam vita nostra. Mors nos sequitur et prope contingit, cui sumus vicini, secundum naturae ordinem proximi sumus signis eius succedere. Isthuc videmus clare ante oculos ubi consideramus aequales nostros, germanos, cognatos, in orbem omnes. Universos illos iam terra absorpsit, omnes iam in aeterna sua habitacula exierunt. Igitur cum ad haec omnia incerti simus quando ultima necessitas et nos evocatura sit praecipientes tam certa et indubia indicia, colligamus sarcinas nostras ad eundum viam quam nemo non calcare tandem cogitur ne nos improvisa secedendi hora deprehendat et alibi occupatos vox imperiosa mortis appellet. Dum tempus est, animarum nostrarum curam habeamus, consultius enim in omnibus rebus praevenimus quam praevenimur. Opes et facultates nostras dulci et grato cuipiam successori destinemus, filiam nostram ipsa digno marito quam primum potest elocemus qui conditionem fortunarum nostrarum pari nobilitate generis et existimatione inter homines opumque facilitate exaequet uti ea ratione penitus omnibus exonerati quae incumbunt exeamus sine molestia et querela, sine dolore et anxietate animi vitae huius theatro. Istud vero exhinc magnopere nobis curae esse debet ut, quod olim super hoc negotio conficere exorsi sumus, exsequamur iam et ad optabilem finem perducamus. Ne remaneat [pg. 241] per negligentiam nostram, nobis defunctis, filia unica nostra in manibus tutorum. Melius illa iam vivet in propria sua familia quam in nostra, demamus illi vulgi susurros, non patiamur ultra nubilem eius aetatem per ora hominum ire cum pro confesso sit nullam virtutem tam perfectam umquam fuisse quae vituperatores atque detractores non invenerit. Neque est res alia quae matura aetate virgines famae atque exisimationi perpetuae melius servet quam tempori eas nuptum dare. Quis affinitatem nostram in hac urbe refugiet, immo quis non felicitatis optimam partem arbitrabitur talem gemmam familiae suae inducere? Filia sane nostra, quod praefiscini parentes dicamus, quattuor illis donis quae ad perfectam matrimonii coronam requiti aiunt egregie, si quaequam alia, instructa est. Scilicet, primo loco sapientia atque bono iudicio, honestate morum, castitate virginitatis illibatae. Secundo speciositate, tertio nobilitate parentumque optima apud omnes existimatione, quarto opum abundantia. Omnibus istis natura et fortuna illam opipare dotavit. Quicquid ex his procerum aliquis ex nobis poscet, amplius voto et perfectius ipsi exhibere poterimus.

ALI. Deus illam nobis conservet, domine coniux, ut votorum nostrorum summam in hac vita completam nobis videamus. Certe prius puto defuturum qui filiae nostrae comparari poterit et aequalitate omnium istorum coniugio eius non indignus sit secundum prosapiae tuae generositatem quam ut supersint qui eius amplexus mereantur. Igitur uti hoc patrum officium est, matrum utpote muliebri cura et expeditione altius et gravius, ita quod tu super negotio isto concluseris [pg. 242] ratum erit meo nomine. Filia autem nostra etiam volens mandato tuo obediens erit, ut casta et generosa indole est utque erga parentes humilis et obsequi prompta.

LUC. At si tu recte rem ut geritur nosses, rumpereris maerore atque indignatione. Quod optimum filiae vestrae erat ultro illa perdidit.

Mala tempora senectuti vestrae imminent. Non est qui virginitatem temeratam et corruptam restituat, iam enim obiit Celestina. Sero vos haec percipietis, sero consultatis, maturius evigilare conveniebat. Callisto meliorem parte sibi abstulit. Ausculta, ausculta, domina Melibaea.

MEL. Quid agis isthic abscondita, fatua?

LUC. Applica te isthuc, hera, audies quam animum angant parentes tui ut quamprimum te nuptum elocent.

MEL. Tace per Deum, audient te. Sine illos loqui, sine augurentur. Integer iam mensis [101] est cum aliud nihil agunt, alia consilia non volvunt, aliorsum cogitationes non figunt. Non aliter mihi videtur quam animum ipsorum ipsis dicere maximum illum amorem quo Callistoni meo obligata sum, uti et caetera omnia quae toto isto mense inter nos contigerunt. Nescio an quicquam mearum rerum persenserint, non comminiscor unde haec tractatio proveniat, plus illos nunc de matrimonio meo sollicitos esse quam alias umquam. Verum ego ipsos in vanum laborare dico, non enim opus est *noctuas Athenas*. Quis ille mortalium erit qui gloriam et felicitatem meam mihi eripiat, qui voluptate me mea spoliare possit? Callisto est anima mea, vita mea, dominus meus, omnia mihi unus, in quem omnis spes mea recumbit. Cognitum et perspectum habeo amare me mutuum hunc amorem neque ex eius parte non paria fieri. Cum ille me unice amet, [pg. 243] qua alia re affectum incomparabilem remunerari possim? Omnia quae mortalium vitam habent, debita atque obligationes, diverso genere solvi possunt, amor pro recompensatione nihil admittit praeter amorem. Dum eum cogito, eum animo verso, exhilaror, dum illum video, exsulto, cum loquentem audio, gaudio differor. Faciat mecum cumque rebus meis quodcumque ipsi placuerit, statuat pro lubitu, si *per maria hinc abire volet*, addicto animo sequar. Si mundum emetiri, assumat me comitem. Si mancupio me in terram hostilem translatam vendere contendat, servitium etiam barbarum ex illius praeceptione non abnuam. Ne invideant mihi parentes mei consuetudinem huius siquidem mea illi delectantur, ne cogitent aut animo suo admittant nuptialia illa deliria, illas matrimonii vanitates. Praestat bonam amicam esse atque amabilem quam improbam et odiosam mulierem. Si senectute sua malis libera volunt uti, iuventute me mea bonis plena frui permittant. Sin contra

---

[101] Reads "mentis."

haec vota mea ibunt, nihil conficient quam, ut meam perditionem mihi, ipsis suam procurent sepulturam. Non aliam curam aut poenitudinem habeo quam quod tantum temporis amiserim, non prius illum quam hac aetate mea notum habendo quem oportebat ab infima usque pueritia diligere ex quo notam me ipsi mihi fuisse reminisci datur. Non quaero maritum, nolo polluere matrimonii vinculum neque maritalia vestigia alterius viri recalcare, uti plurimas fecisse reperio in antiquis libris quorum lectio mihi trita est longe etiam me sapientiores et prudentiores, longe generosiores, quarum quaedam a nationibus pro deabus sunt cultae. In harum numerum recensere licet Venerem, matrem Aeneae et Cupidinis, quem pro [pg. 244] amoris deo gentilitas venerata est. Haec nuptum data iura matrimonialia corrupit, fidem marito datam fregit. Sunt aliae maioribus flammis incensae quae maiora etiam scelera patrarunt, nefariis et incestis criminibus commissis. Myrrha ex patre suo concepit, Semiramis filio concubuit, Canace germano, ut et vi coacta quidem Thamar, filia regis Hebraerorum Davidis. Aliae horribiliora etiam facinora commisere transgressae naturae leges, ut Pasiphae, uxor Minois regis Cretae, cum tauro. Atque hae reginae erant et regum filiae sub umbra quarum peccantium enormiter levior mea culpa facile possit delitescere et ab famae conviciis securior manere. Amor meus iustae causae innititur. Rogata et multum obsecrata, meritis ipsius capta, compulsa et persuasa ab astutissima talium directrice et magistra Celestina, periculosissimis visitationibus delinita et perducta sum ut tandem optabili eius amori totam me contraderem. Iam mensis amplius elapsus est, ut tu conscia es, quod *nullam noctem intermisit* quin hortum nostrum instar munitissimi castri alicuius scalis occuparet iniectis. Plures etiam frustra adfuit neque ideo iracundiae quicquam aut animi abalienati mihi ostendit. Mortui [102] sunt mea causa fidissimi illius apparitores famuli, patrimonium ipsius meo nomine imminutum est, absentem se universae civitati simulavit, integros dies domi suae inclusus nullo fastidio mansit pascens animum sola mei de nocte videndae spe. Procul hinc, procul a me absit ingratitudo, procul assentationum omne genus et fraudes erga tam fidele amatoris pectus tam viva dilectione flagrans. Nolo ego maritum, non curo patres, non cognatos aut affinitates, [pg. 245] cum destituta fuero et spoliata Callistone meo, destituet me vita mea, ipsa me ea spoliabo, quae nullo alio titulo mi-

---

[102] Reads "Mortem."

hi grata atque accepta est quam quod illius amore frui illius mutua dilectione gaudere conceditur.

LUC. Tace paulisper, hera. Auscultemus, illi perseverant sermones suos. [103]

PLEBERIO. Igitur quoniam eadem et tibi sententia est, domina coniux, opus erit ut huius ergo filiam nostram quamprimum alloquamur? Indicabimus illi nomina tot procerum qui eius a me nuptias sollicitant ne quid inhumanius contra ipsius voluntatem conclusuri videamur. Eligat ille qui magis ipsi placuerit, non tam ex nostra quam propria ipsius sua arbitratione maritum adsciscat, quam libertatem leges non frustra utrique iuvenum sexui reliquerunt, quamquam sub patria etiamnum potestate degentium, ut seligere quem thoro suo aptum putent nulla auctoritate prohibeantur.

ALI. Quid verbis opus est, quid frustra tempus terimus, quis tantae audaciae erit ut tam novarum rerum nuntium ad Melibaeam nostram ferat qui non metuat externare tenerrimum eius animum? Et quid tu censes, unde notum illi esse poterit quale animans sit homo masculus, an faciant aliqui nuptias et quid rei sint nuptiae ipsae et quod ex coniunctione maris et feminae liberorum seges procreetur? Credis simplicem et ignaram astutiae omnis virginitatem suam illi concedere ut desiderio aliquo impudiciore ipsi viso appetat id quod numquam cognovit nec fando intellexit, putas illam ullo modo tam esse capacem talium ut vel cogitando peccare possit? Ne credas tale aliquid, domine Pleberi, quod si quemlibet sive generoso sive humiliori sanguine natum, deformem aut [pg. 246] speciosum, male moratum aut civilitate politissimum, ipsi ducendum nominaverimus, omnia quae nobis placere censebit, ipsi quoque gratissima erunt. Mihi ante omnes liquido constat qualem hanc filiam educaverim, quanta cura illam incluserim, texerim, custodiverim quamque illius animus ex mea pendeat voluntate.

MEL. Lucretia, Lucretia, propere curre, intra per posticum in palatium et interturba colloquium ipsorum. Disice has meas laudes ficta aliqua et excogitata legatione, velut a me missa illuc venias, siquidem vetare vis ne ego transcurram vociferando instar fatuae, ut male me habet iocularis illa illorum de ignorantia mea imaginatio.

LUC. Eo, hera.

---

[103] Barth here omits a line break found in the Plantin edition.

ACTUS XVII

Argumentum

Elicia, utpote castitate Penelopae illi veteri minime comparabilis, concludit apud animum suum expedire se tristitia simul et luctu super obitu Celestinae, Sempronii et Parmenonis praeferens alteri suo hac in parte consilium amicae et cognatae Areusae. Sic iter ad domum Areusae insistit, eodem adest et Sosia, cui Areusa fictis et compositis blanditiis et lenociniis extorquet omne secretum Callistonis et Melibaeae pervigiliorum.

[pg. 247]

Elicia, Areusa, Sosia.

ELI. Male mihi omnia succedunt et expetunt in hoc luctu, nemo aut rari quidam visitant domum nostram, pauci plateam transeunt. Non iam audio instrumenta et cantiones musicas amatorum usque ad auroram occentare suavia gaudia solitas, amici mei stationes suas deserunt, *ianua nostra limen servat.* Non gladiorum strepitus, non tumultus nocturnos mei causa iam ullos fieri percipio. Et quod miseram me peius etiam afficit, neque nummum neque aliud quippiam muneri domum meam appellere video. Omnis huius mihi infortunii causa ipsamet sum. Si acceptassem ratumque habuissem consilium eius quae optime mihi cupit verae illius sororis germana germanioris meae cum pridie illi tristem calamitatum mearum nuntium ferrem unde haec mihi damna invecta sunt, non me iam solam domi intra duos parietes viderem ubi fastidio et nausea nemo me aspicere dignatur. Malus daemon adigit me tantum mihi doloris adsciscere propter eos qui nescio an, me tali pacto exstincta vel lacrymula unica vultum suum tinxissent. Certe quod illa mihi cognata mea consilium dedit optime ex re mea futurum video. Numquam, soror, ostendas vel animo tuo admittas alterius gratia plus maeroris quam ille tua sibi sumpturus fuerit si qua te mala fortuna percelleret. Si ego iam fato meo functa essem, Sempronius non minus laetaretur quam solebat antea. Igitur cur ego animum meum, fatua, amplius eius causa excrucio? Ille capite truncatus est, quis scit an non et me aliquando pari crudelitate [pg. 248] interempturus fuisset si vixisset, ut erat temerario animo et praecipiti, cum Celestina, quam ego pro matre viventem semper habui? Per omnia placet abhinc consilium Areusae sequi, quae prudentior rerum huius vitae est et sagacior longe quam ego. Eam ego saepe visitabo, cum ea vitam ducam et eius sapientia me erudiam. O quam suavis haec erit communicatio vitae, quam dulcis atque accepta animo meo conversatio. Non vanum est quod dicitur, *meliorem unum esse diem hominis sapientis* quam totam vitam fatui alicuius atque obtuso ingenio. Exuam me igitur hoc luctu, abiciam tristitiam, extergebo oculis lacrymas quae quidem tum ex consuetudine mea mihi paratae semper ad obsequium adsunt. Neque vero mirum videri debet cuipiam tam faciles generi nostro illas excubare ut nullo non temporis articulo vacatae adsint, tam difficiles contra regressu atque obliterari duras, cum primum nati homines soleant diem, tum primum visum ploratu salutare. Verum huic negotio, ut caeteris talibus, prudentia nostra facile medebitur considerando fleribus istis perdi oculorum saltim decores, gestus et vestimenta speciem muliebrem commendare et vel de deformibus formosissimas facere. His mediantibus, vetulae fiunt iuvenculae, iuvenculae vel seipsis teneriores exeunt. Non alia res est color commendabilis ruboris et candor amabilissimus quam viscosus quidam cinnus quo inescati viri iuvenesque confluunt et capiuntur. Redi igitur commodo meo speculum meum, adeste fuci et colorationes pristinae, restituite decus suum fletu attaminatis oculis meis. Redeant mihi candidae meae tunicae, ricae, strophia, vestitus festi hilaresque mei, componam [pg. 249] lixivium capillis meis retingendis, quos iam aureus color deseruerat. Hoc facto, recensebo gallinas meas, construam lectum meum, *munditia excitat et exhilarat corda animosque hominum.* Expurgabo et nitidabo ostium meum et spatium plateae meum ut videant transeuntes iam abolitam esse memoriam omnem maerorum. Verum prius etiam ibo visitatum cognatam meam rogatura an illic fuerit Sosia et quid cum illo transactum sit. Eum enim non vidi ex quo indicavi illi cupere cum eo colloqui Areusam. Velit Deus solam me illam offendere, quae alioquin numquam amatoribus incomitata vivit, ut bona taberna rato est sine compotoribus. Clausum est aedium ostium, neminem puto intus esse. Pultabo. Tha tha tha.

ARE. Quis isthic es?

ELI. Aperi soror, Elicia sum.

ARE. Intra soror carissima, Deus sit tecum. Quam ego te lubens video, mutato [104] lugubri illo habitu in laetum hunc et placentem omnibus. Quam gratius hoc mihi spectaculum illo cum tota nigra maerens incederes. Nunc gaudebimus invicem et laetos dies vivemus. Visitabis tu me, visitaberis a me vicissim, tuae meaeque domui perpetua festa celebrabuntur. Quis scit quid nobis utilitatis et lucri confecerit mors Celestinae? Ego quidem manifesto video rebus meis ex eo tempore multum emolumenti accrevisse. Hoc est quod vulgo dicitur, *mortui aperiunt* oculos viventium, huic quidem accessione opum, illi libertatis, ut isto exemplo tibi.

ELI. Ostium tuum pulsatur, parum nobis spatii ad confabulandum relinquunt. Ego volebam ex te percontari an tecum fuerit Sosia.

ARE. Non vidi illum ex quo tu hic fuisti. Quid istud causae pultationis est ad ostium nostrum? Aperiam, aut fatuus hic est aut [pg. 250] admodum familiaris. Quis pultat isthic?

SOS. Aperi domina. Sosia sum, minister Callistonis.

ARE. Per fidem omnium deorum, lupus est in fabula. Absconde te soror, pone istud tapetium et videbis quomodo ego illum rebus nostris parem. Inflatum totum, totum assentationum ventis turgidum dabo ut, cum a me recedet, putet enimvero se solum albae gallinae filium esse, solum amari, sua et aliena ipsi omnia quae novit ventre extraham, non secus atque ille equis strigili pulverem extergere solet. Tu eras isthic, Sosia mi, mi secretissime amicorum, quem ego intime amo, etiamsi ipse nesciat, quem bonae famae suae gratia, quia in omnium commendatione vivit, desidero et diligo. Tam gratiosum mulieribus, tam fidelem hero suo, tam acceptum cordatumque sodalem. Amplecti te, amor meus, cupio, iam cum te video, qualis sis credo plus in te scilicet virtutum esse quam laudando assequi quivis

---

[104] Reads "mutabo."

possit. Huc ades, anime mi, intro concedamus, delector ego aspectu tuo, tu memoriae meae reponis figuram infortunati Parmenonis mei. Ideo hodie sol tam claris luminibus caelum illustravit, tam suda tempestas hesternis successit imbribus quia te huc felicitas mea allatura erat. Dic mihi, domine, notam habuisti me etiam ante hunc adventum ad nos tuum?

SOS. Domina, ingens per urbem laus et commendatio speciei et civilitatis tuae, sapientiae gratiarumque tuarum admiratio, tam alte per ora hominum volat ut mirari non debeas pluribus te notam esse quam quos tu [105] noveris. Nemo quippe de formarum excellentiis loquitur qui non primo loco inter omnes tui meminerit.

ELI. Vah spurium istud mendicabulum hominis, ut sapientem se facit. Si quis illum [pg. 251] videret aquatum ire cum caballis suis ipsis insidentem clunibus nudis. Iam cum se instructum caligis et pallio videt, heroem se facit. Ulyssi eloquentia, Thaleti sapientia parum concesserit.

ARE. Iam indignabundam me fecisset ista oratio tua si quis adesset qui auribus perciperet quibus modis me ludificares. Verum ut universi virilis sexus praemeditatis istis orationibus adesse soletis, fictis laudibus ingenium et eloquentiam vestram ostendere cupitis, verba velut formis impressa ad illudendum simplicibus puellis circumfertis, ita tibi ego facile ignosco neque succenseo quippiam. Contra autem certum te facio minime talibus tibi circumlocutionibus opus esse apud me quidem. Amo te, etiamsi abs te non lauder. Victam me tuamque, tibi deditam habes antequam de novo oppugnes. Quod autem ad te miserim visitatum me adesses, duabus potissimum causis adacta sum. Neutram tamen tibi dictura nunc, si amplius quicquam assentationum aut ludificationum abs te metuere habeo, quamquam valde utraque emolumento tibi esse possit.

SOS. Domina mea, nolit Deus optimus maximus ut ego quicquam tibi dolorum aut fraudium struam. Multum securo et elatiori animo veniebam de gratia tua quam factura mihi esses et nunc facis, non arbitrabar dignum tuae qui calceos tibi detraherem. Impera tu linguae meae, responde tibi meam vicem, omnia ego dicta tua rata habebo et facessere opere ipso quantum in me erit studebo.

ARE. Anime mi, Sosia, iam ante hac notum habes quantum amarem Parmenonem. Nunc tibi indicare volo non minus tibi bene cupien-

---

[105] Reads "ut."

tem esse, ut omnes qui qualicumque [pg. 252] modo ipsi in vita cari fuerunt grati mihi semper atque accepti erunt. Fidelis atque egregius illius in herum suum animus non minus mihi ipse placebat. Quodcumque Callistonis damnum vel coniectura praespicere poterat, ut optime poterat, cavebat, impediebat, incidebat et amoliebatur. Quod cum ita sit conclusum est mihi apud animum meum hoc te primo loco monere ut noris acceptissimam mihi amicitiam tuam esse et visitationes quo crebriores eo gratiores quibus plus equidem commodi ad te quam detrimenti redibit quantum in mea ope erit. Secundo ut, quoniam oculos animumque meum tibi tradidi, tuo amore tota irretita sum, alium quam te perpetuum amatorem exopto neminem, consulere tibi volo teque, ut vere amica, iterum monere ut ab periculis imminentibus quam poteris cautissime tibi caveas neque secretorum tuorum quippiam cuiquam communicare velis. Exemplo tibi sint Sempronius et Parmeno, qui perierunt non alia magis de causa quam quod Celestinae arcana sua aperuerunt. Ne te, misera, ego cogar aliquando pari cum illis sodalibus tuis fato oppetentem cernere. Satis mihi superque est deplorare unum illum Parmenonem meum. Scias etenim venisse ad me his diebus aliquem et dixisse, enarrasse te ipsi omnem amorum Callistonis et Melibaeae historiam, quo pacto ille illa potitus sit et quod tu singulis noctibus illuc herum tuum comiteris aliaque multo plurima quae nec recensere quidem possim. Cogita, anime mi, quam sit levitatis animi indicium non posse secreta sua suorumque silentio premere, propria est talis tam futilis loquacitas mulieribus (neque his etiam omnibus tamen sed parti dumtaxat contemptissimae [pg. 253] et nullius pretii), propria est ob aetatem stolidis pueris. Cogita hinc tibi redundare posse maximum discrimen. Non alio fine tibi Deus duos aures et unam tantum linguam apposuit, duos etiam oculos, ut duplo amplius videre et audire quam eloqui atque propalare debeas. Ne censeas ullum tibi amicum tam fidum esse ut, quod ipsi non revelandum credideris, nolit ipse porro aliis enarrare cum tu ipse id corde tuo attinere non potueris. Si quando tibi opus erit herum tuum Callistonem comitari, visurum noctu illos suos amores, ne tumultueris per vicos, non omnis vicinia te audiat, aliunde enim ad me relatum est quot noctibus te ire vociferantem voluptatis stimulis instar hominis menti capti.

SOS. Vah quam fatui et male conciliati sunt homines isti qui talia ad te narratum veniunt. Qui tibi retulit de ore meo talia audivisse scelerate mentitus est. Alii videntes me ad lunam noctu aquatum ducentem equos nostros cantantem et animo hilari iocabundum uti laboris obliviscerer et molestiam animo excuterem, idque semper ante decimam horam, suspicati sunt alia, de suspicione certum aliquid sibi persuaserunt et pro tali ad te retulerunt affirmantes quod coniectaverant. Certe non tam fatuum putes herum meum ut ea hora ad negotium tanti periculi et ponderis conficiendum prodeat, nec tam cautum eum crediderunt ut exspectaret conticinium noctis, ubi omnes cubitum concessos primi somni attineat altissima quies. Neque certe singulis noctibus eo iverit cum tale officium nequaquam quotidianas adventationes admittat. Quod si clarius etiam mendacia talia inspicere velis, uti dicitur *facilius mendacem quam* [pg. 254] *claudum deprehendi*, asseverare tibi, domina, possum, totum hunc mensem non amplius nos octies illuc itasse et vani illi invidiosique conturbatores singulas noctes commenti sunt.

ARE. Igitur per vitam meam, anime mi, ut eo eos homines falsimoniis et perfidiis suis irretitos teneam et manifesti mendacii reos, certiorem me facias deinceps constitutarum noctium quando ituri sitis vel secus. Si illi me deceperint et rem aliter quam fiet praedixerint, certissima ero secreti a te servati et illorum vanitatem manifesto deprehenderim, sicque eorum relatione veritati contraria amabilis mihi persona tua exempta erit periculo et ego cura illa et sollicitudine quam pro te habeo levata. Sic spes mea frustra non habuerit me, qua votum conclusumque habes longissimo tempore amoribus tuis frui.

SOS. Non opus erit, domina, longe nos rei testimonia petere. Hac ipsa secutura nocte cum duodecimam horam horologii pulsus indicabit conclusa et constituta a domino meo est Melibaeae visitatio. Cras rogabis illos quid notum de hoc habeant, si quis veritatem indicaverit, omnes me deinceps pro stulto fatuoque mortales habeant.

ARE. Et quo itinere eo ibitis, ut norim relatores illos confutare si aliorsum iisse dicturi sint?

SOS. Per vicum ubi aedes sunt crassi illius vicarii, pone illas ipsas aedes.

ELI. Taceas iam deinceps, nihil amplius requiritur ex te ludibrium nostrum. Maledictus sit qui salutem et negotia sua talibus mulionis manibus committit. Plane sensibus se exsui passus est asinus iste.

ARE. Frater Sosia, sufficiant modo dicta, nihil enim ego volebam quam certa et secura esse innocentiae tuae et resciscere claram [pg.

255] malignitatem adversariorum tuorum. Iam cum bono Deo domum tuam redeas licet, sunt enim alia mihi iam expediunda negotia et sane non parum temporis tecum insumpsi, illis prolatis.

ELI. O sapientissima mulier, o amolitionem hominis egregiam. Talem certe merebatur asinus tam crassi cerebri qui tam de facili omnia sua secreta effutivit.

SOS. Dulcissima et gratiosissima domina, ignoscas, oro, mihi si mora isthic diuturniore rebus tuis dividiae tibique molestiae fui. Quamdiu tibi placuerit servitiis meis uti velle, neminem toto mundo hominem invenies qui promptius etiam vitam suam impendere ut tibi gratificetur velit. Boni angeli custodes tecum maneant.

ARE. Deus te ducat. Illuc eas, sic datur, insulse mulio. Multum licet glorieris, insignem hic assecutus es sapientiae tuae praeconem, egregium eiusdem testimonium hic reliquisti. Nunc ignosce, sodes, isti ciconiae quae a tergo abeuntem pinsit. Cui loquor, soror? Prodi hinc, Elicia. Quid tibi videtur qualem istum domum suam remisi? Sic ego tractare tales novi, ita asini illi fustibus dolari manibus meis abscedunt, ita fatui confusi et ludificati, sapientes attoniti, religiosi alterati, casti amore incensi. Igitur disce tu ab artifice hac, Elicia soror. Aliae hae artes sunt quam quibus Celestina tua vivebat, quamquam illa me insulsam putabat quoniam talis ego apud illam videri volebam. Porro cum sciamus iam huius relatione omnia quae super Callistonis negotio nosse desiderabamus, opus iam erit nos alterius illius furciferi qui praeteritis diebus mea tam pulchre expellebatur domum ire. Simula [pg. 256] tu id tibi studium esse ut nos ex inimicis in pristinam amicitiam reducas quodque rogata abs te aegre assenserim, ipsum visitatum tecum venire.

ACTUS XVIII[106]

[Argumentum]

Elicia simulans id agere se ut Areusa Centurioni, quem domo sua expulerat, reconciliaretur, ita instructa ab Areusa, cum ista domum Centurionis petit. Illic ambae eum rogant suscipiat ipsarum nomine ultionem occisorum Celestinae, Parmenonis et Sempronii in Callistonem et Melibaeam. Centurio praesentibus illis pollicetur rem se effecturum, post, ut ingenium talium hominum est minime stare promissis suis, excusationes quaerit ut historiae ipsius ordo sequentibus declarabit.

Elicia, Centurio, Areusa.

ELI. Quis in hac domo, nemone est?

CEN. Puer, curre visum quis homo tantae audaciae sit ut domum meam non pulsato ostio intret. Redi, redi, isthuc. Iam vidi quis sit. Ne te pallio obveles, domina. Iam latere et celari non potes. Cum priorem intrantem viderem Eliciam, certo coniectare poteram non malo sodali comitatam advenire neque res novas mihi nocituras illam afferre, potius quae animum meum voluptate afficerent.

ARE. Per vitam meam, ne intremus penitius, vide asinus quam se iam dum magnificum faciat autumans rogatum me illum huc advenisse. Gratiores ipsi utique aliae erunt, similiores formae et moribus

---

[106] Reads "XIIX."

eius scilicet quam nos. Revertamur per Deum rogo, soror. Morior fastidio et [pg. 257] odio tam informes balatronis gestus videns. Videris tibi, soror, per bonas me stationes rapere, digna haec sacra esse nobis cultricibus ut veniamus visum Thrasonem istum qui domi isti habitat.

ELI. Redi intro si me amas. Ne abscedas, soror, nisi dimidium manibus meis pallium hoc tuum relinquere conscissum cupis.

CEN. Retine, retine, per Deum, retine illam, domina, ne se tibi eripiat.

ELI. Miror, soror, sapientiam tuam. Quis hominum omnium tam barbarus sit moribus qui non gaudeat visitari, praecipue vir a feminis? Accede istuc, domine Centurio. Iuro tibi animam meam etiam invitam adigam ut te complexam suavietur. Ego periculum in me recipiam.

ARE. Malim ego illam in manibus et potestate carnificis videre et oppetere malam ad arbitrium hostium ipsius mortem quam tale aliquid concessero, ille aliquid voluptatis ex me capiat. Certe, certe tam bene de me meritus est ut ipsi per omnem vitam meam debitura sim. Ob quale meritum ego illum suavier, cur vel visu digner? Rogatus praeteritis diebus atque supplicio obsecratus ut unius diei iter mea causa susciperet. Cum inibi vitae meae discrimen versari non ignoraret, abnuere tamen ausus est.

CEN. Impera tu mihi aliquid facere quod possim, domina, rem quae sit officii et expeditionis meae, ut tres simul provocem, si plures etiam veniant, ne fugiam, amore tuo retinebor. Interimere hominem, pedem aut brachium desecare,[107] faciem alicuius quae formam suam tuae aequiparare ausa sit vulneribus concidere. Hae aliaeque huius generis res promptius a me conficientur quam a te iniungentur mihi. Excipio solum haec duo, ne argentum me flagites, ne pedes aliquo ire adigar. [pg. 258] Argentum nosti apud me subsistere non posse. *Ter iussus circumrotabo* corpus et quam maxime potero sussiliam, nuspiam de vestibus meis obolum procidentem audies. Nemo hoc dare cogitur quod non habet. Tali domo habito qualem isthic meam vides. Nusquam quisquam pedem impegerit quamlibet improvide se circumagens. Supellex quam inibi habeo est fracta urceus ansa et veru absque mucrone. Lectus in quo cubo stratus est super umbones scutorum. Si quid esui aut potui vobis praebere velim, nihil est quod

---

[107] Reads "desicare."

pignori dem praeter pallium istud undique perforatum quod circumfero mecum.

ELI. Ita felix sim ut mirifice sermones huius hominis mihi placent. Instar religiosi alicuius obtemperans mandatis tuis adest, instar boni genii loquitur tibi, nihil nisi aequitatem summam petit. Quid poscis illum amplius? Per vitam meam ne alloquio tuo indignum habeas, ponas animo quod te malo habet, ignoscas homini qui sese et sua omnia tam prolixa voluntate tibi offert.

CEN. Offerre dicis, domina? Iuro tibi per *sanctas illas tabulas unde pueri* elementa discunt, brachium iam dum mihi succutitur spe eorum quae pro illa facere velim, semper pacificare illam studeo, numquam pacifica utor. Praeterita nocte per somnum mihi videbar provocatis quattuor hominibus illius gratia pugnam inire, omnibus ipsi bene notis. Unum ex his occidi, de caeteris tribus qui fuga salutem sibi quaerebant, qui minimum laesus abscesserat sinistrum mihi ad pedes brachium reliquit. Porro multo melius aliquid tale de die vigilans praestabo si aliquis invitam illam contigerit.

ARE. Quoniam huc sermo noster venit, tempus ipsum me fari iubet. Ignoscam tibi, Centurio, [pg. 259] hac conditione uti ulciscaris iniuriam meam mihi illatam a Callsitone illo notae inter urbanam iuventutem nobilitatis, nec mihi solum sed et huic cognatae meae.

CEN. *Vah conditionem istam* minime admitto. Dic mihi illico an iam peccata sua sacerdoti alicui confessus sit.

ARE. Non tibi mandata est animae eius cura.

CEN. Volo igitur ut vis, mittamus animam eius ad inferos sine confessione.

ARE. Ausculta, attende, ne irrumpas orationem meam. Hac nocte illum deprehendere poteris.

CEN. Nil dicas amplius, iam exitus rei in manu mea est. Omnia eius amorum negotia cognita mihi sunt, etiam illos novi qui horum gratia mortem oppetierunt neque minus quo vestro ambarum damno omnia gesta sint. Scio et quorsum, quo, quaque hora eat. Solum hoc doce, quot comitibus illuc ire consueverit.

ARE. Duobus non amplius pueris.

CEN. Paulum equidem istuc negotii est, parum cibi hic inveniet, parum pabuli hinc metet machaera mea. Melius et plenius illam alibi hac nocte pascam, uti etiam iam promisi.

ARE. Sic excusationes quaeris. Ad alium canem cum hoc osse eas. Non est ex re nostra ista dilatio. Hic ego experiar dicere et facere an ad mensam tuam iunctim edant.

CEN. Si machaera ista mea dicere vellet quae facere consuevit, nullum tempus eius facinoribus audiendis suffecerit. Quae alia omnia circumcemiteria [108] cadaveribus stipat, quae chirurgos et medicos divites facit, quis praeter eam fabris armariis continuo quod reficiant submittit, quis chalybis amplius frangit, quis clipeos plures Barcilona huc advehi facit dum tot eorum quotidie dissecat, quis frustratim plures cassidas disicit? [pg. 260] Harum quidem optimas perfringere non maius illi negotium est quam si pepones forent. Viginti ipsi anni modo sunt cum ista mihi victum sufficit. Huius ergo timent me viri, amant mulieres praeter te quidem caeterae. Huius virtute avo meo nomen Centurionis partum est, Centurionem vocabant patrem meum, eodem nomine et ego nuncupor.

ELI. Quid vero facere poterat machaera tua ut avus tuus Centurionis vocabulum adscisceret? Dic nobis fortasse eius facinoribus atque opera centum hominum tribunus factus est.

CEN. Non sed quia fuit centum mulierum leno.

ARE. Nihil ad nos maiores tui neque auditum antiqua facinora huc venimus. Si facturus es quod petitur, sine dilatione promitte. Nos aliorsum properamus.

CEN. Longe ego noctem amplius praesentem adesse cupio ut imperata abs te expediam quam tu ut ultam et vindicatam videre possis. Et uti magis omnia patrentur ex voto tuo, elige quo mortis genere illum occidi cupias. Intus tibi indicem ostendam cui inscriptae sunt sexcentae et sexaginta species, videbis quae e tanto numero tibi arriserit.

ELI. Per amorem meum, Areusa, ne hoc facinus tam crudeli atque immani homini mandetur. Potius sit ut ne tale quid omnino fiat quam ut tota civitas conturbetur. Unde nobis plus damni accesserit quam etiam adhuc passae sumus.

CEN. Illae species quibus ego nunc magis uti soleo quaeque his diebus patratae sunt et velut adhuc mihi in manibus versantur sunt ictus laminae planae, ictus manubrii globo ferreo, subversiones ingeniosae, alios instar cribelli minutis pugionis punctibus perforo,

---

[108] "circumcemiteria" is a neologism.

alios punctim gladio, alios caesim, alios longis, alios brevibus ictibus perfodio. [pg. 261] Sunt vulnera mortifera, aliquando fustibus homines concido ne nimium laboret videlicet atque ut aliquando respiret ensis meus.

ELI. Per Deum ne amplius quicquam faciat, fustibus illum contundat ut castigetur potius quam interimatur.

CEN. Iuro tibi per corpus sanctae letaniae, non plus in potestate dextri mei brachii est fustibus caedere ut mors non continuo sequatur quam solis ordinarium per caeli spatia cursum interiungere.

ARE. Non simus, soror, tam pusilli animi, faciat quod volet, occidat illum qualis sese oculis obtulerit. Ploret Melibaea, ut tu coacta fecisti. Missum illum faciamus. Centurio memineris quod pollicitus es. Qualicumque modo illum tractaveris voluptati nobis erit, modo caveas ne plane non erroris sui admonitus elabatur aliqua.

CEN. Deus ipsi ignoscat siquidem fuga non elabetur. Gaudeo maxime, domina mea, occasionem mihi sese obtulisse, quamquam non magnae rei, unde certior fieri possis quantum amore tui ego facere velim.

ARE. Igitur Deus bene coeptis tuis adspiret. Ei te commendo, nobis hinc iam abeundum est.

CEN. Ille te comitetur et amplius tibi patientiae largiatur. Illuc apageant meretrices istae suis artibus elusae. Nunc meditabor quo pacto promissa non facessens excusationem mihi faciam ut credant nihilominus istae summa me diligentia negotio adfuisse neque neglexisse officium metu discriminis. Faciam me infirmum, verum quid hoc proderit? Non desistent petitione ubi revaluero. Porro si dixero illic me fuisse et quod in fugam illos coniecerim, indicia abs me petent quales fuerint, quot numero, quo locorum ipsos assilierim, quomodo ornatos, vestitos. Sic omnia perdiderim [pg. 262] nihil horum affirmare valens. Igitur quid consilii capiam ut mandato mulierum satisfaciam absque quidem periculo meo? Mittam evocatum huc Thrasonem, illum loripedem, cum sociis suis dicamque ipsi, quoniam alibi hanc noctem occupatus sim, ut collisis clipeis tumultum in platea isthic dent, praeceptum mihi id esse nonnullis pueris illinc fugandis per ludibrium. Haec maxime tuta huius rei expeditio erit unde nemini poterit aliquid damni dari. Ludi instar erit in fugam illos conicere, post dormitum concedere.

ACTUS XIX

Argumentum

Callisto comitatus Tristane et Sosia ad visendam amicam suam Melibaeam dum hortum Pleberii petit, Melibaea ipsa et Lucretia illum praestolantes colloquuntur et concinunt. Per viam Sosia Tristani recenset quid cum Areusa ipsi rei fuerit. Callisto iam apud Melibaeam in horto erat cum Thraso et alii a Centurione ad mandatum Eliciae et Areusae eludendum conducti adsunt. Procedit ad illos Sosia. Callisto intra hortum audiens tumultum quid rei sit visurus accedere vult. Ille horto exitus causam ipsi ut tristem vitae suae finem faceret dedit. Tale praemium isti tales plerumque sortiuntur unde moniti amatores meliora consilia sequantur.

[pg. 263]

Sosia, Tristan, Callisto, Melibaea, Lucretia.

[SOS.] Silentio procede istuc, Tristan, ne quis gradientes nos audiat, deinde ad murum horti illius tibi enarrabo quid mihi contigerit colloquenti cum Areusa hodie. Videor enim illius gratia merito omnium mortalium gaudia mihi uni adscribere posse. Scias illam, postquam a plurimis me hominibus hinc inde commendari audiverat, amore mei perceptam fuisse, frater. Misit igitur ad me vocatum ut, quamprimum copia esset, illam invisere vellem. Relictis aliis egregiis quidem monitis atque consiliis quibus affectum erga me suum prolixe contestabatur, in praesentia tantum mihi benevolentiae exhibuit ut certus esse possim velut hereditarium quem in Parmenonem affectum habebat in me transisse. Obsecravit me quotidie, cum commode possem, se inviserem, conclusisse quippe longo tempore amore se mei fruituram. Itaque adiuro tibi, frater, periculosam istam viam quam modo calcamus et ita ego gaudiis meis supersim, ut tribus vicibus animum sumpseram illam amplexu amatorio invadendi. Sed cum tam speciosam tamque comptam atque expolitam, vestimentisque ornatam, viderem, pudore deterritus sum considerans lacinias istas meas laceras atque undique perforatas. Cum se commovisset, odorem undique dulcissimum spirabat, ego contra foetebam reliquiis stercoris equini quae intra calceos mihi obhaeserant. Manus digitique eius quavis nive candidiores erant, quas cum chirothecis saepius inderet et reduceret, non alio odore domus fragrabat quam si Cydoniis [pg. 264] Auraicisve malorum floribus [109] aer mulceretur. Sic et quoniam incidebant negotia quae eam aliorsum vocarent, hodiernum nostrum colloquium interruptum est et quod dicendum mihi restat in alium diem prolatum. Nosti tu, et res ipsa testimonio est, ad primum conspectum aegre negotia alicuius momenti confieri solere, quanto autem postea frequentius tractantur eo faciliora bonum exitum sequuntur magisque prudentiam hominum acuunt et ipsa clarius inspiciuntur.

TRI. Amice Sosia, alio ingenio magis rerum experiente et aetate maturiore opus erat mihi ad consilium tibi his in rebus dandum quam quod mihi nunc est, aetate puero, iudicio admodum mediocri quod natura mihi indulsit. Tamen quicquid optimum mihi videbitur, eo tibi non deero. Mulier isthaec venale scortum est, ut ipse aliquando etiam mihi narrasti. Scias nec hoc nec alio ullo eam negotio moribus suis contraventuram quin quicquid poterit fraudium et dolorum adhibituram. Oblationes istas illius monstrum aliquid agere pro certo existimo, quamvis finis earumdem mihi non liqueat. Si pro homine comi atque urbano te amari censes, quot illa potiores te, putas, proiecerit. Si pro divite atque opulento, ignorare non potest nihil tibi esse praeter pulverem illum quem de strigili equina ad te redire quotidie videt. Si pro nobili, neque illam latere poterit Sosiam te es-

---

[109] "Cydoniis Auraicisve malorum floribus": "Cydonia mala" are apples from Crete, cf. Apicius *De Re Coquinaria* 1, 1, 12; Petronius, *Satyricon* 69, 7; the English word "quince" derives from this word. "Auraicis" (most commonly "Auraicensibus") is an adjective for the city of Orange, which Barth uses to translate the blossom of the orange tree.

se, Sosiam tibi patrem fuisse, natos utrosque in vili pago, aratro glebas proscindendo vitam coluisse, cui quidem rei te nunc quoque aptiorem puto quam amoris negotiis. Circumspice, Sosia, et rem penitius expende an aliquid secretorum super hoc nostro ad Melibaeam itu expiscari voluerit istis inusitatis atque dubio procul [pg. 265] ementitis assentationibus ut hoc pacto aliquid aegre facere aut Callistoni inimicum reddere Pleberium possint invidentes more prostibulorum talium Melibaeae isthaec ipsius gaudia. Cogita invidiam incurabile malum esse neque eo loco facile exturbari posse quo semel sedem fixerit, hospitem prorsus ingratissimum qui loco mercedis pro habitationis usu solvendae nihil non molestiarum exhibeat hospitibus suis, cuius mos atque consuetudo non alia est quam ingenium alienis scilicet infortuniis gaudere. Igitur si ita sese ista habent vel quocumque alio modo, mulier ista mala atque astuta te decepere studet glorioso suo nomine quo plerique etiam alii capiuntur.[110] Vitiosa atque noxia sua consuetudine venenare volet animam tuam atque inficere, saltim ut cupidini suo satisfaciat. Talia in medium proferre ut blanditiis te ductum everteret eo fine ut detrimenta tua aliquam ipsi voluptatem facerent. O lenociniorum sagacissima mulier, quam nitido pane involutum hoc tibi virus propinavit. Corpus suum vendere voluit ut litigium aliquod accenderet. Nunc ausculta mihi et si hoc modo res conciliata est, tu dolo simplici appetitus duplicem illi fraudem remetire atque repone eo potissimum modo quem nunc tibi praescribam. Neque hoc iniquo iure feceris, qui enim decipere studentem deceptione ipse supervenerit laudem potius quam vituperium meretur. Et si plurimis astutiis instructa est vulpis, astutior tamen habebitur is qui illam capiet. Contrariis dolis malas ipsius artes excipe et cuneum cuneo contraducere insiste, scalis velut iniectis arcem fraudium ipsius occupa, quamprimum securissimam tui et velut labiis te ductantem videbis. [pg. 266] Cantabis postea in stabulo tuo, *unum excogitarat equus indomitus, alterum qui domere illum instituerat.*

SOS. O sapientem te, adolescente aetate tua, Tristan, longe amplius instructus ei prudentia quam anni tui ferant. Astutissima suspicione in rem praesentem venisti, credo etiam verissima. Verum cum iam horto propinqui sumus et herus noster proximus nobis, omittamus

---

[110] "quo plerique etiam alii capiuntur" is an inaccurate translation of "con el cual todas se arrean." This is a difficult line to understand; Mabbe omits it in his translation.

hoc colloquium et differamus in crastinum, larga enim seges erit omnia eventilaturis.

CAL. Pueri, ut recte positae sint scalae, tacete vos. Ego dominam meam intus loquentem audire mihi videor. Adscendam in murum et illic paulum consistam auditurus an absentis cum boni amoris testimoniis ratio habeatur.

MEL. Ne desinas cantionis huius, Lucretia. Valde enim illa afficior dum veniat dominus meus et quidem voce pressa inter istud fruticetum ne quis transiens isthinc nos audiat.

LUC. *Ah quis in eximii conductus more coloni*
Demet in abscessus gramina laeta tuos.
Quis contra, grato venientem flore salutans
Gaudia deliciis conduplicata ferat. [111]

MEL. Mentiar nisi eximie me affici egregiis tuis istis cantandi leporibus fatear. Per amorem meum, iungas plura.

LUC. *Laetus est fontis lepor, unda vivens*
Grata torrenti site macerato
Gratior vultus tamen est Callisti
Mi Melibaeae.
Nocte vel sub concubia videns te
Gaudio exultem venientem ab alto
Desuper muro quot ego osculis te
Excipere adsum. [pg. 267]
Gaudio exultant tenerae capellae
Matris advisae gravidas papillas,
Sponsi in adventum Melibaea toto
Pectore laeta est.
Nemo tam carae fuit umquam amicae
Gratus adventor neque visitata est
Ulla nox umquam simili lepore
Inter amantes.

MEL. Quo tu amplius canis, Lucretia, eo eum magis praesentem mihi imaginor, quantus cantus [112] est, totum ante oculos astare video cum carmina ista tua ausculto. Perge porro, optime enim vocem temperare novisti et iungam ego meam.

---

[111] See Lida de Malkiel, 428, n. 12, for Barth's interpretation of the Spanish original verses.
[112] Reads "quantus quantus" [*sic*].

LUC. et MEL.
> *Arborum umbrosarum io*[113] *amoena culta*
> *Flectite, ardentes oculos Calisti*[114]
> *Intuendo alti decora ista census*
> *Sponte deorsum.*
> Noctifer caelo decus in tenebras
> *Lucifer caelo decus in diem almum*
> *Quin meum somno iuvenum excitantes*
> *Sistitis isthuc?*

MEL. Nunc tu mihi sola audientiam praebe, Lucretia. Ego sola aliquid suavius occinam.
> *Psittaci vos lusciniaeque cantu*
> *Principe auroram canere assuetae*
> *Dicite illi omnes, tu te hic morantem*
> *Ex-* [pg. 268] *spectat amica.*
> *Iam noctis it meridies*
> *Differt adesse Adoneus*
> *An ille vinctus altera*
> *Amasiam hanc fastidiet*

CAL. Superavit me dulcedo suavissimi cantus, non est mihi ultra tolerabilis amantis animi tui exspectatio. O domina mea unica, o omnis spes et omnis felicitas mea, quae mulier nata talibus sit gratiis ut tua[115] merita non omnes illas ultro confutent? O improvisa auribus meis cantionis suavitas, o tempus deliciis uberans, o anima mea, o pectus, o corculum meum, et quomodo non potuisti ulterius aliquid temporis insumere isti suavissimae vocis tuae suavitati, cur non porro etiam amborum desideriis canendo satisfacere?

MEL. O exoptatissima deprehensio, o insidiae exspectatissimae, o suavissima superventio. Es tu hic, mei animi domine, anima ipsa et corculum meum, es tu ipsemet? Non possum credere. Ubi absconsus eras, lucidissime sol, quo recondideras claritatem illam immensam tuam? Quamdiu factum est quod auscultasti nos, cur me rauca et absurda mea instar cygni voce frustra aerem verberare passus es,

---

[113] "io" is the Latin transcription of a Greek exclamation of sorrow.

[114] "Calisti": the Latin form "Callistus," with double "l," is always used by Barth, except in metrical passages when he needs the first syllable of the name to be short, as here and in three other cases in his versification of Melibea's last words (p. 298).

[115] Reads "uetua."

cur exsensis verbis instrepentem audire sustinuisti? Totus hic hortus noster adventu tuo nova laetitia inducitur. Vide lunam inter innumerabilia sidera prolucentem, etiam suaviorem suam lucem caelo exserere videtur. Vide nubes illas, [116] quam per caeli spatia diffugere properant. Audi decurrentem hanc aquam de fontis huius meditullio, quam longe suaviori nunc murmure per viridarium hoc florescentium herbarum properat. Attende celsas istas cyparyssos, quo [pg. 269] pacto rami invicem sibi abblandiuntur, alius alium arridet et alloquitur velut interprete compositissimo illo vento qui summa temperie omnia permulcens voces mutuas foliorum perferre hinc inde occupatus est. Vide omnium arborum placidissimas istas umbras, quam obscuritates suas condensare laborant ut furtivis nostris voluptatibus gratissimum tegmen inducant. Lucretia, quid tibi animi est, amica mea? Et tu delectationem talem immo hanc meam, fatuella, quaeris an ex invidia te avertis? Totum mihi meum gaudium relinque, noli in partes diribere velle quod totum ad me solam pertinet. Ne mihi tu amplectare Callistonem meum, ne tenera eius membra duris tuis brachiis aggraves. Sine me solam, permitte solam eo frui quod solius meum est, non mihi involes aut occupes tu desiderium meum.

CAL. Igitur, unica mea domina, unica gloria mea, si me amas, non destituas, non omittas cantum continuare tuum. Ne suavem illam vocem mei gratia premas, non peiorem tibi conditionem praesentia mea ferat quam ferebat absentia. Absente nempe me gaudebas cantu, cantabas gaudendo, nunc praesente intermittere utrumque videris.

MEL. Quid vis cantitare me, amasium meum? Quomodo cantare nunc potero? Desiderium tuum erat modimperator musica meae, hoc incitabat vocem meam et sonum eius regebat. Cum iam consecuta sim praesentiam tuam, desiderium ad tempus evanuit, toni vocis meae temperiem suam reliquerunt. At quoniam tu exemplum atque speculum quoddam omnis civilitatis et morum egregiorum es, quomodo imperas linguae meae cantum, manibus autem tuis non imperas uti quietae maneant, cur non omittis istas [pg. 270] tactiunculas? Impera illis tranquillae uti consideant et obliviscantur attrectationum istarum odiosarum et ferme intolerabilium. Vide, anime mi, veluti mihi acceptus atque exoptatus est aspectus tuus tranquillus atque comis, ita molesta non potest non

---

[116] Reads "illae."

esse ista crudelior contrectatio. Honesta atque suavia ioca tua me delectant, inhonestiores atque audaciores manus odiosae mihi sunt quando hoc pacto omnem aequitatis regulam transiliunt. Relinque mihi istas tunicas meas in statione sua. Si videre vis utrum de serico an bombyce sint istae laciniae meae, an lanifici operis, quid opus habes intimum indusium meum quaerere, quod certe ignorare non potes lineum esse? Laetemur et iocemur aliis mille modis quos ego tibi etiam praeibo, ne me affligas neque vestitum turbes aut ornatum evertas uti soles. Quid te iuvat *vestimenta mea mihi inquinare?*

CAL. Sic res poscit, domina, qui avem edere cupit plumis oportet prius illam devestiat.

LUC. Mali peream si amplius auscultare possum. Ego desiderio talium paene contabesco, ista autem fatua hera mea etiam rogari vult. Iam, iam, tumultus iste consopitus est. Non opus illis fuit qui litem decideret neque arbitro quidem. Verum et ego puto pariter me tali alicui satisfacere posse modo fatui huius famuli de die me interpellarent. Exspectant stolidi ut ego illos rogatum veniam?

MEL. Anime mi, vis Lucretiae mandem aliquid nobis gustui afferat?

CAL. Non est alia res mihi delectationi quam tenere in potestate mea corpus hoc istamque tuam incomparabilem pulchritudinem. Esui et potui quae velis numerata pecunia undique venalia invenias. Nullo non tempore haec parabilia sunt nulli non etiam homini. [pg. 271] At istud quod auro argentoque nequaquam parabile est, quod in universa rerum natura par sibi non habet, quod unicum in horto hoc teneo, quomodo persuaderi potero uti vel unico momento seponam dum frui quidem illo licet?

LUC. Iamdudum mihi caput audiendo dolet, non vero illis etiam loquendo neque brachia amplexibus eorum fatigantur neque labia osculis. Iam iterum conticescunt. Tertium hoc tropaeum puto quod hac nocte modo hic figitur.

CAL. Numquam ego diem nobis illucescere velim, domina. Uti quidem gloriosa haec voluptas quam de exoptatissima tua consuetudine capio me delectat et animi afficit. Tanto mihi gaudio est amplecti haec generosae teneritudinis membra tua.

MEL. Ego sum illa, domine, quae voluptatem ex hac consuetudine nostra capio, ego quae meliore eius parte fruor. Tu mihi visitatione hac tua incomparabilem gratiam facis.

SOS. Sic sic scelesti venistis illos percellere qui nequaquam vos metuunt. Ego certe iuro vobis, si tantum animi est ut exspectetis isthic, tractatum iri non aliter quam meremini.

CAL. Domina, Sosia meus est ille quem vociferantem isthic audio. Dimitte me visum quid rei sit, ne occidatur sine defensore, nemo enim illi adest praeter puerum alium. Cedo propere mihi pallium meum quod istic ad pedes tuos deposui.

MEL. Miseram atque infelicem me, ne descendas sine lorica, redi et arma prius indue.

CAL. *Domina, quod pallium et machaera et animus non* faciunt umquam cassis et thorax ferreus cum ignavia efficient.

SOS. Redire etiam audes? Exspecta, certe malo tuo huc veneris.

CAL. Per Deum, domina, sine [pg. 272] descendam. Scalae iam rite locatae sunt.

MEL. Ah infeliciter miseram me, quomodo tam praeceps hinc abis, tam subito, tam sine armis ut illos aggrediare quos quales sint nescis? Lucretia, illico huc ades, arma sua illi deiciamus trans murum, vides illa isthic iacentia.

TRI. Prehende fortiter scalas, domine, ne cadas. Iam illi abierunt, erat Thraso tantum illi loripes et eiusdem generis aliorum manipulus, transibant[117] isthac vociferando. Sosia iam redit. Prehende manu, tene utrinque scalas, here.

CAL. Deus mihi propitius sit, perii[118] equidem, confessio.

TRI. Accede extemplo huc, Sosia, infelix noster herus scalis procidit neque loquitur amplius neque membrum ullum movet.

SOS. Here, here, ad alterum hoc ostium. Tam ille mortuus est quam sit avus meus. O ingens infortunium.

LUC. Audi, audi, maximum hoc malum est.

MEL. Infelicissimam me, quid est quod illic audio?

TRI. O mi here et omne bonum meum, o herus noster omnibus malis suis evolutus, o tristem mortem sine confessione. Sosia cerebrum istud de lapidibus istis collige et appone capiti infelicis nostri heri. O inauspicatum diem, o praecipitem et insperatum finem.

---

[117] Reads "transibunt."
[118] Reads "pretii."

MEL. O inconsolabile [119] infortunium meum, quid hoc negotii est, quid hoc, quomodo tam infeliciter accidere potuit quod ego audio accidisse? Adiuva me, Lucretia, ut murum istum adscendam, ut aerumnas meas videam, sin movebo omnem familiam et domum patris mei planctu et clamore. Omne bonum meum, omnis delectatio mea in fumum abiit, in ventos dispersa est. Hilaritas mea consumpta est, gloria mea evanuit.

LUC. Quid ais, anime mi Tristan, quid est quod plangis sine omni remissione?

TRI. Deploro maximum [pg. 273] malum meum, plango immanes meos dolores. Herus meus Callisto cecidit et exstinctus est. Caput eius in tres partes dissiluit. [120] Dic hoc illi recenti et tristissimae amicae eius, ne deinde exspectet adventum miseri sui et miserandi amatoris. Sosia, tu isthinc pedibus cadaver suscipe, auferamus hinc corpus desideratissimi domini nostri ne honor etiam defuncti detrimenti aliquid capiat neque quisquam norit hoc eum loco mortem oppetiisse. Sit abhinc nobiscum perpetuus dolor, numquam nos solitudo, desperatio, luctus, tristitia, deserant, numquam lugubres vestitus, numquam maeror atque lacrymae.

MEL. O miserarum omnium miserrima. Tam parvo tempore mihi tanta mea gaudia concessa sunt, tam subito me aeternus dolor occupavit?

LUC. Hera, ne deturpes caput tuum, ne capillos discindas, nunc in gaudiis, nunc in maeroribus. Quod sidus tam subito nos infortunio isto afflavit? Quanta haec tua pusillanimitas est? Erige te per Deum, ne a patre tuo loco tam suspecto iacens offendaris. Iam ille te percipiet. Domina, domina non audis, non agnoscis vocem meam? Ne te ipsam morti addicas, misera. Per Dei fidem, excita animum, cape fortitudinem ad tolerandum hunc dolore quae tantae audaciae in conficienda tibi voluptate fuisti.

MEL. Audisti, Lucretia, quid illi servuli dixerint, audis funebres illorum cantiones? Precando Deum respondentes sibi mutuo abstulerunt omne bonum meum. Interfectam abstulerunt omnem laeti-

---

[119] Reads "inconsolubile."

[120] Barth omits the words "sin confesion perecio" in his translation of this passage. This suppression is exceptional. See section "A *Celestina* for Protestants and for all Christian readers" in the editor's prologue, p. 30.

tiam meam. Non quicquam temporis iam vitae meae superest. Cur non amplius gaudiis meis fruar, cur non gavisa sum amplius, dum copia mihi eius in manibus fuit? O ingratos mortalium animos, numquam [pg. 274] quam cognoscitis bona vestra praeterquam cum in potestate ea habere destitistis.

LUC. Excita vires tuas, Melibaea domina, restitue tibi vitam tuam, animum amissum recipe. Maius detrimentum erit offendere te hoc noctis in horto isthic quam fuerit voluptas quam ex adventu amatoris tui concepisti, etiam quam dolor isto sit quo defunctum non immerito quidem plangis. Redeamus in cubiculum nostrum, repone te in lectum tuum. Advocabo ego patrem tuum, fingamus aliud malum quoniam nequaquam istud occultare poterimus.

ACTUS XX

Argumentum

Lucretia, pultato ostio, cubiculo suo Pleberium evocat. Rogata quid rei sit, properato opus esse ait ut visitatum eat filiam Melibaeam. Surgit lecto pater et cubiculum filiae intrat. Solatur illam rogans quid mali patiatur. Fingit Melibaea dolores cordis. Patrem suum post ablegat instrumenta aliqua musica allatum. Adscendit comite Lucretia in turrim. Ipsam mox et Lucretiam abscedere iubet. Claudit, illa semota, ostium. Venit Pleberius ad pedem molis, recenset et aperit illi Melibaea omnia quae cum ipsa et Callistone transacta sint. Ad finem praecipitem se turri deiciens mortem desiderio amissi amasii oppetit.

[pg. 275]

Pleberius, Lucretia, Melibaea.

PLE. Quid vis, Lucretia, quid tam importuna et praeceps postulas, tam omni modo turbata et tumultuans? Quid est quod filiae meae accidit, quod malum tam subitum esse poterit ut neque vestiendi mei mihi spatium detur, neque satis mihi temporis ad surgendum concesseris?

LUC. Here, omnes moras abice, quantum potes festina si vivam eam videre cupis. Neque malum ego illius quale sit perspicere possum neque illam ipsam fere iam agnosco, ita figuram omnem pristinam mutavit.

PLE. Eamus propere, propera illuc, intra tu prior, ostium hoc amove, fenestram istam bene aperi ut vultum eius clara luce videre possim. Quid isthuc rei est, filia mea, quid doloris pateris, quam repentinum hoc malum est quam subitum atque insperatum? Quo vires illas tuas perdidisti, quo animum omnem ex pectore? Adspice me contra, pater tuus sum. Dic mihi causam doloris tui ut citius quam censeas curari, remediis adhibitis, possit. Nolis me tristissimo hoc fine sepulcro meo immittere. Nosti et memor esse debes aliud mihi bonum praeter te unicam in hac vita non superesse. Aperi, reclude hilares illos tuos oculos et me intuere.

MEL. Ah dolor, dolor.

PLE. Quis dolor meo par esse poterit qui te dolentem adspicere cogor? Mater tua paene amens facta est malum tuum audiendo, maerore et turbatione non potuit lecto se tollere ut visitatum te adesset. Reprende animum tuum, excita vires corporis, resume alacritatem tuam pristinam uti mecum eam visitatum ire valeas. Dic mihi, anima [pg. 276] mea, causam morbi tui, occasionem aegrimoniae tuae.

MEL. Remedium meum periit.

PLE. Filia mea carissima et optatissima senectute defectae patri tuo, per Deum te rogo ne patiaris desperationem animo tuo inducere morbi tui tormenta. Flaccidis et pusillanimis pectoribus dolor duplex ex simplici accedit. Si malum tuum mihi recensueris, extemplo de medicina illi prospicietur. Neque pharmaca neque medici nobis deerunt, neque famulorum copia qui omnia malo tuo remedia exquirant, componant, afferant, sit salus tua ope herbarum reparanda, sit gemmarum, sit verborum consolantium virtute, sit etiam ex animalium quorumlibet corporibus petenda. Igitur ne meum animum excrucies amplius, ne tormenta torminibus meis, ne poenas poenis, dolores doloribus adicias, ne me commiseratione tui amentem fieri velis. Dic mihi, exoptatissima filia mea, dic unicum vivendi mihi solatium, quid est hoc tam praecipitis mali quod te vexat.

MEL. Vulnus est medio cordis mei meditullio inflictum quod loqui me non permittit. Non est par aut comparabile cuilibet caeterorum malorum. Opus erit pectoris penetralibus exciso ipso corde meo ut curari possit, quippe in secretissimum eius sinum adactum est.

PLE. Nimis mature tibi senectutis malorum aliquod exantlandum obiectum est. Iuventus tota solet esse voluptas et hilaritas, inimica omnibus tristitiae vel suspicionibus. Surge paululum isthinc, filia mea, eamus captatum sereniorem et limpidiorem auram de fluvio proximo. Exhilarabere, recipies animum ubi cum matre tua collocuta fueris. Dolor te tuus relinquet. Vide ne delectationem hanc fugias, non est malo tuo remedium promptius [pg. 277] neque maerore gravius quippiam.

MEL. Eamus quo iubes, pater. Adscendamus turrim ipsam ut illinc delectabili aspectu navigiorum me recreem. Forte remittet hoc pacto aliquid doloris vehementia.

PLE. Adscendamus et nobiscum Lucretia.

MEL. Hoc etiam pater, si tibi videbitur, iube afferatur instrumentum aliquod musicum quo expellatur etiam aliquid maeroris et doloris mei, nunc fidibus, nunc assa voce canatur, ut cum ex una parte violentia me morbi assiliat, ex altera illam amoveant suavitate cantionum et instrumentorum.

PLE. Istud, filia mea, extemplo factum videbis. Ipse ego ibi mandatum ut illico apparetur uti postulasti.

MEL. Amica mea Lucretia, valde altus huius molis adscensus est, iam me male habet carere debere alloquio patris tam diu mei. Curre tu et indica illi rogare me ad pedem turris huius veniat, dicturam esse duo aut tria verba quae matri meae dicere oblita fuerim.

LUC. Eo, domina.

MEL. Omnes iam submovi, ab omnibus libera relicta sum. Omnia optime ad conciliandam mihi mortem meam conveniunt. Aliquid allevamenti malum meum sentit dum pro certo video tam cito nos coniungendos denuo esse me et desideratissimum amasium meum Callistonem. Occludam iam ostium ut nemo ad me pervenire possit qui mortem imminentem differre velit. Non impediant mihi secessum ex hoc mundo, ex hac vita, meum, non me in media via morentur qua quidem brevi admodum ab hinc tempore hunc diem illum visitare in altera possim qui me in hac vita praeterita nocte invisit. Omnia ex voto meo convenerunt. Satis temporis habebo ut iam conclusam et constitutam mortem meam domino meo Pleberio enarrare [pg. 278] possim. Maximam iniuriam venerabili eius canitiei infero, maximopere senectutem eius offendo, maximum cordolium ipsi peccato meo infero, in horribili solitudine illum relinquo. Causam ego procul dubio morte mea datura sum illis ut citius finem quoque senes parentes mei sortiantur, ut quod restat vivendum ipsis meo nomine decurtetur et incidatur. Sed quid? Alii fuerunt olim etiam crudeliores in parentes suos. Prusias rex Bythiniae nullo dolore animi percitus nulla plane de causa patrem suum bona sponte sua interfecit. Ptolemaeus rex Aegypti matrem simul et patrem suos et fratres et coniugem solo amore unius puellae. Orestes matrem Chlytemnestram, crudelissimus imperatorum Nero matrem Agrippinam sola voluptate motus occidi fecit. Hi digni sunt vituperio, hi merito suo culpabiles, hi vere parricidae nuncupantur. Secus ego quae si illis male facio morte mea, purgo per eam me culpa quam suis doloribus in me conferre poterant. Alios plurimos pariter crudeles vidit antiquitas et memoriae eius nobis servarunt, multi illic leguntur liberos et fratres suos interemisse, sub umbra quorum criminum error hic meus minime tam atrox videbitur. Philippus rex Macedoniae, Herodes Iudaeae, Constantinus imperator Romanorum, Laodice regina Cappadociae et Medea illa magicarum artium consultissima. At omnes isti liberos suos, ante sibi carissimos et gratissimos, occiderunt ut ipsis vita in tuto esset. Ad finem memoriae meae succurrit insignis crudelitas Phraatis, regis Parthorum, qui ne quis ab excessu ipsius successor regni superstes maneret, interfecit Orodem senecta aetate patrem suum, unicum filium suum et [pg. 279] triginta ipsos fratres suos. Ista fuerunt crimina culpa vera notanda quoniam, ut ipsi solum rerum et corporum suorum tuti forent, interfecerunt maiores suos, interfecerunt liberos etiam et fratres. Verissimum est, etiamsi omnia ista sese hoc pacto habeant, meum non erat imitari illos in talibus quibus ipsi peccarunt. At non integrum iam mihi hoc negotium est, ego amplius ipsamet in potestate mea non sum. Tu, domine, qui sermonis huius mei testis eris, aspicies quam ego omnibus meis gubernandae viribus spoliata sim, videbis quam ereptam libertatem meam captivam aliis cesserim, quam sensus mei omnes tam potenti amore mortui mei amasii percepti sint, qui quidem omnem illum mihi eximit quo parentibus meis antea eram devincta et nunc quidem etiam sum sed tantae illius potentiae hunc quoque cedere cogor.

PLE. Filia mea, Melibaea, quid sola isthic agis, quid est quod mihi dictura es, vis illuc ad te adscendam?

MEL. Exoptatissime mi pater, ne pugnes neque labores eo pervenire ubi ego nunc sum, aliter enim turbaveris sermonem quem tibi modo dictura sum. Brevi tuum cor tristitia induetur super morte unicae filiae tuae. Finis meus appulit, adest hora quae me omnibus aerumnis meis exoneratura est, maeroris tui initium. Venit hora ubi ego carissimo sodali meo restituar, tu aut in illaetabili solitudine vivere incipias. Non opus tibi erit, honorandissime parens, instrumentis musicis ad placandum dolorem vivae mihi sed campanarum sono ad sepeliendam defunctam. Si me loquentem absque lacrymis auditurus es, percipies aerumnabilem causam violenti huius laeti tamen atque exoptati a te discessus mei. Non interrumpas voluntatem meam ploratu aut verbis consolatricibus, [pg. 280] sin manebit te planctus atrocior cum scire ex nemine deinceps poteris cur me interfecerim quam nunc sequetur gnarum qua occasione mortem mihi sumpserim. Nil quicquam me interroges neque respondeas amplius quam sponte tibi dictura sum. Nempe quod cum cor onustum est doloribus, oculi clausi sint consiliis et admonitionibus. Et tali meo tempore verba tua quae sedare furias dolorum voluerint illas haud dubio facient furentiores. Audi senex parens ultima verba mea, quae si, ut spero, animo hauries, non habebis culpare delictum meum. Audire et videre potes triste istud condolium quo universa civitas modo percellitur, auditu percipis tristem hunc campanarum clangorem, istum strepitum populi, istos baubitus [121] canum, istos armorum concursantium tumultus. Omnis huius mali ego unica et sola causa sum. Ego luctu et lugubri habitu hodie involvi maximam partem urbanae nobilitatis. Ego multos servos hero suo spoliavi. Ego eleemosynas multis orbis, pauperibus atque viduis [122] praecidi. Ego causam dedi ut de vivorum numero in mortuorum censum recesserit perfectissimus virtutibus omnium qui umquam fuerunt gratiis dotatissimus iuvenis. Ego viventibus exemplar nobilissimi animi, ingenii subtilissimi, ad omne genus comitatis et urbanitatis hominis incomparabilis eripui. Ego sola causam dedi ut terra modo recipiat corpus generosissimum. annos florentissimos eius adolescentis cui parem nostra ista aetas non produxit. Et quoniam externatum te video tam immania mea facinora tam intricato a me sermone audientem, clarius et ita ut absque difficultate omnem percipere possis, rem indicabo. Aliquam multi dies [pg. 281] exierunt cum amore mei incensus est eques nobilitatis urbanae praecipuus, Callisto nomine, tibi omni dubio procul notissimus. Notissimi fuerunt tibi et parentes eius, notissima generosae stirpis successio. Virtus eius et bonitas nulli non manifestae erant. Erat tantus amoris eius ardor,

---

[121] "baubitus" is an onomatopoeic neologism.
[122] "orbis, pauperibus atque viduis" is Barth's clarification of the original "pobres vergonzantes" with the addition of "widows and orphans."

tam nulla plane mei conveniendae occasio ut ad extremum desideria sua crediderit astutae cuipiam et sagaci vetulae, nomine Celestinae. Haec nomine eius me accedens, secretum amorem Callistonis mei mutuum pectore meo extraxit. Aperui anui illi quod exoptatissimam matrem meam celabam. Excogitata sunt artificia ut clam conveniremus et desideriis mutuis frueremur. Conventum est, effectum nactus est amor suum. Ille si me perdite amaret, non decipiebatur quopiam. Conclusa est dulcissimi amoris exsecutio, quod libuit amanti a me habuit. Victa et superata amore eius introitum illi in domum tuam feci apertum, supervenit adiectis scalis murum horti tui, superavit castissimum votum virginitatis meae, florem meae virginitatis in sinu illius amisi. Delectabili hoc amoris delicto fruiti sumus integrum hunc mensem cumque praeterita ista nocte, ut moris habebat, venisset, cum iam solita gaudia alteri alter amantium communicasset, ut consueveramus hoc tempore, cum iam discessum pararet, ut fortuna mutabilis est, ut omnibus mortalium gaudiis in tristitiam repentinam commutandis laeta est, ut dispositum erat infelicibus fatorum scitis, ut finis amorum tristis a Parcis constitutus, ut altitudo murorum ingens erat, ut nox obscura, scalae admodum tenues, servitia quae comitabantur infelicem herum suum non dexterrima ad hoc genus officiorum, ut ille [pg. 282] repente prosiliebat visum quid tumultuum servi sui in platea facerent, cum grandi illo impetu quo descendere properabat, gradus scalarum non bene praeviderat, errantem pedem in vacuum posuit, cecidit, procidit Callisto meus et cerebro illo suo penitissimi capitis sui medulla, parietes et silices hinc inde conspersit. Inciderunt Fata filum vitae eius, abruperunt illi sine confessione necessaria vitam suam, ruperunt pariter gloriam meam, ruperunt spem, unicum mihi sodalem meum eripuerunt. Ergo igitur quae crudelitas sit, exoptatissime parens meus, illum mori omnibus doloribus atque aerumnis liberum, me vivere velle tot earum nominibus undique lancinandam. Mors Callistonis mei me invitat, invitat meam et cogit ut propere illam mihi quaeram, ut absque omni dilatione eam mihi sumam. Ostendit mihi spem meam, votum mihi meum demonstrat, per omnia, trans omnia ipsum sequi. Non dicatur de me vulgatum illud, mortuos et absentes nullo censu inter caros haberi. Sic vota eius conficiam moriens quoniam, ut ea complerem viventi, tempus non est concessum. O amor meus, o animae meae domine, Callisto, exspecta me, iam eo, iam venio, corculum meum, praestolare paulum si me exspectas. Non incuses neque vituperes moram hanc post te in vita meam, non alio fine hic adhuc moror quam ut rationem discessus mei senibus parentibus meis reddam quibus hoc etiam et alia maior omnia debeo. O pater mi amatissime, rogo atque obsecro, si in aerumnosa hac et miserabili vita mihi amorem paternum servasti, iungantur corpora nostra in unam sepulturam, iunctim nobis exsequiae corporum nostrorum ducantur. Aliqua etiam [pg. 283] consolatoria tibi verba dicam ante desiderabilem obitum meum collecta atque electa de antiquis illis libris quos ad excitandum et illustrandum ingenium meum legere me, dum tecum, dum tua unica filia fui, iussisti. Verum iam perdita et disiecta est omnis mihi memoria et commemoratio [123] mea hoc aerumnabili casu, etiam exinde amplius quod largum lacrymarum fontem male hactenus pressarum per rugosam faciem tuam in venerabilem barbae tuae canitiem descendere conspicor. Saluta ultimis mihi verbis meis carissimam atque exoptatissimam matrem meam, sciat ex te totam seriem causamque omnem mortis a me mihi illatae. Grandis animi mei consolatio est non videre eam hic tecum praesentem. Accipe, pater, dona senectutis tuae, longis quippe vitae diebus longi etiam dolores tolerantur, recipe arras confectae aetatis tuae, recipe illuc amantissimam tibi filiam tuam. Maximum dolorem meo fato patior, maiorem tuo infortunio, summum omnium super aerumnis decrepitae matris meae. Deus tecum sit, sit quoque cum illa. Illi offero animam meam. Tu sepulturae trade corpus hoc filiae tuae quod istuc delabitur.

---

[123] "memoria et commemoratio": Barth expands on the concept of remembering into the functions of storing the information ("memoria") and recalling it ("commemoratio").

ACTUS XXI

Argumentum

Pleberius in cubiculum suum reversus maximo eiulatu omnia complet. Rogat illum Alisa coniux causam tam repentini mali. Recense ipsi mortem unica communis filiae Melibaeae, ostendens cadaver ipsius totum in frusta collapsum. Perficiens planctum suum, librum concludit. [pg. 284]

Alisa, Pleberius.

ALI. Quid isthuc rei est, domine Pleberi, quid volunt sibi tristifici illi tam immanes eiulatus tui? Absque omni sensu eram, indormiveram aegritudini quam capiebam audiens male habere filiam nostram. Nunc planctus tuos percipiendo, tam claros clamores tuos audiendo, tuas minime consuetas querelas, tam altos atque diros gemitus tuos, tantopere imis meis visceribus perculsa sum, tam immanibus doloribus cor meum transactum est, ira sensus omnes mei obruti atque conturbati sunt ut iam veteris illius aegrimoniae paene recentis huius admiratione obliviscar. Dolor dolorem trudit, dolentiam dolentia exigit. Dic mihi causam tantorum tuorum malorum, cur affligis honorabilem senectutem tuam, cur mortem velut absentem invocas, cur canitiem tuam deturpas, cur caput venerabile tuum collidis? Estne aliquid factum Melibaea nostra? Per Deum dicas mihi, nam si illi male erit, vitam ego mihi acerbam arbitrabor.

PLE. Ah ah generosa coniux mea. Omnia nostra gaudia una tempestas abstulit, omne bonum nostrum funditus eversum est, nil habemus quare vivere deinceps velimus. Et uti improvisus et minime speratus dolor maiori te poena excruciet, omnia mala iungamus quae nec metuere possimus ut eo properantius sub terram eas, ne ego solus tam immane infortunium fleam, ut fleamus ambo quod ambobus commune accidit, vide illic, intuere illic filiam tuam quam tu peperisti, quam ego autem genui, in frustra collapsam. Causam mortis suae illa mihi ipsamet indicavit, amplius illam universam ex hac infelici eius famula percepi, [pg. 285] adiuva me, adsiste mihi eiulatibus ut tristem nobis mortem ad funus filiae nostrae conficiamus. O qui huc adestis, domini, cognati, amici mei, assitis mihi aerumnosissimo, partem dolorum meorum in vos recipiatis. O filia mea unica, o omne bonum meum, crudelissima crudelitas sit post defunctam te vivere me velle. Digniores erant sexaginta [124] mei anni sepultura, quam viginti tui. Turbatus est ordo mortalitatis properato funere tuo. O canities mea in hoc prolata ut aegre senectuti meae esset, potius vos [125] recipiat terra ista quam rubicundam illam filiae meae caesariem quam isthic iacentem videre cogor. Magna vis senectutis meae est, magnum robur defectu aetatis meae ut vivere nunc etiam possim. Incuso ego mortis moras, conqueror immensum de tarditate eius. Quantum adhuc temporis soli mihi relinquet te viduo, te spoliato. Deserat me vita quoniam tua me praesentia deseruit. O coniux mea, surge de cadavere filiae tuae et si quid vitale exsucco tuo corpori superest, consume id mecum in tristissimos gemitus, in suspiria, in planctus inconsolabiles. Quod si forte spiritus tuus filiam tuam comitaturus iam excessit, si iam dum vitam hanc vi maeroris reliquisti, cur voluisti manere me solum omnem istum tristitiae cumulum? In hoc potior feminarum vestra conditio est quam nostra virorum, quod immanis aliquis dolor absque sensu vos mundo isto eruere possit, ad minimum sensus dolendo amittitis, quae et ipsa pars refrigerii est. O durissimum pectus patris, quo pacto dolore non rumperis? Iam unica herede tua spoliatum es? Quo eduxi caelo turres, Cur honorem summum in mea republica indeptus sum, cui arbores istas plantavi, cui construxi navigia? O terra [pg. 286] durissima, quo pacto me sustines, ubi consolationem inveniet inconsolabilis senectus mea? O fortuna variabilis, ministra et dis-

---

[124] Reads "sexcenti." The unusual spelling in the Spanish Plantin edition ("secenta") may have contributed to Barth's mistake.

[125] Barth construes an incorrect agreement between the plural "vos" and the singular "canities." This final part of the translation shows that Barth was tired and prone to make mistakes. See the previous note.

pensatrix temporalium bonorum, cur non exsecuta es crudelem diramque iram tuam in illo quod tui iuris tibique subiectum est? Cur facultates meas, cur patrimonii censum non destruxisti, cur aedes meas incendio non sustulisti, cur non evertisti magnifica praedia mea? Saltem florentem hanc unicam plantam mihi intactam reliquisses in quam dicionis tibi nihil erat. Dedisses mihi, o fluctibus marinis incertior fortuna, tristem iuventutem, dedisses laetam senectam. Non perverteres rerum naturalem ordinem. Potius malignitatem tuam et insultus impios in robustum aetatem meam exercuisses, non in flaccidos hos ultimae vitae meae dies. O vita aerumnis plenissima, o miseriarum omni genere effertissima, o vita humana, o orbis viventium mortalium, plurimi plurima de te dixerunt, multi in scrutandis negotiis tuis animos manusque suas occuparunt, diversa et varia auditui de te recitarunt. Ego hoc recensebo quod aerumnabilis experientia me docuit, ut ille cui non bene successerunt nundinarum tuarum infelicium venditiones et emptiones, ut is qui studio hucusque tacuit falsas tuas et deceptrices proprietates, ingenium tuum dolosum et turbidum, ne impotentem iram tuam irritaret, ne incenderet insaniam, uti ne mihi florem illum unicum absque tempore tolleres quem hodie crudelissime imperio tuo eiectisti, regno tuo praecipitasti. Nunc igitur posito timore, ut qui amplius nihil habeat quod amittere possit, ut qui iam odio habeat et fastidiat possessionem omnium bonorum tuorum, ut egenus viator qui absque metu [pg. 287] insidiantium latronum alta voce canens iter institutum carpit, laudes tuas omnibus palam facere non renuam. Ego in aetate mea tenera iuvenantibus annis persuasum habebam facta tua ad aliquam regulam procedere, aliquo ordine tuam rotam circumvolvi.[126] Iam adversam aversamque tuam inconstantiam intueri valens, fateor videri te mihi irremeabilem errorum labyrinthum, desertum horrendum, domicilium ferarum immanium, curriculum in orbem in remissum, lamam et lacunam caeno oppletam, agrum plenum spinis, montem praeruptum, campum lapidosum, pratum scatens serpentibus, hortum floridum sed absque fructu, fontem sollicitudinum, fluvium lacrymarum, pelagus miseriarum, laborem sine utilitate, dulce venenum, spem vanam, gaudium falsum, verum dolorem. Inescas nos, o vita humana, falsis epulis delectationum tuarum, cum optime iis quis frui velit aperitur hamus sub cibo latens.

---

[126] "aliquo ordine tuam rotam circumvolvi": this reference to the wheel of life or wheel of fortune is not in the original.

Nemo dolos tuos effugerit, venata tu cepisti illico ut nascimur, cupiditates nostras. Plurima promittis, nihil servas. Proicis nos extra te ne possimus poscere ut pollicitationes tuas rebus firmes. Currimus per infecta vitiis spatia pratorum tuorum immissis fraenis parum de eventibus rerum sollicito animo. Aperis nobis insidias tuas cum retroverti iam non datur. Multi te ultro reliquerunt deseri abs te metuentes. Felices hi sibi videbuntur ubi intelligent quo praemio aerumnosum hunc senem ob tam prolixa in te officia ipsius affeceris. Oculum nobis excutis et consolationibus ungere vacuum cupis hiatum. Omnibus male facis ne quisquam solus adversitatibus exagitatus conqueri possit dictitando [pg. 288] insigne miseris, quorum et ego hodie numerum augere coactus, aerumnarum esse solatium paria aliorum infortunia audire. Verum ah miserrimam senectutem meam, etiam soli mihi infelicitas haec obicitur, nemo miseriarum mearum socius est. Neque si memoriam omnium retro temporum excutiam iungamque praesentium calamitatum considerationem vel unum mihi aerumnis parem invenerim. Si illa Paulli Aemilii patientia et severitas animi consolatum me veniat sex diebus duorum filiorum funeribus elatis non turbata ingerendo tantum illi fortitudinis et constantiae superfuisse ut in tristibus liberorum suorum exsequiis populum Romanum ipse consolari potuerit nec populus ipsi adesse opus habuerit, non hoc mihi exemplum ullo loco satisfecerit. Alii illi duo filii supervivebant adoptione in aliam familiam dati. Quomodo aequari meis poterunt infortunia Periculis imperatoris Atheniensium et magnanimi illius Xenophontis? Filios hi suos amiserunt dum peregre vivunt. Neque magna res fuit vultum idcirco non mutare et frontem servare serenam, tum quod alter homini qui tristem illum nuntium de morte filii attulerat respondit ne ipse animi propterea angeretur sibi nullam causam doloris esse. Utraque haec longe ab atrocitate mei luctus recedunt. Porro multo minus dicere poteris, o vita mortalium, catena perpetuorum malorum, Anaxagoram paria mecum passum esse, pares itaque et consolationes nostras esse debere meque hoc ad mortem filiae meae dicere convenire quod ille super filio suo extulit, ut ego mortalis sum, ita me mortalem etiam genuisse non ignorabam. Melibaea enim mea, filia mea unica Melibaea, sese ipsam interemit [pg. 290] [127] sua sponte idque in oculis meis violentissimo amoris igne percita qui illam

---

[127] The printer has erred in the pagination, printing "290" instead of "289," thus continuing thereon.

intus conficiebat, alter ille in licito atque pro patria bello pugnans interfectus est. O damnum incomparabile, o miserrimum senem, quanto amplius solatium inquiro, minus rationis solando mihi invenio. Quod si rex David filiolum suum quem aegrotantem ploraverat defunctum plorare non voluit dicens stoliditatem esse irrecuperabilibus rebus lacrymas commodare, supererant chorus ipsi integer liberorum quorum aspectu vulnus unius morte illa tum sanescere ipsi poterat. Ego vero tristissimis meis oculis, inconsolabili meo pectore non mortuam hanc sed mortis genus defleo causamque tam infelicis obitus doleo. Perdam iam ego tecum, o desideratissima filia mea, metus omnes et pavores qui quotidianis me timoribus excruciabant. Sola mors tua est quae omnibus suspicionibus malorum accidentium me liberavit. Quid faciam ubi cubiculum tuum intravero, ubi virgineos illos secessus tuos, cum omnia ista desolata, te nuspiam invenero, quid faciam cum vocata non respondebis? Quis resarcire mihi immane hoc damnum quod obitus tuus fecit poterit? Nemo umquam mortalium tantum uspiam amisit quantum ego hoderno die, quamquam aliquo pacto similis videri possit animositas fortissimi viri Lambae [128] de Auria, Genuensium quondam ducis, qui filium suum lethali vulnere percussum suis manibus de navi in mare praecipitem proiecit. Hae tamen omnes sunt mortes quae, cum necessitas extrema incubuit, fama fortunae iniurias extinguere voluerunt. Verum filiam meam unicam quis mori coegit praeter amorem [pg. 291] illum vehementissimum? Igitur assentatrix vita mortalium, quod remedium maerentissimae senectuti meae relinquis, quo pacto ex me poscis in te ut maneam qui falsimonias tuas, tuas deceptiones, retia, plagas, catenas quibus recentium in te hominum stolidas cupiditates et imbellia desideria capis tam liquido cognoverim? Quorsum ponis, quo loco mihi collocas desideratissimam filiam meam? Quis desolatam domum meam iam frequentaturus, quis solitudinem et orbitatem meam celebraturus est, quis permulcebit annos meos iam de ponte velut proiciendos?[129] O amor, amor, non credidissem tantum tibi crudelitatis, tantum roboris inesse ut subditi atque cultores tui a te occiderentur. Per te vulnerata est iu-

---

[128] Reads "Lanibae."
[129] "annos meos iam de ponte velut proiciendos" is a convoluted translation of "mis años que caducan" ("my decaying yeeres," Mabbe 284). The expression "de ponte deici" means the loss of voting privileges: men older than sixty lost their right to vote in Rome and were called "depontati" or "dejecti de ponte" in allusion to the Roman tradition of voting as passing over a symbolic bridge. Cf. Cicero, *Pro Roscio* 100.

ventus mea, per medias ardorum tuorum flammas velut candentium carbonum me erupi. Ah quam crudeli vindicta ultus es magnanimitatem meam quia iuventa aetate te effugi, nunc senem me tantis involvis infelicitatibus. Confidebam laqueis me tuis iam elapsum esse cum quadraginta annorum aetatem attigissem, cum coniugali mea venere contentus alibi delicias tuas non quaesivi amplius, cum eo me fructu dotatum cernerem quo tua me hodie spoliavit crudelitas. Non putaram te delicta parentum posteritati ipsorum imputaturum aut vindictam ipsorum soboli exacturum, non comminiscor an ferro ferias an igne comburas. Tunicarum involucris parcis at corda mortalium in penitis pectorum penetralibus lancinas. Cogis miseros foedas res amare dum pro pulchris haberi facis. Quis tantum tibi potentiae tribuit, quis nomen illud factis tuis et naturae contrarium [pg. 292] tibi imposuit? Si amor esses, cultores utique tuos amares. Si amares, illos nequaquam tantis doloribus conficeres. Si sine doloribus illi vivere possent, non interficerent sese, ut nunc fecit desideratissima isthaec misera mea filia. Quem finem adepti sunt discipuli tui, quem ministri ipsorum? Et falsimoniis dolisque composita decrepita illa lena Celestina? Mortua est vulneribus fidelissimorum suorum sodalium quos umquam ad venenata tua officia expediunda invenire potuit. Illi truncati carnificis manibus capitibus perierunt, Callisto casu interiit, tristissima et infelicissima filia mea ipsa sibi mortem conscivit ut illum sequeretur. Horum omnium solus tu causa caputque es. Dulce tibi vocabulum imposuerunt, amara sunt facta tua. Non aequalibus praemiis cultores tuos accipis. Iniqua lex est ea quae in omnes non eadem est. Nomen tuum exhilarat animos, effectus tui eosdem contristant. Felices fortunatique illi soli sunt quos tu non cognovisti aut quorum curam non attigisti. Deum te appellant alii nescio quo errore sensibus suis tum spoliati. Vide quis ille Deus perhiberi valeat qui quos educavit, occidit. Tu interimis illos qui te sequuntur. Hostis et perduellis es omni bonae rationi. Qui minimum tibi officiorum aut servitiorum praestant eos maximis, qui plurimum, aut minimis aut penitus nullis praemiis afficis, hos etiam magna securitate animi inducis periculosissimis tuis choreis istis. Inimice amicorum, amice inimicorum tuorum, cur extra omnem regulam atque ordinem fata tua cursumque [pg. 293] decurris? Caecum te pingunt, pauperem, nudum et infantem. Arcum manui tuae aptant quo icias non ad oculorum aciem, quae nulli tibi sunt, sed ad palpationem manuum. Caeciores ipso te sunt ministri tui, qui numquam neque vident neque sentiunt clara cultus tui salaria. Ignis tuus fulguris flammis armatus est, numquam vestigium vulneris relinquit quocumque loco percusserit. Materia qua flamma tua pascitur humanorum mortalium animae atque vitae sunt. Tot earum millia a te consumpta atque perdita sunt ut a quibus numerum eorum initurus initium facere debeam perspicere non possim. Non Christianos solum sed et Iudaeos et Gentiles conficis omnes in compensationem fidelium suorum servitiorum. Quid dices mihi de Macia illo nostrorum temporum, quomodo amori suo immortuus est? Tristissimi eius finis unica tu causa fuisti. Quid pro te non fecit Paris, quid Helena, quid Hypermnestra, quid Aegysthus, quorum fabulas omnis mundus novit? Porro quo pacto Sappho, Ariadnae, Leandro cultum egregii tui numinis rependisti? Nec Davidi ipsi cum Salomone furor tuus parcere potuit. Per amicitiam tuam Samson luit quod meritus erat quoniam illi adhibuerat fidem cui dandam eam tu persuaseras. Liceat infinita talium nomina recensere nisi insuperabile meum ad sese infortunium me retraheret. Satis privato meo mihi malorum est. Nunc de mundo conqueror quod creatus in illum umquam veni. Si in hunc natus non fuissem, non genuissem [130] in eo filiam meam Melibaeam. Si et illa nata non fuisset neque amore capta fuisset, si numquam [pg. 294] filia mea amasset, iam non ego ad has infortutas meas querelas adigerer, [131] non hoc inconsolabili fine ultimos meos dies clauderem. O mea infelix solitudo, o in mille frusta disiecta unica mea filia, cur noluisti me impedire et interturbare mortem tuam, cur non miserae et miserabilissimae te matris tuae misertum es, [132] cur tam crudelem te erga decrepitum parentem tuum exhibuisti, cur me in immensis his aerumnis reliquist ut me nunc solum, desolatum, omnis solatii exsortem videam in perpetua hac aerumnarum valle? [133]

---

[130] Reads "gemissem."
[131] Reads "adigeror."
[132] Reads "est."
[133] "in perpetua hac aerumnarum valle": Barth alters the original "in hac lachrymarum valle," which is already in Latin in the Plantin edition. A possible explanation for this change is that the Latin words in the Spanish original are from the hymn "Salve Regina," which is a clearly Catholic allusion that Barth is trying to avoid. See the editor's prologue on Barth's Protestantism.

[pg. 295]

ULTIMA VERBA MELIBAEAE AD PARENTEM PLEBERIUM PRIUSQUAM POST CASU MORTUUM AMASIUM SUUM CALLISTONEM SE TURRI PRAECIPITARET. EX HISPANICO LUDO *CELESTINA* [134]

Ex Libris Silvarum Casp. Barthii.

Si quicquam nobis, genitor, tua sancta voluntas
Antidea gratum vita benefecit in ista,
Has te ego per voces hoc non iterabile carmen
Testor ego. Tumidi ne turbes pectoris orsa
Neu frustra huc cara cum matre adscendere tentes.
Namque prius cupidis quam cedam filia Parcis,
Hinc tibi ego amplexus hinc ultima gaudia dicam,
Unica te tua te, pater, unica nata, dolore,
Ah cito, care pater, tua te unica nata, dolore
Induet infando, mihi adest mea proxima finis.
Proxima nostra quies, tuus est labor, hora petitum
Solamen nobis dabit ultima sed tibi planctus.
Ipsa comes caris abeo modo manibus at tu
Solus edes cara cum matre cor, ambo relicti.
Nec cupias nostris aliter dare iusta querelis,
Musica neu liquidis instaures orgia chordis,
Sola dabit functis acceptos praefica cantus.
Turre procul celsa aes resonabile nostrum.
Funus uti patrio succedam more sepulcrum. [pg. 296]
Si lacrymis sine, si enormi sine carmina fletu
Accipies, iam causa tibi manifesta patebit.
Sin, muta ad mutas descendam protinus umbras,

---

[134] See page 16.

Ne cupias patriis morituram avertere dictis.
Luctus ubi aeternis damnavit pectora poenis,
Consilium omne procul, procul omnem absiste medelam,
Non tibi ceu vivae solanda pericula natae
O genitor, tibi nata fuit, da in funus odores.
Fructificum nil iam sapientia dicta movebunt,
Omnia me circum nox insuperabilis et lux
Detestata tenent: via casu in fata sequenda est!
Chare senex, mea verba suprema, mea ultima verba
Conde animo, dulci sit promptum ignoscere culpae.
Audis qui tota dolor undique personet urbe?
Audis quos magno plangunt clamore tumultus
Aerisonae turres, atque aemulae tympana luctu?
Audis confusae circum vaga murmura plebis?
E tristes fletus et non reparabile votum?
Ipsi pone canes communi urgente fragore
Responsant, gemitumque animalia bruta reponunt!
Non stabilis vox ulla silet, furor undique planctus
Instat in ingentes, turbataque moenia versat!
Non ferus obiecto tibi lucera saecula cornu
Proicit, aut tacito, Pan, turbine pectora quassat!
Causa ego sum luctus, tantorum ego causa malorum.
Sum tua nata, Pater, o nata indigne perempta.
Ipsa ego luctificis incinxi vestibus urbem,
Ipsa ego purpureis equitum tot millia cristis.
Discinxi, spoliata Deum me templa figuris,
Curia me sancto poscit depulsa senatu.
Orbi me domino famuli, me servus herum vi
Nudus agit! Sequor in mortem et mea fata prehendo. [pg. 297]
Ah me, quid propius vulnus crudele retractem!
Flos hominum, flos ille hominum, mea maxima cura,
Me duce tristificas Erebi descendit ad umbras,
Me duce primaevae Ver liquit amabile vitae.
Me duce, me, me, una duce nobilitatis et alti.
Ingenii defluxit honos: ego nobile mundi
Delicium, cui nulla pares dat Gratia cultus,
Nulla venus Veneres, nullus decus oris Apollo,
Ah crudelis ego, damnavi immitibus umbris!
Purpuream corpus, roseae violaria Peithus,
Oscula, flammantes optabile fulgur, ocellos,

Palladis hospitium, nulli aequiparabile, pectus,
Auspice me tellus premit immortalibus umbris.
Ille decus rerum, virtutum gloria princeps,
Occubat et nomen, genitor, vis scire? Calisto.
    Haec tua virgines an nata locuta labellis
O genitor, censetur adhuc? Cape in ordine crimen.
Dum licet, haec nemo, me functa, edicere quibit!
Multa dies abiit nostro cum captus amore.
Virgineos thalamos iuvenili pectore pressit,
Quem modo crudelis rapuerunt stamina fati.
Notus erat cunctis, mihi notior, ah male, soli,
Notus et ille tibi, primaevo flore, Calisto,
Nobilium princeps iuvenum, quid caetera dicam?
Flexit amor paribus Melibaeam illumque sagittis.
Convenere thoro: facti mihi conscia taedas
Legitimas praeluxit anus, ea caesa repente.
Principium aeterni fuit aerumnabile luctus.
Me pudor haec caros voluit celare parentes,
Ast anui ignotae iussit dare nota cupido.
Quid memorem extremis acerrima gaudia in horis?
Virginitas spoliata mea est, interque nitentis
Amplexus iuvenis mulier tua facta puella est! [pg. 298]
Haec adeo, hesterna, repetentem gaudia, nocte
Infelix lapsus gradibus deiecit iniquis.
Occubuit nostro numquam moriturus amore!
Illum trux fortuna sua impietate trucidat,
Me meus ardor agit, sequar in mea fata receptum.
Nox ut erat obscura, ignota via, orbibus ingens
Altis structa domus, cecidit! Mea crimen amarum
Aedis habet, cerebro tincta infelicis ephebi est!
Crudelis paries! Cur non ultoribus horrens
Ignibus exuro monumentum et signa resigno?
    Nunc ubi care pater tibi fata immitia dixi
Indigno iuvenis nostri morientis amore,
Quid superest nisi ut ipsa in amati funera funus
Proiciam et caro mea corpore membra recondam?
Mors mea me sistet quo non pote perdita vita.
Exsuam ita aeternas curas, ita flebile pondus
Exhausti lacrymis in pectora pectoris abdam.
Non mea crudeles augebit fama puellas,

Nec cum fortuna victum dabo tempori amorem!
Iam mihi nil superest, iam puncta novissima lapsi
Temporis excedunt aevum, meque ipsa retento.
O amor, o mea lux, o spes mea, o unica vita.
Praestolare tuam, iam nil, Melibaea, moratur,
Iam patriam, patriumque diem patremque saluto,
Et materna meis vagitibus ubera nota.
Aeternum superi valeant, aveantque sepulti.
Chare cape hanc animam, tuam io [135] cape, care Calisto,
Illibatam animam et solito me amplectere amore!

FINIS

---

[135] See note 113.

C. BARTHI.

AD PORNO-BOSCODIDASCA-LVM SVVM.

ANIMADVERSIONES.

AGNI *illius Heracliti,*] fuit sanè opinio ejus ingens, & doctrina ipsa, etiamsi paucis perspecta penitius, multis tamen commendata, De Vita & scitis multis Laertius libro Nono: Suida, Hesychius Illustrius, alii. Quidni verò merito suo magnus habeatur, qui cæteris omnibus mortalibus Avaritia & Luxuriæ rictu velut pessumdatis, Solus eorum numero se eximere ausus est? Sic enim contemsit omnia talia ut à Dario Rege Regum invitatus venire in cótubernium Aulæ toto tum terrarum orbe splendidissimę rescribere aus' sit hęc verba. ἐμοὶ ἐγχανεῖν ὄντι ὀπυζσιοι, τῆς μὲν ἀληθείας καὶ δικαιοπραγμοσύνης ἀπέχονται, ἀπληστίᾳ δὲ καὶ δοξοκοπίᾳ προσέχουσι, καχὰ ἴσχα αἰεικ. ἐγὼ δὲ αὐτάρκης ἔχων ταπεινοφρονεῖν, καὶ κάμε φιλῶν παντὸς εἰκαιομένου ὑπότρου, καὶ διὰ τὸ σεμνὸν ὑπερφασίας οὐκ ἂν ἀφικοίμην

FIG. 2

First page of Barth's translation notes in the original edition of 1624.

C. BARTHI AD PORNOBOSCODIDASCALUM LATINUM SUUM ANIMADVERSIONES TRALATITIAE

C. Barthi ad Pornoboscodidascalum suum animadversiones

magni illius Heracliti. Fuit sane opinio eius ingens et doctrina ipsa, etiamsi paucis perspecta penitius, multis tamen commendata. De vita et scitis multis Laertius libro nono, Suida, Hesychius Illustrius, alii. Quidni vero merito suo magnus habeatur qui caeteris omnibus mortalibus avaritia et luxuriae rictu velut pessumdatis solus eorum numero se eximere ausus est? Sic enim contempsit omnia talia ut a Dario rege regum invitatus venire in contubernium aulae toto tum terrarum orbe splendidissimae rescribere ausus sit haec verba: "Ὁκόσοι τυγχάνουσιν ὄντες ἐπιχρόνιοι τῆς μὲν ἀληθείας καὶ δικαιοπραγμοσύνης ἀπέχονται, ἀπληστίῃ δὲ καὶ δοξοκοπίῃ προσέχουσι κακῆς ἕνεκα ἀνοίης. ἐγὼ δ' ἀμνηστίαν ἔχων πάσης πονηρίης καὶ κόρον φεύγων παντὸς οἰκειούμενου φθόνου καὶ διὰ τὸ περιίστασθαι ὑπερηφανίας οὐκ ἂν ἀφικοίμην εἰς Περσῶν χώρην, ὀλίγοις ἀπκεόμενος κατ' ἐμὴν γνώμην" ("Quotquot mortales in terris vivunt, iustitiam et veritatem negligunt, avaritiae et inani gloriae inexplebiliter se mancipant, ob mali iudicii dementiam. Ego autem omnem nequitiam procul ponens, fastidiumque devitans omnis invidiae domesticae, quae splendorem comitari solet, numquam in Persiam terram venerim paucis contentus, quae meae menti congrua sunt"). Sententiam hominis vere divini, quam cum vita ipsamet expressit, videor mihi antistitum Christianorum aliquem legere de contemptu rerum talium verba facientem. Sed et alia minime plurium hominum sapuit Heraclitus, etiam natura paucis ingeniosorum et industriorum hominum secundus. Qui enim tam praeter caeteros sapuit doctorem nullum habuit. Suida: "Ἡράκλειτος. οὗτος ἐμαθήτευσεν οὐδενὶ τῶν φιλοσόφων, φύσει δὲ καὶ ἐπιμελείᾳ ἠσκήθη." Sic doctrina eius vulgo scripta non erat, ob brevitatem dictionis visa obscurior, unde cognomen σκοτεινοῦ, cum autem perdidicisset quis, minime difficilis. Hesychius illustrius: "Λαμπρὸς δὲ ἐν τοῖς συγγράμμασι καὶ σαφής, ὥστε καὶ τὸν νωθέστατον ῥᾳδίως γνῶναι, καὶ δίαρμα ψυχῆς λαβεῖν· ἥ τε βραχύτης καὶ τὸ βάρος τῆς ἑρμηνείας ἀσύγκριτον" ("Dilucidus alioquin et perspicuus in scriptis est ut, etiam quamvis tardo homini obvius intellectu sit et in mentem facile penetret, verum stili brevitas et gravitas incomparabilis est"). Hoc ille contra caeteros qui obscuritatem in scriptis huius philosophi fere abominati sunt. Sic solent enim Graeci nihil non dicere quod non et de proximo confutent ipsi, velut Suida de hoc ipso, qui post modo a nobis adscripta verba non veretur etiam doctores Heracliti enumerare. Et Hesychius, qui cum "terram fusilem" dixisse modo posuisset, mox sui oblitus nihil de illa scivisse asserit. Praeclara autem alia huiusdem [pg. 303] dicta et scita exstant. Hominis de se suisque virtutibus conceptam opinionem sacrum morbum appellavit, auctore Hesychio. In idem flumen hominem nullum descendere, quo dicto acutissime temporis celeritatem notavit, quod refertur a Platone in *Cratylo* et Seneca epistola LVIII. Animam hominis imperscrutabilem esse, quod Lucretius recenset et Tertullianus *De Anima* cap. II. Quo sane scito egregie stolidorum sophistarum argutationes elusit et alia eius eadem materia ab eodem Tertulliano illic recensentur. Acutum est quod idem lib. II *In Marcionem* cap. XXVIII refert, eamdem viam esse sursum et deorsum, quod eo ego referendum arbitror quod persuasit Heraclitus omnibus omnia constare ex repugnantibus et contrariis. Vide tamen alia apud Plotinum libro περὶ τῆς εἰς τὰ σώματα καθόδου τῆς ψυχῆς, qui liber octavus est *Enneadis* IV. Idem scivit rationem humanam a divina pendere, quae mundum regit ac moderatur, Chalcidius *Commentario in Timaeum*: "Heraclitus, consentientibus Stoicis, rationem nostram cum divina ratione connectit regente ac moderante mundane propter inseparabilem comitatum, consciam decreti rationabilis factam quiescentibus animis opere sensuum futura denu`nciare." Inscitiam eius accusat ex genere mortis Tatianus *Oratione in Graecos*: "τούτου μὲν οὖν," inquit, "τὴν ἀμαθίαν ὁ θάνατος διήλεγξεν· ὕδρωπι γὰρ συσχεθεὶς καὶ τὴν ἰατρικὴν ὡς φιλοσοφίαν ἐπιτηδεύσας βολβίτοις τε περιπλάσας ἑαυτὸν τῆς κόπρου κρατυνθείσης συνολκάς τε τοῦ παντὸς ἀπεργασαμένης σώματος σπασθεὶς ἐτελεύτησε." A canibus comestum scribit ex Neanthe Diogenes eumque secutus Hesychius. Porro omnia [pg. 304] hic philosophus sub unius naturae dominio censuisse videtur velut gubernatricis cunctorum. Liber enim περὶ φύσεως tractavit simul τὰ περὶ τοῦ παντός, theologumena et politica, ut tradit idem Laertius. Quo pacto ethicae seu philosophiae practicae omnia astrinxisse Socratem alibi docuimus. Et tanta uni huic auctoritas fuit ut paucis paginis sectam fecerit Heraclitiorum, qui κυρίας suas δόξας ex uno huius *Commentario* περὶ φύσεως duxerunt. Quem quidem, quia intelligi noluerit, magna securitate omittendum censuit Cicero lib. III *De Natura Deorum*, qua ratione paucos theologos non manibus hominum praecipue non litteratissimorum excusserit. Inter nobilia huius scita etiam Christianismo maxime congruit corporis contemptus, quod ille itidem nihili faciendum docebat. Georgius Cedrenus *Epitome Annalium*: "Ἡράκλειτος, καὶ αὐτὸς σχεδὸν σύμφωνα τῷ Πυθαγόρᾳ φθεγξάμενος. ἔφη δὲ καὶ τοῦτο, ὅτι πάντῃ τοῦ σώματος χρεὼν ὀλιγωρεῖν καὶ νομίζειν αὐτὸ κοπρίων ἐκβλητότερον, καὶ ἐκ τοῦ ῥᾷστον πληροῦν αὐτοῦ τὰς θεραπείας, ἕως ἂν ὁ θεὸς ὥσπερ ὀργάνῳ τῷ σώματι χρῆσθαι ἐπιτάττῃ." Idem quod de igne pronuntiavit ex eo omnia nata fuisse pulchre ab Lactantio confutatum videtur lib. II *Divinae Institutiones* cap. X aquam nimirum nulla ratione ab eo produci potuisse. "Heraclitus," ait scriptor elegantissimus, "ex igne nata esse omnia dixit Thales Milesius ex aqua. Uterque vidit aliquid sed erravit tamen uterque, quod alterutrum, si solum fuisset, neque aqua nasci ex igne potuisset neque rursus ignis ex aqua, sed est verius simul ex utroque permisto cuncta generari," etc. Quae ibi pulcherrime eventilantur ex Varrone, ut aliunde documenta [pg. 305] sumimus, ubi et scitum illud secundum litem omnia fieri exponitur. Theologia huius auctoris in sacrorum mysteriis fuisse occupatior videtur eluminandis quo pertinet quod obscaena talia eo auctore confirmat Arnobius lib. V. eum toti Graeciae enarrandis talibus adfuisse memorans. Alia alibi non enim vel ista huc pertinent.

Omnia secundum litem fiunt. Sciti huius veritatem enarrat omnis physiologia. Nihil enim est quod non contendendo vivat cum morti ipsi semper pugnet vita. Vitam numquam non mors impetat. Sic calorem vincere laborat frigus, frigus a calore superari contenditur, unde vitalis temperies utriusque mixtim manentibus deducitur. Quicquid alteri succedit illi contrarium est, nihil autem in rerum natura est quod perpetuum sit aut tenorem servet sed omnia intereunt ut alia omnia resurgant. Orbis hic est stationem deserentium et pulsis succedentium. Hoc certamen dum certatur, vivitur. Superante altero contrarium alterum evanescit, quo rursus expulso prius redit in pugnam et temperiem eo usque facit donec sede deiciat alterum. Huic poetae dictum "discors concordia foetibus apta est," quod enarrat Lactantius lib. II cap. X. Consule praeter physicos caeteros *Eclogas* Ioan. Stobaei et Plutarchi utilissimos libellos Περὶ ἀρεσκόντων. Quos qui in talibus tenuerit aequiore animo veterum fere omnium physicorum amissa commentaria desiderabit.

esse foetam aliquo. Nucleo quopiam ex media vita petito aut ad eam instruendam utili aut denique consideratione interiori sapientiae evolvendo. Hoc enim est quo differunt sapientum hominum scripta a larvalibus [pg. 306] deblaterationibus sophistarum, qui hodie tales sunt qui cum vetustatis nullam omnino cognitionem habeant lyra eadem semper oberrant, scilicet quod nolint ea dediscere in senectute quae pueri futilia combiberunt, ut quaeritur Petronius. De hoc autem libro plane vere hoc pronuntiaveris, parum illi verborum sine nucleo aliquo tali inesse. Ut in hanc solam partem peccare videri possit, dum utilia et proficua ubique urget, parum personarum considerandarum memor. Ut observabis praecipue in Parmenone, Sempronio et Tristane, quibus tales rerum considerationes et ex iis sententiae adscribuntur ut summi philosophi meliores in medium dare non possint. De Celestina alia res, quae tot annos pro excusatione inducere possit. Tamen talem mulierem de laudibus vini disserentem malim audire aut quomodo Callisto emungendus sit servulis quam ubi etiam de divinis rebus philosopha sententia ei dicenda datur.

sententiae pro testimoniis. Ciceronis est lib. XVI *Familiarium* de Euripide, scenico philosopho.

Francisco Petrarcha. Est ab Italo hoc, puto. Petrarcha autem utpote primus fere qui, contemptis deliriis sophistarum, verae eruditioni de libris priscorum lumen erexit, omni aevo nobile nomen habere meretur. Vitam eius descripsit Hieronymus Squarzaficus laudabili opera ut omnes tales posteritati utique quam commendatissimi erunt qui clarorum hominum historias memoriae conservabunt, eo quidem etiam magis quo rariores erunt, non enim haec tanta felicitas cuiusque ingenium capit. Insignem etiam laudem merentur qui eruditorum virorum nomina, [pg. 307] scripta et obitus historiarum voluminibus intexunt, ut fecit omnium saeculorum vitam meritus scriptor Iacobus Augustus Thuanus. Et quantilla tali alicui sit talis opera qui famam ipsemet suam ad posteros omni alii felicitati postposuerit. Petrarchae autem ipsa verba a nobis posita sunt, non enim Hispanice nobis interpretanda visa ut ex uno labore duplicem conficeremus.

Elephas [animal tantarum virium animique,] tremit [fugitque] aspectum muris. Plinius lib. VIII cap. X: "Elephanti animalium maxime odere murem et, si pabulum in praesepio positum attingi ab eo videre, fastidiunt." Suem vel maxime elephanto formidati testantur alii. Georgius Pisides versu DCCCCXLIX: "Καὶ τῶν ἐλεφάντων ἐκφοβοῦσι τὸ κράτος / Τὰ μικρὰ γρυλλίζοντα τῶν χοίρων βρέφη." Aelianum lege, qui et quibus delectentur floribus, nimirum venustis mulieribus et aliis, suavissimis suis libellis adnotavit.

basiliscum. Multa Graeci Latinique de hoc animali fabulati sunt. Etiam recentium libri non pauca notant, tamen res universa similis commentitiae est. Venustissimis versibus Nicander singulares illius noxias et magnitudinem etiam describit *Theriacis*: "Τεκμαίρου δ' ὀλίγου μὲν ἀτὰρ προφερέστατον ἄλλων/ Ἑρπηστῶν βασιλῆα· τὸ μὲν δέμας ὀξυκάρηνος, / Ξανθός, ἐπὶ τρία δῶρα φέρων μῆκός τε καὶ ἰθύν. / Οὐκ ἄρα δὴ κείνου σπειραχθέα κνώδαλα γαίης/ Ἰυγὴν μίμνουσιν ὅτ' ἐς νομὸν ἠὲ καὶ ὕλην Ἠὲ καὶ ἀρδηθμοῖο μεσημβρινὸν ἀΐξαντες/ Μείρονται, φύζῃ δὲ παλιντροπέες φορέονται./ Τύμματι δ' ἐπρήσθη φωτὸς δέμας, αἱ δ' ἀπὸ γυίων/ Σάρκες ἀπορρείουσι πελιδναί τε ζοφεραί τε·/ [pg. 308] Οὐδέ τις οὐδ' οἰωνὸς ὑπὲρ νέκυν ἴχνια τείνας,/ Αἰγυπιοὶ γῦπές τε κόραξ τ' ὀμβρήρεα κρώζων,/ Οὐδὲ μὲν ὅσσα τε φῦλ' ὀνομάζεται οὔρεσι θηρῶν/ Δαίνυνται· τοῖσίν περ αὐτμένα δεινὸν ἐφείη·/ Εἰ δ' ὀλοὴ βούβρωστις αἰδρείηφι πελάσσῃ,/ Αὐτοῦ οἱ θάνατός τε καὶ ὠκέα μοῖρα τέτυκται." Quos ita interpretatus est Euritius Cordus: "Nunc modicum at dominum serpentum perspice regem./ Eminet argutum caput, est flave ipse colore / Et tribus extenso porrectus corpore palmis./ Illius auditos exspectant nulla susurros/ Quantumvis magnas sinuent, animalia, spiras./ Quando vel in pastum vel opacae devia silvae/ Irriguosve locos mediae sub luce diei/ Excasdcendenti succensa furore feruntur./ Sed turpi conversa fugae dant terga retrorsum./ Quod ferit hic, multo corpus succenditur igne./ A membris resoluta suis caro defluit et fit/ Lurida et obscuro nigrescit opaca colore./ Nullae etiam volucres quae foeda cadavera pascunt / Sic occisum hominem tangunt, ut vultur, et omnes/ Huic similes aliae. Pluviae quoque nuntius aurae/ Corvus nec quaecumque ferae per devia lustra/ Degunt, e tali capiunt sibi pabula carne./ Tam teter vacuas odor hinc exhalat in auras/ Atque propinquantes penetrat non segniter artus./ Sin cogente fame veniens approximet ales/ Tristia fata refert celeremque ex aere mortem." Quos Latinos versus eo libentius adscripsi ut error eorum furcilletur qui interpretationem Nicandri *Theriacon* istam in *Editione Hexametrorum* Ioanno Gorraeo adscribere voluerunt, cuius caput fuisse arbitror [pg. 309] Iacobum Lectium cum Euritius Cordus, Valerii pater, diu ante eam promulgarit abs se conscriptam. Pariter errant iidem librarii dum *Alexipharmacon* translationem Gerraeo cuipiam affingunt, quam emisit cum prolixo prologo de venenis ad I. Bellaium Ioannes Gorraeus Parisiensis.

Vipera. Viperae hanc historiam pulchre depingit Prudentius in *Hamartigenia*: "vipera, ut aiunt,/ Dentibus emoritur fusae per viscera prolis./ Mater morte sua non sexu fertilis aut de / Concubitu distenta uterum sed cum calet igni / Percita femineo, moriturum obscena maritum./ Ore sitit patulo, caput inserit ille trilingue./ Coniugis in fauces atque oscula servidus intrat./ Insinuans oris coitu genitale venenum./ Nupta, voluptatis vi saucia, mordicus haustum / Frangit amatoris, blanda inter foedera, guttur./ Infusasque bibit, caro pereunte, salivas./ His pater illecebris consumitur at genitricem/ Clausa necat soboles. Nam postquam semine adulto/ Incipiunt calidis corpuscula parva latebris/ Serpere motatumque uterum vibrata ferire,/ Aestuat interno pietatis crimine mater./ Carnificemque gemit, damnati conscia sexus./ Progeniem septi rumpentem obstacula partus./ Nam quia nascendi nullus patet exitus, alvus / Foetibus in lucem nitentibus excruciata/ Carpitur, atque viam lacerata per ilia pandit./ Tandem obitu altricis prodit grex ille dolorum./ Ingressum vitae vix eluctatus et ortum/ Per scelus exsculpens lambunt natale cadaver/ Reptantes catuli, proles, dum nascitur orba/ Haud experta diem miserae nisi posthuma matri." [pg. 310] Philes: "Ἔχις δὲ θερμὸς προσπλακεὶς τῇ συζύγῳ, Καὶ τὸν τέως ἥδιστον ἀνύσας γάμον,/ Κεῖται φονευθεὶς ὑπὸ τῆς ἐπαστρίας/ Τούτου σὺν ὀργῇ λανθανόντως ἐχομένης,/ Σοβαρὸν τ' ἐκεῖνον ἐκτεμούσης αὐχένα,/ Πλὴν ἀλλ' ὁ μὲν τέθνηκεν, ἡ δὲ νῦν κύει./ Μετὰ δὲ μικρόν τιν' αὐτὰ τὰ βρέφη χρόνον/ Τὴν μητρικὴν ῥήξαντα νηδὺν ἐξέδυ/ Μὴ γοῦν τετιμώρηκε τῷ φυτοσπόρῳ." Quos miserabiles iambos ita Ioachimus Camerarius, eo tempore plusculum otiosus, interpretatus est: "Circumplicatus compari mas viperae/ Postquam peregit nuptias suavissimas,/ Iacet peremptus caede dira coniugis./ Namque uxor iram clam tenens, amplexibus / In mutuis viri occupat morsu caput/ Illoque mortuo ipsa praegnans redditur/ Sed paululum adolescens propago pervicax/ Materna rumpit exeundo viscera/ Numquid satoris ulta letum fortiter?" Inepte Philes de ira viperae, per amorem enim hoc sit et alioquin miri nihil esset. Sed totus is liber talis est. Mirum mihi ornatissimum poetam Nicandrum hoc iis quae exstant non attigisse. Michael Glycas tomo I *Annalium* auctor est in aliis eum mentionem fecisse, cuius verba sunt: "Quod si de serpentum quorumdam natura cupis aliquid cognoscere, Nicander supra caeteros te docebit. Tradit is in suis poematis primum haec de viperis, femella maris caput insertum ori suo recipiens, eoque pacto re cum ipso habita, marem necat. Itaque vindicandi, quomadmodum sane [pg. 311] videtur, patris causa foetus deinde matrem vicissim occidunt, nam tempore partus alvum maternam perrumpunt atque ita in lucem prodeunt. Ea de causa praecursor ille Domini Iudaeos viperinam sobolem appelabat ut qui vates patresque suos occidissent." Orus Apollo lib. II: "Τέκνα ἐπιβουλεύοντα ταῖς μητράσι σημῆναι βουλόμενοι, ἔχιδναν ζωγραφοῦσιν, αὕτη γὰρ ἐν τῇ** [136] [sic] οὐ τίκτεται, ἀλλ' ἐκβιβρώσκουσα τὴν γαστέρα τῆς μητρὸς ἐκπορεύεται." Sic habent duae veteres Ori editiones Parisienses, altera MDXXI, altera MDLI promulgata, nec opus Merceri et aliorum longe petitis correctionibus. Lege mecum αὕτη γὰρ τῇ σῇ οὐ τίκτεται, matris vocabulum ἀπὸ κοινοῦ repetendum fascinavit librarios. Viperae hanc fabulam saepe in ore habent Patres, quam veram tamen esse negant alii, ut summae eruditionis et iudicii minime vulgaris scriptor Ioannes Brodaeus *Miscellaneorum* lib. III cap. XXVIII. Nos in ambiguo tamdiu et` hanc et alias tales relinquemus quamdiu non erit qui vidisse sese demonstrare possit. Nam alioquin quid non permiserunt sibi in hoc genere Graeci scriptores? Ipsi Aristotelis nullis commentariis minus experientia respondet quam quos *De Animalibus* commentatus est. Plinius aliud nihil agit quam

---

[136] Modern editors commonly read "γῇ."

quod exscribit et adicit Romanos auctores Graecis, saepe et indiligentiae interpres notatus. Aelianus stili deliciis servit, parum sollicitus etiam pugnantia commentari. Quale est quod nunc de elephanto succurrit. Eum semel tantum in vita venerem experiri scribit lib. VIII cap. XVII, cui tradito ipse aliis locis contrarium asserit. Nec recentiorum in hoc genere fides multum certior, qui velut iurati illis nituntur quae antiquitas magis laudavit quam credidit.

quot quantaeque nec in aere. Sane piscium species [pg. 312] plures esse quam avium et quadrupedum facile crediderim, quorum CLXXVI genera ponit, alibi LXXIV crustis non tectorum Plinius, quot sane numero aerem et tellurem, reptilibus demptis, vix habere autumes. Exstat de piscibus fragmentum Ovidii nomine venditatum, quod ego tamen illius genuinum non puto, nec obstat Plinii in eo paene verba reperiri cum totus scripti genius alia tempora indicet et Plinium utique potius exscripserit is auctor. Quod facile videbit qui fragmenti initium, prorsus Ovidii temporibus, ne ingenio dicam, indignum, considerabit. Ego in dubiis scriptoribus Nemesiano assertum ire conatus sum.

Lucanus. Lib. VI. Echeneidem describit Aelianus lib. II cap. XVII: "Πελάγιος ἰχθὺς τὴν νῆξιν, τὴν ὄψιν μέλας, τὸ μῆκος κατὰ τὴν μεμετρημένην ἔγχελυν, λαχὼν ἐξ ὧν δρᾷ τὸ ὄνομα, θεούσῃ νηὶ καὶ μάλα γε ἐξ οὐρίας, καὶ τῶν ἱστίων κεκολπωμένων προσφθαρεὶς, καὶ τῆς πρύμνης τὸ ἄκρον δακὼν ὥσπερ οὖν ἵππον στομίῳ ἀπειθῆ καὶ τραχὺν σκληρῷ βιαιότατα ἀνακρούσας, ἀναστέλλει τῆς ὁρμῆς καὶ πεδήσας ἔχει· καὶ μάτην μὲν τὰ ἱστία πάντα πέπρησται, εἰς οὐδὲν δὲ φυσῶσιν οἱ ἄνεμοι, ἄχος δ' ἔχει ποὺς πλέοντας. συνιᾶσι δὲ οἱ ναῦται, καὶ τῆς νεὼς γνωρίζουσι τὸ πάθος. καὶ ἐντεῦθεν ἐκτήσατο τὸ ὄνομα· ἐχενηίδα γὰρ καλοῦσιν οἱ πεπειραμένοι" ("Echeneis pelagius piscis, aspectu niger, longitudine cum mediocri anguillae aequali, nomen a rebus quas agit habet, ab inhibendis videlicet navibus. Navis enim secundo vento et plenis velis propulsae extremam puppim mordicus premens, tamquam indomitum atque effraenatum equum fraeno forti inhibens, violentissime ab impetu reprimit et constrictam [pg. 313] attinet. Frustraque ventis vela dantur, frustra venti afflant, quae res vectores angit et sollicitos vehementer habet. Nautae vero rei causam intelligunt. Hinc nomen impositum pisci, quem eius vim experti echeneidem vocant, hoc est, remoram et obicem quempiam navalem"). Exemplum navis hoc pisciculo retentae ponit Gulielmus Rondeletius, nos tamen alios novimus parum cum Theocriti illo, ταχυπειθεῖς, qui aliam quamvis detentae navis causam ponant.

Ruch nomine. De avi hac scribit Paullus Venetus, paucis tamen. Cuius etiam non certa verba post alii in immensum et quidem pro certa historiam ipsam extulerunt ne videlicet eo minus experti aut vidisse censeri possint. Et pari modo videntur omnia miracula quae de animantibus Graeci scriptores tradiderunt in saeculum venisse. Primus enim cuiusque auctor timide et velut coniectura quid proposuit, supervenere primum unus aliquis, post plures ingeniosiores qui quam maxime potuerunt stili coloribus credibile facere contenderunt quod falsum esse non ignorabant, eo solum fine ut gloriosorum auctorum titulis, quo pacto ea gens omnium ambitiosissima et vanissima semper fuit, ipsi posteritati commendarentur. Ea ratione nullum non mare, nullam non insulam, nullum fluvium, nullam regionem, aerem ipsum et caelum prodigiis ii scriptores impleverunt. Tam stupidi et rerum alioquin inconsulti inexpertesque uti Herodoti aetate etiam dubitatum fuerit an foret oceanus vel an figmento Homerico in memoriam venisset. Insignis auctor harum nugarum confutandarum est Lucianus, cuius, si citra veritatis lucem clarissimam esset, neque singulari Dei beneficio nox omnibus doctrinis caelestibus dempta, ingenium non abnuerem contra omnes [pg. 314] sophistas, oratores poetas, physicos, ethicos, theologos omnemque adeo philosophiam paganam laudare. Nulla enim huius pars est quam ille non ita irrideat ut eius vanitas defendi ultra nequeat. Modo veritatis assertor fuisset talis qualis destructor tot anilium fabularium fuit.

aedificiorum structiones. Pars humanae vanitatis in istis non minima, omnia agere ut monumenta aedificentur non facile collapsura, ad extremum omnino tamen. His Christiani videmur sane ipsis Mahumetanis desipientiores, illi enim legumlatoris, impurissimi licet, hoc tamen non inepto mandato parentes, parum de talibus sollicitos animos habent, contenti tecto ab iniuriis caeli defendente, eo etiam Paullo, doctori nostro, obtemperatiores qui ad vitam Christiane vivendam sufficere pastum et tegmen membrorum praecipit priore ad Timotheum cap. VI. Quo nos omnis vera philosophia ducit, etiam pagana ut contenti simus usu corporis nec velut illi aeternitatem debentes eius bona sectemur sed cogitemus intra nos esse verum hominem, cui verum etiam cultum debeamus, reliqua caduca transire ad nos parum facientia. Sic pagani panem et aquam sufficere humanae vitae monuerunt, ut pulcherrime Lucanus lib. IV: "o prodiga rerum/ Luxuries numquam parvo contenta paratu./ Discite quam parvo liceat producere vitam/ Et quantum natura petat.gurgite puro/ Vita redit, satis est populis fluviusque ceresque." Eodem pertinet quod inculcant etiam rationibus nobis nostri Christiani scriptores. Columbanus *Ad Hunaldum*: [pg. 315] "O nimium felix parcus cui sufficit usus/ Corporis ut curam moderamine temperet aequo./ Nec misera capitur caecaque cupidine rerum/ Nec maiora cupit quam quae natura reposcit." Radulfus Ardentius homilia XXIII: "Fugiamus nos, fratres, hoc grande vitium, non gulae sed naturae satisfacientes, iuxta illud philosophi, sint epulae vicisse famem." Vide in hanc egregiam considerationem plura apud Dacryanum opusculo ultimo documentorum, Maximum Tyrium *Dissertatione* XX, Arrianum *Epicteti* lib. II cap. XXII, Dionem Chrysostomum lib. IV *De Regno*, Iustinum ex Trogo lib. XX ubi Pythagoraeorum dogma tale recenset, Fabritium imperatorem Romanum, apud Dionysium Alicarnassaeum in *Excerptis Legationum*, Pythagorae ipsius *Epistolam ad Hieronem*, Ioannem Stobaeum *Eclogarum Physicarum* lib. II cap. IV ex Plutarcho, Horatium lib. I *Sermonibus* ecloga III, Senecam epistola XXV et XC, Manilium initio lib. IV *Astronomia*, Georgium Palamam declamatione *Animae contra Corpus*, Boethium lib. III *De Consolatione Philosophiae* cap. III, Eucherium *Ad Valerianum*, qui aureolus liber verbatim memoriae commendandus sit, Ausonium *Epicedio Patris*, Rogerium, ut volunt, *De Contemptu Mundi* cap. XII, Ioannem Cassianum lib. III *Collationibus* cap. VIII, Marcum Antonium lib. V *De Officio Suo*, Ioannem Sinaitam, qui auctor est *Historiae Barlaami et Iosaphat*, minime a G. Trapezuntio sed a veteri quodam monacho in Latium deductae, ut alibi ostendimus, etc.

senes cum mille [infirmitatum morborumque generibus]. Senectus morbus ipsa est et morbis [pg. 316] infinitis subiecta. Sic aram omnium dolorum et officinam vocat Antiphanes Comicus: "Πρὸς γὰρ τὸ γῆρας ὥσπερ ἐργαστήριον/ Ἅπαντα τ' ἀνθρώπεια προσφοιτᾷ κακά./ Τὸ γῆρας ὥσπερ βωμός ἐστι τῶν κακῶν·/ Πάντ' ἔστ' ἰδεῖν εἰς τοῦτο καταπεφευγότα" Xenocrates in *Axiocho*: "εἰς τὸ γῆρας τὰν συρρεῖ τὸ τῆς φύσεως ἐπίκηρον καὶ δυσαλθές" Democriti est senium omnimodam imperfectionem esse. Per omnia molestum Pherecratis, omnibus exosum Mimnermi, hospitium plurimarum calamitatum Euripidis, Senem nihil nisi umbram et vocem esse

Mimnermi. Nullam tantam dolendi causam esse quam quae a senectute inferatur, mentem vanam senibus, opera inutilia esse, curas supervacuas Sophoclis. Innocentius in libro *De Contemptu Vitae Humanae* prolixius vituperationem exigit et Stobaeus sermone CXIII.

luxurians [et animosae] adolescentia. Certe vel huic soli scriptus sit liber iste aureolus, quae magno numinis favore tantum sapiat ut huius monita non legat aut intelligat saltim sed et in vita sequatur. Nihili sunt omnes sapientum sententiae nuda velut severitate praecipiendi compositae. Liber iste ad quid utile sit prudentem esse adolescentem docet, nimirum ut singula meretricum et lenarum verba mortifera tela esse norit neque ullo modo illis credere velit si talem exitum cavere qualis hic Callistonem sequitur. Sic gradus scelerum per totum librum deducti sunt primum amorem caveat illegitimum. Si illo captus fuerit, caveat puellam honestam compellare verbis [pg. 317] profanis, impuris, impiis. Si amorem omnino incidit, alia omnia quam inhonesta remedia adhibeat potius. Caveat praecipue suorum servorum et conciliatricum anuum consilia, hi enim omnes pretio eius inhiant et affectui subscalpunt emolumento suo. Quod si hoc non fecerit, cum omnibus administris suis male peribit ut opus tandem Pleberio sene sit culpam amori rescribente.

ordinem [totius] dictionis [137] **infamat.** Verba sunt Petronii Arbitri, cuius *Satiricon,* si integrum ad nos pervenisset, fortasse Latinitas non haberet quod soboli suae Hispanismo, licet insessoribus tori genialis etiam ab Africa aliis, invideret hodie. Non enim alio vel fine vel modo lusit disertissimus ille Arbiter, quamquam obscaenius loquendum ei fuerit qui saeculum ut tum erat posteritati depingere voluit. Illud mirum mihi tot post eum saeculis neminem extitisse qui paria in mores magnatum apud Romanos scriberet. Si enim unos Iuliani Apostatae *Caesares* excipias, quorum tamen et ipsorum longe alius finis est, reliquum nihil suppeditabit universa antiquitas quod Petroniano scripto componas. Nos vero melius nihil Latio proponere in eodem genere potuimus quam translationem hanc *Celestinae,* cuius fabula et sermo sua lingua principem locum tenent nec facile alius quippiam dignius composuerit.

---

[137] "tractiones" in the main text.

Ad hybernum ignem. Focum. Huius autem generis fabulae sunt apud Antonium Eslavam in libro Hispanico qui *Noches de invierno* inscribitur, quarum nos quasdam etiam indidem in *Milesiarum* nostrarum *Narrationes* retulimus. Fictitiae quidem illae omnes et saepe veras historias fictionibus involventes, non tamen idcirco [pg. 318] contemni merentes cum non diffiteantur titulo quod opere facessunt. Quo in genere Herodoto iniurios fuisse plurimos antiquorum censorum existimo, illi enim fabulosa scripsisse obicitur et vere quidem at immerenti siquidem ille hoc curaverit. Certum enim est fabulas ut fabulas immiscuisse eam Sirenem neque errore aut decipiendi animo. Quo enim alio fine titulos operis sui a poetis mutuatus est quam, ut testaretur posteritati leporem etiam dictionis suae, lepidis sese aliquando fictionibus commodasse? Quae quidem res inobservata apud nasutos censores illi negotium fecit. Immerito quidem, ut dictum, vel sola tituli excusatione, at alioquin etiam communi Graecorum historicorum privilegio, quibus plerumque similem esse poeticae licentiam auctor est Quintilianus lib. II cap. IV.

locosque communes. Loci communes sunt regiones velut quaedam aut spatia data et praefixa materiis singulis tractandis quo congeritur quicquid ad eam faciens lectio, observatio, usus aut meditatio suggerunt. Hoc genere vulgo nunc utuntur velut penu quoddam stipandae et promendae eruditionis, ego vero nequaquam me umquam assuefacere talibus potui neque tamen in aliis damnavi. De veterum locis communibus et rhetoricis lege Victorinum *Commentario in Librum II Rhetoricorum Ciceronis*, Empronium Rhetorem libro *De Ethopoeia et Loco Communi*, Prisciani *Progymnasmatum ex Hermogene Commentationem*, Quintilianum non uno loco denique et nonihil, quamquam alia ea a praesenti res est apud Ludovicum Cresollium in *Theatro Rhetorum* lib. III cap. VIII, cui [pg. 319] elegantissimo libro utinam plures similes procuderentur hodie.

dicta sententiasque philosophorum. Horum gratia utique insigniter commendabile hoc scriptum est quod non solum loquatur sed personis etiam ingerat sapientiae usum. Sic ergo argumentetur lector hunc ludum diligenter nec semel evolvens. Dicta et sententiae hic tales sunt qualium observatio beate et innocenter, laudabiliter etiam, vivere faciat, contemptus illaudatam vitam turpi fine claudat. Exemplar huius dent Sempronius, Parmeno, Celestina, Callisto, Melibaea. Illius quilibet sese ipsum exhibeat, caveat luxuriae et libidinis retia de quibus tota haec scriptio est et pulchre monet Cebes in *Tabula*, qui eis sese subiciat ab illis comedi atque iniuriis omnibus affici, ad extremum bonis profusis infinitis poenis lacerari tandemque contumelioso fine perire. Vide et edisce eum aureolum libellum.

ludum hunc. "Ludum" vocavi Ausonii imitatione, qui suum *Septem Sapientum* hoc titulo insignivit quoniam comoediam aut tragoediam dicere non poterat et tamen personae loquentes introducebantur idque carmine. Hic vero ludum vel maxime ideo mihi sapere videtur quod ut populo prodesset melius etiam genera omnia carminum contempsit, quamquam Hispanismo non adeo fuerint difficiles iambi, ut periculum nos aliquando fecimus et specimen dare non abnuerimus etiam hoc loco. Eccos amatorios sex-septem quibus alloqui Callisto aliquis Melibaeam suam velit: "Hermosa perla, margarita d'India,/ Señora doña, donde riquezas suyas / [pg. 320] Natura con favor supremo compuso,/ Yo lastimado mil dolencias malas/ Mil passiones dentro corazon mio/ Agora sufro: donde mi malo viene/ Mia pena dura espero remedios tuyos." Vides quam Latinis auribus insolens illa barbara, ipsius quidem respectu, venustas numeros minime abhorreat. Idem iudicium capias de caeteris lyricis metrorum generibus et sit speciminis loco colon hoc Alcaicum, quod novae rei et a nobis primum excogitatae, utique ab aliis frequentandae felix dare possit auspicium. Ad Cupidinem: "Bravoso niño madre, Venus, suya/ Y gracioso, mil Charites, choro,/ Oyd quexas de vuesso amigo,/ Antes amor que diesse muerte." Hoc modo per omnia caetera redire Castellanas Gratias liceat.

Auctori autem primo visum. Non ignorandum est lectori duos scriptores huius ludi esse, alterum verum scriptorem, cuius nomen ignoratur, suspicio autem eruditissimorum hominum et fuisse vel Ioannem de Mena vel Rodericum Cotam, alterum, qui interpolavit deinde, Ferdinandum de Roias, qui nomen suum posteros latere noluit pulcherrimis quos operi praeposuit rhythmis, quorum initiales litteras hoc prodere iussit et indicavit subditis fini ipso libri aliis istis, siquidem non illi potius Alphonsi de Proaza sunt: "Ni quiere mi pluma, ni manda razon / Que quede la fama de aqueste gran hombre / Ni su digna Gloria, ni su claro nombre / Cubierto de olvido por nuessa ocasion. [pg. 321] / Porende juntemos de cada renglon / De sus onze coplas la letra primera, / Las quales descubren por sabia manera / Su nombre, su tierra, su clara nacion." [138] Undecim autem istorum colorum litterae Hispanice hoc a nobis Latine ex usu hodierno datum nomen indicant: Baccalaureus Ferdinandus de Roias composuit comoediam de Callistone et Melibaea. Fuit natus in Burgo Montalbani, quamquam dubitare possis se natum in illa Burgo an librum ibidem abs se scriptum dicere velit. Alphonsi autem Proazae rhythmi sic Latine sonant: "Nec meus hic calamus ratio nec grata legendi/ Auctoris patitur nomen habere situm./ Gloria sed clarique decus cum laude laboris/ Attollunt meritum clara per ora virum./ Ergo principium sectans de carminis orsis,/ Praeposuit scripto quod catus ille suo./ Litterulas primas descendens ordine, iunge,/ Sic genus et nomen noveris et patriam." Loquitur autem hoc praefationis nostrae loco Ferdinandus iste Roias, qui et dedicationis ad amicum quempiam suum cuius initium est "suelen los que de sus tierras," scriptor est Mediolani ut indidem discas tum degens. Eam autem Mediolanensem scilicet editionem ego non habui haec Latine transcribens sed solam Plantinianam, quae et satis incorrecta est, meo quidem exemplari, quamquam, quod et miror, alia viderim diligentius revisa. Oportet igitur ab amicis illis meis Lugduni Batavorum pendente praelo quaedam [pg. 321a] [139] exemplaria divendita sint, alia enim ratio non erit eiusdem operis eandem editionem mendosam et emendem esse.

nimis brevis. Indicare hic lectori volo secundam interea, dum haec universi litterati orbis plausibus excipitur, *Celestinae* partem in Hispania fabricatam esse, quam exinde delatam tum recens vidi in manibus egregii viri Sabastiani Mederi Brisgovii, illustrissimo tum Principi Badensi a consiliis. Nunc vero non habeo in potestate, ubi indeptus fuero non dubitabo et illam Latino orbi proponere. Bene autem sit manibus, siquidem a vivis iam abiit, Roiae illius quae iucundissimis et aptissimis suis interpolationibus commendabilius etiam facere nobilissimum scriptum voluit.

---

[138] Barth is quoting the final verses by Proaza, which he has not included as part of his translation.
[139] The printer has erred in the pagination, printing "321" instead of "322," thus continuing thereon.

TITULO

temerariis et vagis. "Desordenado," cui par Latinitas non habet, praecipue vi sensus. Hispanismo enim familiare est Latinis verbis longe efficacius uti quam ipsi auctores sint. Sic in ordinem redigere contrarium huic Latinitas pro officii sui admonere et illi subdere usurpat, istud autem minime satis eadem licet voce expresserit. "Disordinatus" enim nequaquam tantum valet quantum istud "desordenado," quod contemptum quemdam ordinis secum contumeliosum infert.

dearumque instar venerantur. Graecorum et Latinorum vatum pleni talibus libri. Lege septimum *Anthologiae* librum.

ARGUMENTO

tenere educatus. "De linda criança." Potest etiam ad comitatem seu civilitatem et urbanitatem interpretari.

Hac alioquin pudicissima victa tandem est Callistonis assultibus. [140] Superiore argumento parum caute dixit de Melibaea: "Por solicitud del pungido Calisto vencido el casto proposito della." Cum potius incantationibus veneficae Celestinae illa devicta sit, quibus utique

---

[140] This note is erroneously placed at the end of the summary of the first act instead of where it is supposed to be in the general summary of the play. Barth's words "superiore argumento" clearly indicate that this note was a last minute addition that he could not insert into its proper place. We have placed it where it belongs.

opus non fuisset si alioquin Melibaea consensura votis Callistonis. Quandoque bonus dormitat Homerus.

conciliatrice Celestina. Isidorus *Originum* libro X: [pg. 322] "Conciliatrix ob societatem flagitiosae consensionis dicta eo quod intercurrat alienumque nundinet corpus. Hanc etiam et lenonem vocant." Plautus *Milite Glorioso*:"Viduam esse censui,/ Itaque ancilla, conciliatrix quae erat, dicebat mihi." Lucilius: "Multis indu [141] loci sermonibus concelebrabit./ Aetatem et faciem ut saga et bona conciliatrix." Eius officium videsis sequentibus Lucilii versibus ut quidem illi summo ingenio a Iano Dusa Patre compositi leguntur. Quo loco lena amatorem non aliter puellae conciliare scribitur atque Parmenonem isthic Areusae actu septimo. Inepte conciliatrix Appuleii conciliatrice tali exponitur libro V ab iis quidem hominibus qui falcem in nostram messem immiserunt apud eum auctorem nobis materiam praeripientes videlicet. Sed nostrum opus aliarum rerum est. Porro illud etiam monere volui nomina nos personarum maluisse Hispano hodierno more scribere quam in Latinas regulas contorquere ut eo facilius agnoscerentur. Et caetera quidem satis concinne auctor noster adscivit, Sempronium autem vilissimo servulo dedisse equidem miror, cui rei intercesserint Gracchi.

---

[141] Reads "inde."

ARGUMENTO ACTUS PRIMI

falconem suum. Retinui nomen quod omnibus idiotismis inhaeret. "Falco" autem Romano sermone hominem notat digitis introrsum recurvis. Festus: "Falcones dicuntur quorum digiti pollices in pedibus intro sunt curvati a similitudine falcis." Hinc accipitres curvis unguibus eo nomine censuerunt posteriores, quos Itali "capos" aliquando nuncuparunt a capiendo scilicet. Isidorus lib. XII: "Capus Itala lingua dicitur a capiendo. Hunc nostri falconem vocant eo quod incurvis digitis sit." Admonet [pg. 323] locus iste Isidori notare eo iam dum tempore aliam a Latina fuisse linguam Italicam, quod et ex Nonio licet observare, utique antiquiore, quem et Priscianus pro locuplete iam grammatico citat cap. II num. CLXXVII. Et certarunt sententiis super hoc olim doctissimi viri Franciscus Philelphus, Leonardus Aretinus, Andreas Alciatus, alii. Nobis clare tale quid Isidori et Nonii verba inferre videntur, quibus quo pacto contradici possit nemo facile comminiscatur.

ACTUS I

loco tam secreto. Vide vehementiam amoris qui iuvenem cogit ea dicere quae minime ex re ipsius erant. Facile enim poterat expendere non consensuram illam turpitudini votorum suorum tam prompto animo. Et alioquin amatoriorum scriptores talibus cavendum in primo aditu praecipiunt.

satis mirari non possum. Adieci haec illustrandae sententiae quae paucis suo sermone concepta, vix multis Latine proferri potest.

Notum autem non posse amantes amasiarum conspectu sese satiare quin semper eas velint contra tueri. Unde Sappho felicem censuit qui quaeve amatum vultua semper intueri posset, quam secutus in eodem est Catullus. Sappho: "Φαίνεταί μοι κεῖνος ἴσος θεοῖσιν/ Ἔμμεν' ἀνὴρ, ὅστις ἐναντίον τοι/ Ἰξάνει καὶ πλασίον ἁδὺ φωνού-/ σας ὑπακούει." [pg. 324] Catullus: "Ille me par esse deo videtur,/ Ille, si fas est, superare divos/ Qui sedens adversus itentidem te/ Spectat et audit." Et Musaeus de amatore Hero tum primum vidente: "Παπταίνων ἐμόγησα, κόρον δ' οὐχ εὗρον ὀπωπῆς." Sic inexplebilis conspectus apud Heliodorum libro II, inexpletae curae spectandi apud Valerium Flaccum lib. VI summum amorem arguunt.

votorum mortalium summum. [142] "Que si Dios me diesse el mayor bien que en la tierra ay no lo ternia por tanta felicidad." Vovent autem amatores etiam discrimine mortis suis amasiis potiri. Idem Musaeus: "Αὐτίκα τεθναίην λεχέων ἐπιβήμενος Ἡροῦς." Aristaenetus lib. II *Epistolarum* XVII: "Καὶ διὰ σὸν κάλλος ἢ γάμον ἀσμενῶς ἢ τάφον αἱροῦμαι." Heliodorus lib. IV: "Ἐγὼ, εἶπε, καὶ τελευτᾶν οὐ διαφέρομαι τυχὼν Χαρικλείας."

etiam maiore te. "Magis factis tuis aut cupidini aequo aut conveniente te praemio mactabo" ("Pues aun mas ygual galardon te dare yo si perseveras"). Illa tamen commodius sonant.

In hoc enim honore me meo. Aliter sonant ista: "Como de ingenio de tal hombre como tu aver de salir para se perder en la virtud de tal muger como yo" ("Scopus verborum tuorum is fuit, qualis ingenium hominis talis qualis tu es decebat ut nimirum huc procederes interitum tibi tuum ipsemet pariturus sollicitando feminam talem qualis ego sum"). Rotundus tamen omnino ista exscribenda erunt. Sequentia etiam sic sonant: "Non potest enim patientia mea tolerare cor hominis nati subisse spem illicito amore me fruendi" ("Que no [pg. 325] puede mi paciencia tolerar que aya subido en coraçon humano comigo en ilicito amor communicar su deleyte"). Sed haec tam exacte inquirenda non sunt, modo decoro personae et sententiae intellectui satisfiat. Alioquin innumera etiam notare liceat ubi Latinus sermo felicior est Castilliano.

---

[142] Reads "summam."

Falconum unus. "El girifalte." Girofalcones vocabantur mediis temporibus quarum formam descriptam habes apud Fridericum Imperatorem lib. II *De Arte Aucupandi* cap. XIX and XX. Albertus Magnus cap. VI *De Falconibus*: "Genus secundum nobilium falconum est gyrofalconum genus, a sacrorum genere proximo gradu distans. Est autem girofalco figura et colore et actu et voce perfectam naturam habens falconis sed quantitate maior est asture et minor aquila, et dicitur girofalco a girando quia diu girando acriter praedam insequitur nec dignatur ad parva sed aves magnas insequitur, sicut grues et cignos et huiusmodi," etc. Nota autem servuli inconstantem levitatem cum domini quodam contemptu mistam iam qui de equis locutus aliud mendacium illico excogitat falconem ad pontem secutum.

felicissima mors quae desiderata [miseris] venit. Boethius: "Mors hominum felix quae nec se dulcibus annis / Inserit et maestis saepe vocata venit."

si adessetis [nunc mihi Crato et Galenus]. "O si viniessedes." Forte "viviessedes" melius legatur. Quis autem Crato ille medicus qui Galeno eorum coryphaeo iungi mereatur? An Hippocrates est corruptus? Ego quidem eius tanta nobilitate memoriam nullam memini. Verum licet arbitrari de figmento quodam eum venire. Hispani enim plurima alia sua lingua habent quae historias miris modis interpolant [pg. 326] ut Galeni aliquis vitam describens addiderit Cratonis filium vel talem aliquem ei proximum. Sic nunc memoriae incidit Caroli Magni etymon ab iis de carro petitum quod genitus in tali vecturae genere fuerit, quam fabulam descriptam habes capite decimo libri primi *De las noches de invierno*. Forte et Rasis, Arabs medicus celebris, hoc nomine corruptus.

cor Pleberii. "Inspira en el pleberico coraçon." Nescio quid ulceris hic etiam latere mihi videtur.

Lacrymae et suspiria. Ovidius: "...est quaedam flere voluptas,/ Expletur lacrymis egeriturque dolor." B. Ambrosius *In Obitum Valentiniani*: "Pascunt frequenter lacrymae et mentem allevant fletus, refrigerant pectus et maestum consolantur. Est enim piis affectibus quaedam flendi voluntas et plerumque gravis lacrymis evaporat dolor." Petrus Blesensis: "Multis consolationi fuerunt lacrymae et ex parte maxima magnitudinem doloris minuunt, dolor siquidem ignis speciem gerit qui dum plus tegitur plus ignescit."

aliquid involare [potero]. Hunc sensum his verbis dedi quae tamen et aliorsum intelligi poterunt. "Quiça con algo me quedare que otro no sabe (lege "se") con que mude el pelo malo, aunque malo es esperar salud en muerte agena." Difficiliorem Hispanismum exteris facit quod prima et tertia persona saepe eodem modo efferuntur, de quo et alibi alii questi sunt. Possis et hoc modo interpretari: "Poterit ut hinc etiam me aliquid maneat unde malos meos mores (vel paupertatem quae illi talium causa erat) mutem, quamquam infelix sit suam fortunam in alterius morte collocare."

cum pulvisculo interierim. "Alla iran la soga y el calderon." [143]

[pg. 327]

lacrymas commodet. Petronianum: "Assidebat aegrae ancilla fidissima simulque et lacrymas commodabat lugenti et quoties defecerat positum in monumento lumen renovabat."

adiutoriis. "Adiutoria" sunt quae citra medicameta ipsa medici adhibent restituendae aegro sanitati. Talium libros scripsisse Caelium Aurelianum ex ipso notamus in *Adversariorum Commentariis*, ubi et vocem ipsam illustravimus.

Quis poterit dolor esse. Elegum carmen ego et in hoc, ubi reperiuntur pauci et in aliis traductionibus, ubi plurimi Hispanici rhythmi sunt, caeteris praefero quia et dolorum et questibus et amoris deliciis, aliter atque aliter tamen temperatum, accommodatius est aliis quibusvis. Videbit lector in *Nemoralium Libris*, quibus utrinque iucunditatem illi quam licuit dedimus.

pax, bellum, indutiae. Terentiani *Eunucho* act. I scen. I. Versus notissimi sunt quos auctor noster alludit, quibus similia infinita congeri possint. Consule nos in *Satirico*, ubi plene hunc affectum describimus.

---

[143] The word order is changed by Barth. The Plantin edition reads "e yran alla la soga y el calderon."

hoc minus ille malis. Adhibendus est gestus quo rei vilitatem indicare solemus ut intelligatur plene sententia. Sic in illo Publii, mimographorum principis: "A morte semper homines tantumdem absumus." Quid sibi velit illud "tantumdem" non intelligas nisi minimum spatium gestu quis expresserit, ut pulchre observavit Iosephus Scaliger. Nec obest ea verba apud Senecam epistola XXX reperiri, cum Mimi illi saepe κατὰ πόδα in sermone et scriptione usurpati sint. Sic in sacris litteris Esaiae cap. LI v. 6: "οἱ δὲ κατοικοῦντες ὥσπερ ταῦτα ἀποθανοῦται." [pg. 328] Pariter apud Arrianum[144] Anabasis lib. II de sepulcro Sardanapali et eius figura plausum manu exprimente: "Σὺ δέ, ὦ ξένε, ἔσθιε καὶ πῖνε καὶ παῖζε, ὥστ' ἄλλα τὰ ἀνθρώπινα οὐκ ὄντα τούτου ἄξια· τὸν ψόφον αἰνισσόμενος, ὅνπερ αἱ χεῖρες ἐπὶ τῷ κρότῳ ποιοῦσι."

cum tot millibus mortalium. Lege Tacitum *Annalibus* XV, and Suetonium cap. XXXIIX, Dioni scriptum: "ἄνθρωποι ἀναρίθμητοι διεφθάρησαν" recenset Ioannes Xiphilinus. De loco unde Nero prospexerit dubium, Suetonius turrim Maecenatis nominat, Palatii apicem Xiphilinus, Tacitus ambiguum facit utrum credibile sit hoc in universum. Palatium quidem ipsum conflagrasse certum ex eodem gravissimo auctore, unde Tarpeium noster traduxerit viderit. Talia enim talibus non rigide, ut a scriptoribus priscis posita, rescribuntur.

immortalem animam [meam]. Aliter sonant Hispanica: "Por cierto si el fuego del purgatorio es tal, mas querria que mi espiritu fuesse con los de los brutos animales que por medio de aquel yr a la gloria de los santos" ("Certe si ignis purgatorii talis est malim spiritum meum perire cum animabus brutorum animantium quam per medium eius ire ad gloriam sanctorum"). Cui etiam maior impietas inest. Studio autem talia ficta sunt ut quam omni etiam numinis et Christianae doctrinae contemptu amor iuvenilia corda induat, prospici isthinc possit. Considera sequentia, ubi oblitus est sese Christianum omnino esse.

Melibaea mihi omnia est. Proverbialis locutio uti res cito absolvatur et tamen nihil non dicatur. Ausonius *Actione Gratiarum*: "Senatus, curia, unus mihi omnia Gratianus." Heliodorus lib. VII: "Εἰμὶ

---

[144] Reads "Aerianum."

γάρ τοι τῇ δεσποίνᾳ τὰ πάντα καὶ μόνον οὐκ ἀναπνεῖ με καὶ ὁρᾷ, ἀλλὰ καὶ νοῦς ἐκείνῃ καὶ [pg. 329] ὦτα καὶ πάντα τυγχάνω." Lucianus ἑταιρικοῖς: "ἐρώμενος δεσπότης πάντ' ἦν ἐγώ." Achilles Tatius libro V: "πρός τε τὴν μαγεύουσαν οὕτως ἔχειν ὡς πάντα νομίζειν ἐκείνην αὐτῷ." Lucanus lib. III: "Omnia Caesar erat..." Prosper *Contra Ingratos*: "...dum nulla sibi tribuit bona, fit Deus illi omnia..." Macrobius lib. III *Saturnalium* cap. XI: "At hic vester flamen et pontifex et omnia..." Velleius [145] Paterculus lib. II: "Id unum dixero quam ille omnibus omnia fuerit." Trismegistus in *Poemandro*.

quod in se neque consilium neque. Amorem ait. Terentius *Eunucho*: "Here, quae res in se neque consilium neque modum/ Habet ullum, eam consilio regere non potes./ In amore haec omnia insunt vitia: iniuriae,/ Suspiciones, inimicitiae, indutiae,/ Bellum, pax rursum, incerta haec si tu postules/ Ratione certa facere, nihilo plus agas/ Quam si des operam ut cum ratione insanias." Horatius lib. II *Satirarum* III: "...o here, quae res / Nec modum habet neque consilium, ratione modoque / Tractari non vult. In amore haec sunt mala, bellum, / Pax rursum, haec si quis tempestatis prope ritu / Mobilia et caeca fluitantia sorte laboret / Reddere certa, sibi nihilo plus explicet ac si / Insanire paret certa ratione modoque."

Quantas vires cupidini humano dedisti. Quid de his cordato sentiendum legere poteris apud nos *Nemoralium* libro primo ubi Alcida persuadere Dianae nititur amoris potentiam nullam esse sed in fatua persuasione mortalium omnia sita.

[pg. 330]

pro miraculo [mortalibus]. "Su limite pusiste por maravilla" ("Limitem illius per miracula statuisti"). Melius haec intelligi possunt quam enuntiari.

Aliter iam haec lyra tinnit. "De otro temple esta essa[146] gayta" ("Fistula haec aliter temperata est").

angelis illudere. Illudere obscenum est Latine loquentibus. Vide notata ad eclogam primam Nemesiani. Historiam paucis pulchre

---

[145] Reads "Vellerius."
[146] "esta" in the Plantin edition.

Sulpitius Severus proponit: "Inde Sodomam missi angeli Loth in porta sedentem repererunt. Quos cum ille homines existimans hospitio receptos caenatosque domi haberet, iuventus improba ex oppido novos hospites ad stuprum flagitabat. Loth pro hospitibus filias offerens non acquiescentibus quibus illicita potius desiderio erant ipse ad stuprum trahebatur. Quem angeli propere ab iniuria vindicantes luminibus impudicorum caecitatem offuderunt etc."

o degenerem. Non poterat commodius illud "hideputa" exprimi. Scortum etiam veteres Latini dixerunt hominem muliebri animo. *Glossarium Graecolatinum*: "πόρνος scortum." [147] Sic Petronio "scortum" muliebria patiens puer. Sed Sempronio non est animus herum hic contumelia afficere ut illud "hideputa" potiore sui parte hic exclamatio saltim sit.

caelo se dignos. Hoc est, deorum se nominibus adorari voluerunt etiam vivi. De Alexandro vide libellos Plutarchi *De Fortitudine eius et Fortuna*. Nembrodum id studuisse ut homines a Dei cultu ad suum traduceret auctor est Iosephus libro I 'Αρχαιολογίας cap. V. Filium unicum Nimrothi a patre consecratum auctor est Marius Victor *Libri III Commentariorum in Genesin*.

mulionibus [et vilissimis etiam servitiis] substraverunt. Exemplum pulcherrimum ostendit nobis historia vigesima nona libri Gallici qui inscribitur *Les comtes du monde aventureux*. Quam et in *Milesiarum* nostrarum *Narrationes* retulimus non [pg. 331] alio fine quam qui a Sempronio isthic indicatur ut nimirum generoso alioquin animo iuvenes, velut in speculo, in talibus videant quam saepe amentes quam inepti sint tantis impensis, laboribus et periculis feminis etiam formosissimis et nobilitate insignibus servientes cum illae contra tam parvi comitatem et civilitatem eorum faciant ut saepe quam illis negant vilissimis sui copiam mancipiis faciant. Iuvat utilissimum ἐπιμύθιον modo nominati scriptoris huc transferre, ut non nostris haec nos verbis docere omnes videant. "C'est un mal," inquit disertissimae urbanitatis scriptor, "assez commun à beaucoup de femmes faisans profession du fol amour, qu'entre leurs plus affectionnez serviteurs, le moins digne et plus lourdaut est volontiers choisi, esperans par ce moyen mieux garder leur honneur.

---

[147] Reads "scortus."

Mais asseurement estans si liberales du tresor qui ne peut estre rendu, tombent en une honte ou pareil danger que ceste femme, laquelle cuidant fuir amour, jouit du fruict avant que cognoistre la fleur. Ce qui les autres fera sages de choses qui peuvent avenir." Sed melius historia ipsa legetur et verba indignantis iuvenis visa illa mulioni se substernente quam tot ille modis sollicitaverat. Eodem pertinet alia eiusdem generis historia quae in *Heptaemero* Reginae Margarita Valesiae cap. XX. Quam quidem ego, quoniam brevior est et is liber in paucorum hic manibus, integram etiam describere non gravabor. Sic ergo sonat servata quidem et eorum temporum orthographia quae hodie apud Gallos paulo alia obtinet: "Au pays du Daulphiné y avoit un gentilhomme nommé le Seigneur du Riant, qui estoit de la maison du Roy Francoys premier de ce nom, autant beau et honneste qu'il estoit possible. Il fut longuement serviteur d'une dame vefue, laquelle il aimoit et reveroit tant, que de peur qu'il avoit de perdre sa bonnegrace ne l'osoit importuner de ce qu'il desiroit le plus. Et luy que se sentoit [pg. 332] beau et digne d'estre aymé croyoit fermement ce qu'elle luy jarvit souvent, c'est qu'elle l'aimoit plus que touts les gentilhommes du monde et que, si elle estoit contraincte de faire quelque chose pour un gentilhomme, ce seroit pour luy seulement, comme le plus parfaict qu'elle avoit jamais congneu, et luy prioit de se contenter seulement, sans oultré passer, de ceste honneste amitié, l'asseurant que si elle cognoissoit qu'il pretendist d'avantage, sans se contenter de la raison, que du tout il la perderoite le pauvre gentilhomme non seulement se contentoit de cela, mais se tenoit tresheureux d'avoir gaigné le coeur de celle qu'il pensoit tant honneste. Il seroit long de vous racompter le discours de son amitié et longue frequentation qu'il eut avec elle, et les voyages qu'il faisoit pour la venir veoir. Mais pour conclusion ce pauvre martir d'un seu si plaisant que plus on en brusle, plus on veult brusler, cherchoit tousjours le moyen d'augmenter son martire. Et un jour luy print fantasie d'aller veoir en poste celle qu'il aimoit plus que luy mesme, et qu'il estimoit par dessus toutes les femmes du monde. Luy arrivé alla en la maison et demanda ou elle estoit. On luy dist qu'elle ne faisoit que venir de vespres, et estoit entrée en sa garenne pour achever son service. Il descendit du cheval et s'en va tout droict à la garenne ou elle estoit et trouva ses femmes, qui luy dirent qu'elle s'en alloit toute seule promener en une grande allée, estant en la dicte garenne. Il commença plus que jamais à esperer quelque bonne fortune pour luy. Et le plus doucement qu'il peult sans faire bruit la chercha le mieux qu'il luy fut possible, desirant sur toutes choses de la pouvoir trouver seule. Mais quand il fut aupres d'un pavillon d'arbres ployez, qui estoit un lieu tant beau et plaisant qu'il n'estoit possible de plus, entra soudainement dedans comme celuy à qui tardoit de veoir ce qu'il aimoit. Mais il trouva à son entrée sa damoiselle [pg. 333] couchée sur l'herbe entre les bras d'un pallefrenier de sa maison aussi laid, ord et infame que le gentilhomme estoit beau, honneste et amiable. Je n'entreprens pas de vous depeindre le despit qu'il eut mais il fut si grand qu'il eut puissance d'estaindre en un moment le feu si embrasé de long temps. Et aultant remply de despit qu'il avoit esié d'amour luy dist: Ma dame prou vous face: aujourdhuy par vostre meschanceté cogneue, suis guery et delivré de ma continuelle douleur, d'ont l'honnesteté, que j'estimois en vous estoit occasion. Et sans aultre à Dieu s'en retourna plus viste qu'il n'estoit venu. La pauvre femme ne luy feit aultre response si non de mettre la main devant son visage: carpuis qu'elle ne pouvoit couvrir sa honte, elle couvroit ses yeulx pour ne veoir celuy qui la voyoit trop clairement, non obstant sa longue dissimulation." Eccam concinnam et ipsa brevitate amabilem narrationem qua Semproni nostri dictis veritas velut coram exhibito exemplo manifestetur. Plura talia *Milesiae* nostrae.

abusae sint. Παθητικῶς cape. Vide *Adversaria*. Pasiphaen cum tauro ubique legas, de Minerva atque cane nunc non subit auctor nec vacat inquirere.

cum simio. Quantacumque nobilitate commendatus erat Callisto, hunc tamen familiae eius naevum Sempronius notat. Et videtur huc respexisse auctor dictumque illud firmare voluisse quod vulgo iactatur nullam uspiam familiam sine naevo esse. Sic Sempronium Parmeno notat, Parmenonem in hoc ludo Celestina, quae ab eo vicissim quoque notatur. Simios libidinissimum animans esse nemo nescit. Cultrum autem puto indicari quo egregium illum rivalem suum avus Callistonis interemerit. "Lo de tu abuela con el ximio, hablilla fue? Testigo es el cuchillo de tu abuelo." [pg. 334] Potest et hic "cuchillo" ninnarium sonare, hoc est, virum cuius uxor adultera est, ut in *Glossario* Isidori talis appellatur, quamquam non bene ita scribatur, cum "cuclillo"[148] vera sit scriptura.

---

[148] Reads "euclillo."

falsimonias. Hae laudes mulierum, si minus πρὸς λέξιν ex Hispanico redditae putabuntur, ignoscet linguae proprietati lector, multa enim illi insunt quae verba verbis singulis Latine nulla ope reddi possunt quod, si usui eorumdem inhaereas, verba paria ponas, significatio autem prorsus alia erit. Vituperia mulierum, si legere voles, evolvas Augustinum, sive quis alius est auctor, libro *De Singularitate Clericorum*, Chrysostomum *Homilia de Herodiade sive in Decollationem B. Ioannis Baptistae,* Anastasium Nicaenum quaestione LXIII. Quorum scitis concors est pagana antiquitas: sic mulierem "inevitabile malum" esse dixit Anaxandrides comicus, "insani esse eam sibi adiungere" itidem comicus Alexis, "perpetuum malum" Philemon, "impurarum cogitationum genitricem" Naumachius, "tempestatem" Menander et Plautus, "negotiorum molem" Philippides etiam comicus, "nullam cum ea laetum diem vivi praeter duos illos quibus ducitur et sepelitur" Hipponax, idem scivit "nullum muliere maius malum in rerum natura esse," "ludibrium inexpertium" appellavit Euripides, qui virtutibus earum singularis praeco fuit, "felices qui ea carere possunt" idem *Alcestide*, "ignem igni addi, ea sibi adscita" Aristophanes, "muliebrum universam naturam nihili esse" Sophocles, "egregie sine ea vivi" Philetas, "melius esse eam sepelire quam ducere" Chaeremon, "senectutem eam esse et vincula" Hippotheus et Theodectes, "Infortuniorum omnium extremum" Antiphanes, "onus conservari impotens" Plato, "uno concubitu omnem amicitiam vendere" Lysias orator, "eius inimicitia [pg. 335] incursa vitam ipsam iam vitalem non esse" Lycurgus orator, "si quaeratur dives, dominam luxuriosam quaeri" Nicostratus, "peiorem esse mulierem marinis fluctibus, impetu ignis, paupertate, malum quod neque exprimi verbis neque litteris describi possit, summum omnium malorum quod creavit Deus" Euripides, "quod numquam satis et ex merito odisse possis" idem *Hippolyto*, "neque terram neque mare aliud tale portentum alere tamque immanem belluam nutrire" idem in *Medea*, "stultum hominem eum esse qui cesset umquam illi maledicere, artificem omnium malorum" idem ibidem. "Eius unica oblectatio est mala dicta et facta semper in promptu habere" idem *Andromacha*, "pestem esse mulierem cuius ultra omnia alia venena nullum sit medicamen, peiorem igne et vipera, adulterinos homines, non legitimos, esse mulieres" idem auctor est in *Medea* et *Hippolyto*, "imperitissimas bonarum rerum, malarum sollertissimas" idem eadem *Medea*, "muliebrem esse insanias loqui voluptatem" idem *Phoenissis*, "difficillimum esse ex sermonibus feminae quippiam dignum fide accipere, tum maxime eas metuendas cum benigne loquantur" Menander scivit, "infidum esse ingenium muliebre" Homerus, "mutabile et varium" Virgilius, "fures omnes esse et impostoribus peiores" Hesiodus, "omnium animam tenentium impudentissimas" Alexis, "canibus irritabiliores et irritatas iisdem peiores" Menander, "natura effraenem et intolerabilem sexum eum esse" idem, "pro maximo damno et poena viris cohabitare" Hesiodus *Theogonia* auctor est, "mulieri se nihil uspiam credere praeterquam hoc unum quod mortua non reviviscat" profitetur Antiphon, "mulierem omne facinus prompto animo audere, nihil ea prius umquam vel fuisse vel esse" scribit Sophocles, "caecos id bonum in vita habere quod mulierem nullam videant" Antiphani comico visum est, "ubi mulier est ibi omne malum inveniri" [pg. 336] Menander scripsit, "mulierem nullam quippiam verum dicere posse, hanc non adiutricem iam homini, ut condita fuit esse, sed fossam inimicam, insidiatricem, interfectricem, exterminatricem, bonorum et malorum omnium conciliatricem" Anastasius Sinaita tradit libro IX *Commentariorum in Hexaemeron*, "mulieris vel solus aspectus telum est veneno mortifero illitum quod animum hominis putrefacit, sunt virus feminae viris praesentarium, pedicis animas eorum irretiunt, capiunt et abducunt, ut bos stolidus ducitur ad sacrificandum et corruptela inevitabilis post primam cum iis consuetudinem" ut testatur Antiochus Abbas Sabae in *Pandecte* homilia XVII. Haec pars est earum laudum quas profani sacrique scriptores sequiori sexui scribunt et hic Parmeno non inscite subnotat.

strophiis. "So aquellas gorgueras [...] authorizantes ropas" "magnificis tunicis" reddidi, quomodo tamen non exprimitur illud. Nam addi auctoritati aliquid a tumore vestimentorum vulgo apud Hispanos audire memini et in eorum descriptione, iniuriosa licet et indigna, memoratur Gallis: "Il est bien net, sa frese elle est en ordre,/ Que son collet ne soit pas en desordre,/ Car cela sert fort à la gravitè."

Quos [etiam] enixe desiderant. Hanc sententiam his verbis dedimus: "A los que meten por los agujeros denuestan en la calle." Potest ut subsit error quispiam typographicus.

extra decentium domina. Bona extra hominem ornantia fortunae imperio tradebant Stoici scilicet ut ludibrio omnia illius eiusdem subdita esse nemo ignorare posset. Lege Epicteti *Enchiridion* et commentarium Simplicii, Boethium *Consolatione*, Arrianum [pg. 337] *Dissertationibus*, Antoninum Imperatorem, alios.

ineffabiles gratias. Talia multa in amasiis suis commendant scriptores praecipue in dulcissimis, utinam honestioribus, epistolis suis Philostratus, Alciphron, Aristaenetus, Theophylactus Simocata, alii. Hoc mirifice etiam ob oculos ponit Lucretius, qui mulierem formosam toto corpore amorem exspirare scribit: "mulier toto spirans corpore amorem." Id quod credere possis non autem verbis explanare et ineffabiles gratias in Melibaea sua vocat Callisto sic innumeras charites in amasiis suis alii amatorii scriptores agnoscunt. Musaeus de Hero: "Καὶ ῥόδα λευκοχίτωνος ὑπὸ σφυρὰ λάμπετο κούρης./ Πολλαὶ δ' ἐκ μελέων χάριτες ῥέον.../ ...εἷς δέ τις Ἡροῦς/ Ὀφθαλμὸς γελόων ἑκατὸν Χαρίτεσσι τεθήλει." Lucianus Imaginibus: "Τὸ δὲ πᾶσιν ἐπανθεῖ τούτοις, ἡ χάρις, μᾶλλον δὲ πᾶσαι ἅμα ὁπόσαι Χάριτες καὶ ὁπόσοι Ἔρωτες περιχορεύοντες." Philodemus *De Chariclo Sene* quidem, tamen etiamnum formosa: "Καὶ χρὼς ἀρρυτίδωτος ἔτ' ἀμβροσίην, ἔτι πειθὼ/ Πάσας ἐπιστάζει μυριάδας χαρίτων." Aristaenetus lib. I *Epistolarum* X: "Καὶ τοῖς ὄμμασι Χάριτες οὐ τρεῖς καθ' Ἡσίοδον, ἀλλὰ δεκάδων περιχορεύει δεκάς." Nonnus initio lib. XXXIV *Dionysiacorum*. Sic charites ipsas Charisin amicae suae superatas autumat Meleager lib. VII *Epigramata*.: "Φαμί ποτ' ἐν μύθοις τὰν εὔλαλον Ἡλιοδώραν/ Νικάσειν αὐτὰς τὰς Χάριτας χάρισιν." Sunt autem gratiae tertia pars absolutae formae muliebris, quae in iis figura et specie consistit. Oportet tamen ut gratiae hae ipsae nudae sint, hoc est, sine [pg. 338] fuco et fallaciis. Aristaenetus lib. II *Epistolarum* XXI: "Καὶ νὴ τὸν Ἔρωτα τὸν εὐτυχῶς εἰς τὴν ἐμὴν τετοξευκότα ψυχήν, πάσας ἐν πᾶσιν ἐνίκηκας, ὡς ἔπος, τῷ σχήματι, τῷ κάλλει, καὶ ταῖς χάρισιν· αἱ κὰρ χάριτές σου παντελῶς ἄδολοι καὶ ἀληθῶς κατὰ τὴν παροιμίαν γυμναί." Non accedam eo loco elegantissimo Mercerio, qui σχῆμα ornatum vertit. Nam figuram sive, ut vulgo nunc βαρβαρίξομεν, proportionem potius indicat, quae quidem ad absolvendam pulchritudinem summopere necessaria est.

Sic Deus tibi [propitius sit]. Haec et talia tacite obmurmurat secum Sempronius, qua fictione ostendit auctor noster quam hoc genus maligno in dominos animo sit. Vere etiam censuit Petrus Aretinus in *Dialogo,* a nobis ex Castellano itidem translato, famulos tales dominis suis pro quamlibet atrocissimis hostibus esse. Descriptiones autem formosarum puellarum qui cum ista Melibaea contendere volet evolet Beroen, Nicaeam et alias a Nonno descriptas, Bathyllam ab Anacreonte *Odario* XXVIII, amicas suas ab aliis scriptoribus vel et heroum suorum, Charicliam ab Heliodoro, Leicippen ab Achille Tatio, Laidem ab Aristaeneto lib. I *Epistolarum* I, Ismenen ab Eustathio. Lege et Lucianum *Imaginibus*, Alciphronem, Philostratum, Theophylactum *Epistolis*, Musaeum et nos in *Leandride*, Gregorium Nyssenum *De Virginitate*, Apollonium Rhodium *Argonauticorum* lib. III, Tryphiodorum, et Coluthum *Raptu Helenae* et *Ilii Incensione*, Ovidium de Galatea et aliis, Statium de Deidamia in *Achilleide*, Epigrammatarios Graecos lib. VII *Anthologiae*, Longum *Poemenicis* de Chloe, Q. Calabrum de Penthesilea, Appuleium de Fotide, Petronium de Circe, [pg. 339] Theocritum et Homerum de Helena et aliis, Valerium Flaccum de Medea, Isocratem *Encomio Helenae*, Aelianum *Epistolis* et neminem fere non alium. Unde et quae hic sequuntur tam scitis quam exemplis illustrari poterunt.

Thaletem superas. Plautinum scomma intrusi.

Oculi virentes. Caesios aut nigros ego dixissem.

ut materia [appetit] formam, sic mulier appetit virum. Ineptissime mihi hoc dictum videtur. Eadem materia enim forma utriusque eadem et quomodo aliud hanc, aliud illum voces. Sexu quidem, non forma, non materia, mulier a viro distincta est. Nec forma formatae in sexu est nec materia alterius quam suae propriae formae, hoc est, humanae, appetens. Alia ergo sit in viro oporteat materia et forma. Sed similitudo haec solum est, quales omnes claudicare vetus est sophistarum scitum, qui, quamvis pleraque pro firmis concludere videri velint, maiorem tamen enuntiatorum suorum partem aut ambiguam aut falsam protulerunt, quaeque nullo negotio de ipsorum schola petitis argumentis confutari possit si quis nugas nugis confodere laboret.

ad satiem eam potitus fueris. Dicere hoc potest vox "alcançar," potest et illud ut instar inimicae superandam dicat Melibaeam hero suo hactenus prudens et fidelis servus.

barbuda [barbatam]. Summi convicii et contemptus nomine hoc dicit. Cum enim virum nil magis deceat, feminam nihil dedecere amplius potest quam os pilis obductum. Sic saepius infra.

de mulieribus virgines. Artificium hoc inter Celestinae vel quaestuosissima saepius hoc libro memorat. Sic actu [pg. 340] septimo memoratur unam eamdemque mulierem septies virginem ex deflorata videri fecisse.

duce novo sidere. De stella hac constat ex Sacris Litteris, notari obiter potest et philosophis eam historiam ignotam non fuisse. Chalcidius, quicumque homo fuerit, philosophum Platonicum, cum ista scriberet, professus, *Commentario in Timaeum*: "Est quoque alia sanctior et venerabilior historia quae perhibet ortu stellae cuiusdam, non morbos mortesque denuntiatas sed descensum Dei venerabilis ad humanae conservationis rerumque mortalium gratiam. Quam stellam cum nocturno itinere suspexissent Chaldeorum profecto sapientes viri et consideratione rerum caelestium satis exercitati, quaesisse dicuntur recentem ortum Dei repertaque illa maiestate puerili, veneratos esse et vota Deo tanto convenientia nuncupasse quae tibi multo melius sunt comperta quam caeteris." Scribit Chalcidius ut philosophus Christianismi non rudis, non tamen ut mere Christanus scribit autem, ut haec verba docent, ad virum Christianismi doctissimum et caeteris conspectiorem, Hosium nomine, ut ex *Epistola Commentario* praefixa videre licet. Non alium ergo illum ego Hosium puto quam qui Hilarii et concilii sive conventus Ariminensis tempore Catholicorum vel praecipuus episcopus fuit, quem ad extremum vitae suae ad Arrianismum, tum omnia pervagantem, declinasse memorat Phoebadius fine epistolae quae eius unica ad nos pervenit nonaginta tum annos natum, quem omni reverentia dignissimum propter aetatem, longi temporis probatam fidem et labores pro Ecclesia Dei exantlatos laudat synodus Sardicensis in *Epistola ad Ecclesias Universas*. Hinc ergo aetas [pg. 341] Chalcidii istius clarior erit apud doctos viros hactenus obscura.

te rogo. Vide impiam amantis stoliditatem. Improba a probis petere immanem stultitiam esse Plauto scitum, quid a Deo, omnis boni auctore et praeceptore?

Evangelia, evangelia. "Albricias, albricias." Evangelium est praemium quod boni nuntii gratia cuiquam confertur. Homerus *Odyssea*: "...ἐγὼ εὐαγγέλιον τὸ δὲ τίσω." Eustathius: "Εὐαγγέλιόν ἐστι δῶρον ὑπὲρ ἀγαθῆς ἀγγελίας." Cicero *Ad Atticum* lib. II epistola III: "Primum, ut opinor, evangelia, Valerius absolutus est Hortensio defendente."

subter acervum istum. Peculiaris locus erat in aedibus scopis et purgamentis destinatus quem "scoparium" possis nominare. Nos acervum scoparum vertimus quoniam camara Latinum nomen non habet.

Nondum tecum loqui possum. Vide aniles blanditias, gaudio se animi externatam fingit quoniam raro admodum Sempronius eo invisebat, ut Elicia actu IX obiicit anno vix semel eam visum venire. Singulari ubique ingenio anus astutae mores et verba repraesentantur.

Ad nihil non utilem faciemus. Poterunt haec aliter etiam reddi sed vix melius si et obscenitatem cavere velis. Verba sunt: "CEL. Pocas mataduras has visto en la barriga. SEMP. Mataduras no, mas pertreas, si." Ego vero in scripto libidinum damnositatem docente libidinose mihi minime permiserim utcumque talia personarum suadeat convenientia. Quo in genere tamen admodum pauci veterum et recentium auctorum caute egerunt ne destruerent recensione, quae vituperabant intentione. Exemplo sit apud Latinos Iuvenalis, [pg. 342] acer et insignis vitiorum dissuasor, verum adeo obscenus ut docere videatur quae incessit neque quisquam possit facile turpius loqui. Apud Graecos vero Aristophanes, qui cum eo praesumptionis venisset ut etiam arcana Graeciae philosophorum, tam humana quam divina sannis incesseret et differret, tam impure tamen et scurriliter se egit, ut nesciam quid nostri intersit eum scriptorem tot fabulas, ex tot praeclaris comicis solum ad nos pertulisse, cum innumeri alii, praecipue omnium philosophorum et poetarum prudentissimus et γνωμικώτατος, Menander penitus interierint. Recentium autem linguarum sive idiomatum scriptores, Galli praecipue et Itali, tam atrociter hoc genere peccarunt ut multa ingeniosissima scripta castae mentes obscenitatum gratia abhorreant. Graviores Hispani nec tamen prorsus hac in parte moribus saeculi vituperandis castissimas fabulas attulerunt, ut haec etiam nostra docet.

Ha furcifer. Vide scurrilitatem meretriciam. Etiam amatori suo non potest quin convicia scelerum obiiciat. Et hanc huius personae indolem ubique observatam videbis, ut praecipue actu nono in convivio. Cautior autem et melioris iudicii inducitur Areusa, quae etiam, ubi cum omnium scelerum capite Celestina loquitur, modestam et simplicem velut contra sese mores communium meretricum facit. Quam simplicitatem veram non esse postea, ubi consiliatur Eliciae et cum Centurione Sosiaque libere ex re sua agit, conspiciendum datur.

parietes. Haec etiam exsensarum rerum allocutio anus curiositatem, loquacitatem, simplicitatis affectationem [pg. 343] mirifice exprimit summa ingenii felicitate.

numquam aliquid boni mihi obvenire. Suis anum blanditiis aggreditur, quas illa sentit atque regerit, mira tamen sermonis devotione.

in medias res. Laudat in Homero hoc Horatius. Sententia sic sonat Hispanis: "Vanamente se dize por muchas palabras lo que por pocas se pueda entender." Superior autem de animo in multa divisio sic: "Quien en diversos lugares pone el pensamiento, en ninguno lo tiene juncto sino por caso determina lo cierto." Iuvat talia proprio suo idiomate proponere quia liber in paucorum manibus est.

agnoscere quem [occasionis favorem]. "Conocer el tiempo y usar el hombre de la oportunidad haze prospera la gente." [149]

huic matronae. "A essa dueña." "Dueña" videtur a Latino "donnula" sive "domnula" venire, est enim blandientis tam in Hispanismo quam apud Latinos. Noster verbis Melibaeae ad Callistonem actu XIV: "Señor, por Dios, pues ya todo queda para [150] ti, pues que ya soy tu dueña, pues ya no puedes negar mi amor, no me niegues [151] tu vista." Salvanius epistola IV: "Advolvor vestris, o parentes carissimi, pedibus: illa ego vestra Palladia, vestra gracula, vestra donnula, quae vobis per varia nomina nunc fui mater, nunc avicula, nunc domina," etc. Et sic Graeci, ut δεσποτίδιον apud Aristaenetum lib. I *Epistolarum* XXIV: "Σὺ δ' οὖν, ὦ ἐμὸν δεσποτίδιον, εὐθὺς εὐθὺς" etc.

prostibulum vetus. "Puta vieja." Quae duo verba anima velut sunt sequentis paginae. Uti enim scelesta Celestinae facinora omnibus

---

[149] "Haze los hombres prosperos" in the Plantin edition. Barth is probably quoting from memory.
[150] "por" in the Plantin edition.
[151] Reads "nigues."

nota esse indicet Parmeno, hunc sonum ubique auribus eius insonare autumat, quod Latinis verbis minime exprimi poterit.

[pg. 344]

Semper hoc [usu]. "Siempre lo vi, que por huyr hombre de un peligro cae en otro mayor." Hoc dicit autem Callisto metuens Celestinam offendi Parmenonis convicio, qui metus causam dat isti omnia eius scelera enarrandi.

dexterrimus est armis et equo. "Diestro cavallero es Calisto." Vocem "cavallero" Italis, Gallis, Hispanis et Germanis usitatam Latinitas non assequitur. "Equitem" paucis omnino locis interpretatus sum cum aliud sonet nimirum virtutem simul et nobilitatem. Porro in his Parmenonis aliqua omissa sunt egestate Latini sermonis. Sane quoniam stantis reipublicae Romanae et vigentis linguae nemo nomenclator ad nos venit, multa vulgo praecipue opificibus et in eorum tabernis usitata quomodo appellarint ignoramus.

[lurco] ovorum assorum. [152] More plebis Hispanae.

locis. Loci muliebres membra genitalia, ut apud medicos Celsum, Marcellum, Caelium, Scribonium, Priscianum, Gariopontum, Columellam lib. VIII cap. VII, etc.

studentium. Ita appellabantur etiam antiquitus qui litteris operabantur. *Glossae* Isidori: "Pappas: paedagogus, qui sequitur studentes."

excalcei. Paulinus *Ad Cyterium*: "Caligis tamen iste vilibus donatus est / Ne nautico erraret pede / Qui maluisset confoveri excalceus / Quam calciari frigidus." Corrige eum Paulini locum et rescribe "tamen iste caligis" ob versus modum illi numquam contemptum nisi ubi corruptus est a librariis.

[pg. 345]

---

[152] "assatorum" in the main text.

naturae consultam. "Fisica de niños" ("Physicam infantium"). Physica sunt medicamenta certa et naturae velut consilio composita apud Vegetium, Plinium Valerianum et alios. Vide quae in *Adversariis* docuimus.

nonnarum. "Nonnas" vulgo dicimus quas alii "monachas" aut "vestales," idque usu Latinorum Patrum. Hieronymus *Epistola ad Eustachium*: "Maritorum expertae dominatum viduitatis praeferunt libertatem, castae vocantur et nonnae." Vide amici nostri integerrimi clarissimi et eruditissimi viri Ioannis Meursii *Glossarium Graecobarbarum*.

adulterabat. Adulteria succorum sunt confusae permistiones et venditae species pro veris confusae. Manilius: "Ut sit adulterio succorum gratia maior." Porro hoc loci a Parmenone recensita artificia et imposturas Celestinae non potui Latino sermone assequi nec sane opus talibus plurium notitiae commendatis. Satis alioquin etiam his oris fradulentae sunt tales veneficae, satis malorum medicaminum et artium norunt.

funem strangulati hominis. De cruciariis multa medicinae adhibuisse etiam veteres notamus in *Adversariis*. Talibus plena est *Sylloge Medicamentorum* Marcelli, quem Empiricum vocant. Nemo vero cordatus utatur.

Vultus exteriora. Solent mortalium indoles et animorum inclinationes aut affectus ex vultibus conspici coniecturis etiam ab eruditissimis hominibus magni aestimatis. Achilles Tatius lib. VI *De Amoribus Clitophontis et Leucippae* ea ratione animum ipsum hominis [pg. 346] conspicabilem esse neque prorsus oculis invisibilem arbitrari ausus est cum ait: "'Ο γὰρ νοῦς οὔ μοι δοκεῖ λελέχθαι καλῶς ἀόρατος εἶναι τὸ παράμαν· φαίνεται γὰρ ἀκριβῶς ὡς ἐν κατόπτρῳ τῷ προσώπῳ." Iuvenalis satira nona: "Deprendas animi tormenta latentis in aegro/ Corpore, deprendas et gaudia, sumit utrumque/ Inde habitum facies" Nazarius *Panegyrico*: "in serenis frontibus animorum indicia perleguntur." Boethius libro I *De Consolatione Philosophiae*: "Confessus rubore verecundiam." Hilarius *De Macabaeis*:"vultuque fatentur/ Se timuisse nihil" Statius equo maximo Domitiani: "Discitur ex vultu quantum tu mitior armis." Minutius Felix *Octavio*: "Segregatus dolere nescio quid vultu fatebatur." Chalcidius *Commentario in Platonis Timaeum*: "Denique ex oculorum habitu mens atque animus indicatur, irascentium, moerentium, laetantium," etc. Liutprandus lib. IV *Historiarum* cap. XV: "His auditis, quia facies speculum est mentis, cordis verecundiam vultus rubore nudavit concitusque regis ad pedes corruens se peccasse, se graviter deliquisse confessus est." Hinc regum aut principum ministeriis et expeditionibus tales homines sunt adhibendi, quorum mentis et animorum gravitas ipsis vultibus oculisque eluceat. Cassiodorus lib. VIII *Epistolarum* XIV: "Assuit mandatis regalibus eloquens et ornatus ornator, permulcens etiam inspectus quos gratissimos reddebat auditus. Tales esse enim decet aulicos viros ut naturae bona indicio frontis aperiant et possint agnosci de moribus cum videntur. Tacens enim plerumque despicabilis est, si eum tantum lingua nobilitat, semper autem in honore manet, si cuius [pg. 347] est tranquillus animus, eum quoque serenissimus commendet aspectus."

Resumptio. Resumptiones in libris medicorum restaurationes sunt a corporibus aegris adscitae. Resumptiva medicamenta quae restaurant corpora. Praecipue Caelius Aurelianus frequens horum usu.

manus. Osculatio manuum, quam in indicium civiliores submissionis Galli, Itali, Hispani praecipue semper in ore habent, Romanorum moribus descendit, quorum humiliores aut infeliciores caeteris hoc modo honorem habitum ibant, nec apud hos solum sed ipsos Graecos quoque. Exempla utriusque gentis vide apud Phaedrum, Augusti Libertum, fabula LXXXII, Silium Italicum lib. XII, Claudianum lib. II *In Eutropium*, Lucianum Περὶ Ὀρχήσεως et *In Necyomantia*, Suetonium *Domitiano* cap. XII, Apollonium *Argonauticis* I, Appuleium *Apologia*, Trebellium Pollionem *Gallienis*, Senecam epistola XLVII, quosque alios laudavit Iustus Lipsius *Electis*. Graeciae posterioris sub imperatoribus Constantinopolitanis mores adeo in barbaram humilitatem abierunt ut etiam pedum osculis caesares dignarentur, unde pontificum Romanorum descendere videtur. Codinus Curoplates in *Officiis Aulae Byzantinae*: "'Ιστέον δὲ ὅτι οὐχ ὅτε μόνον προβάλλεται δεσπότης, ὁ βασιλεὺς ἵσταται· ἀλλὰ καὶ ὁπηνίκα τῶν ὀφφικίων ποιήσει τι, κἂν ἐλάχιστον ᾖ, ἱστάμενος τοῦτο ποιεῖ. ὁ δέ γε δεσπότης τὸν τοῦ βασιλέως κύψας ἀσπάζεται πόδα." Alia alibi notabamus. Hispanismo autem amatores etiam plantam pedis exosculari se aiunt, ut hic [pg. 348] adorare

Celestinae gradum amore Melibaeae vecors. Ut in libello *Rodomuntadarum*: "Beso la planta del pie de vuessa merced, patrona deste coraçon, Princessa deste pecho."

plantarum nonnullae huc eodem inclinant. Alia genera plantarum et arborum aliis affici sexumque velut interea esse tradunt physici scriptores. Pulchre Claudianus noster in descriptione venereae aulae: "Vivunt in Venerem frondes omnisque vicissim./ Felix arbor amat, nutant ad mutua palmae/ Foedera, populeo suspirat populus ictu/ Et platani platanis alnoque assibilat alnus." Sic Bacchum seu racemos vitium ulmis nubere elegantissime dixit Manilius: "Et te, Bacche, tuas nubentem ducit ad ulmos." De palmis pulchre Achilles Tatius lib. I tam ex philosophorum libris quam hortalanorum et agricolarum experientia. Vide etiam Michaelem Glycam tomo I. Mirificae autem artes anus huius ut Parmenonem a fidelitate in herum sua abstrahat, quod nullis tamen machinis potest efficere praeter solam amorem Areusae, cuius concubitum tanti adolescens imperitus facit ut sese et herum suum omnibus propter eum fortunis exuat. Observanda autem vetulae oratio modo voluptate, modo seriis rebus Parmenonem ad se a domino ducere studens. Licet exsucca senio et faciem vulnere foedata, non tamen absistit et ipsa venereas delicias illi occinere.

Sed si ego te mihi [aliquando applicavero]. Adscribam verba ipsa Hispanica ut, si quis poterit, reddat facilius nonnihil obscurius a nobis transcripta: "CEL. Mas ravia mala me mate si te llego a mi, aunque vieja, la boz tienes ronca, las barbas te apuntan, mal sossegadilla deves tener la punta de la barriga. PARM. Como cola de alacran. CEL. Y aun peor porque la otra muerde [pg. 349] sin hinchar y la tuya hincha por nueve meses" ("CEL. Verum mala peream rabie, si te mihi adiunxero, quamquam vetula ego, tu voce rauca et asper barba simus, male quietus tibi futurus erit mucro ventris. PARM. Ut cauda scorpii. CEL. Etiam peior, illa enim mordet sine inflatione, tua novem mensium tumorem efficit").

mala haec aegritudo est. Celestina: "Rieste, landrezilla, hijo" ("Rides tu, parva pestis fili") et sermo suaviter indignantis, immo aniliter. Pestilentiae etiam imminuit vocem ut neque irata neque satis contenta animi videatur. Ineptus autem talium servulus pro magno facinore et laudabili impraegnationem habet mulierculae alicuius.

Sic post concubitum Areusae infra Sempronio iactat actu VIII: "A ponerla en duda, si queda pereñada o no." Hic autem potius intelligitur mens Celestinae quam ut exprimi valeat aut ambagibus verborum doceri. Videre quis videatur sermocinantem haec anum gestibus abblandientem Parmenoni, cuius risus maxime illi placet. Respondet autem servulus non verbis sed menti quam videt detrimentum suum per blandidica dicta quaerere. Ut autem neque istum integra mente et ratione optima videas consulere, odium mox Sempronii consiliis suis intervenire et fidem ideo hero servare docet, ut isti obsit, isti male faciat, quem videt et audit vetulae consentientem. Sic neque hic malitiae maternae et servilis uspiam obliviscitur, etsi dissimulare venit. Et inde anus eorum amicitiam quaerit et conciliat hunc odio illius saepe videns.

Prostituaris tute. "Putos dias vivas, vellaquillo." In quibus verbis anilis est iracundia et blanditia minime Latinis verbis exprimi valens. [pg. 350]

alio venerim. Emunctura pretio Callistonem scilicet. Quem omnium eius actionum finem esse non ignorabat Parmeno ut qui superiorem de eius rebus sermonem hoc axiomate velut clauserit: "Quien te podria dezir lo que essa[153] vieja hazia? Y todo era burla y mentira." Et, ut domesticum et interiorem omnium scelerum Celestinae testem induceret, auctor, Parmenonem apud eam puerum servitutem serviisse finxit quo indicatur etiam tempus longum malarum earum artium, quod celeberrimam fecerit Celestinam. Cuius summa astutia est in fingendis quae sequuntur.

vita functis fidem datam [servare]. Testamentorum et fideicommissorum in rebus humanis summa est auctoritas merito atque reverentia. Quid enim aequius quam quibus constipandis omnem vitam homo insumpsit, eas res tradere posse cui ipse velit et per quem ipse velit sive eae sint opum sive instructionum? Cum enim homo hominem generet et generato inenarrabili cura prospiciat adeo ut sese ipsum potius quam ex se genitum deserat et bona sua tradere genito citra caeterorum impedimentum merito possit. Et solo hoc ultimarum voluntatum privilegio ex humana vita dempto, quis non videat omnem eius ordinem corruere, cum bonis domino et posses-

---

[153] "esta" in the Plantin edition.

sore spoliatis in incertum et occupantem decidentibus, nulla lex rapinas et latrocinia coercere quiverit adeoque hinc confusio omnium possessionum prognascatur? Infinita scripserunt huc facientia multi,[154] quorum commentaria ex aliis alia nullibi non nota sunt.

vix tertius iam dies. Astutissima vetula, ut fidem homini faciat curam sese eius semper aliquam habuisse, [pg. 351] persuadere vult ex aliis etiam rescitam sibi praesentiam eius cum tamen pro ignoto eum modo allocuta sit. Alterum igitur horum simulatur sed tantis involucris ut vix nisi sagacissimus servus senserit. Iste sane nil tale dicit.

neque nummos. Aliter sonant Hispanica, nam: "que ni has avido provecho ni ganado deudo ni amistad." Estque velut proverbium neque cognationem neque veram amicitiam peregrinantes ullibi invenire, quod sane si quopiam fuit, nostro tempore verum perhibere licet.

Senecae. Loca Senecae non pauca memini vituperantia peregrinationem propter animi motus institutam et laudantia Socraticum illud: "Quid iuvat te mutare loca cum te ubivis circumferas?" Hoc tamen dictum non occurrit, puto sententiolam aliquam esse Publii aut alterius poetae quales olim plurimae Senecae titulo commendatae fuerunt.

nullibi est. Martialis illud notum: "Quisquis ubique habitat maxime nusquam habitat." Ad quod plura docti.

subicere. Virgilianum. Sententia comici est veteris apud Stobaeum: "Transposita saepe planta non facit fructum."

maior[um] tuorum. Maiores nostri non tantum ii sunt qui aetate nos antecedunt verum etiam qui auctoritate atque consilio. Sidonius lib. I *Epistolarum* I: "praecipis, domine maior, summa suadendi auctoritate, sicut es in iis quae deliberabuntur consiliosissimus." Sic Marcellus Medicus *Epistola ad Filios*: "Nonnulli proximo tempore illustres viri, cives ac maiores nostri, Siburius, Eutropius atque Ausonius." Pariter Seneca *Naturalibus Quaestionibus*, quorum non

---

[154] "multi": the text is corrupt here. Reads "ICti" [*sic*].

meminerat [155] Savaronii amplissima doctrina ad eum Sidonii locum commentarium componens.

[pg. 352]

Probatica Piscina. Iohannis quinto.

suorum hominum. Homo alicuius est qui eius servitio velut addictus atque quodammodo mancipatus est. Vide *Commentaria Adversariorum* nostrorum.

addere potentibus. Terentius principio *Phormionis*.

illusorem esse. Una vox Hispanismo "rompenecios." Rumpere Latinis "male habere," "male afficere." Saepius Martiali.

domi ipsius amicos tibi para. Hoc est de sceleribus servitiorum maximum conspirare inter sese eos in domini pernitiem. Sic tales dominis suis hostes in festissimos esse monet Petrus Aretinus in *Pornodidascalo* nostro. Hoc unum deerat Celestinae, Parmenone a Sempronio dissentiente, itaque non tam studio huius aut illius quam evertendi Callistonis gratia, hunc quoque, dum Sempronio amicum, inimicum conciliat Callistoni.

Sive bene sive male. Rhythmica paroemia est: "A tuerto o a derecho, / Nuessa [156] casa hasta el techo." Praestat tales proponere ut sonant quam pares de Hellade aut Latio adsciscere quibus enarrandis aeque post opus fuerit.

egeni non sunt qui pauca possident. Pulchre Ausonius: "Felicem novi non qui quod vellet haberet/ Sed qui per fatum non data non cuperet. / Ex animo rem stare aequum puto, non animum ex re. / Cuncta cupit Croesus, Diogenes nihilum/ Cui nullus finis cupiendi, nullus habendi est, / Ille opibus modus est quem statuas animo." [pg. 354] [157] Et Horatius: "Non possidentem multa vocaveris / Rec-

---

[155] "quorum non meminerat" is unduly italicized.
[156] "nuestra" in the Plantin edition.
[157] The printer has skipped a page; it should read page 353 instead of 354, thus continuing thereon.

te beatum, rectius occupat/ Nomen beati qui deorum/ Muneribus sapienter uti/ Duramque callet pauperiem pati." Hilaris autem paupertas summam Christianarum opum, ut et philosophicarum, complectitur. Lege Appuleium *Apologia*, Stobaeum sermone XCI et XCIII, Rogerium, si is est, *De Contemptu Mundi*, cum aliis talibus, Lotharium *De Contemptu Saeculi*, etc., Ioannem Sinaitam *Historia Barlaami*, libro nobis commendatissimo. Notabilis sententia Chrysostomi *sermone* XIIX super eam ad Hebraeos: "Paupertas manu ductrix est in via ad caelum ferente, unctio athletica, exercitatio praeclara et admirabilis, partus tranquillus; nihil opulentius eo qui paupertatem sponte sequitur et diligit et cum alacritate suscipit." Leo Magnus *Sermone* IV *In Quadragesima* cap. II: "Semper dives est Christiana paupertas quia plus est quod habet quam quod non habeat; nec pavet in isto mundo indigentia laborare cui donatum est in omnium rerum Domino omnia possidere." Qui idem inopiam ad coronam patientiae provocare auctor est xermone IV *De Ieiunio Septimi Mensis* cap. VI. Eucherius sermone *in Feriam Quintam post Secundam Dominicam*: "Divitiae igitur ad miseriam, paupertas ad beatitudinem perducit; pauperibus caelum, divitibus infernus aperitur." Vide et Ioannem Climacum in *Scala Paradisi* gradu XVI, Cassianum, alios.

iniurias cum retorsione. Harum impatientem esse hominem inter homines honeste victurum convenit. Et eo ducunt Hispanica egregia duo carmina, quae [pg. 355] a patre nobili et generoso filio instructionis vicem in aulam aliquam profecturo commendata sunt, quae in manus meas venerunt non sine singularis prudentiae praefatione, quam sane egregie et habent et merentur. Adscribam autem integra ut eis velut insignibus gemmis notae hae ornentur.
Soneto: "Hijo, por donde quiera que os llevare / La fortuna mudable, sed bien quisto. / Lo primero amparad la fe de Christo / Que en vida y honrra vuesso amor declare, / Servid bien vuesso Rey y al que os honrrare / Resistid a los trabajos que resisto, / No digays mal de lo que no aveys visto / Perseguid quien vuesso honor culpare / Dad lugar al mayor, sufrid al loco, / Jamas a nadie deys mala respuesta, / Al sabio honrad, y dad siempre al que os pide. / Hablad a tiempos bien pensado y poco, / Y no mireys muger que no sea honesta, / Que es el mayor peligro de la vida." Hoc prius, alterum istud est, vice dialogismi quam iucundissime et exactissime elaboratum: "I. Dezidme un buen cavallero / Que cosas ha de tener / Para

parecerlo? Ser / Buen christiano lo primero. [pg. 356] II. Y de trato? Noble y claro. / Que hara? No hazer cosa fea. / Y en lo que es gastar? Que sea. / Entre prodigo y avaro. / III. Que hara si deve? Pagar. / Que no ha de ser? Inquieto. / Y que ha de guardar? Secreto. / Pocos lo saben guardar. / IV. Con las mugeres? Afable. / Ha de querer? A ninguna. / Mudable? Con la fortuna. / Y en lo que promete? Estable. / V. Sera amigo? De su amigo. / Que hara? Serville y honoralle. / Y al enemigo? Estimalle. / Y que de mas. Serle enemigo. / VI. Que no ha de dar? Ocasion. / Si se la dan? Arrojarse. / Y si le afrentan? Vengarse. / Y que ha de tener? Razon. [pg. 357] / VII. Y sobre todo que importa / Que trate siempre verdad. / Essa licion repassad / Pues es importante y corta."
Qui paucos hos rhythmos digne enarrare voluerit grandem optimorum monitorum commentarium coacervaverit. Id quod a nobis forte aliquando non praetermittetur.

O fili, bene dicunt. Vide Platonem libro decimo *De Legibus*, ex quo haec translata sententia videtur.

fortunam adesse audentibus. Celeberrima sententia. Cicero II *Tusculanorum*: "Fortes fortuna adiuvat, ut est in veteri proverbio, sed multo magis ratio." Ovidius II *Fastorum*: "audentes forsque Venusque iuvant." Vide Stobaei sermonem XLIX, nos *Ad Epistolas Claudiani*. Mihi tamen semper commendabilius fuit quod Theoctisto cuidam adscribitur dictum: "Nemo adhuc umquam audacia sed industria, generositate atque modestia virtutis opinionem acquisivit."

et ob id secura. Minus videlicet quod ἀπὸ κοινοῦ repetendum. Nihil attinet de fortunae magnae periculis congerere sententias maiorum cum eae ubique obviae sint.

Areusa[e]. Hoc fatale ho`mini evertendo nomen quam scite quamque astute pessima anus fini sermonis servavit. Quae enim omnium talium conciliatrix erat noverat huius amore Parmenonem perire. Puella autem isthaec quamlibet meretrix formosissima et gratiosissima inducenda est, uti infra etiam a Sosia commendatur.

[pg. 358]

Culpa est credere omnibus. "Estremo es creer a todos e yerro no creer a ninguno."

Aegroti cordis est [ferre]. Vel: "Tu imbecille pectus habes ad ferendum fortunam prosperam" ("O mezquino de enfermo corazon es sufrir el bien"). Possis aliter etiam capere.

debere nos conversari. Vulgo apud Hispanos iactatur: "Allegate a los buenos, seras uno dellos." Qualibus sententiis paroemias alludentibus ea lingua praeter caeteras locuples et felix est vel ideo etiam amanda promptius. Vix enim talis quaepiam non utilissima erit vitae sententia quam tales homines [158] iis negotiis experiundis sanxerunt, ut magnam partem summae prudentiae post res maximi ponderis gestas, his inclusam quilibet acutior possit perspicere. Vide Senecam epistola XCIV.

ninnarium. *Glossae* Isidori: "Ninnarius cuius uxor moechatur et tacet."

patres. Ex auctoritate praecipiendi. Florus lib. I cap. I: "Consilium reipublicae penes senes esset, qui ex auctoritate patres, ob aetatem, senatus vocabantur." Lactantius lib. II cap. VII: "Legit in senatum eos qui aetate anteibant et patres appellavit, quorum consilio gereret omnia."

praeceptoribus. Vide Senecae sextum *De Beneficiis*.

minime fame confecto. "O que persona, o que hartura." Non indignum et commendante et commodato quod de fame scripsi, quam fugisse talibus summum votorum.

Illi [159] **te maiori.** Obscuriora haec sunt: "Pero callemos que se acerca Calisto y tu nuevo amigo Sempronio, con quien tu conformidad para mas oportunidad dexo" ("Cum quo reconciliationem tuam opportuniori tempori relinquo"). [pg. 359] Vides odori lucri omnia posthabere sceleratam vetulam.

---

[158] Reads "hominis."
[159] Reads "Ille."

Et absque dubio. "Y sin duda la presta dadiva su efeto ha doblado porque la que tarda el prometimiento muestra negar y arrepentirse del don prometido."

nulla pestilentia magis efficax est. "O Dios, no ay pestilencia mas eficaz que al [160] enemigo de casa para empecer." Cuius dicti veritas quotidianis exemplis clarissima est.

ACTUS II

Postquam tantum argenti Callisto, centum scilicet aureos, antequam quicquam eius negotio consuleretur, Celestinae dedit, non solum ab ipsa ludibrio habetur sed servi etiam pro plane amente illum subsannant, quibus in concordiam redactis ita vetula omnia dirigit ut hi apud eam amicas suas habeant, ipsa autem sola omnia Callistoni profundenda ad se corradat.

nobilissimum locum obtinet. Vide *Timaeum* περὶ παντός Platonem et Chalcidium *Timaeo*, Macrobius *In Somnium Scipionis* lib. I cap. XIV, Ovid. *Met.* I, alios.

alienam lucem. Maiorum scilicet. Ovidius: "Et genus et proavos et quae non fecimus ipsi/ Vix ea nostra puto..." Seneca *Hercule Furente*: "nobiles non sunt mihi/ Avi nec altis inclutum tumulis genus./ Sed clara virtus,/ ...qui genus iactat suum/ Aliena iactat..."

Macias ille. Quis sit iste Macias ego omnino ignoro, [pg. 360] videtur eorum temporum quo hic liber scriptus est famosissimus amator quispiam fuisse, qui infinita ob desideriorum suorum infelicem successum mala passus sit animo non nimium repugnante. Id colligas ex actu ultimo, ubi ita eiusdem meminit Pleberius: "Que me diras de aquel Macias de nuesso tiempo, como acabo amando? de cuyo triste fin tu fuiste la caussa." Ubi vides et male tandem ob amorem infelicem illum interiisse. Hispanica autem hoc loci obscurius sonant hoc modo: "Lee mas adelante, buelve la hoja, hallaras que dizen que fiar en lo temporal y buscar materia de tristeza que es ygual genero de locura, y aquel Macias, ydolo de los amantes del olvido porque le ol-

---

[160] "el" in the Plantin edition.

vidava se quexa en el contemplar. Esta es la pena de amor, en el olvidar el descanso." Si cui nota foret paulo melius Maciae istius historia, nullo negotio commodius ista reddere posset. Nos in ignoratione rei verbis adhaesimus, sententia autem esse debet exemplum clarum dare Maciam istum amoris flammas oblivione sedari, qui in ipsa contemplatione ipsius illum oblivisci voluerit, etc.

dirigere calcem contra stimulum. Proverbium a iumentis veterum, quae non loris et scuticis, ut hodie moris est, sed stimulis incitabantur. Est apud Suidam.

Opinio saepe. Monstrum illud quod omnis exercitus verorum philosophorum semper oppugnavit quod, occaecatis humanis sensibus, nequaquam ut sunt res videre eos et aestimare patitur, unde infinita mala in vitam humanam veniunt et dilati, de bono vero vanis cogitationibus mortales etiam sui obliviscuntur deorumque beneficiis ingrati fiunt et felicitati suae propriae perduelles. Pulchre Seneca *Consol.* [pg. 361] *ad Martiam* cap. XIX: "Opinio est quae nos cruciat, tanti quodque malum est quanti illud taxavimus." Arrianus *Diss.* lib. II cap. XVI: "Τίνα οὖν ἐστι τὰ βαροῦντα καὶ ἐξιστάντα ἡμᾶς; τίνα γὰρ ἄλλα ἢ τὰ δόγματα" quem lege veras opiniones quas sequi oporteat definientem. Scite ergo, ut omnia, hoc quoque Socrates qui lamias vulgi appellabat opiniones, larvas videlicet, omnem perspicaciam rerum tollentes et illudentes. M. Antoninus libro XI: "Σωκράτης δὲ τὰ τῶν πολλῶν δόγματα, λαμίας ἐκάλει, παιδίων δείματα." Eum lege amplius lib. IV et II. Inter Pythagorae quoque praecepta refert οἰήσεως καθαρεύειν Hierocles aureolo *In Aurea Carmina Commentario.*

Sensus[que] nostros. Quanta sensuum humanorum sit imbecillitas opinionum copiae demonstrant quae ita eos sursum et deorsum agunt ut nequaquam ullius rei certitudinem ullibi ullam habeant, quod docent praecipue inter philosophos Sceptici et eorum epitomen dogmatis nobis conservans Sextus Empiricus. Petronius Arbiter: "Fallunt nos oculi vagique sensus / Oppressa ratione mentiuntur." Seneca epistola LXVI: "De bonis ac malis sensus non iudicat, quid utile sit, quid inutile ignorat. Non potest ferre sententiam nisi in rem praesentem perductus est. Nec futuri providus est nec praeteriti memor, quid sit consequens nescit." Gregorius Nyssenus *Vita Gregorii Thaumaturgi*: "Οὐδὲν καινὸν πεπόνθατε, φασὶ πρὸς αὐτοὺς ὁ διδάσκαλος, ὀφθαλμοῖς ἀπατηθέντες, καὶ τῇ αἰσθήσει μόνῃ τὴν κρίσιν τοῦ καλοῦ ἐπιτρέψαντες. Σφαλερὸν γὰρ κριτήριον τῆς τῶν ὄντων ἀληθείας ἡ αἴσθησις, τὴν πρὸς τὸ βάθος τῆς διανοίας εἴσοδον δι' αὐτῆς ἀποκλείουσα." Auctor κυρίων δόξων *De Anima*, editus a Ioanno Tarino: "Ἡ μὲν οὖν δόξα καταγίνεται περὶ τὸ καθόλου τὸ ἐν [pg. 362] τοῖς αἰσθητοῖς ἀλλὰ οἶδεν ἄνευ λόγου τὰ συμπεράσματα." Guitmundus Archiepiscopus Aversanus libro I *De Sacramento*: "Sensus persaepe falli tum veterum philosophorum multa argumenta tum quotidiana experimenta plenissime docent. Aeque enim, ut ait Boethius, sensus et in maximis et minimis confunduntur. Unde fit ut de his in quibus confunduntur merum sincerumque iudicium habere non possint. De mediocribus quoque rebus non iuxta rerum veritatem sed pro affectu iudicant sentientis." Quae quam vera sint utique rerum exitus et aestimationes docent. Fatui contra sentientes Epicuraei sane acumine suo ipso caecutierunt, ut alibi a nobis demonstratum est.

in servitio [enim] servi. "En el servicio del criado esta el galardon del señor." Acute pronuntiatum.

ei vendis [et addicis libertatem]. "A quien dizes el secreto das tu libertad."

medius. Qui intervenit negotiis componendis medius perhibetur, qui conciliat scilicet duo dissidentia vota. Radulfus Ardens *Homilia in V. Quadragesimae* "medium ordine" Christum Dominum dicit quia per Eum humanitas divinitati conciliatur. Silius lib. XVI *Punicorum*: "Haud deformis erit vobis ad foedera versis / Pacator mediusque Syfax" Horatius: "Pacis erat mediusque belli." Lucanus: "Crassus erat belli medius mora" Severianus Episcopus *Sermone in Nativitatem Domini*: "Pax Domini media assistens et utrumque nostrum gremio palpante connectens discreta corpora in unum convenire animum ulnis iungentibus docet." Plura ad Claudianum [pg. 363] *Consultatu Mallii*, altera editione, cuius locum primus recte legit amicus noster Casp. Gevartius in *Electis*.

ardelionis [istius] anus. "Trotaconventos" commodius Latine reddere non potui. Illa autem infamia Celestinae saepius hoc libro memoratur, ubi publice stetisse infamiae pileo caput implumata (si ita loqui licet) dicitur. Hic Parmenonis verba sic sonant: "Y lo que mas dello siento, es venir a manos de aquella trotaconventos despues de tres vezes implumata" [161] ("Postquam ter iam infamis facta est, demum bonis tuis potietur anus, te pessumdato").

Fustes quaerit. "Palos querra esse vellaco." Fustium ictus apud Hispanos ad numerum dantur ad delicti pondus.

maledicis illam. Petronius: "Maledic illam versibus."

Nescis primum ad stultitiam. "No sabes que el primer escalon de locura es creer ser sciente?"

Male mihi consuluerunt [compatres mei]. Cantiuncula est servi dum equum sternit et producere laborat.

stapedem. Sic vulgo vocant ista equi adiutoria. An ea veteribus usui disquisivit Hieronymus Magius, vir ob bonitatem iudicii et eruditionem egregiam, meliore fato dignus quam quod a barbaris Turcis strangulatus obiit, in *Miscellaneis*. Vide et Ioannem Brodaeum pari opere.

propterea quod fidelitatem. Rhythmus Hispanicus pulchre sonat: "Por ser leal padezco mal."

averso rivo [praedatum eunt piscatores! Et numquam nimis canum est molitori]. Non potui commodius transferre haec duo proverbia, quae sic suo ore sonant. "A rio buelto ganancia de pescadores, mas nunca mas perro al molino." Quae siquis, ut caetera etiam huius libri talia, ut merentur [pg. 364] enarrare voluerit, immensum molem commentariorum concinne.

ACTUS III

Pecuniae solutae. "A dineros pagados, braços quebrados." Quae in varia possunt intelligi. Sensus autem est solere eos qui operi cuidam exigendo redempti mercedem aggressione eius praeceperunt velut fractis brachiis ad laborem accedere. Quo monemur ne mercedem

---

[161] "emplumada" in the Plantin edition.

operario cuivis ante opus confectum solvamus aut praehibeamus. Illustris sapientia hic sermo est, quem totum Hispanice huc transcriberem si otium esset, si enim Latine sonat commode, sane nec isthic inconcinne. Videtur autem maximam partem ex Marci Antonini Imperatoris libris Καθ' ἑαυτόν haustus, quos et nos recenti Latinitate donavimus.

Nosti aliam substantiam. Saepius idem dicendo anilem curiositatem et loquacitatem spectandam proponit.

uti nemo non novit. Quae toties publice notata ignominia est non audet dicere quippiam honesti et non vult turpe, itaque inter utriusque medio tramite incedit.

Mater ipsius et ego [unius digiti unguis et articulus eramus]. "Su madre y yo, uña y carne."

frangit rupes. Horatius: "Aurum per medios ire satellites et perrumpere amat saxa." Illud de asino notum est apophthegma Philippi Macedonis.

Delicatulae gannitrices. Hispanica sic sonant: "Coxquillosicas son todas, mas despues que una vez consienten la silla en el enves del lomo, nunca querian holgar, por ellas queda el campo, muertas si, cansadas no; si de noche caminan, nunca querrian que amaneciesse, maldizen los gallos porque anuncian el dia y al relox porque de tan apriessa, requieren [pg. 365] las cabrillas y el norte haziendose estrelleras, ya quando veen salir el luzero del alva, quiereseles salir el alma, su claridad les escurece el coraçon, etc." Possunt quaedam hinc aliter reddi, sensus tamen est libidine post inexplebiles puellas esse, quae primum magna ambitione castitatem iactaverint. Quam sententiam ex se anus confirmat.

Affirmo tibi. Vulgatum et tralatitium. Aut odit aut amat mulier, nihil est tertium.

Non eas lanam [lucratum]. "No vayas por lana y vengas sin pluma." Servus autem postea alludit ad pileum plumis contextum quem aliquoties iam infamiae notam medio foro anus sustinuerat.

ACTUS IV

Res enim non satis. "Aquellas cosas que bien no son pensadas, aunque algunas vezes ayan buen fin, communmente crian desvariados efetos, assi que la mucha especulacion nunca carece de buen fruto."

Quando extremis rebus [nullum est]. "Quando a los estremos falta el medio, arrimarse el hombre al mas sano es discrecion." Sequentia mirifice superstitionem et omnium curam proponunt. Sic illa homines, aves, saxa, se ipsam, talibus considerat.

Quae est vetula ista. [162] "Quien es essa [163] vieja que viene haldeando." Non potest uno verbo Hispanici vis exprimi.

aquam cribro cogere. Proverbium est, ut in illo:"Agua coge con harnero / Quien se cree de ligero." Et apud Petrarcham, puto, lectum est: "In aqua solca, in arena semina [pg. 366]/ Nel vago vento spera, in rete coglie/ Qui pone sua speranza in cuor da femina."

Sic meus magister. Cacodaemonem dicit, quem licio involutum circumgestare putat quemque per intervalla mox alloquitur.

monachos notae religionis. Ambiguam de industria sententiam feci cum ante memoratum sit quid cum illis negotietur. Sequenti responsione Celestinae prudens omisi proverbium ineptum Latino sermoni: "Viva la gallina con su pepita." Et illud etiam alioquin anilem sermonem solum decet hoc loco ut non magni facienda sit eius praeteritio.

nulla cruditas fame. Est Homericum inter omnia humanitatis supplicia famem esse pessimum. Vide ad Augustini *De Civitate Dei* primum commentaria.

Loqueris tu de mundinis. Vide amabilem prudentiam in generosa puella, qualem in talibus commendant omnis saeculi scriptores.

---

[162] "Quae est vetula quae" in the main text.
[163] "esta" in the Plantin edition.

Proverbium ita sonat sua lingua: "Hablas de la feria segun te va en ella."

Ad quamque mansionem. Mansiones quae sint vide nos in *Adversariis* et doctos ad *Itinerarium Antonini*. Verba Hispanica sic sonant: "A cada cabo ay tres leguas de mal quebranto." Quae etsi aliter sonent, id tamen volunt quod expressimus. Sequentia omnino divina sunt et ex profundissima philosophia petita quae, si enarres, commentaria facias.

Mutatus est iste [malus daemon]. Sermo Lucretiae potest etiam aliter reddi: "Hi hi hi, mudada esta el diablo, hermosa era con aquel su Dios os salve que traviessa la media cara." Nam et vafritiem et malignitatem consceleratae vetulae indicare poterit [pg. 367] quae cum dicat palam: "Deus te iuvet, tibi benefaciat," clam secum murmurare consueverit, "ut medium tibi caput ruptum videam." Sic solent tales et non raro ipsa isthaec. Potest et hoc dicere: "Illane cum ista cicatrice sua, quae medium ipsi caput diffindit formosa erat?"

ut quattuor filiarum. Nihil hoc ad rem pertinet, quid enim si illae singulae sint etiam magis vetulae? Artificium scriptoris egregium est ut anus cum puella generosa, impatiente et minime suspiciosa loquens faciat se simplicem ut eo facilius credatur ipsi quod postmodum abscondito astu illatura est. Itaque hic simplicitatem etiam stolidam affectat.

omnibus male cessurum [cessurum sit silentium]. In Hispanico forte legendum: "Que todo perderiamos," non "todos." Sic erit sententia: "Ut omnia perdiderimus si sine iudicio rei ego recessero."

a cena duci. Poterant aliter haec reddi. Nos Latinitati consuluimus cum alioquin Hispanorum in talibus consuetudines parum cognitae sint iis qui regiones eas non viderunt, quorum cum rarissima sit raritas, sane nos merito captum plurium attendimus. Et quid oberit sententiae scenam totius fabulae in commune quoppiam theatrum reducere?

panis et vinum [conficiunt viam non]. "Pan y vino andan camino/ Que no moço garrido."

bene enim facere Deo nos aequat. [164] Est ex illo imperatoris Christianissimi et felicissimi apud Claudianum: "Sis pius in primis, nam cum vincamur in omni / Munere, sola deos aequat clementia nobis." Et fuit is eloquentissimus et prudentissimus scriptor omnium post saeculorum communis quidam in talibus magister. Paria plura ad eum in secunda editione nostra, quam ad sexdecim manuscriptorum comparationem [pg. 368], quam primum typographi caeteris nostris se expedierint, promulgabimus.

desultoris parietarii. "Saltaparedes." "Jesu no oyga yo mentar mas esse loco saltaparedes, fantasma de noche." Innuit hominem insanum, amentem, qui furore percitus per parietes adversos evadere velit. Sic Sempronius de eodem actu nono: "Aqui esta quien me causo algun tiempo andar hecho otro Calisto, perdido el sentido, cansado el cuerpo, la cabeça vana, los dias mal durmiendo, las noches velando, dando alboradas, haziendo momos, saltando paredes, poniendo la vida al tablero," etc. [165]

omnia quae cuperet ipsius esse potestatis. "Que quedava por el el campo" ("Campum omnem pro ipso esse"). Est Hispanismo solemne, sic supra actu superiore: "Por ellas queda el campo, muertas si, cansadas, no." Cui par est: "Andar a su posta," ut in *Coloquio de las damas*: "Et pensar tener por suyo el pan y el palo." Cuius generis plura inibidem occurrunt.

nisi qui superatum [sese agnoscat]. Est itidem Claudiani nostri: "non est victoria maior / Quam quae confessos animo quoque subiugat hostes." Porro adolescentulae huius oratio, primum ad amoris officia tentatae, ingeniosissimo artificio composita est ut parem totis Hellade et Latio legisse non meminerim.

his nundinis [recesseris]. "Pues tan libre vas desta feria."

veritatis voces nullis opus habere. "La verdad no es necessario abundar de muchos colores."

---

[164] This passage is different in the main text: "bene enim facere ei qui opus habet est Deo similem fieri."

[165] The Plantin edition reads "las noches todas" and "poniendo cada dia." In spite of the omissions in this translation note, Barth's Latin translation in the main text renders the passage complete, including "todas" and "cada dia."

patrem numquam [damnari]. Non est rigide verum.

firmitas veritatis ea est. "A la firme verdad, el viento del vulgo no la empiece"[166] ("Ubi firmitate sua veritas nititur, non est timendum ventositatem vulgarium rumorum illi obfuturam").

[tua tu] munusculo aliquo emendabis. Videtur hoc velle aniculae dicterium, etiamsi prorsus aliter sonet. "Tu mala palabra sera vispera de una saya." Non poterit commodius traduci.

[pg. 369]

magnus ille imperator. Versus fortissimi, doctissimi, tamen et vitiosissimi, principis Adriani quos animae abiturae dixit: "Animula vagula blandula,/ Hospes comesque corporis,/ Quae nunc abibis in loca,/ Pallidula, rigida, nudula,/ Nec, ut soles, dabis iocos?" Quae ut lepidi et commiserabiles sunt sua lingua, sic Graecis ab homine antiquitatis consultissimo Isaaco Casaubono redditi sunt non minus divinis hisce quos pariter meminerim: "Ἐράσμον ψυχάριον/ Ζένη χ' ἑταῖρα σώματος/ Ποῖ νῦν, τάλαιν' ἐλεύσεαι/ Ἀμενής; γοερά τε καὶ σκιά/ Οὐδ' οἷα πάρος, τρυφήσεαι;"

naturam ipsam fecit Deus. Scelerata philosopha. Naturam quidem sed non libidinem diabolicam quae cum insita hominibus naturae videatur, illi ipsam naturam criminari non verecundantur. Vide caetera animantia, nullum non secundum naturam suam vivit, homo quot libidinibus contra illam. Qua de re nos cecinimus aliquando libro priore De Fide Salvifica, quem vide. Sunt enim prolixiora ea carmina quam ut commode huc transcribi possint. Et libelli nunc nuper editi in omnium manibus versantur.

Iniungo et commendo. Potest etiam haec sententia esse: "Plurimum tibi debet iste tuus iuvenis generosus" ("En cargo te esse cavallero"). Tamen priorem sententiam auctor voluisse videtur iam enim animus Melibaeae prorsus amore superatus est, quae ipsum suum honestum facinus conviciatur. [pg. 370] "Cavallero" autem hodie id significat quod nequaquam Latine exprimere possis cum sit etiam generis commendatio.

---

[166] "empece" in the Plantin edition.

ACTUS V

O male daemon. Male deos vocabant veteres "cacodaemones" nam et horum habebant discrimen insigne, ut notavit Iosephus Scaliger, hominum eruditorum phoenix, ad Manilium. *De Daemonibus* elegans est dialogus Michaelis Pselli, quem notis illustratum edidit insignis ingenio, eloquentia et doctrina G. Gaulminus, non ita pridem.

mediam confectam [iam] esse. "Sabete que la mitad esta hecho quando tienen buen principio las cosas."

quas exegi hactenus. "O yo rompiera todos mis atamientos hechos y por hazer, ni creyera en hiervas ni piedras ni en palabras." Sermo est abruptus, ait enim anus aut negotium se confecturam aut nullam vim tribuituram porro omnibus artificiis suis vel etiam illa omnia proiecturam.

Numquam fugiendo ignavus [mortem effugit]. "Nunca huyendo huye la muerte el covarde." Vide Stobaei *Sermones* V, VI et XLIX.

et illic relinquere [nares]. Aggravat discrimina sua, quo periculo apud Melibaeam fuerit ut aliae duae eiusdem census nequaquam tale quid sine summo discrimine expediverint. "Hijo, essa regla de bovos no es siempre cierta, que otra hora me pudiera mas tardar y dexar alla las narizes y otras dos narizes y lengua, assi que mientra mas tardasse, mas caro me costasse" ("Asine, inquit, tu de longa commoratione mea auguraris felicem rei successum. Ego dico tibi non credendum fatuae isti regulae. Tam enim periculosum hoc negotium fuit ut paene nullo effectu, [pg. 371] etiam insigni meo detrimento, mihi longiori etiam tempore illic manendum fuerit").

Aliis rebus magis utor. Locutio familiaris iuresconsultis, hoc autem dicit Sempronius pluribus sibi opus esse quam quae ad vitam et victum solum faciant. "Otras cosas he menester mas que de comer." Sequentia ex more regionis sunt. Quae de arcu sequuntur obscaeniora sunt nec verba Hispanica Latinismum capiunt περὶ λέξιν. Itaque sententiam sum secutus. Arcus in *Priapaeis* est muto.

Sapientis est [, ut res cadit,] propositum mutare. "El proposito muda el sabio, el necio persevera." Francisci Sansovini celebre dictum est: "Il mutar talhora proposito e effetto di prudenza."

Cauti et prudentis legati. "De los discretos mensajeros es hazer lo que el tiempo quiere." [167]

charaxat. Signat, Christianorum est scriptorum. Vide Conradum Rittershusium *Ad Paulli Sententiarum Fragmenta*.

ACTUS VI

ut et tunicam tibi poscens. [168] Superiora dicens vetula tecto astu commonstrans Callistoni vetus suum usuque detritum pallium poscit ab eo novum, quod Parmenonem male habet.

opus habet. Additum est tralatitium proverbium: "Que el abad de donde canta, de alli se viste." Cui respondet Parmeno: "Y aun viste como canta." Quae non possunt bonis gratiis traduci. Nempe abbas unde cantat, inde se vistit, etc. Sensus in proclivi est.

Iam dum meras catenas [perditus]. Hispanica sic sonant, si quis forte curiosius ea expendere velit: "Ya discurre eslavones [pg. 372] el perdido, ya se desconciertan sus badajadas, nunca da menos de doze, siempre esta hecho reloj de mediodia."

Factus es seps. Seps, serpentis genus, dicitur aures obturare cum incantator aliquis accesserit ne voces carminum magicorum audire necesse habeat et ita imperium eorum sequi. Mentio apud plurimos sacros et profanos scriptores.

frontem [excussissima a] palma verberans. More eorum qui vel stupent ad aliquas res vel admirantur alioquin vel dolent. Cicero I *Ad Atticum*: "Competitores qui certi esse videbantur Galba, Antonius et Q. Cornificius; puto te in hoc aut risisse aut ingemuisse; ut frontem ferias, sunt qui etiam Caesonium putent." Idem in *Bruto*:

---

[167] "requiere" in the Plantin edition.
[168] "poscas" in the main text.

"Nulla perturbatio animi, nulla corporis, frons non percussa, non femur, pedis, quod minimum est, nulla supplosio." Heliodorus lib. II: "Καὶ ὁ μὲν Θεαγένης παίων τὴν κεφαλὴν καὶ τίλλων τὰς τρίχας ἐρριφθω φησὶν ὁ βίος εἰς τὴν τήμερον" Sic femur percutiebant in magna animi commotione, quod admittere oratori, non autem frontem, ait Quintilianus lib. XI. Nonnus Panopolita lib. XVI Bassaricorum: "Καὶ ῥοδέας ἐχάρασσε παρηίδας, ἀμφοτέρους δὲ/ Μηροὺς πλεξαμένη κινυρῇ βρυχήσατο φωνῇ." Fulgentius lib. primo *Mythologicon*: "Tum illa cachinnum quassans fragile, colliso bis terque pulsu, palmula femore, nescis, inquit, Fulgenti," etc. Hieremias Propheta cap. XXXI: "Postquam enim convertisti me, egi poenitentiam, et postquam ostendisti mihi, percussi femur meum. Confusus sum et erubui quoniam sustinui opprobrium adolescentiae meae."

lallationes. Voces nutricum quibus pueris blandiuntur ut dormiant, etiam voces puerorum. Persius *Satira* III: "Et similis regum pueris, pappare minutum/ Poscis et iratus mammae lallare recusas." [pg. 373] Cornutus enarrator priscus: "Nutrices infantibus dormiant solent dicere saepe lalla, lalla, lalla, aut dormi aut lacte."

fatidica [illa] de Hetruria. In Hispanico est "athleta." Sed talia in linguis a Latina descendentibus mirifice detorquentur. Puto autem Sibillam intelligi. Sed est recens historia.

ex tempore capiendis consiliis [masculo promptiorem]. Comici est apud Stobaeum.

malo aliquo occursu. Ex superstitione veterum, quam in libris *Adversariorum* et ad Claudianum, altera editione, ut et peculiari opere de talibus, illustrabo forte. Persuasum enim erat paganis hominem nigrum, castratum, mancum aut alioquin bestiam ominosam occurrentem indicare malum eventum negotiorum praesentium aut post gerendorum.

Alcibiadi quondam. Consult Plutarch.

unius horae spatio [nulla]. Proverbialia sunt Hispanica: "Consuelate señor, que en una hora no se gano Çamora, pero no por esso desconfiaron los combatientes." Alludit veterem quamdam historiam bellis etiam inter Francos et Hispanos ferventibus. A quorum memoria plurimi "refranes" superstites eam linguam tenent et ego in originibus huius arbitratus sum "refranes" ipsos a Francis dicteriis confutatis Castillanum nomen habere.

ACTUS VII

Parmeno fili. [169] Longam et gravem orationem ad Parmenonem anus exorditur ut eum quacumque etiam ratione ab heri fidelitate abstraheret. Efficit tandem rem Areusae conciliatione. Quam statim iuveni minime absurdi ingenii iungit, ut in re praesenti eum pignore certo sibi addiceret.

[pg. 374]

mutari mores cum capillis. "Mudanse costumbres con la mudança del cabello y variacion."

amare te debere si amari velis. "Sabes que es menester que ames si quisieres ser amado." Martialis: "Marce, ut ameris, ama." Claudianus: "non extorquebis amari/ Hoc alterna fides, hoc simplex gratia donat." Proverbium sequens, "que no se toman truchas," nihil ad Latinam traductionem.

iustitia apprehendi te. Lictores missi a praetore. Vide quae de hac voce, quam volens retinui, dixi in dissertatione.

Necesse est aliquid pati. Nimis refert pulchre hoc dictum senilem calliditatem et exprobrationem cum excusatione velut seria. Verba sic sonant: "Algo han de sufrir los hombres en esse [170] triste mundo para sustentar sus vidas et [sic] honrras." Et loquitur venefica publice infamiae pileum ferente.

Virgilius. Nota fabula de nescio quo barbarorum temporum Mago Virgilio, quam nulla ratione et fronte contra omnem historiam et fidem Maroni vulgus adscribit, fatuum et fatuos sectatores habens. Οὐ δὲ φροντὶς Ἱπποκλείδῃ.

---

[169] "Fili Parmeno" in the main text.
[170] "este" in the Plantin edition.

summa securitate [, nullo timore]. Totus sermo iste sarcasmis caecis plenus est, urit enim qua potest Celestina Parmenonem scelera matris ipsi explanans. Sic hoc loco securum illum de hereditate paterna vivere posse ait, non enim timore opus est ne id alicui auferatur, quod nihil est neque ab illo habetur: "Que lo que tu padre te dexo, a buen seguro lo tienes." Fatuum autem etiam simul thesauri supra memorati mentione fascinat. Quae in sequenti Celestinae sermone de ludo schaccorum, ut vocant, producuntur, non possunt eodem Latine describi. [pg. 375] Quid enim "xaque," quid "mate" sit, non habet ea lingua edicere.

Sic ditescis tu quidem, [sic res]. Aliter capi etiam poterint Hispanica: "Con gallinas,[171] hija? Assi se hara la hazienda, andar passe, otro es el que ha de llorar las necessidades, que no tu, yerva pace quien lo cumple, tal vida quien quiera se la querria." Videtur aliquid corruptum esse in exemplari meo.

lupinos pro nummis. Hispanica sic sonant: "Assi que necessidad mas que vicio me hizo tomar con tiempo las savanas por faldetas." Plenae sunt talibus sermoncinationes meretricum.

Vah quam suaviter [tunicae tuae olent dum commovisti te!]. More meretricum omnia sua perfumantium. Infra actu XIX Sosia de eadem hac Areusa: "Tenia unas manos como la nieve, que quando las sacava de rato en rato de un guante parecia que se derramava azahar por la casa."[172] Et inter officia Celestinae actu I "perfumadera."[173]

dum non paries. Latet sceleratum aliquid in his verbis, quae in eum finem anus dicit ut ab amore unius Areusam averrat.

Neque tantum ego emolumenti [capiam ubi]. Hispanica poterunt et paulo aliter accipi: "Tengo vezinas embidiosas, luego lo diran; assi que, aunque no aya mas mal de perderlo, sera mas que ganare en agradar al que me mandes."

---

[171] "con las gallinas" in the Plantin edition.
[172] "por casa" in the Plantin edition.
[173] "perfumera" in the Plantin edition.

vide quo periculo [peregre eat]. Hispanicum hoc est: "Quien no tiene sino un ojo, mira a quanto peligro anda." Addidi ego "peregre." Sensus autem illuc it quod eo effosso de lusco caecus exeat.

quae societas est laudabilis. Proverbium Hispanicum: "Compañia de uno, compañia de ninguno, compañia de dos, compañia de Dios, compañia de tres, compañia de reyes, compañia de quatro, compañia de diablo."

[pg. 376]

Et quoniam duos simul [unus]. "Y pues entrambos no caben en un saco, acoge la ganancia." Oportet in talibus remittere stilum et vulgaritati sermonis accommodare.

malus daemon in palatium [duxit]. "Que al hombre vergonçoso el diablo lo truxo a palacio."

illum sine rubore [evigilaturum]. Non assequuntur Latina sensum Hispanorum: "En cortesias y licencias estas? No espero mas aqui, yo fiadora, que tu amanezcas sin dolor y el sin color, mas como es un putillo gallillo, barbiponiente, entiendo que en tres noches no se le demude la cresta; destos me mandavan a mi comer en mi tiempo los medicos de mi tierra quando tenia mejores dientes." Quae mirifice anum talem decent.

Porro cum pirata piratam. Poterat et aliter transferri: "Pues de cossario a cossario no se pierden sinoslos bariles." Qualia in omnium ore versantur et sua lingua adnotando mihi visa sunt quoniam plurimis omnino negotiis applicari possunt et in talibus nulla lingua supra istam.

oculum mihi prius. Iuvenalis hoc Latine extulit. Et ex eo nos in *Epigrammatis*: "Ut ne uno contenta viro sit Subiciana? / Contentam dicas, mavolet, uno oculo!" In eorum mentionem cum commode hic incidam lectorem meum sperare iubeo editionem eorum quam maturimam demptis omnibus illis quae, me periculosissime decumbente, anno MDCXIII interspersit invehentia et intrusit maledica Tharrhaeus Hebius, qui hereditatem meam etiam vivi cernens, lubitu suo tria mea volumina interpolavit, quae talia, ut ille promulgavit, nequaquam pro meis agnosco. Itaque brevi exstabunt ea facie qua non verecundentur omnium auribus probari.

[pg. 377]

Quamquam enim gustus [gingivarum]. "Que aun el sabor en las enzias me quedo, no lo perdi con las muelas" ("Quamquam dentes amiserim, superest tamen gustus in gingivis"). Properans ista alio sensu verti. Conveniunt autem in eadem re Germanorum proverbio: "Ein Pferd das den Hafer nicht mehr beißen kann / höret ihn doch gern schwingen."

qui in multas partes. "Quien en muchas partes derrama su memoria, en ninguna la puede tener."

bestia. In *Adversariorum Commentariis* docui hoc convicium etiam veteribus in usu fuisse, nunc omnibus familiare.

Iuventus etenim otiosa. "La mocedad ociosa acarrea la vejez arrepentida y trabajosa."

saepius enim magistri industriam. "Muchas vezes, como dizen, al maestro sobrepuja el buen discipulo."

Nulla scientia bene. "Ninguna sciencia bien es empleada en el que no le tiene aficion."

ACTUS VIII

Et hoc fine Deus [diem diei subiecit]. "Que por esso hizo Dios un dia tras otro, porque lo que en uno no bastasse, se cumpliesse en otro." Scelestus etiam sententias loquitur.

voluptas cuius conscius [nemo est, voluptas vera non est]. "El plazer no comunicado no es plazer." Multa in hanc rem Celestina supra amicitiam cum Sempronio Parmenoni suadens.

strigilem illi [ad balneum]. Turpius est quod de Hispanico nos iussimus Latino more loqui: "No se que crea de tu tardança sino que quedaste a escalentar la vieja essa [174] noche o a rascarle los pies, como quando chiquito."

si stultitia dolor esset [, in nulla non domo eiulatus]. "Si la locura fuessen dolores, en cada casa avria bozes." Elegantissime.

Mopso Nisam obtigisse. [175] "Otra sardina se eche [176] para el moço [pg. 378] de cavallos, pues tu tienes amiga." Sardina est species minuti halecis ditiorum mensis frequentata.

cotis instar factus. "Hecho tablilla de meson, que para si no tiene abrigo y dalo a otros." [177] Signaculum domus aut tabernae factus, quod ipsum in publico pendet, aliis autem indicat locum stabulandi.

O Parmeno iam percipere. "O Parmeno, agora podras ver quan facil cosa es reprehender vida agena y quan duro guardar cada qual la suya."

Falsum et inauratum metallum. "Luego se descubre el falso metal dorado por encima." Contra tamen saepe etiam verum est quod *Epistolarum Moralium* lib. I scribit Honorius Ursaeus, scriptorum Gallorum elegantia et sapientia non postremus: "Il est vray, quelques fois les plus experts lapidaires sont trompéz de la belle apparence des pierres falsifiées," etc.

De penu ampla [coena facile paratur]. "En casa llena presto se adereça la cena."

Antipater Sidonius. Exstant huius *Exigrammata* aliqua. De Ovidio ipsius testimonio notum est, Antipatri qui tradat memini legere sed auctor nunc non succurrit.

non erit magni spatii. [178] Omisi ista: "CAL. Quieres dezir que soy como el moço del escudero gallego? SEMP. No mande Dios que tal

---

[174] "esta" in the Plantin edition.
[175] "mopso Alisam obtigisse": the main text reads differently. See note 73.
[176] "que se eche otra sardina" in the Plantin edition.
[177] "dalo a todos" in the Plantin edition.
[178] The main text has a different word order: "non magni erit spatii."

cosa yo diga, que eres mi señor." Quid dixerit ille non est divinare neque lectoris Latini quicquam interest.

Non omne est candidum. Notabilis sententia sic sua lingua sonat: "No es todo blanco aquello que de negro no tiene semejança. Ni es todo oro quanto amarillo reluze."

Uno solo ictu [nulla quercus cadit]. "Un solo golpe no derribe[179] un roble." Cui consentit quod auctor *Epistolarum Amatoriarum* a Francisco [pg. 379] Sansovino editus ponit: "De una percossa no cadde mai albero." Eae *Epistolae* sive compositae a modo nominato scriptore, sive editae tantum, merito pro uno de nobilissimis linguae Italicae figmentis habeantur. Nec eo genere pares multas habent.

quod nos magis iuverit. Duo hic proverbia iungit Hispanus scriptor quae Latinus sermo nequaquam assequitur. Verba Sempronii integra sunt: "Creeslo tu Parmeno? Bien se que no lo jurarias. Acuerdate, si fueres por conserva, apañes un bote para aquella gentezilla, que no va mas, y a buen entendedor. En la bragueta cabra."

Appuleio.[180] Hoc quoque fatuum vulgus reapse factum credit. Cum non alia ratione luserit Milesias illas Appuleius quam ut asinino etiam iudicio res mortalium ridiculas et studia nullius ponderis philosophorum tum temporis more traduceret.

ACTUS IX

Felici et iucundo tempore. Hic videtur esse sensus verborum facile et aliorsum transducendorum, "a donosa hora ha de estar rezando." Vel sane commodum tempus ipsorum nequitiis faciundis furciferi intelligunt.

memorialibus precationum. "Con sus cuentas en la mano." Globuli facti ligno, ebore, succo, auro, argento, etc., quibus adnumerat vulgus precationes. Melius Latine vertissem commonitoria, quae sunt libelli aut indiculi memoriae gratia facti aut conscripti.

---

[179] "derriba" in the Plantin edition.
[180] "Appuleius" in the main text.

famesque, quibus meliores magistras. Traducta sunt ista de Persii satirici prologo, ut nemo non videt.

Ad positam mensam manibus bene lotis [cum minimo pudore ire decet]. Alludit morem Romanum, qui mensis exemptilibus loco utebantur, [pg. 380] quas tollerent epulis finitis, ut et priscorum saeculorum heroes. Verba Hispanica proverbium sonant multis rebus applicabile, scilicet ut fiat illud μηδὲν ἀναβαλλόμενος: "A mesa puesta con tus manos lavadas y poca verguença." Plauti scitum notum est: "Apud mensam vercundari neminem decet." Certe usus Hispanorum id egregie servat.

Quicquid mali humoris corpori inest. "A los cansados segadores haze sudar toda agua mala, sana el romadizo y las muelas." Non videtur alia inesse sententia.

Una panis crusta [etiam]. Plerumque hoc fit ut homines bibaces parum comedant: "Que un cortezon de pan ratonado me basta para tres dias." Sic pulchre temperantiam suam commendat scilicet. Sermoni isti comparabilis apud Plautum *Curculione*.

tria pocula honestati et utilitati [suffectura]. Ausonius *Edyll.* XI: "Ter bibe vel toties ternos, sic mystica lex est." Appuleius *Floridis*: "Sapientis viri super mensam celebre dictum est. Prima, inquit, cratera ad sitim pertinet, secunda ad hilaritatem, tertia ad voluptatem, quarta ad insaniam." Vide Suidam in οἶνος, doctos ad Petronium.

male tibi quod edis expetat. More et voto rabidarum meretricum, ut trivenefica Lucretia in *Pornodidascalo* ait, omnia se genere rixarum super mensam ciere consuetam non alio fine quam ut convivis quod ederent pessime expeteret. Sic infra hoc actu eadem Elicia Sempronio vovet: "Mala pestilentia cum isthac bucella tibi viscera tua intret."[181] Videat iuventus incauta quam amantibus sui monstris suo sumptu lautitias praeponat.

[pg. 381]

---

[181] Against his common practice in the translation notes, Barth here quotes from his Latin translation, not from the Spanish original.

gustus semel corruptus [amarum frequenter pro dulci aestimat]. "El gusto dañado muchas vezes juzga por dulce lo amargo."

Nulla uspiam rerum [longius a veritate abest]. Egregia commonitio et illatio: "Ninguna cosa es mas lexos de la verdad que la vulgar opinion." Huc omnium sapientium commonitoria eunt. Notus est versus: "Vulgi iudicium praeiudicium veritatis est," etc. Et haec illustrari immensum commentarium faciant.

Nihil sit qui pro nihili. "Ruyn sea quien por ruyn se tiene. Las obras hazen linaje," etc.

laetum animum facit [quod parvo labore paratur]. "Todo aquello alegra que con poco trabajo se gana." Martialis inter felicitatis bona numerat: "Res non parta labore sed relicta," etc.

dulcis et amari simul vulneris. Hoc tale amoris ictui adscribitur. Claudianus de fontibus veneris ubi tingat spicula sua amoris numen *Nuptiis Honorii*: "Labuntur gemini fontes, hic dulcis, amarus/ Alter, et infuso corrumpunt mella veneno." Amor ipse mel felleum. Idiota *Speculationibus*: "Talis amor est laqueus animae, discrimen vitae, mors suavis, blanda percussio, interfectio leniens, mel felleum, pernicies delicata, dulce venenum, malum spontaneum, sapida iugulatio et omnium rerum calamitas." Eodem pertinent quae scribit Theophylactus Simocatta epistola LXXXIV. Plura ad eum Claudiani locum. Ratio in physicis considerationibus: "Concupiscentia ex iecore, iecur amari et dulcis particeps," Alcinous cap. XXIII *Platonicorum*.

numquam ad propositum [respondebunt]. Exemplum in astutissima meretrice apud *Pornodidascalum*, quae de se eadem Lucretia Antoniae, par egregiarum mulierum, confidetur.

corporis illi ut potestatem fecerit. Vide quam pro fatuo Sempronium naso anus ducat. Quae corpore prostituendo [pg. 382] victum faciebat, eam ipsius solius amoribus dicatam persuadere vult. Intricatior sententia sic a nobis explicata est. Verba Hispanica: "No sabe otra cosa en que os lo pagar (scilicet quod Melibaeam laudaverat) sino en dezir esso y creo que no vee la hora que aver comido para lo que yo me se." Haec certe sententia lenae est.

Aliorum sacerdotum oblationes. Omisi aliquid volens quoniam commode exprimere non erat. Tota series Hispanica sic sonat: "Que harto es que una vieja como yo, en oliendo qualquier vino, diga de donde es. Pues otros curas sin renta, no era ofrecido el bodigo, quando en besando el feligres la estola, era del primer boleo en mi casa. Espessos, como piedras a tablado, entravan muchachos cargados de provisiones por mi puerta." Dixi omisisse me, reddidi tamen ut potui. Neque certe difficultas insignior, quamvis primum impetum frustrabunda.

ACTUS X

serpentes intus in corpore [meo cor mihi exedentes]. Poetarum figmentis amor serpenti exaequatur. Anacreon *Odario* XI, etc.

Alexander Magnus [, Rex Macedonum] per somnium conspexit. Vide scriptores rerum Alexandri. Paria de se scribit omnis memoriae sapientissimus imperator quem ego Salomononem Romanum nominare soleo, Marcus Antoninus lib. I Εἰς ἑαυτόν. "Diis," inquit, "acceptum fero quod per somnum tum alia mihi remedia sunt demonstrata tum contra sanguinis excreationem ac contra vertiginem."

parotide. Aurium obturationi apto velo. Alioquin quid parotides vide Theodorum Priscianum lib. I cap. IX.

Cum supremum numen aliquem vulnerat. "Quando el [pg. 383] alto Dios da la llaga, tras ella embia el remedio." Transtulisse videtur ex poematio Musaei, qui pariter de amore: "'Ἄνδρα γὰρ αἰολόμητις ἔρως βελέεσσι δαμάζει/ Καὶ πάλιν ἀνέρος ἕλκος ἀκέσσεται. οἷσι δ' ἀνάσσει,/ Αὐτὸς ὁ πανδαμάτωρ βουληφόρος ἐστὶ βροτοῖσιν." Aristaenetus lib. I *Epistolarum* X, ubi iucundissima relatio amorum Acontii et Cydippes: "Πλὴν αὐτὸς ὁ τρώσας ἀεί τινας παραδόξους μηχανὰς διαπλέκων ὑπέθετό σοι καινοτάτην βουλήν, τάχα που τὸ σὸν αἰδούμενος κάλλος."

conscientiam habui. Notitiam. Vide notas ad Phebadium. Quae quidem ex perturbatissimis schediis me absente editae bonam etiam partem sunt omissae.

color vultus tui [secreta mentis enunciabat]. Verba fere sunt Pacati Drepanii in *Panegyrico Theodosii Magni*. Vide nos *Ad Claudianum*.

ACTUS XI

manu tympanotribae. Homines fatui, agyrrae qui tympanis sonum cient ut concursus fiat populi. Qualis apud Gallos celebris fuit quem in facetiis sacrificos praecipue lusisse memorat Bonaventura Pererius.

dimidia auri libra. "Medio marco de oro."

Si manus in obscenum modum [illi]. "Esta colgado de la boca de la vieja, sordo y mudo y ciego, hecho personaje sin son, que aunque le diessemos higas diria que alçavamos las manos a Dios rogando por el buen fin de sus amores." "Pinsere ciconiam" dicit Persius.

Numquam pectus [maceratum desiderio bonos successus rerum]. "Nunca el coraçon lastimado de [pg. 384] desseo toma la buena nueva por cierta ni la mala por dudosa."

Semper hoc audivi affirmari. "Siempre lo oy dezir que es mas dificil sufrir la prospera fortuna que la adversa, que la una no tiene sossiego y la otra tiene consuelo."

[canibus] venenatae ossae [obici]. "Assi se suelen dar las çaraças en pan embueltas porque no las sienta el gusto."

Aegyptii illi [nobis facere consueverunt]. "Cinganos" dicit, qui, si blandis suis dictis unum saltim nummum alicui abstulerint, praestigiis norunt quicquid crumenae superest extrahere: "Como hazen los de Egypto quando el signo nos catan en la mano." Porro unde is populus veniat dubium est etiam doctissimis viris. Ego aliquando suspicatus sum nomen a Zygitis habere, populis Asiae quorum mentio est apud Georgium Pachymerium lib. III *Historiarum*. Vetustos esse alibi ex *Glossis* Isidori observavimus.

dulcibus verbis [multae iniuriae vindicatae sunt]. "Ala he, madre, con dulces palabras estan muchas injurias vengadas."

Numquam pedem secure ponet [qui]. "No da passo seguro quien corre por el muro y que aquel va mas sano que anda por lo llano." Rhythmicum proverbium est.

ACTUS XII

Paris delicti [error]. Nota vafritiem vecordis servuli. In hoc enim istuc dicit ut dominum credere faciat de industria aliam horam quam quae reapse erat nominasse. Sic, cum ipse peccaverit, domino peccatum impingit.

Homo paratus optime [, iam dimidium eluctatus est]. "El hombre apercebido medio combatido." Medium duellum confecit qui ei paratus est.

[pg. 385]

bona bonis sit nobis. In Hispanico est: "Buena hora es." Quod quare dicat cogitandum.

Ne sis assentator. "No seas lisonjero." Quae ultima vox sane hoc loco aliud quam assentatorem notat.

primum natum [arbitrari] habeam. Sic loquimur de hominibus maximo aliquo periculo elapsis. Sic Cicero de Roma coniurationi Catilinae suis consulis auspiciis exempta: "O fortunatam natam me consule Romam."

sed aliquis qui. Ut homines maxime meticulosi faciunt, etiam ubi omnia tuta, excogitant causas metuendi. Talem omnibus coloribus suis depingit Parmenonem.

Eorum hominum animis [qui periculorum]. Strictius sonant Hispanica, quae suis tamen de causis extendi et amplificavi.

eo maius peccatum esse [quo]. Iuvenalis sunt notissimi versus: "Omne animi vitium tanto conspectius in se crimen habent quanto maior qui peccat habetur." Vide Ioannem Salisberiensem *Policratici* lib. V cap. XVI.

ubi plus millies [ductis pugnis concurrimus]. Ridicule mortifero timori aequat pugnos ductos cum vilibus monachorum servulis.

oneratus armis [oleto perfusus est]. Pulchre sonat sua lingua: "Cargado de hierro cagado [182] de miedo" ("Oneratus ferro timore concacatus est"). Et sic vertere malim.

Super [183] **pecuniam non est amicitia.** "Sobre el dinero no es amistad." [184] Cum de argento aut pecunia controversia est, non est amicitia tam firma quin nihil pendatur.

da illi digitum latum [, ulnae totius spatium poscet!]. Verba sunt Hispanica: "No digan por mi que dandome un palmo pido quatro." Alioquin proverbium eiusdem linguae est: "A vellaco das el dedo, tomara la mano." Quod nos allusimus.

[et] aquam petat. Hoc est, ventrem exoneret, ut honestius [pg. 386] circumloquebantur Romani, ut est apud Petronium. In Hispanico est: "Yo digole que se vaya y abaxase las bragas."

Iudicium insignis [insignis pusillanimitatis est, vim facere infirmis]. "Señal es de gran covardia acometer a los menores y a los que poco pueden."

fortis adversarius [etiam serventissimam iram tepidiorem facit]. "El duro adversario entibia las iras y sañas." Verissima sententia et quotidie experta.

minus inimicorum est quo plus mortuorum. Non est expressa sententia sed hoc vult decisa in Hispanico.

ACTUS XIII

Hactenus afflictum curis. Hispanica sic sonant: "Duerme y descansa penado / Desde agora / Pues te ama tu señora / De su grado. /

---

[182] "cargado" in the Plantin edition.
[183] "supra" in the main text.
[184] "sobre dinero no ay amistad" in the Plantin edition.

Vença placer al cuidado / Y no le vea / Pues te ha hecho su privado / Melibea." Ad verbum: "Dormi et animum fatigare desine, o hactenus doloribus dilate, ex hoc quidem momento quoniam sua sponte te amat domina tua; placentia et voluptas vincant sollicitudines neque harum amplius memineris deinceps quoniam in familiaritatem te suam recepit Melibaea."

bis mille ictus. Notum Hispanorum moribus receptum esse adnumerare ictus vapulantibus. Quae quidem a mancipiis ad talia praemia peccantibus traducta videtur poena.

de celsis culminibus [periculose caditur]. "Proverbio es antiguo que de muy alto grandes caydas se dan." Pulchre Iuvenalis de Seiano.

[pg. 387]

ACTUS XIV

canum. Mos etiam iste civium civitatum Hispanicarum, qui inde originem ducere videtur quod in historiis cadentis imperii Romani legitur populos nonnullos eius eversores canes cum et pro militibus in aciem duxisse, uti prolixius a nobis alio loco adnotatum est.

Domine animae meae postquam me credidi potestati tuae. Haec obtestatio suavissima et simplicitatis virginalis plenam imaginem repraesentans deducta est ex libro sexto *Amadaei* cap. LX ubi Onolaria Lisuartum alloquitur sola soli potita: "Mon amy, respondit elle, mettons nous sur ceste herbe à nostre ayse, et puis que je me suis de tant oubliée, me trouvant en lieu si suspect à mon honneur, pour me fier en vous, je vous prie que ceste familiarité pitoyable ne me face en vostre endroit de pire condicion que si j'eusse exercè toutes les cruautez, dont les loyaux amans sont en peine quelquefois par un refus raisonnable de la chose qu'ilz desirent. (Ubi par eventus subditur). Mais tandis qu'elle preparoit ceste honneste excuse, Lisuart gaignoit place petit à petit, se faisant paisible possesseur de la bouche et du tetin. Et voulant passer outre. Ah mon amy, dist elle, contentez vous de prendre sur moy autant que moymesmes ay commandement, qui est voir et toucher ma personne, sans vous mettre en peine de m'oster ce, que vous, ny autre, ne me sçauriez puis apres rendre. Ma dame, respondit il, vous sçavez le temps que je navige en ceste mer d'amour et maintenant que je suis prest d'entrer au doux port de mercy, pour Dieu ne m'y soyez nuysante. Mon amy, dit Onolorie, [pg. 388] ne vous doit il pas sufire que je suis vostre, et jouir de l'exterieur, qui est propre fruit aux amoureux, sans vouloir tendre à un plaisir si tost passé, et qui n'apporte (comme l'on dit) que tristesse? Le bon berger tond son ovaille, toutefois il la sauve de danger, au moins mal qu'il peut, faites donques ainsi que luy et me traitez doucement, s'il vous plaist. Mais tant plus qu'elle proferoit ses excuses mignardes, et moins Lisuart se persuadoit d'y vouloir ajouster foy, ains laschant la bride à ses passions, cueillit la premiere fleur du rosier, lequel pour le commencement se trouva espineux. Toutefois avant qu'ils partissent d'ensemble, la terre fut si bien cultivée, qu'elle se rendit fertile et aysée au contentement de l'un et de l'autre." Addidit haec utique auctor ille qui Mediolani ludum hunc diffinxit quo ad amantium colloquia plurima addens quae invitis gratiis alioquin in tam nobili figmento desiderabantur.

pastores etiam ovium [qui hoc tempore agnos]. Nescio an satis assecutus sim sententiam, quae sane quomodo conciliata sit adhuc dubito: "Y los pastores que en esse tiempo traen las ovejas a estos apriscos a ordeñar y podria ser que cogiessen de passada alguna razon, por do toda su honrra y la de Melibea se turbasse." Videtur alludere cantus pastorales quibus, obscurius licet, propalantur tamen concubitus devirginatarum contra paternas voluntates puellarum.

equina strigilis. Scite sic redditur "τὸ rascacavallos." Quod alioquin Latio nullum habet vocabulum.

[pg. 389]

qui non malit illico mortem [oppetere]. Celebris est Aeschyli sententia quam ab eo plurimi Graeci scriptores expresserunt.

[Verum] cum nihili homo ditescit [neque]. "Mas quando el vil esta rico no tiene pariente ni amigo."

[erant] sanguine scriptae. Plutarchus in *Solone*: "Solon leges Draconis ob asperitatem et poenarum atrocitatem cunctas recidit praeterquam quae de sicariis latae fuerant. Noxas enim Draco persecutus paene omnes erat capitali supplicio ut et otii damnati morte multarentur. Ac qui olus surripuerant vel poma, in hos non secus atque in sacrilegos consuleretur. Unde postmodum lepide dixisse perhibent Diomedem sanguine Draconem non atramento leges scripsisse."

ACTUS XV

bis virgis publice caesus [est]. Non affirmem hoc dicere verba Hispanica: "Dos vezes açotado, manco de la mano del espada." Nihil tamen nimium iratae metriculae. Qualia convicia pulchre "perrerias caninas" obiurgationes vocat Petri Aretini interpres Hispanus quod mente careant.

triginta scortorum vir est. "Treynta mugeres en la puteria." Etiam haec sceleratius quid notare possunt.

iam non sunt. Εὐφημίας gratia sic loquebantur veteres quoniam mortem nominare ominosum habebant. Vide quae ad *Ceirin* Maronis olim scripsimus.

O bona et gaudia [vitae mortalis, qui vos possidet, dum in potestate sua habet, vilipendit neque umquam pretia vestra cuiquam recte cognoscenda ponuntur priusquam recesseritis!]. "O bien y gozo mundano, que mientra eres [185] posseydo, eres menospreciado y jamas te consientes conocer hasta que te perdemos."

Fortunae talis consuetudo est [, cum unam portam clauserit, alteram aperit]. "Quando una puerta se cierra otra suele abrir la fortuna."

[pg. 390]

gloriabitur [forte etiam] tantum sanguinis. More meretricum loquitur, quibus bestiis gloriosum censetur ipsarum causa digladiationes et caedes fieri. Et ita Lucretia illa in *Pornodidascalo* recens a nobis publicato.

---

[185] Reads "eras."

magis afficit amissio [hominem eius quod habet quam spes adhuc parandi alterius talis, quamquam ea vel certissima sit]. "Verdad sea que cierto duele mas la perdida de lo que hombre tiene que da plazer la esperança de otro tal, aunque sea cierto."

De ipso vindicet Deus. Videlicet me: "Y de al me vengue Dios, que de Calisto Centurio me vengara."

Mutare mores [et consuetudines] par morti esse. "Que mudar costumbre es a par de muerte."

ACTUS XVI

noctuas Athenas. In Hispanico est: "Pues mandoles yo trabajar en vano, que por demas es la citola en el molino." Quod paribus verbis frustra reddideris.

si per maria hinc [abire volet]. Exemplum in sexta Iuvenalis.

nullam noctem intermisit. Obrepsit hic somnus bono scriptori, alibi enim actu sequenti octies tantum Callistonem toto eo mense ad Melibaeam itasse sub iuramento affirmat Sosia, itaque altero loco lapsus memoriae est.

ACTUS XVII

ianua nostra limen servat. Horatium: "Parcius iunctas quatiunt fenestras/ Ictibus crebris iuvenes protervi/ Nec tibi somnos adimunt amatque/ Ianua limen."

meliorem unum esse diem [hominem sapientis]. "No embalde se dize que vale mas un dia del hombre discreto que toda la vida del necio y simple."

munditia excita [et exhilarat corda animosque hominum]. "La limpieza alegra el coraçon."

mortui aperiunt. "Los muertos abren los ojos de los que viven." Quod ego quidem symboli, ut vocant, loco saepius [pg. 391] usurpare soleo, alia tamen mente, nimirum librorum lectione veram constare sapientiam.

facilius mendacem quam claudum [deprehendi]. "Como dizen, que toman antes al mentiroso que al que coxquea."

ACTUS XVIII

Ter iussus circumrotare. [186] Quae hic sequuntur, ut potuerit, translata sunt. Multa enim talia Hispanismus vernacula habet quae Latinitas minime agnoscit. Itaque et maximam partem praeterii merito: "Un rimero de malla rota por colchones," etc.

sanctas illas tabulas [unde pueri]. Ridicula iuramenta affectat, ut hoc genus amabile se facere mulierculis novit.

[Vah] conditionem istam. Nullam potius admitto: "Reniego de la condicion." Non velim quicquam conditionis adici, iam confectum puta mandatum. Vel ironia inest.

ACTUS XIX

unum excogitarat equus [indomitus, alterum qui domere illum instituerat.] Poterit vicem proverbii servire: "Uno piensa el vayo, otro el que lo ensilla." Verba non sunt eadem sed sententia.

Ah quis [in eximii conductus more coloni]. Adscribam Hispanicam cantilenam ut quilibet quid ea tinniat possit notare: "O quien fuesse la hortelana / De aquestas viciosas flores / Por prender cada mañana / Al partir a tus amores. / Vistanse nuevas colores / Los lirios y el açucena / Derramen frescos olores / Quando entre por estrena." [pg. 392] Verba aliter sonant, sensum nos secuti sumus, ut decet praecipue in carminibus, quorum syllabas sequi ineptum est.

Laetus est fontis lepor [, unda vivens]. Haec quoque sua lingua adscribam: "Alegre es la fuente clara / A quien con gran sed la vea / Mas muy mas dulce es la cara / De Calisto a Melibea / Pues aunque

---

[186] "circumrotabo" in the main text.

mas noche sea/ Con su vista gozara / O quando saltar le vea / Que de abraços le dara./ Saltos de gozo infinitos / Da el lobo, viendo el ganado, / Con las tetas los cabritos, / Melibea con su amado. / Nunca fue tan deseado / Amador de su amiga / Ni huerto mas visitado/ Ni noche mas sin fatiga."

Arborum umbrosarum [io amoena culta]. "Dulces arboles sombrosos, / Humillaos quando veays / Aquellos ojos graciosos / Del que tanto desseays. / Estrellas que relumbrays / Norte y luzero del dia / Por que no lo despertays / Si duerme mi alegria?"

Psittaci vos [lusciniaque, cantu]. "Papagayos, ruiseñores/ Que cantays al alborada, [pg. 393]/ Llevad nueva a mis amores/ Como espero, aqui assentada. / La media noche es passada / Y no viene, / Sabed si ay otra amada/ Que lo detiene."

vestimenta mea [mihi] inquinare. Vide Theocritum *Oaristi*.

[Domina,] quod pallium et machaera et animus [non]. "Lo que no haze espada y capa y coraçon, no lo hazen coraças y capacete y covardia." Celebris in ignavos sententia.

ACTUS XX

Tot et tanta his duobus sequentibus actibus notanda sese ingerunt ut ipsa copia nihil me notare sinat quodcumque enim relinquam maius erit nihil igitur malui. Neque etiam animus fuit pertexere quod ad primas paginas institueram, tum quia in immensum volumen exisset et alioquin metuam notam in talibus ostentatae lectionis. Quorum enim manibus in nostris oris potissimum hic liber meus teretur, eorum bona pars, quod ipsa praestare nulla ratione potest vel traducere ostentationis solet vel inutilitatis accusare. Huic responsum supra satis arbitror, illius etiam suspicionem praebere abhorreo. Ita vale, aeque et cordate lector, et tuae delectationi atque utilitati infinita alia, si vita nos non deseret, a nobis exspecta. Non est cessare canentem dum reget hos, Christi laudator, spiritus artus.

FINIS

APPENDICES

English translation of Kaspar Barth's prologue

English translation of Kaspar Barth's notes to his translation

PROLOGUE OF K. BARTH ON THE
PORNOBOSCODIDASCALUS AND HIS LATIN

[D1] It was the common opinion in antiquity that human wisdom consisted both of looking at human examples and knowledge of letters. When wise men, who trusted their eternal fame to their eloquence, considered the kind of book posterity would celebrate the most, they realized that they could combine practical and literary wisdom since practicality could be extracted from literature. Therefore, these men chose to fulfill their duty towards the common welfare by transmitting utility and eloquence together. Once they had formulated a solid doctrine based on precepts confirmed by their experience, they decided that their descendants could better understand what had taken them so long to learn if it was presented in an abbreviated form. They chose the daily behaviors that needed correction and wrote exemplary fictions appropriate to what was happening everywhere. Similarly, in most remote antiquity, whose written documents have barely survived until our days, experts in theology were the first ones to put fables on stage. But they presented their precepts first in forests and later in hamlets because they did not dare to correct people's behavior in cities, or to propose stern rules to truly uncivilized men. They did not have the courage to show the truth to violent men who subjugated every matter through murder and pillage, solved everything by sheer force, and used power to overrule natural laws. Consequently, they mixed utility and pleasantness under a clever guise of fables to spread among the people, who could recite how the lion deceived the bear, or how the fox deceived the wolf. As common interest compelled everybody to adopt what the wise men had realized, mankind finally moved on to a civilized society advised by the natural wisdom of these contemporary masterminds. Finally, humankind began to pass laws, to build cities, to choose magistrates, and to do everything necessary to transform humanity from brutish mobs to citizens ruled by justice.

[D2] These wise men and the successors in their task later resorted to consign these fables to books, because they realized that they could not achieve all their objectives nor choose those to whom they would entrust their knowledge just by addressing the public. In addition, those acquainted with wisdom and knowledge erected edifices where they could also show the illiterate masses what to avoid and seek in life. The entertainment they brought on stage was based on honest principles, although afterwards, after much abuse, these entertainments degenerated into abominable licentiousness. Since it is the eternal law of mankind to take everything to dubious ends –even good things that have had a proper beginning– the rebuke of bad behavior in these fables degenerated into vulgar mockery. The ancient satires, the short fables, the comedies, the entertainments and the tragedies fell into the hands of lewd actors who strayed from their wise ancestors' intentions. In the mere pursuit of success to support their notorious lifestyles, these actors entertained their idle audiences with vulgar histrionics.

[D3] The very few who had kept the appreciation of true knowledge began to carry their duty by consigning to books not what pleased the populace, but what pleased the erudite. Their writings contained a façade of digressions, surrounded by all kinds of inventions to protect secret knowledge from falling into vulgar hands and being derided. Many of the ancient Greeks' writings are of this kind. Indeed, I should rather say many of their writings "were" of this kind, because I have discovered after much research that not even a hundred out of many thousand books from ancient Greece have survived. Furthermore, from all this abundance not even a thousand of these foundational books have survived until our days. These writings keep the secrets of the noblest knowledge concealed under the most artful devices. They are so dense that the whole of posterity will be unable to explain the knowledge and wisdom of one Homer. If other bards' writings had been transmitted this thoroughly, today we could admire many more writings than the few that most of us read perfunctorily these days.

[D4] This knowledge of the wise men of remote antiquity finally reached the founding fathers of Rome. After the Roman Empire fell and numerous barbarian tribes went pillaging and plundering everywhere, these illustrious men's writings would have survived if our ancestors had paid to knowledge the same attention they paid to superstition. The brutish nature of the barbarians was not conquered by knowledge, but entangled by the deceitful tricks of the vanquished. Most of the erudition from earlier periods vanished –not to mention religious erudition– and went missing for many centuries after. This loss was so total that only a few books, plagued with transmission errors, survived by sheer luck, which allowed us to partially recover our close and remote ancestors' legacy. But God has looked on us mortals most favorably lately. For the last nearly two hundred years, people everywhere have sought after and analyzed the fundamentals of sciences and arts, eradicated the barbaric filth in them, and returned the almost extinct writings of the noblest men back to life by restoring them to their original integrity as much as possible. Books have come back to life, the moldy humanities have been refreshed, and the masterpieces of the Greek and Latin writers have reappeared as if they had arisen from their tombs. All this has allowed social life and ingenuity to be reorganized and polished back to their original splendor. This long darkness has damaged our century mostly with the loss of some writings that had been hidden for a long time. But light has made many other writings shine, writings whose merits excel, surrounded by the commentaries added by the ingenuity of our recent ancestors and the ones still alive.

[D5] As in the oldest times, when the usefulness of the fables and other fiction was well recognized, our best contemporary writers have presented exemplary fiction that can restore human wisdom back to its origins. To this end, they place the flawed benevolence and judiciousness of our days in front of the mirror of ancient simplicity. I myself find these fictions very useful, and believe that, to increase our prudence through the advice of very wise men and their examples, the best readings are what we call *sententiae*. These sayings offer excellent rules for living in very few, easy to understand words, and present realistic examples with skillfully portrayed characters who befit the situations. Those readers who prefer historical writings to these examples and sayings do not weaken my conviction, but on the contrary, they reinforce it. As anybody who inspects these historical writings will realize, they are not as fictional as legends, but they are fictional after all. If they differ from similar fictions, it is only because historical writers tend to give specific dates, and name places and characters. But there is no reason why the writers of history could have known of events such as monarchs, princes, and generals' decisions better than anybody else has. These writers guess the motives of these decisions mostly from the results, or based on what fortune normally dictates in those circumstances. The truth is that important men's decisions, especially the military ones, are shared only with a very few in secretly encoded messages. This is the case, as any intelligent person knows, of modern warfare, when only three or four people are informed of important plans. Therefore, and as I said before, we cannot give much credit to the events which we read, except when precise periods and specific events are described. In these cases, the writers cannot be easily fooled in matters such as the recorded names of a politician or his fortune, because they can be found in official records. The fidelity of the other referred-to events is uncertain.

[D6] Do not think that I judge all historical writings to be of the same reliability. Some intelligent men in public offices can know those events in which they participated or witnessed better than anybody else. However, they are not acting intelligently when they try to write credible stories based only on rumors spread by the populace, or on a few important people's letters that were intercepted and that often mean something completely different than what they say. These writers are acting wrongly when they enlarge their work by educated guess based on a few events they know well. Often they recreate whole centuries relying on second-hand testimonies that disagree a great deal and are inconclusive. Besides, they do not confine themselves to a given region, but instead they want to pass on to posterity everything that happened in the world in one volume based on what they managed to gather.

[D7] But this is not the best place to keep talking about this matter. I think that these fictions are very useful because they present the events, the decisions, and the just and unjust consequences as if they were on a stage. Everybody can learn free of risk what must be avoided or sought after in any circumstance, because any event, future or past, can be represented through invented characters and their words. So the ancient Greeks put even their revered gods on stage representing them as kings whose detestable crimes they sang in their tragedies. The secrets of their comedies, whose purpose was to give advice on private and public life, have been deciphered by the efforts of the erudite. Now many want to continue weaving the tapestry that the old poets began.

[D8] I have chosen to translate from our modern European languages into Latin for the common good of mankind, and to allow anybody who knows Latin to read the best from these languages. I have chosen some work in modern Spanish, and I can fulfill my duty to the public good by making this *Celestina* available for the common theater of Europe. [187] I chose to translate this play because it contains much-needed lessons on how to lead a cautious life for our young people, who are so prone to sinful pleasures. I also chose this brief play because it is sprinkled with many important sayings that are applicable to daily life. He who remembers and learns to apply them as rules for life –especially if he lives away from his homeland– will establish an excellent reputation among all judicious men. The language of this little book also persuaded me to embark upon this task. It is so elegant, polished, exact, resonating, serious, and venerable, that all Spaniards agree that very few books in their country can match it. I will not mention its author's unique genius in creating characters of appropriate demeanors and speech, and in producing something very different from any of the Greek and Roman writings that have survived until our days. I will not mention his style either, because he who reads his sayings and sees how the characters serve so well the book's purpose will agree with me. The sayings are so pleasantly erudite that they reach the hearts of common men as if they had been written exclusively for these men. The superb principles contained in the sayings burst inside their hearts, convincing them to follow the doctrine and quit their wicked behaviors. Erudite experts in the wisdom of remote antiquity will also learn from the advice in this book. In this respect, the author has scored the very important goal of instructing in daily matters the hearts of those who have already found refuge in the fortress of knowledge.

[D9] This book also fulfills the excellent precept, given by the cleverest censor, of combining pleasure and utility. As this very wise man established, the populace has to be kept in suspense while

---

[187] The word "theater" –"theatrum" in the Latin version– is not to be understood literally here, as if Barth intended his version of *Celestina* to be acted before a live audience. By this word he just means European readers collectively. See the editor's preface where Barth's vision of *Celestina* as "ludus" is explained.

their legs are pulled.[188] In other words, while they are stupefied, the theme of the play may mock their bad habits. This has to be done while entertaining the audience, lest authoritarian severity make the audience hate the philosopher who wrote it. This is what any wise person wants: to cut to the heart of the matter pleasantly and to reprimand people's vices while keeping the stability of a tranquil spirit in every circumstance. I have always considered men who practiced this kind of sweet reprimanding the wisest philosophers, men who were eclectic, as they often declared, because they visited the most intimate recesses of all sects to gather the flowers of philosophy. Besides, they did not exert their wisdom by resorting to restricted precepts and writings that applied only to individual cases, nor did they intend to help everybody. In fact, they spread the secrets of philosophy at every intersection. They did not bore people with their thoroughness and slow pace but acted as if they were joking, playing, or spreading flowers of all kinds. This way, he who had any affliction could immediately pick some cure.

[D10] The rest of those who dedicated themselves to this discipline of human behavior tried to make an art of everything, and they and their precepts failed. To begin with, they failed because the intricacies of their apprehensive approach are stifling. The students' young hearts are so distressed and repelled by the excessive subtleties of their initiation that they give up penetrating a shell so thick to find such a meager core. These erudite men made not only this mistake, but also even worse ones. They published precepts useful for daily life coated in scholastic arrogance. A good example is the inane stupidity of the required rhetorical *loci* and a thousand other insanities that deal with the *dispositio* of the works, or the rehearsal speeches. Consequently, they wrote commentaries so obscure that any smart young man, no matter how anxious to learn, could not understand their writings unless he had assiduously attended the rhetoricians and dialecticians' schools for years in advance. In these circumstances, the study of true knowledge –so simple yet so true– became hated and disdained. Hatred of the subject overtook those who had not given up trying to complete studies that were enshrouded by so many difficulties. Others noticed that many were tired after years of hard studies but had not understood

---

[188] "Their legs are pulled" translates Barth's Latin expression "excusso naso," borrowed from the satirist Persius (*Satyrae* I, 116: "excusso populum suspendere naso"). It also reveals Barth's vision of *Celestina* as a rebuke of bad social behaviors in the spirit of Roman satire.

very much nor learned to apply this knowledge to daily life. Therefore they despised first the teachers, later their followers, and, finally, the studies themselves. This happens because some human spirits, especially those of the ones that are above the populace, despise occupying themselves with anything that does not match their nobility, which makes them censor those who occupy themselves in sterile or futile subjects.

[D11] The second error of these philosophy teachers is that they tried to separate philosophical studies from common utility and daily life, and tried to persuade others that these studies can be pursued in isolation. I am surprised by how very few people have contradicted this clumsy senseless mistake over the centuries! Mankind knows instinctively that wisdom does not make human spirits happy by touching them, and that it refuses to be held inside a human head. It is just the opposite; wisdom enjoys the spotlight and public recognition. Wisdom does not take pleasure in any knowledge that is indifferent to public utility, the utility of the majority, or that is confined within the narrow restrictions of useless speculation. Wisdom, which assimilates mortals to gods and contains all virtues and happiness, is so important that it cannot enjoy being inactive, being covered by shadows, not being beneficial or not exerting its goodness. What good is wisdom for the one who has it, or for the one who could be made better and happier by it, if wisdom is denied to those who ask for it? Furthermore, what good is it if wisdom somehow denied itself by being condemned to be imprisoned inside somebody's head? These kind of little men should consider what happened with their invention of immortal gods. They invented portentous gods but not in such a way that only they knew these gods for their own benefit. Having made endless numbers of idols, they presented them to all mankind without distinction, and they assigned everyone the role in which he excelled and knew the best. But these half-insane inventors of legends thought that they were so wise that they were excluded from dealing with the populace, as they called it, lest their pure knowledge be polluted by the ignorance that ruled all human affairs. Some left society to live in remote places, others lived among the common people and, although everybody considered them fools, they considered themselves better because they were persuaded that they were wise inside. There were always plenty of men like these, but there were also others –although fewer than needed– who, for the public interest, shared what they had learned. They took pleasure in the learning of others, and in teaching them what they knew through their exemplary lives, or through straightforward, uncomplicated books that were very discreet and judicious because of their lucidity and simplicity. These men kindly attempted to find practical applications for everything they knew, and they colored their precepts with suggestive charm. As there were so very few of these men in antiquity that we know of, we can be proud that, in just one century, there have been as many as in all the preceding centuries together, for, if you look at any modern country and its language, you will find many such writers.

[D12] You will also notice that in Spanish, also known as Castilian, a language whose seriousness and propriety excels others, there are many writers who try to unite usefulness and pleasure for the common benefit. Although writings of this kind have been published in other languages, especially in French, the majority imitates Spanish writings, or is influenced by them. Among all this rich abundance, the opinion of many coincides in exalting this play that I now recommend for its many erudite sayings. The text itself shows that it is a fictional play, and the plot is so enjoyable, its characters so well described that it looks like a real event developing in front of our eyes. Most people read it only paying attention to how this realistic and useful story develops. But because the author is also interested in teaching and instructing, he has filled the pages of his play with very appropriate advice. Regarding this point, I discard the criticism of some, those who tend to be very curious of other writers' work, while they themselves write everything faintheartedly, or are unable to write anything at all. These claim that some characters in this book do not respect their decorum when they quote very wise maxims. For instance, at the beginning, a very vile young servant prescribes such excellent precepts to his lovesick owner that he seems to have exhausted the medicine cabinet of all the philosophers. Later, this same servant cannot moderate his anger and kills a frail old woman in her own house, risking his own life. Next to this servant and Celestina, the very astute and wicked old woman, we have Parmeno. His reasoning shines with the highest wisdom, although he is just a very vile young servant who was born hopeless and brought up in a brothel by an ex-prostitute procuress. His criminal actions in association with Sempronio prove later how unwise he really is. In a similar fashion, when the young muleteers are in the stable, and when they hold the ladder used by their master to visit his lover, they discuss the secrets of discretion and wisdom. In my opinion, these aspects and other similar ones do not deserve to be pointed out in this writing because its purpose is to publicly expose young enamored men as a danger to their own fortune and health. If a servant concocts some ploy, is there a better way to present this than bringing in another servant on the spot to blame him for his stupidity and his meanness? It could not happen if one's position were higher than the other's. Also, it is not appropriate to bring in their master to reprehend them, because he is not supposed to know of this ploy. If he had overheard the servants, he would have flogged them, but this would imply releasing him from the blindfolding lovesickness that defines his character. So, our author is justified in not following precepts that even the greatest writers have often neglected.

[D13] You will find that none of the abject characters plays the role of a wise person more appropriately than Celestina herself. Her character is so evil minded, astute, wicked, and careful in her dealings that you will waste your time trying to find anything that does not show some perfidious wickedness in her speeches or in her sayings. She makes men act against their normal principles and in desperation abandon their honor. When it comes to the pleasures of the flesh, she does not expect to coax anybody with her love. However, this astute old woman does not forget her usual skills and she puts young men in situations that inflame their desire. She is very astute in making them fall in love with her pupils, who help her obtain revenge by ruining these entrapped young men even better than if she had entrapped them with her own allure. This demonic character knowingly utters words that are not true and that she has no intention of fulfilling. Consider her character in all her acts and you will see that, when she suggests anything good to anybody, she really intends to do the opposite. In her simulation, she even deceives herself, which is the most terrible punishment that God imposes upon desperate people. Although they sometimes give good advice to good people, they themselves persevere in the execution of evil in their wicked minds. If you study the other characters under this light, you cannot miss that all of them give good advice warning others against the same behavior they themselves cannot refrain from.

[D14] Calisto is very generous, but he is also a fool. Wrath does not make him punish or whip any servants, but love makes him unable to control himself. Sometimes he threatens Parmeno not to keep giving him advice. As it is evident in Calisto's consolatory speech after Parmeno's death, he was quite aware that his wealth was dwindling and that the old woman was wicked, something that was publicly known. However, love made him such a fool that he did not want to believe it. He lost himself so badly that his counterexample helps the reader in the best possible way. This by itself is enough to justify this translation and its implicit intention of commending to everybody the common task of improving our young people. If you analyze the other characters, you will notice all the features of real people, many so superbly represented that you could believe that the author has talked to them in person. Celestina herself, who can be called the heart of the whole story, is always more astute than the rest. She even tricks Parmeno and Sempronio, who intended to make a living by tricking everybody. When they realized that this old woman wanted to deceive them too, they reacted violently because this was the only way they could overcome her superior astuteness.

[D15] When Celestina talks with Calisto, she answers his requests [189] in a tone that matches the aristocratic arrogance of his imperious desires. This kind of man who relies on his stock and wealth seems to believe that it is justifiable to request anything from his servants. He is so convinced of it that he pursues the fulfillment of his wishes even if it implies damaging his own wealth. So, Calisto, although he was burning with love, did not fail to include this kind of request in his cajoling of Celestina, who brilliantly knew how to take advantage of the situation. She fostered this man's pride by pretending to reject his payment –she knew perfectly well that she could not fail to obtain payment from such a vain, lovesick young man– and by knowing how to play along. The servants also play this game with their master, but they err in not recognizing Celestina's superior flattering cunningness in deceiving them until it is too late for them to avoid damage.

[D16] Although this astute procuress plays her character beautifully all through the play, she deploys her astuteness best when she talks to Melibea. There you can see this expert in trickery deploying

---

[189] "She answers his requests" translates "subiectio," which is a rhetorical figure consisting in asking one's adversary a question that oneself answers. Barth sees old Celestina as a master in her use of rhetoric.

her ruses to deprive the unfortunate Melibea of her nobility, of her wealth, and of her love for her parents. Finally, Celestina deprives her of her honor and self-esteem by throwing her into an impure love. In this endeavor, Celestina's sorceries did not help much, except in adding one more crime to her long list, because, even without these sorceries, no young girl could have resisted such attacks. From so many years of experience, this old procuress knew all the tricks, and how to adapt them, according to the circumstances, to overcome the honesty of any young girl. She finds her way around Melibea's chastity with cunning diversions until, incited by the salary she had already received and her hopes of receiving more, she dares to reveal her true mission. Celestina hesitated not because she would not have had the courage to do anything, but because this was the first time she spoke to a girl who had the highest reputation for her many virtues. At the same time, Celestina was very aware of being distrusted by all the honest people and publicly despised for her many misdeeds. In her first assault, she knocked the girl off balance. Melibea certainly knew of the notorious reputation of this go-between and procuress, but she had some doubts about the actual purposes of her visit. The astute old woman suddenly found shelter in religious matters to prevent Melibea from suspecting anything when she heard the words from such a suspicious messenger. The very wicked Celestina did not only take advantage of womanly piety, but also of divine piety to sow the seed of doubt in a very chaste mind. The unfortunate maiden thought that Celestina had come to honestly talk to her because of her own virtues. Celestina convinced her that she was being ungrateful and had disobeyed God's law in denying a sick man what she could easily bestow to benefit him without any risk to herself. This explanation baffled the simple mind of Melibea, whose chaste innocence made her so clement and sympathetic. Celestina continued her corruption with the patience she had learned by experience in her many astute schemes. She acted so astutely that, in the end, the girl did not only give in to her intentions, but also even regretted her previous rage. I think that the author could not have imagined anything more ingenious than this ploy of a wicked procuress' last-second bright idea. With this ploy, Celestina shook Melibea of all her virtues. Melibea not only surrendered, but also even somehow begged to be thrown into the abyss of carnal desire and bad fortune.

[D17] Because the reader could interpret Celestina's muttering of magic spells in a different meaning, we should not pay attention to what here only serves to present her as if she were afraid of Melibea's rage. How many words would I require to explain Celestina's conversation with Melibea's mother, with her servant, with Melibea in the presence of these two women, and later with Melibea alone? Against the ruses of this woman alone, the whole family is impotent to protect its only, and therefore most beloved, daughter, who has been brought up to enjoy the greatest opulence. This explanation would be longer than the play itself, and the clever reader will easily unveil by himself the remaining machinations that lurk hidden. If you scrutinize Celestina's character when she talks to the young servants or to the prostitutes, you will notice that she offers them what they desire most. She is the organizer of everything, and so she expects to be the only one to enjoy the benefit and the pay. Everybody is tricked by her alone. First, she reconciles Parmeno and Sempronio so that neither can suspect that she is after anything else but their benefit, because she seems not to be affected by whether or not they are friends or enemies. She wins them to her cause with ploys. She reconciles Sempronio with a lover he had somehow disregarded because of the boredom of their long relation. Astutely, Celestina makes him see an invisible rival and put up with the insults of his diabolical lover, while being satisfied and enticed by desire. Parmeno is unexpectedly matched with a very beautiful lover who Celestina throws into his arms just as he is burning with desire to lie with her. Areusa, as we later gather from Sosia's words, was so very beautiful, so young, and so in the prime of her beauty, that young Parmeno loved her deeply in spite of the fact that he could not even dream of having her in his arms. Because old Celestina knew how useful Parmeno was for her, she did not resort to his greed, to giving presents, to requests or any other procuring. She made him believe that she loved him like a son by giving him the highest bliss he could ever hope for, that is, Areusa. Celestina resorted to this highest pleasure to waylay him from his constant fidelity to his master, from his compliance with good advice and practicality. She led him where she wanted to take him, where he did not want to be taken at all, and where he would have discouraged others to go. As he forgets all the misdeeds of this old woman, he forgets himself. He befriends his enemy, he allows Celestina to do whatever she feels like doing, and he consents to being disloyal to his master. Sempronio was so completely beguiled by the deceptions of the wicked Celestina and the tricks of Elicia that he believed her promises of sharing the gold, even if he was aware that he himself had brought her into the house to trick his master.

[D18] I will not comment on Celestina's whorish words to persuade the lazy Elicia to follow her wicked science when she pretends to be losing her memory. The author wittingly shows how Celestina forgets that a woman has given her a gold bracelet as down payment for the restitution of her virginity. Even Elicia, in spite of having helped the procuress for so many years and being aware of her many misdeeds, does not realize the purpose of Celestina's lies. The old woman hides the goal of her lies because, after all, Elicia was a good servant and she knew that, if she lost her, nobody would take care of her business.

[D19] As I said, I will not examine the personalities of all the other characters. The few characters I have shown are good enough examples for the reader to study the rest and, once he sees these kinds of ruses a couple of times, he will be able to shield himself from all the suspicious services of people of this ilk. For this purpose, the sayings provided in the book will be very useful. The reader who wants to extract the appropriate lessons from the book should not only read and understand the sayings, but also remember them so well that he can easily retrieve them for guidance in any circumstance. He will see that these sayings warn him of many future risks. And if this point can be clarified with an example, I can tell you that I knew a very astute self-made man who was impossible to fool by simulation. He combined a certain kind of astute civility with persistence and patience, and he could obtain almost everything from anybody. In my youth, I covertly observed him and examined his business behavior, and after many months of assiduous contact, I decided that he was one of the most astute and insightful persons I ever knew. I do not want to ponder if he always had made good use of his wit, his acute perception, and his vivacious spirit. I can say that he had been so careful winning over friends and foes, that he was loved and dreaded by all. Practically nobody dared to say any half-truths in front of him. I observed this man's behavior for a long time, but I never noticed that he mentioned *Celestina*. But I finally figured it out. He had it readily available and knew how to make use of every single iota of advice in this book. Although this had granted him marvelous astuteness and prudence, it had failed to grant him the ability not to harm other people when he acted for his own benefit, or better put, for his own gain, since sometimes he seemed to want to improve his lot by harming his friends. With this exception, nobody would deny that he was very clever. As he saw that I had noticed it, he did not deny that most of his caution was due to this book. He proved that, in any matter or situation, this book gave appropriate, practical advice on how to act or to abstain from acting. If somebody does not want to believe my opinion or that of the book's text on how useful it is, this is a testimony that he cannot doubt.

[D20] After all these explanations, everybody will understand why I have chosen first to translate *Celestina* into Latin from among all the Spanish plays. Before this play, I published my Latin translation of Fernando Juárez' Spanish translation of part of Pietro Aretino's *Ragionamenti*.[190] But my first translation of this short book into Latin was so simple that I prefer not to publish it as it is, but to translate it again, something I have decided to do as soon as I have some spare time. When I first did it, I was rather ignorant of the gracefulness of this language, and more enthusiastic about Latin than knowledgeable of its proper use, but practice has taught me to do otherwise.

[D21] I do not know what possessed me to embark upon translating *Celestina*, but I wrote it with such impetus that I completed it in less than two weeks. To blame haste for the shortcomings of their work is usual among men whose aptitudes are above average. I, however, not only do not apologize for my haste, but I am even proud of it. I do not know why, but one's wit cannot be applied better than when writing without stopping. All flows easily, sentences follow each other better, even formulas and expressions are livelier and more natural. While I am translating this or that character's words, I see the appropriate answers in my rushing mind. When ones writes, an inspired wit and sharpness takes over the mind, which allows the translator to express the true inspiration of the author much better than by mere laborious writing. In these occasions, the mind itself is somewhat absorbed in the pleasure of

---

[190] Barth is referring to his *Pornodidascalus seu Colloquium Muliebre Petri Aretini* (Frankfurt, 1623). This is a translation not of Aretino's Italian original *Ragionamenti* but of the Spanish translation of the third day by Fernán Juárez entitled *Coloquio de las damas* (Seville, 1548 and 1607).

writing, and it coins lively expressions that wonderfully express the content. For this reason, as the witty Martial said, a book requires a certain amount of inspiration to succeed.[191] Indeed, it is useless and mere busywork to translate word by word, to mechanically match one idea with another, and to coldly deal with the definitions, which anybody who knows the language can easily do. But it is a sublime enterprise, not within everybody's reach, to give shape to and express sentences fully conceived, to be able to follow the dexterity of the hand when it writes quickly but without rushing. However, if some sort of obstinate diligence takes over the writer, the result is an overabundance that rivals the legacy of the few writers from all antiquity in its copiousness, something that I do not aspire to, although, sometimes, I may have indulged in it for the sake of future fame.

[D22] My work is, as I said, very different from the relentless toil of those who fill pages and pages with very elaborate commentaries. It is also very different from those whose ability is too feeble to keep up with the divine urge to write well-thought ideas. Part of these writers, as soon as this divine fervor arrives, works relentlessly, but only while their minds are completely taken by the fervor. When they realize that it controls the deepest truths, they cannot stand it for long. The result is that they barely have time to scratch the surface of the matter while they are inspired, and they quit, exhausted by the demanding effort. Their indolence is very dangerous because it is better for inspiration to vanish than to be interrupted, mostly because, when inspiration is stopped unnaturally, the interruption leaves seeds that disturb the mind. Another part of these writers deflects their inspiration into banalities and panders to their audience. They forget that their writings must also serve the common utility of mankind, and that anybody who considers himself a writer has to pursue this mission, as the unanimous voice of antiquity proclaimed and taught by example. And although this noble dedication has few devotees, their significance and authority is such that they are worth one thousand of those who only want to apply their very sophisticated minds for their own pleasure and benefit. These writers reject all assiduous perseverance, which they dispel as

---

[191] Martial, *Epigrammata* 6, 61, 9-10: "Nescio quid plus est quod donat saecula chartis: Victurus genium debet habere liber" ("I do not know what gives the most immortality to writings: a book must have some genius to win").

mere toiling. What they cannot accomplish in the rapture of a brief moment, they consider undeserving of their effort. But this matter must be judged in a completely different manner. There is nothing enviable in an attitude that does not allow them to enjoy the fruits of their inventiveness, nor to dedicate themselves completely to prove their value. They will never know how good their inventiveness is because they never took any chances to know how and with what results it can be exerted. Also, these peddlers of lightness show their weakness because they do not give birth to their work –or I would rather say abort it– until they have been scribbling all over it for ten years. But, when they finally publish their work, the vacuity of their intellects is clearly exposed. So, they are not so sure of anything as not to want to say its opposite. All they aspire to is that their writing be praised by the same ones who despise it because they cannot find anything in it but ever-changing arrogance. Their writing is adorned by such wordiness, such praises begged or extracted by force from others, that some unwise readers may miss an important appearance in court while reading this writing so reminiscent of edicts and bulls. But in reality, the text itself is not even good patchwork, and Plautus himself would not have given his proverbial damn for it.

[D23] I am really going too far with this subject, since I only intend to show that the reader should expect this book of mine to be very different. Now is the moment to tell my reader something about my translation, so that he can appreciate directly from me, better than indirectly by conjectures, how much I think I have achieved in this endeavor of mine. In this translation, I cared only to convey the sense of the author fluently and in proper Latin. I pursued this end so thoroughly that in the whole work I have not expanded even ten passages for the sake of embellishment. In all the other passages, my intention has been to present what I was translating as clearly as in the Spanish original, even clearer. This style is very rare today, when most translators fill pages with affectations and puns to show off their erudition foolishly. In my translations I have always avoided excessive literality and similar defects. Any man of letters' main concern should not be to be praised, extolled, or celebrated for his erudition, something that should be shown in ways other than ridiculous witticisms. His main concern should be that his subject matter is transferred to his readers' minds as pleasantly and accurately as possible. He who seeks increased understanding in his writing, and the improvement of all mankind or of the best ones, deserves to be considered among the best authors in my opinion. This honor cannot be reached through virtuous writing, but through graceful insight. An insightful style consists in using not very complex, arcane, or obsolete words and sentences, but in using appropriate words with a certain grace, elegance, watchfulness, and radiance. Only after assiduous dedication does nature give writers this ability, an ability which must be sought by all means if one does not want to be relegated to the hands of inept readers, but to reach the desks of the wise ones, and live for ever in the praises of judicious men. Since translators cannot always reach elegance of style in their work, they should aim at lucidity, which is especially commendable in writings intended not to entertain and please the erudite readers, but to advise and assist all men.

[D24] Because I always have pursued lucidity, sometimes I have neglected the elegance that is somehow part of the appeal of the Spanish language. Evidently, it must not and cannot be denied that this short book contains many elements that no ingenious effort could make sound in Latin as they do in Spanish. I am especially referring to the proverbs of modern Spanish, that are extracted from every possible aspect of life, such as daily situations, social events, particular cases, the mysteries of religion, love affairs, the risks of war, the sayings of the philosophers, the jokes on peoples from different nationalities, the censure of vices, the praise of virtues, the allusions of fables, the sanction of laws, public rules, private privileges, etc. These proverbs are used with such graceful wit in Spanish that, if somebody tried to adapt them to Greek and Roman daily life in his translation, the results would not be better, more spirited, or easier to understand than the original. And this is not surprising because Latin and Greek would have not easily accepted the witticisms of each other, in spite of being closely related contemporaneous languages and cultures. But the difference in habits, rites, and time that separates the halcyon days of Rome and modern Spain are such that many Latin words have changed their meaning in Spanish. The initial family resemblance of Spanish and Latin has disappeared largely. The habits, the sacred and secular rites in public and private life, the behaviors, the fashions –if I can express this way what otherwise is difficult to express in Latin– all the studies, professions, trades, and ceremonies have changed a great deal from what was the norm in Roman times. Because of this, whenever I ran into such problems in this translation, I either completely passed over them, insofar as it was conveniently possible, or I expressed the gist of the passages with other words. I did not attempt to translate some Latin words with Spanish words, a nonsense equivalent to the towers of Lamia and the horns of the sun [192] or to a ship of fools. [193] In my opinion, he who follows this practice will surely be ridiculed. He who wants to learn about such things should go to the books of those who write to reach fame, because my purpose in writing this book was very different.

[D25] My intention has been to express other virtues of the language, to render the erudite sayings more eruditely than others, the amusing expressions, more amusingly, the comical, more comically, the witty, more wittily. I applied myself to this task so deeply that I think nobody is qualified to judge the results except those who have applied themselves to the same task. Only they can discern how much vigilance is necessary to pay due attention to all the important aspects, to unveil and express all the hidden meanings without turning beautiful constructions into shacks, and their meaning into something different than what the author intended. In this aspect, the heroic language of Spain enjoys a generous license that allows it to capture eloquence in all its aspects, as no other language can. Among the modern languages, Spanish has the celebrated ability to appropriate words easily from Greek, Latin, Arabic, and Hebrew. Although pleasantness and vivacity allows modern Italian and French something similar, Spanish is much closer to Latin than these two languages, both in its sounds and in its sentence structure. Whoever knows the subject well will acknowledge that the rhythm of any Spanish sentence sounds very similar to Greek or Latin. Regarding syllabic division, which is key for poetic rhythm, the similarity is evident to me, as the first one –as far as I can tell– to dare to adapt the poems of Spanish to the meters of antiquity, as

---

[192] The "towers of Lamia" and "horns of the sun" are lullabies that mothers sang to put their children to sleep. See *Tertulliani Adversus Valentinianos Liber*, chap. 3 (*PL* 2, 545B).

[193] "Ship of fools" is our translation for Barth's "buttubata navis." "Buttubata" means something trivial, worthless or nonsensical, a synonym of "nugae" (Cf. Naevius, *Palliatae* 131a). "Buttubata navis" sounds like Barth's personal translation of Sebastian Brandt's famous title *Das Narrenschiff* (1494) (*The Ship of Fools*). If this is the case, Barth was unaware or decided not to follow the title of Locher's Latin translation of Brandt's book as *Stultifera Navis* (Basel, 1498).

I will demonstrate with intentionally brief examples in my notes. Besides, Spanish has a peculiar grace in its meters, which manage to comprise the sophistication of other languages.

[D26] But do not despise the rhythmic aspects of a language as a matter of mere tradition and practice. All the languages spoken or written by men are permeated by some poetic sweetness, even if many consider that this divine gift has become vulgar and despicable mostly everywhere, as happens with every matter that the masses pretend to know, when only few understand it, and even fewer master it. Since today nobody thinks highly of rhymed writing, for it is considered difficult, convoluted, inappropriate, or just insane, the author of *Celestina* has acted very wisely in writing his play in prose not restricted to meter, and acting against the practice endorsed by antiquity and the following centuries. To make the characters in the play stick to the rules of versification would only have added difficulties, because they use colloquial speech to better express their astute personalities through common speech mannerisms and trivialities. Some Latin playwrights followed a similar practice. Contradicting the rules and procedures of the Greeks, in their comedies they used meters that allowed them to include mostly anything they considered appropriate. However, they excluded one or two syllables from this license, presetting them to keep the rhythm of the sentence. If any sort of preset syllabic structure had been followed in this play, it would have become unfit for the common reader and, therefore, very few would have read it.

[D27] The rules of syllabic meters were duly set aside and reserved only for the erudite ears of the Latinists because, to represent this story, there is no need to use ancient ceremonies, nor theatrical pomp or a chorus, and much less histrionic gesticulations. However, this play has not been produced for any given theater, nor written as entertainment for any given city or nation, but as a spectacle meant to educate all the Christian world. This play warns us by depicting how the devil uses wiles in the form of the ruses of women to bring all kinds of evil to the Church of Christ, to our dignitaries, and, finally, to the people. Lately, the devil's weaponry is much more sinister and crude, and sexual pleasures are deployed in all kinds of orgies to expel piety from Christian hearts. These ruses alienate their hearts by simply expelling love for God and faith from those who live only for the present day, those who commit all kinds of wickedness and take everything as fashionable games without worrying about punishment or divine providence. This leaves the windows wide open for other vices, and makes these men run after all the same pleasures that persuaded them that the divine does not matter, and serve only their bodies while deriding the advice of wise and pious men.

[D28] This outstanding book is of the kind that does not rely on the pleasure of the verses or in the accuracy of its quotations, but the kind that presents examples taken from real life and shows one how to live. Such is the case of Calisto, who despises God and takes the Christian religion for a tale and only thinks of gaining Melibea, who won't give in to his dishonest proposals until she rejects her parents' advice and, with it, even God himself. She opens her heart only to the old Celestina, whose wicked nature she should know. However, Melibea asks her to visit her again. Melibea lies to her mother, scorns her servant when she gives her good advice and, finally, opens her door to lust steeped in impiety. Celestina does not only abuse pious devoutness, but also she is used to adoring the devil himself and asks for his help to attract an innocent dove, instead of a sinister bird, to her net of desire. Parmeno and Sempronio are pretty much the same. In his final speech after the death of his only daughter, Pleberio describes his life. But nobody should believe that all these examples apply only to common people. Today, the more powerful a person is, the more dangers surround him. So, he can learn and apply something from this book in any position, place or situation where the assistance of women or servants is required, which is often indispensable in any functional household.

[D29] To return to the subject of this translation that I did while always keeping in mind the merits of the original, I tried to state everything as closely as possible to the author's intention and words. But I did not follow his words so closely as to allow myself to attribute to them a predetermined meaning. The translators who do this do not attempt to improve or instruct their readers. They gain a reputation for their useless industry that nobody appreciates nor imitates, and barely one in one thousand admires. Most consider it a ridiculously futile effort to count, like a miser, the words for their syllabic rhythm, instead of using the appropriate sentences without having to previously adjust them to annoying meters. He who succumbs to this practice will not satisfy himself or his readers, who will look for the meaning of what they are reading and will barely find anything beyond the tedious weaving of sentences. I want the readers to say that my writing allows the sentences to be interpreted freely. However, as it happens in all languages, there are words in the original that are so idiomatic that they cannot be translated into proper Latin. I think I have acted appropriately when I have encountered Spanish words that are the only ones to express what is going on clearly, without having to resort to convoluted detours. Because these words are the only ones that can express the content, I decided to use their equivalent Latin words with the new meanings they have acquired in the Romance language. This is the case with the word "justice," which I have used in my translation to indicate the functions of the governor, the judge, the prefect, and the mayor of the city. I did it because this word is used in French, Italian, and Spanish to mean not only the final penalty for all crimes, but also all its officers, including even the executioner. All this could not be translated into Latin any other way except by borrowing this meaning of the word "justice" from the consensus of all the Romance languages. Justly and on its own right, I can use this Latin word, not following the rhetoricians, but the common use and experience that duly rules both arts and languages, at least among civilized people.

[D30] Otherwise, I would have wasted my time trying to adapt to the old Roman customs what so many modern languages share. This is what is done by men of fainthearted intellect, who dedicate themselves to doomed endeavors, men who want to be called Ciceronians. These secluded chasers of faint vestiges do not want to write or say anything –even in their works for the common people– that has not been established in that remote era that only some erudite men can remember vaguely. Unlike them, when the characters in our play use the word "master," I kept it in Latin, even though I am aware that Roman slavery and all its miseries have disappeared, and that the words "owner" and "master" now have a different meaning. Also, why should I call a bell by a different word than the one that is attested and that everybody understands? Similar to this case there are many Latin words that have a Christian origin, and that need not be changed to fit the customs of paganism. I did not hesitate to admit words of this kind because I recall the venerable, erudite, and eloquent forefathers of Our Faith using them.

[D31] I believe I acted wisely in ignoring and omitting some passages of the original that could corrupt the morals and somehow stain the text with their intrinsic savagery. I think I did it once or twice at the most, certainly in the passage where Celestina's potions, pigments and other instruments are listed. Although most likely they are inventions, I decided that it was better to ignore them as much as possible. Her spells and charms are a different matter. For instance, when the old woman entangles a demon in her yarn, her words are only literary inventions, and anybody can easily find similar expressions in many passages of very Christian and other writers.

[D32] Now it only remains for me to warn first our young readers, and then all the other readers of this book, to put aside anything they can extract from the text, to calmly consider its utility for the pursuit of true virtue, and to learn to deem dubious women as dangerous as if they were scorpions sleeping under a rock. Especially, I want to dedicate this book to the German young men who leave their home to learn foreign languages and customs. They should learn as much as necessary in these foreign lands, but beware of deceitful women and servants of this kind. Do not believe anybody's flatteries, no matter why they are said or the authority they claim. These young men should ponder the intentions of all the old women they run into, and consider them potential Celestinas. Equally, they should see Parmenos and Sempronios in the servants, who want to use reasoning, ruses, plots, and perjury to trick them and get their money. In all the flattering young girls, they should see Elicias and Areusas, prostitutes and procuresses, who do not have any remorse in profiting by sucking their blood. This way, they will understand the intention of the Spanish author of this book, who beseeched his compatriots to read this book instead of many others. This book is also recommended by me, the committed translator from Germany, thanks to whom everybody can read it for the common good. I am also giving young people the opportunity to keep this book as an everlasting warning against the kind of deceptions to which they are so susceptible.

[D33] This translation is part of my project to make available many other texts to all readers. This way, those inclined to the liberal arts will be able to extract both practicality and intellectual pleasure from the best books in Italian, French, Spanish, English, Greek, Latin, and German. With this purpose in mind, I have already published my *Pornodidascalus*, a dialog that warns of the concealed deceptions of prostitutes. When I have some spare time in the near future, I will correct it, following the Italian original, if I have permission, and I will add what has been considered tolerable.[194] And I will review it in depth, because it was my first creation from Spanish and I now know that I can easily express many things better and more clearly. This is how I translated Gaspar Gil's very elegant pastoral work that depicts the loves of Marcelo and Alcida, and others, a book that I may hand in to the printer together with this *Celestina*.[195] I think that nobody can come up with a book more pleasant and useful than this *Pastorals*. It depicts the idyllic life, fortune's ups and downs, the long pursued success in honest love affairs, and the faithfulness of a spouse even when the other is disdainful. These adventures are described in such pleasant verse and prose that he who complains of the unstable human condition can ignore the worries of human ambition and the temptations of pleasures after reading this book. If he follows the moving recommendations of this book, he will be able to lead a painless, truly virtuous life.

[D34] A very similar book, Jorge de Montemayor's *Pastoralia*, has been translated very recently.[196] Persuaded by this work, I collected a digest of Milesian fables, more than thirty volumes of the most amusing fables and stories taken from all languages.[197] My purpose was to teach worthy men that base desires are bound to have unhappy endings, and that virtuous endeavors are not only useful in themselves, but also because they can provide very honest pleasure. Men can learn that happiness will not desert those who nurture good habits, and that it is not dreadful to live an austere life, in other words, to live well regarding others. Men can also learn that in urbanity, civility, and grace there is a softness that bestows true virtue upon the spirit, that one does not need to seclude oneself to live in cemeteries, like the sophists who gnaw at their hearts, nor to turn the books into gods, and much less to fight over minutiae, like bookworms who want to reach the reputation of being wise men. I think that those who published books of Milesian fables before me intended to reveal all these and many other similar points. They did it not so much to delight the reader's ears with

---

[194] See note 190.
[195] Barth is referring to his *Erotodidascalus sive Nemoralium Libri V* (Hanover, 1625), a translation of Gaspar Gil Polo's *Diana enamorada*.
[196] Barth is referring to the translation of Jorge de Montemayor's *Diana* by Hans Ludwig von Kuffstein entitled *Erster und anderer Theil der newen verteutschten Schäfferey, von der schönen verliebten Diana* (1619).
[197] For a definition of Milesian fables, see note 7.

pleasantries, but to put in front of our eyes amusing examples, advice, and instructions of what should be done and avoided in life. I am sure that, if I follow these writers in their steps, I will not write a book of stories that I will regret having published. Our century also seems to need the kind of guidance of realistic examples that readers can easily understand and follow.

[D35] Of all my extended works, our young people should first read this *Celestina*. Once they have learned the tricks of this woman and those of her helpers, they will become more prudent with this experience, and realize that I have not wasted my time in useless or irrelevant endeavors. Those who may have thought that I wasted my time will change their opinion, I hope, when they read some of my poems, and my extensive *Adversaria*, which is now in the hands of the printers.[198] In these pages I want to assure them that they should not worry about me, since the purpose of all my writings is no other than what I hope will be the best use of my days. Although my writings will not cover everything for everybody, my soul is witness to the fact that I was born and lived for the glory of God, and for the service of mankind. I am so strongly prompted to continue this task that, even for all the impermanent treasures on earth, I would not change this, my modest talent and resolution, which not I, but the Deity through and in me, inspired for the good of the Church and humankind. Having accomplished this task with God's help, I move my mind and my pen on to other tasks.

---

[198] Barth is referring to his over three-thousand-page collection of sayings and curiosities that he published as *Adversariorum Commentariorum Libri LX* or *Adversaria* (Frankfurt, 1624).

KASPAR BARTH'S NOTES ON HIS LATIN TRANSLATION OF *CELESTINA*

magni illius Heracliti [*aquel gran sabio Eraclito*]. He was certainly very famous and his doctrine, too. It was transmitted to many, although it was manifested only to a few in depth. On his life and on his many maxims see Laertius' book 9, Suida, Hesychius Illustrius and others. [199] Heraclitus should be considered a great man on his own merits since he was the only one to dare separate himself from the rest of human beings, who are shattered by their greediness and the bitter smile of luxury. He despised material possessions so much that, when the king of kings Darius invited him to his splendid world-renowned palace, Heraclitus wrote back these words: "All the men in the world are very far from truth and just dealing. They are full of evil foolishness, which leads them to insatiable greed and ambition. I, however, forget all their worthlessness, shun satiety and wish to avoid all envy on the part of my countrymen and all appearance of arrogance. I shall never come to Persia because I am quite contented with a little and live as best as suits my own inclination." [200] [Latin translation of the Greek text]. He exemplified this judgment of a truly divine man with his own life and, when I am reading him, it seems to me as if I were reading

---

[199] Hesychius Illustrius, fragment 7, 1, 461-529. Suida, *Lexicon* alpha 2046, eta 471, eta 472, theta 263, sigma 63; there are a few other brief entries in Suida that mention Heraclitus. See next note for Diogenes Laertius.

[200] Diogenes Laertius, *Vitae Philosophorum* 9, 14. Barth's initial intention in his translation notes seems to have been to give the Greek quotations in their original form and then add his Latin translation, as here. However, he does not follow this practice thoroughly and the vast majority of the Greek quotations are not translated into Latin.

one of the Fathers of the Church who is scorning vanities. But unlike them, Heraclitus could not learn much from previous men because, when he was born, only a few ingenious and industrious men had previously existed. He who knew so much compared to others did not have a teacher. Suida says: "Heraclitus: he was not a pupil of any of the philosophers but in fact he was fashioned by his own nature and attention." [201] His doctrine was not written for the masses, and he was considered very arcane and given the moniker of "the obscure" because of its concise formulation. However, his doctrine was not very difficult for those who learned it in depth. Hesychius Illustrius says: "But there is also a bright light in his writings, so that even the dullest can easily comprehend and acquire elevation of soul. The style has brevity and incomparable weight." [202] This contradicts those who rejected his philosophical writings because they were difficult. It is common among the Greeks not to say anything that they do not immediately refute. This is the case of Suida when he talks of Heraclitus. Suida does not hesitate to list Heraclitus' teachers in spite of the quote of his I copied above [of Heraclitus not being a pupil of any of the philosophers]. And also Hesychius contradicts himself. After talking of "meltable earth," he forgets it immediately and asserts that he did not know anything of it. [203] Other famous sayings and maxims of Heraclitus survive. According to Hesychius, he called the high opinion that a man has of himself and his own virtues a sacred disease. "Nobody crosses the same river twice" is a very fitting description of the fast passing of time that is referred by Plato in his *Cratylus* [204] and by Seneca in his epistle 58. [205] That a man's soul is inscrutable is mentioned by Lucretius, and by Tertullian in chap. 2 of *De Anima*. With this saying he truly mocked the fallacious arguments of the silly Sophists. Tertullian collects other sayings of Heraclitus on the same subject. [206] The idea that Tertullian mentions in book 2 chap. 28 of *In Marcionem,* that going up and going

---

[201] *Lexicon* eta 472.

[202] *Fragmenta* 7. Cf. Diogenes Laertius, *Vitae Philosophorum* 9, 7.

[203] Lines 488-9. Hesychius is explaining Heraclitus' doctrines by which earth is "melted" or rarefied to become air.

[204] *Cratylus* 402a.

[205] *Epistolae* 58, 23.

[206] Tertullian, *De Anima* (PL 2, 651A). Lucretius discusses the absurdity of Heraclitus' theory that fire is the prime element in nature, not the inscrutability of the soul. Lucretius does attack him for his proverbial abstruseness at 1, 638-644.

down is the same way, is also very clever.[207] I think this must be mentioned because Heraclitus persuaded everybody that everything is made of conflict and opposition. See more in Plotinus' book *On the Descent of the Soul into Bodies*, which is the eighth book of *Enneades* 4. He also knew that human reason depended on divine reason, which rules and governs the world. Chalcidius in his commentary on *Timaeus*: "Heraclitus, with the agreement of the Stoics, connected our reason and the divine one that rules and governs worldly affairs. Because of their inseparable company, our reason is privy to a rational principle formed by tranquil minds through the power of the senses to announce the future."[208] In his *Oratio in Graecos* Tatianus charges him with ignorance because of the way he died: "Death exposed his ignorance, for he was stricken with dropsy and practicing medicine like philosophy he smeared himself with dung. When it hardened, it brought about cramps over his whole body and after convulsions he died."[209] Diogenes Laertius, on the authority of Neanthes, wrote that he was devoured by dogs and Hesychius, following Diogenes, wrote the same.[210] It also seems that this philosopher thought that everything was under the rule of one natural principle, a kind of universal ruler. His book *On Nature* treated together the universe, theology and politics, as the same Laertius reported. We showed elsewhere that Socrates had attached everything to ethics or practical philosophy. And Heraclitus' authority was such that with just a few pages he created his own sect of followers, who extracted their doctrine merely from his *Commentary on Nature*. Because Heraclitus did not want to be understood, Cicero in book 3 of *De Natura Deorum* did not hesitate at all to omit him, the same reason why he excluded the theologians that were only understood by a few initiates. Among his noble sayings, his despising of the body especially agrees with Christianity. He taught that we should not give the body any importance. Georgius Cedrenus' *Epitome Annalium*:

---

[207] *Adversus Marcionem* (PL 2, 318A-B).
[208] *Chalcidii Timaeus de Platonis Translatus, Item Eiusdem in Eundem Commentarius* (Leiden, 1617). There is a more recent edition by Wrobel, *Platonis Timaeus, Interprete Chalcidio cum Eiusdem Commentario* (Leipzig, 1876). The quote is from section 12, "De Visus Auditusque Utilitate," chap. 266.
[209] *Oratio ad Graecos* 3, 1.
[210] Hesychius, fragment 7, lines 466-7. Diogenes Laertius (*Vitae Philosophorum* 9, 4, 10-12) is quoting from the 3rd-century historian Neanthes. The Neanthes fragment is *FGrH* 84 F 25.

"Heraclitus too extolled nearly the same things in agreement with Pythagoras. He also said that it was altogether necessary to take no heed of the body, deeming it more worthy to throw it out than dung, and to easily procure the body's nurture so long as God would order, as it were, the forming body to make use of it."[211] His idea that everything is born from fire is well refuted by Lactantius in *Divinae Institutiones* chap. 10, alleging that water cannot be produced by fire in any way. "Heraclitus," says this very elegant writer, "said that everything could be born from fire and Thales of Miletus that everything could be born from water. Both saw something but both were equally wrong because, if only one of them were right, water could not be born from fire nor inversely fire from water. But it is more truthful that all is born from the mixture of both," etc.[212] This matter is also nicely clarified by Varro, as I described somewhere else, when he explains the saying that everything is settled through dispute.[213] The theology of this author seems to have been oriented to the religious ceremonies of the mysteries more than is recommendable. Proof of it is found in Arnobius' book 5, when he mentions that Heraclitus went through all Greece to investigate some religious obscenities.[214] There is more information there but it is not pertinent.

Omnia secundum litem fiunt. The truth of this saying is confirmed by physiology. Nothing lives without strife because life is a continuous fight with death. Death is always attacking life. So cold strives to defeat heat and not to be overtaken by it, and the result is a vital balance made up of the permanent combination of both. What follows anything is its opposite; there is nothing in nature that is perpetual or remains unchanged; everything dies so that all the other things can come back to life. The earthly sphere is comprised of elements that abandon their dwelling and elements that replace them. While this fight is fought, there is life. When one defeats its oppo-

---

[211] *Compendium Historiarum* 1, 245. Cf. Strabo 16, 26 = Heraclitus DK B 96: νέκυες κοπρίων ἐκβλητότεροι (Corpses are more fit to be thrown out than dung).

[212] *Divinae Institutiones* 2, 10 (*PL* 6, 309A).

[213] Varro speaks of Heraclitus and his theory of fire as the prime element in *Antiquitates Rerum Divinarum*, fragment 8.

[214] Arnobius Afer, *Disputationes Adversus Gentes Libri Septem* 5, 29. Heraclitus went through Greece to investigate the origin of the phallic statues associated with the Dionysian cult.

site, this one disappears. Then, the one that disappeared comes back to fight and reestablishes the balance by expelling the other. As the poet says and Lactantius mentions in book 2 chap. 10, "an agreeable dissonance is apt for generation." [215] Besides the other physicists, read the *Eclogae* of Joannes Stobaeus [216] and Plutarch's very useful booklets *On the Pleasing Ones*. [217] These valuable booklets make us realize the importance of the lost commentaries of nearly all the old physicists.

esse foetam aliquo [*toda palabra del hombre sciente esta preñada*]. This is as if we said [pregnant with] the substance extracted from daily life that is useful or that has eventually evolved from wise insights. This is what makes the writings of wise men different from the ethereal chattering of Sophists, who today are not well acquainted with antiquity and misplay all the strings of their lyres. As Petronius says, they do not want to forget in their old age all the puerile futilities they imbibed when they were young. Of *Celestina* one can say that it has very few words that do not contain such substance. This book only seems to have one problem and it is to neglect the decorum of the characters in its continuous effort to teach useful and generous behaviors. You will notice this in Parmeno, Sempronio and Tristan, whose judgments and sayings are such that the most excellent philosophers could not match them. As for Celestina herself, it is a different matter because her many years can explain her wisdom. However, I prefer to listen to this woman when she talks about the qualities of wine or how the servants should fool Calisto than when she is allowed to voice philosophical opinions on divine matters.

sententiae pro testimoniis [*los dichos de aquellos que por claror de sus ingenios merecieron ser aprovados*]. This is from Cicero book 16 of *Familiares,* talking about Euripides, the playwright philosopher. [218]

---

[215] *Divinae Institutiones* 2, 10, quoting Ovid, *Metamorphoses* 1, 433.

[216] Joannes Stobaeus, a Greek compiler of the 5th century AD, is quoted often by Barth. He compiled valuable extracts from Greek authors (*Sermones*), many of them otherwise lost. Stobaeus quotes more than five hundred writers, ostensibly for the education of his son Septimius. The book begins principally with the poets, proceeding to writers of history, oratory, philosophy and medicine.

[217] This is most likely referring to the spurious work Περὶ τῶν ἀρεσκόντων φιλοσόφοις φυσικῶν δογμάτων (*On the Doctrines of Nature Pleasing to the Philosophers*) by Guillaume Budé.

[218] *Epistolae ad Familiares* 16, 8, 2: "Ego certe singulos eius versus singula [eius] testimonia puto" ("I look upon his verses as so many solemn testimonies").

Francisco Petrarcha. It is from the Italian, I think. Petrarch is practically the first one who deserves to be called noble in any age because he despised the hallucinations of the Sophists and called the attention of true erudition to the luminous books of antiquity. His life was described wonderfully by Hieronymus Squarzaficus,[219] whose endeavor –and that of all those like him– to keep the memory of illustrious men alive for the future, deserves the highest praise. This is especially so because they are uncommon, since very few have the fortune of having this talent. Equal praise is due to those who write the names of erudite men, their writings and their deaths in the books of history, as Iacobus Augustus Thuanus did.[220] And it does not matter that such work was of very little importance, for the ancient writers esteemed their own future fame less than all other kinds of happiness. I copied Petrarch's Latin words [from *Celestina*] because it did not seem appropriate to translate them from Spanish and do the work twice.

Elephas [animal tantarum virium animique,] tremit [fugitque] aspectum muris [*El elephante animal tan poderoso y fuerte se espanta y huye de la vista de un suzuelo raton*]. Pliny book 8 chap. 12: "The elephants hate mice the most among all animals, and if they see a mouse touch their food in the manger, they dislike it."[221] Other authors say that elephants are most afraid of pigs. Georgius Pisides' v. 949: "And the little calves grunting like pigs frighten off the power of the elephants." Read Aelian, whose pleasant booklets indicate which flowers elephants like, and that they especially like beautiful women.[222]

basiliscum [*el basilisco*]. The Latin and the Greek writers have written many tales about this animal. Also the books by modern writers say many things about it, but they are commentaries based on the ancient sources. Nicander's rhymed *Theriaca* describes this animal's wrongdoings and its size: "Consider now the king of snakes,

---

[219] Hieronymus Squarzaficus Alexandrinus (Girolamo Squarciafico) wrote the biography that precedes the 1554 Basel edition of Petrarch's *Opera*.

[220] Jacques Auguste de Thou, *Historiarum Sui Temporis ab AD 1543 usque ad Annum 1607 Libri 138* (Paris, 1609). This is a universal history manual that was reedited often. It was also summarized in an epitome.

[221] *Naturalis Historia* 8, 29.

[222] *De Natura Animalium* 13, 8.

small indeed yet far excelling all others. His head is pointed, he is golden-hued and three palms' width in outstretched length. Truly none of the heavy-coiled monsters of earth abide his hissing when to feeding-ground or forest or in craving for a watering-place they dart forth at noon, but they turn and flee. His bite swells a man's body and from the limbs the flesh falls away livid and blackening. Nor even will a bird pursuing its track above the corpse, be it eagle or vulture or raven that croaks of rain, nor yet any species of wild beast well-known upon the hills, feed upon it because it stinks. But if that fatal greed shall draw one of them near in ignorance, death and a swift ending are wrought for it on the spot."[223] Euritius Cordus interpreted them this way: [Latin translation of the previous Greek quotation]. I was glad to attribute these Latin verses to Euritius Cordus and correct the error of those who wanted to attribute this translation of Nicander's *Theriaca* to I. Corraeus in his *Editio Hexametrorum*. The first one to make this false attribution was, in my opinion, Iacobus Lectius, in spite of the fact that Euritius Cordus, the father of Valerius, had said a long time before that he was the author. Equally wrong are the librarians that attribute the translation of the *Alexipharmacon* to a certain Gerraeus, when it was sent to I. Bellaius with a detailed prologue on poisons by Joannes Gorraeus of Paris.

Vipera [*la bivora*]. Prudentius tells this story of the viper beautifully in *Hamartigenia*: "... it is said that the viper dies by the teeth of its progeny, that is brought forth through its flesh. She becomes a mother in her own death since she does not have her progeny through her sex organs nor her womb grows after the intercourse but, when she burns with the excitement of the female's heat, the lewd beast opens her mouth wide in thirst for a mate that is doomed. He puts his three-tongued head into his spouse's jaws, eagerly entering her alluring mouth and inserting his baneful seed by an oral union. The bride, smitten with pleasure, takes her lover's head between her teeth and breaks his neck with a bite in the midst of their fond union, drinking in the injected slaver while her dear one dies. With these allurements the father is destroyed but the young contained within her kill their mother. For when the seed develops and the tiny bodies begin to creep about in their warm hid-

---

[223] *Theriaca* 396-410.

ing place and to shake the womb with their waving and lashing, the mother is tormented by the outrage against filial duty within her and, conscious of her guilty sex, bemoans the fate that makes her progeny her executioners as they break through the barriers that stop their bringing forth. Because there is no passage to give them birth, the belly is tortured and gnawed by the young as they struggle into the light, till a way is opened through the torn sides. At last the grievous brood come forth by the death of her that has nurtured them, scarce forcing an entrance into life and carving out their way to birth by a crime, and the young creep about licking the corpse that bore them, a family of orphans at their very birth, that have only seen the light of day as the posthumous children of their poor mother." [224] Philes writes: "And a male viper, clinging to his mate, hitherto having procured a most pleasant marriage, lies slain by his lover, who, unbeknownst to him, regarded him with anger, slitting his arrogant throat. But while he is dead, she is now pregnant. And after a short time, her very young offspring, having broken forth from the maternal womb, devours her to take vengeance for the father." [225] Iochimus Camerarius, [226] with a bit too much spare time in his hands, wrote a version in these pitiful iambic verses: [same text translated into Latin verses]. Philes was mistaken in mentioning the wrath of the viper. It all happens because of love; otherwise, there would be nothing surprising in it. But his whole book is like this. It amazes me that the elegant poet Nicander does not touch this subject in the works of his that have survived to our day. Michael Glycas is one of the authors who in volume 1 of his *Annales* mentions him: "And if you want to know anything of the nature of any snake, Nicander will teach you better than anybody else." [227] First he records in his poems this on vipers: the female receives in her mouth the head of the male and, after having copulated with him, she kills him. So it somehow looks as if the offspring killed the mother to revenge the father because they burst the mother's entrails when they are born and come into light. For this

---

[224] PL 59,1052A-1054A. Translation in English adapted from H.J. Thomson, *The Origin of Sin* (1949), 582-607.

[225] Manuel Philes, *Carmina Varia de Naturali Historia* 1, 1501-1509.

[226] Joachim Camerarius (1500-1574) was a German Classical scholar who published upwards of 150 works, among them a catalogue of the bishops of the principal sees, Greek epistles, a treatise on numismatics, etc.

[227] *Annales* 1, 56 (PG 158, 125 C).

reason the precursor of Our Lord [John the Baptist] called the Jews viper-like offspring, because they killed their prophet and parents."[228] Horapollo book 2: "Wishing to illustrate children plotting against their mothers, they paint the viper; for it is not born in ** [sic], but devours the mother's belly and comes out." This is the text in the two old French editions of Horapollo, one published in Paris in 1521 and the other in 1551, and not the work of Mercerius with the much-desired corrections.[229] You should read "for it is not born from this." To repeat the word "mother" commonly fascinated the copyists. The Fathers of the Church like to repeat this story of the viper, although some say it is not true, as the very erudite, judicious and not at all ordinary Joannes Brodaeus in book 3 chap. 28 of his *Miscellanea*.[230] For me this story is uncertain until somebody can prove to have seen it. We know that the Greek writers were very indulgent in this kind of matter. Even Aristotle's commentaries on his *De Animalibus* are scarcely based on experience. Pliny's writings do not add anything except Roman authorities to the Greek ones, and he has been often exposed as a careless interpreter. Aelian attends to the style but he does not bother to comment on the contradictions.[231] It is the same with the elephants. Pliny's in book 8 chap. 17 writes that they copulate only once in a lifetime, a folktale that he contradicts in other passages.[232] And I do not put much more faith in the more recent writers, who rely, as if somebody had sworn to them, on matters that antiquity praised more than believed.

quot quantaeque nec in aere [*quantas la tierra y el ayre cria de aves y animalias*]. I can easily believe that there are more species of fish than of birds and quadrupeds. Pliny says that there are 176 varieties

---

[228] In Matthew 3, 7, John the Baptist refers to the Pharisees as "vipers." See also Luke 3, 7.

[229] *Hieroglyphica* 2, 60. Barth is referring to Philippus' and B. Trebatius' *Ori Apollinis Niliaci Hieroglyphica* (Paris, 1521), edited by J. Angelus Argonensis. The second edition to which Barth refers is Mercerius' *Ori Apollonis Niliaci, de Sacris Notis & Sculpturis Libri Duo, Ubi ad Fidem Vetusti Codicis Manu Scripti Restituta Sunt Loca Permulta, Corrupta ante ac Deplorata* (Paris, 1551).

[230] Joannes Brodaeus (Jean Brodeau, 1500-63), *Miscellaneorum Libri Sex* (Basel, 1555).

[231] Aelian's *De Natura Animalium*. Barth mentioned him earlier when talking about elephants (see note 221).

[232] The reference 8, 17 corresponds to Aelian's *De Natura Animalium* rather than to any of Pliny's writings.

of fish, and in another passage mentions 74 without shells. Nobody can think that so many species exist on the earth and in the air, if we exclude the reptilians. [233] I do not consider a certain text on fish that has come to our days incomplete to be Ovid's. [234] Most of its words are from Pliny, and the total style of the text points to another period and to an author who is copying Pliny. This can easily be seen if we consider the beginning of the fragment, so inadequate for the times of Ovid, not to mention its quality. I have tried to attribute it to Nemesianus as one of its possible authors.

Lucanus. Aelian book 2 chap. 17 describes the fish *echeneis* [remora]: "There is a fish in the open sea named remora, black in appearance, as long as an eel of moderate size, that has its name from what it does, i.e., to retain the ships. It approaches a ship that sails in the wind and fastening its teeth into the stern, like a man vigorously curbing with the bit an intractable wild horse, it suddenly stops the ship and holds it fast. All the sails billow in vain, the winds blow in vain, which anguish the passengers. But the sailors understand the reason. It is from this that the fish has been given its name, for those who have had experience call it echeneis, i.e., remora or shipholder." [235] [the Greek quotation is followed by its Latin translation]. Gulielmus Rondeletius mentions a case of a ship retained by this small fish. [236] I also know other writers who are not "easily persuaded," as Theocritus would say, [237] who attribute this holding of ships to any other cause.

Ruch nomine [*una ave llamada rocho*]. Paullus Venetus wrote about this bird, but not much. [238] Later, others changed his assumptions into certitudes and altered the whole story to look as if they were specialists in the matter. All the animal wonders that the Greek writers described were transmitted over the centuries in a similar way. First, an author proposed something as a conjecture, then an-

---

[233] *Naturalis Historia* 1, 32a.
[234] Barth is referring to the pseudo-Ovidian *Halieutica*.
[235] *De Natura Animalium* 2, 17.
[236] In his illustrated *Libri de Piscibus* (Paris, 1554), Guillaume Rondelet (1507-66) gives several testimonies of ships stopped by this fish. See for instance chap. 18, "De remora," p. 439.
[237] *Idylls* 2,138-139 and 7, 38-39.
[238] Probably in his *Summa Philosophiae Naturalis* (Venice, 1503) or in his *Expositio super Libros De Generatione et Corruptione* (Venice, 1498).

other very resourceful author –and later many others– resorted to all kinds of stylistic devices to make believable what they knew was false. All this was done with the only purpose of being remembered as glorious writers since people have always been that vain and ambitious. For this reason, these writers filled every ocean, every island, every river and region, even the airs and the skies, with wonders. They were so uninformed and inexpert that in Herodotus' time the existence of the ocean was questioned as the reminiscence of a Homeric invention. Lucian has to be praised for having exposed much of this nonsense. If he had written after the arrival of Christianity and not in the darkness that lacked the benefit of an only God and all its divine doctrine, I would not hesitate to exalt his wisdom as superior to all the Sophists, orators, poets, physicists, ethicists, theologians and all pagan philosophy. He mocked all their ideas in such a way that nobody can defend their meaninglessness anymore. I wish he had been such a defender of truth as he was a destroyer of so many fantastic animals.

aedificiorum structiones [*renovar edificios*]. A sign of human vanity is to build so solidly that the building will last for centuries. In this aspect, we Christians are more ignorant than the Muslims because they follow their legislator who, in spite of his many errors, gave the wise precept not to worry about such matters but to be contented with only a roof to be protected from the elements. And also our wise Paul in his first letter to Timothy chap. 6 says that food and something to cover the body are enough to live a Christian life. All true philosophy, even pagan philosophy, advises us to be content with the service of the body, not to favor what is not going to make us immortal. We must remember that the true man is the inner man, to whom we owe the genuine care, and that everything else is corruptible, transient, doing little for us. Also the pagans advised that bread and water should be enough to sustain human life, as Lucan puts it beautifully in book 4: "Opulence is never satisfied with small pomp ... Learn how little life requires and how much nature demands ... Pure water gives life, nations are satisfied with a river and cereals."[239] To this is pertinent what our Christian writers teach. Columbanus in *Ad Hunaldum*: "How happy is he who is content with little to accommodate the care of the body with fair

---

[239] *De Bello Civili* 4, 373-74; 377-78; 380-81.

moderation. He is not trapped by the blind desire of material things, nor does he desire anything else but what nature demands." [240] Radulfus Ardentius homily 23: "Let us escape, brethren, this large vice by satisfying not gluttony but the demands of nature. As the saying of the philosopher goes, let defeated hunger be a banquet." [241] See more on this admirable observation in the booklet at the end of Dacryanus' works, [242] in Maximus Tyrius dissertation 20, [243] in Arrian chap. 22 of *Epictetus,* in Dio Chrysostomos book 4 *De Regno,* in Iustinus Trogus book 20, where he narrates the similar rule of the Pythagoreans, in Fabritius, the Roman emperor, as it is stated in Dionysius of Halicarnassus *Excerpta Legationum,* [244] and also in Pythagoras *Epistola ad Hieronem.* See also Joannes Stobaeus book 2 chap. 4 *Eclogae Physicarum* 4, where he follows Plutarch, and Horace book 1 eclogue 3 *Sermones,* Seneca epistles 25 and 90, Manilius at the beginning of book 4 of *Astronomia,* [245] Georgius Palama *Declamatio Animae contra Corpus,* [246] Boethius book 3 chap. 3 *De Consolatione Philosophiae,* Eucherius *Ad Valerianum,* [247] a golden book that should be memorized, Ausonius *Epicedio Patris,* [248] Ro-

---

[240] Columbanus Hibernus, *Sancti Columbani Abbatis Carmina,* I Ad Hunaldum Epistola, 59-60 (*PL* 80, 286B).

[241] *Radulfus Ardens, Homiliae in Epistolas et Evangelia Dominicalia,* Pars Secunda, Homilia XLVIII, Dominica Vigesima Tertia post Trinitatem (*PL* 155, 2113C).

[242] Dacrianus or Dacryanus is a pseudonym of the Benedictine monk Louis de Blois (1506-66). Barth is referring to the final section of his *Opera Omnia* (Cologne, 1571) entitled "Speculum Monachorum Dacryano Hactenus Inscriptum" (p. 804 *et seq.*), a work that gives advice on how to regulate daily life.

[243] Maximus of Tyre was a Greek rhetorician and philosopher who flourished in the 2nd century AD. There are 41 extant lectures or discourses, the twentieth is on Socratic love.

[244] The *Excerpta Legationum,* better known as the *Excerpta de Legationibus,* was issued by Constantine VII Porphyrogenitus as a textbook on the art of diplomacy for envoys from Byzantium, its material drawn from ancient historians. It preserves much of Dionysius of Halicarnassus. Fabricius, consul in 282 BC, was sent as an envoy to Pyrrhus in 280/79. At *Roman Antiquities* 19, 15-18, Fabricius gives a speech before Pyrrhus on the merits of the austere Roman life, extolling simplicity, moderate wealth and the superior values of trust and liberty. No mention is made of Pythagoras.

[245] Manilius' *Astronomica* was edited by Joseph Scaliger. Barth quotes this annotated edition later.

[246] George Palamas' *Prosopopeiae* part 2 is called "Declamatio Assumptiva... Quid Mens in Judicio contra Corpus Contendens, coram Judicibus Dicere Possit" (*PG* 150, 961C-974B).

[247] *Sancti Eucherii Lugdunensis Episcopi Epistola Paraenetica ad Valerianum Cognatum de Contemptu Mundi et Saecularis Philosophiae* (*PL* 50, 711-726).

[248] Ausonius Burdigalensis, *Idylia,* 2: Epicedion In Patrem Suum Julium Ausonium (*PL* 19, 878C-879C).

gerius –as some attribute it– *De Contemptu Mundi* chap. 12,[249] John Cassian book 3 chap. 8 *Collationes,*[250] Marcus Aurelius book 5 *De Officio Suo,* Joannes of Sinai, who is the author of *Historia Barlaami et Iosaphat,* translated into Latin not by G. Trapezuntio, but by some ancient monk, as I proved somewhere else, etc.[251]

senes cum mille [infirmitatum morborumque generibus] [*los viejos con mil especies de enfermedades pelean*]. Old age is a disease by itself and subject to an endless amount of diseases. So the playwright Antiphanes calls it the altar and workshop of all pains: "For to old age, just as to the workplace, all human evils pay a visit. Old age, just as the altar, is full of evils since all things have recourse to look upon this."[252] Xenocrates in *Axiochus*: "Into old age flows everything in nature that is mortal and life-threatening."[253] Democritus says that old age is complete imperfection. Pherecrates calls it completely unpleasant, Mimnermus says it is hated by everybody, Euripides calls it the hospice of most calamities. Mimnermus says that an old person is nothing but a shadow and a voice. Sophocles says that there is no reason to suffer comparable to old age, that old people have a light mind, their efforts are useless, their worries unfounded. Innocentius in the book *De Contemptu Vitae Humanae* adds more detailed disqualifications,[254] and Stobaeus in his sermon 113.[255]

---

[249] Rogerius Beccensis, *Carmen de Contemptu Mundi* (PL 150, 1431). There is also a *Carmen de Contemptu Mundi* by St. Anselm (*PL* 158, 687B-706B).

[250] John Cassian (ca. 360-435), a monk and writer from Gaul, was the first to introduce the West to the precepts of Eastern monasticism. His *Collationes* or *Conferences* deal with the training of the inner man and the perfection of the heart.

[251] The story of *Barlaam and Josaphat* is a Christianized version of the story of Buddha. It is of Eastern origin and has been attributed to several authors. Its textual history is also very complex, with Arabic, Greek and Latin versions. George of Trebizond was a classical scholar of the 15th century to whom the Latin translation of this story has been attributed. In his criticism of this attribution, Barth may be referring to *Ioan. Damasceni Viri Suo Tempore in Divinis Primatum Tenentis ... Praeterea Historia Iosaphat & Barlaam, Quam Ferunt Trapezuntium Transtulisse. Eiusdem Damasceni Vita, Ioanne Oecolampadio Interprete* (Basel, 1535). There is a Spanish version by Juan de Arce Solórzano, *Historia de los dos soldados de Cristo, Barlaam y Josaphat, por Juan Damasceno* (Madrid, 1608), but there is no evidence that Barth saw this version.

[252] Antiphanes, fragmenta 68-9 in *Fragmenta Comicorum Graecorum*, vol. 3.

[253] Plato, *Spuria* 367b.

[254] *De Contemptu Mundi sive de Miseria Conditionis Humanae Libri Tres* (PL 217, 701-746). Book 1 chap. 10 "De incommodis senectutis et brevitate vitae hominis," and chap. 11 "De incommodis senectutis," deal specifically with old age.

[255] *Sermones* 4, 50a-c.

luxurians [et animosae] adolescentia [*la alegre juventud y mancebia*]. Certainly this excellent book is written especially for them [the young people], so that with God's help they may be so wise as not only to read the advice contained in this book but also follow it in their lives. All the opinions of wise men are useless if they are written only in the form of severe admonition. This book teaches young men the utility of being cautious. Above all it teaches them that prostitutes and procuresses' words are fatal darts in which they should not believe at all if they do not want to end up as Calisto in this book. So a progression of errors to avoid is presented throughout the book. First, to avoid illicit love affairs. He who fell prey to such kind of love should avoid approaching an honest girl with profane, impure and impious words. If he falls in love anyway, he should resort to everything but to dishonest remedies. He should be very cautious with the advice that his servants and old procuresses give him, since they long for his reward and will entice his passion to get their prize. If he should not follow this advice, he and his servants will end so badly that some old Pleberio will have to blame love at the end.

ordinem [totius] dictionis infamat [*roen los huessos que no tienen virtud, que es la historia toda junta*]. These are Petronius Arbiter's words.[256] If his *Satyricon* had come down to us intact, Latin would not have anything to envy from Spanish, its descendant. There is also a brilliant runner-up from the north of Africa [Apuleius' *Asinus Aureus*]. The very erudite Petronius did not write his satire with a dissimilar purpose or method [than the author of *Celestina*], and this compelled him to be very obscene since he wanted to describe his times for future generations accurately. It has always surprised me that in the many centuries after his death nobody wrote of the ways of rich and powerful Romans similarly. If you exclude the *Caesares* of Julian the Apostate, who wrote with a completely different purpose,[257] all the rest of antiquity cannot offer anything comparable to Petronius. In this genre I could not propose anything better in Latin than this translation of *Celestina* because in Spanish the

---

[256] *Satyricon* 6, 2.

[257] Julian the Apostate wrote a work called *Caesares*, a satirical composition in which the deified Caesars appear in succession at a banquet to be censured for their vices and crimes by old Silenus.

story and the style are considered a masterpiece that nobody can match.

Ad hybernum ignem [*haziendola cuento de camino*]. Fire. Stories of this kind are in Antonio Eslava's book entitled *Noches de invierno*,[258] some of which I adapted into my collection of Milesian fables.[259] All these are fictitious stories that often contain true elements intertwined. They do not deserve to be looked down upon because of this blending since their title does not deny their content. I think that many of the ancients were very hard on Herodotus' similar practice [of mixing true stories and fiction]. They objected that he wrote inventions, a valid –although undeserved– objection that he would not have cared about. It is true that he mixed some fiction into his writing, such as the Siren, but not by mistake or with intention to deceive. Why have the poets altered the titles of their works but to demonstrate the sweetness of their style to future generations and the utility of their sweet inventions? Certainly this common practice was unjustly looked down upon by the inquisitive censors, as I said. It was looked down upon only because of the title, in spite of the license that Greek history writers had in this matter, which for the most part is very similar to what Quintilian in book 2 chap. 4 states as poetic license.

locosque communes [*los donayres y refranes comunes*]. "Loci communes" [commonplaces] are certain sorts of established spaces or places for the treatment of certain subjects. Based on them, one can elaborate on a reading, observation, practice or meditation. Nowadays commonplaces are used by many as a kind of repository from where to extract and pile up erudition. I could never get used to this practice but I do not blame others when they do it. On the commonplaces of the ancient and the rhetoricians read Victorinus' *Commentarius in Librum II Rhetoricum Ciceronis*, Empronius the Rhetor's book *De Ethopoeia et Loco Communi*, Priscian's *Progymnasmatum ex Hemorgene Commentationem*.[260] Quintilian did not

---

[258] *Noches de invierno* (Pamplona, 1609). There is also a Barcelona and a Zaragoza edition with the same date, a Brussels edition of 1610, and perhaps another from the year 1616. See Barella Vigal, *passim*.

[259] Barth is referring to his unpublished collection of Milesian tales that he mentions in his prologue (D34, p. 399). See also note 7.

[260] *Antiqui Rhetores Latini* (Paris, 1599) contains most, if not all, of these passages.

write a specific treatise, although now this problem has been solved thanks to Ludovicus Cresollius' book 3 chap. 3 of *Theatrum Rhetorum*.[261] I wish many books similar to this excellent one were written today.

dicta sententiasque philosophorum [*las sentencias y dichos de filosofos*]. This text is so eminently commendable because it contains the sayings and opinions of the philosophers, and it conveys wisdom not only in its dialogues but also through its characters. Therefore, the reader should meditate on this play while reading it carefully more than once. The sayings and opinions contained therein are such that, if we observe them, we shall live in a happy, worthy and irreproachable manner, protected from the shame that a reprehensible life brings. This is illustrated by Sempronio, Parmeno, Celestina, Calisto and Melibea. Anybody can learn from this to avoid the nets of lust and pleasure, the main subject of this text. As Cebes elegantly puts it in his *Tabula*, he who submits himself to these traps will be devoured by them and affected by all kinds of injuries, attacked by all kinds of punishment after having wasted his wealth and finally die a treacherous death. See and learn this golden booklet.[262]

ludum hunc [*esta comedia*]. I called it "ludus" [play] imitating Ausonius, who gave this title to his *Septem Sapientes* because he could not call it comedy or tragedy even if it had speaking parts and it was in verse. In my opinion it is very wise that this play [*Celestina*] ignores all kinds of metrical concerns to help the common reader. Composing iambic meters in Spanish is not so difficult that I would not risk doing it sometimes nor would I refuse to give a sample here. Here are some six or seven love verses which any Calisto would want to say to his Melibea: "Hermosa perla, margarita d'India, / Señora doña, donde riquezas suyas / Natura con favor supremo compuso, / Yo lastimado mil dolencias malas / Mil passiones

---

[261] *Theatrum Veterum Rhetorum, Oratorum, Declamatorum, Quos in Græcia Nominabant Sophistas, Expositum Libris* (Paris, 1620).

[262] Barth edited *Opuscula Varia* (Hanover, 1612), which includes, among many other things, *Cebetis Thebani Tabula Latine Versa*. The work professes to be an interpretation of an allegorical illustration in the temple of Cronus at Athens or Thebes. The author of this work, whose name has been attributed to Cebes of Cizycus and Cebes of Thebes, develops the Platonic theory of pre-existence.

dentro corazon mio / Agora sufro: donde mi malo viene / Mia pena dura espero remedios tuyos." Although Spanish is a descendant of Latin, you can see that its beauty sounds unusual and foreign to the Latin ear, but this rhythm suits it. You will be of the same opinion regarding other meters. A good example is this new Alcaic meter that I created and that, I hope, others will adopt. To Cupid: "Bravoso niño madre, Venus, suya / Y gratioso, mil Charites, choro, / Oyd quexas de vuesso amigo, / Antes amor que diesse muerte." In this way it is possible to return the Spanish Muses to their [Latin] origins completely.

Auctori autem primo visum [*El primer auctor quiso*]. The reader should know that this play has two writers: one the true writer, whose name we do not know, but very erudite men think he was Juan de Mena or Rodrigo Cota. The other, who added things later, was Fernando de Rojas, who did not wish to conceal his name from future readers and so put it in very beautiful verses that he added at the beginning of his work. He made the first letters of these verses spell his name and he pointed it out with other verses at the end of the book, although these are not by him but by Alfonso de Proaza: "Ni quiere mi pluma, ni manda razon / Que quede la fama de aqueste gran hombre / Ni su digna Gloria, ni su claro nombre / Cubierto de olvido por nuessa ocasion. / Porende juntemos de cada renglon / De sus onze coplas la letra primera, / Las quales descubren por sabia manera / Su nombre, su tierra, su clara nacion." The eleven initial letters of these verses spell out the name in modern Spanish, which I translated as follows: the Bachelor Fernando de Rojas wrote this comedy of Calisto and Melibea. He was born in the town of Montalbán –although it can be questioned if he means that he was born there or the work was written there. Proaza's verses are as follows in Latin: "[verses mentioned above now translated into Latin]." Fernando de Rojas is also the author of a dedication to his friend contained in my preface, which begins "suelen los que de sus tierras." There he says "in Milan," to show that then he was there. When I did my translation I did not have this Milan edition, only the Plantin edition, which is full of mistakes, at least in my copy. This surprises me because I have seen other copies that had been carefully corrected. The only explanation why one edition has errors and the other has none is that my friends in Leiden have sold a few copies they had used as proofs during the process of impression.

nimis brevis [*querian que se alargasse*]. Here I want to tell the reader that a second part of *Celestina* has been produced in Spain while the whole literate universe receives the first part with much applause.[263] I saw a copy of the second part in the hands of Sebastian Meder of Breisgau, counselor of the Prince of Baden. I do not have one now,[264] but when I have it, I shall not hesitate to translate it into Latin for everybody to read. Maybe this book has been written by the same Rojas –unless he died– who tried to improve the excellent text [of the first *Celestina*] with his very amusing and appropriate additions.

---

[263] Barth is referring to Feliciano de Silva's *Segunda comedia de Celestina* (1534). He could be referring to other works, such as *La hija de Celestina* (1612) (Marciales 1: 256). However, we know that at a later date Barth borrowed Feliciano de Silva's *Segunda comedia de Celestina* from the library of Zwickau. It is even possible that he may have translated it (Hoffmeister 151 and 40).

[264] There are several Meders and Mederuses in this period who print books in Germany, probably part of the same family. We know of a Johan Sebastian Meder, a printer and bookhandler, member of a family of printers, who died in 1637 (Bayerischen Akademie der Wissenschaften and Bayerischen Staatsbibliothek 21: 165).

TITLE

temerariis et vagis. "Desordenado" is a Spanish word that has no equivalent in Latin mostly because of its strong meaning. Spanish often uses Latin words more cogently even than the Latin writers did. So in Latin the concept of reversing the order implied in "disordinatus" is used to remind somebody of his duty and to submit to it, although "disordinatus" is barely strong enough to express it. Therefore the Latin "disordinatus" does not really mean the Spanish "desordenado," which implies a certain insulting disdain for order.

dearumque instar venerantur [*a sus amigas llaman y dizen ser su Dios*]. The books of Latin and Greek poets contain many instances of lovers who revere their beloved ones as if they were goddesses. Read book 7 of the *Anthologia*.[265]

SUMMARY

tenere educatus. "De linda criança." It can also be understood as regarding his politeness, his civility and good manners.

Hac alioquin pudicissima victa tandem est Callistonis assultibus [*por solicitud del pungido Calisto vencido el casto proposito della*].

---

[265] What we call the *Greek Anthology* today is largely based on the contents of the Palatine manuscript, a text produced in the 10th century, but which was lost for most of the Renaissance and rediscovered only at the beginning of the 17th century. The text that Barth would have been looking at was likely not this, but rather the much smaller anthology by Maximus Planudes, a theologian, grammarian, and rhetorician who lived in the early part of the 14th century. The seventh book consists exclusively of amatory epigrams.

Our author makes a mistake when he says of Melibea in the summary: "Por solicitud del pungido Calisto vencido el casto proposito della." This is a mistake because she was won over by the magical spells of Celestina, which would have not been necessary if Melibea had already agreed to the intentions of Calisto. As the saying goes, even Homer makes mistakes sometimes.

conciliatrice Celestina [*entreveniendo Celestina*]. Book 10 of Isidorus' *Origines*: "The procuress is so called because she makes shameful agreements by being the intermediary in buying bodies. She is also called a madam." [266] Plautus *Miles Gloriosus*: "I thought she was a widow, therefore single, the procuress told me." [267] Lucilius writes: "In many places she will gossip / in youth and appearance like a bawd and a rare procuress." [268] You can see the work of a procuress in Lucilius' following verses as they can be read in the ingenious version of Ianus Dusa the Father. [269] There you can read how the procuress wins over a girl for a lover in a similar manner as Celestina does with Areusa and Parmeno in act seven. The procress of Apuleius' book 5 is inaptly described as such by some people who had no business in dealing with this author. [270] But I do not want to deal with this matter now. Also I wanted to warn the readers that, instead of forcing the names of the characters to fit the Latin norm, I have preferred to write them as it is customary in modern Spanish to make them easily recognizable. Although our author [of *Celestina*] dealt elegantly with other aspects of his work, I am very surprised that he called a very abject servant Sempronio, a decision that the Gracchus brothers would have vetoed. [271]

---

[266] *Etymologiarum Libri XX*, Liber Decimus: Vocum Certarum Alphabetum: "Conciliatrix ob societatem flagitiosae consensionis dicta eo quod intercurrat alienumque nundinet corpus. Hanc etiam et laenam vocant" (PL 82, 373C).

[267] *Miles Gloriosus* 1409-10.

[268] These two verses are not consecutive but from satires 30, 970 and 7, 271. Barth's quotation is also corrupt.

[269] Franz Johan van der Does or Janus Dousa Pater is the editor of C. *Lucili Suessani Auruncani, Satyrographorum Principis, ... Satyrarum Quæ Supersunt Reliquiæ* (Leiden, 1597).

[270] Venus ordered her son Cupid to commit her rival Psyche to a mean and worthless marriage. Cupid instead falls in love with Psyche, thus disobeying her orders. When Venus discovers the betrayal, she shouts out in indignation: "Nimirum illud incrementum lenam me putavit cuius monstratu puellam illam cognosceret" ("This mischievous child must have thought I was a procuress and that I was showing him the girl so that he could get to know her").

[271] Allusion to one of the Roman Gracchus brothers, whose name was C. Sempronius.

SUMMARY OF THE 1st ACT

falconem suum [*un halcon suyo*]. I kept the word falcon because there are many nuances in it. In the language of Rome "falco" means a man whose fingers are curved towards the inside of the hand. Festus writes: "The falcons are so called because the thumbs in their feet are turned inwards, like a sickle." From here later people thought that the birds of prey were called "accipitres" because of their curved talons. The Italians called them "capos" from the Latin "capiendo" [to capture]. Isidorus' book 12: "In the language of Italy they say 'capus' from the Latin 'capiendo.' We call this bird falcon because its talons are curved inwards." [272] This passage of Isidorus makes clear that the language of Italy was then different from Latin, which can also be seen in Nonius, who is certainly from an older period since Priscian's chap. 2 num. 177 mentions him as a reputable grammarian. [273] In other times very erudite men, such as Franciscus Philelphus, Leonardus Aretinus, Andreas Alciatus and others, argued over this matter. To me it is evident that Latin and Italian were already two languages from the words of Nonius and Isidorus, something that would be difficult to deny.

ACT 1

loco tam secreto [*en tan conveniente lugar que mi secreto dolor*]. Notice how the urge of love compels young Calisto to say something not very appropriate to the situation. He could easily realize

---

[272] *Etymologiae* 12, 7 (De Avibus), 57.
[273] We could not find this reference.

that she would not immediately agree to his lecherous requests. And besides, the writers of *amatoria* are the first ones to advise against such behavior in the first encounter.[274]

satis mirari non possum [*del esquivo tormento que tu ausencia me ha de causar*]. I added these words to clarify a thought that is expressed in Spanish in a very few words but that could barely be expressed in Latin in many. It is well known that lovers cannot see enough of their loved ones; they would like to be able to keep them always in front of their eyes. Because of this, Sappho considered happy the person who can always see the face of his or her lover, and Catullus imitated her. Sappho writes: "This person seems to me to be like the gods, the person who sits facing you and listens to you speaking sweetly."[275] Catullus writes: "This person seems to me to be like a god, even, if it is possible, more than the gods, the person who sits facing you and listens to you speaking."[276] And Musaeus writes of enamored Hero when she sees Leander for the first time: "Looking longingly I anguished but I could not satiate my staring."[277] So is the insatiable gazing in book 2 of Heliodorus.[278] In book 6 of Valerius Flaccus the unsatisfied desire of gazing and the highest love argue.[279]

votorum mortalium summum. "Que si Dios me diesse el mayor bien que en la tierra ay, no lo ternia por tanta felicidad." Lovers offer even their own lives to reach their loved ones. So writes Musaeus: "Let me die at once after having reached Hero's bed!"[280] Aristaenetus in book 2 epistle 17 writes: "Because of your beauty, I choose either marriage or the tomb."[281] And Heliodorus book 4: "Death, he said, makes no difference to me after having reached Chariclea."[282]

---

[274] Barth is the first *Celestina* scholar to call attention to Calisto's ignorance of the rules of courtship that were stated in love manuals. See Deyermond, *passim*.
[275] *Fragmenta* (Lobel & Page) 31, 1-4.
[276] *Carmina* 51, 1-4.
[277] *Hero et Leander* 78.
[278] Probably *Aethiopica* 2, 30, 6, when Calasiris is looking at Chariclea.
[279] *Argonautica* 6, 757-760.
[280] *Hero et Leander* 79.
[281] *Epistolae* 2, 17.
[282] *Aethiopica* 4, 6, 6.

etiam maiore te. [Alternative Latin translation]. ("Pues aun mas ygual galardon te dare yo si perseveras"). However, my first translation sounds better.

In hoc enim honore me meo. The original sounds different from my translation: "Como de ingenio de tal hombre como tu aver de salir para se perder en la virtud de tal muger como yo" ([literal Latin translation]). But this needs to be translated in a more polished form. The passage that follows this one says: "[Latin translation]" ("Que no puede mi paciencia tolerar que aya subido en coraçon humano comigo en ilicito amor communicar su deleyte"). But the wording of the original does not need to be followed literally if the decorum of the character and the meaning of the sentence is to be preserved. Otherwise, I would be calling attention to many passages that I chose to render in Latin more graciously than they are in the Castilian original.

Falconum unus. "El girifalte." In the Middle Ages girofalcons were certain birds that are described by the emperor Frederick in book 2 of *De Arte Aucupandi*[283] and by Albert the Great in *De Falconibus* chap. 6: "The girofalcons are the second type of noble falcons, very closely related to the saker. The gyrofalcon is perfect by nature in its figure, color, action and voice. It is bigger than a gosshawk and smaller than an eagle. It is named girofalco from the word "girando" [turning] because it follows its prey turning sharply. It does not bother with small prey but with big birds such as cranes, swans and such."[284] Notice also the inconsistency of the young servant's words, that also contain some disrespect towards his master. After having mentioned the horses, the servant comes up with another false story on the spot when he says that he had followed the falcon to the bridge.

felicissima mors quae desiderata [miseris] venit [*O bienaventurada muerte aquella que desseada a los afligidos viene!*]. Boethius writes: "A happy death is the one that does not come upon men during

---

[283] Also known as *De Arte Venandi cum Avibus*, book 2 deals with falcons used in hunting, their gear and care.

[284] *Albertus Magnus de Falconibus, Asturibus, Accipitribus, ex Libro Eius XXIII de Animalibus* is often appended to the book mentioned in the previous note.

their sweet years but arrives when often called in their sorrows." [285]
si adessetis [nunc mihi Crato et Galenus]. "O si viniessedes." Maybe one should better read "viviessedes." [286] Who is this doctor Crato, whose name deserves to be written before Galen? Is this a corrupt reading of Hippocrates? [287] I certainly do not remember any doctor as important as this one. It is very possible that he is taken from a fictional tale because Spaniards have many tales in their language and they are very good at including them in their historical writings. It may have happened that somebody, while writing the life of Galen, included that Galen was the son of Crato or that he was somebody close to him. Now I remember the case of the etymology of the name Charlemagne coming from "carrus" because he had been gotten in such kind of transportation. This story is described in book 1 chap. 10 of *De las noches de invierno*. [288] The name Crato may also be a corruption' of the famous Arab doctor Rasis.

cor Pleberii. "Inspira en el pleberico coraçon." I do not know what kind of wound seems to underlie here. [289]

Lacrymae et suspiria [*las lagrimas e sospiros*]. Ovid writes: "there is a certain pleasure in crying: pain is satisfied and expelled with tears." [290] B. Ambrosius writes in *In Obitum Valentiniani*: "Tears are often pleasurable and crying clears the mind; they refresh the heart and are a consolation for sorrow. There is a certain will to cry in

---

[285] *De Consolatione Philosophiae* 1, M1, 13.

[286] Although no edition presents the variant Barth suggests here, in modern times Riquer has suggested this reading (381, note 1).

[287] Another case of Barth being the first one to notice a textual problem in *Celestina*. Menéndez Pelayo suggests the same correction. See a summary of the scholarship on this passage in Lobera, Francisco J., Guillermo Serés, Paloma Díaz-Mas et alii, 526.

[288] "Desta hermosa Berta nació Carlo Magno, sucesor del Emperador Pipino, su padre; llamóse así porque fue engendrado, como dicho tengo, en un carro a orillas del río Magno, y, así, se llamó Carro Magno, aunque agora se llama Carlo Magno" ("From the beautiful Berta Charlemagne was born, the successor of his father Pipinus; as I said, he was called 'Carro Magno' ['Big Cart'] because he was conceived on this kind of vehicle on the banks of the river Magnum, although today we call him Charlemagne." Barella Vigal 225, our translation).

[289] Another case in which Barth is the first one to point out a problematic passage in *Celestina*. For a summary of the "plebérico corazón" scholarship, see McGrady.

[290] *Tristia* 4, 3, 37-8.

many pious emotions and pain is diminished by tears." [291] And Petrus Blesensis writes: "Tears have been a consolation for many and they considerably diminish the magnitude of pain since pain is a kind of fire that the more it is hidden the more it burns." [292]

aliquid involare [potero]. I gave these words this sense but also they could have been understood differently. "Quiça con algo me quedare que otro no sabe (lege "se") [293] con que mude el pelo malo, aunque malo es esperar salud en muerte agena." Spanish is difficult for foreign speakers because the first and third person of a verb are often the same. Others have complained of this in other places. This passage can also be understood as follows: [alternative Latin translation]. [294]

cum pulvisculo interierim. [295] "Alla iran la soga y el calderon."

lacrymas commodet [*tener con quien puedan sus cuytas llorar*]. In Petronius: "A faithful maid sat by her mistress' side, mingling her tears with those of the unhappy woman and fixed the lamp that was in the tomb whenever it burned low." [296]

adiutoriis [*cura*]. "Adiutoria" are what doctors prescribe to help the sick person recover besides medicines. Caelius Aurelianus wrote books on this issue. [297] I commented on him in my work *Adversariorum Commentaria*, where I explained this word. [298]

---

[291] Ambrosius Mediolanensis, *De Obitu Valentiniani Consolatio* (PL 16, 1371B and 1372A).

[292] *Epistola XLIX, ad Decanum Carnotensem et Archid. Blesensem* (PL 207, 146A).

[293] Barth did not understand this difficult passage properly. Reading "sé" instead of "sabe" is a conjecture that no *Celestina* edition presents. There is, however, a variant "otro no lo sabe," but Barth's suggested correction is unnecessary.

[294] Barth's alternative version is closer to the Spanish original than his first version. Cf. Mabbe's accurate translation: "Perhaps I may get more by it than every man is aware of, and cast my skinne, changing rags for robes, and penury for plenty" (24).

[295] Barth's translation of this Spanish proverb is based on two instances of "cum pulvisculo" in Plautus (*Rudens* 845 and *Truculentus* 19), who uses it in the meaning of losing everything up to the smallest piece of dust.

[296] *Satyricon* 111, 4 is the beginning of the story of the widow of Ephesus.

[297] *Caelii Aureliani Siccensis, Medici Vetusti, et in Tractanda Morborum Curatione Diligentissimi, Secta Methodici, de Acutis Morbis* (1567).

[298] He is referring to his *Adversariorum Commentariorum Libri LX* or *Adversaria* (Frankfurt, 1624). We could not find an entry for this word in this book.

Quis poterit dolor esse [*Qual dolor puede ser tal*]. I prefer to use the elegiac rhythm to others for Spanish verses in this brief instance and in other passages of my translation because this rhythm, if properly used, is the most appropriate for the complaints of pain and the pleasures of love. The reader can see an example in my book *Erotodidascalus*, where I gave this rhythm as much pleasantness as possible.[299]

pax, bellum, indutiae [*paz, guerra, tregua*]. Here our author is referring to some very well known verses in Terence's *Eunuchus* act. I scene 1, to which an endless amount of similar ones could be added.[300] Consult my *Satyricon*, where I describe this feeling [of love] in detail.[301]

hoc minus ille malis [*y el de nada se dolia*]. To make this expression well understood one must make the hand gesture we normally do to show that something is of no value. This is the case when Mimus Publilius, the prince of mimes, writes: "We men are only this amount away from death." What he meant by "this amount" you will not understand unless the hand gesture to indicate a very short distance is made, as Joseph Scaliger pointed out.[302] It is not an objection that these same words can be found in Seneca's letter 30 because Seneca used Mimo Publilius' words, often literally, in his discourses and writings.[303] Likewise in the sacred letters of Isaiah 51, 6: "And they who dwell therein [i.e, the earth] will die in the same way."[304] Equally in book 2 of Arrian's *Anabasis* about the tomb of Sardanapalus and the figure on it of two hands clapping: "And you, stranger, do eat, drink and be merry, inasmuch as other human things are not worth this, imitating the sound which the hands make when they clap."[305]

---

[299] Barth is referring to his *Erotodidascalus sive Nemoralium Libri V* (Hanover, 1625).
[300] *Eunuchus* 59-61.
[301] Barth is referring to his edition of Petronius' *Satyricon* (Frankfurt, 1610).
[302] The scholar Joseph Scaliger was a contemporary of Barth and his friend.
[303] *Epistolae* 4, 30, 17.
[304] *Loc. cit.*
[305] Flavius Arrianus, *Alexandri Anabasis* 2, 5, 4.

cum tot millibus mortalium [*tanta multitud de gente*]. See Tacitus *Annales* 15 and Suetonius chap. 38.[306] Also Cassius Dio's words summarized by Xiphilinus: "Countless men were slaughtered."[307] It is not clear from where Nero looked upon the burning of Rome. Suetonius mentions the tower of Maecenas, Xiphilinus says that from the top of the Palatine hill and Tacitus has doubts that this story could be true. That the palace on the Palatine also burnt it is certain from this very reliable author [Tacitus],[308] whom it seems that our author [of *Celestina*] followed when he mentions the Tarpeian Rock. However, these kinds of facts stated by the ancient writers are not rigidly followed when they are rewritten.

immortalem animam [meam]. My translation differs from the Spanish words: "Por cierto si el fuego del purgatorio es tal, mas querria que mi espiritu fuesse con los de los brutos animales que por medio de aquel yr a la gloria de los santos" [literal translation in Latin]. This is a very irreverent sentence. However, it has been written purposely to make the reader understand that love is what has infused all this contempt for God and Christianity in young hearts. Notice the words that follow this passage, when Calisto has forgotten completely that he is a Christian.

Melibaea mihi omnia est [*Yo melibieo soy etc.*]. This is a proverbial expression to finish a statement fast but in reality it does not say anything. Ausonius in his *Actio Gratiarum*: "The senate, the curia, the excellent Gratian are everything to me."[309] Heliodorus book 7: "For I am all things to my mistress: she not only breathes and sees through me, but I am her mind, ears and all to her."[310] Lucian in *Dialogue of the Prostitutes*: "I was your darling, your lord, your all."[311] Achilles Tatius book 5: "So firmly attached to the woman who has bewitched him that she is all for him."[312] Lucan book 3:

---

[306] Tacitus, *Annales* 15, 38-44 and Suetonius' *Nero* 37.
[307] Cassius Dio, *Historiae Romanae*, *Xiphilini Epitome*, Dindorf-Stephanus p. S168.
[308] *Annales* 15, 39.
[309] *Actio Gratiarum* 3, 13.
[310] *Aethiopica* 7, 12, 6.
[311] *Dialogi Meretricii* 14, 1.
[312] *Leucippe et Clitophon* 5, 22, 2.

"Caesar was everything." [313] Prosper *Contra Ingratos*: "while he does not attribute to himself any of these goods, God is everything to him." [314] Macrobius book 3 chap. 11 of his *Saturnalia*: "But this is your high priest, your pontiff, your everything." [315] Velleius Paterculus book 2: "I shall only say that he was everything for everybody." [316] Trismegistus in *Poemandro*. [317]

quod in se neque consilium neque [*lo que en si no tiene orden ni consejo*]. He means love. Terence in *Eunuchus*: "Master, what in itself admits of neither prudence nor moderation you cannot manage with prudence. In love there are all these evils: wrongs, suspicions, enmities, reconcilements, war and then peace. If you expect to render these things that are naturally uncertain certain by reason, you would not succeed more than if you tried to be insane by reason." [318] Horace satire 2, book 2: "O master, that which has neither moderation nor rule cannot be controlled by reason or method. In love these evils are present: war and then peace again. If anyone tried to ascertain these things that are as changing as the weather and fluctuating by blind fortune, he would make no more of it than if he tried to be insane by right reason and rule." [319]

Quantas vires cupidini humano dedisti [*quanta premia pusiste en el amor*]. What any sensible person must think of this can be read in book 1 of my *Nemoralia*, when Alcida tries to persuade Diana that the power of love resides in human beings' nonsensical beliefs. [320]

---

[313] *Bellum Civile* 3, 108.

[314] Sanctus Prosper Tiro Aquitanus or Prosper of Aquitaine, *Contra Ingratos* or *De Ingratis Carmen* (PL 51, 102A).

[315] *Saturnalia* 3, 11, 3.

[316] *Historia Romana* 2, 103.

[317] *Corpus Hermeticum, Poimandres* 31.

[318] *Eunuchus* 57-63.

[319] *Satyrae* 2, 3, 265-71.

[320] Barth is referring to his *Erotodidascalus sive Nemoralium Libri V* (Hanover, 1625), p. 13: "Amor quippe nihil est praeter imaginationem quippiam ficticiam hominibus mentibus versatam, res quae neque in caelo neque in terra ullibi est, imago solum in pectore illius qui eam desiderat" ("Love is nothing but a kind of imagination that resides in the minds of human beings, something that does not exist anywhere in heaven or earth, just a ghost in the hearts of those who desire it").

pro miraculo [mortalibus]. "Su limite pusiste por maravilla" ("[alternative Latin translation]"). This is easier to understand than to explain.

Aliter iam haec lyra tinnit. "De otro temple esta essa gayta" ("[alternative Latin translation]").

angelis illudere [*abominable uso con los angeles*]. "Illudere" is an obscene word in Latin. See my notes to the first eclogue of Nemesianus.[321] Sulpicius Severus presents this story beautifully and briefly: "The angels sent to Sodoma found Loth sitting at the door, who, considering the angels men, offered them shelter and dinner at his home. The vicious young people in the city requested them to commit indecent acts. Loth offered his daughters to the vicious young people instead of his guests but the vicious young people, whose desire was even more illicit, did not agree and mistreated Loth. The angels, as if revenging the insults, blinded those shameless men with light," etc.[322]

o degenerem. The Spanish word "hideputa" [son of a bitch] cannot be expressed better in Latin than by this word. The Latin word "scortum" [hooker] was used in antiquity for a man of effeminate condition. In the *Glossarium Graecolatinum* the Greek word "πόρνος" is translated as "scortum" in Latin.[323] So Petronius calls "scortum" a boy that renders the [sexual] services of a woman.[324] But Sempronio does not intend to insult his master here, therefore this "hideputa" is better translated as an exclamation.

caelo se dignos [*del cielo se juzgaron ser dignos*]. In other words, they wanted to be adored as deities while they were still alive. On Alexander the Great see Plutarch's *De Fortitudine eius et Fortuna*. Flavius Josephus in *Antiquitates* book 1 chap. 5 writes that Nem-

---

[321] Barth is referring to his *Venatici et Bucolici Poetae Latini Gratius, Nemesianus, Calpurnius* (Hanover, 1613).
[322] *Sulpicii Severi Chronicorum, Quae Vulgo Inscribuntur Historia Sacra, Libri Duo* (PL 20, 98C and D). Cf. Genesis 19.
[323] Although it is difficult to know which dictionary Barth was using, most likely it was the popular *Philoxeni Glossaria Latino-Græca & Græco-Latina* (Leiden, 1600).
[324] *Satyricon* 9, 6.

broth tried to make men adore him instead of God.[325] Marius Victor in his *Libri III Commentariorum in Genesin* writes that Nembroth made his only child a deity.[326]

mulionibus [et vilissimis etiam servitiis] substraverunt [*se sometieron a los pechos y resuellos de viles azemileros*]. A beautiful example is the twenty-ninth story of the French book *Les comtes du monde aventureux*.[327] I retold this story in my collecton of Milesian fables with the same purpose as Sempronio's, i.e., to make young men of noble spirit see, as if they were in front of a mirror, how insane and stupid are those who expose themselves to enormous expenses, torments and dangers to serve women, even beautiful and noble women, who do not care how polite and gracious their suitors are. Often what these women deny these suitors they give to the vilest of their servants in abundance. It helps to transcribe here the very useful moral tale of the above-mentioned author for everybody to see that I do not want to teach only with my words. This writer of very discrete charm wrote: "It is a very common evil that many women who serve foolish love choose the least deserving and the most vulgar among their most dedicated suitors. By doing so, they expect to better keep their good reputation. But being so confidently liberal with the treasure that cannot be restored, they fall in a dishonor or a danger similar to this woman who, trying to avoid love, enjoyed the fruit before knowing the flower. This will teach others of what may happen." But it is better to read the story itself and the words of the angry young man when he discovered that the woman to whom he had paid court so much had given herself to a vile muleteer. Another similar story of this kind can be read in chapter 20 of Marguerite de Navarre's *Heptameron*. I do not feel bad in transcribing the whole story because it is short and this book is rare to see now.[328] It sounds like this, respecting the old French

---

[325] *Antiquitates* 1, 4, 113.
[326] Victorinus or Claudius Marius Victor, *Commentariorum in* Genesin *Libri Tres* (*PL* 61, 3, 958D-959A).
[327] *Les comptes du monde adventureux*, first edition Paris, 1555, without the name of the author. In the second edition (Paris, 1589) the book is attributed to Antoine de Saint-Denis. This edition also contains other stories by authors such as Marguerite de Navarre, which makes it the edition Barth most likely used. See next note.
[328] Barth may be quoting from the edition of *Les comtes du monde aventureux* quoted above that includes some of Margaret of Navarre's stories. We could not consult the book. Prior to 1623, Marguerite de Navarre's *Heptameron* was published in 1558 and 1559, followed by three more printings in 1560, 1578 and 1581. After that, there are no known editions until the 19th century.

spelling, that nowadays is not followed in France: "There was a gentleman in Dauphiné named the Seigneur du Riant, of the household of King Francis I, and one of the best-looking and best-bred men. For a long time he courted a widow, whom he loved and respected so much that, afraid of losing her good graces, he dreaded not to ask her for which he really wanted most passionately. As he knew that he was a handsome man and worthy of being loved, he firmly believed what she often swore to him, that she loved him more than any other gentleman in the world, and that, if she were constrained to do anything for anyone, it would be only for him, because he was the most perfect gentleman she had ever known. She begged him to content himself with this, not attempt to exceed chaste friendship, assuring him that, if she suspected that he wanted to go further, he would lose her forever. The poor gentleman not only contented himself with these fine words, but even deemed himself happy in having won the heart of a person he believed to be so virtuous. It would be an endless affair to give you a detailed account of his love, of the long intercourse he had with her, and of the journeys he made to see her. Enough to say, that this poor martyr to a fire so pleasing, that the more one is burned by it the more one likes to be burned, daily sought the means of aggravating his martyrdom. One day he was seized with a desire to travel to see her whom he loved better than himself, and whom he prized above all the women in the world. On arriving at her house he asked were she was. They told him she had just come back from vespers, and was gone to take a turn in the warren to finish her devotions. He dismounts, goes straight to the warren, and meets her women, who tell him that she is gone to walk alone in the great alley. Upon this he began to hope more than ever for some good fortune, and continued to search for her as softly as possible, desiring above all things to steal upon her when she was alone. But on coming to a charming pleached arbor, in his impatience to behold his adored, he darted into it abruptly, and what did he see then but the lady stretched on the grass, in the arms of a groom, as ugly, nasty, and disreputable, as he was all the reverse. I will not pretend to describe his indignation at so unexpected a spectacle; I will only say it was so great, that in an instant it extinguished his long-cherished flame. 'Much good may it do you, madam,' cried he, as full of resentment as he had been of love. 'I am now cured and delivered of the continual anguish which your fancied virtue had caused me;' and without another word he turned on his heel and went back faster than he had come. The poor woman had not a word to say for herself, and could only put her hands over her face, that as she could not cover her shame she might at least cover her eyes, and not see him who saw her but too plainly, notwithstanding her long dissimulation."[329] Here is the elegant and pleasantly brief narration that illustrates the truth in the words of our Sempronio with a clear example. There are similar ones in my book of Milesian fables.

abusae sint [*se sometieron ..., y otras a brutos animales*]. To be understood as passive voice. See my *Adversaria*.[330] The story of Pasiphae and the bull can be found in many places. I cannot remember any author that mentions the story of Minerva and the dog, and I have no time to find it.[331]

cum simio [*con el ximio*]. In spite of all the nobility that is attributed to Calisto, Sempronio points out this blemish in the family. The author seems to point in this direction and he wants to prove the common saying that there is a blemish in every family. So Parmeno reminds Sempronio [of the blemish in his family], and in the play Celestina is reminded by Parmeno, who in turn is also reminded by him. Everybody knows that monkeys are very lustful animals. I think the word "cultrum" [knife] is meant to show how Calisto's grandfather killed that distinguished rival of his. "Lo de tu abuela con el ximio, hablilla fue? Testigo es el cuchillo de tu abuelo." It is possible in this case that "cuchillo" meant cuckold, i.e., somebody whose wife is adulterous, as it called in Isidore's *Glossarium*,[332] although it is not properly written because the true spelling should be "cuclillo."[333]

falsimonias [*sus mentiras*]. If these praises of women in Spanish cannot be translated in style, I hope that at least the reader will acknowledge the propriety of the language. Many of these expressions cannot be rendered with only one word in Latin because, if

---

[329] Second Day, story 20, "A gentleman finds his cruel fair one in the arms of her groom, and is cured at once of his love." Translation by Kelly 1: 144-46.

[330] *Adversaria* p. 1398-99: "Abuti et abusus passiva vi dicta."

[331] Another difficult passage that Barth is the first one to point out. On "Minerva con el can" as a corrupted reading of "Minerva con Vulcano" see Green.

[332] *Etymologiae* 12, 7: "Tucos, quos Hispani *cuculos* vocant" (*PL* 82, 460A).

[333] Another instance of Barth pointing out a textual change. See Marciales' edition of *Celestina* 2: 25, note I. 42.

you stick to their meaning and translate word by word, the resulting translation will be very different in intention from the original. If you want to read invectives against women, read Augustine, or whoever may be the author of the book *De Singularitate Clericorum*[334] or Chrysostomos' *Homilia de Heroidade sive in Decollationem B. Ioannis Baptistae* and Anastasius Nicaenus question 63, authors with whom pagan antiquity agrees.[335] So Anaxandrides the playwright said "women are an unavoidable evil." Equally the playwright Alexis said "it is insanity to be united to a woman." Philemon called them "perpetual evil," Naumachius called them "the source of impure worries," Menander and Plautus called them a "tempest," Philippides, also a playwright, called them "a mountain of worries." Hipponax said that "no happy days can be had with her except the day of the marriage and the day of the burial." Equally he knew that "in nature there is nothing worse than women." Euripides, who was the only herald of their virtues, called them "an inexperienced laughingstock." In his *Alcestis* he said "happy is he who can live without a woman." Aristophanes said "to accept a woman is like adding fire to fire," Sophocles wrote "all the nature of women is nothing," Philetas "it is excellent to live without her," Chaeremon "it is better to bury her than to marry her," Hippotheus and Theodectes wrote "women are like old age and chains," Antiphanes "the worst of all misfortunes," Plato "a load that cannot be held," Lysias the orator "a man betrays every friendship for a single act of intercourse," Lycurgus the orator "if you become their enemy not even life is liveable," Nicostratus "if you are trying to find a wealthy man, find a dissolute woman," Euripides "a woman is worse than a tempest in the ocean, than a fire, than poverty; she is an evil that is beyond description, the worst evil created by God," the same in *Hippolytus* "a woman can never be hated as much she deserves," and in *Medea* "neither ocean nor land has created such a monstru-

---

[334] *De Singularitate Clericorum* has been attributed, among others, to Saint Augustine and Saint Cyprian.

[335] The following page is a compilation of misogynist quotations that Barth has taken from indirect sources –notice that the Greek authors are quoted in Latin. It is difficult to know what manuals or *compendia* Barth is taking them from, or even if they are a part of his own personal collection of passages against women. An even longer compilation of such passages can be found in the commentary to the same passage in *Celestina comentada* (Fothergill-Payne, Fernández Rivera and Fothergill-Payne 26 *et seq.*). Unlike Barth, the author of *Celestina comentada* mentions some of the *compendia* from which he extracted the quotations.

ous beast as woman," and in the same play "stupid is the man who does not blame women as the origin of all evils." Also Euripides in *Andromache* "her only pleasure is to be always ready for evil words and deeds," the same in *Medea* and in *Hippolytus* "woman is a disease whose poison has no antidote, worse than fire and vipers, women are not true human beings," in *Medea* "women are unskilled in good matters but skilled in bad ones," in *Phoenissae* "women enjoy talking nonsense." Menander knew that "it is very difficult to gather anything reliable from the words of women, therefore one has to be very careful when they speak in good will," Homer "the nature of women is unreliable," Virgil called them "changeable and variable," Hesiod "all are thieves and worse than liars," Alexis "totally shameless in matters of conscience," Menander "easier to infuriate than dogs and, once they are infuriated, worse than dogs" and "their sex is out of control and intolerant by nature," Hesiod in *Theogony* "for men to live with them is the worst harm and punishment," Antiphon wrote "that he did not believe anything from a woman except that after death she would not come back to life," Sophocles "women dare to commit any crime without any regard," Antiphanes the playwright "blind men have the advantage that they will not see any women," Menander "where there are women you will find every evil," Anastasius Sinaita in book 9 *Commentaria in Hexaemeron* "no woman can tell the truth; she does not help man, as was the purpose of her creation, but she is for him like a trench of the enemy, his traitor, his murderer, his exterminator, the mediator of all bad and good," Antiochus the Abbot of Saba in homily 17 of his *Pandectes* "Merely looking at a woman is a dart covered with deadly poison that corrupts the spirit of a man; women are instant poison for men, they put chains on their feet, capture and abduct them as the stupid oxen that are taken to be sacrificed, and they are for men unavoidable corruption after the first intimacy." These are some of the praises for the weaker sex that pagan and sacred authors have written and that Parmeno, not unwisely, has included here.

strophiis. "So aquellas gorgueras [...] authorizantes ropas." I translated this as "magnificis tunicis," although it does not express the original. I remember having heard that it is commonly believed among the Spaniards that bulging clothes add authority to the person. The French refer to these clothes in an insulting and undignified way with the following lines: "He is very clean, his ruff is properly arranged, his collar should not be disarranged since it helps to give him dignity."

Quos [etiam] enixe desiderant. I gave this translation to the line "A los que meten por los agujeros denuestan en la calle." There may be some sort of typographical error.[336]

extra decentium domina [*los bienes de fuera, de los quales la fortuna es señora*]. The Stoics said that fortune ruled man's external goods, which were so subject to the capriciousness of fortune that nobody could not know it. Read Epictetus' *Enchiridion* and the commentary Simplicius wrote on it, Boethius' *De Consolatione Philosophiae*, Arrian's *Dissertationes*,[337] the emperor Marcus Aurelius and others.

ineffabiles gratias [*inefable gracia*]. The many graces of their loved ones are highly praised by writers, especially in the very pleasant, and I wish less graphic, letters of Philostratos Alciphron, Aristaenetus, Theophylactos Simocata and others. The same idea is wonderfully expressed by Lucretius, who says that "a beautiful woman breathes love from all her body."[338] This cannot be expressed with words and Calisto speaks of the "ineffabiles gratias" [graces beyond expression] of Melibea, as other lovers write of their loved one's. Musaeus says of Hero: "[And as she moved] roses flashed also from around the ankles of the white-robed girl. Many were the graces that flowed from her limbsand her laughing eye blossomed forth with a hundred Graces;"[339] Lucian in his *Imagines*: "But what blossoms more than all these things [i.e. the achievements of sculptors, painters and poets] than as many as all the Graces, and the Loves, too, dancing about?"[340] Philodemus says of old Chariclea, still

---

[336] The Spanish line is correct but Barth did not understand the meaning. Cf. Mabbe's appropriately expanded translation: "They will privately pleasure him, whom afterwards they will openly wrong, and draw him secretly in at their windowes, whom in the streetes they will publikely raile at." (29) That this is a difficult passage is proved by the fact that Alfonso Hordognez, the Italian translator, avoids this passage, which he renders only as "Senzza vergogna dicono villania per le strade" (Kish, *Edition* 55).
[337] *Epicteti Dissertationes ab Arriano Digestae.*
[338] *De Rerum Natura* 4, 1054.
[339] *Hero et Leander* 62-3, 64-5.
[340] *Imagines* 9, 2-4.

beautiful: "And her skin without a wrinkle still sheds ambrosia, still persuasion, it all sheds ten thousand graces;"[341] Aristaenetus book 1 epistle 10: "And according to Hesiod, the Graces are not three in appearance, but tens of tens dance about;"[342] Nonnus at the beginning of book 34 of his *Dyonisiaca*.[343] Thus Meleager says that the Graces themselves are defeated by the grace of his loved one: "I foretell that one day sweet-spoken Heliodora will surpass the Graces themselves by her own grace."[344] Grace is the third part of the absolute feminine beauty, which consists of grace, figure and image. It is recommendable that grace be shown naked, in other words, without make up and artifices. Aristaenetus book 2 epistle 21: "And by Love, who has successfully hit my soul with the bow, you are utterly triumphant in all things; in form, beauty, and in the graces. For your graces are completely without guile and "truly nude" as the saying goes."[345] I do not agree in this passage with the very elegant Mercerius, who translates σχῆμα [form] as "ornament," since this word really means "figure" or, as it is commonly said these days, "proportion," which is much more necessary to attain beauty.[346]

Sic Deus tibi [propitius sit] [*Assi te medre Dios*]. Our author makes Sempronio mutter this and similar things to show how ill willed servants are towards their masters. Equally, Pietro Aretino in his *Dialogue*, which I have translated from Spanish into Latin, shows that these servants are terrible enemies of their masters.[347] He who wants to read descriptions of beautiful girls who compete with Melibea's can look at Beroe, Nicea and others that Nonnus describes, and at Bathylla described by Anacreon ode 28,[348] and the women loved by other writers and their heroes. The description of

---

[341] *Anthologia Graeca* 5, 13. See note 265.
[342] *Loc. cit.*
[343] Nonnus of Panopolis. Barth mentions him several times.
[344] *Anthologia Graeca* 5, 148. See note 265.
[345] *Loc. cit.*
[346] J. Mercerius, *Aristæneti Epistolæ Græcæ cum Latina Interpretatione & Notis* (Paris, 1596). There were several later editions.
[347] Barth is referring to his *Pornodidascalus seu Colloquium Muliebre Petri Aretini* (Frankfurt, 1623). This is a translation not of Aretino's Italian original *Ragionamenti* but of the Spanish translation of the third day by Fernán Juárez entitled *Coloquio de las damas* (Seville, 1548 and 1607).
[348] Barth seems not to have realized that Bathyllus is a Samian boy loved by Anacreon (*Anacreonta* 17).

Chariclea by Heliodorus, of Leicippe by Achilles Tatius, of Lais by Aristaenetus in book 1 of his epistles,[349] and of Ismene by Eustathius. Read also Lucian's *Imagines,* Alciphron, Philostratos, Theophylactos' epistles, Musaeus and my *Leandris.* Also Gregorius Nyssenus *De Virginitate,* Apollonius of Rhodes book 3 of the *Argonautica,* Tryphiodorus and Coluthus in *Raptus Helenae* and *Ilii Incensio,* Ovid's Galatea and other women, Statius' description of Deidamia in his *Achilleid,* book 7 of the *Anthologia* of Greek epigram writers,[350] Logus in his poems about Chloe,[351] Q. Calabrus' description of Penthesilea, Apuleius' Fotis, Petronius' Circe, Theocritus and Homer's Helen and others, Valerius Flaccus' Medea, Isocrates' *Encomium Helenae,* Aelian's epistles. This is enough since the cases I have listed will clarify this issue with examples and wisdom.

Thaletem superas [*Tu cuerdo*]. I added a joke from Plautus.[352]

Oculi virentes [*Los ojos verdes*]. I would have said light blue or black.

ut materia [appetit] formam, sic mulier appetit virum [*Assi como la materia apetece a la forma, assi la muger al varon*]. I find this saying most ridiculous. Both man and woman have the same form and matter, and one should name them the same in both genders. Women are different from men not in matter or form, but in sex. And the form of the formed female is not in the sex, and she does not desire matter of other type than that of her own form, i.e., the human one; therefore it is necessary that there be a different matter and form in the male. But this is only a comparison, as all the well-known fallacies of the Sophists who, although they wanted most of their fallacies to be taken as right conclusions, stated mostly premises that were ambiguous or false and that could be easily refuted with scholastic counterarguments, should somebody bother to counter silliness with silliness.

---

[349] *Epistolae* 1, 10.
[350] *Anthologia Graeca,* see note 265.
[351] *The Pastoral Story of Daphnis and Chloe.*
[352] See for instance *Bacchides* 122: "O Lyde, es barbarus; quem ego sapere nimio censui plus quam Thalem, is stultior es barbaro poticio" ("O Lydus, why, what a barbarian you are, you, whom I had deemed to be far more wise than Thales himself").

ad satiem eam potitus fueris [*podra ser alcançandola*]. The Spanish word "alcançar" can mean this, and it can also be interpreted as if the until now prudent and very faithful servant were telling his master to overcome Melibea as an enemy.

barbuda [barbatam]. This word implies the highest insult and contempt. While there is nothing more appropriate in a man than to have his face covered with hair, it is very inappropriate in a woman. It is repeated often later.

de mulieribus virgines [*virgos*]. This practice is mentioned several times in the book as Celestina's most profitable one. In act seven a woman is mentioned who has had her virginity restored seven times.

duce novo sidere [*el estrella precedente*]. This star appears in the Holy Scriptures, and it should be noticed that it was not unknown even to the old philosophers. Chalcidius, whoever he may have been, this declared Platonic philosopher wrote in his commentary of the *Timaeus*: "There is also another very holy and venerable story that narrates the birth of a certain new star that did not forecast sickness and death but the upcoming of a venerable God for the salvation of mankind. Some very wise Chaldean men that were experts in celestial matters noticed this star. It is said that they look for the recent birth of God and, after finding the glorious child, they venerated him and they made to God the very appropriate offerings that you have described better than anybody else." [353] Chalcidius wrote as a philosopher who was not ignorant of Christianity, but however not just as a mere Christian. He wrote, as these words show, for a man very wise in Christianity and most famous named Hosius, as it is stated in the letter that precedes Chalcidus' commentary. I think that this Hosius is none other than an eminent bishop in the times of Hilarius and the Catholic council or convention of Rimini. He converted to Arrianism, which then prevailed everywhere, towards the end of his life, when he was 90 years old, as Phoebadius mentions at the end of his only letter to survive. In the *Epistolae ad Ecclesias Universas* of the synod of Sardica he is

---

[353] *Chalcidii Timaeus de Platonis Translatus, Item Eiusdem in Eundem Commentarius* (Leiden, 1617). We could not find the passage.

praised as deserving the highest reverence because of his many years of well-proven faith and for his exhausting services to the Church of God. From these explanations it will be clear when Chalcidius lived, which until now was not well known to the scholars.[354]

te rogo [*te ruego*]. See the impious stupidity of this lover. To ask dishonest things from honest people is stupid according to Plautus. What can be said about asking this kind of thing from God, the author and ruler of everything good?

Evangelia, evangelia. "Albricias, albricias." "Evangelium" is the prize that is given to somebody for being the messenger of good news. Homer's *Odyssey*: "I will pay you the reward for good tidings."[355] Eustathius: "Let the reward for good tidings be mine; that is, let a gift for a good message be laid up in store for me."[356] Cicero *Ad Atticum* book 2 epistle 3: "First, I think, good news, Valerius has been absolved with the defense of Hortensius."[357]

subter acervum istum [*en la camarilla de las escobas*]. There was a place in the buildings dedicated to the storage of brooms and cleaning utensils that could be called "scoparium." I translated it as "acervum scoparum" because this room has no name in Latin.

Nondum tecum loqui possum [*no te puedo hablar*]. Notice the flatteries of the old woman, who pretends that she is out of her senses with joy [with the visit] because Sempronio did not come often enough to visit. In act 9 Elicia complains that he has come only once in the year to see her. The astute behavior and words of the old woman are represented with the greatest talent in every passage of the play.

Ad nihil non utilem faciemus [*todo lo llevamos*]. I could have translated this another way, but I found this one most convenient. The

---

[354] The entire prologue of Chalcidius' translation and commentary to Plato's *Timaeus* is dedicated to Hosius (*PG* 25, 325B-C). Barth has published the previous year *Phoebadi Agginensium Galliae Episcopi contra Arrianos Liber* (Frankfurt, 1623).
[355] *Odyssey* 14, 166.
[356] *Commentarii ad Homeri* Odysseam 2, 66.
[357] *Loc. cit.*

original Spanish is: "CEL. Pocas mataduras has visto en la barriga. SEMP. Mataduras no, mas pertreas, si." I would not allow anything lustful in a text that deals with the dangers of lust, even if it fits the manners of the characters. In this kind of writing there are very few of the old and new authors who are careful enough not to undermine what they intended to disqualify with their description of the vices. An example among the Latin writers is Juvenal, the famously bitter scourge of vices, but who was so obscene that he seemed to promote what he attacked since nobody could express it more shamelessly. Among the Greek writers, there is Aristophanes. His idea was to criticize the human and divine secrets of the Greek philosophers with his histrionics, but he behaved so shamelessly and ludicrously that I do not know what good it does us that so many of his comedies have survived, while many others', especially Menander's, the most prudent and most experienced, have practically disappeared. The writers in modern languages, especially in French and Italian, made the same mistake so often that many chaste readers detest their witty writings because of their obscenities. The Spaniards, although more serious, did not come up with particularly chaste fables to reprimand the behavior of our times, as *Celestina* proves.

Ha furcifer [*Ha don malvado*]. Notice the dishonesty of this harlot, who cannot but recriminate her lover for his misdeeds. You can see this character's nature in many other scenes, but especially in act 9 during the banquet. Areusa is presented as more prudent and smarter. When she narrates all the crimes of Celestina, she acts as if she were humble and simple, as opposed to acting like a common prostitute. Later, when she plots with Elicia and she conspires with Centurio and Sosia, we realize that she is not simple at all.

parietes [*paredes*]. This nonsensical expression shows the inquisitiveness, loquacity and forged simplicity of the old woman in a wonderful manner, with the wittiest, happiest expression.[358]

---

[358] Barth tries to find an explanation for this passage he and many others –Mabbe, for instance– did not understand. "Paredes" is not "walls" but a plural form of the verb "parar" in the meaning of "you stay with God."

numquam aliquid boni mihi obvenire [*que jamas pude ... dessear otro bien*]. Sempronio assaults the old woman with his flatteries. She hears them and replies, but she is impressed by the dedication he shows in his speech.

in medias res [*ven al hecho*]. Horace praises this in Homer. The Spanish original is: "Vanamente se dize por muchas palabras lo que por pocas se pueda entender." And the part that deals with paying attention to too many things reads in Spanish: "Quien en diversos lugares pone el pensamiento, en ninguno lo tiene juncto sino por caso determina lo cierto." It helps to state these things in their own language, because he who is free is in the hands of very few.

agnoscere quem [**occasionis favorem**]. "Conocer el tiempo y usar el hombre de la oportunidad haze prospera la gente."

huic matronae. "A essa dueña." "Dueña" seems to derive from the Latin "donnula" or "domnula," and is flattering both in Spanish and Latin. See my translation of Melibea's words to Calisto in act 14: "Señor, por Dios, pues ya todo queda para ti, pues que ya soy tu dueña, pues ya no puedes negar mi amor, no me niegues tu vista."[359] Salvanius epistle 4: "I lie at your feet, my dearest parents: she who was your Pallas, your little grace, your little mistress, I who was for you known by different names, be it mother, little bird, mistress."[360] And so in Greek the word is δεσποτίδιον, as in Aristaenetus book I epistle 24: "So you then, my little master, at once, at once!" etc.[361]

prostibulum vetus. "Puta vieja." It is very difficult to express this in Latin. The meaning of these two words is in the next page, when Parmeno declares that everybody knows the wicked behavior of Celestina, and that she can hear these words [puta vieja] wherever she goes.

---

[359] Barth's translation reads: "Per Deum immortalem, anime mi, quoniam iam omnia mea tua sunt, quoniam iam ego mancipio me tibi tradidi, quoniam exhinc iam aliam amare non debes et amorem tuum mihi negare non potes neque aspectum tuum mihi neges."

[360] *Salviani Massiliensis Presbyteri Epistolae,* epistola IV, Ad Socerum et Socrum (*PL* 53, 162D).

[361] *Loc. cit.*

Semper hoc [usu]. "Siempre lo vi, que por huyr hombre de un peligro cae en otro mayor." Calisto says this, afraid of Celestina being offended by Parmeno's insults, who is giving him good reasons to be afraid of Celestina when he narrates all her crimes.

dexterrimus est armis et equo. "Diestro cavallero es Calisto." The word "cavallero" in Italian, French, Spanish and German is not used in the same way as in Latin. I have translated it as "eques" only in a few cases, [362] since "cavallero" means something different that implies both goodness and nobility. Also in these words of Parmeno I omitted several things that cannot be expressed in Latin due to lack of words. We certainly do not know many things, especially how some manual trades and their shops were named in everyday life because no *nomenclator* from the times of the Roman Republic, when Latin was a live language, has survived.

[lurco] ovorum assorum [*comedor de huevos assados*]. Saying of the common people in Spain. [363]

locis [*de hacer virgos*]. The female "places" are the genitals, as in the physicians Celsus, Marcellus, Celius, Scribonius, Priscian, Gariopontus and Columella book 8 chap. 7, etc. [364]

studentium [*estudiantes*]. This word was also used in antiquity to designate those who dealt with literature. *Glossae* of Isidorus: "'Pappas': teacher who is followed by students." [365]

excalcei [*descalços*]. Paulinus *Ad Cyterium*: "He was given a pair of plain sandals so that he who would have preferred to be warm barefoot to cold wearing shoes would not stagger with his ship's

---

[362] Barth uses "eques" only in two cases in his translation: in the words of Celestina in act 9, p. 195: "Equites, senes, iuvenes, abbates omnium dignitatum, viri ab episcopis usque ad aedituos" ("Cavalleros, viejos, moços, abades, de todas dignidades, desde obispos hasta sacristanes"). Also in the words of Melibea in act 10, p. 198: "cum nomine illius equitis" ("quando de parte de aquel señor").

[363] The meaning of this passage is disputed. See a summary of the debate in Fernández Rivera.

[364] The passage in Columella concerns chickens, not women, but it refers to their genitals as "loca naturalia."

[365] *Appendix XXIV, Liber Glossarum ex Variis Glossariis Quae sub Isidori Nomine Circumferuntur Collectus* (PL 83, 1365).

foot."[366] Correct this passage of Paulinus and rewrite the first verse from "caligis tamen iste" to "tamen caligis iste" since the rhythm of the verse would have not pleased him, unless the printers made a mistake in the passage.[367]

naturae consultam. "Fisica de niños" ("Physicam infantium"). "Physica" are effective medicines, as if nature had made them on purpose. They are in Vegetius, Plinius Valerianus and others. See what I taught in my *Adversaria*.[368]

nonnarum [*monjas*]. We call nuns in common speech what others call priestesses or vestals, and this is the use of the Latin Fathers. So Jerome in *Epistola ad Eustochium:* "Having experienced the domination of their husband, they prefer the freedom of being widows, they are called chaste and nuns."[369] See the *Graeco-Barbarian Glossary* of my good friend, the very illustrious and erudite Johannes Meursius.[370]

adulterabat [*falsava*]. Adulterated potions are blended mixtures sold as if they were authentic. Manilius writes: "So that by the adulteration of potions their pleasantness might be greater."[371] Past this point I could not imitate in Latin Celestina's inventions and tricks as narrated by Parmeno, and actually there is no need to spread such things for the knowledge of the majority. Besides, these regions also have enough false sorceresses who know too many bad potions and tricks.

funem strangulati hominis [*soga de ahorcado*]. In my *Adversaria* I pointed out that the ancients too obtained many medicines from the bodies of the executed.[372] The *Sylloge Medicamentorum* of Mar-

---

[366] Paulinus Nolanus, *Poema* XXIV (PL 61, 621B).
[367] This seems to be a marginal correction that Barth wrote for himself but that, somehow, ended up in the printed version.
[368] *Adversaria* p. 2607: "Physica medicamenta capienda naturae consentanea." Also p. 549: "Physicum medicamentum pro comprobato."
[369] *Epistola XXII Ad Eustochium de Custodia Viriginitate* (PL 22, 404).
[370] Johannes van Meurs (1579-1639), *Ioannis Meursi Glossarium Graeco-Barbarum* (Leiden, 1614). The entry for "nonnai" is on p. 368, where Barth has taken the quotation of Saint Jerome.
[371] *Astronomica* 5, 266.
[372] *Adversaria* p. 216: "Medicina ex sepulcris maleficorum."

cellus, who is known as Empiricus, is full of such recipes but nobody in his right mind uses them. [373]

Vultus exteriora [*por la filosomia*]. Very erudite men, esteemed by all, often guess the qualities and predispositions of men and their passions through their faces. Achilles Tatius book 6 of *De Amoribus Clitophontis et Leucippae* says that, because of this, even a man's intentions can be guessed and he would not dare to say that they can be completely invisible to the eyes: "For the mind does not seem to me to have been rightly said to be entirely invisible: for it accurately appears in the face as in a mirror." [374] Juvenal satire 9: "You can anticipate the storms hidden in the distressed body, also the happiness; the face assumes these two dispositions." [375] Nazarius in his *Panegyricus*: "in serene foreheads can be read the hints of the intentions." [376] Boethius in *De Consolatione Philosophiae*: "Confessing his shame in a blush." [377] Hilarius *De Macabaeis*: "and in their faces they declare that they were afraid of nothing." [378] Statius to the emperor Domitianus: "And he learns from the face how much more merciful you are with weapons." [379] Minutius Felix in *Octavius*: "Banned from pain, I do not know what he declared in his face." [380] Chalcidius *Commentarius in Platonis Timaeus*: "After all the thoughts and intentions are indicated by the gesture of the irate, sorrowful or happy eyes," etc. [381] Liutprandus' book 4 *Historiae* chap. 15: "After hearing this, since the face is the mirror of the mind, he showed the shame of his heart in the blushing of his face, and prostrating himself in front of the king, he confessed that he had sinned and committed a serious offense." [382] This is why for

---

[373] Marcellus Empiricus of Bordeaux or Marcellus Burdigalensis, *De Medicamentis Empiricis, Physicis et Rationalibus.*

[374] *Leucippe et Clitophon* 6, 6, 2.

[375] *Satyrae* 9, 18-20.

[376] *Nazarii Panegyricus Constantino Augusto Dictus* (PL 8, 583C).

[377] *De Consolatione Philosophiae* 1, P1, 12.

[378] Auctor incertus (Hilarius Arelatensis?), *Versus in Natali Machabaeorum Martyrum* (PL 50, 1281A).

[379] *Silvae* 1, 25.

[380] *Marci Minucii Felicis Octavius,* chap. 4 (PL 3, 241A and B).

[381] Section 12, De visus auditusque utilitate, chap. 266, p. 296 in the edition of Wrobel, *Platonis* Timaeus, *Interprete Chalcidio cum Eiusdem Commentario* (Leipzig, 1876).

[382] *Liutprandi Cremonensis Episcopi Historia Gestorum Regum et Imperatorum sive Antapodosis,* liber quartus (PL 136, 873B).

missions and expeditions kings must use men that show the seriousness of their thoughts and intentions in their faces. Cassiodorus book 8 epistle 14: "He was present in the royal commissions as an honorable man bestowing honors, softening the inspections by turning them into pleasant auditions. This is how courtiers must be, showing the goodness nature gave them in their gestures and that they can be ascertained by these gestures when they are seen. To be silent is often despicable if only the tongue is what makes one noble: he always remains honorable whose spirit is tranquil and his look make him appear very serene." [383]

Resumptio [*reparo de mi tormento*]. In the books of doctors, "resumptiones" are cures for sick bodies. "Resumptiva medicina" are medicines that restore health. Caelius Aurelianus often uses this term.

manus [*essas manos*]. The expression to kiss somebody's hand, which especially French, Italians and Spaniards are always using, is a polite way of showing submission. It descends from the Roman habit, when the most humble and disfavored went to pay tribute, and not only the Romans but the Greeks too. Examples from both peoples can be found in Phaedrus', Augustus' emancipated slave, fable 82,[384] and in Silius Italicus' book 12,[385] Claudian's book 2 *In Eutropium*,[386] Lucian's *On Dancing* and *In Necyomantia*,[387] Suetonius' *Domitianus* chap. 12,[388] Apollonius' *Argonautica* 1,[389] Apuleius' *Apologia,*[390] Trebellius Pollio's *Gallieni,*[391] Seneca's epistle 47[392] and others that Iustus Lipsius praised in his *Electi.*[393] Later, in

---

[383] Cassiodorus Vivariensis / auctores varii, *M. Aurelii Cassiodori Variarum Libri Duodecim.* Liber octavus, epistola XIV, Senatui Urbis Romae Athalaricus Rex (*PL* 69, 747B-C).
[384] *Fabulae Aesopiae* 5,1. Barth published *Fabularum Aesopiarum Libri V* (Frankfurt, 1623).
[385] *Punica* 12, 591-592.
[386] *In Eutropium* 2, 66-68.
[387] *The Dance* 17, 1-7, *Menippus sive Necyomantia* 12, 1-9.
[388] *Domitianus* 12, 3.
[389] *Argonautica* 1, 311-314.
[390] *Apologia* 94, 6.
[391] *The Two Gallieni* 16, 6.
[392] *Epistolae* 47, 13.
[393] Philippe Rubens and Iustus Lipsius, *Electorum Libri II, in Quibus Antiqui Ritus, Emendationes, Censuræ* (Antwerp, 1608). There is also a 1582 shorter version. We could not consult this book.

Hellenistic Greece under the rule of the emperors in Constantinople, the customs degenerated into such a barbaric state that it was thought even the emperors' feet deserved to be kissed. The same practice with the popes seems to descend from this.[394] Codinus Curopalates' *Officia Aulae Byzantinae*: "And that one must know not only when a tyrant is prosecuted, a king is appointed but also supposing that he will do any of his duties, even if it should be the smallest, he does this having been appointed. And the tyrant, at any rate, stoops and kisses the foot of the king."[395] I have mentioned other quotations elsewhere. In Spanish lovers also say that they kiss the sole of their loved one's feet, as here Calisto, insane because of his love for Melibea, declares that he adores the steps of Celestina. This is the case in the booklet *Rodomontades*: "Beso la planta del pie de vuessa merced, patrona deste coraçon, princessa deste pecho."[396]

plantarum nonnullae huc eodem inclinant [*algunas plantas han este respeto*]. The scientific writers mention that some plants and trees are affected by the presence of others, as if they were of the opposite sex. My dear Claudian said it beautifully in his description of the palace of Venus: "The foliage lives for Venus and everything else, too. The happy tree is in love: the palms sway in mutual agreement, the poplars sigh while their branches touch each other, the alders whistle to the alders, and the plane trees to the plane trees."[397] Similarly, Manilius wrote of Bacchus, as if the clusters on the vines were married to the elms: "And it pushes you, Bacchus, to the elm as if you were going to marry it."[398] In book 1 Achilles Tatius writes on the palm trees following the works of the Philosopher and the experience of planters and farmers.[399] See also Michael Glycas

---

[394] This is the one of the rare cases in the *Pornoboscodidascalus* in which Barth criticizes Catholic practices.

[395] Pseudo-Codinus, *De Officiis* (= *Officia Palatii Constantinopoleos*) 274.

[396] Jacques Gaultier, *Rodomuntadas castellanas, recopiladas de los commentarios de los muy espantosos, terribles & invincibles capitanes Matamoros, Crocodillo y Rajabroqueles* (Rouen, 1610 and Lyons, 1619). This is a humorous bilingual Spanish-French book intended for French learners of Spanish. Barth probably used it at some point in his learning of Spanish. See p. 69, chap. 47 of the Rouen edition for the quoted passage.

[397] *Epithalamium Dictum Honorio Augusto et Mariae* 65-8.

[398] *Astronomica* 5, 238.

[399] *Leucippe and Clitophon* 1, 17, 3-5.

vol. 1.[400] The ruses this astute old woman uses to win Parmeno over to her side and against his master are admirable. Since she cannot do much with her scheming, she resorts to the love of Areusa. The inexperienced young man wants to lie with Areusa so badly that he gives up his fortune and his owner's to obtain her. The old woman's speech deserves attention because she applies herself to win Parmeno over to her side not only with pleasures but also with solemn sayings. Although she is a withered old woman whose face is disfigured by a scar, she does not refrain from praising the pleasures of sex to him.

Sed si ego te mihi [aliquando applicavero]. I shall transcribe the Spanish original so that somebody can translate this most obscure passage better than I can, if possible. "CEL. Mas ravia mala me mate si te llego a mi, aunque vieja, la boz tienes ronca, las barbas te apuntan, mal sossegadilla deves tener la punta de la barriga. PARM. Como cola de alacran. CEL. Y aun peor porque la otra muerde sin hinchar y la tuya hincha por nueve meses" ([Latin translation, different from the one Barth wrote in the text]).[401]

mala haec aegritudo est. Celestina: "Rieste, landrezilla, hijo" ([Latin translation]) said in a voice showing mild indignation, in the friendly tone of an old lady. She softens the word "pestilence" so as not to sound irate nor very happy. For this inconsiderate young servant impregnating a harlot seems to be a praiseworthy deed. So, after lying with Areusa, he boasts about it with Sempronio in act 8: "A ponerla en duda, si queda preñada o no" ["to make her doubt if I made her pregnant or not"].[402] Celestina's intentions are so well revealed in this scene that it is impossible to express or to show them better in any commentary. The reader can see how Celestina's words and behavior praise Parmeno, and how his laughter pleases her. But Parmeno answers not to Celestina's words but to her intentions because he sees that she seeks his ruin with her praises. But lest the reader think that Parmeno is pondering everything wisely,

---

[400] *Annales* (PG 158).
[401] Both translations given by Barth are correct. Barth chooses not to comment on the obscene jokes of this passage that he understands perfectly, as his two translations prove.
[402] Barth, atypically, forgets to use his Latin translation and transcribes the Spanish original instead.

the author shows how Parmeno's hatred towards Sempronio is part of his decision-making process. We can also see that Parmeno is faithful to his master only to hinder and wrong Sempronio, whom he knows to be Celestina's accomplice. He acts according to the wickedness he has inherited from his mother and from his servile condition. Later the old woman, very aware of Parmeno's hatred towards Sempronio, makes sure that these two become friends.

Prostituaris tute. "Putos dias vivas, vellaquillo." These words simultaneously express an old woman's wrath and praise in a way that cannot be expressed in Latin.

alio venerim [*a otro soy venida*]. Actually to trick Calisto with the price. Parmeno was aware of the intention of all her actions and he finished his excellent speech about the old woman with this truth: "Quien te podria dezir lo que essa vieja hazia? Y todo era burla y mentira." The author makes Parmeno Celestina's servant during his childhood, which qualifies him as a first-hand witness to all her crimes. This also shows how long Celestina had been practicing the wicked skills that made her notorious. But her highest skill is her astuteness to invent what follows.

vita functis fidem datam [servare] [*la fe es de guardar mas que a los bivos a los muertos*]. The authority of and reverence paid to the execution of wills and trusts is of the highest importance in human affairs. Is there anything more just than a man transmitting what he dedicated all his life to gather to whomever he wants to benefit from it or to take care of it? Man begets man and he takes care of his offspring with such painstaking dedication that he would die before abandoning it. He also struggles to duly transfer his wealth to his offspring without any impediment. Who would not agree that, just by removing this privilege of the last will, the whole order of human society would collapse? If wealth is taken away from its owner and master, and then given to an uncertain new owner, there would be no law left against robbery and pillage, and total uncertainty about property would follow. Many have written endless pages regarding this subject, and the comments on them by others can be read everywhere.[403]

---

[403] See for instance *Celestina comentada*, gloss "mas que a los vivos a los muertos" (Fothergill-Payne, Fernández Rivera and Fothergill-Payne 89).

vix tertius iam dies [*solos ha tres dias*]. The very astute old woman, in order to make Parmeno believe that she has always cared for him, wants to persuade him that she had learned of his presence [in Calisto's house] from others, in spite of having spoken to him before as if he were a total stranger. Now she acts as if he were somebody else completely different. She is so deceitful that Parmeno would not suspect anything unless he were very astute. Certainly he does not say anything that shows it.

neque nummos. This sounds different in Spanish: "que ni has avido provecho ni ganado deudo ni amistad." It is like a proverb saying that pilgrims have no relatives nor friends anywhere. If this was true in any time, it is especially true in our times.

Senecae. I remember many passages where Seneca speaks against traveling because of mood changes and where he praises the Socratic saying: "What good is it to change places if you take yourself with you wherever you go?" But I do not think this saying is Seneca's but one of the short sayings of Publius or some other of the many writers whose work was considered to be Seneca's. [404]

nullibi est [*esta en ninguno*]. Famous saying of Martial: "He who lives everywhere lives nowhere." [405] There are many commentaries written on it.

subicere [*convalesce*]. From Virgil. [406] This is a saying of an old playwright quoted by Stobaeus: "The plant that is transplanted often bears no fruit." [407]

maior[um] tuorum [*de tus mayores*]. Our elders are not only those who are older than us but those who are of more authority and wisdom. Sidonius book 1 of his *Epistolae*: "you give instruction, old

---

[404] Barth is referring to the collection of *Sententiae* by Mimus Publianus, also known as Publilius Syrus, often attributed to Seneca. The saying Barth is quoting is actually in Seneca's *Epistolae Morales* 28, 2. Celestina's words here are based on Seneca's *Epistolae Morales* 2, 2, 6. See *Celestina comentada* (Fothergill-Payne, Fernández Rivera and Fothergill-Payne 89).

[405] *Epigrammata* 7, 73, 6.

[406] Barth must be thinking of some passage of Virgil's *Georgicae*, but in reality this is Seneca's *Epistolae Morales* 2, 3, 1.

[407] Probably from Stobaeus' third book.

master, with the highest authority to persuade, just as you are very wise in these matters that will be considered." [408] So Marcellus the doctor in *Epistola ad Filios:* "All those illustrious men of recent times, who were our fellow citizens and our elders, Siburius, Eutropius and Ausonius." [409] Equally Seneca in *Naturales Questiones.* [410] These sources were not remembered by Savaronius in spite of his great knowledge when he composed his commentary on the passage in the works of Sidonius Apollinaris. [411]

Probatica Piscina. John 5. [412]

suorum hominum [*a los suyos*]. "Somebody's man" is he who is bound by his servitude or sold in some manners. See my *Commentaria Adversariorum.* [413]

addere potentibus [*bivir a su ley*]. Terence at the beginning of his *Phormio.* [414]

illusorem esse. This translates the single word in Spanish "rompenecios." "Rumpere" in Latin means to mistreat somebody, a common meaning in Martial. [415]

domi ipsius amicos tibi para [*en su casa cobra amigos*]. This is the biggest crime servants can commit: to conspire among themselves against their master. So Pietro Aretino in his *Ragionamenti,* which I translated with the title of *Pornodidascalus,* warns us that these ser-

---

[408] Sidonius Apollinaris, *Liber Primus, Epistola Prima* (PL 58, 443C).

[409] Marcellus Empiricus of Bordeaux, or Marcellus Burdigalensis, *De Medicamentis Empiricis, Physicis et Rationalibus.*

[410] Barth is referring to several passages in *Naturales Quaestiones* where Seneca refers to the ways of the elders as examples of authority. See for instance 3, 15, 1 and 5, 11, 2.

[411] Barth is referring to Jean Savaron (1566-1622), the editor of Sidonius Apollinaris' works with commentaries. There are several editions from the end of the 16th century and the beginning of the 17th century.

[412] John 5, 2.

[413] *Adversaria* p. 2607: "Homo pro clientibus dici."

[414] In the prologue of *Phormio,* a slave complains that the poor, such as his friend the slave Geta, are compelled by custom to give what little they have to the rich. No suggestion is made, however, that slaves should act as viciously as their masters.

[415] For instance, *Epigrammata* 9, 97, 2: "Quod me Roma legit, rumpitur invidia."

vants are the worst enemies of their masters. This is Celestina's final misdeed. She conciliates the initially hostile Parmeno with Sempronio and alienates him from Calisto, and all this not so much for her interest in one or the other as to damage Calisto and also Parmeno.

Sive bene sive male. This is a rhymed saying: "A tuerto o a derecho, / Nuessa casa hasta el techo." It is better to translate it directly from Spanish than to find a Greek or Latin equivalent saying that would require a long explanation.

egeni non sunt qui pauca possident [*no los que poco tienen son pobres*]. Ausonius puts it elegantly: "I knew a man who was happy not because he had what he wanted but because he did not want what fortune had not given him. I consider it appropriate that the matter depends on the state of mind, not the state of mind on the matter. Croesus wanted it all, Diogenes nothing. He whose desire has no end, his acquiring will have no end. Richness has the limit that you establish in your spirit."[416] And Horace: "You can duly call happy he who does not owe much, but even more he who knows how to use the presents of the gods wisely and suffer hard poverty patiently."[417] Contented poverty expresses the highest Christian and philosophical achievement. Read Apuleius' *Apologia*, Stobaeus' sermon 91 and 93,[418] Rogerius, if he is the true author, *De Contemptu Mundi*,[419] Lotharius' *De Contemptu Saeculi*[420] etc., Joannes Sinaita's *Historia Barlaami*,[421] a book that I especially recommend. Also the famous saying of Chrysostomos sermon 18 on Paul's epistle to the Hebrews: "Poverty drives you on the way to heaven; it is like the liniment for the athlete, an illustrious exercise, a peaceful birth, there is nothing more splendid than it for he who follows poverty willingly, loves it and assumes it with enthusiasm."[422] Leo Magnus sermon IV *In Quadragesima* chap. 2: "Christian poverty is always

---

[416] Ausonius Burdigalensis, *Idyllium III, Ausonii Villula* (PL 19, 879D).
[417] *Carmina* 4, 9, 45-9.
[418] Probably *Anthologium* 4, 32a Πενίας Ἔπαινος (Praise of Poverty) and 33 Σύγκρισις Πενίας καὶ Πλούτου (Comparison of Poverty and Wealth).
[419] Rogerius Beccensis, *Carmen de Contemptu Mundi* (PL 150, 1431).
[420] Lothar of Segni, or Lotario de Conti, later Innocent III, *De Contemptu Mundi sive de Miseria Conditionis Humanæ* (PL 217, 701-746).
[421] *Vita Barlaam et Josaph* (PG 96, 859-1240).
[422] *In Epistolam ad Hebraeos Homilia XVIII* (PG 63, 133-138). The quotation is actually from two separate passages: 63, 137 and 63, 138.

rich because the Christian has more than what he does not have, and he to whom is given to own everything in the kingdom of God is not afraid of suffering scarcity in this world." He also says that poverty brings the crown of patience in his sermon 4 *De Ieiunio Septimi Mensis* chap. 6. [423] Eucherius in his sermon *in Feriam Quintam post Secundam Dominicam*: "Richness takes you to unhappiness, poverty to happiness, the heavens are open to the poor, hell to the rich." [424] See also Joannes Climacus in his *Scala Paradisi* step 16, Cassian and others. [425]

iniurias cum retorsione [*las injurias con respuesta*]. It is convenient that he who does not put up with insults should live honestly among men. And pointing to this are these two excellent Spanish verses that are told by a noble father for the instruction of his generous son who is going to some court. These verses came into my hands with a preface of singular prudence that the verses have and deserve. I shall copy it completely to ornament my notes with these precious stones. Sonnet: "Hijo, por donde quiera que os llevare / La fortuna mudable, sed bien quisto. / Lo primero amparad la fe de Christo / Que en vida y honrra vuesso amor declare, / Servid bien vuesso Rey y al que os honrrare / Resistid a los trabajos que resisto, / No digays mal de lo que no aveys visto / Perseguid quien vuesso honor culpare / Dad lugar al mayor, sufrid al loco, / Jamas a nadie deys mala respuesta, / Al sabio honrad, y dad siempre al que os pide. / Hablad a tiempos bien pensado y poco, / Y no mireys muger que no sea honesta, / Que es el mayor peligro de la vida." This is the first one; the second is this one wonderfully worked into a dialogue: "I. Dezidme un buen cavallero / Que cosas ha de tener / Para parecerlo? Ser / Buen christiano lo primero./ II. Y de trato? Noble y claro. / Que hara? No hazer cosa fea. / Y en lo que es gastar? Que sea. / Entre prodigo y avaro. / III. Que hara si deve? Pagar. / Que no ha de ser? Inquieto. / Y que ha de guardar? Secreto. / Pocos lo saben guardar. / IV. Con las mugeres? Afable. / Ha de

---

[423] Leo I, *S. Leonis Magni Pontificis Romani Sermones in Praecipuis Totius Anni Festivitatibus ad Romanam Plebem Habiti,* sermo XLII, De Quadragesima IV, chap. II (PL 54, 276B-C) and De Jejunio Septimi Mensis IV, chap. VI (PL 54, 446C).

[424] Eucherius, Bishop of Lyons in the late 4th century. This quote, however, is in *S. Brunonis Astensis Episcopi Signiensis Commentaria in Lucam,* 181 pars secunda (PL 165, 424A).

[425] See note 250

querer? A ninguna. / Mudable? Con la fortuna. / Y en lo que promete? Estable. / V. Sera amigo? De su amigo. / Que hara? Serville y honoralle. / Y al enemigo? Estimalle. / Y que de mas. Serle enemigo. / VI. Que no ha de dar? Ocasion. / Si se la dan? Arrojarse. / Y si le afrentan? Vengarse. / Y que ha de tener? Razon. / VII. Y sobre todo que importa / Que trate siempre verdad. / Essa licion repassad / Pues es importante y corta." [426] If somebody tries to explain these short verses, he will end up with a long commentary on good advice. I may do it some day.

O fili, bene dicunt [*O hijo, bien dizen*]. See Plato's book 10 *De Legibus*, whence this saying seems to be extracted.[427]

fortunam adesse audentibus [*la fortuna ayuda a los osados*]. Very famous saying. Cicero book 2 of *Tusculanae Disputationes*: "Fortune helps the brave, as the old proverb says, but reason helps much more."[428] Ovid book 2 of *Fasti*: "Fortune and Venus help the brave."[429] See Stobaeus sermon 49 and me in my *Ad Epistolas Claudiani*. I always found very advisable the saying that is attributed to a certain Theoctistus: "Nobody ever acquired a good reputation with audacity but with dedication, generosity and modesty."[430]

et ob id secura [*tanto es menos segura*]. A common expression. It does not accomplish any purpose to gather ancient sayings on the dangers of having a big fortune when this is obvious no matter where you look.

Areusa[e]. Notice how wisely and astutely this very wicked old woman kept this fatal name [of Areusa] for the end of her speech. Since she was the organizer of many arrangements of this kind, she knew that Parmeno was dying for Areusa's love. Although Areusa is

---

[426] A different version of these verses are in the third act of Guillén de Castro's play *El conde Alarcos*. Guillén de Castro and Barth are probably quoting from a third source.

[427] This commonplace appears in several passages of Plato's works. See the extended note in *Celestina comentada* 100 that attributes it to Plato, *Politica* 7, 6 (Fothergill-Payne, Fernández Rivera and Fothergill-Payne 100).

[428] *Tusculanae Disputationes* 2, 11.

[429] *Fasti* 2, 782.

[430] We could not find this quotation. There are at least nine Theoctistuses, of which five are bishops from the early 3rd century to the 10th.

a prostitute, she must be imagined as being very beautiful and gracious, as later Sosia praises her.

Culpa est credere omnibus. "Estremo es creer a todos e yerro no creer a ninguno."[431]

Aegroti cordis est [ferre]. Can also be translated as: [alternate Latin translation] ("O mezquino de enfermo corazon es sufrir el bien"). One could understand it in a different way also.

debere nos conversari. A common saying in Spanish: "Allegate a los buenos, seras uno dellos." This language is richer and better than any other at these kind of proverbial sayings and therefore it is easier to be fond of it. Such a saying cannot be but very useful for living, an opinion that was approved by such men in difficult situations that any perceptive person can see that a big part of the highest prudence was summarized in these sayings after the lessons were learned in important matters. See Seneca epistle 94.[432]

ninnarium [*el cornudo*]. *Glosses* of Isidorus: "Ninnarius or cuckold is he whose wife is adulterous with his consent."[433]

patres [*padres*]. Called so because of their authority to give advice. Florus book 1 chap. 1: "The advice for the commonwealth should be among the old, who are called the fathers because of their authority and the senate because of their age."[434] Lactantius book 2 chap. 7: "He chose for the senate the older ones and called fathers those whose advice would rule everything."[435]

---

[431] Barth was very impressed by this Spanish proverb. He includes it in the word index of his *Adversaria*, where it points to p. 2643. There Barth comments on this proverb, which he refers to "Celestina nostra Latina." In the same chapter 8, book 61 of his *Adversaria*, Barth comments on several other proverbs from *Celestina*, which he identifies as Seneca's: "Los peregrinos tienen muchas posadas y pocas amistades," "El que esta en muchos cabos esta en ninguno ni puede aprovechar el manjar de los cuerpos," etc.

[432] Seneca's epistle 94 compares the merits of generic vs. specific advice.

[433] *Appendix XXIV, Liber Glossarum ex Variis Glossariis Quae sub Isidori Nomine Circumferuntur Collectus* (PL 83, 1362).

[434] *Freculphi Episcopi Lexoviensis Chronicorum Tomi*, 3, 12 (PL 106, 982C).

[435] *Divinae Institutiones*, liber secundus, De Origine Erroris, chap. VII (PL 6, 286 B).

praeceptoribus [*a los maestros*]. See Seneca's book 6 *De Beneficiis*.[436]

minime fame confecto. "O que persona, o que hartura." What I wrote here about hunger is not inappropriate for both the person commending and the one praised, since to have avoided hunger is the greatest wish for this kind of people.

Illi te maiori. These words are very difficult: "Pero callemos que se acerca Calisto y tu nuevo amigo Sempronio, con quien tu conformidad para mas oportunidad dexo" ([alternative Latin translation]). You can see that the wicked old woman postponed everything when she smelled a profit.

Et absque dubio. "Y sin duda la presta dadiva su efeto ha doblado porque la que tarda el prometimiento muestra negar y arrepentirse del don prometido."

nulla pestilentia magis efficax est. "O Dios, no ay pestilentia mas eficaz que al enemigo de casa para empecer." One can see the truth of this saying in everyday life.

ACT 2

After Calisto gave so much money, i.e., a hundred gold coins, to Celestina before she completed any of his business, not only does she make fun of him but also the servants deride him as insane. The old woman makes the two servants mutual friends and later she sees that they take her two pupils as their lovers, but she wants to be the only one to enjoy all the wealth Calisto is going to waste.

nobilissimum locum obtinet [*es mas noble*]. See Plato's *Timaeus* passim and Chalcidius' commentary on *Timaeus*, Macrobius' *Somnium Scipionis* book 1 chap. 14, Ovid's *Metamorphoses* 1[437] and others.

alienam lucem [*la agena luz*]. I.e., from your ancestors. Ovid: "I believe that our lineage and our ancestors, and what we did not do

---

[436] *De Beneficiis* 6, 23 *et seq.*; also 3, 11 and 3, 29.
[437] *Metamorphoses* 1, 26-27.

ourselves, cannot be called truly ours." [438] Seneca in *Hercules Furens*: "I do not consider nobility the ancestors or a famous family buried in impressive tombs but illustrious virtue he who boasts of his lineage is boasting of what is not his." [439]

Macias ille [*aquel Macias*]. I do not know who this Macias is. He seems to have been a very famous lover of the times when this book was written who, not much against his will, suffered endlessly for the unhappy turn of his desires. It can be gathered from the last act, when Pleberius remembers him: "Que me diras de aquel Macias de nuesso tiempo, como acabo amando? de cuyo triste fin tu fuiste la caussa." From here one can see that this unhappy man finally died of love. The Spanish words in this passage are very difficult to understand: "Lee mas adelante, buelve la hoja, hallaras que dizen que fiar en lo temporal y buscar materia de tristeza que es ygual genero de locura, y aquel Macias, ydolo de los amantes del olvido porque le olvidava se quexa en el contemplar. Esta es la pena de amor, en el olvidar el descanso." He who knows this story of Macias better could very easily translate this passage more appropriately. But I do not know it and therefore I just follow the words. This must be a saying that shows this Macias as a clear example of how he sedates the flames of love with forgetfulness while contemplating what he would like to forget, etc.

dirigere calcem contra stimulum [*tirar coces contra el aguijon*]. Proverb taken from our ancestors, that spurred the horses not with bridles and whips, as we do today, but with a sting. It is in Suida. [440]

Opinio saepe [*muchas vezes la opinion*]. This is a monstrosity to which the whole army of true philosophers has always fought because humans cannot see and judge reality with their blindfolded senses. This brings many bad things to human life and distracts humans to forget true goodness with their empty thoughts, forgetting even themselves, and they become ungrateful to the benefits of the gods and enemies of their own happiness. Seneca put it beautifully

---

[438] *Metamorphoses* 13, 140-141.
[439] *Hercules Furens* 338-341.
[440] Suida pi 2725: "Πρὸς κέντρα λακτίζεις" ("You are kicking against the pricks").

in *Consolatio ad Martiam* chap. 19: "It is often our own thought that tortures us, any bad thing is as bad as we believe it to be." [441] Arrian in *Dissertationes* book 2 chap. 16: "Therefore what are the things that weigh upon us and drive us out of our senses? For what else than our judgments?" [442] You should read his definition of the true opinions that one must follow. You should know that Socrates called opinions the "lamias" of the masses, in other words, the ghosts. Marcus Aurelius book 9: "Socrates used to call the opinions of the many "lamiae" the bogeymen of children." [443] Read more about this in his books 4 and 2. Hierocles in his treasured *Commentarium in Aurea Carmina* mentions "to be free from opinion" among the precepts of Pythagoras. [444]

Sensus[que] nostros [*nuestro sentido*]. Many opinions show how feeble the human senses are. No matter how much they try and struggle, our senses cannot find certitude anywhere, something that the Sceptics in particular teach. Sextus Empiricus collected an epitome of their dogmas that still survives. [445] Petronius Arbiter writes: "Our eyes make mistakes and our vague senses lie if reason is pressed." [446] Seneca's epistle 66: "The sense does not make judgment on goodness and badness, it does not know what is useful and what is useless. It cannot pass judgment unless it is directed to the matter present. And it cannot foresee the future nor remember the past, and it does not know the consequences." [447] Gregorius Nyssenus in *Vita Gregorii Thaumaturgi*: "You have experienced nothing new, the master says to them, you have been deceived by your eyes, having entrusted the judgment of beauty to sense perception alone. For using the senses as a standard of Being's truth is dangerous, as it closes off the entrance to the depths of understanding due to its own nature." [448] The author of the *Famous Opinions on* De Anima, edited by Joannes Tarinus: "Therefore opinion dwells

---

[441] *De Consolatione ad Marciam* 19, 1.
[442] Epictetus, *Dissertationes ab Arriano Digestae* 2, 16, 24.
[443] Marcus Aurelius Antoninus, *Meditations* 11, 23, 1.
[444] Hierocles of Alexandria's *Commentary on the Golden Words of Pythagoras* enjoyed a great reputation in the Middle Ages and the Renaissance, and there are numerous translations in several European languages.
[445] Πυρρώνειοι Ὑποτυπώσεις (*Outlines of Pyrrhonism*).
[446] *Fragmenta* 29.
[447] *Epistolae* 66, 35.
[448] *Vita Gregorii Thaumaturgi* 46, 937.

in general in the senses, but knows the conclusions without a rational basis." [449] Guitmundus Archiepiscopus Aversanus book 1 *De Sacramento*: "Daily experience as well as the many arguments of the old philosopher prove that the senses fail often. Equally, as Boethius says, the senses make mistakes in the biggest and the smallest things. Therefore it happens that they cannot pass judgment on these things that they perceive erroneously. On medium things, the senses do not judge according to truth but according to the feelings of the sentient being. [450] That this is true is shown by the outcome of things and judgments. As I showed somewhere else, the fatuous Epicureans that disagreed with this were very wrong in their own perspicacity.

in servitio [enim] servi. "En el servicio del criado esta el galardon del señor." Precisely stated.

ei vendis [et addicis libertatem]. "A quien dizes el secreto das tu libertad."

medius [*intercessor o medianero*]. Who intervenes in arranging matters is called a mediator because he mediates between two disagreeing opinions. Radulfus Ardens *Homilia in Quinto Quadragesimae* calls our Lord Jesus Christ the "mediator," [451] because mankind was reconciled with the divine through Him. Silius Italicus *Punica* book 16: "Syfax, the pacifier and mediator, will not be unattractive to you when you are looking for a treaty." [452] Horace: "He was the mediator of peace and war." [453] Lucan: "Crassus was an obstacle that acted as the mediator of war." [454] Severianus Episcopus *Sermo in Nativitatem Domini*: "The peace of our Lord is like a mediating presence that connects both of us in a nurturing breast and teaches us to

---

[449] *Origenis Philocalia de Obscuris S. Scripturæ Locis a SS. PP. Basilio Magno et Gregorio Theologo ex Variis Origenis Commentariis Excerpta, Omnia Nunc Primum Græce Edita ex Bibliotheca Regia, Opera et Studio J. Tarini* (Paris, 1618).

[450] *Guitmundi Archiepiscopi Aversani de Corporis et Sanguinis Christi Veritate in Eucharistia Libri Tres* (PL 149, 1438C).

[451] *Concionatoris Disertissimi in Epistolas et Evangelia Dominicalia Homiliae,* pars prima, homilia XLIII: Dominica Quinta Quadragesimae (PL 155, 1821B and C).

[452] *Punica* 16, 220-221.

[453] *Odes* 2, 19, 28.

[454] *De Bello Civili* 1, 100.

unite our separate bodies into one, shoulder to shoulder." [455] There is more in Claudian *Consulatus Mallii*, the second edition,[456] a passage that was first properly read by my friend Kaspar Gevartius in *Electorum*.[457]

ardelionis [istius] anus. I could not express the word "trotaconventos" any better in Latin. The notoriety of Celestina is often remembered in this book when it said that she was covered with feathers in a cap of shame, if it can be translated this way. Here the words of Parmeno are: "Y lo que mas dello siento, es venir a manos de aquella trotaconventos despues de tres vezes implumata" [an alternative Latin translation differently worded from the one Barth wrote in the main text].

Fustes quaerit. "Palos querra esse vellaco." Among the Spaniards the amount of lashes depends on the importance of the crime.

maledicis illam [*dizes mal de lo que yo adoro*]. Petronius: "Insult her in verses."[458]

Nescis primum ad stultitiam. "No sabes que el primer escalon de locura es creer ser sciente?"

Male mihi consuluerunt [compatres mei] [*Mal me quieren mis comadres etc.*]. This is a short song of the servant singing while he is saddling the horse and trying to move it.[459]

stapedem [*estribo*]. This piece of equipment for the horse is commonly called so. Hieronymus Magius, a man who, because of his good judgment and his egregious erudition, deserved better than his fate of being choked to death by the barbaric Turks, discussed

---

[455] *S. Petri Chrysologi Ravennatis Archiepiscopi Sermones*, sermo CXLIX, De Nativitate Christi et Pace Christianorum (*PL* 52, 599A).

[456] *Panegyricus Dictus Mallio Theodoro Consuli* or *De Consulatu Mallii Theodori Panegyris*.

[457] *Casperii Gevartii Electorum Libri III* (Paris, 1619). Jean-Gaspard Gevaerts edited books on Roman coins as well as the texts of Statius.

[458] *Satyricon* 96.

[459] Barth did not realize that this is the first part of a Spanish proverb.

in his *Miscellanea* if this implement was used in antiquity.[460] See Joannes Brodaeus in a similar work.[461]

propterea quod fidelitatem. The Spanish rhyme sounds beautiful: "Por ser leal padezco mal."

averso rivo [rivo praedatum eunt piscatores! Et numquam nimis canum est molitori]. I could not come up with a better translation for these two proverbs. In Spanish they sound like this: "A rio buelto ganancia de pescadores, mas nunca mas perro al molino." If somebody tries to comment on these two, as on other similar ones in the book, with all the attention they deserve, he would accumulate a huge amount of commentary.

ACT 3

Pecuniae solutae. "A dineros pagados, braços quebrados." This can be interpreted in several ways. But the meaning is that usually those who are hired to complete some work, if they receive the payment at the beginning of the job, take to the job as slowly as if their arms were fractured. This reminds us that we should not pay or advance money to any worker before his work is finished. This speech is full of wisdom, and I would copy it all in Spanish here if I had the time, because, if it sounds good in Latin, certainly it does not sound inappropriate in Spanish. It seems that most of it comes from the book *Meditations* of the emperor Marcus Aurelius, which I have also translated into Latin recently.[462]

Nosti aliam substantiam [*conocesme otra hazienda*]. By repeating the same thing several times, Celestina shows the curiosity and the loquacity expected in an old woman.

uti nemo non novit [*como todo el mundo sabe*]. Her dishonor is so notorious that she does not dare say anything honorable, but she

---

[460] *Hieronymi Magii Variarum Lectionum, seu Miscellaneorum Libri III* (Venice, 1564).
[461] *Ioannis Brodaei Turonensis Miscellaneorum Libri Sex* (Basel, 1555).
[462] This translation of Marcus Aurelius was never published.

does not want to say anything nasty, so she says something in between.

Mater ipsius et ego [unius digiti unguis et articulus eramus]. "Su madre y yo, uña y carne."

frangit rupes [*las peñas quebranta*]. Horace: "Gold likes to go through servants and break rocks." [463] That story of the donkey [loaded with gold] is a well-known saying of Philippus of Macedonia. [464]

Delicatulae gannitrices. These are the Spanish words: "Coxquillosicas son todas, mas despues que una vez consienten la silla en el enves del lomo, nunca querian holgar, por ellas queda el campo, muertas si, cansadas no; si de noche caminan, nunca querrian que amaneciesse, maldizen los gallos porque anuncian el dia y al relox porque de tan apriessa, requieren las cabrillas y el norte haziendose estrelleras, ya quando veen salir el luzero del alva, quiereseles salir el alma, su claridad les escurece el coraçon," etc. Some of these words can be translated differently but the meaning is that the girls who at the beginning boast of their chastity, later will show an insatiable sexual appetite. The old woman confirms this saying presenting her own case.

Affirmo tibi [*Digo que*]. Very common and popular: "Women love or hate, nothing in between." [465]

Non eas lanam [lucratum]. "No vayas por lana y vengas sin pluma." The servant later refers to the cap covered with feathers that sometimes the old woman had worn in the main square as a sign of dishonor.

---

[463] *Odes* 3, 16, 9-10.
[464] Although in *Celestina* this saying was taken from Petrarch's *De Remediis* I, 35, it is originally in Plutarch and is quoted by many other authors. See *Celestina comentada* for an extended gloss to the same passage (Fothergill-Payne, Fernández Rivera and Fothergill-Payne 167).
[465] Saying n. 6 in *Minor Latin Poets: Publilius Syrus etc.*, J. Wright Duff & Arnold Duff eds., Loeb 1961 (1934).

ACT 4

Res enim non satis. "Aquellas cosas que bien no son pensadas, aunque algunas vezes ayan buen fin, communmente crian desvariados efetos, assi que la mucha especulacion nunca carece de buen fruto."

Quando extremis rebus [nullum est]. "Quando a los estremos falta el medio, arrimarse el hombre al mas sano es discrecion." The following words wonderfully expose the superstition and consideration of everything. So Celestina considers men, birds, rocks and herself as omens.

Quae est vetula ista. "Quien es essa vieja que viene haldeando." This meaningful Spanish expression cannot be conveyed in only one word.

aquam cribro cogere [*es coger agua con cesto*]. It is a proverb, similar to: "Agua coge con harnero / Quien se cree de ligero." [466] And in Petrarch I think, one can read: "He who places his hopes in the heart of a woman ploughs the waves, sows the sand and hopes to gather the wind in a net." [467]

Sic meus magister [*Por aqui anda el diablo*]. She means the devil, whom she thinks she carries ensnared in her thread and to whom she talks from time to time.

monachos notae religionis [*frayles devotos mios*]. I composed an ambiguous sentence on purpose because the kind of business she conducted with these monks has been mentioned before. In the next answer of Celestina I prudently omitted the proverb that is not appropriate for Latin: "Viva la gallina con su pepita." Besides, since this only affects the speech of the old woman in this passage, to eliminate it does not make much of a difference.

---

[466] This is a well-known proverb that appears in Hernán Núñez' *Refranes o proverbios en romance* (1549), of which there are several 16th- and 17th-century editions.

[467] Barth seems to be quoting by heart since this is not Petrarch but Jacobo Sannazaro's *Ecloga octava*: "Ne l'onde solca, e ne l'arena semina, / E'l vago vento spera in rete accogliere / Chi sue speranze fonda in cor di femina."

nulla cruditas fame [*peor ahito que de hambre*]. It is a Homeric saying that hunger is the worst of all the tortures of mankind. [468] See the beginning of the commentary on Saint Augustine's *City of God*. [469]

Loqueris tu de nundinis [*Bien conozco que hablas de la feria*]. See the lovely prudence in this noble girl, a virtue that the writers of any period have praised in girls. The proverb sounds like this in Spanish: "Hablas de la feria segun te va en ella."

Ad quamque mansionem. I explain what mansions are in my *Adversaria*, [470] and the wise writers in *Itinerarium Antonini*. [471] In Spanish it sounds like this: "A cada cabo ay tres leguas de mal quebranto." Although it sounds different, the meaning is the same as in my translation. What follows is so good and extracted from such deep philosophical truths that if one tried to explain it, one would write a long treatise.

Mutatus est iste [malus daemon]. The speech of Lucrecia could be also translated in a different way: "Hi, hi, hi, mudada esta el diablo, hermosa era con aquel su Dios os salve que traviessa la media cara." The astuteness and sickness of the wicked old woman could be indicated by making her say "God help you and bless you" while muttering "and that I can see you with your head wide open." This is how such people usually act, and not infrequently Celestina. Lucrecia could also say this: "Wasn't she beautiful with her scar that cuts her face in two?" [472]

ut quattuor filiarum [*que de quatro hijas*]. That each of these [sisters] are older [than Celestina] has nothing to do with the matter. This is an excellent device of the writer, who makes the old woman present herself as simple-minded in front of a noble, impatient and

---

[468] *Odyssey* 12, 341-342.
[469] *De Civitate Dei* 1, 10. The commentary to which Barth is referring is perhaps the one by Thomas Waley and Nicholas Trivet, of which there are several editions.
[470] *Adversaria* p. 2062: "Mansiones eran desinatae nocturnis diverticulis viantium oppida."
[471] *Claudii Rutilii Namatiani Galli Itinerarium sive de Redito Suo* was published by Barth in 1623, the same year he was writing the *Pornoboscodidascalus*. He used the same Frankfurt printer for the two books.
[472] Barth is having problems understanding this passage. The colloquial use of "Dios os salve" in the meaning of "scar" seems to be the cause.

naïve young girl, so that she will believe what later Celestina will tell her disguised in astuteness. So Celestina pretends to be stupid and simple-minded. [473]

omnibus male cessurum [sit silentium]. Maybe the Spanish original should read "que todo perderiamos," instead of "todos." The sentence would be like this: "That we would lose everything if I return without a decision on this matter."

a cena duci [*jamas me acoste sin comer*]. These words could be translated in a different way. I stood by the Latin custom in my translation since the Spanish customs in these situations are not well known by those who never visited Spain, and since this is the case of the majority of my readers, I decided to write for them. [474] There is nothing in this sentence that prevents the complete story from being presented in front of the audience of a universal theatre. [475]

panis et vinum [conficiunt viam non]. "Pan y vino andan camino / Que no moço garrido."

bene enim facere Deo nos aequat [*hazer beneficio es semejar a Dios*]. This is from the saying of the very Christian and happy emperor [Honorius Augustus] in Claudian: "First be pious, since only clemency makes us similar to the gods, who surpass all in everything else." [476] This most eloquent and prudent writer was the recognized authority in such matters through the centuries. You can find more of the same in my second edition of his works based on

---

[473] Lida de Malkiel disagrees with Barth's understanding of this passage (524, n. 8).

[474] In a very convoluted way, Barth here refers to the fact that "cena" in Spanish signifies the food taken just before going to bed, while in Latin it means the main meal of the day. In the Spanish text, the words "me acoste" ("I went to bed") imply it, but Barth omits them in his translation. Mabbe shows no difficulty with this passage: "I never went to bed, but I did first eat a toast well steept in wine" (88).

[475] Barth is using the word "theater" in the metaphorical meaning of "readers." He used the same expression previously, in the prologue: "I have chosen some work in modern Spanish, and I can fulfill my duty to the public good by making this *Celestina* available for the common theater of Europe" (D8).

[476] *C. Claudiani Panegyricus de Quarto Consulatu Honorii Augusti* 8, 276-277.

the collations of sixteen manuscripts, that, as soon as the printers finish my other works, I shall publish.[477]

desultoris parietarii. "Saltaparedes." "Jesu no oyga yo mentar mas esse loco saltaparedes, fantasma de noche." This expression implies an insane man who furiously tries to jump the walls in front of him. So Sempronius says of himself in act 9: "Aqui esta quien me causo algun tiempo andar hecho otro Calisto, perdido el sentido, cansado el cuerpo, la cabeça vana, los dias mal durmiendo, las noches velando, dando alboradas, haziendo momos, saltando paredes, poniendo la vida al tablero," etc.

omnia quae cuperet ipsius esse potestatis [*si penso que ya era todo suyo*]. "Que quedava por el el campo" ("Campum omnem pro ipso esse"). This is a frequent expression in Spanish, as well as in the previous act: "Por ellas queda el campo, muertas si, cansadas, no." Similar to this one is: "Andar a su posta," as it is in *Coloquio de las damas*: "Et pensar tener por suyo el pan y el palo."[478] You will find many similar ones there.

nisi qui superatum [sese agnoscat] [*no es vencido sino el que se cree serlo*]. Also in my edition of Claudian: "there is not a bigger victory than the one that defeats the enemies also in their conviction."[479] Later the speech of this young girl, who is for the first time assaulted by amorous matters, becomes so elaborate with wisdom that I cannot remember to have ever read anything similar in Latin or Greek.

his nundinis [recesseris]. "Pues tan libre vas desta feria."

veritatis voces nullis opus habere. "La verdad no es necessario abundar de muchos colores."

---

[477] Barth is referring to both his *Claudii Claudiani Opera Quae Extant cum Animadversionibus* (Hanover, 1612), and to a much later edition *Claudii Claudiani Opera Quae Extant cum Animadversionibus, Commentario Multo Locupletiore, Grammatico, Critico, Philologo, Historico, Philosophico Politicoque* (Frankfurt, 1650).
[478] See note 347.
[479] *De Sexto Consulatu Honorii Augusti* 28, 248-249.

patrem numquam [damnari] [*jamas condena al padre por el delicto del hijo*]. That [the child is never condemned for the crimes of the father] is not always necessarily so. [480]

firmitas veritatis ea est. "A la firme verdad, el viento del vulgo no la empiece" [alternative Latin translation].

[tua tu] munusculo aliquo emendabis. This seems to be the intention of the old woman, although the words are different. "Tu mala palabra sera vispera de una saya." It cannot be translated in a more convenient way.

magnus ille imperator [*aquel emperador*]. These are the very good and erudite, but at the same time very decadent, verses the emperor Adrian dedicated to the soul leaving the body: "Lovely little soul, foreign companion of the body, where now could you go, you wretched, powerless thing? Could you, both mournful and a shadow, not such as you were before, live softly?" [481] These very soft and sympathetic Latin verses were rendered into Greek by Isaac Casaubonus, a man very learned in antiquity, in these excellent verses: [Greek translation]. [482]

naturam ipsam fecit Deus [*la natura ordenala Dios*]. Wicked philosophical reasoning. God certainly made nature, but not the diabolic desire, for which, as it seems to be innate in men, men are not ashamed to blame nature itself. Look at other sentient beings, all living according to their nature. Only men, with their many sinful desires, live against it. I also wrote poems on this subject in my previous book *De Fide Salvifica*. [483] You should consult it since there are so many poems in it that I cannot transcribe them here. You can find this recently published little book everywhere.

---

[480] On the subject of parents' crimes and children's responsibility see gloss "A la humana que jamas" in *Celestina comentada* (Fothergill-Payne, Fernández Rivera and Fothergill-Payne 221-22).

[481] *Fragments* 3.

[482] Isaac Casaubon (1559-1614) was an English classical scholar and theologian. He was a friend of Barth's, to whom he dedicated his book *Venatici et Bucolici Poetae Latini* (Hanover, 1613).

[483] Barth is referring to his *De Fide Salvifica Libri Duo* (Frankfurt, 1623).

Iniungo et commendo. This sentence can also be translated as: "This generous young man owes you much" ("En cargo te esse cavallero"). However, it seems that the author intended what is meant by my first translation since the will of Melibea has been defeated so completely that she forgets her own honesty.[484] "Cavallero" today means something that cannot be expressed in Latin since it implies praise.[485]

ACT 5

O male daemon [*o diablo*]. The ancients called evil spirits "cacodaemones," because they also knew much of them, as Joseph Scaliger, the phoenix of erudite men, pointed out in his edition of Manilius' work.[486] *De Daemonibus* is an elegant dialogue of Michael Psellus, whom Gilbertus Gaulminus, famous for his intelligence, eloquence and knowledge, edited recently with added notes.[487]

mediam confectam [iam] esse. "Sabete que la mitad esta hecho quando tienen buen principio las cosas."

quas exegi hactenus. "O yo rompiera todos mis atamientos hechos y por hazer, ni creyera en hiervas ni piedras ni en palabras." These are abrupt words since the old woman says that if her business does not succeed, she will not believe in her tricks in the future and will quit doing them.

Numquam fugiendo ignavus [mortem effugit]. "Nunca huyendo huye la muerte el covarde." See Stobaeus *Sermones* 5, 6 and 49.[488]

---

[484] The Spanish original can be read as "en cargo te" ("I owe you") or "encargote" ("I entrust him to you").

[485] In p. 494 of his *Adversaria* Barth comments on several Latin words that have changed their meaning in Romance languages. Among them he includes "cavallero." In the prologue to his *Pornoboscodicasculus*, Barth explains a similar problem with words such as "dominus" (D30).

[486] Joseph Scaliger edited Manilius' *Astronomica* with commentary. There are several editions.

[487] *Michaelis Pselli de Operatione Dæmonum Dialogus, Gilbertus Gaulminus Molinensis Primus Græce Edidit & Notis Illustravit* (Paris, 1615).

[488] Sermones 5 = Stobaeus *Anthologium* 1, 5 Περὶ εἱμαρμένης καὶ τῆς τῶν γινομένων εὐταξίας (On destiny and the good order of events); 6 = 1, 6 Περὶ τύχης ἢ ταὐτομάτου (On fate or chance); 49 = 1, 49 Περὶ ψυχῆς (On the soul).

et illic relinquere [nares]. She exaggerates the ability she deployed and the risks she ran when she was with Melibea, saying any other two like her would lose their noses if they did not act to the best of their ability. "Hijo, essa regla de bovos no es siempre cierta, que otra hora me pudiera mas tardar y dexar alla las narizes y otras dos narizes y lengua, assi que mientra mas tardasse, mas caro me costasse" [alternative Latin translation]

Aliis rebus magis utor. A common legal saying. Sempronio says that he needs more than what is required just to live and survive. What follows are Spanish customs. What follows on the "arcus" [bow] is very obscene and it cannot be translated into Latin idiomatically, so I have just translated literally "Otras cosas he menester mas que de comer." "Arcus" in the *Priapea* means prick.[489]

Sapientis est [, ut res cadit,] propositum mutare. "El proposito muda el sabio, el necio persevera." Francesco Sansovino's famous saying: "A change of intention at times is the effect of prudence."[490]

Cauti et prudentis legati. "De los discretos mensajeros es hazer lo que el tiempo quiere."

charaxat [*haze rayas en el suelo*]. To trace figures, it is a word from the Christian writers.[491] See Conradus Rittershusius in *Ad Paulli Sententiarum Fragmenta*.[492]

---

[489] Barth goes too far in explaining this passage. We could not find "arcus" in the meaning of phallus in the *Priapea* or elsewhere. Barth may be thinking of "gladius," a word that is often used this way. However, given the curved shape and the tension of a bow, one can easily see how "arcus" could be used to signify the phallus.

[490] Although we could not find this quote, it is probably from *Delle lettere amorose di diversi huomini illustri, libri nove* (Venice, 1606). There is a previous edition *Delle lettere amorose di due nobilissimi intelletti libri due* (Venice, 1564).

[491] For instance Isidorus PL 83, 1343 or Tertullian PL 2, 969C.

[492] Conradus Rittershusius or Konrad Rittershausen (1560-1613) was a philologist and an expert in law. He was a friend of Barth's, who mentions him at the beginning of his *Cave Canem, de Vita, Moribus, Rebus Gestis, Divinitate Gasperis Scioppii Apostatae, Satyricon* (Hanover, 1612). However, we could not find any of his works that matches the title Barth mentions here.

ACT 6

ut et tunicam tibi poscens [*mas adelante te espero a la saya*]. The old woman says the above-mentioned words with covert astuteness. While she shows Calisto her old, worn out cloak, she is asking for a new one, which displeases Parmeno.

opus habet [*tiene dello necessidad*]. A common proverb has been added: "Que el abad de donde canta, de alli se viste." To which Parmeno answers: "Y aun viste como canta." It cannot be translated graciously: "The abbot gets his clothes there where he sings," etc. The meaning is easy to understand.

Iam dum meras catenas [perditus]. If somebody wants to explain this in more detail, the Spanish words are as follows: "Ya discurre eslavones el perdido, ya se desconciertan sus badajadas, nunca da menos de doze, siempre esta hecho reloj de mediodia."

Factus es seps [*hecho serpiente*]. It is said that this kind of serpent plugs its ears when a charmer approaches so that it will not hear the magic spells and will not follow his commands. It is mentioned in many sacred and profane writers.[493]

frontem [excussissima a] palma verberans [*y diose en la frente una gran palmada*]. As it is the habit of those who are shocked, in awe of something, or are in pain. Cicero *Ad Atticum* 1: "The ones that seemed to be sure competitors were Galba, Antonius and Q. Cornificius; I believe that you laughed or cried in this situation and –this will make you smack your forehead in shock– there are some who believe that Cesonius was one."[494] The same in *Brutus*: "No agitation of the mind or of the body, no smacking of the forehead or the thigh, not even kicking."[495] Heliodorus book 2: "And Theagenes, smiting his head and ripping out his hair, said: let my life be cast out on this very day."[496] Quintilian book 11 says that

---

[493] See the gloss to this passage in *Celestina comentada* (Fothergill-Payne, Fernández Rivera and Fothergill-Payne 253).
[494] *Ad Atticum* 1, 1.
[495] *Brutus* 278.
[496] *Aethiopica* 2, 1, 2.

they hit their thighs when they were excited, but not their forehead, a gesture that he admits for a public speaker.[497] Nonnus Panopolita book 16 of his *Dyonisiaca*: "Then she tore her rosy cheeks and slapping both thighs, moaned with piercing voice."[498] Fulgentius book 1 *Mythologicon*: "Then she burst into a short laugh and, hitting her thigh two or three times with her hands, said: don't you know, Fulgentius," etc.[499] Hieremias the Prophet chap. 31: "After you converted me, I did penitence, and after you showed me, I hit my thigh. I am confused and ashamed because I have to bear the shame of my youth."[500]

lallationes [*con cuyos titulos assombran a los niños de cuna*]. The songs sung by wet nurses to please the children and make them fall asleep; also the songs of the children. Persius satire 3: "And like the children of kings, you demand to eat a light meal, and tired of the breast, you refuse the lullaby."[501] Cornutus the old narrator: "The wet nurses often make the children go to sleep by saying: 'lalla, lalla, lalla, or go to sleep or suckle milk.'"

fatidica [illa] de Hetruria [*aquella tusca athleta*]. In Spanish it says "athleta." But things like this have changed much in the language that derives from Latin. I think that it means the Sybil, but it is a recent story.[502]

ex tempore capiendis consiliis [masculo promptiorem] [*es mas apto para las prestas cautelas que el de los varones*]. Stobaeus mentions these as the words of a playwright.

malo aliquo occursu [*algun mal encuentro*]. On the superstitions of the Romans see my *Adversaria* and in my second edition of Claudius Claudianus that I intend to compose.[503] The pagans were

---

[497] *Institutio Oratoria* 11, 3.
[498] *Dionysiaca* 16, 352-3.
[499] *Mythologiae* 1.
[500] Jerremiah 31, 19.
[501] *Satyrae* 3, 17-18.
[502] See *Celestina comentada* for a similar problem with this mention of the sorceress Adelecta from Tuscany (Fothergill-Payne, Fernández Rivera and Fothergill-Payne 255).
[503] *Adversaria* p. 1709: "Superstitiones aliquot veterum notatae" and p. 2736: "Superstitiones Claudini aevi in captandis auspiciis." He is also referring to his

convinced that running into a black man, a castrated man or a man missing a limb or deformed in any way, was a bad omen before the present or upcoming business.[504]

Alcibiadi quondam [*Alcibiades*]. See Plutarch.

unius horae spatio [nulla]. This is a Spanish proverb: "Consuelate señor, que en una hora no se gano Çamora, pero no por esso desconfiaron los combatientes." This is an allusion to an old story during the wars between the French and the Spaniards.[505] Spanish has many "refranes" [proverbs] based on this, and my opinion is that these "refranes" are Castilian in origin and do not derive from French sayings.

ACT 7

Parmeno fili [*Parmeno hijo*]. The old woman comes up with a long authoritative speech to distance Parmeno from his fidelity to his master using any means possible. She convinces him to do so by setting him up with Areusa. Immediately Celestina wins over this not so stupid young man so that he joins her in her plan with this sure reward.

mutari mores cum capillis. "Mudanse costumbres con la mudança del cabello y variacion."

amare te debere si amari velis. "Sabes que es menester que ames si quisieres ser amado." Martial: "Marcus: to be loved, love."[506] Claudian: "You will not extract love from anybody by force, love is a mutual kind of faithfulness, only true grace grants love."[507] The fol-

---

Claudii Claudiani Opera Quae Extant cum Animadversionibus (Hanover, 1612) and to a much later edition *Claudii Claudiani Opera Quae Extant cum Animadversionibus, Commentario Multo Locupletiore, Grammatico, Critico, Philologo, Historico, Philosophico Politicoque* (Frankfurt, 1650).

[504] Barth seems not to have understood the passage. Celestina is simply referring to the risk of running into thieves or rapists, as Parmeno's reply clearly indicates.

[505] Barth is not aware of the origin of this proverb in the siege of Zamora by Sancho II of Castile.

[506] *Epigrammata* 6, 11, 10.

[507] *Panegyricus de Quarto Consulatu Honorii Augusti* 252-253.

lowing proverb, "que no se toman truchas," cannot be translated into Latin.

iustitia apprehendi te [*la justicia te mando prender*]. The *lictores* sent by the *praetor*. See in my "dissertatio" at the beginning of this book what I said of this word [justice], which I have kept on purpose.[508]

Necesse est aliquid pati. This saying reflects very nicely the astuteness of the old woman, who pretends to be defending Parmeno's mother when she is actually criticizing her. The Spanish words are: "Algo han de sufrir los hombres en esse triste mundo para sustentar sus vidas et honrras." And she speaks of the sorceress wearing the cap of dishonor in public.

Virgilius. A famous story of some magician called Virgil from the times of the barbarians that for no rhyme or reason, and against all evidence was attributed to Virgil the poet by the masses, since foolish ideas are always embraced by fools. As the saying goes, it's all the same to Hippocleides.[509]

summa securitate [, nullo timore]. This whole speech is full of hidden sarcasm, since Celestina insults Parmeno as much as she can by explaining to him the crimes of his own mother. So in this passage she says that he can live safe with the inheritance of his father, because there is no risk of having stolen what does not exist or what is not owned by him: "Que lo que tu padre te dexo, a buen seguro lo tienes." She also fascinates this fool with the mention of the above-noticed treasure. What Celestina says later about the game of chess, as it is called, cannot be said in Latin. "Xaque" [check] and "mate" [checkmate] cannot be said in Latin.

---

[508] See Barth's prologue to the *Pornoboscodidascalus* D29, pg. 396.

[509] Herodotus, *Historiae* 6, 130. Cleisthenes, lord of Sicyon, offered his daughter in marriage to the "best man in Greece," the condition being that the suitors had to show up in Sicyon within sixty days for appraisal. One of the suitors was an Athenian, Hippocleides. He eventually became the preferred candidate, but on the day that Cleisthenes was to make his choice, a large feast was served, at which Hippocleides made a royal fool of himself by allegedly doing a headstand on a table, while beating time to the flute-players with his feet. Shocked and dismayed, Cleisthenes cried out: "Son of Tisander, you have danced away your marriage." "I could hardly care less," was the cheerful reply. Hence the common saying "It's all one to Hippocleides."

Sic ditescis tu quidem, [sic res]. The Spanish text could be understood in a different way: "Con gallinas, hija? Assi se hara la hazienda, andar passe, otro es el que ha de llorar las necessidades, que no tu, yerva pace quien lo cumple, tal vida quien quiera se la querria." This passage seems to be corrupt in my copy.[510]

lupinos pro nummis. The Spanish text is as follows: "Assi que necessidad mas que vicio me hizo tomar con tiempo las savanas por faldetas." Prostitutes use many sayings of this kind.[511]

Vah quam suaviter [tunicae tuae olent dum commovisti te!] [*ay como huele toda la ropa en bullendote!*]. It is the habit of prostitutes to perfume everything. Later, act 19, Sosia says of the same Areusa: "Tenia unas manos como la nieve, que quando las sacava de rato en rato de un guante, parecia que se derramava azahar por la casa." And among the abilities of Celestina in act 1 is "perfume maker."

dum non paries [*mientra no parieres*]. There is some hidden wickedness in these words that the old woman says with the purpose of convincing Areusa to quit having just one lover.

Neque tantum ego emolumenti [capiam ubi]. The Spanish words could also have been understood with a slightly different meaning: "Tengo vezinas embidiosas, luego lo diran; assi que, aunque no aya mas mal de perderlo, sera mas que ganare en agradar al que me mandes."

vide quo periculo [peregre eat]. The Spanish text says: "Quien no tiene sino un ojo, mira a quanto peligro anda." I added the word "traveling." The meaning implies that the one-eyed man becomes blind if he loses his only eye.

---

[510] The passage is correct. Barth did not understand the highly idiomatic lines and the embedded proverbs. He also missed the article "las" when quoting the Spanish original.

[511] Barth seems not to understand the Spanish original. Mabbe properly translates it as "so that necessity, rather than lazinesse, hath made me thus earely to take my sheetes, in stead of my petticoat, to wrap about me" (134). Barth probably came up with the translation "lupinos pro nummis" ("tokens for real money") [cf. Horace, *Epistolae* 1, 7, 23] because he took the Spanish "faldeta" in the sense not intended here of the place where money is kept.

quae societas est laudabilis [*que es compañia loable*]. Spanish proverb: "Compañia de uno, compañia de ninguno, compañia de dos, compañia de dios, compañia de tres, compañia de reyes, compañia de quatro, compañia de diablo."

Et quoniam duos simul [unus]. "Y pues entrambos no caben en un saco, acoge la ganancia." It is convenient in these cases to keep the style and to fit it to the vulgarity of the speech.

malus daemon in palatium [duxit]. "Que al hombre vergonçoso el diablo lo truxo a palacio."

illum sine rubore [evigilaturum] [*el sin color*]. The Latin words do not follow the Spanish text: "En cortesias y licencias estas? No espero mas aqui, yo fiadora, que tu amanezcas sin dolor y el sin color, mas como es un putillo gallillo, barbiponiente, entiendo que en tres noches no se le demude la cresta; destos me mandavan a mi comer en mi tiempo los medicos de mi tierra quando tenia mejores dientes." These words are extremely appropriate for such an old woman.

Porro cum pirata piratam. It could also be translated in a different way: "Pues de cossario a cossario no se pierden sino los bariles." Everybody is using similar expressions and I found it convenient to write it down in its original language, since it can be applied to many affairs and there is no better language than Spanish for such matters.

oculum mihi prius [*antes me quebrare un ojo*]. Juvenal wrote it this way in Latin.[512] I followed him in my own *Epigrammata*. "So Subiciana[513] is not happy with only one man? It is like saying that she would be happier with only one eye." Since I am talking about my epigrams here, I advise the reader to wait for a properly finished edition, after I remove all the insulting and offensive passages that

---

[512] Barth is referring to Juvenal, *Satyrae* 6, 5-55: "Unus Hiberinae vir sufficit? Ocius illud extorquebis ut haec oculo illa contenta sit uno" ("Is Hiberina happy with only one man? It will be easier for you to make her confess that she is happy with just one eye").

[513] Subiciana is a female name created by Barth. It has an obscene meaning of "lying down."

Tarraeus Hebius included when I was very sick in 1613. He considered my epigrams his inheritance, although I was still alive, and therefore he vamped up my three volumes at his pleasure. I do not acknowledge them as mine the way he published them. Soon I shall publish them in a version that will not shame me.[514]

Quamquam enim gustus [gingivarum]. "Que aun el sabor en las enzias me quedo, no lo perdi con las muelas" ([alternative Latin translation, more literal]). I translated these words in a hurry with another meaning, but it matches also the proverb of the Germans for the same matter: "A horse that cannot chew oats any more still likes to hear them swing."

qui in multas partes. "Quien en muchas partes derrama su memoria, en ninguna la puede tener."

bestia [*bestia*]. In my *Adversariorum Commentaria* I showed that this insult, so common nowadays, was also used in antiquity.[515]

Iuventus etenim otiosa. "La mocedad ociosa acarrea la vejez arrepentida y trabajosa."

saepius enim magistri industriam. "Muchas vezes, como dizen, al maestro sobrepuja el buen discipulo."

Nulla scientia bene. "Ninguna sciencia bien es empleada en el que no le tiene aficion."

ACT 8

Et hoc fine Deus [diem diei subiecit]. "Que por esso hizo Dios un dia tras otro, porque lo que en uno no bastasse, se cumpliesse en otro." Even the wicked Parmeno utters maxims.

---

[514] This is Barth joking since Tarraeus Hebius is the pseudonym he used in that period. He is referring to his *Scioppius Excellens Epigrammatum* (Hanover, 1612). See Hoffmeister's biography of Barth, p. 45-46.

[515] *Adversaria* p. 1966: "Bestia pro homine impuro, truculento."

voluptas cuius conscius [nemo est, voluptas vera non est]. "El plazer no comunicado no es plazer." There is much on this same subject when Celestina convinces Parmeno to make friends with Sempronio.

strigilem illi [ad balneum]. The Spanish original is more indecent than my Latin translation: "No se que crea de tu tardança sino que quedaste a escalentar la vieja essa noche o a rascarle los pies, como quando chiquito."

si stultitia dolor esset [, in nulla non domo eiulatus]. "Si la locura fuessen dolores, en cada casa auria bozes." Very elegantly said.

Mopso Nisam obtigisse.[516] "Otra sardina se eche para el moço de cavallos, pues tu tienes amiga." Sardines are a kind of very small variety of herring very common at the table of rich people.

cotis instar factus. "Hecho tablilla de meson, que para si no tiene abrigo y dalo a otros." As if he were the sign of a house or tavern that is displayed in public to show everybody else where to eat.

O Parmeno iam percipere. "O Parmeno, agora podras ver quan facil cosa es reprehender vida agena y quan duro guardar cada qual la suya."

Falsum et inauratum metallum. "Luego se descubre el falso metal dorado por encima." Contrarily, it is also true what Honorius Ursaeus, not the worst of the French writers for his elegance and knowledge, writes in book 1 of *Epistolae Morales*: "It is true that sometimes the most seasoned experts in precious stones are fooled by the appearance of false stones," etc.[517]

---

[516] This is a reference to Vergil, *Eclogae* 8, 24, when the shepherd Damon bewails the loss of his beloved Nisa to Mopsus, another shepherd whom he considers too rustic and undeserving.

[517] After much searching for this author's name and its possible vernacular equivalent for which this Latinate form may stand, we could not find any trace of his existence. Our guess is that it is again a joke Barth is playing on the reader by creating a supposed identity for himself as a French writer. The name Ursaeus, from "ursus" ("bear") could be a Latinate form of "Barthius," based on the German word for bear "Bär." Notice also how he praises the French writer but then he quotes him in Latin. This would be similar to the penname Tarraeus Hebius he adopted in his youth. See note 514.

De penu ampla [coena facile paratur]. "En casa llena presto se adereça la cena."

Antipater Sidonius. A few *Epigrammata* of his have survived. This story [of Antipater speaking in verse] is transmitted by Ovid. I remember reading who attributes these *Epigrammata* to Antipater, but now I do not recall the author.

non erit magni spatii [*no es mucha tu vida*]. I ommitted this: "CAL. Quieres dezir que soy como el moço del escudero gallego? SEMP. No mande Dios que tal cosa yo diga, que eres mi señor." I cannot understand what he meant and it does not interest the Latin reader.

Non omne est candidum. This notable saying sounds like this in Spanish: "No es todo blanco aquello que de negro no tiene semejança. Ni es todo oro quanto amarillo reluze."

Uno solo ictu [nulla quercus cadit]. "Un solo golpe no derribe un roble." This agrees with what the author of the *Epistolae Amatoriae* edited by Sansovino says: "A single blow does not make a tree fall." These epistles, be they written or only edited by the above-mentioned writer, are some of the best fictional compositions in Italian and there are not many like them [in other languages].[518]

quod nos magis iuverit [*que nos va mas*]. The Spanish writer unites two proverbs here that cannot be translated into Latin. The complete words of Parmeno are: "Creeslo tu Parmeno? Bien se que no lo jurarias. Acuerdate, si fueres por conserva, apañes un bote para aquella gentezilla, que no va mas, y a buen entendedor. En la bragueta cabra."

Appuleio. This nonsense [that one can be transformed into an ass] is believed as a matter of fact by the illiterate masses. In reality, Apuleius did not invent his Milesian stories with any other purpose but to compare human stupidity and preposterous endeavors, typical of most philosophers of the period, to asinine behavior.

---

[518] *Delle lettere amorose di diversi hvomini illustri* (Venice, 1606). See note 490.

ACT 9

Felici et iucundo tempore [*A donosa hora*]. This seems to be the meaning of the words, which are a simple way of translating "a donosa hora ha de estar rezando." The scoundrels understand very well that this is an appropriate time for them to do their evil plans.

memorialibus precationum. "Con sus cuentas en la mano." Small balls made of wood, ivory, resin, etc. that the common people use to count their prayers. I could have translated it better as *commonitoria*, which are small books or notes to keep track of what has been done or written.

famesque, quibus meliores magistras [*el hambre, que no ay mejor maestra en el mundo*]. This has been taken from the prologue of Persius the satirist, as everybody can see.[519]

Ad positam mensam manibus bene lotis [cum minimo pudore ire decet]. This is an allusion to a habit of the Romans, who used tables that could be removed. They were removed once the banquet was over, as the heroes of old times.[520] The Spanish words sound like a proverb that can be applied to many things, risking nothing, as if we said: "A mesa puesta con tus manos lavadas y poca verguença." A famous saying of Plautus is: "Nobody should be ashamed at the table."[521] The Spanish habits seem to match this very well.

Quicquid mali humoris corpori inest. "A los cansados segadores haze sudar toda agua mala, sana el romadizo y las muelas." It does not seem to mean anything else.

Una panis crusta [etiam]. It often happens that those who drink much do not eat much: "Que un cortezon de pan ratonado me bas-

---

[519] Persius, *Satyrae* prologue 8-12, expresses a similar idea.
[520] Barth is probably referring to the *Aeneid*, where a prophecy states that Aeneas and his companions will eat their own tables out of hunger (3, 256-257 and 3, 394). Later, during an improvised banquet, Ascanius notices that they are eating their tables when they nibble at the bran pancakes they are using to put their food on the ground (7, 116-122).
[521] *Trinummus* 478.

ta para tres dias." Thus she nicely praises her one temperance. In Plautus' *Curculio* there is a similar speech.[522]

tria pocula honestati et utilitati [suffectura] [*tres vezes dicen que es lo bueno y honesto*]. Ausonius *Idyllium* 11: "Drink three times or three times three, so is the mystical law."[523] Apuleius in his *Florida*: "There is a famous saying of a wise man about the table: the first flask is for thirst, the second for laughter, the third for pleasure and the fourth for insanity."[524] See Suida entry for the word "wine," and the philosophers in Petronius.[525]

male tibi quod edis expetat [*mal provecho te haga lo que comes*]. This is according to the habits and intentions of irate prostitutes, as the poisonous Lucretia says in the *Pornodidascalus,* that she used to raise all kinds of fights at the table so that the food did not agree with the guests.[526] Similarly, later in this act, Elicia swears to Sempronio: "May a bad cancer eat your entrails with this bite." May naive young men see what monstrous lovers they are lavishing with their money.

gustus semel corruptus [amarum frequenter pro dulci aestimat]. "El gusto dañado muchas vezes juzga por dulce lo amargo."

Nulla uspiam rerum [longius a veritate abest]. Excellent reminder and thought: "Ninguna cosa es mas lexos de la verdad que la vulgar opinion." All the advice given by wise men points in this direction. It is a famous verse: "The judgment of the masses is preju-

---

[522] *Curculio* 73 *et seq.*
[523] Ausonius Burdigalensis, *Idyllium XI, Griphus Ternarii Numeri* (PL 19, 896D).
[524] *Florida* 20.
[525] It is not clear to what passage of *Satyricon* Barth is referring. There are two possible candidates: *Satyricon* 88, when the philosopher Chrysippus is said to have drunk hellebore three times in order to cleanse his mind and open it to creative activity; and *Satyricon* 136, when Oenothea (Wine-Goddess) goes to the neighbor for firewood and then comes back to tell the narrator Encolpius that her neighbor would not let her go until she drank "the customary three drinks."
[526] In part one, the last day of Aretino's *Ragionamenti*, "Nanna (named Lucretia in Juárez' and in Barth's translations) boasts about playing tricks on one of her clients: one particular man would come in on Friday, and "after he got there [her] game was to scold him at dinner" in order to give him a bellyache.

dice," etc. To illustrate this point an enormous commentary could be written.[527]

Nihil sit qui pro nihili. "Ruyn sea quien por ruyn se tiene. Las obras hazen linaje," etc.

laetum animum facit [quod parvo labore paratur]. "Todo aquello alegra que con poco trabajo se gana." Martial includes among the benefits of happiness: "Not what has been procured with great effort, but given [makes life happier],"[528] etc.

dulcis et amari simul vulneris [*de aquella dulce y fiera llaga*]. This [simultaneously sweet and bitter wound] is often ascribed to the onset of love. Claudian in his *Nuptiae Honorii* says of the fountain of Venus, in which the god of love submerses his arrows: "Two fountains flow, one sweet, one bitter, and the honey is corrupt with infused venom."[529] Love itself is bitter honey. The Idiot in his book *Speculationes*: "Such love is a trap for the spirit, a danger for life, a soft death, a pleasant wound, a lenient murder, bitter honey, a gentle perdition, a sweet venom, a willing evil, a pleasant cutting of the throat, a total calamity."[530] It is also pertinent what Theophylactos Simocata writes in his epistle 84.[531] Claudian has more on this matter. Alcinous *Platonica* chap. 23 entitled the soul in relation to the body: "Desire comes from the liver, which is both bitter and sweet."[532]

---

[527] Barth seems to be quoting by memory. See *Celestina comentada* (Fothergill-Payne, Fernández Rivera and Fothergill-Payne 333-34 and 223).

[528] *Epigrammata* 10, 47.

[529] Claudius Claudianus, *Epithalamium Dictum Honorio Augusto et Maria*, also known as *De Nuptiis Honori Augusti et Mariae*, 69-70.

[530] Raymond Jordan, pseudonym Idiota, is the author of *Contemplationes Idiotae de Amore Divino, de Virgine Maria etc.* (Paris, 1519, 1535; and Venice, 1538). We could not see the book. There is however a rare Spanish translation by Fernando Díez de Frías, *Contemplaciones del idiota*, published in Antwerp, without date, probably in the 18th century (Biblioteca Nacional in Madrid R1601). The passage quoted by Barth is in chap. 34 "del amor perverso de las mujeres," p. 95.

[531] Eighty-four letters divided into three equal parts of 28 letters each: the *Morales, Rusticae* and *Amatoriae*, known collectively as the *Epistolae*. Barth seems to be quoting from the *Amatoriae*. There are two editions either of which Barth may have used: Lyons, 1597 and Heidelberg, 1598. A recent edition was published by Teubner in 1985.

[532] Alcinous' *Didaskalikos* or *De Doctrina Platonis* 176, 26-28. The heading for chap. 23 in which this quote can be found is "The Soul in Relation to the Body."

numquam ad propositum [respondebunt] [*jamas conveniente respuesta buelven*]. In the *Pornodidascalus* there is an example of a very astute prostitute, Lucrecia, equal to the most excellent women, who entrusts herself to Antonia.[533]

corporis illi ut potestatem fecerit. See how the old woman derides Sempronio, whom she considers stupid. She wants to persuade him that a woman who earns her living selling her body is faithful only to him. This complex sentence was made clearer in my translation. The Spanish words are: "No sabe otra cosa en que os lo pagar (i.e., to have praised Melibea) sino en dezir esso y creo que no vee la hora que aver comido para lo que yo me se." These are clearly the words of a procuress.

Aliorum sacerdotum oblationes. I omitted part on purpose because it was difficult to express. The complete text in Spanish is: "Que harto es que una vieja como yo, en oliendo qualquier vino, diga de donde es. Pues otros curas sin renta, no era ofrecido el bodigo, quando en besando el feligres la estola, era del primer boleo en mi casa. Espessos, como piedras a tablado, entravan muchachos cargados de provisiones por mi puerta." I said that I omitted it, but I translated it as best as I could. The passage is not very difficult, but it is not easy to understand at the first attempt.

ACT 10

serpentes intus in corpore [meo cor mihi exedentes] [*me comen este coraçon serpientes dentro de mi cuerpo*]. In the fictions of the poets, love is compared to a snake. Anacreon *Odarium* 11, etc.[534]

Alexander Magnus [, Rex Macedonum] per somnium conspexit [*vio en sueños aquel gran Alexandre, rey de Macedonia*]. See the writers on the deeds of Alexander.[535] The very wise Roman Emper-

---

[533] The names of the two characters of Aretino's *Ragionamenti* are changed by the Spanish translator Fernán Juárez into Lucrecia and Antonia, names that Barth retains in his translation of this work.

[534] *Anacreontea* 35.

[535] Barth is likely referring to Curtius Rufus, *De Rebus Gestis Alexandri Magni*. Since Barth refers to "authors" in the plural, he may also be referring to several other biographical writings on Alexander the Great, such as Plutarch's.

or Marcus Aurelius, whom I like to call the Roman Solomon, wrote a similar story about himself in book 1 of his *Meditations*: "I accept as sent by the gods the remedy I was shown in my dreams to prevent spitting blood and sickness." [536]

parotide [*unos algodones*]. A veil apt to cover the ears. Otherwise see what "parotides" are in Theodorus Priscianus' book 1 chap. 9. [537]

Cum supremum numen aliquem vulnerat. "Quando el alto Dios da la llaga, tras ella embia el remedio." This seems to be a translation from the small poem of Musaeus, who says the same about love: "For devious-minded love conquers a man with his shafts and will cure the man's wound again; and those whom he rules over, he himself the all-conqueror is counselor for mortals." [538] Aristaenetus book 1 epistle 10, where he narrates the very enjoyable love of Acontius and Cydippe: "For love, full of wiles, subdues a man with arrows, and it heals a man's wound. And he rules over them, lover the conqueror, who is counselor to mortals." [539]

conscientiam habui [*tengo sentida*]. To notice. On this, see my notes at Phebadius. These notes were however copied by the editor from my rushed annotations and most of them were omitted because I was not present. [540]

color vultus tui [**secreta mentis enunciabat**] [*sus llamas se manifestavan en la color de tu cara*]. These are very close to the words of Pacatius Drepanius in the *Panegyricus Theodosii Magni*. [541] See my *Ad Claudianum*.

---

[536] *Meditations* 1, 17. This is a difficult passage, probably corrupt in the original.

[537] Theodorus Priscianus was a 4th-century Roman physician and author of *Euporiston*. "Parotis" means a tumor of the parotid gland or simply the lobe of the ear.

[538] *Hero et Leander* 198-200. See Castro Guisasola 15, n. 2.

[539] *Epistolae* 1, 10.

[540] Barth is referring to his *Phoebadii Galliae Episcopi, contra Arrianos, Liber cum Animadversionibus* (Frankfurt, 1623), which was published by the same printer who later published his *Pornoboscodidascalus* and some of his other books.

[541] *Panegyricus ad Theodosium* is found in a work edited by his friend Casaubonius that also includes selections of other authors that Barth has quoted: *C. Plinii Caec. Sec. Epist. Lib. IX, Eiusdem & Traiani Imp. Epist. Amoebaeae, Eiusdem Pl. et Pacati, Mamertini, Nazarii, Panegyrici, Item, Claudiani Panegyrici, Adiunctae Sunt Isaaci Casauboni Notae* (Geneva, 1620).

ACT 11

manu tympanotribae [*esta en manos el pandero*]. Silly men, walkers who make noise with their instruments to gather people. One of them was famous in Gallia and Bonaventura Pererius mentions that he used to deride those who made sacrifices.[542]

dimidia auri libra. "Medio marco de oro."

Si manus in obscenum modum [illi]. "Esta colgado de la boca de la vieja, sordo y mudo y ciego, hecho personaje sin son, que aunque le diessemos higas diria que alçavamos las manos a Dios rogando por el buen fin de sus amores." Persius calls it to "make the stork."[543]

Numquam pectus [maceratum desiderio bonos successus rerum]. "Nunca el coraçon lastimado de desseo toma la buena nueva por cierta ni la mala por dudosa."

Semper hoc audivi affirmari. "Siempre lo oy dezir que es mas dificil sufrir la prospera fortuna que la adversa, que la una no tiene sosiego y la otra tiene consuelo."

[canibus] venenatae ossae [obici]. "Assi se suelen dar las çaraças en pan embueltas porque no las sienta el gusto."

Aegyptii illi [nobis facere consueverunt]. "Gypsies" he says, who take somebody's money with their pleasantries and know how to extract whatever is left with their tricks "Como hazen los de Egypto, quando el signo nos catan en la mano." Not even the most erudite people know where this people comes from, but I suspect that their name comes from the Zygites, a people of Asia, that are mentioned by Georgius Pachymerius' *History* Book 3.[544]

---

[542] Bonaventure Des Périers (1500-1544) was a French humanist and poet who was a protégé of Margaret of Navarre. Barth is probably referring to his collected short stories, *Nouvelles récréations et joyeux devis* (1558), which he may have read as part of his interest in collecting Milesian fables.

[543] *Satyrae* 1, 58.

[544] *Georgii Pachymeris Michael Palæologus sive Historia Rerum a Michaele Palæologo ante Imperium & in Imperio Gestarum.*

In another place I noticed that they are old because of the *Glossae* of Isidorus.[545]

dulcibus verbis [multae iniuriae vindicatae sunt]. "Ala he, madre, con dulces palabras estan muchas injurias vengadas."

Numquam pedem secure ponet [qui]. "No da passo seguro quien corre por el muro y que aquel va mas sano que anda por lo llano." This is a rhythmic proverb.

ACT 12

Paris delicti [error] [*Tanto yerro me parece*]. Notice the astuteness of the crazy servant. Here he is saying this to make his master believe it is a different time than it really is. So, although he is the one who made a mistake, he is blaming it on his master.

Homo paratus optime [, iam dimidium eluctatus est]. "El hombre apercebido medio combatido." He who is ready for it has already fought half the war.

bona bonis sit nobis. In Spanish: "Buena hora es." It must be considered why this is said.

Ne sis assentator. "No seas lisonjero." This last word in this case certainly means something different than "flatterers."

primum natum [arbitrari] habeam [*Quiero hazer cuenta que oy me naci*]. We speak this way when a man has escaped from some great danger. So Cicero says of Rome saved from Catiline's conspiracy under his consulate: "O fortunate Rome, reborn under my consulate."[546]

sed aliquis qui [*sino alguno que*]. As the most careful men do, even when everything is safe, they consider what they should be worried

---

[545] Evidently Isidorus or the *Glossae* attributed to him cannot mention the Gypsies but the Asian people that Barth calls Zygetes. We could not, however, find this reference.

[546] Sallustius, *Invectiva in Ciceronem* 5.

about. The author deploys all his resources to depict Parmeno as such a man.

Eorum hominum animis [qui periculorum] [*A los coraçones aparejados con apercebimiento rezio*]. It is more concise in Spanish, but I extended and amplified it.

eo maius peccatum esse [quo] [*tanto mayor es el yerro quanto mayor es el que yerra*]. These are very famous verses of Juvenal: "Any vice of the spirit is a more noticeable defect the more important the person is."[547] See John of Salisbury's *Policraticus* book 5 chap. 16.[548]

ubi plus millies [ductis pugnis concurrimus] [*que mil vezes nos apuñeavamos yo y otros*]. He ridiculously compares the fights he had with the vile young servants of the monks to his present mortal fear.

oneratus armis [, oleto perfusus est]. It sounds beautiful in Spanish: "Cargado de hierro cagado de miedo" [alternative Latin translation]. I would prefer to translate it this way.[549]

Super pecuniam non est amicitia. "Sobre el dinero no es amistad." When there is a disagreement regarding money or possessions, there is no friendship strong enough to withstand it.

da illi digitum latum [, ulnae totius spatium poscet!]. The words in Spanish are: "No digan por mi que dandome un palmo pido quatro." There is another proverb in this language: "A vellaco das el dedo, tomara la mano." I allude to it in my translation.

---

[547] *Satyrae* 8, 140-141.

[548] Book 5 chap. 16: "Of the crime of extortion, of which governors and judges are guilty who accept anything for doing what it is the duty of their office to do," etc. This chapter is a tirade against corrupt leaders of church and state. The passage that best corresponds to the *Celestina* passage and to Juvenal is near the beginning of the chapter where, citing *Justinian Codex* ix, 27, 1-4, it is described how a governor who despoils his country ought to pay fourfold what not only he, but also any of those under his charge, has stolen from the provincials.

[549] The reason why Barth has confined this preferred alternative translation to his notes instead of using it in the main text is that it contains the very graphic word "concacatus" ("covered in shit"). Notice that the original Spanish version reads "cargado," not "cagado." Barth seems to have misread the original or emended it silently.

[et] aquam petat. In other words, go discharge your bladder, as more honestly referred to by the Romans and as by Petronius.[550] In Spanish it is: "Yo digole que se vaya y abaxase las bragas."

Iudicium insignis [insignis pusillanimitatis est, vim facere infirmis]. "Señal es de gran covardia acometer a los menores y a los que poco pueden."

fortis adversarius [etiam serventissimam iram tepidiorem facit]. "El duro adversario entibia las iras y sañas." An absolutely true saying that can be experienced every day.

minus inimicorum est quo plus mortuorum [*muera, muera, de los enemigos los menos*]. This is not a fully developed sentence but this is what it means in Spanish.

ACT 13

Hactenus afflictum curis. The Spanish original is as follows: "Duerme y descansa penado / Desde agora / Pues te ama tu señora / De su grado. / Vença placer al cuidado / Y no le vea / Pues te ha hecho su privado / Melibea." Literal translation: [literal translation in Latin].

bis mille ictus [*dos mil palos*]. It is well known that it is customary in Spain that the executioner counts the hits when he administers the punishment. The servants that deserve this penalty consider it part of the punishment.

de celsis culminibus [periculose caditur]. "Proverbio es antiguo que de muy alto grandes caydas se dan." Juvenal says it very nicely when speaking of Seianus.[551]

---

[550] See for instance *Satyricon* 27, 6.
[551] *Satyrae* 10. See also *Celestina comentada* (Fothergill-Payne, Fernández Rivera and Fothergill-Payne 394).

ACT 14

canum [*perros*]. This is also a habit of the inhabitants of the Spanish cities. Its origin seems to be what can be read in the histories of the fall of the Roman Empire, that some barbarians had attack dogs in their ranks, something on which I commented in more detail elsewhere.[552]

Domine animae meae postquam me credidi potestati tuae [*Señor mio, pues me fie en tus manos*]. This sweet complaint that contains an image full of virginal naivety is extracted from book 6 of *Amadis of Gaule*, when Onolaria speaks to Lisuart while they are together alone: "My friend, she replied, let's lie comfortably on this grass. Since I have been so forgiving as to meet you in a place so damaging to my honor, I beg you not to take advantage of this situation to make me come out worse than if I had shown to you the very cruel but reasonable behavior that sometimes makes faithful lovers suffer when they are denied what they desire. (Now a similar event [to the encounter in Melibea's Garden] is described.) But while she expressed this chaste excuse, Lisuart gradually moved on and slowly reached her mouth and her breasts, and wanted to go further. Ah, my friend, she said, limit yourself to my person only inasmuch as it is under my control, which is to see and to touch me without depriving me of what nor you nor anybody could give me back. Madam, he answered, you know how long I have been a sailor in this ocean of love and, now that I am about to come into this sweet port of mercy, I beg you to be favorable. My friend, Onolarie said, is it not enough that I am yours and that you can enjoy my external attributes, which is the appropriate fruit for lovers to enjoy instead of reaching a brief pleasure that is said not to bring anything but sadness? The good shepherd shears his sheep but he always protects her from all evil. Be like him and respect me, I beg you. But the more she proffered these charming excuses, the more Lisuart persisted. He unleashed his passion and picked the first flower of the rosebush, that at the beginning had had thorns. Before they separated, the soil was so well sown that she became fertile and

---

[552] Barth is not referring to another place in his notes to the *Pornoboscodidascalus* but to one of his many other writings.

happy with mutual contentment."[553] Clearly the author who changed this play in Milan against his will added this passage to the passage of the encounters of the lovers in *Celestina* to satisfy the readers who wanted this excellent invention to be longer.

pastores etiam ovium [qui hoc tempore agnos]. I do not know if I have understood this sentence well enough, a sentence that I do not know why has been used here: "Y los pastores que en esse tiempo traen las ovejas a estos apriscos a ordeñar y podria ser que cogiessen de passada alguna razon, por do toda su honrra y la de Melibea se turbasse." It seems to allude to the songs of the shepherds that, indirectly and with double meanings, are used to let people know of the loss of the virginity of girls against the will of their parents.

equina strigilis. The proper form to render the "rascacavallos." Otherwise, there is no way to say it in Latin.

qui non malit illico mortem [oppetere] [*que no quiera mas morir luego*]. This is a famous saying of Aeschylus imitated by many Greek writers.[554]

[Verum] cum nihili homo ditescit [neque]. "Mas quando el vil esta rico no tiene pariente ni amigo."

[erant] sanguine scriptae [*son escritas con sangre*]. Plutarch in his *Life of Solon*: "Solon abrogated all Dracon's laws because of the harshness and cruelty of the punishments, except the ones that referred to homicide. Dracon punished nearly all crimes with the death penalty: those who were accused of idleness, and who stole vegetables or fruits were treated as those accused of sacrilege. That is why it is said that Diomedes later spoke very well when he stated that the laws of Dracon were not written in ink, but in blood."[555]

---

[553] Barth is quoting from *Le sixiesme livre d'Amadis de Gaulle* (Paris, 1555), chap. 60, p. 213-14. Actually, this passage is an addition of the French translator since it is not in the Spanish original versions of *Amadis de Gaula* (Lida de Malkiel 650, n. 31).

[554] See *Celestina comentada* (Fothergill-Payne, Fernández Rivera and Fothergill-Payne 404).

[555] *Solon* 17.

ACT 15

bis virgis publice caesus [est]. I am not sure this is what the Spanish original says: "Dos vezes açotado, manco de la mano del espada." However, saying this is not excessive for an irate prostitute. The Spanish translator of Pietro Aretino very appropriately calls these women's insults "perrerias caninas" because they lack any sense.[556]

triginta scortorum vir est. "Treynta mugeres en la puteria." Even they [Lucrecia and Elicia] cannot point out anything worse.

iam non sunt [*ya no biven*]. The ancients spoke this way euphemistically because they considered any mention of death to be a bad omen. See what I wrote about it in my previous edition of Virgil's poem *Ciris*.[557]

O bona et gaudia [vitae mortalis, qui vos possidet, dum in potestate sua habet, vilipendit neque umquam pretia vestra cuiquam recte cognoscenda ponuntur priusquam recesseritis!]. "O bien y gozo mundano, que mientra eras posseydo, eres menospreciado y jamas te consientes conocer hasta que te perdemos."

Fortunae talis consuetudo est [: cum unam portam clauserit, alteram aperit]. "Quando una puerta se cierra otra suele abrir la fortuna."

gloriabitur [forte etiam] tantum sanguinis [*muy ufana en ver sangre vertida por su servicio*]. She is speaking in the customary way of the prostitutes, who are so inhuman as to consider it an honor that there are fights and deaths for their sake. Lucretia says the same in the *Pornodidascalus* which I recently published.

magis afficit amissio [hominem eius quod habet quam spes adhuc parandi alterius talis, quamquam ea vel certissima sit]. "Verdad sea que cierto duele mas la perdida de lo que hombre tiene que da plazer la esperança de otro tal, aunque sea cierto."

---

[556] See note 347.
[557] Barth is referring to his *P. Virgilii Maronis Ceiris* (Hamburg, 1608). This is an edition of the brief poem *Ciris*, attributed to Virgil and now included in the *Appendix Virgiliana*.

De ipso vindicet Deus. I.e., God revenge me: "Y de al me vengue Dios, que de Calisto Centurio me vengara."

Mutare mores [et consuetudines] par morti esse. "Que mudar costumbre es a par de muerte."

ACT 16

noctuas Athenas. It says in Spanish: "Pues mandoles yo trabajar en vano, que por demas es la citola en el molino." It could not be translated with fewer words.[558]

si per maria hinc [abire volet] [*si passar quisiere la mar*]. There is an example in the sixth [satire] of Juvenal.[559]

nullam noctem intermisit [*que jamas noche he* [sic] *faltado*]. The good writer fell asleep here,[560] because, somewhere in the following act, Sosia swears that Calisto has gone to visit Melibea eight times in the whole month, so the other passage is a lapse of memory.

ACT 17

ianua nostra limen servat [*poco se visita mi casa etc.*]. Horace: "Impulsive young people very rarely knock at your closed windows to wake you up, and the door loves to stay in the doorjamb."[561]

meliorem unum esse diem [hominem sapientis]. "No embalde se dize que vale mas un dia del hombre discreto que toda la vida del necio y simple."

---

[558] "Noctuas Athenas mittere / ferre / portare" ("to send / take / carry owls to Athens") is a common Latin expression (Cicero, *Ad Quintum Fratrem* 2, 16, 4) that means something similar to the British expression "to take / carry coals to Newcastle." It is mentioned by Erasmus' *Adagiorum Chiliades*, pars prima 1, 2, 11 "Ululas Athenas."

[559] Juvenal, *Satyrae* 6, 82-114 tells the story of a senator's wife who abandoned her family and fled across the "roaring of the Tyrrhenian and Ionian Seas" (92-3) in order to be with her gladiator lover.

[560] A free variant of the common expression "quandoque bonus dormitat Homerus," which Barth has used once before (p. 420).

[561] *Carmina* 1, 25.

munditia excita [et exhilarat corda animosque hominum]. "La limpieza alegra el coraçon."

mortui aperiunt. "Los muertos abren los ojos de los que viven." I often appropriate this saying to use it as what is called my creed. However, I use it in a different meaning, i.e., that true knowledge resides in the reading of books.[562]

facilius mendacem quam claudum [deprehendi]. "Como dizen, que toman antes al mentiroso que al que coxquea."

ACT 18

Ter iussus circumrotare [*tres saltos dare*]. I translated what follows here as well as I could. Spanish has many familiar expressions of this sort that do not have an equivalent in Latin. So I ignored most of it in my translation for good reasons: "Un rimero de malla rota por colchones," etc.

sanctas illas tabulas [unde pueri] [*por el santo martilojo de pe a pa*]. He pretends to be making some ridiculous promise that he knows will ingratiate him with the prostitutes.[563]

[Vah] conditionem istam. Better, I do not admit any conditions: "Reniego de la condicion." [It means that] I would not like any conditions to be added, consider your order accomplished. Clearly there is irony in this reply.

ACT 19

unum excogitarat equus [indomitus, alterum qui domere illum instituerat.] It could be used as a proverb: "Uno piensa el vayo, otro el que lo ensilla." The words are not the same [in my translation as in the original], but the meaning of the sentence is the same.

---

[562] Barth means that books, which contain the words of dead authors, make their readers, who are alive, wiser.

[563] On Barth's translation of the Spanish original "santo martirolojo" as "sanctas illas tabulas" see Lida de Malkiel 696-7, n. 2.

Ah quis [in eximii conductus more coloni]. I shall transcribe this Spanish song so that everybody can see how it sounds: "O quien fuesse la ortelana / De aquestas viciosas flores / Por prender cada mañana / Al partir a tus amores. / Vistanse nuevas colores / Los lirios y el açucena / Derramen frescos olores / Quando entre por estrena." The words in my translation sound different from the original Spanish words because I have translated following the meaning [not the rhythm], something that has to be done especially in poems since it is useless to respect the syllabic rhythm [in a translation].

Laetus est fontis lepor [, unda vivens]. I shall also transcribe this one in Spanish: "Alegre es la fuente clara / A quien con gran sed la vea / Mas muy mas dulce es la cara / De Calisto a Melibea / Pues aunque mas noche sea / Con su vista gozara / O quando saltar le vea / Que de abraços le dara. / Saltos de gozo infinitos / Da el lobo viendo el ganado, / Con las tetas los cabritos, / Melibea con su amado. / Nunca fue tan desseado / Amador de su amiga / Ni huerto mas visitado / Ni noche mas sin fatiga."

Arborum umbrosarum [io amoena culta]. "Dulces arboles sombrosos, / Humillaos quando veays / Aquellos ojos graciosos / Del que tanto desseays. / Estrellas que relumbrays / Norte y luzero del dia / Por que no lo despertays / Si duerme mi alegria?"

Psittaci vos [lusciniaque, cantu]. "Papagayos, ruiseñores / Que cantays al alborada, / Llevad nueva a mis amores / Como espero, aqui assentada. / La media noche es passada / Y no viene, / Sabed si ay otra amada / Que lo detiene."

vestimenta mea [mihi] inquinare [*dañar mis vestiduras*]. See Theocritus' *Oaristys*.[564]

[Domina,] quod pallium et machaera et animus [non]. "Lo que no haze espada y capa y coraçon, no lo hazen coraças y capacete y covardia." A famous saying about cowardly men.

---

[564] *Idyll* 27 is entitled "Oaristys or Fond Discourse [of Daphnis and the Maiden]." See especially lines 51-7, where Daphnis rips off her clothes. Barth translated *Oaristys* into Latin in his *Adversaria*. See also Castro Guisasola 17-18.

ACT 20

The two following acts contain so many fine points worth explaining that just their abundance prevents me from commenting on them. Since anything that I skip would be important, I have chosen not to write anything. This was not what I had decided when I started but, if I do not do it, this book will turn into an enormous volume. If I had done so, I would be open to the accusation of using my knowledge in a boastful manner. I prefer that this book stay with me rather than fall in the hands of the many who, because they cannot stand out in any area, accuse my work of being ostentatious or useless. To the first accusation I think I have answered enough above. Regarding the second accusation, I shiver even at the thought of being suspected guilty. Therefore, I say goodbye to you, my just and judicious reader. You should expect many other things from me for your pleasure and utility, if life does not fail me. While I have some vital strength in these limbs to praise God, I shall not give up my song.[565]

END

---

[565] The same convoluted farewell formula is used by Barth in v. 564-65 of his *Soliloquia Rerum Divinarum* (Zwickau, 1655). There is a first version entitled *C. Barthii Soliloquiorum Rerum Divinarum Liber Primus, Eiusdem Anacreon Philosophus* printed in 1623, the year before the publication of the *Pornoboscodidascalus*.

LIST OF BARTH'S TRANSLATION NOTES [566]

Prologue

magni illius Heracliti [*aquel gran sabio Eraclito*], 401
Omnia secundum litem fiunt, 404
esse foetam aliquo [*toda palabra del hombre sciente esta preñada*], 405
sententiae pro testimonies [*los dichos de aquellos que por claror de sus ingenios merecieron ser aprovados*], 405
Francisco Petrarcha, 406
Elephas [animal tantarum virium animique,] tremit [fugitque] aspectum muris [*el elephante animal tan poderoso y fuerte se espanta y huye de la vista de un suzuelo raton*], 406
basiliscum [*el basilisco*], 406
Vipera [*la bivora*], 407
quot quantaeque nec in aere [*quantas la tierra y el ayre cria de aves y animalias*], 409
Lucanus, 410
Ruch nomine [*una ave llamada rocho*], 410
aedificiorum structiones [*renovar edificios*], 411
senes cum mille [infirmitatum morborumque generibus] [*los viejos con mil especies de enfermedades pelean*], 413
luxurians [et animosae] adolescentia [*la alegre juventud y mancebia*], 414
ordinem [totius] dictionis infamat [*roen los huessos que no tienen virtud, que es la historia toda junta*], 414
Ad hybernum ignem [*haziendola cuento de camino*], 415
locosque communes [*los donayres y refranes comunes*], 415

---

[566] The corresponding Spanish passages are to the right in italics and between square brackets. The figures refer to the page number in the English version of the translation notes.

dicta sententiasque philosophorum [*las sentencias y dichos de filosofos*], 416
ludum hunc [*esta comedia*], 416
Auctori autem primo visum [*el primer auctor quiso*], 417
nimis brevis [*querian que se alargasse*], 418

TITLE

temerariis et vagis [*desordenado*], 419
dearumque instar venerantur [*a sus amigas llaman y dizen ser su Dios*], 419

SUMMARY

tenere educatus [*de linda criança*], 419
Hac alioquin pudicissima victa tandem est Callistonis assultibus [*por solicitud del pungido Calisto vencido el casto proposito della*], 419
conciliatrice Celestina [*entreveniendo Celestina*], 420

ACT 1

falconem suum [*un halcon suyo*], 421
loco tam secreto [*en tan conveniente lugar que mi secreto dolor*], 421
satis mirari non possum [*del esquivo tormento que tu ausencia me ha de causar*], 422
votorum mortalium summum [*que si Dios me diesse el mayor bien que en la tierra ay*], 422
etiam maiore te [*Pues aun mas ygual galardon te dare yo*], 423
In hoc enim honore me meo [*se perder en la virtud de tal muger como yo*], 423
Falconum unus [*el girifalte*], 423
felicissima mors quae desiderata [miseris] venit [*o bienaventurada muerte aquella que desseada a los afligidos viene!*], 423
si adessetis [nunc mihi Crato et Galenus] [*o si viniessedes agora, Eras e Crato*], 424
cor Pleberii [*el pleberico coraçon*], 424
Lacrymae et suspiria [*las lagrimas e sospiros*], 424
aliquid involare [potero] [*quiça con algo me quedare*], 425
cum pulvisculo interierim [*alla iran la soga y el calderon*], 425
lacrymas commodet [*tener con quien puedan sus cuytas llorar*], 425
adiutoriis [*cura*], 425
Quis poterit dolor esse [*qual dolor puede ser tal*], 426
pax, bellum, indutiae [*paz, guerra, tregua*], 426
hoc minus ille malis [*y el de nada se dolia*], 426

cum tot millibus mortalium [*tanta multitud de gente*], 427
immortalem animam [meam] [*mi espiritu*], 427
Melibaea mihi omnia est [*yo melibieo soy etc.*], 427
quod in se neque consilium neque [*lo que en si no tiene orden ni consejo*], 428
Quantas vires cupidini humano dedisti [*quanta premia pusiste en el amor*], 428
pro miraculo [mortalibus] [*su limite pusiste por maravilla*], 429
Aliter iam haec lyra tinnit [*de otro temple esta essa gayta*], 429
angelis illudere [*abominable uso con los angeles*], 429
o degenerem [*hideputa*], 429
caelo se dignos [*del cielo se juzgaron ser dignos*], 429
mulionibus [et vilissimis etiam servitiis] substraverunt [*se sometieron a los pechos y resuellos de viles azemileros*], 430
abusae sint [*se sometieron*], 432
cum simio [*con el ximio*], 432
falsimonias [*sus mentiras*], 432
strophiis [*gorgueras*], 434
Quos [etiam] enixe desiderant [*a los que meten por los agujeros denuestan en la calle*], 435
extra decentium domina [*los bienes de fuera, de los quales la fortuna es señora*], 435
ineffabiles gratias [*inefable gracia*], 435
Sic Deus tibi [propitius sit] [*assi te medre Dios*], 436
Thaletem superas [*tu cuerdo*], 437
Oculi virentes [*los ojos verdes*], 437
ut materia [appetit] formam, sic mulier appetit virum [*assi como la materia apetece a la forma, assi la muger al varon*], 437
ad satiem eam potitus fueris [*podra ser alcançandola*], 438
barbuda [barbatam], 438
de mulieribus virgines [*virgos*], 438
duce novo sidere [*el estrella precedente*], 439
te rogo [*te ruego*], 439
Evangelia, evangelia [*albricias, albricias*], 439
subter acervum istum [*en la camarilla de las escobas*], 439
Nondum tecum loqui possum [*no te puedo hablar*], 439
Ad nihil non utilem faciemus [*todo lo llevamos*], 439
Ha furcifer [*ha don malvado*], 440
parietes [*paredes*], 440
numquam aliquid boni mihi obvenire [*que jamas pude dessear otro bien*], 441
in medias res [*ven al hecho*], 441
agnoscere quem [occasionis favorem] [*conocer el tiempo y usar el hombre de la oportunidad haze prospera la gente*], 441

LIST OF BARTH'S TRANSLATION NOTES 497

huic matronae [*a essa dueña*], 441
prostibulum vetus [*puta vieja*], 441
Semper hoc [usu] [*siempre lo vi, que por huyr hombre de un peligro cae en otro mayor*], 442
dexterrimus est armis et equo [*diestro cavallero es Calisto*], 442
[lurco] ovorum assorum [*comedor de huevos assados*], 442
locis [*de hacer virgos*], 442
studentium [*estudiantes*], 442
excalcei [*descalços*], 442
naturae consultam [*fisica de niños*], 443
nonnarum [*monjas*], 443
adulterabat [*falsava*], 443
funem strangulati hominis [*soga de ahorcado*], 443
Vultus exteriora [*por la filosomia*], 444
Resumptio [*reparo de mi tormento*], 445
manus [*essas manos*], 445
plantarum nonnullae huc eodem inclinant [*algunas plantas han este respeto*], 446
Sed si ego te mihi [aliquando applicavero] [*mas ravia mala me mate si te llego a mi*], 447
mala haec aegritudo est [*rieste, landrezilla, hijo*], 447
Prostituaris tute [*putos dias vivas, vellaquillo*], 448
alio venerim [*a otro soy venida*], 448
vita functis fidem datam [servare] [*la fe es de guardar mas que a los bivos a los muertos*], 448
vix tertius iam dies [*solos ha tres dias*], 449
neque nummos [*ni ganado deudo*], 449
Senecae, 449
nullibi est [*esta en ninguno*], 449
subicere [*convalesce*], 449
maior[um] tuorum [*de tus mayores*], 449
Probatica Piscina, 450
suorum hominum [*a los suyos*], 450
addere potentibus [*bivir a su ley*], 450
illusorem esse [*rompenecios*], 450
domi ipsius amicos tibi para [*en su casa cobra amigos*], 450
Sive bene sive male [*a tuerto o a derecho*], 451
egeni non sunt qui pauca possident [*no los que poco tienen son pobres*], 451
iniurias cum retorsione [*las injurias con respuesta*], 452
O fili, bene dicunt [*o hijo, bien dizen*], 453
fortunam adesse audentibus [*la fortuna ayuda a los osados*], 453
et ob id secura [*tanto es menos segura*], 453
Areusa[e], 453
Culpa est credere omnibus [*estremo es creer a todos*], 454

Aegroti cordis est [ferre] [*o mezquino de enfermo corazon es sufrir el bien*], 454

debere nos conversari [*allegate a los buenos*], 454

ninnarium [*el cornudo*], 454

patres [*padres*], 454

praeceptoribus [*a los maestros*], 455

minime fame confecto [*o que persona, o que hartura*], 455

Illi te maiori [*con quien tu conformidad para mas oportunidad dexo*], 455

Et absque dubio [*y sin duda la presta dadiva*], 455

nulla pestilentia magis efficax est [*no ay pestilentia mas eficaz*], 455

Act 2

nobilissimum locum obtinet [*es mas noble*], 455

alienam lucem [*la agena luz*], 455

Macias ille [*aquel Macias*], 456

dirigere calcem contra stimulum [*tirar coces contra el aguijon*], 456

Opinio saepe [*muchas vezes la opinion*], 456

Sensus[que] nostros [*nuestro sentido*], 457

in servitio [enim] servi [*en el servicio del criado*], 458

ei vendis [et addicis libertatem] [*a quien dizes el secreto das tu libertad*], 458

medius [*intercessor o medianero*], 458

ardelionis [istius] anus [*trotaconventos*], 459

Fustes quaerit [*palos querra esse vellaco*], 459

maledicis illam [*dizes mal de lo que yo adoro*], 459

Nescis primum ad stultitiam [*no sabes que el primer escalon de locura*], 459

Male mihi consuluerunt [compatres mei] [*mal me quieren mis comadres etc.*], 459

stapedem [*estribo*], 459

propterea quod fidelitatem [*por ser leal padezco mal*], 460

averso rivo [rivo praedatum eunt piscatores! Et numquam nimis canum est molitori] [*a rio buelto ganancia de pescadores, mas nunca mas perro al molino*], 460

Act 3

Pecuniae solutae [*a dineros pagados, braços quebrados*], 460

Nosti aliam substantiam [*conocesme otra hazienda*], 460

uti nemo non novit [*como todo el mundo sabe*], 460

Mater ipsius et ego [unius digiti unguis et articulus eramus] [*su madre y yo, uña y carne*], 461

frangit rupes [*las peñas quebranta*], 461

Delicatulae gannitrices [*coxquillosicas son todas*], 461
Affirmo tibi [*digo que*], 461
Non eas lanam [lucratum] [*vayas por lana y vengas sin pluma*], 461

ACT 4

Res enim non satis [*aquellas cosas que bien no son pensadas*], 462
Quando extremis rebus [nullum est] [*quando a los estremos falta el medio*], 462
Quae est vetula ista [*quien es essa vieja que viene haldeando*], 462
aquam cribro cogere [*es coger agua con cesto*], 462
Sic meus magister [*por aqui anda el diablo*], 462
monachos notae religionis [*frayles devotos mios*], 462
nulla cruditas fame [*peor ahito que de hambre*], 463
Loqueris tu de nundinis [*bien conozco que hablas de la feria*], 463
Ad quamque mansionem [*a cada cabo ay tres leguas de mal quebranto*], 463
Mutatus est iste [malus daemon] [*hi, hi, hi, mudada esta el diablo*], 463
ut quattuor filiarum [*que de quatro hijas*], 463
omnibus male cessurum [sit silentium] [*que todos perderiamos*], 464
a cena duci [*jamas me acoste sin comer*], 464
panis et vinum [conficiunt viam non] [*pan y vino andan camino*], 464
bene enim facere Deo nos aequat [*hazer beneficio es semejar a Dios*], 464
desultoris parietarii [*saltaparedes*], 465
omnia quae cuperet ipsius esse potestatis [*si penso que ya era todo suyo*], 465
nisi qui superatum [sese agnoscat] [*no es vencido sino el que se cree serlo*], 465
his nundinis [recesseris] [*pues tan libre vas desta feria*], 465
veritatis voces nullis opus habere [*la verdad no es necessario abundar de muchos colores*], 465
patrem numquam [damnari] [*jamas condena al padre por el delicto del hijo*], 466
firmitas veritatis ea est [*a la firme verdad, el viento del vulgo no la empiece*], 466
[tua tu] munusculo aliquo emendabis [*tu mala palabra sera vispera de una saya*], 466
magnus ille imperator [*aquel emperador*], 466
naturam ipsam fecit Deus [*la natura ordenala Dios*], 466
Iniungo et commendo [*en cargo te esse cavallero*], 467

ACT 5

O male daemon [*o diablo*], 467
mediam confectam [iam] esse [*sabete que la mitad esta hecho*], 467
quas exegi hactenus [*mis atamientos hechos y por hazer*], 467

Numquam fugiendo ignavus [mortem effugit] [*nunca huyendo huye la muerte el covarde*], 467
et illic relinquere [nares] [*tardar y dexar alla las narizes*], 468
Aliis rebus magis utor [*otras cosas he menester mas que de comer*], 468
Sapientis est [, ut res cadit,] propositum mutare [*el proposito muda el sabio*], 468
Cauti et prudentis legati [*de los discretos mensajeros*], 468
charaxat [*haze rayas en el suelo*], 468

Act 6

ut et tunicam tibi poscens [*mas adelante te espero a la saya*], 469
opus habet [*tiene dello necessidad*], 469
Iam dum meras catenas [perditus] [*ya discurre eslavones el perdido*], 469
Factus es seps [*hecho serpiente*], 469
frontem [excussissima a] palma verberans [*y diose en la frente una gran palmada*], 469
lallationes [*con cuyos titulos assombran a los niños de cuna*], 470
fatidica [illa] de Hetruria [*aquella tusca athleta*], 470
ex tempore capiendis consiliis [masculo promptiorem] [*es mas apto para las prestas cautelas que el de los varones*], 470
malo aliquo occursu [*algun mal encuentro*], 470
Alcibiadi quondam [*Alcibiades*], 471
unius horae spatio [nulla] [*que en una hora no se gano Çamora*], 471

Act 7

Parmeno fili [*Parmeno hijo*], 471
mutari mores cum capillis [*mudanse costumbres con la mudança del cabello*], 471
amare te debere si amari velis [*sabes que es menester que ames si quisieres ser amado*], 471
iustitia apprehendi te [*la justicia te mando prender*], 472
Necesse est aliquid pati [*algo han de sufrir los hombres*], 472
Virgilius, 472
summa securitate [, nullo timore] [*que lo que tu padre te dexo, a buen seguro lo tienes*], 472
Sic ditescis tu quidem, [sic res] [*con gallinas, hija? Assi se hara la hazienda*]
lupinos pro nummis [*las savanas por faldetas*], 473
Vah quam suaviter [tunicae tuae olent dum commovisti te!] [*ay como huele toda la ropa en bullendote!*], 473

dum non paries [*mientra no parieres*], 473
Neque tantum ego emolumenti [capiam ubi] [*sera mas que ganare en agradar al que me mandes*], 473
vide quo periculo [peregre eat] [*quien no tiene sino un ojo, mira a quanto peligro anda*], 473
quae societas est laudabilis [*que es compañia loable*], 474
Et quoniam duos simul [unus] [*y pues entrambos no caben en un saco*], 474
malus daemon in palatium [duxit] [*que al hombre vergonçoso el diablo lo truxo a palacio*], 474
illum sine rubore [evigilaturum] [*el sin color*], 474
Porro cum pirata piratam [*pues de cossario a cossario no se pierden sino los bariles*], 474
oculum mihi prius [*antes me quebrare un ojo*], 474
Quamquam enim gustus [gingivarum] [*que aun el sabor en las enzias me quedo*], 475
qui in multas partes [*quien en muchas partes derrama su memoria, en ninguna la puede tener*], 475
bestia [*bestia*], 475
Iuventus etenim otiosa [*la mocedad ociosa acarrea la vejez arrepentida y trabajosa*], 475
saepius enim magistri industriam [*muchas vezes, como dizen, al maestro sobrepuja el buen discipulo*], 475
Nulla scientia bene [*ninguna sciencia bien es empleada en el que no le tiene aficion*], 475

ACT 8

Et hoc fine Deus [diem diei subiecit] [*que por esso hizo Dios un dia tras otro*], 475
voluptas cuius conscius [nemo est, voluptas vera non est] [*el plazer no comunicado no es plazer*], 476
strigilem illi [ad balneum] [*quedaste a escalentar la vieja essa noche o a rascarle los pies*], 476
si stultitia dolor esset [, in nulla non domo eiulatus] [*si la locura fuessen dolores, en cada casa avria bozes*], 476
Mopso Nisam obtigisse [*otra sardina se eche para el moço de cavallos, pues tu tienes amiga*], 476
cotis instar factus [*hecho tablilla de meson*], 476
O Parmeno iam percipere [*O Parmeno, agora podras ver*], 476
Falsum et inauratum metallum [*luego se descubre el falso metal dorado por encima*], 476
De penu ampla [coena facile paratur] [*en casa llena presto se adereça la cena*], 477

Antipater Sidonius, 477
non erit magni spatii [*no es mucha tu vida*], 477
Non omne est candidum [*no es todo blanco*], 477
Uno solo ictu [nulla quercus cadit] [*un solo golpe no derribe un roble*], 477
quod nos magis iuverit [*que nos va mas*], 477
Appuleio, 477

Act 9

Felici et iucundo tempore [*a donosa hora*], 478
memorialibus precationum [*con sus cuentas en la mano*], 478
famesque, quibus meliores magistras [*el hambre, que no ay mejor maestra en el mundo*], 478
Ad positam mensam manibus bene lotis [cum minimo pudore ire decet] [*A mesa puesta con tus manos lavadas y poca verguença*], 478
Quicquid mali humoris corpori inest [*a los cansados segadores haze sudar toda agua mala*], 478
Una panis crusta [etiam] [*que un cortezon de pan ratonado*], 478
tria pocula honestati et utilitati [suffectura] [*tres vezes dicen que es lo bueno y honesto*], 479
male tibi quod edis expetat [*mal provecho te haga lo que comes*], 479
gustus semel corruptus [amarum frequenter pro dulci aestimat] [*el gusto dañado muchas vezes juzga por dulce lo amargo*], 479
Nulla uspiam rerum [longius a veritate abest] [*ninguna cosa es mas lexos de la verdad que la vulgar opinion*], 479
Nihil sit qui pro nihili [*ruyn sea quien por ruyn se tiene*], 480
laetum animum facit [quod parvo labore paratur] [*todo aquello alegra que con poco trabajo se gana*], 480
dulcis et amari simul vulneris [*de aquella dulce y fiera llaga*], 480
numquam ad propositum [respondebunt] [*jamas conveniente respuesta buelven*], 481
corporis illi ut potestatem fecerit [*que no vee la hora que aver comido para lo que yo me se*], 481
Aliorum sacerdotum oblationes [*otros curas sin renta*], 481

Act 10

serpentes intus in corpore [meo cor mihi exedentes] [*me comen este coraçon serpientes dentro de mi cuerpo*], 481
Alexander Magnus [, Rex Macedonum] per somnium conspexit [*vio en sueños aquel gran Alexandre, rey de Macedonia*], 481

parotide [*unos algodones*], 482
Cum supremum numen aliquem vulnerat [*quando el alto Dios da la llaga*], 482
conscientiam habui [*tengo sentida*], 482
color vultus tui [secreta mentis enunciabat] [*sus llamas se manifestavan en la color de tu cara*], 482

Act 11

manu tympanotribae [*esta en manos el pandero*], 483
dimidia auri libra [*medio marco de oro*], 483
Si manus in obscenum modum [illi] [*aunque le diessemos higas*], 483
Numquam pectus [maceratum desiderio bonos successus rerum] [*nunca el coraçon lastimado de desseo toma la buena nueva por cierta ni la mala por dudosa*], 483
Semper hoc audivi affirmari [*siempre lo oy dezir*], 483
[canibus] venenatae ossae [obici] [*assi se suelen dar las çaraças en pan embueltas*], 483
Aegyptii illi [nobis facere consueverunt] [*como hazen los de Egypto*], 484
dulcibus verbis [multae iniuriae vindicatae sunt] [*con dulces palabras estan muchas injurias vengadas*], 484
Numquam pedem secure ponet [qui] [*no da passo seguro quien corre por el muro*], 484

Act 12

Paris delicti [error] [*tanto yerro me parece*], 484
Homo paratus optime [, iam dimidium eluctatus est] [*el hombre apercebido medio combatido*], 484
bona bonis sit nobis [*buena hora es*], 484
Ne sis assentator [*no seas lisonjero*], 484
primum natum [arbitrari] habeam [*quiero hazer cuenta que oy me naci*], 484
sed aliquis qui [*sino alguno que*], 484
Eorum hominum animis [qui periculorum] [*a los coraçones aparejados con apercebimiento rezio*], 485
eo maius peccatum esse [quo] [*tanto mayor es el yerro quanto mayor es el que yerra*], 485
ubi plus millies [ductis pugnis concurrimus] [*que mil vezes nos apuñeavamos yo y otros*], 485
oneratus armis [, oleto perfusus est] [*cargado de hierro cagado de miedo*], 485
Super pecuniam non est amicitia [*sobre el dinero no es amistad*], 485

da illi digitum latum [, ulnae totius spatium poscet!] [*no digan por mi que dandome un palmo pido quatro*], 485
[et] aquam petat [*y abaxase las bragas*], 486
Iudicium insignis [insignis pusillanimitatis est, vim facere infirmis] [*señal es de gran covardia acometer a los menores y a los que poco pueden*], 486
fortis adversarius [etiam serventissimam iram tepidiorem facit] [*el duro adversario entibia las iras y sañas*], 486
minus inimicorum est quo plus mortuorum [*muera, muera, de los enemigos los menos*], 486

ACT 13

Hactenus afflictum curis [*duerme y descansa penado*], 486
bis mille ictus [*dos mil palos*], 486
de celsis culminibus [periculose caditur] [*que de muy alto grandes caydas se dan*], 486

ACT 14

canum [*perros*], 487
Domine animae meae postquam me credidi potestati tuae [*señor mio, pues me fie en tus manos*], 487
pastores etiam ovium [qui hoc tempore agnos] [*los pastores que en esse tiempo traen las ovejas*], 488
equina strigilis [*rascacavallos*], 488
qui non malit illico mortem [oppetere] [*que no quiera mas morir luego*], 488
[Verum] cum nihili homo ditescit [neque] [*mas quando el vil esta rico no tiene pariente ni amigo*], 488
[erant] sanguine scriptae [*son escritas con sangre*], 488

ACT 15

bis virgis publice caesus [est] [*dos vezes açotado*], 489
triginta scortorum vir est [*treynta mugeres en la puteria*], 489
iam non sunt [*ya no biven*], 489
O bona et gaudia [vitae mortalis, qui vos possidet, dum in potestate sua habet, vilipendit neque umquam pretia vestra cuiquam recte cognoscenda ponuntur priusquam recesseritis!] [*o bien y gozo mundano, que mientra eras posseydo, eres menospreciado y jamas te consientes conocer hasta que te perdemos*], 489

Fortunae talis consuetudo est [: cum unam portam clauserit, alteram aperit] [*quando una puerta se cierra otra suele abrir la fortuna*], 489
gloriabitur [forte etiam] tantum sanguinis [*muy ufana en ver sangre vertida por su servicio*], 489
magis afficit amissio [hominem eius quod habet quam spes adhuc parandi alterius talis, quamquam ea vel certissima sit] [*verdad sea que cierto duele mas la perdida de lo que hombre tiene que da plazer la esperança de otro tal, aunque sea cierto*], 489
De ipso vindicet Deus [*y de al me vengue Dios*], 490
Mutare mores [et consuetudines] par morti esse [*que mudar costumbre es a par de muerte*], 490

Act 16

noctuas Athenas [*la citola en el molino*], 490
si per maria hinc [abire volet] [*si passar quisiere la mar*], 490
nullam noctem intermisit [*que jamas noche he* [sic] *faltado*], 490

Act 17

ianua nostra limen servat [*poco se visita mi casa etc.*], 490
meliorem unum esse diem [hominem sapientis] [*vale mas un dia del hombre discreto que toda la vida del necio y simple*], 490
munditia excita [et exhilarat corda animosque hominum] [*la limpieza alegra el coraçon*], 491
mortui aperiunt [*los muertos abren los ojos de los que viven*], 491
facilius mendacem quam claudum [deprehendi] [*toman antes al mentiroso que al que coxquea*], 491

Act 18

Ter iussus circumrotare [*tres saltos dare*], 491
sanctas illas tabulas [unde pueri] [*por el santo martilojo de pe a pa*], 491
[Vah] conditionem istam [*reniego de la condicion*], 491

Act 19

unum excogitarat equus [indomitus, alterum qui domere illum instituerat [*uno piensa el vayo, otro el que lo ensilla*], 491
Ah quis [in eximii conductus more coloni] [*o quien fuesse la ortelana*], 492
Laetus est fontis lepor [, unda vivens] [*alegre es la fuente clara*], 492

Arborum umbrosarum [io amoena culta] [*dulces arboles sombrosos*], 492
Psittaci vos [lusciniaque, cantu] [*papagayos, ruiseñores / que cantays al alborada*], 492
vestimenta mea [mihi] inquinare [*dañar mis vestiduras*], 492
[Domina,] quod pallium et machaera et animus [non] [*lo que no haze espada y capa y coraçon, no lo hazen coraças y capacete y covardia*], 492

INDEX

Authors quoted in Barth's translation notes [567]

Adrian, emperor, 466
Aelian, 406, 409, 410, 437
Aeschylus, 488
Albert the Great, 423
Alciphron, 435, 437
Alexander the Great, 429, 481
Alexis, 433, 434
Amadis of Gaule, 487
Ambrosius Mediolanensis, 424
Anacreon, 436, 481
Anastasius Nicaenus, 433
Anastasius Sinaita, 434
Anthologia Graeca, 419, 437
Antiochus, abbot of Saba, 434
Antiphanes, 413, 433, 434
Apollonius of Rhodes, 437, 445
Apuleius, 414, 420, 437, 445, 451, 477, 479
Ardentius, Radulfus, 412
Aretino, Pietro, 390, 436, 450, 489
Aretinus, Leonardus, 421
Aristaenetus, 422, 435-437, 441, 482
Aristotle, 409
Arnobius, 404
Arrian, Flavius, 412, 426, 435, 457
Augustine, bishop, 433, 463
Ausonius Burdigalensis, 412, 416, 427, 450, 451, 479

Bellaius, I., 407
Blesensis, Petrus, 425
Boethius, 412, 423, 435, 444, 458

Bonaventura Pererius (Bonaventure Des Périers), 483
Brodaeus, Ioannes, 409, 460

Caelius Aurelianus, 425, 445
Camerarius, Ioachimus, 408
Casaubonus, Isaac, 466
Cassian, John, 413, 452
Cassiodorus, 445
Cassius Dio, 427
Catullus, 422
Cebes, 416
Cedrenus, Georgius, 403
Celius, 442
Celsus, medicus, 442
Chaeremon, 433
Chalcidius, 403, 438, 439, 444, 455
Charlemagne, 424
Chrysostomos, 412, 433, 451
Cicero, 403, 405, 439, 453, 469, 484
Claudianus, Claudius, 470
Climacus, Joannes, 452
Columbanus Hibernus, 411
Columella, 442
Coluthus, 437
Cornutus, 470
Corraeus, I., 407
Cresollius, Ludovicus, 416
Curopalates, Codinus, 446

Dacryanus (Louis de Blois), 412
Democritus, 413

---

[567] The page number refers to the English translation.

Dionysius of Halicarnassus, 412

Empronius, 415
Epictetus, 412, 435
Eslava, Antonio, 415
Eucherius Lugdunensis, 412, 452
Euripides, 405, 413, 433, 434
Euritius Cordus, 407
Eustathius, 437, 439

Festus, 421
Florus, 454
Frederick, emperor, 423
Fulgentius, 470

Gariopontus, 442
Gaulminus, 467
Gerraeus, 407
Gevartius, Kaspar, 459
Glossarium Graecolatinum, 429
Glycas, Michael, 408, 446
Gorraeus, Joannes, 407
Gregorius Nyssenus, 437, 457
Guitmundus, archiepiscopus Aversanus, 458

Heliodorus, 422, 427, 437, 469
Heraclitus, 401-404
Herodotus, 411, 415
Hesiod, 434, 436
Hesychius, 401-403
Hieremias, 470
Hierocles of Alexandria, 457
Hilarius Arelatensis, 438, 444
Hippocrates, 424
Hippotheus, 433
Homer, 378, 420, 434, 437, 439, 441
Horace, 412, 428, 441, 451, 458, 461, 490
Horapollo, 409
Hosius, 438

Idiot, ps. of Raymond Jordan, 480
Innocentius, 413
Isaiah, 426
Isidorus Hispalensis, 421, 432, 442, 454, 484
Isocrates, 437
Itinerarium Antonini, 463

Jerome, 443
Joannes of Sinai, 413

John, apostle, 409, 413, 450, 485
John of Salisbury's, 485
Josephus, Flavius, 429
Juárez, Fernando, 390
Julian the Apostate, 414
Juvenal, 440, 444, 474, 485, 486, 490

Lactantius, 404, 405, 454
Laertius, Diogenes, 401, 403
Leo Magnus, pope Leo I, 451
Lipsius, Iustus, 445
Liutprandus Cremonensis, 444
Logus, 437
Louis de Blois, see Dacryanus,
Lucan, 411, 427, 458
Lucian, 411, 427, 435, 437, 445
Lucilius, 420
Lucretius, 402, 435
Lycurgus, 433

Macrobius, 428, 455
Magius, Hieronymus, 459
Manilius, 412, 443, 446, 467
Marcellus Empiricus of Bordeaux, 442, 444, 450
Marcus Aurelius, emperor, 413, 435, 457, 460, 482
Marguerite de Navarre, queen, 430
Martial, 391, 449, 450, 471, 480
Menander, 433, 434, 440
Mercerius, J., 409, 436
Meursius, Johannes, 443
Mimnermus, 413
Minutius Felix, Marcus, 444
Montemayor, Jorge de, 399
Musaeus, 422, 435, 437, 482

Nazarius, 444
Neanthes, 403
Nemesianus, 410, 429
Nicander, 406-408
Nicostratus, 433
Nonius, 421
Nonnus Panopolita, 470

Ovid, 410, 424, 437, 453, 455, 477

Pacatius Drepanius, 482
Pachymerius, Georgius, 483
Palama, Georgius, 412
Paterculus, Veleius, 428
Paul, apostle, 411, 451
Paulinus Nolanus, 442, 443

Persius, 470, 478, 483
Petrarch, 406, 462
Petronius, 405, 414, 425, 429, 437, 457, 459, 479, 486
Pherecrates, 413
Philelphus, Franciscus, 421
Philes, Manuel, 408
Philetas, 433
Philippides, playwright, 433
Philostratos, 435, 437
Phoebadius, 438
Pisides, 406
Plato, 402, 433, 453, 455
Plautus, 392, 420, 433, 437, 439, 478, 479
Pliny, 406, 409, 410
Plotinus, 403
Priapea, 468
Priscian, 415, 421, 442
Proaza, Alfonso de, 417
Prosper of Aquitaine, 428
Prudentius, 407
Psellus, Michael, 467
Publilius Syrus, Publius or Mimus Publianus, 426, 449
Pythagoras, 404, 412, 457

Quintilian, 415, 469

Radulfus Ardens, 458
Rittershusius, Conradus, 468
Rodomontades castellanas, 446
Rogerius Beccensis, 412, 451
Rojas, Fernando de, 417, 418
Rondeletius, Gulielmus, 410

Sansovino, Francesco, 468, 477
Sappho, 422
Scaliger, Joseph, 426, 467
Scribonius, 442
Seneca, 402, 412, 426, 445, 449, 450, 454-457
Severianus Episcopus, 458
Severus, Sulpicius, 429
Sextus Empiricus, 457

Sidonius Apollinaris, 450
Silius Italicus, 445, 458
Silva, Feliciano de, 418
Sophocles, 413, 433, 434
Squarzaficus, Hieronymus, 406
Statius, 437, 444
Stobaeus, Joannes, 405, 412, 413, 449, 451, 453, 467, 470
Suetonius, 427, 445
Suida, 401, 402, 456, 479

Tacitus, 427
Tarinus, Joannes, 457
Tarraeus Hebius, ps. of Kaspar Barth, 475
Tatianus, 403
Tatius, Achilles, 427, 437, 444, 446
Terence, 426, 428, 450
Tertullian, 402
Thales of Miletus, 404
Theagenes, 469
Theocritus, 410, 437, 492
Theoctistus, 453
Theodectes, 433
Theophylactus Simocata, 435, 480
Thuanus, Augustus, 406
Trapezuntio, Georgius, 413
Trebellius Pollio, 445
Trismegistus, 428
Trogus, Iustinus, 412
Tryphiodorus, 437
Tyrius, Maximus, 412

Ursaeus, Honorius, 476

Valerius Flaccus, 407, 422, 437, 439
Varro, 404
Venetus, Paulus, 410
Victor, Claudis Marius, also Victorinus, 430
Victorinus, 415
Virgil, 434, 449, 472, 489

Xenocrates, 413
Xiphilinus, Ioannes, 427

NORTH CAROLINA STUDIES IN THE ROMANCE LANGUAGES AND LITERATURES

I.S.B.N. Prefix 0-8078-

Recent Titles

DEL ESCENARIO A LA PANTALLA: LA ADAPTACIÓN CINEMATOGRÁFICA DEL TEATRO ESPAÑOL, por María Asunción Gómez. 2000. (No. 265). -9269-6.
THE LEPER IN BLUE: COERCIVE PERFORMANCE AND THE CONTEMPORARY LATIN AMERICAN THEATER, by Amalia Gladhart. 2000. (No. 266). -9270-X.
THE CHARM OF CATASTROPHE: A STUDY OF RABELAIS'S *QUART LIVRE*, by Alice Fiola Berry. 2000. (No. 267). -9271-8.
PUERTO RICAN CULTURAL IDENTITY AND THE WORK OF LUIS RAFAEL SÁNCHEZ, by John Dimitri Perivolaris. 2000. (No. 268). -9272-6.
MANNERISM AND BAROQUE IN SEVENTEENTH-CENTURY FRENCH POETRY: THE EXAMPLE OF TRISTAN L'HERMITE, by James Crenshaw Shepard. 2001. (No. 269). -9273-4.
RECLAIMING THE BODY: MARÍA DE ZAYA'S EARLY MODERN FEMINISM, by Lisa Vollendorf. 2001. (No. 270). -9274-2.
FORGED GENEALOGIES: SAINT-JOHN PERSE'S CONVERSATIONS WITH CULTURE, by Carol Rigolot. 2001. (No. 271). -9275-0.
VISIONES DE ESTEREOSCOPIO (PARADIGMA DE HIBRIDACIÓN EN EL ARTE Y LA NARRATIVA DE LA VANGUARDIA ESPAÑOLA), por María Soledad Fernández Utrera. 2001. (No. 272). -9276-9.
TRANSPOSING ART INTO TEXTS IN FRENCH ROMANTIC LITERATURE, by Henry F. Majewski. 2002. (No. 273). -9277-7.
IMAGES IN MIND: LOVESICKNESS, SPANISH SENTIMENTAL FICTION AND *DON QUIJOTE*, by Robert Folger. 2002. (No. 274). -9278-5.
INDISCERNIBLE COUNTERPARTS: THE INVENTION OF THE TEXT IN FRENCH CLASSICAL DRAMA, by Christopher Braider. 2002. (No. 275). -9279-3.
SAVAGE SIGHT/CONSTRUCTED NOISE. POETIC ADAPTATIONS OF PAINTERLY TECHNIQUES IN THE FRENCH AND AMERICAN AVANT-GARDES, by David LeHardy Sweet. 2003. (No. 276). -9281-5.
AN EARLY BOURGEOIS LITERATURE IN GOLDEN AGE SPAIN. *LAZARILLO DE TORMES, GUZMÁN DE ALFARACHE* AND BALTASAR GRACIÁN, by Francisco J. Sánchez. 2003. (No. 277). -9280-7.
METAFACT: ESSAYISTIC SCIENCE IN EIGHTEENTH-CENTURY FRANCE, by Lars O. Erickson. 2004. (No. 278). -9282-3.
THE INVENTION OF THE EYEWITNESS. A HISTORY OF TESTIMONY IN FRANCE, by Andrea Frisch. 2004. (No. 279). -9283-1.
SUBJECT TO CHANGE: THE LESSONS OF LATIN AMERICAN WOMEN'S *TESTIMONIO* FOR TRUTH, FICTION, AND THEORY, by Joanna R. Bartow. 2005. (No. 280). -9284-X.
QUESTIONING RACINIAN TRAGEDY, by John Campbell. 2005. (No. 281). -9285-8.
THE POLITICS OF FARCE IN CONTEMPORARY SPANISH AMERICAN THEATRE, by Priscilla Meléndez. 2006. (No. 282). -9286-6.
MODERATING MASCULINITY IN EARLY MODERN CULTURE, by Todd W. Reeser. 2006. (No. 283). -9287-4.
PORNOBOSCODIDASCALUS LATINUS (1624). KASPAR BARTH'S NEO-LATIN TRANSLATION OF *CELESTINA*, by Enrique Fernández. 2006. (No. 284). -9288-2.

When ordering please cite the *ISBN Prefix* plus the last four digits for each title.

Send orders to: University of North Carolina Press
P.O. Box 2288
Chapel Hill, NC 27515-2288
U.S.A.
www.uncpress.unc.edu
FAX: 919 966-3829

www.ingramcontent.com/pod-product-compliance
Lightning Source LLC
Chambersburg PA
CBHW021812300426
44114CB00009BA/147